Das Potential der Regel aus *Rylands v. Fletcher*

Berliner Schriften zum internationalen, ausländischen und deutschen Privatrecht

Herausgegeben von Prof. Dr. Helmut Grothe, Freie Universität Berlin

Band 10

Zur Qualitätssicherung und Peer Review der vorliegenden Publikation

Die Qualität der in dieser Reihe erscheinenden Arbeiten wird vor der Publikation durch den Herausgeber der Reihe geprüft.

Notes on the quality assurance and peer review of this publication

Prior to publication, the quality of the work published in this series is reviewed by the editors of the series.

Thomas Voigtländer

Das Potential der Regel aus *Rylands v. Fletcher*

Gefährdungshaftung im englischen *Common Law of Torts*

PL ACADEMIC RESEARCH

Bibliografische Information der Deutschen Nationalbibliothek
Die Deutsche Nationalbibliothek verzeichnet diese Publikation in der Deutschen Nationalbibliografie; detaillierte bibliografische Daten sind im Internet über http://dnb.d-nb.de abrufbar.

Zugl.: Berlin, Freie Univ., Diss., 2015

Gedruckt auf alterungsbeständigem,
säurefreiem Papier.

D 188
ISSN 2364-4370
ISBN 978-3-631-66801-6 (Print)
E-ISBN 978-3-653-05925-0 (E-Book)
DOI 10.3726/978-3-653-05925-0

PL Academic Research ist ein Imprint der Peter Lang GmbH.

Peter Lang – Frankfurt am Main · Bern · Bruxelles · New York ·
Oxford · Warszawa · Wien

Diese Publikation wurde begutachtet.

www.peterlang.com

Inhalt

Literaturverzeichnis

Ajayi, F. A.: „*Rylands v. Fletcher* – Liability for Personal Injuries – Defence of Novus Actus“, (1956) 19 The Modern Law Review 419.

American Law Institute: „Restatement of the Law, Second, Torts. Volume 2“ (St. Paul/Minnesota 1965).

American Law Institute: „Restatement of the Law, Third, Torts: Liability for Physical Harm“ (St. Paul/Minnesota 2010).

American Law Institute: „Restatement of the Law, Third, Torts: Products Liability“ (St. Paul/Minnesota 1998).

Amirthalingham, Kumaralingam: „*Rylands* Lives“, [2004] The The Cambridge Law Journal 273.

Amirthalingham, Kumaralingam: „Strict Liability Restricted: A Critical Commentary on *Burnie Port Authority v. General Jones Pty. Ltd.*“, (1994) 13 University of Tasmania Law Review 417.

Andrews, Neil: „English Civil Procedure“ (Oxford 2003).

Atkinson, Nicola: „Strict Liability for Environmental Damage: The Cambridge Water Company Case“, [1993] 5 Environmental Law Journal 173.

Bagshaw, Roderick: „*Rylands* Confined“, (2004) 120 Law Quarterly Review 388.

Bailey, Stephen H. / Ching, Jane / Gunn, Michael / Ormerod, David: „Smith, Bailey and Gunn on the Modern English Legal System“ (4. Auflage London 2002).

Ball, Simon: „Nuisance and Planning Permission“, (1995) 7 Journal of Environmental Law 278.

Barnett, Hilaire: „Constitutional & Administrative Law“ (7. Auflage London u. a. 2009).

Barnhart, Robert K.: „The Barnhart Abbreviations Dictionary“ (New York, Chichester u. a. 1995).

Baron, Adrian: „The 'Mystery' of Negligence and Economic Loss: When *is* a Duty of Care Owed?“, (2000) Australian Bar Review Lexis 4.

Baudisch, Birgit: „Die gesetzgeberischen Haftungsgründe der Gefährdungshaftung“ (Augsburg 1998).

Behrends, Okko / Knütel, Ralf / Kupisch, Berthold / Seiler, Hans Hermann (Hrsg.): „Corpus Iuris Civilis. Text und Übersetzung. I. Institutionen“ (2. Auflage Heidelberg 1997).

Bergkamp, Lucas: „Liability and Environment. Private and Public Law Aspects of Civil Liability for Environmental Harm in an International Context“ (Den Haag u. a. 2001).

Betlem, Gerrit: „Torts, a European Ius Commune and the Private Enforcement of Community Law“, (2005) 64 The The Cambridge Law Journal 126.

Birks, Peter (Hrsg.): „English Private Law. Volume I“ (Oxford 2000).

Birks, Peter (Hrsg.): „English Private Law. Volume II“ (Oxford 2000).

Blaschczok, Andreas: „Gefährdungshaftung und Risikozuweisung“ (Köln u. a. 1993).

Blumenwitz, Dieter: „Einführung in das anglo-amerikanische Recht“ (6. Auflage München 1998).

Bohlen, Francis Hermann: „The Rule in *Rylands v. Fletcher.* Part I“, (1911) 59 University of Pennsylvania Law Review 298.

Bohlen, Francis Hermann: „The Rule in *Rylands v. Fletcher.* Part II“, (1911) 59 University of Pennsylvania Law Review 373.

Bohlen, Francis Hermann: „The Rule in *Rylands v. Fletcher.* Part III“, (1911) 59 University of Pennsylvania Law Review 423.

Boston, Gerald W.: „Strict Liability for Abnormally Dangerous Activity: The Negligence Barrier“, (1999) 36 San Diego Law Review 597.

Bradley, A. W. / Ewing, K. D.: „Constitutional and Administrative Law“ (14. Auflage Harlow u. a. 2007).

Bright, Susan: „Liability for the Bad Behaviour of Others“, (2001) 21 Oxford Journal of Legal Studies 311.

Brock, William H.: „Sir Benjamin Collins Brodie (1817–1880)“, (2002) 8 HYLE International Journal for Philosophy of Chemistry 49.

Brockhaus Enzyklopädie in 30 Bänden (21. Auflage Leipzig u. a. 2006).

Brüggemeier, Gert: „Haftungsrecht. Struktur, Prinzipien, Schutzbereich. Ein Beitrag zur Europäisierung des Privatrechts“ (Berlin u. a. 2006).

Buckley, R. A.: „Injunctions and the Public Interest“, (1981) 44 Modern Law Review 212.

Buckley, R. A.: „Liability in Tort for Breach of Statutory Duty“, (1984) 100 Law Quarterly Review 204.

Buckley, R. A.: „The Modern Law of Negligence“ (3. Auflage London 1999).

Buns, Michael: „Die Voraussehbarkeit als Grenze in der Umwelthaftung. Eine rechtsvergleichende Untersuchung des *Cambridge Water* Falles“ (Würzburg 2006).

Burn, Edward H. / Cartwright, John: „Modern Law of Real Property“ (17. Auflage Oxford 2006).

Burns, Peter T.: „*Donoghue v. Stevenson* and the Modern Law of Negligence“ (Vancouver 1991).

Calabresi, Guido: „The Costs of Accidents. A Legal and Economic Analysis“ (New Haven u. a. 1970).

Calabresi, Guido / Hirschoff, Jon T.: „Toward a Test for Strict Liability in Torts“, (1972) 81 The Yale Law Journal 1055.

Cane, Peter: „Fault and Strict Liability for Harm in Tort Law“ in Swadling, William / Jones, Gareth (Hrsg.): „The Search for Principle. Essays in Honour of Lord Goff of Chieveley“ (New York 1999), S. 171 ff.

Cane, Peter: „Justice and Justifications for Tort Liability“, [1982] 12 Oxford Journal of Legal Studies 30.

Cane, Peter: „The Changing Fortunes of *Rylands v. Fletcher*“, [1994] 24 University of Western Australia Law Review 237.

Cantú, Charles E.: „Distinguishing the Concept of Strict Liability for Ultra-Hazardous Activities from Strict Products Liability under Section 402A of the Restatement (Second) of Torts: Two Parallel Lines of Reasoning that should never meet“, (2001) 35 Akron Law Review 31.

Cardwell, Michael: „The Release of Genetically Modified Organisms into the Environment: Public Concerns and Regulatory Responses“, (2002) 4 Environmental Law Review 156.

Cartwright, John: „Remoteness of Damage in Contract and Tort: A Reconsideration“, [1996] 55 The Cambridge Law Journal 488.

Charlesworth, J.: „The Law of Negligence“ (London 1938).

Charlesworth, J.: „Liability for Dangerous Things“ (London 1922).

Chelius, James R.: „Liability for Industrial Accidents: A Comparison of Negligence and Strict Liability Systems“, (1976) 5 The Journal of Legal Studies 293.

Churchill, Robin Rolf / Lowe, Alan Vaughan: „The Law of the Sea“ (Manchester 1999).

Citron, Danielle Keats: „Reservoirs of Danger: The Evolution of Public and Private Law at the Dawn of the Information Age“, [2007] 80 Southern California Law Review 241.

Colombell, Mark: „The Legislative Response to the Evolution of Computer Viruses“, (2002) 8 Richmond Journal of Law and Technology 18.

Connolly, Kevin J.: „Law of Internet Security and Privacy“ (New York 2004).

Cooke, John: „Law of Tort“ (9. Auflage Harlow u. a. 2009).

Corkhill, Andrew: „'Dangerous' Substances and Activities in the Context of a Non-Delegable Duty of Care“, (2007) Torts Law Journal Lexis 15.

Cownie, Fiona / Bradney, Anthony: „English Legal System in Context“ (2. Auflage London 2000).

Cross, Gerry: „Does Only the Careless Polluter Pay? A Fresh Examination of the Nature of Private Nuisance“ (1995) 111 Law Quarterly Review 445.

Cullingworth, J. Barry / Nadin, Vincent: „Town and Country Planning in the UK“ (13. Auflage London 2002).

Davies, Martin: „Strict Liability and Reasonable Foreseeability: *Cambridge Water Company v. Eastern Counties Leather plc*“, (1994) Torts Law Journal Lexis 7.

Deacon, James: „Opening the Floodgates to Stop Fire?“, (2005) 155 The New Law Journal 1720.

Dias, R. W. M.: „Remoteness of Liability and Legal Policy“, (1962) 20 The Cambridge Law Journal 178.

Dias, R. W. M.: „Trouble on Oiled Waters: Problems of the Wagon Mound (No. 2)“, [1967] The Cambridge Law Journal 62.

Dietl, Clara-Erika / Lorenz, Egon: „Wörterbuch für Recht, Wirtschaft und Politik. Teil I“ (6. Auflage München 2000).

Dietl, Clara-Erika / Lorenz, Egon: „Wörterbuch für Recht, Wirtschaft und Politik. Teil II“ (5. Auflage München 2005).

Dietz, Florian: „Technische Risiken und Gefährdungshaftung“ (Köln u. a. 2006).

Dobbs, Dan B.: „The Law of Torts“ (St. Paul/ Minnesota 2000).

Dolding, Lesley / Mullender, Richard: „Notions of Strict Liability“, [1995] Journal of Business Law 93.

Dugdale, Anthony M.: „Clerk and Jolowicz on Torts“ (19. Auflage London 2006).

D. W. M.: „Tort. Public Nuisance. Occupation of Land by Caravan Dwellers under Licence from Landowner. Liability of Landowner for Nuisances Committed on Land Adjoining that of the Landowner by Caravan Dwellers. Rule in *Rylands v. Fletcher. Att.-Gen. v. Corke*“, (1933) 5 The The Cambridge Law Journal 127.

Dziobon, Sheila / Mullender, Richard: „Formalism Forever Thwarted: *Rylands v. Fletcher* in Australia“, (1995) 43 The Cambridge Law Journal 23.

Eberhardt, Hans / Freundt, Klaus Jürgen: „Perchloräthylen-Vergiftungen“, (1966) 21 Archiv für Toxikologie 338.

Elliott, Catherine / Quinn, Frances: „English Legal System“ (11. Auflage Harlow u. a. 2010).

Elliott, Catherine / Quinn, Frances: „Tort Law“ (6. Auflage Harlow u. a. 2007).

Epstein, Richard A.: „A Theory of Strict Liability“, (1972) 2 The Journal of Legal Studies 151.

Epstein, Richard A.: „For a Bramwell Revival“, (1994) 38 The American Journal of Legal History, S. 246.

Esser, Josef: „Grundlagen und Entwicklung der Gefährdungshaftung“ (2. Auflage München 1969).

Fifoot, Cecil H. S.: „History and Sources of the Common Law. Tort and Contract“ (London 1949).

Finkelnburg, Friederike: „Das englische Altlastenrecht“ (Baden-Baden 2001).

Fisher, Elizabeth: „Risk, Justice and Independent Contractors: The Demise of the Rule in *Rylands v. Fletcher* in Australia“, (1995) 7 Journal of Environmental Law 199.

Fleming, John G.: „The Law of Torts“ (9. Auflage Sydney 1998).

Fleming, John G.: „The Pearson Report: Its ‘Strategy‘“, (1979) 42 The Modern Law Review 249.

Fletcher, George P.: „Fairness and Utility in Tort Theory“, (1972) 85 Harvard Law Review 537.

Fordham, Margaret: „The Demise of the Rule in *Rylands v. Fletcher*?“, [1995] Singapore Jounal of Legal Studies 1.

Fordham: „Surviving Against the Odds: The Rule in *Rylands v. Fletcher* Lives on“, [2004] Singapore Jounal of Legal Studies 241.

Friedmann, Wolfgang Gaston: „Incidence of Liability for Nuisance“, (1940) 4 The Modern Law Review 139.

Friedmann, Wolfgang Gaston: „Social Insurance and the Principles of Tort Liability“, (1949) 63 Harvard Law Review 241.

Gamble, Alan J. (Hrsg.): „Obligations in Context: Essays in Honour of Professor D. M. Walker“ (W. Green, 1990).

Garrett, Edmund William: „The Law of Nuisances“ (1. Auflage London 1890).

Garrett, Edmund William: „The Law of Nuisances“ (2. Auflage London 1897).

Gearty, Conor: „The Place of Private Nuisance in a Modern Law of Torts“, [1989] The Cambridge Law Journal 214.

Gest, John Marshall: „The Non-Natural Use of Land. Part II“ (1894) 42 The American Law Register and Review 97.

Gilg, Andrew W.: „Planning in Britain. Understanding and Evaluating the Post-war System“ (London 2005).

Giliker, Paula / Beckwith, Silas: „Torts“ (London 2000).

Gilles, Stephen G.: „Negligence, Strict Liability, and the Cheapest Cost-Avoider“, (1992) 78 Virginia Law Review, 1291.

Gloag, W. M. / Henderson, R. Candlish: „The Law of Scotland“ (12. Auflage Edinbourgh 2007).

Goo, S. H.: „Sourcebook on Land Law“ (3. Auflage London u. a. 2002).

Grossfeld, Bernhard / Eberle, Edward J.: „Patterns of Order in Comparative Law: Discovering and Decoding Invisible Powers“, (2003) 38 Texas International Law Journal 291.

Grosz, Stephen / Beatson, Jack / Duffy, Peter: „Human Rights: The 1998 Act and the European Convention“ (London 2000).

Grubb, Andrew / Tettenborn, Andrew / Wilby, David / Bennett, Daniel: „The Law of Damages“ (London u. a. 2003).

Grubb, Andrew: „The Law of Tort“ (London u. a. 2000).

Hager, Günter: „Wende in der Umwelthaftung?“ in Leser, Hans G. (Hrsg.): „Arbeitsrecht und Zivilrecht in Entwicklung. Festschrift für Hyung-Bae Kim“ (Berlin 1995).

Hall, C. G.: „An Unsearchable Providence: The Lawyer's Concept of Act of God“, (1993) 13 Oxford Journal of Legal Studies, 227.

Harper, Fowler V.: „Liability Without Fault and Proximate Cause“, (1932) 30 Michigan Law Review 1001.

Harpwood, Vivienne: „Modern Tort Law“ (7. Auflage London u. a. 2009).

Hart, Herbert Lionel Adolphus / Honoré, Tony: „Causation in the Law“ (2. Auflage Oxford 1985).

Hedley, Steve: „The Law of Electronic Commerce and the Internet in the UK and Ireland“ (London 2006).

Hedley, Steve / Padfield, Nicola: „Tort“ (2. Auflage London u. a. 2000).

Hehl, Susanne: „Das Verhältnis von Verschuldens- und Gefährdungshaftung“ (Regensburg 1999).

Henrich, Dieter / Huber, Peter: „Einführung in das englische Privatrecht“ (3. Auflage Heidelberg 2003).

Heuston, Robert Francis Vere: „*Donoghue v. Stevenson* in Retrospect“, (1957) 20 The Modern Law Review 1.

Heuston, Robert Francis Vere / Buckley, R. A.: „The Return of *Rylands v. Fletcher*“, (1994) 110 Law Quarterly Review 506.

Heuston, Robert Francis Vere: „Who was the Third Lord in *Rylands v. Fletcher*?“, (1970) 86 Law Quarterly Review, 160.

Hodgson, John / Lewthwaite, John: „Tort Law“ (Oxford u. a. 2004).

Hoffman, Nathan R.: „The Feasibility of Applying Strict-Liability Principles to Carbon Capture and Storage“, (2010) 49 Washburn Law Journal 527.

Hogg, Karen M.: „Negligence and Economic Loss in England, Australia, Canada and New Zealand“, (1994) 43 Internalional and Comparative Law Quarterly 116.

Holmes, Oliver Wendell: „The Theory of Torts“ in Novick, Sheldon M. (Hrsg.): „The Collected Works of Justice Holmes. Complete Public Writings and Selected Judicial Opinions of Oliver Wendell Holmes. Volume I“ (Chicago u. a. 1995), S. 326.

Horsey, Kirsty / Rackley, Erika: „Tort Law“ (Oxford 2009).

Howarth, David: „Muddying the Waters: Tort Law and the Environment from an English Perspective“, (2002) 41 Washburn Law Journal 469.

Ibbetson, D. J.: „A Historical Introduction to the Law of Obligations“ (Oxford 1999).

Jordan, Otto: „Chemische Technologie der Lösungsmittel“ (Berlin 1932).

Jolowicz, John Anthony: „Damages in Equity – A Study of Lord Cairns’ Act“, [1975] The Cambridge Law Journal 224.

Jolowicz, John Anthony / Lewis, T. Ellis: „Winfield on Tort“ (8. Auflage London 1967).

Jones, Michael A.: „The Occupiers’ Liability Act 1984 – The Wheels of Law Reform Turn Slowly“, (1984) 47 The Modern Law Review 713.

Jones, William K.: „Strict Liability for Hazardous Enterprise“, (1992) 92 Columbia Law Review 1705.

Keenan, Denis: „Smith & Keenan’s English Law“ (19. Auflage London 2001).

Keeton, W. Page in „Prosser and Keeton on the Law of Torts“ (5. Auflage St. Paul 1984).

Keeton, W. Page: „Trespass, Nuisance and Strict Liability“, [1959] 59 Columbia Law Review 457.

Kessel, Christian: „Moderne Entwicklungen der Zurechnung für bloße Vermögensschäden im *Common Law* am Beispiel des englischen Rechts; dargestellt im Verhältnis zum deutschen Recht“ (Berlin 1994).

Kidner, Richard: „Vicarious Liability: For whom should the ‘employers’ be liable?“ [1995] Legal Studies 47.

Kiralfy, Albert K. R.: „The English Legal System“ (18. Auflage London 1990).

Klang, Mathias: „A Critical Look at the Regulation of Computer Viruses“, (2003) 11 International Journal of Law and Information Technology 162.

Klass, Alexandra B.: „From Reservoirs to Remediation: The Impact of CERCLA on Common Law Strict Liability Environmental Claims“, (2004) 39 Wake Forest Law Review 903.

Kleemann, Waldemar: „Das Verhältnis der Gefährdungshaftung zur Haftung für negligence und nuisance im englischen Recht“ (Köln 1958).

Klotz, Reinhold: „Handwörterbuch der lateinischen Sprache. Zweiter Band“ (7. Auflage Graz 1963).

Koch, Bernhard A.: „Die Sachhaftung. Beiträge zu einer Neuabgrenzung der sogenannten Gefährdungshaftung im System des Haftungsrechts“ (Berlin 1992).

Koch, Bernhard A. / Koziol, Helmut: „Unification of Tort Law: Strict Liability“ (Den Haag 2002).

Koziol, Helmut / Steininger, Barbara C. (Hrsg.): „European Tort Law 2004“ (Wien New York 2004).

Kühn, Matthias: „Umweltschutz durch Privatrecht. Eine Studie zur ökologischen Analyse der privatrechtlichen Schutzrechte und des Vertragsrechts in Deutschland und England“ (Frankfurt a. M. 2007).

Kutner, Peter B.: „The End of *Rylands v. Fletcher? Cambridge Water Co. v. Eastern Counties Leather Plc.*", (1995) 31 Tort and Insurance Law Journal 73.

Law Commission: „Civil Liability for Animals", Law Commission Report No. 13 (London 1967)

Law Commission: „Civil Liability for Dangerous Things and Activities", Law Commission Report No. 32 (London 1970).

Layard, Antonia: „Balancing Environmental Considerations" (1997) 113 Law Quarterly Review 254.

Lee, Maria: „Civil Liability of the Nuclear Industry", (2000) 12 Journal of Environmental Law 317.

Lee, Maria: „What is Private Nuisance?", (2003) 119 Law Quarterly Review 298.

Lee, Maria / Burrell, Robert: „Liability for the Escape of GM Seeds: Pursuing the Victim?", (2002) Modern Law Review 517.

Lee, Rosalind: „*Cambridge Water v. Eastern Counties Leather*: The Polluters' Charter?", [1994] 12 Property Management 29.

Lemmon, Andrew Allen: „The Developing Doctrine of *Rylands v. Fletcher*: Hazardous Waste Remediation Contractors Beware", [1996] 42 Loyola Law Review 287.

Leser, Hans G. (Hrsg.): „Arbeitsrecht und Zivilrecht in Entwicklung: Festschrift für Hyung-Bae Kim" (Berlin 1995).

Lewis, T. Ellis: „Nuisance – *Rylands v. Fletcher* – Smuts, Smells and Noise", [1961] The The Cambridge Law Journal 168.

Liebs, Detlef: „Lateinische Rechtsregeln und Rechtssprichwörter" (5. Auflage München 1992).

Linden, Allen M.: „Whatever Happened to *Rylands v. Fletcher*?" in Klar, Lewis: „Studies in Canadian Tort Law" (Toronto 1977), S. 325 ff.

Loveland, Ian: „Constitutional Law, Administrative Law and Human Rights" (4. Auflage Oxford 2006).

Lüer, Hans-Jochem: „Die Begrenzung der Haftung bei fahrlässig begangenen unerlaubten Handlungen" (Karlsruhe 1969).

Lunney, Mark / Oliphant, Ken: „Tort Law" (4. Auflage Oxford 2010).

MacKenzie, Judith-Anne / Philipps, Mary: „Land Law" (10. Auflage Oxford 2004).

Magnus, Ulrich (Hrsg.): „Unification of Tort Law: Damages" (London u. a. 2001).

Maitland, Frederick William: „The Forms of Action at Common Law" (Cambridge u. a. 1909, Nachdruck 1997).

Markesinis, Basil S.: „Negligence, Nuisance and Affirmative Duties of Action", (1989) 105 Law Quarterly Review 104.

Markesinis, Basil S. / Deakin, Simon: „Tort Law“ (5. Auflage Oxford 2003).

Markesinis, Basil S. / Deakin, Simon / Johnston, Angus: „Tort Law“ (6. Auflage Oxford 2008).

McBride, Nicholas J. / Bagshaw, Roderick: „Tort Law“ (2. Auflage Harlow u. a. 2005).

McGhee, John in „Snell's Equity“ (31. Auflage London 2005).

McGregor, Harvey: „McGregor on Damages“ (17. Auflage London 2003).

McLeod, Ian: „Legal Method“ (4. Auflage Basingstoke u. a. 2002).

McManus; Francis: „Liability in the Law of Nuisance for Isolated Escapes from Land“, (2001) 3 Environmental Law Review 186.

Mellan, Ibert: „Industrial Solvents“ (2. Auflage New York 1950).

Method, H. L.: „Toxicity of Tetrachlorethylene“, (1946) 131 Journal of the American Medical Association, S. 1468.

Miller, C. J. / Goldberg, R. S.: „Product Liability“ (2. Auflage Oxford u. a. 2004).

Molloy, Robert Thomas: „*Fletcher v. Rylands*: A Reexamination of Juristic Origins“, (1942) 9 The University of Chicago Law Review 266.

Morris, Clarence: „Hazardous Enterprises and Risk Bearing Capacity“, (1952) 61 The Yale Law Journal 1172.

Mullis, Alastair / Oliphant, Ken: „Torts“ (3. Auflage Basingstoke u. a. 2003).

Murphy, John: „Rethinking Injunctions in Tort Law“, (2007) 27 Oxford Journal of Legal Studies 509.

Murphy, John: „Street on Torts“ (11. Auflage London u. a. 2003).

Murphy, John: „Street on Torts“ (12. Auflage London u. a. 2007).

Murphy, John: „The Liability of Common Law Non-Delegable Duties“, (2007) 30 University of New South Wales Law Journal 86.

Murphy, John: „The Merits of *Rylands v. Fletcher*“, (2004) 24 Oxford Journal of Legal Studies 643.

Nelson, Caleb: „The Persistence of General Law“, (2006) 106 Columbia Law Review 503.

Neufeldt, Sieghard: „Chronologie der Chemie“ (3. Auflage Weinheim 2003).

Newark, F. H.: „Non-Natural User and *Rylands v. Fletcher*“, (1961) 24 Modern Law Review 557.

Newark, F. H.: „The Boundaries of Nuisance“, (1949) 65 Law Quarterly Review 480.

Newdick, Christopher: „The Development Risks Defence of the Consumer Protection Act 1987“, (1988) The Cambridge Law Journal 455.

Noel, Dix W.: „Nuisances from Land in its Natural Condition“, (1943) 56 Harvard Law Review 772.

Nolan, Donal: „The Distinctiveness of *Rylands v. Fletcher*", (2005) 121 Law Quarterly Review 2005, 421.

North, Peter M.: „Damage to property and the Occupiers' Liability Act 1957", 1966 (30) Conveyancer and Property Lawyer 264.

North, Peter M.: „The Modern Law of Animals" (London 1972).

Nyers, Jason W. / Chamberlain, Erika / Pitel, Stephen G. A. (Hrsg.): „Emerging Issues in Tort Law" (Portland 2006).

Ogus, A. I.: „Damages for Lost Amenities: For a Foot, a Feeling or a Fiction?", (1972) 35 Modern Law Review 1.

Ogus, A. I. / Richardson, G.: „Economics and the Environment: A Study of Private Nuisance", (1977) The Cambridge Law Journal 284.

Ogus, A. I.: „Vagaries in Liability for the Escape of Fire", (1969) The Cambridge Law Journal 104.

Oliphant, Ken: „*Rylands v. Fletcher* and the Emergence of Enterprise Liability" in Koziol, Helmut / Steininger, Barbara C. (Hrsg.): „European Tort Law 2004" (New York u. a. 2004), S. 81 ff.

Oliphant, Ken: „Economic Loss Caused by GMOs in the United Kingdom: England & Wales" in Koch, Bernhard A. (Hrsg.): „Economic Loss Caused by Genetically Modified Organisms. Liability and Redress for the Adventitous Presence of GMOs in Non-GM Crops" (New York u. a. 2008), S. 505 ff.

Oliphant, Ken: „Unblurring the Boundaries of Nuisance", (1998) 6 Tort Law Review 21.

O'Quinn, John C.: „Not-So Strict Liability: A Foreseeability Test for *Rylands v. Fletcher* and Other Lessons from *Cambridge Water Co. v. Eastern Counties Leather plc*", (2000) 24 Harvard Environmental Law Review 287.

O'Sullivan, Janet: „A Poor Reception for Television Nuisance", (1996) The Cambridge Law Journal 184.

Partington, Martin: „An Introduction to the English Legal System" (1. Auflage Oxford 2000).

Paterson, Jeannie Marie: „*Rylands v. Fletcher* into Negligence: *Burnie Port Authority v. General Jones Pty. Ltd.*", (1994) 20 Monash University Law Review 317.

Payne, D. J.: „The 'Direct' Consequences of a Negligent Act" (1952) 5 Current Legal Problems 189.

Pearsall, Judy u. a. (Hrsg.): „The Oxford Dictionary of Abbreviations" (Oxford 1992).

Penner, J. E.: „Nuisance and the Character of the Neighbourhood", [1993] 5 Journal of Environmental Law 1, 12.

Plucknett, Theodore F. T.: „A Concise History of the Common Law" (5. Auflage London 1956).

Polinsky, A. Mitchell: „Resolving Nuisance Disputes: The Simple Economics of Injunctive and Damages Remedies“, (1980) 32 Stanford Law Review 1075.

Pollock, Frederick: „A Plea for Historical Interpretation“, (1923) 39 Law Quarterly Review, 163.

Prosser, William Lloyd: „Nuisance without Fault“, (1942) 20 Texas Law Review 399.

Prosser, William Lloyd: „The Law of Torts“ (4. Auflage St. Paul 1971).

Prosser, William Lloyd: „The Principle of *Rylands v. Fletcher*“ in „Selected Topics in the Law of Torts“ (Ann Arbor 1953).

Rabin, Edward: „Nuisance Law: Rethinking Fundamental Assumptions“, (1977) 63 Virginia Law Review 1299.

Rabin, Robert L. / Sugarman, Stephen: „Torts Stories“ (New York 2003).

Reid, Elspeth: „Liability for Dangerous Activities: A Comparative Analysis“, (1999) 48 International and Comparative Law Quarterly 731.

Rizzo, Mario J.: „The Economics of Negligence and Strict Liability in Tort“, (1980) 9 The Journal of Legal Studies 291.

Robson, William Newby: „The Principles of Legal Liability for Trespasses and Injuries by Animals“ (Cambridge 1915).

Rodgers, Christopher P.: „Liability for the Release of GMOs into the Environment: Exploring the Boundaries of Nuisance“, (2003) 62 The The Cambridge Law Journal 371.

Rogers, William V. H.: „Winfield and Jolowicz on Tort“ (13. Auflage London 1989).

Rogers, William V. H.: „Winfield and Jolowicz on Tort“ (16. Auflage London 2002).

Rogers, William V. H.: „Winfield and Jolowicz on Tort“ (17. Auflage London 2006).

Royal Commission: „Civil Liability and Compensation for Personal Injury“, (1978) Cmnd. 7054, Vol. I, Ch. 31.

Sawer, Geoffrey: „Statutory Authority and the Rule in *Rylands v. Fletcher*“, (1970) 33 Modern Law Review 557.

Schumacher, Kerstin: „Haftung für Mikroorganismen in Deutschland und den Vereinigten Staaten von Amerika“ (München 1995).

Schwartz, Gary T.: „*Rylands v. Fletcher*, Negligence, and Strict Liability“ in Cane, Peter / Stapleton, Jane (Hrsg.): „The Law of Obligations“ (Oxford 1998).

Seavey, Warren A.: „Nuisance, Contributory Negligence and Other Mysteries“, (1952) 65 Harvard Law Review 984.

Sellers, Mortimer N. S.: „The Doctrine of Precedent in the United States of America“, (2006) 54 American Journal of Comparative Law 67.

Shaw, Josephine: „England und Wales“ in von Bar, Christian (Hrsg.): „Deliktsrecht in Europa“ (Köln u. a. 1994).

Sheridan, L. A.: „Injunctions in Particular Cases“ (Chichester 1994).

Shugerman, Jed Handelsman: „The Floodgates of Strict Liability: Bursting Reservoirs and the Adoption of *Fletcher v. Rylands* in the Gilded Age“, (2000) 110 Yale Law Journal 333.

Simons, Kenneth W.: „*The Restatement (Third) of Torts* and Traditional Strict Liability: Robust Rationales, Slender Doctrines“, (2009) 44 Wake Forest Law Review 1355.

Simpson, Alfred William Brian: „Legal Liability for Bursting Reservoirs: The Historical Context of *Rylands v. Fletcher*“, (1984) 13 Journal of Legal Studies 209.

Slapper, Gary / Kelly, David: „The English Legal System“ (5. Auflage London 2001).

Smith, Graham J. H.: „Internet Law and Regulation“ (4. Auflage London 2007).

Smith, Jeremiah: „Reasonable Use of One's Property as a Justification for Damage to a Neighbour“, (1917) 17 Columbia Law Review 383.

Spencer, John Rason: „Motor-Cars and the Rule in *Rylands v. Fletcher*: A Chapter of Accidents in the History of Law and Motoring“, (1983) 42 The Cambridge Law Journal 65.

Spencer, John Rason: „Public Nuisance – a Critical Examination“, (1989) The Cambridge Law Journal 55.

Spry, Ian C. F.: „The Principles of Equitable Remedies“ (6. Auflage Sydney u. a. 2001).

Stallybrass, W. T. S.: „Dangerous Things and the Non-Natural User of Land“, (1929) 3 The Cambridge Law Journal, 376.

Stallybrass, W. T. S.: „Salmond on Torts“ (7. Auflage London 1928).

Stanton, K. M.: „New Forms of the Tort for Breach of Statutory Duty“, (2004) 120 Law Quarterly Review 324.

Stapleton, Jane: „Cause-in-Fact and the Scope of Liability for Consequences“, (2003) 119 Law Quarterly Review 388.

Stapleton, Jane: „Legal Cause: Cause-in-Fact and the Scope of Liability for Consequences“, (2001) 54 Vanderbilt Law Review 941.

Stapleton, Jane: „The Risk Architecture of the Restatement (Third) of Torts“, (2009) 44 Wake Forest Law Review 1309.

Stauch, Marc: „Risk and Remoteness of Damage in Negligence“, (2001) 64 Modern Law Review 191.

Steele, Jenny: „Being There is Not Enough – The House of Lords puts the Brakes on Nuisance in the Home“, (1997) 9 Journal of Environmental Law 345.

Stenger, Ulrike: „Die Haftung aufgrund unverschuldeter Eingriffe in Eigentum und Besitz an unbeweglichen Sachen. Eine rechtsvergleichende Untersuchung zum deutschen und anglo-amerikanischen Recht“ (Frankfurt a. M. u. a. 1997).

Stern, Kristina: „Who Pays for Pollution?“, (1994–95) 5 The King's College Law Journal 130.

Stoppa, Alessandro: „The Concept of Defectiveness in the Consumer Protection Act 1987: A Critical Analysis“, [1992] Legal Studies 210.

Street, Harry: „Principles of the Law of Damages“ (London 1962).

Swanton, Jane: „Another Conquest in the Imperial Expansion of the Law of Negligence: *Burnie Port Authority v General Jones Pty. Ltd.*“, (1994) Torts Law Journal Lexis 13.

Thayer, Ezra Ripley: „Liability Without Fault“, (1916) 29 Harvard Law Review 801

Traynor, Michael: „The First Restatements and the Vision of the American Law Institute, Then and Now“, (2007) 32 Southern Illinois University Law Journal 145.

Tromans, Stephen: „Nuisance – Prevention or Payment?“, (1982) The Cambridge Law Journal 87.

Tyler, T. H.: „The Restriction of Strict Liability“, (1947) 10 The Modern Law Review 396.

Unbekannter Autor: „Torts: Liability without Fault: Rule in *Rylands v. Fletcher*“ (1928) 26 Michigan Law Review 830.

Unbekannter Autor: „Unfall: Sechsjährige fällt in Löwengehege“, http://www.zeit.de/news/artikel/2006/08/03/69734.xml (Beitrag vom 03.08.2006, zuletzt abgerufen am 21.09.2011).

van Boom, Willem H.: „Some Remarks on the Decline of *Rylands v. Fletcher* and the Disparity of European Strict Liability Regimes“, (2005) Zeitschrift für euopäisches Privatrecht, S. 618 ff.

van Dam, Cees: „European Tort Law“ (Oxford 2006).

Vines, Prue: „The Needle in the Haystack: Principle in the Duty of Care in Negligence“, (2000) University of New South Wales Law Journal 25.

Vogler, Oskar: „Grundlagen und Grenzen der anglo-amerikanischen Gefährdungshaftung nach der *rule in Rylands v. Fletcher*“ (Münster 1965).

von Bar, Christian: „Deliktsrecht in Europa“ (Köln u. a. 1994).

von Bar, Christian: „Gemeineuropäisches Deliktsrecht. Erster Band. Die Kernbereiche des Deliktsrechts, seine Angleichung in Europa und seine Einbettung in die Gesamtrechtsordnungen“ (München 1996).

von Bar, Christian: „The Common European Law of Torts. Bd. II. Damage and damages, liability for and without personal misconduct, causality, and defences“ (Oxford 2000).

Waite, Andrew J.: „Deconstructing the Rule in *Rylands v. Fletcher*", (2006) 18 Journal of Environmental Law 1.

Walton, Christopher T. / Cooper, Roger / Wood, Simon E. / Percy, Rodney: „Charlesworth & Percy on Negligence" (11. Auflage London 2006).

Weir, Tony: „*Rylands v. Fletcher* reconsidered", [1994] The Cambridge Law Journal 216.

Werro, Franz / Palmer, Vernon Valentine (Hrsg.): „The Boundaries of Strict Liability in European Tort Law" (Durham u. a. 2004).

Wheeler, John: „The English Legal System" (Harlow 2002).

Whightman, John: „Nuisance – The Environmental Tort?", (1998) 61 The Modern Law Review 870.

W. H. N.: „Knowledge of the Dangerous Condition as Affecting One's Liability under the Rule in *Rylands v. Fletcher*", (1921) University of Pennsylvania Law Review 274.

Widmer, Pierre (Hrsg.): „Unification of Tort Law: Fault" (Den Haag 2005).

Wilkinson, David: „*Cambridge Water Company v. Eastern Counties Leather plc*: Diluting Liability for Continuing Escapes", (1994) The Modern Law Review 799.

Williams, David W.: „Non-Natural Use of Land", (1973) The Cambridge Law Journal 312.

Williams, Glanville Llewelyn: „Liability for Animals" (Cambridge 1939).

Williams, Glanville Llewelyn: „The Risk Principle", (1961) 77 Law Quarterly Review 179.

Wilson, J. F. / Slade, C. J.: „A Re-Examination of Remoteness", (1952) 15 The Modern Law Review 458.

Wilson, Steve / Mitchell, Rebecca / Storey, Tony / Wortley, Natalie: „English Legal System" (Oxford 2009).

Winfield, Percy Henry: „Nuisance as a Tort", (1932) 4 The Cambridge Law Journal 189.

Winfield, Percy Henry / Jolowicz, John Anthony / Lewis, T. Ellis: „Winfield on Tort" (8. Auflage London 1967).

Witting, Christian: „Breach of the Non-Delegable Duty: Defending Limited Strict Liability in Tort", (2006) 29 University of New South Wales Law Journal 33.

Woodside, Frank C. / Silbersack, Mark L. / Fliehman, Travis L. / Feichtner, Douglas J.: „Why Absolute Liability under *Rylands v. Fletcher* is Absolutely Wrong", [2003] 29 University of Dayton Law Review 1.

Wurmnest, Wolfgang: „Grundzüge eines europäischen Haftungsrechts" (Tübingen 2003).

Zimmermann, Reinhard: „The Law of Obligations: Roman Foundations of the Civilian Tradition" (Oxford 1996).

Zweigert, Konrad / Kötz, Hein: „Einführung in die Rechtsvergleichung auf dem Gebiete des Privatrechts" (3. Auflage Tübingen 1996).

Entscheidungsverzeichnis

A. v. National Blood Authority, [2001] 3 All E.R. 289
Adams v. Ursell, [1913] 1 Ch. 269
Aldridge and O'Brien v. Van Patter, [1952] 4 D.L.R. 93
Alegrete Shipping Co. Inc. v. International Oil Pollution Compensation Fund 1971 (The Sea Empress), [2002] E.W.H.C. 1095 (Admlty)
Allen v. Greenwood, [1979] 1 All E.R. 819
Allen v. Gulf Oil Refining Ltd., [1981] A.C. 1001
Anderson v. Oppenheimer, (1880) 5 Q.B.D. 602
Andreae v. Selfridge & Co. Ltd., [1938] Ch. 1
Anglian Water Services Ltd. v. Crawshaw Robbins & Co. Ltd., [2001] B.L.R. 173
Anthony v. The Coal Authority, [2005] E.W.C.A. 1654 (Q.B.)
Anns v. Merton London Borough Council, [1977] 2 All E.R. 492
Arscott v. The Coal Authority, [2004] E.W.C.A. Civ. 892
Attorney-General v. Copeland, [1902] 1 K.B. 690
Attorney-General v. Corke, [1933] Ch. 89
Attorney-General v. Cory Brothers, (1919) 35 T.L.R. 570
Attorney-General and Kennard v. Cory Brothers, [1921] 1 A.C. 521

Balfour v. Barty-King, [1956] 2 All E.R. 555
Balfour v. Barty-King, [1957] 1 All E.R. 156
Ball v. Nye, (1868) 99 Mass. 582
Ball v. Ray, (1873) 8 Ch. App. 467
Ballard v. Tomlinson (1885) 29 Ch.D. 115
Bamford v. Turnley, (1862) 122 E.R. 27
Barker v. Herbert, [1911] 2 K.B. 633
Bartlett v. Tottenham, [1932] 1 Ch. 114
Bartoline Ltd. v. Royal & Sun Alliance Insurance plc., [2006] E.W.H.C. 3598 (QB)
Batchellor v. Turnbridge Wells Gas Co., (1901) 84 L.T. 765
Behrens v. Bertram Mills Circus Ltd., [1957] 1 All E.R. 583
Belvedere Fish Guano Co. Ltd. v. Rainham Chemical Works Ltd., [1920] 2 K.B. 487
Benjamin v. Storr, (1874) L.R. 9 C.P. 400
Benning v. Wong, (1969) 122 C.L.R. 249
Bishop v. Consolidated London Properties, [1933] 102 L.J.K.B. 257
Black v. Christchurch Finance Co. Ltd., (1894) A.C. 48
Blake v. Land and House Property Corporation, (1887) 3 T.L.R. 667
Blake v. Woolf, [1898] 2 Q.B. 426
Blankley v. Godley, [1952] 1 All E.R. 436
Blue Circle Industries plc. v. Ministry of Defence, [1998] 3 All E.R. 385
Blyth v. Birmingham Waterworks Co., (1865) 156 E.R. 1047
Bogle v. McDonald's Restaurants Ltd., [2002] E.W.H.C. 490 (Q.B.)

Bolton v. Stone, [1951] 1 All E.R. 1078
Bonnington Castings Ltd. v. Wardlaw, [1956] A.C. 613
Bourhill v. Young, [1943] A.C. 92
Bowen v. Anderson, [1894] 1 Q.B. 164
Bower v. Peate, [1876] 1 Q.B.D. 321
Boyle v. Kodak Ltd., [1969] 2 All E.R. 439
Box v. Jubb, (1879) 4 Ex.D. 76
Boxes Ltd. v. British Waterways Board, [1970] 2 Ll. L. Rep. 434
British Celanese Ltd. v. A. H. Hunt (Capacitors) Ltd., [1969] 2 All E.R. 1252
Broder v. Saillard, (1876) 2 Ch.D. 692
R. H. Buckley & Sons Ltd. v. N. Buckley & Sons, [1898] 2 Q.B. 608
Bunker v. Charles Brand & Son Ltd., [1969] 2 Q.B. 480
C. Burley Ltd. v. Stepney Corp., [1947] 1 All E.R. 507
Burnie Port Authority v. General Jones Pty. Ltd., [1994] H.C.A. 13
Bybrook Barn Centre Ltd. v. Kent County Council, Urteil des *Court of Appeal* vom 01.12.2000 (*Transcript* abrufbar unter *LexisNexis*)

Cambridge Water Co. Ltd. v. Eastern Counties Leather plc., [1991] 4 J.E.L. 83
Cambridge Water Co. Ltd. v. Eastern Counties Leather plc., [1993] 5 J.E.L. 173
Cambridge Water Co. Ltd. v. Eastern Counties Leather plc., [1994] 1 All E.R. 53
Caparo Industries plc. v. Dickman, [1990] 1 All E.R 568
Carslogie Steamship Co. v. Royal Norwegian Government, [1952] A.C. 292
Carstairs v. Taylor, (1871) L.R. 6 Ex. 217
Caswell v. Powell Duffryn Associated Collieries Ltd., [1940] A.C. 152
Cattle v Stockton Waterworks Co., (1875) LR 10 QB 453, [1874–80] All E.R. Rep. 220
Charing Cross, West End and City Electricity Supply Co. Ltd. v. London Hydraulic Power Co., [1914] 3 K.B. 772, [1914–1915] All E.R. Rep 85
Christie v. Davey, [1893] 1 Ch. 316
Cockburn v. Smith, [1924] 2 K.B. 119
Collingwood v. Home and Colonial Stores Ltd., [1936] 3 All E.R. 200
Colour Quest Ltd. v. Total Downstream UK plc., [2009] E.W.H.C. 540 (Comm.)
Cooke v. Forbes, (1867) L.R. 5 Eq. 166
Cooper v. Railway Executive (Southern Region), [1953] 1 All E.R. 477
Coote v. Stone, [1971] 1 All E.R. 657
Covell v. Laming, (1808) 1 Camp. 497
Coxhill v. Forward, Urteil der *Queen's Bench Division* vom 19.03.1986 (*Transcript* abrufbar unter *LexisNexis*)
Crompton v. Lea, (1874) L.R. 19 Eq. 115
Crowhurst v. Amersham Burial Bord, (1878) 4 Ex. D 5
Crown River Cruises Ltd. v. Kimbolton Fireworks Ltd., [1996] 2 Ll. L. Rep. 533
Cubbit v. Gower, (1933) 47 Ll. L.R. 65
Cummings v. Granger, [1977] Q.B. 397
Cunard v. Antifyre Ltd., [1933] 1 K.B. 551
Curtis v. Betts, [1990] 1 W.L.R. 459

Cutler v. Wandsworth Stadium Ltd., [1949] A.C. 398

Dalton v. Angus, (1881) 6 A.C. 740
Davey v. Harrow Corporation, [1957] 2 All E.R. 305
Delaware Mansions Ltd. v. Westminster City Council, [2001] U.K.H.L. 55
Dell v. Chesham U.D.C., [1921] 3 K.B. 427
Dennis v. Ministry of Defence, [2003] E.W.H.C. 793 (Q.B.)
Dexter v. Tenby Electrical Accessories, [1991] Crim. L.R. 839
Dixon v. The Metropolitan Board of Works, (1881) 7 Q.B.D. 418
J. Doltis v. Isaac Braithwaite & Sons (Engineers) Ltd., [1957] 1 Ll. L. Rep. 522
Dominion Natural Gas Co. v. Collins, (1909) A.C. 640
Donoghue v. Stevenson, [1932] A.C. 562
Dunn v. Birmingham Canal Co., (1872) L.R. 7 Q.B. 244
Dunne v. North Western Gas Board, [1963] 3 All E.R. 916

Eastern and South African Telegraph Co. v. Cape Town Tramway Co., (1902) 86 L.T. 457
Ellis v. Loftus Iron Co., (1874) L.R. 10 C.P. 10
Ellison v. Ministry of Defence, (1997) 81 B.L.R. 108
H. & N. Emanuel v. Greater London Council, [1971] 2 All E.R. 835
Essa v. Laing Ltd., [2002] E.W.C.A. Civ. 02
Evans v. Liverpool Corporation, [1906] 1 K.B. 160
Evans v. Manchester Sheffield and Lincolnshire Rail Co., (1887) 36 Ch.D. 626
Ex p. Island Records Ltd., [1978] Ch. 122

Fardon v. Harcourt-Rivington, (1932) 146 L.T. 391
Farrer v. Nelson, (1885) 15 Q.B.D. 258
Filburn v. The People's Palace and Aquarium Co. Ltd., (1890) 25 Q.B.D. 258
Firth v. Bowling Iron Co., (1878) 3 C.P.D. 254
Fletcher v. Rylands, (1866) L.R. 1 Exch. 265
Fletcher v. Rylands and Horrocks, (1865) 3 H. & C. 774
Fosbroke-Hobbes v. Airwork Ltd., [1937] 1 All E.R. 108
Foster v. Preston Mill Co., (1955) 268 P.2d 645
Foster v. Warblington Urban District Council, [1906] 1 K.B. 648
Fowler v. Lanning, [1959] 1 Q.B. 426
Fritz v. Hobson, (1880) 14 Ch. D. 542

Galashiels Gas Co. Ltd. v. O'Donnell, [1949] A.C. 275
Gas Light v. Vestry of St. Mary, (1885) 15 Q.B. 1
Gaunt v. Fynney, (1872) 8 Ch. App. 8
Geddis v. Proprietors of Bann Reservoir, (1878) 3 A.C. 430
Giddy v. Smith, (1904) 20 T.L.R. 596
Giles v. Walker, (1890) 62 L.T. 933
Gill v. Edouin, (1895) 71 L.T. 762
Gillingham Borough Council v. Medway (Chatham) Docks Co. Ltd., [1992] 3 All E.R. 923

Gilson v. Kerrier Rural District Council, [1976] 3 All E.R. 343
Ginty v. Belmont Building Supplies Ltd., [1959] 1 All E.R. 414
Glasgow Corporation v. Muir, (1943) A.C. 448
Goldman v. Hargrave, [1966] 2 All E.R. 989
Goodbody v. Poplar B.C., (1915) 84 L.J.K.B. 1230
Gorris v. Scott, (1874) L.R. 9 Exch. 125
Greenland v. Chaplin ([1850] 5 Ex. 243
Green v. Chelsea Waterworks Co., (1894) 70 L.T. 547
Greenfield v. Law, [1955] Ll. L. Rep. 696
Greenland v. Chaplin, (1850) 155 E.R. 104
Greenock Corp. v. Caledonian Rail Co. and Glasgow & South-Western Rail Co., [1917] A.C. 556
Greenwood Tileries Ltd. v. Clapson, [1937] 1 All E.R. 765
Grosvenor Hotel Co. v. Hamilton, [1894] 2 Q.B. 836
Groves v. Lord Wimborne, [1898] 2 Q.B. 402
Gunter v. James, (1908) 24 T.L.R. 868

Hale v. Jennings Brothers, [1938] 1 All E.R. 579
Hall v. Beckenham Corporation, [1949] 1 K.B. 716
Halsey v. Esso Petroleum Co. Ltd., [1961] 2 All E.R. 145
Hanson v Wearmouth Coal Co Ltd and Sunderland Gas Co., [1939] 3 All. E.R. 47
Hazelwood v. Webber, (1934) 52 C.L.R. 268
Heaven v. Pender, (1883) 11 Q.B.D. 503
Heydon's Case, (1584) 3 Co. Rep. 7 a
Hines v. Tousley, [1926] 95 L.J.K.B. 773
Hoare & Co. Ltd. v. Sir Robert McAlpine, Sons & Co., [1923] 1 Ch. 167
Hobart v. Southend-on-Sea Corporation, (1906) 4 L.G.R. 757
Hobbs (E) (Farms) Ltd. v. Baxenden Chemical Co. Ltd., [1992] 1 Ll.L.Rep. 54
Hodge & Sons v. Anglo-American Oil Co., (1922) 12 L1.L.Rep. 183
Hoffman v. Monsanto Canada Inc., [2005] S.K.Q.B. 225
Honeywill & Stein Ltd. v. Larkin Bros. (London's Commercial Photographers) Ltd., [1934] 1 K.B. 191
Howard v. Furness Houlder Argentine Lines Ltd., [1936] 2 All E.R. 781
Hughes v. Lord Advocate, [1963] 1 All E.R. 705
Humphries v. Cousins, (1877) 2 CPD 239
Hunter v. Canary Wharf Ltd., [1997] 2 All E.R. 426
Hurdman v. North Eastern Rail Co., (1878) 3 C.P.D. 168
Hussain v. Lancaster City Council, [2000] Q.B. 1
Hutchins v. Maunder, (1920) 37 T.L.R. 72

Ilford Urban District Council v. Beal and Judd, [1925] 1 K.B. 671
In Re Corby Group Litigation, [2008] E.W.C.A. Civ. 463
Issa v. Hackney Borough Council, [1997] 1 All E.R. 999

Jackson v. Tilling Construction Services Ltd., [1983] 75 J.No. 292 (zitiert nach *Lexis-Nexis*)
Jaggard v. Sawyer, [1995] 2 All E.R. 189
Jaundry v. Gillett, The Times 30.01.1996
Jefferson v. Derbyshire Farmers Ltd,. [1921] 2 K.B. 281
Johnson v. Diprose, [1893] 1 Q.B. 512
Johnson v. B. J. W. Property Developments Ltd., [2002] E.W.H.C. 1131
Jollery v. Sutton London Borough Council, [1998] 3 All E.R. 559
Jones v. Llanrwst, (1911) 1 Ch. 393
Jones v. The Festiniog Railway Company, (1868) L.R. 3 Q.B. 733
L. E. Jones (Insurance Brokers) Ltd. v. Portsmouth City Council, [2003] 1 W.L.R. 427

Kennard v. Cory Brothers & Co. Ltd., [1921] A.C. 521
Kiddle v. City Business Properties Ltd., [1942] 1 K.B. 269
King v. Liverpool City Council, [1986] 3 All E.R. 544
Kuwait Airways Corp. v. Iraqi Airways Co., Urteil der *Queen's Bench Division* vom 07.04.2000 (*Transcript* abrufbar unter *LexisNexis*)
Kuwait Airways Corp. v. Iraqi Airways Co., [2002] U.K.H.L. 19

Laws v. Florinplace Ltd., [1981] 1 All E.R. 659
Leakey v. The National Trust for Places of Historic Interest or Natural Beauty [1980] 1 All E.R. 17
Leame v. Bray, (1803) 102 E.R. 724
Leeman v. Montagu, [1936] 2 All E.R. 1677
Lemmon v. Webb, [1894] 3 Ch. 1, 24
Lemos v. Kennedy Leigh Development Co. Ltd., (1961) 105 Sol. J. 178
Lippiatt v. South Gloucestershire County Council, [1999] 4 All E.R. 149
Lister v. Hesley Hall Ltd., [2002] 1 A.C. 215
LMS International Ltd., Wallaby Investments Ltd., Contract Experts Ltd. v. Syrene Packaging and Insulation Ltd., Paul Edge, Michael Edge, Maria Edge, Robert Cooper, [2005] E.W.H.C. 2065 (T.C.C.)
London Passenger Transport Board v. Upson, [1949] A.C. 155
Longhurst v. Metropolitan Water Board, [1948] 2 All E.R. 834
Lonrho Ltd. v. Shell Petroleum Co. Ltd. (No. 2), [1981] 2 All E.R. 456
Loraine v. Wirral University Teaching Hospital NHS Foundation Trust, [2008] E.W.H.C. 1565
Lord Mayor v. Farnworth, [1930] A.C. 171
Losee v. Buchanan, (1873) 51 N.Y. 476
Lowery v. Walker, [1910] 1 K.B. 173
Lumley v. Gye, (1853) 2 E. & B. 216

Malone v. Lasky, [1907] 2 K.B. 141
Mansel v. Webb, [1918–19] All E.R. Rep. 794
Manton v. Brocklebank, [1923] 2 K.B. 212
Marcic v. Thames Water Utilities Ltd., [2002] E.W.C.A. Civ. 65

Marcic v. Thames Water Utilities Ltd., [2003] U.K.H.L. 66
Marshall v. Nugent, (1955) 222 F.2d 604
Mason v. Levy Auto Parts of England Ltd., [1967] 2 All E.R. 62
Matania v. National Provincial Bank Ltd. and Elevenist Syndicate Ltd., [1936] 2 All E.R. 633
Mayor and Corporation of Chichester v. Foster, [1906] 1 K.B. 167
McKenna v. British Aluminium Ltd., [2002] 4 Env. L.R. 182
McKew v. Holland & Hannens & Cubitts (Scotland) Ltd., [1969] 3 All E.R. 1621
Meakin v. London and North Eastern Railway Co., [1943] 1 All E.R. 362
Merlin v. British Nuclear Fuels plc., [1990] 2 Q.B. 557
Metropolitan Properties Ltd. v. Jones, [1939] 2 All E.R. 202
Midwood & Co. Ltd. v. Manchester Corp., [1905] 2 K.B. 597
Miles v. Granite Rock Granite Co. (Leicestershire Ltd.), (1918) 34 T.L.R. 500
Miller v. Jackson, [1977], Q.B. 966
Miner v. Gilmour, 12 Moo. P.C. 131
Mint v. Good, [1951] 1 K.B. 517
Monk v. Warbey, [1935] 1 K.B. 75
Moss v. Christchurch Rural District Council, [1925] 2 K.B. 750
Mulholland and Tedd Ltd. v. Baker, [1939] 3 All E.R. 253
Murphy v. Brentwood District Council, [1990] 2 All E.R. 908
Musgrove v. Pandelis, [1919] 2 K.B. 43

National Coal Board v. J. E. Evans & Co. (Cardiff) Ltd., [1951] 2 K.B. 861
National Telephone Co. v. Baker, [1893] 2 Ch. 186
Neath Rural District Council v. Williams, [1951] 1 K.B. 115
Nichols v. Marsland, (1875) L.R. 10 Exch. 259
Nichols v. Marsland, (1876) 2 Ex. D. 1
Noble v. Harrison, [1926] 95 L.J.K.B. 813
Northwestern Utilities Ltd. v. London Guarantee and Accident Co., [1936] A.C. 108

Overseas Tankship (UK) Ltd. v. Morts and Dock & Engineering Co. Ltd. (The Wagon Mound No. 1), [1961] A.C. 388
Overseas Tankship (U.K.) Ltd. v. Miller Steamship Co. (The Wagon Mound No. 2), [1967] 1 A.C. 617

Paterson v. Humberside County Council, [1996] 12 Const. L.J. 64
Pearce v. Stanley Bridges Ltd., [1965] W.L.R. 931
Pennington v. Brinsop Hall Coal Co., (1877) 5 Ch.D. 769
Pepper (Insepector of Taxes) v. Hart, [1993] 1 All E.R. 42
P. Perl Exporters Ltd. v. Camden London Borough Council, [1984] Q.B. 342
Perry v. Kendricks Transport Ltd., [1956] 1 All E.R. 154
Peters v. Prince of Wales Theatre (Birmingham) Ltd., [1943] K.B. 73
Philco Radio Ltd. v. J. Spiurling Ltd., [1949] 2 K.B. 33
Philipps v. Britannia Hygienic Laundry Co. Ltd., [1923] 1 K.B. 539
Pickering v. Liverpool Daily Post and Echo Newspapers plc., [1991] 1 All E.R. 622

Plumb v. Cobden Flour Mills Co. Ltd., [1914] A.C. 62
Poland v. John Parr & Sons, [1927] 1 K.B. 236
Pontardawe Rural District Council v. Moore-Gwyn, [1929] 1 Ch. 656
Ponting v. Noakes, [1894] 2 Q.B. 281
Port Swattenham Authority v. T. W. Wu & Co., [1979] A.C. 580
Porter v. Bell, [1955] 5 D.L.R. 62
Powell v. Fall, (1880) 5 Q.B.D. 597
Practice Statement, [1966] 3 All E.R. 77
Price v. South Metropolitan Gas Co., (1896) 65 L.J.Q.B. 126
Pride of Derby and Derbyshire Angling Association Ltd. v. British Celanese Ltd., [1953] 1 All E.R. 179
A. Prosser & Sons Ltd. v. Levy, [1955] 3 All E.R. 577
Pwllbach Colliery Co. Ltd. v. Woodman, [1915] A.C. 634

R. v. Pease, [1824–1834] All E.R. Rep. 579
R. v. Rimmington and Goldstein, [2005] U.K.H.L. 63
Rainham Chemical Works Ltd. v. Belvedere Fish Guano Co. Ltd., [1921] 2 A.C. 465
Read v. Croydon Corporation, [1938] 4 All E.R. 631
Read v. J. Lyons & Co. Ltd., [1946] 2 All E.R. 471
Redland Bricks Ltd. v. Morris, [1970] A.C. 652
Reeves v. v. Commissioner of Police of the Metropolice, [2000] 1 A.C. 360
Re-Source America International Ltd. v Platt Site Services Ltd., [2003] E.W.H.C. 1142 (T.C.C.)
Revill v. Newberry, [1996] 1 All E.R. 291
R.H.M. Bakeries (Scotland) Ltd. v. Strathclyde Regional Council, (1985) S.L.T. 214
Ribee v. Norrie, [2001] P.I.Q.R. 98
Rickards v. Lothian, [1911–13] All E.R. Rep. 71
Rickless v. United Artists Corporation, [1988] Q.B. 40
Rigby v. Chief Constable of Northamptonshire, [1985] 2 All E.R. 985
Robinson v. Post Office, [1974] 2 All E.R. 737
Roe v. Ministry of Health, [1954] 2 All E.R. 131
Ross v. Fedden, (1872) 26 L.T. 966
Rothwell v. Chemical and Insulating Co. Ltd., [2006] E.W.C.A. Civ. 27
Rouse v. Gravelworks Ltd., [1940] 1 K.B. 489
Ryeford Homes Ltd. v. Sevenoaks District Council, [1989] 46 Build L.R. 34
Rylands v. Fletcher, [1861–73] All E.R. Rep. 1

Sampson v. Hodson-Pressinger, [1981] 3 All E.R 710
Sanders-Clark v. Grosvenor Mansions Co. Ltd., [1900] 2 Ch. 373
Sedleigh-Denfield v. O'Callaghan, [1940] A.C. 880
Shapland v. Palmer, [1999] 1 W.L.R. 2068
Shelfer v. City of London Electric Lighting Co., [1895] 1 Ch. 287
Shiffman v. The Grand Priory in the British Realm of the Venerable Order of the Hospital of St. John of Jerusalem, [1936] 1 All E.R. 557
Slater v. Worthington's Cash Stores (1930) Ltd., [1941] 1 All ER 245

Smith v. Ainger, [1990] C.L.Y. 3297, The Times 05.06.1990
Smith v. Fletcher, (1874) L.R. 7 Exch. 305
Smith v. Giddy, [1904] 2 K.B. 448
Smith Ltd. v. Great Western Rail Co., (1926) 135 L.T. 112
Smith v. Kenrick, (1849), 7 C.B. 515; 137 E.R. 205
Smith v. Littlewoods Organisation Ltd., [1987] 1 All E.R. 710
Smith v. London & South Western Railway Co., (1870) L.R. 6 C.P. 14
Smeaton v. Ilford, [1954] 1 All E.R. 923
Snow v. Whitehead, (1884) 27 Ch.D. 588
Sochaski v. Sas, [1947] 1 All E.R. 344
South Australia Asset Management Corporation v. York Montague Ltd., [1997] A.C. 191
Southport Corporation v. Esso Petroleum Co. Ltd., [1953] 2 All E.R. 1204
Southport Corporation v. Esso Petroleum Co. Ltd., [1954] 2 All ER 561
Southport Corporation v. Esso Petroleum Co. Ltd., [1955] 3 All E.R. 864
Southwark London Borough Council v. Tanner, [2001] 1 A.C. 1
Spicer v. Smee, [1946] 1 All E.R. 489
St. Anne's Well Brewery Co. v. Roberts, (1929) 140 L.T. 1
St. Helen's Smelting Co. v. Tipping, (1865) 11 E.R. 1483
Stannard v. Charles Pitcher Ltd., [2002] B.L.R. 441
Stevens v. Woodward, (1881) 6 Q.B.D. 318
Sturges v. Bridgman, (1879) 11 Ch. 852
J. Summers & Sons Ltd. v. Frost, [1955] A.C. 740
Swain v. Natui Ram Puri, [1996] C.L.Y. 5697

Tate & Lyle Industries Ltd. v. Greater London Council, [1983] 1 All E.R. 1159
Tennant v. Earl of Glasgow, (1864) 36 Sc.J. 400
Tetley v. Chitty, [1986] 1 All E.R. 663
The Saint Jacques II, [2003] 1 Ll. L. Rep. 203
Thomas and Evans Ltd. v. Mid-Rhondda Co-operative Society Ltd., [1941] 1 K.B. 381
Thompson v. Bankstown Corp., (1953) 87 C.L.R. 619
Thompson-Schwab v. Costaki, [1956] 1 All E.R. 652
Tilley v. Stevenson, [1939] 4 All E.R. 207
Todd v. Flight, (1860) 30 L.J.C.P. 21
Transco plc. v. Stockport Metropolitan Borough Council, [2003] U.K.H.L. 61
Trevett v. Lee, [1955] 1 All E.R. 406
Turner v. Big Lake Oil Co., (1936) 96 S.W. 2d. 221

Vanderpant v. Mayfair Hotel Co., [1930] 1 Ch. 138
Vaughan v. The Taff Vale Railway Co., [1860] 29 L.J.Exch. 247

Wallace v. Newton, [1982] 1 W.L.R. 375
Warwickshire County Council v. Johnson, [1993] 1 All E.R. 299
Watson v. Murray, [1955] 2 Q.B. 1
Weaver v. Ward, (1616) 80 E.R. 284
Weller & Co. v. Foot and Mouth Disease Research Institute, [1965] 3 All E.R. 560

Wells v. Cooper, [1958] 2 Q.B. 265
Wentworth v. Wiltshire City Council, [1993] 2 All E.R. 256
West v. Bristol Tramways Co., [1908] 2 K.B. 14
Western Engraving Co. v. Film Laboratories Ltd., [1936] 1 All E.R. 106
Westhoughton Coal & Cannel Co. Ltd. v. Wigan Coal Corp. Ltd., [1939] Ch. 393
Whalley v. Lancashire and Yorkshire Railway Co., (1884) 13 Q.B.D. 131
Wheat v. E. Lacon & Co. Ltd., [1966] A. C. 552
Wheeler v. New Merton Board Mills Ltd., [1933] 1 K.B. 669
Wheeler v. J. J. Saunders Ltd., [1995] 2 All E.R. 697
Whitmores (Edenbridge) Ltd. v. Stanford, [1909] 1 Ch. 427
Wilkins v. Leighton, (1932) 2 Ch. 106
Williams v. Eady (1893) 10 T.L.R. 42
Wilchnick v. Marks and Silverstone, [1934] 2 K.B. 56
Wilsher v. Essex Area Health Authority, [1987] Q.B. 730
Wilson v. Waddell, (1876) 2 App. Cas. 95
Wing v. London General Omnibus Co., (1909) 2 K.B. 652
Wray v. Essex City Council, [1936] 3 All E.R. 97
Wringe v. Cohen, [1940] 1 K.B. 229

X. v. Bedfordshire County Council, [1995] 2 A.C. 633

Young v. Bankier Distillery, [1893] A.C. 691
Young v. Bristol Aeroplane Co. Ltd., [1944] K.B. 718

A. Gang der Untersuchung

I. Gegenstand und Zielsetzung

„Schuld" trägt in den Augen des Rechts, wer durch sorgfaltswidriges Verhalten einen Schaden herbeiführt[1]. Verursacht aber eine Person Schäden, ohne sich hierbei schuldhaft zu verhalten, so hat das Recht einen schwierigen Interessenkonflikt aufzulösen: Es gilt zu entscheiden, ob der Verursacher ungeachtet seiner Schuldlosigkeit zum Ausgleich der eingetretenen Schäden herangezogen werden soll, oder ob der – regelmäßig ebenfalls schuldlose – Geschädigte den erlittenen Verlust selbst tragen muss.

Im englischen *Common Law of Torts*[2], dem richterlichen Deliktsrecht, stehen sich in dieser Grundsatzfrage zwei Haftungsregeln gegenüber. Die verschuldensbasierte *Negligence* gewährt Schadensersatz für die vorhersehbaren Folgen einer vermeidbaren Verletzung erkennbarer Sorgfaltspflichten. Dagegen ermöglicht die *Rule* aus *Rylands v. Fletcher* den Ausgleich von Schäden, welche auf die bloße Schaffung einer Gefährdungslage (durch Akkumulation einer Gefahrenquelle im Herrschaftsbereich des Schädigers) zurückzuführen sind. Diese „Gefährdungshaftung" greift selbst dann, wenn die spätere Realisierung des Schadensrisikos auch bei Beachtung angemessener Sorgfalt nicht zu verhindern war.

Im Mittelpunkt der vorliegenden Untersuchung soll die „strenge"[3] Haftung nach *Rylands v. Fletcher* stehen. Diese *Rule* sieht sich nämlich von einer Zangenbewegung bedrängt, im Zuge derer sie nicht nur stetig an Bedeutung einbüßt, sondern in letzter Konsequenz sogar in ihrer Existenz bedroht wird. Nicht nur haben die englischen Gerichte bei der Wahl zwischen den widerstreitenden Haftungsprinzipien eine Präferenz zugunsten der verschuldensbasierten *Negligence* entwickelt. Damit einher geht auch die Tendenz der Richter, die Voraussetzungen von *Rylands v. Fletcher* immer restriktiver zu interpretieren, wodurch die *Rule* von innen ausgehöhlt wird. Hinzu kommt die Regulierung bestimmter Gefahrenquellen durch den Gesetzgeber, infolge derer *Rylands* ganze Anwendungsgebiete an das (vorrangig anzuwendende[4]) *Statutory Law* zu verlieren droht. Die *Rule* läuft daher Gefahr, durch eine restriktive

---

1 Vgl. dazu nachfolgend unter A.II.2.

2 Vgl. zu den Rechtsquellen des englischen Privatrechts die nachfolgende Darstellung unter A.II.1.a.

3 Im Englischen wird der Terminus „Gefährdungshaftung" als *Strict Liability* bezeichnet; vgl. zur Übersetzung Dietl/Lorenz: „Wörterbuch für Recht, Wirtschaft und Politik. Teil II" (5. Auflage 2005), S. 336 sowie inhaltlich Werro/Palmer/Hahn in Werro/Palmer (Hrsg.): „The Boundaries of Strict Liability in European Tort Law" (2004), S. 4 und 9 f.

4 Vgl. eingehend zur Methodik des englischen *Common Law* nachfolgend unter A.II.1.b.

Auslegungspolitik bis zur Bedeutungslosigkeit „gestaucht" und überdies zwischen *Negligence* und *Statutory Law* vollends aufgerieben zu werden.

Die vorliegende Arbeit verfolgt das Anliegen, Argumente für die Bewahrung von *Rylands v. Fletcher* als Instrument der Gefährdungshaftung aufzuzeigen. Dabei soll aber nicht allein eine Verteidigungsschrift gegenüber den Bedrohungen von außerhalb wie auch innerhalb der *Rule* vorgelegt werden. Es gilt vielmehr, nach Möglichkeiten für eine Neuausrichtung von *Rylands v. Fletcher* zu suchen. Nur eine gestärkte und bis an ihre Grenzen „gedehnte" *Rule* wird das Ziel dieser Arbeit erreichen können – nämlich, das Potential von *Rylands v. Fletcher* als wirkungsmächtiges Instrument der Gefährdungshaftung im englischen *Common Law of Torts* offen zu legen.

II. Grundlagen

Zielsetzung der vorliegenden Untersuchung ist es, den Gedanken der Gefährdungshaftung im englischen *Common Law of Torts* zu stärken. Dies verlangt danach, sowohl das Wesen der Gefährdungshaftung zu umreißen, als auch die methodischen Besonderheiten des englischen Rechts aufzuzeigen. Erst diese Grundlage erlaubt es, die Ausrichtung der nachfolgenden Untersuchung zu konzipieren.

1. Vorgaben der englischen Rechtsmethodik

Diese Untersuchung soll nicht allein rechtsvergleichend aus der Perspektive des deutschen Juristen geführt werden. Ein Vergleich mit der deutschen Rechtslage ist nicht Ziel dieser Arbeit. Es gilt vielmehr, das strenge Haftungsregime von *Rylands v. Fletcher* „innerhalb" des englischen Deliktsrechts zu stärken. Daher muss diese Arbeit den methodischen Besonderheiten des englischen Rechts gehorchen. Das englische Rechtssystem unterscheidet sich aber in vielerlei Hinsicht von den kontinentaleuropäischen Rechtsordnungen. Deshalb ist es unentbehrlich, den nachfolgenden Ausführungen einen kurz gefassten Abriss der charakteristischen Besonderheiten des englischen Privatrechts voranzustellen.

a) Regelungssystematik des englischen Deliktsrechts

Das englische[5] Deliktsrecht[6] speist sich hauptsächlich aus zwei Rechtsquellen, dem *Common Law* und dem *Statutory Law*. Das *Common Law* umfasst das richterliche

---

5 Das Vereinigte Königreich besitzt kein einheitliches Zivilrechtssystem. Vielmehr gilt in England und Wales das „englische" *Common Law*, während sowohl Schottland als auch Nordirland einem eigenen Richterrecht (gleichwohl aber demselben *Statutory Law*) folgen. Vgl. dazu Wilson/Mitchell/Storey/Wortley: „English Legal System" (2009), S. 4.

6 Gegenstand der Untersuchung ist nicht das Vertragsrecht, da die Haftung nach *Rylands v. Fletcher* keine Vertragsbeziehung der Parteien voraussetzt; vgl. zur

Fallrecht[7]. Das *Common-Law*-Deliktsrecht besteht aus verschiedenen selbständigen Haftungstatbeständen, den *Torts*[8], die von den englischen Richtern seit dem Mittelalter entwickelt worden sind[9]. Aus diesem Grund wird das *Common-Law*-Deliktsrecht als *Law of Torts* bezeichnet[10]. Jeder *Tort* schützt bestimmte Interessen gegen bestimmte Formen der Verletzung und stellt hierfür eigene Haftungsvoraussetzungen auf[11].

Dagegen bezeichnet der Terminus *Statutory Law* das Gesetzesrecht. Dieses besteht aus den vom Parlament beschlossenen Gesetzen *(Acts of Parliament)* sowie

---

Abgrenzung der Rechtsgebiete etwa Rogers: „Winfield and Jolowicz on Tort" (17. Auflage 2006), 6 f.; Oliphant in Grubb (Hrsg.): „The Law of Tort" (2002), S. 2; Davies in Birks (Hrsg.): „English Private Law. Vol. II" (2000), S. 407 f.

7 In diesem Zusammenhang dient der Begriff des *Common Law* als Abgrenzung des richterlichen Fallrechts zum Gesetzesrecht, dem *Statutory Law*. Der Terminus *Common Law* wird jedoch auch genutzt, um den anglo-amerikanischen vom kontinentaleuropäischen Rechtskreis, dem *Civil Law*, abzugrenzen. Schließlich steht das *Common Law* noch dem *Equity Law* gegenüber, das ab dem Mittelalter vom *Chancellor* bzw. dem *Court of Chancery* als Reaktion auf Ungerechtigkeiten in der *Common-Law*-Praxis der königlichen Gerichte entwickelt wurde (*Equity Law* spielt heute vor allem im *Trust*recht eine Rolle). Vgl. zum Ganzen Zweigert/Kötz: „Einführung in die Rechtsvergleichung auf dem Gebiete des Privatrechts" (3. Auflage 1996), S. 184 f.; Keenan: „Smith & Keenan's English Law" (19. Auflage 2001), S. 8 ff.; Henrich/Huber: „Einführung in das englische Privatrecht" (3. Auflage 2003), S. 15 f.

8 Der Begriff „Tort" ist an den lateinischen Begriff „tortuosus" (dt.: „schmerzend", aber auch „verworren"; vgl. Klotz: „Handwörterbuch der lateinischen Sprache. Zweiter Band" [7. Auflage 1963], S. 1620) angelehnt; vgl. McBride/Bagshaw: „Tort Law" (2. Auflage 2005), S. 3. Insoweit ist es kaum verwunderlich, dass viele Autoren die verbindliche Definition des Terminus „Tort" als schwierig beschreiben; vgl. statt Vieler Keenan, a. a. O., S. 431 sowie Rogers, a. a. O., S. 1. Am häufigsten wird auf die Definition Winfields zurückgegriffen: „Tortious liability arises from a duty primarily fixed by law; this duty is towards persons generally and its breach is redressible by an action for unliquidated damages"; zitiert nach Rogers: „Winfield and Jolowicz on Tort" (17. Auflage 2006), S. 5.

9 So wurde der *Tort* des *Trespass* bereits im 13. Jahrhundert in einer Darstellung des Rechtsgelehrten Bracton behandelt; vgl. Bracton, f. 216b, abgedruckt und übersetzt bei C.H.S. Fifoot: „History and Sources of the Common Law. Tort and Contract" (1949), S. 57 f.

10 Teilweise wird vorgeschlagen, die Bezeichnung „Law of Torts" durch den Terminus „Law of Tort" zu ersetzen, um eine Abstrahierung des Deliktsrechts hin zu einem einheitlichen Deliktsprinzip zu versinnbildlichen. Dies erscheint aber eher zweifelhaft, da ein allgemeines, die Gesamtheit der Torts leitendes Prinzip nur schwer auszumachen sein dürfte. Vgl. dazu van Dam: „European Tort Law" (2006), S. 502; Shaw in v. Bar (Hrsg.): „Deliktsrecht in Europa" (1994), S. 13.

11 Vgl. Zweigert/Kötz, a. a. O., S. 607; van Dam, a. a. O., S. 502.

einer beträchtlichen Anzahl an Verordnungen[12]. Auf dem Gebiet des Deliktsrechts umfasst das *Statutory Law* eine Vielzahl[13] an Spezialgesetzen zu verschiedenen exakt umrissenen Lebensbereichen, beispielsweise zur Haftung für Atomanlagen im *Nuclear Installations Act 1965*. Eine allgemeine gesetzliche Kodifikation des Deliktsrechts existiert hingegen nicht.

Im Konkurrenzverhältnis zwischen *Statutory Law* und *Common Law* genießt ersteres in seiner Anwendung zwar formal Vorrang[14]. Jedoch messen die englischen Gerichte traditionell dem *Common Law* größere Bedeutung bei. Dies zeigt sich insbesondere in den Anwendungsregeln[15] und Vermutungen[16], die die Richter bei der Auslegung der *Statutes*[17] befolgen.

---

12 Verordnungen werden vom Kronrat, dem *Privy Council*, erlassen (sog. *Orders in Council*), zudem von der Regierung (sog. *Statutory Instruments*) und in verfahrensrechtlichen Fragen vom *Supreme Court of Judicature*, einem Zusammenschluss von *High Court* und *Court of Appeal* (sog. *Rules of Court*). Daneben existieren lokale Satzungen (*Byelaws*). Auch das Parlament kann im abgekürzten Gesetzgebungsverfahren Verordnungen erlassen (sog. *Special Procedure Orders*). Vgl. zum Ganzen statt Vieler Blumenwitz: „Einführung in das anglo-amerikanische Recht“ (6. Auflage 1998), S. 46 m. w. N. sowie Bailey/Ching/Gunn/Ormerod: „Smith, Bailey and Gunn on the Modern English Legal System“ (4. Auflage 2002), S. 295 ff. m. w. N.

13 Von Bar stellt sogar die These auf, dass keine europäische Rechtsordnung ähnlich viele haftungsrechtliche Spezialgesetze aufweise wie die englische; vgl. von Bar: „Gemeineuropäisches Deliktsrecht. Erster Band. Die Kernbereiche des Deliktsrechts, seine Angleichung in Europa und seine Einbettung in die Gesamtrechtsordnungen“ (1996), S. 256, Rdnr. 241.

14 Vgl. Slapper/Kelly: „The English Legal System“ (5. Auflage 2001), S. 62; Kiralfy: „The English Legal System“ (18. Auflage 1990), S. 101; Cownie/Bradney: „English Legal System“ (2. Auflage 2000), S. 108; Keenan, a. a. O., S. 162; Partington: „An Introduction To The English Legal System“ (2000), S. 52.

15 Regeln zur Auslegung von *Statutes* sind auch im *Interpretation Act 1978* zu finden. Hier werden wichtige Begriffe der *Statutes* vom Gesetzgeber verbindlich definiert. Daneben schlägt Cross einen *Unified Approach* vor, wonach ein Richter selbständig die teleologische Bedeutung einer Regelung ermitteln und berücksichtigen sollte; vgl. Cross: „Statutory Interpretation“ (2. Auflage 1995), S. 49. Vgl. auch Bailey/Ching/Gunn/Ormerod, a. a. O., S. 417 ff.; Partington, a. a. O., S. 57.; Keenan, a. a. O., S. 163 f.

16 Die sog. *Presumptions* finden in Zweifelsfällen Anwendung. Beispielsweise wird vermutet, dass der Gesetzgeber seinem *Statute* über die konkrete Sachfrage hinaus keine Regelung treffen, also das *Common Law* nicht grundsätzlich verändern wollte. Die *Presumptions* haben jedoch keine den Auslegungsregeln gleichstehende Bedeutung und sind inhaltlich teilweise umstritten; vgl. zum Ganzen Bailey/Ching/Gunn/Ormerod, a. a. O., S. 455 ff. m. w. N.

17 Für die Anwendung europäischer Regelungen gelten Besonderheiten, so wird z. B. dem Zweck der Regelung mehr Bedeutung beigemessen als dem exakten Wortlaut; vgl. dazu Bailey/Ching/Gunn/Ormerod, a. a. O., S. 467 ff. m. w. N.

Die grundlegende Auslegungsregel ist die sog. *Mischief Rule*[18]. Nach dieser ergibt sich der Anwendungsbereich eines *Statute* erst aus der Unzulänglichkeit – dem „mischief" – des *Common Law* bei der Lösung eines konkreten Sachverhalts. Erst wenn sich das *Common Law* als solchermaßen „unzulänglich" erweist, kann geprüft werden, welche Lösung das *Statutory Law* für den betreffenden Sachverhalt bereithält[19].

Nach dem Grundsatz der *Literal Interpretation* sind *Statutes* ausschließlich nach ihrem Wortlaut auszulegen[20]. Jedoch hat das *House of Lords* diesen Grundsatz inzwischen leicht aufgeweicht und berücksichtigt auch die Protokolle des Parlaments, wenn eine Formulierung des *Statute* mehrdeutig bzw. gänzlich unklar ist oder wenn der Wortsinn zu absurden Ergebnissen führen würde[21].

Die *Golden Rule* ist eine Ausnahmeregelung, die eine Abweichung vom Wortlaut des *Statute* zulässt, wenn dessen strenge Befolgung zu absurden Ergebnissen oder zu einem Widerspruch mit der in dem *Statute* selbst ersichtlichen gesetzgeberischen Intention führen würde[22].

Zusammenfassend kann festgehalten werden, dass das *Statutory Law* zwar in der Normenhierarchie formal über dem *Common Law* steht; diese Stellung wird jedoch durch die Anwendungsregeln der *Statutes* untergraben. Somit gilt das *Common Law* als die primäre Rechtsquelle des englischen Rechts, dem *Statutory Law* kommt nur ergänzende Funktion zu[23].

---

18 Vgl. Slapper/Kelly, a. a. O., S. 172 ff.; Kiralfy, a. a. O., S. 119; Cownie/Bradney, a. a. O., S. 117 ff.; Partington, a. a. O., S. 55; Keenan, a. a. O., S. 163; Bailey/Ching/Gunn/Ormerod, a. a. O., S. 413 f.

19 Diese Regel geht zurück auf die Entscheidung in *Heydon's Case*, (1584) 3 Co. Rep. 7 a: „(1) what was the common law before the passing of the Act; (2) what was the mischief and defect for which the common law did not provide; (3) what remedy the Parliament hath resolved and appointed to cure the disease of the common-wealth; (4) the true reason of the remedy"; zitiert nach Blumenwitz, a. a. O., S. 52.

20 Vgl. Slapper/Kelly, a. a. O., S. 169; Kiralfy, a. a. O., S. 117; Cownie/Bradney, a. a. O., S. 113 ff.; Partington, a. a. O., S. 55; Bailey/Ching/Gunn/Ormerod, a. a. O., S. 414 f.; Keenan, a. a. O., S. 163.

21 Vgl. Lord Browne-Wilkinson in *Pepper (Insepector of Taxes) v. Hart*, [1993] 1 All E.R. 42, 69. Vgl. zum Ganzen auch Bailey/Ching/Gunn/Ormerod, a. a. O., S. 448 ff. m. w. N.

22 Vgl. Blumenwitz, a. a. O., S. 53; Kiralfy, a. a. O., S. 117 f.; Slapper/Kelly, a. a. O., S. 170 ff.; Cownie/Bradney, a. a. O., S. 115 ff.; Partington, a. a. O., S. 55; Bailey/Ching/Gunn/Ormerod, a. a. O., S. 415 ff.; Keenan, a. a. O., S. 163 f.

23 Vgl. von Bar: „Gemeineuropäisches Deliktsrecht. Erster Band. Die Kernbereiche des Deliktsrechts, seine Angleichung in Europa und seine Einbettung in die Gesamtrechtsordnungen" (1996), S. 257, Rdnr. 242, der die Funktion des *Statutory Law* als „eine Art ‚chirurgischen' Eingriffs" in das *Common Law* beschreibt.

b) Methodische Besonderheiten des Common Law

Das *Common Law* basiert auf dem Präjudiziensystem[24]. Es gilt die Doktrin der *Stare Decisis*[25], wonach ein Gericht die zuvor gesprochenen Urteile der ranghöheren Gerichte, die *Precedents*, beachtet[26]. Diese Bindungswirkung gilt nur innerhalb einer souveränen Rechtsordnung, nicht aber darüber hinaus[27].

Die englischen Richter sind nicht durch Gesetz oder Amtseid verpflichtet, der *Stare-Decisis*-Doktrin zu folgen. Sie tun dies vielmehr aus Respekt vor ihren Kollegen in den höherrangigen Gerichten[28]. So findet die Bindungswirkung eines *Precedent* auch dann Beachtung, wenn die darin geäußerte Rechtsauffassung nicht derjenigen des niederrangigen Gerichts entspricht[29]. Es kommt daher in der Praxis kaum vor, dass ein *Precedent* bewusst missachtet wird, obgleich dies nicht automatisch zur Nichtigkeit der Entscheidung führen würde[30].

Bindungswirkung gemäß der *Stare-Decisis*-Doktrin entfalten nur die Entscheidungen höherrangiger Gerichte[31]. Die Urteile des höchsten englischen Gerichts sind daher für alle anderen Gerichte des Landes bindend[32]. Diese hervorgehobene Stellung des *House of Lords* wurde unlängst[33] auf den neu geschaffenen *Supreme*

---

24 Vgl. Cownie/Bradney, a. a. O., S. 88; Blumenwitz, a. a. O., S. 25; Bailey/Ching/Gunn/Ormerod, a. a. O., S. 477; Slapper/Kelly, a. a. O., S. 63.

25 Diese Bezeichnung ist die Kurzform der lateinischen Formulierung *stare decisis et non quieta movere* (dt. etwa „bei den Entscheidungen stehen bleiben"); vgl. Blumenwitz, a. a. O., S. 26.

26 Vgl. Blumenwitz, a. a. O., S. 25 f.; Kiralfy, a. a. O., S. 76 f.; Cownie/Bradney, a. a. O., S. 88; Slapper/Kelly, a. a. O., S. 63; Partington, a. a. O., S. 52; Bailey/Ching/Gunn/Ormerod, a. a. O., S. 477 f.

27 Daher sind beispielsweise australische Gerichte nicht an die Entscheidungen englischer Gerichte gebunden, obwohl auch Australien eine *Common-Law*-Rechtsordnung ist.; vgl. Blumenwitz, a. a. O., S. 26. Gleichwohl stehen die Entscheidungen der englischen Gerichte in den Staaten des *Commonwealth* in derart hohem Ansehen, dass die dortigen Gerichte auf sie häufig Bezug nehmen; vgl. Blumenwitz, a. a. O., S. 32.

28 Auch der Gedanke der Rechtssicherheit wird in diesem Zusammenhang teilweise angeführt. Vgl. zum Ganzen Blumenwitz, a. a. O., S. 25 f. m. w. N.

29 Vgl. Blumenwitz, a. a. O., S. 26.

30 Gelegentlich wird ein *Precedent* unbewusst übersehen. Vgl. Blumenwitz, a. a. O., S. 32 f.; Partington, a. a. O., S. 52. In diesem Fall wird die davon benachteiligte Partei jedoch regelmäßig einen *Appeal* anstreben, um auf diese Weise dem *Precedent* doch noch zur Durchsetzung zu verhelfen.

31 Vgl. Bailey/Ching/Gunn/Ormerod, a. a. O., S. 486, 513 ff. Vgl. auch Kiralfy, a. a. O., S. 87; Slapper/Kelly, a. a. O., S. 63; Cownie/Bradney, a. a. O., S. 100.

32 Vgl. Bailey/Ching/Gunn/Ormerod, a. a. O., S. 505; Blumenwitz, a. a. O., S. 27; Kiralfy, a. a. O., S. 87.

33 Grundlage dieser Neuordnung ist der *Constitutional Reform Act 2005*. Nach dessen Maßgabe (c. 4, pt. III, s. 23) hat der *Supreme Court* zum 1. Oktober 2009 die Aufgaben des vormaligen *Judicial Committe of the House of Lords* übernommen. Anliegen der Reform ist es nicht zuletzt, im Sinne der Gewaltenteilung die Trennung

Court of the United Kingdom übertragen[34]. Darüber hinaus können die Entscheidungen der sog. *Superior Courts*[35] Bindungswirkung gegenüber den *Inferior Courts*[36] ausüben. Die Entscheidungen niederrangiger Gerichte entfalten zwar keine Bindungswirkung gegenüber ranghöheren Gerichten. Sie werden jedoch mitunter von den höherrangigen Gerichten als *Persuasive Authority* zur Bestärkung ihrer Rechtsauffassung berücksichtigt[37].

Zu beachten ist, dass sich die Bindungswirkung nach der *Stare-Decisis*-Doktrin nicht auf die gesamte Entscheidung erstreckt, sondern nur auf die abstrakt-rechtlichen[38] Hauptturteilsgründe, die als *Ratio Decidendi* bezeichnet werden[39]. Im Gegensatz zur *Ratio* sind *Obiter Dicta* lediglich beiläufige, nicht entscheidungserhebliche Anmerkungen des Richters, welche keine Bindungswirkung entfalten[40]. Gleichwohl werden auch *Dicta* nicht selten als *Persuasive Authority* zur Bestärkung der in einem Urteil vertretenen Rechtsauffassung angeführt[41].

Ein *Precedent* verliert seine Bindungswirkung in drei Fällen. Zum Ersten, wenn sie durch ein höherrangiges Gericht überstimmt wird (sog. *Overruling*). Wird eine rechtskräftige Entscheidung in einem anderen Verfahren *overruled*, so bleibt deren

---

der legislativen Funktion des *House of Lords* von den judikativen Aufgaben seiner Lordrichter zu verdeutlichen. Vgl. dazu Elliott/Quinn: „English Legal System" (11. Auflage 2010), S. 14; Barnett: „Constitutional & Administrative Law" (7. Auflage 2009), S. 405 f.

34 Die Kontinuität dieser Neuordnung zeigt sich nicht zuletzt daran, dass sämtliche Lordrichter des vormaligen *House of Lords* in den neu geschaffenen *Supreme Court* übernommen wurden; vgl. *Constitutional Reform Act 2005*, c. 4, pt. III, s. 24.

35 Diesen gehört neben dem *Supreme Court* insbesondere der *Court of Appeal* an (Bindungskraft gegenüber allen Gerichten außer dem *Supreme Court*), gefolgt von *High Court* (Bindungskraft gegenüber *Crown Court* und *Inferiour Courts) und Crown Court* (keine Bindungskraft). Vgl. Blumenwitz, a. a. O., S. 28. Vgl. auch Bailey/Ching/Gunn/Ormerod, a. a. O., S. 54 ff.; Kiralfy, a. a. O., S. 87 ff.; Slapper/Kelly, a. a. O., S. 67 ff.; Cownie/Bradney, a. a. O., S. 88 ff.

36 Als *Inferior Courts* werden alle Gerichte, die nicht zu den *Superior Courts* zählen, bezeichnet, so die *County Courts*. Ihre Entscheidungen üben keine Bindungswirkung aus. Vgl. Blumenwitz, a. a. O., S. 28; Slapper/Kelly, a. a. O., S. 75; Kiralfy, a. a. O., S. 89; Cownie/Bradney, a. a. O., S. 36 ff., 100 ff.

37 Vgl. Bailey/Ching/Gunn/Ormerod, a. a. O., S. 486, 513 ff.; Slapper/Kelly, a. a. O., S. 63; Cownie/Bradney, a. a. O., S. 100; Kiralfy, a. a. O., S. 87.

38 Vgl. Bell in Birks (Hrsg.): „English Private Law. Vol. I" (2000), S. 31 ff.; Blumenwitz, a. a. O., S. 25 Anm. 48; Slapper/Kelly: , a. a. O., S. 75; Keenan, a. a. O., S. 171.

39 Vgl. Blumenwitz, a. a. O., S. 35; Kiralfy, a. a. O., S. 77 ff.; Slapper/Kelly, a. a. O., S. 75; Cownie/Bradney, a. a. O., S. 94 f.; Partington, a. a. O., S. 52; Bailey/Ching/Gunn/Ormerod, a. a. O., S. 480 f.

40 Vgl. Bell, a. a. O., S. 34 f.; Bailey/Ching/Gunn/Ormerod, a. a. O., S. 480 f.; Blumenwitz, a. a. O., S. 37; Slapper/Kelly, a. a. O., S. 75; Partington, a. a. O., S. 52.

41 Vgl. Bell, a. a. O., S. 30; Wheeler: „The English Legal System" (2002), S. 45; Cownie/Bradney, a. a. O., S. 95; Slapper/Kelly, a. a. O., S. 75.

bereits erlangte Rechtskraft aber bestehen, da das *Overruling* nur die Präjudizienwirkung des Urteils beseitigt[42]. Zum Zweiten kann ein nicht an eigene Entscheidungen gebundenes Gericht seinem eigenen *Precedent* die Bindungswirkung entziehen[43]. Zum Dritten hebt ein dem *Precedent* widersprechendes *Statute* dessen Bindungswirkung auf, da es als Rechtsquelle in der Normenhierarchie über einer *Common-Law*-Entscheidung steht[44].

Eine Möglichkeit, die Wirkung eines *Precedents* einzuschränken, ohne sie vollkommen aufzuheben, ist das in der Praxis äußerst bedeutsame *Distinguishing*[45]. Hierbei arbeitet ein Gericht maßgebliche Unterschiede zwischen dem ihm vorliegenden Fall und dem in Betracht kommenden *Precedent* heraus[46]. Diese Unterschiede erlauben es den Richtern, von dem *Precedent* abzuweichen, da dieser nur Bindungswirkung für übereinstimmende Fälle entfalten kann[47].

Das *Distinguishing* hat jedoch noch eine weitere Dimension: Indem ein Gericht einen vom *Precedent* unterscheidbaren Fall regelt, füllt es eine Rechtslücke und trägt so zur Fortentwicklung des *Common Law* bei[48]. Auf diese Weise kann ein neuer *Precedent* entstehen, und damit eine neue *Common-Law*-Regelung zu einer zuvor noch nicht erfassten Fallvariante. In neue Sachverhaltskonstellationen arbeitet sich der *Common-Law*-Richter vor, indem er ausgehend vom bisherigen Präjudizienstand

---

42 Vgl. Blumenwitz, a. a. O., S. 34. Vgl. auch Kiralfy, a. a. O., S. 82; Slapper/Kelly, a. a. O., S. 81.

43 Die Frage der Selbstbindung ist unter den *Superior Courts* nicht einheitlich geklärt. Das *House of Lords* hat sich – abgesehen von strengen Ausnahmen – stets an die eigenen Entscheidungen gebunden gefühlt; vgl. Bell, a. a. O., S. 38; Blumenwitz, a. a. O., S. 27; Slapper/Kelly, a. a. O., S. 92; Partington, a. a. O., S. 52. Ebenso fühlt sich der *Court of Appeal* an eigene *Precedents* gebunden, der *High Court of Justice* dagegen nicht; vgl. dazu Bell, a. a. O., S. 40 ff.; Cownie/Bradney, a. a. O., S. 100 f.; Kiralfy, a. a. O., S. 89 ff.; Bailey/Ching/Gunn/Ormerod, a. a. O., S. 486 ff.

44 Vgl. Partington, a. a. O., S. 52; Blumenwitz, a. a. O., S. 26. Zugleich kann aber auch die Auslegung von *Statutes* durch ein Gericht Bindungswirkung für deren zukünftige Anwendung entfalten; vgl. Bailey/Ching/Gunn/Ormerod, a. a. O., S. 517 f.

45 Vgl. Bailey/Ching/Gunn/Ormerod, a. a. O., S. 517; Blumenwitz, a. a. O., S. 40; Slapper/Kelly, a. a. O., S. 82; Kiralfy, a. a. O., S. 80; Partington, a. a. O., S. 52.

46 Als derartige Unterschiede werden regelmäßig Abweichungen im Sachverhalt angeführt, die zwar geringfügig sein können, jedoch stets eine für die rechtliche Bewertung maßgebliche Abweichung darstellen müssen; vgl. Blumenwitz, a. a. O., S. 41 f.; Slapper/Kelly, a. a. O., S. 82; Bailey/Ching/Gunn/Ormerod, a. a. O., S. 517; Partington, a. a. O., S. 52.

47 Vgl. Slapper/Kelly, a. a. O., S. 82; Bailey/Ching/Gunn/Ormerod, a. a. O., S. 517. Bestehen überhaupt keine Unterschiede zwischen den Fällen, so *befolgt* das Gericht den *Precedent (Following the Precedent)*; bestehen nur unerhebliche Unterschiede, so *wendet* das Gericht den *Precedent* sinngemäß *an (Applying the Precedent)*; vgl. Blumenwitz, a. a. O., S. 42.

48 Vgl. Blumenwitz, a. a. O., S. 42 f.

für den neuartigen Fall „mit den Augen seines Amtsvorgängers“[49] eine Regelung sucht. Das englische Recht folgt mithin einem ausdifferenzierten System an methodischen Besonderheiten, welche es bei der Konzeption der nachfolgenden Untersuchung zu beachten gilt.

2. Gefährdungshaftung

Um die Grundlage für das Ziel der vorliegenden Arbeit zu legen, ist es ebenfalls erforderlich, das Wesen des Rechtsprinzips der Gefährdungshaftung zu umreißen. Besonders markant hebt sich deren Charakter gegenüber dem Konträrkonzept der Verschuldenshaftung ab[50]. Dieses letztgenannte Modell sanktioniert die schadensstiftende Verletzung von Sorgfaltspflichten[51]. Das englische *Common Law* hat diesen Grundsatz der *Fault Liability*[52] im *Tort* der *Negligence* umgesetzt[53]. Dagegen ermöglicht *Strict Liability*[54] den Ausgleich von Schäden, obwohl deren Verursacher eigentlich alle Sorgfaltspflichten beachtet hatte[55]. Als Ausdruck einer solchen Gefährdungshaftung ist die *Rule* aus *Rylands v. Fletcher* konzipiert worden[56].

Im Widerstreit jener Haftungsmodelle verweist die rechtspolitische und rechtsökonomische Diskussion auf eine Reihe von Motiven, um die Vorzüge des – auch mit der vorliegenden Arbeit unterstützten – „strengen“ Haftungsprinzips zu belegen. Ein klassisches rechtspolitisches Argumentationsmodell greift hierzu auf Billigkeitserwägungen zurück. Dieser Ansatz folgt dem Leitgedanken, dass derjenige, der eine

---

49 Blumenwitz, a. a. O., S. 43; Vgl. auch Cownie/Bradney, a. a. O., S. 88; Kiralfy, a. a. O., S. 76 m. w. N. Anm. 2, 3.

50 Vgl. zu diesem Ansatz auch Werro/Palmer/Hahn, a. a. O., S. 5 ff.

51 Vgl. Oliphant in Grubb (Hrsg.): „The Law of Tort“ (2002), S. 20 f.; Baudisch: „Die gesetzgeberischen Haftungsgründe der Gefährdungshaftung“ (1998), S. 8; Klass: „From Reservoirs to Remediation: The Impact of CERCLA on Common Law Strict Liability Environmental Claims“, (2004) 39 W.F.L.R. 903, 907; Brüggemeier: „Haftungsrecht“ (2006), S. 42; Werro/Palmer/Hahn, a. a. O., S. 9.

52 Vgl. Dietl/Lorenz II, a. a. O., S. 773.

53 Vgl. dazu Rogers in Widmer (Hrsg.): „Unification of Tort Law: Fault“ (2005), S. 65 ff.

54 Vgl. zur Übersetzung Dietl/Lorenz II, a. a. O., S. 336. Allerdings muss die „Strenge“ der *Strict Liability* nicht grenzenlos greifen: Im Gegensatz zu einer *Absolute Liability* kann *Strict Liability* durchaus Ausschlussgründe zur Begrenzung ihres Wirkungsbereichs zulassen; ebenso Rogers in Koch/Koziol: „Unification of Tort Law: Strict Liability“ (2002), S. 101 sowie Brüggemeier, a. a. O., S. 103.

55 Vgl. Werro/Palmer/Hahn, a. a. O., S. 9; Dietz: „Technische Risiken und Gefährdungshaftung“ (2006), S. 35; Esser: „Grundlagen und Entwicklung der Gefährdungshaftung“ (2. Auflage 1969), S. 1 ff.; Brüggemeier, a. a. O., S. 103; Oliphant, a. a. O., S. 21 f. Ebenso auch die *Law Commission* in ihrem offiziellen Abschlussbericht zu „Civil Liability for Dangerous Things and Activities“, (1970) Law Commission Report No. 32, S. 1.

56 Vgl. nachfolgend unter B.II.4.

erhöhte Gefahr schafft, auch das Risiko ihrer Entfaltung in Gestalt eines zufälligen Schadenseintritts tragen solle[57].

Eine ähnliche Argumentation verweist auf die besondere „Gefährlichkeit“ der schadensstiftenden Gefahrenquelle: Da jene über das alltägliche Lebensrisiko hinausreicht, muss auch ein strengeres Haftungsregime gelten, um dieses Risikopotential zu erfassen[58]. Dieser Gedanke wird noch gestärkt durch den Umstand, dass es dem Geschädigten mitunter kaum möglich sein wird, sich bewusst dem Wirkungsradius der Gefahrenquelle zu entziehen, sodass er ihr gleichsam „ausgeliefert“ ist[59].

Daran anknüpfend wird außerdem mit einem gesteigerten Bedürfnis nach „Opferschutz“ argumentiert. Die Anhänger der Gefährdungshaftung versprechen sich – unterstützt von empirischen Untersuchungen[60] – eine effektivere Präventionswirkung von diesem Haftungsmodell: Gerade in der Furcht vor einem strengen Haftungsregime sehen sie einen Ansporn zu höherer Sorgfalt im Umgang mit Quellen erhöhter Gefahr[61]. Dabei wird betont, dass gerade die Person, welche ein Risiko geschaffen hat, durch ihre besondere Sachnähe in der Lage sein wird, einen Schadenseintritt zu verhindern[62].

---

57 Vgl. dazu auch Werro/Palmer/Hahn, a. a. O., S. 400; Cane: „Justice and Justifications in Tort Law“, (1982) 2 O.J.L.S. 30, 54; Blaschczok: „Gefährdungshaftung und Risikozuweisung“ (1993), S. 60 ff.; Esser, a. a. O., S. 98 f.; Kutner: „The End of *Rylands v. Fletcher*?“, (1995) 31 T.I.L.J. 73, 99; Fletcher: „Fairness and Utility in Tort Theory“, (1972) 85 Harvard L.R. 537, 543, 549 ff.; Cane: „Fault and Strict Liability for Harm in Tort Law“ in Swadling/Jones (Hrsg.): „The Search for Principle. Essays in Honour of Lord Goff of Chieveley“ (1999), S. 171, 202; Epstein: „A Theory of Strict Liability“, (1972) 2 J.L.S. 151, 177 ff., 203 f. Mitunter wird auch angefügt, dass die Gefährdungshaftung insoweit ein Instrument zum Schadensausgleich zwischen zwei schuldlosen Parteien ist (vgl. dazu auch „Torts: Liability without Fault“ [1928] 26 Mi. L.R. 830, 830 f. sowie eingangs unter A.I.1.).

58 Vgl. Hehl: „Das Verhältnis von Verschuldens- und Gefährdungshaftung“ (1999), S. 91 f. sowie die Darstellungen bei Esser, a. a. O., S. 102 f.; Blaschczok, a. a,. O, S. 70 ff., jeweils m. w. N.

59 Vgl. Dietz, a. a. O., S. 244; Esser, a. a. O., S. 90 f.; Blaschczok, a. a. O., S. 58 ff.; Hehl, a. a. O., S. 91 f.

60 Vgl. Chelius: „Liability for Industrial Accidents: A Comparison of Negligence and Strict Liability Systems“, (1976) J.L.S. 293, 301 ff.

61 Vgl. Werro/Palmer/Hahn, a. a. O., S. 16; Chelius, a. a. O., S. 306 f.; Linden: „Whatever Happened to *Rylands v. Fletcher*?“ in Klar: „Studies in Canadian Tort Law“ (1977), 325, 340; Vogler, a. a. O., S. 92 ff.; Kutner, a. a. O., S. 99. Vgl. zu dem auf ähnlichen Grundgedanken basierenden *Cheapest Cost Avoider*-Modell auch Calabresi/Hirschoff: „Toward a Test for Strict Liability in Torts“, (1972) 81 Y.L.J. 1055, 1060; Fletcher: „Fairness and Utility in Tort Theory“, (1972) 85 Harvard L.R. 537, 553; Gilles: „Negligence, Strict Liability, and the Cheapest Cost-Avoider“, (1992) 78 V.L.R., 1291, 1292 f.

62 Vgl. Dietz, a. a. O., S. 242 m. w. N.; Esser, a. a. O., S. 98 f.; Rizzo: „The Economics of Negligence and Strict Liability in Tort“, (1980) 9 J.L.S. 291, 297.

Zugleich werden die potentiellen Geschädigten wirksamer vor materiellen Verlusten geschützt, da ihnen ein möglichst strenges Haftungsregime bei der Schadenskompensation Vorteile verschafft[63]. Die Gefährdungshaftung nimmt den Anspruchstellern nämlich die Beweislast dafür ab, dass ein Schadensereignis schuldhaft herbeigeführt wurde[64]. Dies gewinnt gerade im Falle komplizierter Risikotechnologien entscheidend an Bedeutung[65].

Verschuldensunabhängige Haftungsregeln werden auch als Instrument des „Vorteilsausgleichs“ empfohlen. Dieses Denkmuster lässt sich bis zu Kaiser Justinians „Corpus Iuris Civilis“ aus dem sechsten nachchristlichen Jahrhundert zurückverfolgen, aus dem zu entnehmen ist, dass dort, wo der Vorteil liegt, auch die Last liegen müsse („ubi emolumentum, ibi onus“)[66]. Dies betrifft zunächst den Ausgleich für das rechtliche „Privileg“, eine gefahrgeneigte Tätigkeit überhaupt ausführen bzw. eine Quelle erhöhter Gefahr legal nutzen zu dürfen: Die ordnungsrechtliche Erlaubnis, eine Gefahrenquelle schaffen zu dürfen, geht nach dieser Argumentation einher mit der zivilrechtlichen Pflicht, das Risiko eines zufälligen Schadenseintritts tragen zu müssen[67].

Es liegt überdies nahe, diesen Gedanken des Vorteilsausgleichs nicht nur rechtlich, sondern auch wirtschaftlich zu interpretieren. Ausgangspunkt ist die Überlegung, dass es regelmäßig größere Industrie- und Wirtschaftsunternehmen sein werden, die Risikotechnologien in ihren Produktionsprozessen einsetzen. Aus dem Umstand, dass diese Großunternehmen wirtschaftlich leistungsfähiger sind als das geschädigte Individuum, wird einerseits gefolgert, dass ihnen der Schadensausgleich leichter fallen dürfte[68]. Vor allem aber soll die Verschiebung des Haftungsrisikos für unverschuldete Schadensereignisse eine „Gewinnabschöpfung“ ermöglichen: Profite, die ein Produzent aus der wirtschaftlichen Nutzung seiner Risikotechnologie

---

63 Vgl. Baudisch, a. a. O., S. 189 f.; Dietz, a. a. O., S. 243 ff.

64 Vgl. Dietz, a. a. O., S. 245 f.; Blaschczok, a. a. O., S. 66 f.; Baudisch, a.a.O., S. 191; Simons: „*The Restatement (Third) of Torts* and Traditional Strict Liability: Robust Rationales, Slender Doctrines“, (2009) 44 W.F.L.R. 1355, 1359.

65 Vgl. Lemmon: „The Developing Doctrine of *Rylands v. Fletcher*: Hazardous Waste Remediation Contractors Beware“, [1996] 42 L.L.R. 287, 288 f.

66 Vgl. die „Institutiones Iustinianes“, 1.17; dargestellt und übersetzt bei Behrends/Knütel/Kupisch/Seiler: „Corpus Iuris Civilis. Text und Übersetzung. I. Institutionen“ (2. Auflage 1997), S. 30 f., generalisierend auch Liebs: „Lateinische Rechtsregeln und Rechtssprichwörter“ (5. Auflage 1992), S. 213. Vgl. außerdem zur Anwendung auf verschuldensunabhängige Haftungsregeln Werro/Palmer/Hahn, a. a. O., S. 17.

67 Vgl. Werro/Palmer/Hahn, a. a. O., S. 18; Dietz, a. a. O., S. 239 ff. m. w. N.; Fletcher, a. a. O., 544; Esser, a. a. O., S. 91. So unmittelbar zu *Rylands v. Fletcher* neben Vogler (a. a. O., S. 104) bereits Bohlen: „The Rule in *Rylands v. Fletcher*. Part III“, (1911) 59 U.Pa.L.R. 423, 433.

68 Vgl. dazu Dietz, a. a. O., S. 246; Blaschczok, a. a. O., S. 68; Vogler, a. a. O., S. 109. Differenzierend Morris: „Hazardous Enterprises and Risk Bearing Capacity“, (1952) 61 Y.L.J. 1172, 1177 ff.

generiert, sollen genutzt werden, um die Realisierung des damit verbundenen Schadensrisikos beim (wirtschaftlich unbeteiligten) Geschädigten auszugleichen[69].

Aus ökonomischer Sicht werden auch die Vorzüge der Gefährdungshaftung zur wirtschaftlich sinnvollen Streuung von Schadensrisiken hervorgehoben: Ein mit erhöhtem Haftungsrisiko belasteter Produzent wird sein Kostenrisiko an die Endverbraucher in Gestalt höherer Preise weiterreichen[70] – wodurch das Schadensrisiko nicht nur auf viele Schultern verteilt wird[71], sondern auch ausschließlich an diejenigen Personen, die das risikobehaftete Endprodukt nutzen. Zugleich kann sich dieses Produkt nur dann am Markt behaupten, wenn es trotz „Einpreisung" des Schadensrisikos für die Endverbraucher (in Qualität oder Preis) attraktiver ist als ein Produkt aus weniger risikobehafteter Herstellung. Auf diese Weise wird nicht nur ein Wettbewerbsvorteil „sicherer" (und bezüglich des Schadensrisikos billigerer) Produktionsmethoden erreicht, sondern automatisch auch den Marktgesetzen die Entscheidung darüber belassen, ob eine Risikotechnologie unter ökonomischen Gesichtspunkten fortgeführt oder eingestellt wird[72].

Schließlich wird auch herausgestellt, dass verschuldensunabhängige Haftungsregelungen zur Entlastung der Gerichte beitragen[73]. Durch eine klare Verteilung des Haftungsrisikos wird es für die Parteien überflüssig, ihren Streit vor Gericht auszutragen, weshalb eine sinkende Zahl von Prozessen zu erwarten ist. Sollte es trotzdem zu einem Gerichtsverfahren kommen, so gewährleisten strenge Haftungsregeln seine zügige Durchführung, da die mühsame Eruierung der Verschuldensfrage anhand aufwändiger Beweiserhebungen unter Einsatz zeitintensiver Sachverständigengutachten entbehrlich wird.

III. Konzeption

Anliegen dieser Arbeit ist es, Möglichkeiten aufzuzeigen, um *Rylands v. Fletcher* als Instrument der Gefährdungshaftung im englischen *Common Law of Torts* zu stärken. Dieses Ziel lässt sich zwar mit den behandelten rechtspolitischen und ökonomischen Motiven begründen; erreicht werden kann es aber allein mit diesen Mitteln kaum. Dies keineswegs aufgrund mangelnder Stichhaltigkeit jener Argumente, da die Erklärungsmuster und Motive durchweg überzeugend sind. Jedoch haben sich in den Traditionen des englischen Präjudiziensystems andere Argumentationsmethoden herausgebildet. Zur Begründung eines Urteils pflegen englische Richter die Glieder

69 Vgl. hierzu Werro/Palmer/Hahn, a. a. O., S. 18 f.; Dietz, a. a. O., S. 241; Murphy: „The Merits of *Rylands v. Fletcher*", (2004) 24 O.J.L.S. 643, 666.

70 Vgl. Calabresi: „The Costs of Accidents" (1970), S. 53 f.; Werro/Palmer/Hahn, a. a. O., S. 17; Dietz, a. a. O., S. 245 f.; Kutner, a. a. O., S. 99.

71 Vgl. Esser, a. a. O., S. 42 f., 72 f.; Hehl, a. a. O., S. 86; Vogler, a. a. O., S. 112 f.

72 Vgl. Werro/Palmer/Hahn, a. a. O., S. 16 m. w. N.

73 Vgl. Markesinis/Deakin/Johnston: „Tort Law" (6. Auflage 2008), S. 625; Chelius, a. a. O., 294; Rizzo, a. a. O., S. 317 f.; ebenso offenbar auch Epstein, a. a. O., S. 188.

ihrer Argumentationsketten aus der Analyse des Präjudiziensystems[74] samt seiner rechtshistorischen Hintergründe[75] sowie rechtssystematischen Erwägungen[76] zu schmieden. Hingegen sind rechtspolitische Argumentationslinien höchst selten und rechtsökonomische Überlegungen kaum ersichtlich[77]. In den seltenen Fällen, in denen derartige Denkmuster in den Urteilen angedeutet sind, nehmen sie allenfalls eine ergänzende Funktion ein, um das mittels der „klassischen" Argumente, aus Präjudizien bzw. Rechtshistorie und Systematik ermittelte Ergebnis noch zu unterstreichen[78].

Es gilt daher, sich auf die klassische englische Methodik der Urteilsfindung einzulassen. Folglich wird an dieser Stelle nicht bezweckt, die englischen Gerichte von den Vorteilen der Regel aus *Rylands v. Fletcher* zu überzeugen; vielmehr soll demjenigen Richter, der bereits überzeugt *ist*, eine passgenaue und in der Praxis der Urteilsbegründung verwendungsfähige Grundlage unterbreitet werden, um die *Rule* möglichst weit zu interpretieren und großzügiger anzuwenden. Hierbei wird englischen Richtern aber eine rechtsökonomische Argumentationskette nicht helfen, dem restriktiven Duktus der obergerichtlichen Judikatur gegenüber der *Rule* zu widerstehen. Hingegen verspricht eine auf Rechtssystematik, Präjudizienlage und Rechtshistorie gestützte Argumentation durchaus Erfolg.

Anhand dieser Leitlinie soll das rechtshistorische Fundament der *Rule* auch den Ausgangspunkt der nachfolgenden Untersuchung bilden. Es gilt also in einem ersten Schritt, die ursprüngliche Leitentscheidung zu analysieren, in der die *Rule* herausgearbeitet und formuliert wurde[79]. Da der englische Richter das *Common Law* stets

74 Vgl. oben A.II.1.b.

75 Vgl. nur die Mahnung bei Rogers („Winfield and Jolowicz on Tort" [17. Auflage 2006], S. 16), dass „the force of history is powerful in English law".

76 Lord Goff of Chieveley, der die wegweisende Entscheidung des *House of Lords* zu *Cambridge Water* (vgl. dazu F.I.) verfasste, forderte von der wissenschaftliche Literatur, die Analyse der Präjudizien intensiver zu betreiben, da „a crumb of analysis is worth a loaf of opinion", Lord Goff of Chieveley in *Hunter v. Canary Wharf*, [1997] A.C. 655, 694.

77 So in besonderer Deutlichkeit Markesinis/Deakin/Johnston („Tort Law" [6. Auflage 2008], S. 626), wonach „[...] our courts [...] loath to give us openly their policy and philosophical objections", da „our judges are, undeniably, uncomfortable when asked to employ economic reasoning to tort disputes".

78 Bezeichnend ist ein Blick auf den einzigen wissenschaftlichen Ansatz, der das *House of Lords* derart überzeugte, dass er zur Grundlage seiner Judikatur zu *Rylands v. Fletcher* erhoben wurde: Die *Offshoot Theory* zur Einschränkung der *Rule* (vgl. dazu eingehend nachfolgend unter E.V.2.b.). Professor Newark begründete seine Theorie vor allem mit rechtssystematischen Überlegungen, die er mithilfe rechtshistorischer Hintergründe und einer umfassenden Präjudizienbetrachtung untermauerte. Rechtspolitische oder gar rechtsökonomische Argumente waren dabei nicht von Bedeutung.

79 Vgl. dazu Abschnitt B dieser Arbeit.

„mit den Augen seines Amtsvorgängers“[80] fortentwickelt, liegt in dieser ursprünglichen *Rule* die „Schablone“ für jede Folgeentscheidung zu *Rylands v. Fletcher*.

Überdies erfordert das Präjudiziensystem selbstverständlich, dass auch die Fortentwicklung der *Rule* durch die englischen Gerichte nachvollzogen wird[81]. Um aber der *Rule* wirkungsvoll Argumentationsspielräume aufzusperren, soll dieser Schritt nicht auf eine bloße Rechtsprechungswiedergabe beschränkt bleiben, sondern zu einer kritischen Analyse ausgeweitet werden, inwiefern die Folgejudikatur den (zuvor erarbeiteten) Vorgaben der ursprünglichen *Rule* standhalten kann.

Bedeutsam ist zudem, die Kontur von *Rylands v. Fletcher* innerhalb der Systematik des *Common Law of Torts* zu schärfen. Hier muss sich die *Rule* nicht nur der *Negligence* erwehren, deren Verschuldenselemente auf das gesamte englische Deliktsrecht auszugreifen suchen. Vielmehr droht die *Rule* ihre Eigenständigkeit an den *Tort* der *Nuisance* zu verlieren, in dessen Umklammerung *Rylands v. Fletcher* allein auf das Grundstücksrecht beschränkt werden könnte. Um zu verhindern, dass die *Rule* zwischen diesen *Torts* zerrieben wird, ist daher in rechtssystematischer Hinsicht die Entwicklung eines klaren Abgrenzungskonzepts unerlässlich[82].

Da das englische Gesetzesrecht bekanntlich dem richterlichen *Common Law* vorgeht, muss auch dessen Reichweite bemessen werden[83]. Die Zukunft von *Rylands v. Fletcher* kann nämlich nur jenseits der Grenzen des Gesetzesrechts liegen. Daher ist zu untersuchen, in welchem Ausmaß die *Rule* ihre Anwendungsgebiete an das *Statutory Law* verloren hat.

Auf dieser Grundlage kann die Diskussion über die zukünftige Ausrichtung von *Rylands v. Fletcher* geführt werden. Zu diesem Zweck soll auch das Instrument des Rechtsvergleichs Anwendung finden. Dies allerdings nicht in Bezug auf das deutsche Recht, da der englische *Common-Law*-Richter kaum dem Vorbild kontinentaleuropäischer Kodifikationen nachstreben wird. Vielmehr wird innerhalb des *Common-Law*-Rechtskreises untersucht, welche Entwicklung *Rylands* in Australien[84] und den USA[85] genommen hat. Darüber hinaus ist selbstverständlich das englische Zukunftsmodell des *House of Lords* einzubeziehen, wie es in dessen beiden jüngsten Entscheidungen[86] zu *Rylands v. Fletcher* ausgeformt worden ist. Anhand dieser Parameter kann schließlich der Vorschlag einer neu ausgerichteten, ihr Potential ausschöpfenden *Rule* aus den „Bausteinen“ zusammengefügt werden, welche die Untersuchungsetappen dieser Arbeit hervorgebracht haben[87].

80 Blumenwitz, a. a. O., S. 43.
81 Vgl. Abschnitt C.
82 Vgl. Abschnitt E.
83 Vgl. Abschnitt D.
84 Vgl. Abschnitt F.II.
85 Vgl. Abschnitt F.III.
86 Vgl. Abschnitte F.I und F.IV.
87 Vgl. dazu Abschnitt G.

IV. Forschungsstand

Aus der deutschen[88] Rechtswissenschaft liegen vier Arbeiten vor, in denen *Rylands v. Fletcher* Berücksichtigung findet. Allerdings wird die *Rule* dort aus einer anderen Perspektive und mit abweichenden Zielsetzungen behandelt. Das Ziel der vorliegenden Untersuchung, das Potential von *Rylands v. Fletcher* innerhalb der Grenzen des englischen Rechts herauszuarbeiten, verfolgt keine der bisherigen Arbeiten.

Zwei Dissertationen jüngeren Datums behandeln *Rylands v. Fletcher* im Rahmen einer rechtsvergleichenden Untersuchung[89]. Bereits diese Ausgangsperspektive birgt einen wesentlichen Unterschied zu der vorliegenden Arbeit: Gegenstand ist hier keine neutrale Darstellung der englischen Rechtslage zum Zwecke einer Gegenüberstellung mit den deutschen Regelungen, sondern vielmehr eine kritische Analyse des englischen Rechts mit dem Ziel, Möglichkeiten einer Neuausrichtung der *Rule* aufzuzeigen. Überdies rücken beide Arbeiten nicht *Rylands* selbst in den Mittelpunkt, sondern untersuchen einzelne Lebensbereiche, in denen – neben diversen anderen Rechtsinstituten – auch die *Rule* bedeutsam ist. Dagegen ist Gegenstand der vorliegenden Arbeit ausschließlich die *Rule*, für die Wege aufgezeigt werden sollen, anhand derer sie nicht auf einzelne Lebensbereiche beschränkt bleiben muss, sondern im Gegenteil in breite Anwendungsgebiete auszugreifen vermag.

So vergleicht die Arbeit Stengers[90] verschuldensunabhängige Haftungsregeln im deutschen und anglo-amerikanischen Grundstücksrecht. Hierbei wird selbstverständlich auch die englische *Rule* behandelt, dies allerdings als ein Rechtsinstitut unter diversen anderen Haftungsregeln in Deutschland, England und den USA. Zudem beschränkt die Arbeit Stengers ihre Ausführungen zur *Rule* auf das Gebiet des Grundstücksrechts – wohingegen es gerade Zielsetzung der vorliegenden Arbeit ist, die potentielle Anwendbarkeit der *Rule* über das Grundstücksrecht hinaus aufzuzeigen.

Die Untersuchung von Buns[91] behandelt das englische und deutsche Umweltrecht. Dabei wird die Wirkungsweise des Vorhersehbarkeitsprinzips im Umwelthaftungsrecht beider Rechtsordnungen dargestellt und schließlich verglichen. Dieser

88 Die englische Rechtswissenschaft begleitet bevorzugt die jeweils aktuellen Entwicklungen der Rechtsprechung. Folglich ging die bereits angesprochene Skepsis englischer Gerichte gegenüber der *Rule* mit einer Phase verhaltenen wissenschaftlichen Interesses einher. Die jüngsten obergerichtlichen Entscheidungen zu *Rylands v. Fletcher* führten jedoch zu einer Reihe von Wortmeldungen über die Zukunft der *Rule*, welche in den Gang der hiesigen Untersuchung einbezogen werden sollen.

89 Nur in einem Exkurs zu seiner ansonsten auf die deutsche Rechtslage konzentrierten Untersuchung streift Koch („Die Sachhaftung" [1992], S. 40–44) die verschuldensunabhängige Haftung im englischen Recht.

90 Stenger: „Die Haftung aufgrund unverschuldeter Eingriffe in Eigentum und Besitz an unbeweglichen Sachen. Eine rechtsvergleichende Untersuchung zum deutschen und anglo-amerikanischen Recht" (1997).

91 Buns: „Die Voraussehbarkeit als Grenze in der Umwelthaftung. Eine rechtsvergleichende Untersuchung des *Cambridge Water* Falles" (2006).

Ansatz unterscheidet sich von der vorliegenden Untersuchung nicht allein in seiner Beschränkung auf das Gebiet des Umweltrechts. Vielmehr basiert jene Darstellung auf der Anwendbarkeit des Vorhersehbarkeitsprinzips auch bei *Rylands v. Fletcher* – während die vorliegende Arbeit zur Stärkung der *Rule* gerade gegen eine solche Verknüpfung streitet.

Daneben liegen zwei Dissertationen aus der Mitte des vergangenen Jahrhunderts vor. Diese untersuchen zwar wie die vorliegende Arbeit die Wirkungsweise der *Rule*. Dabei werden aber abweichende Zielsetzungen verfolgt.

Die Arbeit Kleemanns[92] befasst sich mit der Abgrenzung der *Rule* gegenüber ihren Konkurrenzansprüchen aus dem *Common Law*, den *Torts* der *Negligence* und *Nuisance*. Diese Problematik ist zwar auch Bestandteil der vorliegenden Untersuchung[93]. Allerdings erstrebt Kleemann die Aufhebung der Grenzen zwischen diesen *Torts*. Dies steht im Gegensatz zum Anliegen dieser Arbeit, *Rylands v. Fletcher* als Instrument der Gefährdungshaftung – auch vor den zersetzenden Einflüssen der verschuldensbasierten *Negligence* und verschuldensanfälligen sowie strikt grundstücksrechtlichen *Nuisance* – zu verteidigen.

Die Untersuchung Voglers[94] widmet sich der Frage, inwieweit die rechtspolitischen und ökonomischen Motive verschuldensunabhängiger Haftungsmodelle im anglo-amerikanischen Recht umgesetzt worden sind. Insoweit sind aber nicht nur Zweifel angebracht, ob die geltende englische Rechtslage überhaupt mit derjenigen in den USA gleichzusetzen ist[95]. Vielmehr beschränkt sich Voglers Arbeit darauf, Unzulänglichkeiten in der damaligen Rechtslage aufzuzeigen, ohne aber zu untersuchen, inwiefern die *Rule* zum Instrument einer Lösung ausgebaut werden könnte. In genau diese Lücke stößt die vorliegende Arbeit, die Möglichkeiten aufzeigen soll, wie eine Ausdehnung der immer enger gezogenen Grenzen von *Rylands v. Fletcher* realisiert werden kann.

92 Kleemann: „Das Verhältnis der Gefährdungshaftung zur Haftung für *negligence* und *nuisance* im englischen Recht" (1958).

93 Vgl. Abschnitt E.

94 Vogler: „Grundlagen und Grenzen der anglo-amerikanischen Gefährdungshaftung nach der *rule in Rylands v. Fletcher*" (1965).

95 Vgl. dazu F.III.

B. *Justice* Blackburns Leitentscheidung: Rechtshistorisches Fundament der *Rule*

Ausgangspunkt dieser Arbeit wird – in Anerkennung der englischen Rechtsmethodik – eine Analyse des rechtshistorischen Ursprungs der *Rule* sein. Dieser liegt in dem von *Justice* Colin Blackburn formulierten Urteil der *Court of Exchequer Chamber* zu *Fletcher v. Rylands*[96] vom 14. Mai 1866. Daher gilt es, den Inhalt von *Justice* Blackburns Entscheidung zu analysieren und in den sozioökonomischen sowie natürlich den rechtlichen Kontext ihrer Zeit einzuordnen.

I. Hintergrund der *Rule*

1. Sozioökonomischer Kontext

Der Rechtsstreit zwischen Mr. Rylands und Mr. Fletcher fällt in die Ära der Industrialisierung zur Mitte des 19. Jahrhunderts. Technische Innovationen wie Dampfmaschinen und Eisenbahnen revolutionierten Handel und Wirtschaft. Das Sozialgefüge Englands wandelte sich zugleich von einer Agrar- in eine Industriegesellschaft. In diesem Prozess verlor der Landadel, der sich auf die seit dem Mittelalter gewachsenen, landwirtschaftlich geprägten Wirtschaftsstrukturen stützte,

96 *Fletcher v. Rylands*, (1866) L.R. 1 Exch. 265. Es mag verwundern, dass die *Rule* heute ausschließlich unter der Bezeichnung *Rylands v. Fletcher* bekannt (und in dieser Arbeit auch entsprechend bezeichnet worden) ist. Dies erklärt sich aus der englischen Rechtstradition. Der Grundsatz, dass stets die ein Verfahren initiierende Prozesspartei an erster Stelle aufgeführt wird, wurde früher auch im Rechtsmittelverfahren streng angewandt und konnte dort eine Änderung der Bezeichnung des Rechtsstreits bewirken (die heutige Praxis des *House of Lords* weicht von diesem Grundsatz ab, indem die Fallbezeichnung aus der ersten Instanz fortgeführt wird; vgl. dazu McLeod: „Legal Method" [4. Auflage 2002], S. 111 f.). Der hier behandelte Prozess ging auf eine Klage Mr. Fletchers zurück, weshalb der Fall in der Eingangsinstanz unter der Bezeichnung *Fletcher v. Rylands* verhandelt wurde. Da Mr. Fletcher mit seiner Klage nicht durchdrang, initiierte er ein Rechtsmittelverfahren, dessen Urteil ebenfalls unter *Fletcher v. Rylands* abgefasst wurde. Da Mr. Fletcher hier – aufgrund *Justice* Blackburns Entscheidung – erfolgreich war, verhandelte das *House of Lords* das nunmehr durch Mr. Rylands eingelegte Rechtsmittel unter der Bezeichnung *Rylands v. Fletcher*. Der Übersichtlichkeit halber wird in dieser Arbeit durchgängig die Bezeichnung *Rylands v. Fletcher* genutzt, wenn von der untersuchten Haftungsregel die Rede ist. Diese Bezeichnung hat sich in der englischen Rechtswissenschaft durchgesetzt, wenngleich die Regel eigentlich den Namen *Fletcher v. Rylands* tragen müsste, da sie von *Justice* Blackburn formuliert wurde.

an Einfluss[97]. Im Gegenzug gewannen die zumeist bürgerlichen Träger des technologischen Fortschritts an Bedeutung[98]. Gerade diesen Gegensatz zwischen traditionellen landwirtschaftlichen und modernen industriellen Produktionsmethoden lohnt es, bei der Entwicklung der *Rule* im Blick zu behalten.

Der technologische Fortschritt wurde mit immenser Geschwindigkeit vorangetrieben. In der Folge kamen auch neue Technologien zum Einsatz, die nach dem zeitgenössischen Stand der Technik noch erhebliches Unsicherheits- und Gefahrenpotential in sich trugen[99]. Für besonderes öffentliches Aufsehen sorgte eine Reihe von Unglücksfällen an neu errichteten[100] Staudammanlagen[101]. Nur zwei Jahre vor *Justice* Blackburns Urteilsspruch ereignete sich in Sheffield ein Dammbruch, dessen technische Ursache bis heute ungeklärt ist[102] und der 238 Menschenleben forderte[103]. In der besorgten Bevölkerung wuchs selbstverständlich die Skepsis gegenüber den modernen und mutmaßlich unkontrollierbaren Risikotechnologien[104]. Auch auf diesen Umstand wird die nachfolgende Untersuchung der *Rule* zurückkommen.

2. Sachverhalt[105]

Im Jahre 1850 hatte Mr. Fletcher, der Kläger, ein Grundstück gepachtet, auf dem eine Mine zum Abbau der in der Umgebung von Ainsworth (Lancaster) reichlichen Kohlevorkommen eingerichtet war. Dieses Minengrundstück wie auch weitere umliegende Ländereien gehörte Lord Wilton. Mr. Rylands, dem Beklagten, gehörte ein nahe gelegenes Grundstück, auf dem er eine Mühle betrieb. Die Grundstücke der

---

97 Vgl. dazu Bohlen: „The Rule in *Rylands v. Fletcher*" (1911) 59 U.Pa.L.R. 298, 318 f., 321 f., 325, 386. Zu weit ginge es aber, die *Rule* allein als Ausdruck einer die Werteordnung des gesellschaftlich dominierenden Landadels vertretenden Richterschaft zu interpretieren; vgl. dazu Molloy: *„Fletcher v. Rylands*: A Reexamination of Juristic Origins" (1942) 9 U.C.L.R. 266, 271 ff.

98 Vgl. Bohlen, a. a. O., S. 325.

99 Vgl. dazu auch Citron: „Reservoirs of Danger: The Evolution of Public and Private Law at the Dawn of the Information Age", [2007] 80 S.Ca.L.R. 241, 269 ff. Ähnliches lässt sich aus den zeitgenössischen, von 1873 stammenden Ausführungen zu *Rylands v. Fletcher* bei Holmes („The Theory of Torts" in Novick [Hrsg.]: „The Collected Works of Justice Holmes. Vol. I", S. 326) ableiten.

100 Auch die theoretischen Kenntnisse der damaligen Ingenieure über die Errichtung von Staudämme waren noch beschränkt; vgl. dazu Simpson: „Legal Liability for Bursting Reservoirs: The Historical Context of *Rylands v. Fletcher*" (1984) 13 J.L.S. 209, 217.

101 Vgl. Simpson, a. a. O., S. 219 ff.

102 Vgl. Simpson, a. a. O., S. 235.

103 Vgl. Simpson, a. a. O., S. 225 ff.

104 Vgl. Oliphant: *„Rylands v. Fletcher* and the Emergence of Enterprise Liability in Common Law" in Koziol/Steininger (Hrsg.): „European Tort Law" (2004), S. 115.

105 Vgl. zum ermittelten Sachverhalt *Fletcher v. Rylands,* 3 H. & C. 774, 774 ff.; *Fletcher v. Rylands,* (1866) L.R. 1 Exch. 265, 265 ff.; *Rylands v. Fletcher,* [1861–73] All E.R. Rep. 1, 5 f.

Parteien lagen zwar in räumlicher Nähe zueinander, teilten aber keine unmittelbare gemeinsame Grenze.

Mr. Rylands beauftragte fachkundige Ingenieure mit der Planung eines immensen (auf einer Fläche von über sechs Quadratkilometern rund 20.000 Hektoliter fassenden[106]) Wasserreservoirs zur Versorgung seiner Mühle und ein Fachunternehmen mit dessen Errichtung[107]. Als Standort wählte er ein nördlich der Mühle gelegenes Grundstück Lord Wiltons, welcher sein Einverständnis[108] zu diesem Vorhaben erklärt hatte. Hervorzuheben ist, dass auch der Standort des Wasserreservoirs weder direkt an das Grundstück von Mr. Fletcher noch an Mr. Rylands' Mühle grenzte[109].

Unter dem Reservoirgrundstück sowie unter Teilen der umliegenden Grundstücke verlief ein Netz von alten, miteinander verbundenen Bergwerksstollen, die jedoch schon vor sehr langer Zeit stillgelegt worden und daher zur Zeit der Reservoirplanung längst in Vergessenheit geraten waren[110]. Mr. Fletcher stieß im Zuge seiner Minenarbeiten[111] auch auf diese stillgelegten alten Stollen. Dadurch entstand eine unterirdische Verbindung der Fletcher'schen Mine mit dem Reservoirgrundstück[112].

Während der Aushubarbeiten für das Reservoir stießen die von Mr. Rylands beauftragten Ingenieure auf einige alte, vertikal verlaufende Schächte, die jedoch zugeschüttet waren. Die Ingenieure ahnten nicht, dass die Schächte eine Verbindung zu dem alten Stollennetz waren und erbauten ausgerechnet über diesen Schächten das Wasserreservoir. Nach seiner Fertigstellung wurde das Reservoir Anfang Dezember 1860 auf Anweisung von Mr. Rylands teilweise mit Wasser gefüllt. Am 11. Dezember 1860 brach das Wasser schließlich in einen der von den Ingenieuren nicht beachteten Schächte durch und floss durch das beschriebene Stollennetz in die Mine Mr. Fletchers. Die Mine musste schließlich stillgelegt werden, da trotz ihrer vorübergehenden Instandsetzung gravierende Sicherheitsbedenken verblieben[113]. Mr. Fletcher verlangte, dass Mr. Rylands den entstandenen Schaden ersetzen solle.

---

106 Vgl. Simpson, a. a. O., S. 238.

107 Vgl. Blackburn J. in *Fletcher v. Rylands*, (1866) L.R. 1 Exch. 265, 278.

108 Vgl. *Fletcher v. Rylands*, (1866) L.R. 1 Exch. 265, 267.

109 Dies bestätigte auch Lord Cairns in der Entscheidung des *House of Lords*: „[...] in point of fact some intervening land lay between the two [...]", Lord Cairns L.C. in *Rylands v. Fletcher*, [1861–73] All E.R. Rep. 1, 12.

110 Weder Mr. Rylands noch die von ihm beauftragten Ingenieure wussten von dem auch unter dem Reservoirgrundstück verlaufenden stillgelegten Stollennetz. Dementsprechend wussten sie auch nichts von der Verbindung des Reservoirgrundstücks mit der Mine Mr. Fletchers; vgl. *Fletcher v. Rylands*, (1866) L.R. 1 Exch. 265, 267 f.

111 Dabei beutete Mr. Fletcher (mit Einverständnis der Berechtigten) auch die Kohlevorkommen unter den benachbarten, zwischen seinem und dem Grundstück Mr. Rylands' gelegenen, Ländereien aus.

112 Lord Wilton, Eigentümer sowohl des Reservoirgrundstücks als auch der Mine, erlangte hiervon erst später Kenntnis, äußerte aber keine Bedenken oder Einwände gegen Fletchers Vorgehen; vgl. *Fletcher v. Rylands*, (1866) L.R. 1 Exch. 265, 268.

113 Vgl. *Fletcher v. Rylands*, (1866) L.R. 1 Exch. 265, 269. Eingehend dazu auch Simpson, a. a. O., S. 241 f.

3. Rechtlicher Kontext

Die Streitsache wurde zunächst auf den Liverpooler Sommergerichtstagen 1862 verhandelt. Es folgte eine Vorlage für den *Court of Exchequer*, der am 23. Juni 1865 die Klage abwies[114]. Mr. Fletcher strengte daraufhin einen *Appeal* vor der *Court of Exchequer Chamber* an, die seiner Klage am 14. Mai 1866 stattgab[115]. Der hiergegen von Mr. Rylands gerichtete *Appeal* wurde vom *House of Lords* am 17. Juli 1868 verworfen[116].

Bevor allerdings das Urteil *Justice* Blackburns in der gebührenden Ausführlichkeit untersucht wird, lohnt ein Blick auf die Entscheidung im *Court of Exchequer* in der Vorinstanz. Dies deshalb, weil hier *Baron*[117] Bramwell – bereits vor Blackburn J.[118] – in einem Minderheitsvotum[119] dargelegt hatte, dass Mr. Rylands auch ohne Verschulden zum Ersatz des eingetretenen Schadens verpflichtet sei[120].

Einigkeit bestand unter den Richtern des *Court of Exchequer* darin, dass kein den vorliegenden Sachverhalt exakt regelnder Präzedenzfall existierte[121]. Daher galt es, mit dem Instrumentarium des *Common Law of Torts* eine Lösung für den vorliegenden Fall zu entwickeln. Hierbei wählte jedoch die Mehrheit[122] des Gerichts einen restriktiven Ansatz und prüfte den Sachverhalt ausschließlich innerhalb der Grenzen der bekannten *Torts*.

---

114 Vgl. *Fletcher v. Rylands*, (1865) 3 H. & C. 774.

115 Vgl. *Fletcher v. Rylands*, (1866) L.R. 1 Exch. 265.

116 Vgl. *Rylands v. Fletcher*, [1861–73] All E.R. Rep. 1.

117 „Baron" war die Amtsbezeichnung der Richter des *Court of Exchequer* und „Chief Baron" diejenige des Vorsitzenden Richters, abgekürzt „B." bzw. „C.B." (vgl. Barnhart: „The Barnhart Abbreviations Dictionary", S. 46 sowie 29).

118 Nachfolgend soll die traditionelle Abkürzungsregel Anwendung finden, wonach die Dienstbezeichnung eines englischen Richters durch ein dem Personennamen nachfolgendes „J." gekennzeichnet wird (vgl. Pearsall: „The Oxford Dictionary of Abbreviations", S. 210). Vgl. zur Biographie Colin Blackburns auch Molloy: „*Fletcher v. Rylands*: A Reexamination of Juristic Origins", (1942) C.L.R. 266, 279 f.

119 Vgl. Bramwell B. in *Fletcher v. Rylands*, (1865) 3 H. & C. 774, 788–791. Vgl. zur Einordnung dieser Entscheidung in George Bramwells Gesamtwerk als Richter auch Epstein: „For a Bramwell Revival", (1994) 38 A.J.L.H., 246 , 270 f.

120 Interessant ist auch die Klagebegründung durch *Queen's Counsel* Manisty (a. a. O., S. 781), welche fast wörtlich *Justice* Blackburns spätere *Rule* vorwegnimmt: „A person who collects on his land a dangerous element, be it fire or water, and allows it to escape and injure his neighbour's land, is liable for the consequences." Jedoch gingen weder *Baron* Bramwell noch Blackburn J. auf diese Passage näher ein.

121 Vgl. das Minderheitsvotum von *Baron* Bramwell in *Fletcher v. Rylands*, 3 (1865) H. & C. 774, 788 ff.

122 Vgl. zum Mehrheitsvotum *Baron* Martin in *Fletcher v. Rylands*, a. a. O., S. 792 und *Chief Baron* Pollock in *Fletcher v. Rylands*, a. a. O., S. 797.

So wurde ein Anspruch gemäß *Nuisance* („Störung“[123] im grundstücksrechtlichen Nachbarschaftsverhältnis[124]) abgelehnt, da die Erbauung eines Reservoirs auf eigenem Land als *per se* rechtmäßiges Verhalten keine unangemessene Beeinträchtigung des Nachbargrundstücks sein könne[125]. Ebenso schloss man den *Tort* des *Trespass* („Übergriff“[126] auf geschützte Rechtsgüter durch bewusstes, unmittelbar schädigendes Verhalten[127]) aus, da der Beklagte den Kläger nicht unmittelbar, sondern nur mittelbar geschädigt hätte[128]: Das Wasser hatte sich nämlich noch einige Tage, nachdem der Beklagte die Befüllung angeordnet hatte, in dem Reservoir gehalten, bevor es schließlich durchbrach und die klägerische Mine überschwemmte[129]. Aus dieser Rechtslage schloss *Baron* Martin, dass allein fahrlässiges Handeln einen Ersatzanspruch des Klägers auslösen könne[130]; im Verhalten Mr. Rylands'[131] konnte er aber keine *Negligence*[132] erkennen. Da die Sachverhaltsumstände somit durch das Raster der bekannten *Torts* fielen, wurde die Klage Mr. Fletchers abgewiesen[133].

Dagegen versuchte *Baron* Bramwell, den Sachverhalt anhand allgemeiner Billigkeitsgesichtspunkte zu erfassen[134]. Er räumte zwar ein, dass sich der Kläger durch

123 Vgl. Dietl/Lorenz: „Wörterbuch für Recht, Wirtschaft und Politik. Teil I“ (6. Auflage 2000), S. 551.

124 Vgl. zur *Nuisance* und deren Abgrenzung zu *Rylands v. Fletcher* ausführlich unten E.V.

125 Vgl. Martin B., a. a. O., S. 792 f. Zudem wies Bohlen (a. a. O., S. 305 und 312) darauf hin, dass auch die Überflutung der Mine als Störungszustand im Sinne der *Nuisance* ausschied, da diese lediglich ein einmaliges Ereignis (und kein Dauerzustand) war.

126 Vgl. Dietl/Lorenz II, a. a. O., S. 717.

127 Vgl. zum *Tort* des *Trespass* und seinem Verhältnis zu *Rylands v. Fletcher* eingehend unter E.I.

128 Vgl. Martin B., a. a. O., S. 792. Darauf verweisend auch Cooke: „Law of Tort“ (9. Auflage 2009), S. 358. Keeton („Trespass, Nuisance and Strict Liability“, [1959] 59 C.L.R. 457, 459 ff.) argumentierte, dass *Trespass* ausscheidet, weil die Befüllung den Schaden nicht bewusst herbeiführte.

129 Vgl. dazu auch Bohlen: „The Rule in *Rylands v. Fletcher.* Part I“, (1911) 59 U.Pa.L.R. 298, 311 f.

130 Vgl. Martin B., a. a. O., S. 793 ff.

131 Für Martin B. führte auch die Fahrlässigkeit der von Rylands beauftragten Ingenieure nicht zu einer Haftung des Beklagten. Dies galt für Martin B. übrigens selbst unter der Annahme, dass die Fahrlässigkeit der Ingenieure mit einer Fahrlässigkeit Rylands' gleichzusetzen sei; vgl. dazu Martin B., a. a. O., S. 794.

132 Vgl. zum *Tort* der *Negligence* eingehend unter E.IV.

133 Insoweit deutlich das Votum des Vorsitzenden Richters, *Chief Baron* Pollock, der seine Klageabweisung darauf stützte,, dass es keinen Präzedenzfall gäbe, der eine Anspruchsgrundlage zugunsten des Klägers schaffe, und folglich eine Klageabweisung der rechtlich seriösere Weg sei; vgl. Pollock C.B., a. a. O., S. 797 f. Vgl. zudem Martin B., a. a. O., S. 796.

134 „[...] the case is singularly wanting in authority, and therefore, while it is always desirable to ascertain the principle upon which a case depends, it is especially so here“, Bramwell B., a. .a. O., S. 788.

seine Minenarbeiten selbst der Gefahr einer auf natürlichen Ursachen beruhenden Überflutung seiner Mine ausgesetzt hätte[135]. Im Gegenzug schütze ihn aber das Recht vor künstlich in die Mine geleitetem Wasser[136]. Da der Beklagte mithin kein Recht besessen habe, Wasser in die Mine des Klägers einzuleiten, hätte dies im Falle vorsätzlichen Handelns einen Ersatzanspruch des Klägers ausgelöst[137]. Nun kam Bramwell B. zu der zentralen Frage, welcher Unterschied daraus folge, dass der Beklagte nicht vorsätzlich gehandelt hatte – und stellte klar: „I think none"[138]. *Baron* Bramwell fügte an, dass der Kläger nicht nur vor vorsätzlich herbeigeführten Überflutungen geschützt sei[139], und dass in Bezug auf den Beklagten gälte: „the knowledge or ignorance of the damage done is immaterial" [140].

Bei der Einordnung dieser Lösung in die Systematik des *Common Law of Torts* favorisierte Bramwell B. die Kategorie des *Trespass*[141]. Insoweit genügte *Baron* Bramwell allein die Veranlassung der Flutung durch den Beklagten, um eine hinreichende Unmittelbarkeit zwischen Beklagtenverhalten und Schaden herzustellen[142]. Die fehlende *Negligence* des Beklagten war für *Baron* Bramwell unerheblich[143]. Zugleich lehnte Bramwell B. eine Subsumption des Falles unter den *Tort* der *Nuisance* ab[144]. *Baron* Bramwells Ansatz vermochte jedoch nicht die Mehrheit des Gerichts zu überzeugen.

II. *Justice* Blackburns Haftungsvoraussetzungen

Die *Court of Exchequer Chamber* hob das Urteil der Vorinstanz einstimmig auf und gewährte Mr. Fletcher – unter ausdrücklicher Zustimmung zu *Baron* Bramwells Minderheitsvotum[145] – einen Anspruch auf Schadensersatz. In der Begründung der Entscheidung formulierte *Justice* Blackburn seine Grundregel der Gefährdungshaftung im englischen *Common Law of Torts*: „We think that the true rule of law is, that the person who for his own purposes brings upon his lands and collects and keeps there anything likely to do mischief if it escapes, must keep it in at his peril,

135 Vgl. Bramwell B. a. a. O., S. 788 f.
136 Vgl. Bramwell B., a. a. O., S. 789.
137 Vgl. Bramwell B., a. a. O., S. 789.
138 Bramwell B., a. a. O., S. 789.
139 Vgl. Bramwell B., a. a. O., 789.
140 Vgl. Bramwell B., a. a. O., 789.
141 „But why not is this a trespass?" Bramwell B., a. a. O., 789.
142 Vgl. Bramwell B., a. a. O., 790. Das Verhalten der von Mr. Rylands beauftragten Ingenieure führte für Bramwell B. nicht zu einem eigenständigen Anspruch, sondern verstärkte nur das Bedürfnis nach einer Haftung des Beklagten.
143 Vgl. Bramwell B., a. a. O., 789 f.
144 Vgl. Bramwell B., a. a. O., 789 f.
145 „We have come to the conclusion that Bramwell, B., was right", Blackburn J. in *Fletcher v. Rylands*, (1866) L.R. 1 Exch. 265, 278.

and, if he does not do so, is prima facie answerable for all the damage which is the natural consequence of its escape."[146]

Nunmehr gilt es, *Justice* Blackburns *Rule* im Detail zu analysieren. Hierzu wird die Haftungsregel in ihre einzelnen Voraussetzungen unterteilt, welche ihrerseits auf Inhalt und Grenzen untersucht werden. Im Ergebnis soll das rechtshistorische Fundament der *Rule* deutlich werden, um eine Bewertung ihrer nachfolgenden präjudiziellen Entwicklung zu ermöglichen.

1. Gefahrenquelle: „anything likely to do mischief"

Die erste der von *Justice* Blackburn aufgestellten Haftungsvoraussetzungen ist das Vorliegen von „anything likely to do mischief"[147] – also irgendetwas, das im Falle seines Entweichens wahrscheinlich einen Schaden bewirkt.

a) Beschaffenheit

Zur Verdeutlichung führte Blackburn J. einige Beispiele dafür an, was nach seiner Auffassung unter den Anwendungsbereich der *Rule* fällt, nämlich Tiere[148], Wasser[149], Schmutz[150] und Giftdämpfe[151]. Blackburn J. war jedoch keineswegs an einer abschließenden Aufzählung gelegen, da er der *Rule* ausdrücklich die Ausdehnung auf weitere derartige Gefahrenquellen vorbehielt[152].

Eine genaue Definition dessen, wie genau jenes „anything"[153] – also „Etwas" – beschaffen sein muss, gab Blackburn J. jedoch nicht. Allerdings folgt daraus, dass „Schmutz" als Beispielsfall aufgezählt wurde, die Anwendbarkeit der *Rule* auf körperliche Gegenstände. Selbiges gilt für flüssige Stoffe, denn im vorliegenden Fall wurde ein Anspruch infolge entwichenen Wassers zugesprochen. Auch Tiere sind ausweislich der angegebenen Beispiele nicht von der *Rule* ausgeschlossen.

Schwieriger ist die Frage zu beantworten, ob es sich zwangsläufig um einen körperlichen Gegenstand handeln muss, der die Gefahr verursacht, oder ob auch

146 Blackburn J. in *Fletcher v. Rylands*, (1866) L.R. 1 Exch. 265, 279.

147 „anything likely to do mischief if it escapes", Blackburn J. in *Fletcher v. Rylands*, (1866) L.R. 1 Exch. 265, 279.

148 Vgl. Blackburn J., a. a. O., S. 280.

149 Vgl. Blackburn J., a. a. O., S. 280. An anderer Stelle nennt Blackburn J. (a. a. O., S. 285) explizit „sauberes" Wasser.

150 Blackburn nennt hier explizit Erd- und Dunghaufen, vgl. Blackburn J., a. a. O., S. 285.

151 Vgl. Blackburn J., a. a. O., S. 285.

152 „[...] who brings on his land, water, filth, or stenches, or any other thing which will, if it escape, naturally do damage [...]", Blackburn J. in *Fletcher v. Rylands*, (1866) L.R. 1 Exch. 265, 282.

153 Blackburn J. in *Fletcher v. Rylands*, (1866) L.R. 1 Exch. 265, 279.

unkörperliche Gefahrenquellen erfasst sein können[154]. *Justice* Blackburn sprach wie bereits erwähnt von „anything likely to do mischief"[155], also „irgendetwas" oder auch „alles", was wahrscheinlich einen Schaden verursachen kann. „Etwas Gefährliches" könnte aber auch etwas Unkörperliches sein. Dafür, dass kein körperlicher Gegenstand vorliegen muss, spricht, dass sich unter den von Blackburn J. aufgezählten Beispielen „Dämpfe"[156] befinden. Diese bestehen zwar nach dem heutigen Stand der Wissenschaft als gasförmiger Stoff aus Atomen, also aus – wenngleich sehr kleinen – körperlichen Gegenständen. Im Jahre 1866 war aber der Nachweis für die Existenz von Atomen noch nicht erbracht worden; vielmehr wurde damals von namhaften Chemikern bestritten, dass Gas aus Atomen besteht[157]. Da die Körperlichkeit von Gasen somit noch nicht allgemein anerkannt war, kann *Justice* Blackburn diese auch kaum in seinem Urteil vorausgesetzt haben[158].

Justice Blackburns Wortlaut schließt somit einzig Menschen vom Anwendungsbereich der Regel aus, denn diese hätte er wohl nicht als „anything", sondern als „anybody" bezeichnet. Abgesehen von Menschen vermag die *Rule* aber alles zu erfassen, was im Falle seines Entweichens Schäden verursachen kann.

b) Gefährlichkeit

Blackburn J. forderte in seiner Grundregel, dass „etwas" im Falle seines Entweichens „mit Wahrscheinlichkeit schädlich" wirken muss. Dies wirft die Frage auf, wie diese „Gefährlichkeit" zu charakterisieren und nach welchen Maßstäben sie zu bestimmen ist.

---

154 Diese bislang unbeachtete Frage wird für die Reichweite einer neu ausgerichteten *Rule* – gerade mit Blick auf das *Cyberlaw* – Bedeutung gewinnen; vgl. dazu unten G.II.2.

155 Vgl. Blackburn J., a. a. O., S. 279.

156 Vgl. Blackburn J., a. a. O., S. 280.

157 So ging der renommierte zeitgenössische Chemiker Sir Benjamin Collins Brodie, Professor für Chemie in Oxford, zu dieser Zeit fest davon aus, dass Atome nicht existierten. Für ihn gehörte das Atommodell in den Bereich der Metaphysik, da die Existenz der Atome damals noch nicht nachgewiesen werden konnte; vgl. zu Brodies Ansicht Brock: „Sir Benjamin Collins Brodie (1817–1880)", (2002) 8 H.I.J.P.C. 49, 50 ff. Den endgültigen Nachweis über die Richtigkeit der (damals so bezeichneten) „Atomtheorie" konnte erst Einstein mit seiner Theorie der Brownschen Bewegung im Jahre 1905 führen; vgl. Neufeldt: „Chronologie der Chemie" (3. Auflage 2003), S. 129 sowie insgesamt die Darstellung der Brockhaus Enzyklopädie (21. Auflage 2006), Bd. 2, S. 643. Allgemeine wissenschaftliche Anerkennung erreichte das Atommodell somit erst einige Zeit nach *Justice* Blackburns Urteil.

158 An einer Stelle des Urteils bemerkte Blackburn J. zwar, dass unter seine Regel „any other thing" (a. a. O., S. 282) fiele; auch dies kann aber nicht als Hinweis für eine Körperlichkeit der Gefahrenquelle gewertet werden, da der Formulierung wiederum der Hinweis auf Dämpfe vorangestellt wurde, die, wie gezeigt, damals nicht zu den körperlichen Gegenständen gezählt wurden.

Die Grundregel *Justice* Blackburns selbst gibt hierzu kaum Anhaltspunkte. Sie enthält lediglich die Formulierung, dass etwas „likely to do mischief“[159] – also wahrscheinlich Schaden verursachend – sein muss. Aufschlussreich ist aber der Blick auf die rechtssystematische Herleitung der *Rule* aus anderen verschuldensunabhängigen *Torts*. *Justice* Blackburns Formulierungen weisen nämlich auffällige Parallelen zum – inzwischen obsoleten[160] – *Common Law* der klassischen Tierhalterhaftung auf. Hier sind zwei Grunddelikte zu unterscheiden: Der *Cattle Trespass* sowie die allgemeine Tierhalterhaftung, welche sich wiederum in die Haftung für *Animals Ferae Naturae* (wilde bzw. gefährliche Tiere) und *Animals Mensuetae Naturae* (zahme bzw. ungefährliche Tiere) aufgliedert.

Der *Cattle Trespass* betrifft Fälle, in denen Vieh die Grundstücksgrenze des Halters überschreitet und auf dem Nachbarland das Gras frisst bzw. niedertrampelt[161]. Der *Tort* gewährte dem Geschädigten einen Anspruch auf Ersatz dieses Schadens, wobei das Verschulden des Halters bezüglich des Entweichens der Tiere keine Anspruchsvoraussetzung war. Die Begründung für dieses strenge Haftungsregime lag für Blackburn J. darin, dass es der „general nature“[162] der Tiere entspräche, bei Entweichen das Nachbarland abzugrasen[163]. Den Begriff der Gefährlichkeit sah Blackburn J. hierbei also mit der Natur („nature“) des Tieres verknüpft, eine Formulierung, die sich in ähnlicher Form noch an anderer Stelle findet, als Blackburn J. Gefahrenquellen beschrieb, die „naturally do mischief if [they] escape“[164].

Die allgemeine Tierhalterhaftung des *Common Law* unterschied zwischen für Menschen gefährlichen und für Menschen[165] ungefährlichen Tieren[166]. Als „gefährlich“

---

159 Blackburn J., a. a. O., S. 279.

160 Inzwischen sind die Ansprüche im *Animals Act 1971* aufgegangen und von diesem verdrängt worden; vgl. unter D.VI.

161 Blackburn J. erkannte für diese Fälle eine weit zurückreichende und gesicherte Rechtslage, die es dem Eigentümer der Rinder gebietet, die Rinder am Verlassen seines Landes zu hindern. Sollte ihm dies nicht gelingen, so hatte er für die natürlichen Folgen des Entweichens einzustehen, und zwar unabhängig von seinem Verschulden am Entweichen. Vgl. dazu die Darstellung von Blackburn J., a. a. O., S. 280 f.

162 Blackburn J., a. a. O., S. 280.

163 Der *Tort Cattle Trespass* gewährte jedoch keine Ansprüche für Personenschäden. Dies wertet Blackburn J. dergestalt, dass die Verursachung von Personenschäden nicht als „general nature“ von Rindern anzusehen sei; vgl. dazu Blackburn J., a. a. O., S. 280 f.

164 Blackburn J., a. a. O., S. 279.

165 Nicht durchgesetzt hatte sich hier das Abstellen auf eine erhöhte Gefährlichkeit für Sachen; vgl. dazu Jolowicz/Lewis: „Winfield on Tort“ (8. Auflage 1967), S. 468 m. w. N.

166 Vgl. zum Ganzen das Standardwerk von North: „The Modern Law of Animals“ (1971), S. 3 bzw. die vorangegangene Darstellung bei Robson: „The Principles of Legal Liability for Trespasses and Injuries by Animals“ (1915), S. 13; ebenso die Beurteilung der *Law Commission* in „Civil Liability for Animals“, (1967) Law Com. No. 13, S. 6 f.

galt ein Tier, das einer Gruppe angehört, deren Exemplare nach der „experience of mankind“[167] im Falle ihres Entweichens unausweichlich für Menschen gefährlich werden *(Animals Ferae Naturae)*[168]. Unter dieser Voraussetzung wurde unwiderlegbar vermutet, dass auch der Halter die Gefährlichkeit seines Tieres kannte[169]. Sogar der Umstand, dass ein Tier zwar einer allgemein als „gefährlich“ bekannten Gruppe angehört, im Einzelfall aber (etwa nach Dressur) ungefährlich ist, konnte die unwiderlegbare Vermutung seiner Gefährlichkeit nicht erschüttern[170]. Abweichend hiervon war bei Tieren, die nicht der Gruppe der *Animals Ferae Naturae* angehörten und daher als zahm galten *(Animals Mensuetae Naturae)*, positive Kenntnis des Halters dahingehend nachzuweisen, dass das Tier „wider seine Natur“ eine schädliche Neigung besitzt[171]. Anknüpfend an dieses (bereits im Alten Testament[172] angedeutete) Kenntniselement wurde diese Variante der Tierhalterhaftung daher auch als *Scienter Action*

---

167 Vgl. Bowen J. in *Filburn v. The People's Palace and Aquarium.*, (1890) 25 Q.B.D. 258, 261; Devlin J. sprach in *Behrens v. Bertram Mills Circus Ltd.*, [1957] 1 All E.R. 583, 588 von „common knowledge“.

168 „The distinction between those animals which are ferae naturae by virtue of their genus and those which become so by the exhibition of a particular habit seems to me to be this: that in the case of the former it is assumed (and the assumption is true of a really dangerous animal such as a tiger) that whenever they get out of control they are practically bound to do injury“, Devlin J. in *Behrens v. Bertram Mills Circus*, a. a. O., 590.

169 Vgl. Lord Esher M.R. in *Filburn v. The People's Palace and Aquarium*, a.a O., S. 259 f.; North, a. a. O., S. 3; Jolowicz/Lewis, a. a. O., S. 470; Zimmermann: „The Law of Obligations“ (1996), S. 1136 f.

170 „[T]he harmfulness of the offending animal to be Justiced, not by reference to its particular training and habits, but by reference to the general habits of the species to which it belongs. The law ignores the world of difference between the wild elephant in the jungle and the trained elephant in the circus“, Devlin J., a. a. O., S. 588.

171 Ein Resümee der Rechtslage findet sich bei Devlin J. (a. a. O., S. 587): „A person who keeps an animal with knowledge (scienter retinuit) of its tendency to do harm is strictly liable for damage that it does if it escapes; he is under an absolute duty to confine or control it so that it shall not do injury to others. All animals ferae naturae, that is, all animals which are not by nature harmless, [...] are conclusively presumed to have such a tendency, so that the scienter need not in their case be proved. All animals in the second class, mansuetae naturae, are conclusively presumed to be harmless until they have manifested a savage or vicious propensity; proof of such a manifestation is proof of scienter and serves to transfer the animal, so to speak, out of its natural class into the class ferae naturae“; vgl. dazu auch Jolowicz/Lewis, a. a. O., S. 464 ff.; North, a. a. O., S. 3 f.

172 Im Alten Testament (2. Buch Mose, Kapitel 21, Verse 28 f.) ist für Schäden durch Tiere ausgeführt: „Wenn ein Rind einen Mann oder eine Frau stößt, dass sie sterben, so soll man das Rind steinigen und sein Fleisch nicht essen; aber der Besitzer des Rindes soll nicht bestraft werden. Ist aber das Rind zuvor stößig gewesen und seinem Besitzer war‘s bekannt und er hat das Rind nicht verwahrt und es tötet nun einen Mann oder eine Frau, so soll man das Rind steinigen und sein Besitzer soll sterben.“

bezeichnet[173]. Das klassische *Common Law* ging also von einer Halterhaftung aus, falls ein Tier einer allgemein als „gefährlich" bekannten Art angehört sowie dann, wenn es außerhalb dieser Gruppe bei Kenntnis des Halters eine widernatürliche schädliche Neigung besitzt.

Blackburn J. übernahm bei der Bestimmung der „Gefährlichkeit" die begrifflichen Vorlagen aus *Cattle Trespass* und allgemeiner Tierhalterhaftung. Auf der einen Seite sprach er von Gefahrenquellen, die bei Entweichen „naturally"[174] schädlich wirken und bezog sich auf deren „general nature"[175]; hier lässt sich ein klarer Bezug zu der Haftung für *Animals Ferae Naturae* bzw. *Cattle Trespass* herstellen. Auf der anderen Seite verwendete Blackburn J. verschiedentlich Formulierungen wie „which he knows to be mischievous"[176] und „where it was known that hurt [...] was the natural consequence"[177], was eher auf die Haftung für *Animals Mensuetae Naturae* anspielt.

Die *Rule* selbst allerdings enthält nur eine Formulierung, nämlich „anything likely to do mischief"[178]. Diese fällt bei der Abgrenzung zwischen *Cattle Trespass* bzw. *Animals Ferae Naturae* einerseits und *Animals Mensuetae Naturae* andererseits auf die erstgenannte Seite. Dies ergibt sich daraus, dass Blackburn J. für seine Grundregel gerade nicht die Formulierung wählte, mit der er die Haftung für zahme Tiere beschrieb („*knows* to be mischievous"), sondern deren objektive Variante („*likely* to do mischief").

Hieraus lässt sich ablesen, dass nach *Justice* Blackburns Ausführungen die subjektive (Un)Kenntnis des Schädigers vom Risikopotential der Gefahrenquelle unerheblich sein sollte. Vielmehr ließ er einen objektiven Maßstab dahingehend genügen, ob etwas „im Allgemeinen" als gefährlich eingeordnet wird. Nicht auszuschließen ist zwar, dass unter Rückgriff auf die Fallgruppe zahmer Tiere eine Ausnahme dann gelten kann, wenn etwas zwar nicht allgemein als gefährlich gilt, aber die entsprechende Kenntnis des Schädigers nachzuweisen ist. Allerdings hat sich Blackburn J. mit seiner Formulierung der Rechtsregel auf Seiten des für „gefährliche" Tiere geltenden Grundsatzes eines objektiven Maßstabs positioniert. Damit ist nach Blackburn J. allein erforderlich, dass die Gefahrenquelle aus Sicht der Allgemeinheit schadensgeneigt ist.

173 Der Terminus „scienter" umschreibt die Kenntnis des Tierhalters. Vgl. zum Ganzen auch den Abschlussbericht der *Law Commission* in „Civil Liability for Animals", (1967) Law Com. No. 13, S. 7.

174 „[T]here does not appear to be any difference in principle, between the extent of the duty cast on him who brings cattle on his land to keep them in, and the extent of the duty imposed on him who brings on his land, water, filth, or stenches, or any other thing which will, if it escape, naturally do damage", Blackburn J., a. a. O., 282.

175 Blackburn J., a. a. O., S. 280.

176 Blackburn J., a. a. O., S. 280.

177 Blackburn J., a. a. O., S. 281.

178 Blackburn J., a. a. O., S. 279.

c) *Zusammenfassung*

Zusammenfassend lässt sich über die Haftungsvoraussetzung des „anything likely to do mischief" somit festhalten, dass hiervon nach *Justice* Blackburns Wortlaut jeder körperliche Gegenstand unabhängig von seinem Aggregatszustand erfasst sein kann. Die Gefahrenquelle muss aber nicht zwingend ein körperlicher Gegenstand sein. Ausgeschlossen ist angesichts *Justice* Blackburns Wortwahl einzig die Ausdehnung auf Menschen als Gefahrenquelle. Ihre Qualifikation als gefährlich hängt davon ab, ob es im Falle seines Entweichens aus Sicht der Allgemeinheit als schädlich gilt. Hierbei ist ein objektiver Maßstab zugrunde zu legen; Kenntnis des Schädigers ist nicht erforderlich.

2. Akkumulation: „brings" – „collects" – „keeps"

Die zweite Haftungsvoraussetzung betrifft die Akkumulation der Gefahrenquelle. *Justice* Blackburn richtete seine *Rule* gegen die Person, welche die Gefahrenquelle „brings on his lands and collects and keeps there"[179].

a) *Künstliche Akkumulation*

Die Voraussetzung, dass die Gefahrenquelle auf das Land geführt bzw. dort akkumuliert wird, schließt zunächst solche Dinge aus, die schon von Natur aus auf dem Grundstück sind. Diesen Grundsatz betonte Blackburn J. nachdrücklich, indem er im Zuge seiner Urteilsbegründung forderte, dass der Schädiger „brought something on his own property which was not naturally there"[180].

Auf diese Weise ist ein natürlich entstandener Teich oder ein Baum, der nicht von Menschenhand gepflanzt wurde, von der *Rule* ausgeschlossen. Angewandt auf den ursprünglichen Sachverhalt der Entscheidung bedeutet dies, dass Mr. Rylands einer Haftung entgangen wäre, falls er das Wasser nicht künstlich in das Reservoir eingelassen hätte, sondern die Schächte zu Mr. Fletchers Mine unter einem natürlichen See gelegen hätten.

Hier schimmert auch der eingangs erwähnte Gegensatz zwischen der landwirtschaftlichen Nutzung der „natürlichen" Grundstücksressourcen gegenüber den „künstlich" installierten Technologien durch[181]. Die *Rule* begünstigt nämlich durch *Justice* Blackburns Formulierung die traditionelle Agrarwirtschaft gegenüber industriellen Technologien.

---

179 Blackburn J., a. a. O., S. 279.
180 Blackburn J., a. a. O., S. 280.
181 Vgl. oben B.I.1.

b) *Aktive Verursachung*

Aus *Justice* Blackburns Wortlaut folgt, dass die Akkumulation der Gefahrenquelle auf ein kausales Verhalten des Schädigers – *brings, collects, keeps* – zurückgehen muss. Mit Blick auf den Gegensatz zu den „things naturally there" liegt zudem der Schluss nahe, einen aktiven Verursachungsbeitrag des Schädigers zu fordern. Dies deshalb, weil die lediglich passive Tolerierung einer natürlich im Herrschaftsbereich des Schädigers entstandenen Gefahrenquelle gerade nicht für eine Haftung ausreichen soll. Im Umkehrschluss erfasst die *Rule* daher nur die aktive Schaffung einer künstlichen Gefahrenquelle. Daraus folgt aber nicht, dass die Akkumulation auch vorsätzlich durchgeführt werden muss, denn in dieser Frage trifft *Justice* Blackburns Urteil keine Aussage[182].

Anzumerken ist, dass Blackburn J. die Mitwirkungsakte des Schädigers kumulativ und nicht alternativ aufzählte. Also haftet der Schädiger dann nicht nach *Justice* Blackburns Regel, wenn er Dinge auf seinem Grundstück lagert, die er nicht selbst dorthin verbracht hat. Dies ist in Fallgestaltungen bedeutsam, in denen der Schädiger mit dem Erwerb des Grundstücks eine Gefahrenquelle von dessen Vorinhaber übernimmt. Hier geht das Verbringen der Gefahrenquelle nicht auf den Schädiger zurück; dieser kann aber weiterhin Nutzen aus der Lagerung dieser Gefahrenquelle auf seinem Grundstück ziehen. Die kumulative Aufzählung der Akkumulationshandlungen vermag daher im Ergebnis den Anwendungsbereich der *Rule* beträchtlich einzuschränken.

c) Independent Contractors

Der Schädiger muss die Gefahrenquelle allerdings nicht persönlich akkumuliert haben. Es genügt, dass er eine Akkumulation durch Dritte veranlasst. In diesen Grundsatz schloss Blackburn J. nicht nur weisungsgebundene Gehilfen *(Servants)* ein[183].Vielmehr beschritt sein Urteil auch insoweit neue Wege[184], als es eine Haftung des Auftraggebers ermöglichte, obgleich dieser zur Schaffung der Gefahrenquelle selbständige Auftragnehmer *(Independent Contractors)* einschaltet.

Im ursprünglichen Sachverhalt hatte der beklagte Mr. Rylands das schadensstiftende Wasserreservoir nicht persönlich errichtet. Mit der Planung hatte er einen fachkundigen Ingenieur beauftragt und die Realisierung des Vorhabens einem

---

182 Dies bildet auch keinen Widerspruch zum Erfordernis einer aktiven Akkumulation: Auch der Schädiger, der ein giftiges, in versehentlich in sein Reisegepäck gelangtes Insekt auf sein Grundstück trägt, bewirkt eine aktive – aber eben keine vorsätzliche – Akkumulation einer Gefahrenquelle.

183 Vgl. dazu eingehend unten E.II.

184 Zwar war die *Vicarious Liability* für *Servants* bereits fest etabliert; vgl. Rogers in „Winfield and Jolowicz on Tort" (17. Auflage 2006), S. 882 m. w. N. Die Haftung für *Independent Contractos* wurde aber erst 1876 mit *Bower v. Peate* ([1876] 1 Q.B.D. 321) anerkannt; vgl. Markesinis/Deakin/Johnston: „Tort Law" (6. Auflage 2008), S. 607 m. w. N.

Fachunternehmen überlassen. Wie im Verlaufe des Verfahrens ermittelt wurde, handelten aber Mr. Rylands' Auftragnehmer nicht sorgfältig bei der Errichtung des Wasserreservoirs[185]. Blackburn J. ließ keinen Zweifel daran, dass den beklagten Mr. Rylands persönlich an der unsachgemäßen Konstruktion des Reservoirs kein Verschulden traf[186]. Ihm wurde auch zugestanden, dass er kompetente Fachleute mit der Ausführung seines Bauvorhabens beauftragt hatte[187], sodass er auch insofern keine Verantwortlichkeit an dem unmittelbar schadensauslösenden Geschehen trug. Schuldhaft handelten einzig die von Mr. Rylands ausgewählten Fachleute[188].

Die Entscheidung, Mr. Rylands trotzdem für den Schaden haften zu lassen, den eigentlich unmittelbar seine Auftragnehmer verschuldet hatten, ordnet sich aber nahtlos in den Grundgedanken der *Rule* ein. Dieser basiert auf der Akkumulation einer Gefahrenquelle – und nicht auf der schuldhaften Realisierung ihres Gefahrenpotentials. Gerade dieser erstgenannte Aspekt fällt aber in die Verantwortlichkeit Mr. Rylands', da dieser den Auftrag zur Akkumulation der Gefahrenquelle erteilt hatte. Der Beklagte sollte demnach nicht deshalb haften, weil er Dritte dadurch gefährdet hätte, dass er sich bei Ausführung einer Tätigkeit Gehilfen bediente. Die Gefährdung bestand vielmehr darin, dass der Auftrag an die *Contractors* schon selbst gefahrbringend war – unabhängig von deren Verschulden bei der Ausführung. Folglich sah *Justice* Blackburn eine Verantwortlichkeit für das eigene Verhalten des Beklagten, weshalb er die Frage einer Zurechenbarkeit des Verschuldens seiner Auftragnehmer für subsidiär[189] und im konkreten Fall nicht

185 „[...] proper care was not used by the persons employed by [the defendants], to provide for the sufficiency of the shafts [...]", Blackburn J., a. a. O., S. 278 f. Hintergrund war, dass der Ingenieur bei der Planung des Vorhabens übersehen hatte, dass unter dem geplanten Standort des Reservoirs alte Bergwerkschächte verliefen, die mit der Mine Mr. Fletchers verbunden waren und den Untergrund des Reservoirs destabilisierten. Das ausführende Bauunternehmen hatte die Bauarbeiten fortgesetzt, obwohl man während der Aushubarbeiten auf zugeschüttete Schächte gestoßen war; eine danach gebotene Prüfung der Stabilität des Untergrundes bzw. des Verlaufs der Schächte erfolgte jedoch nicht. Vgl. zum Ganzen *Fletcher v. Rylands*, a. a. O., S. 268 f.

186 „It is found that the defendants, personally, were free from all blame [...]", Blackburn J., a. a. O., S. 278.

187 „[...] the defendants selected competent engineers and contractors to make their reservoir", Blackburn J., a. a. O., S. 278.

188 Die Gründe, aus denen Mr. Fletcher nicht gegen die Contractors selbst, sondern gegen deren Auftraggeber Mr. Fletcher vorging, sind bis heute nicht bekannt; vgl. dazu Schwartz: „*Rylands v. Fletcher*, Negligence, and Strict Liability" in Cane/Stapleton (Hrsg.): „The Law of Obligations" (1998), S. 232 f.

189 „[...] a further question arises subsidiary to the first [i. e. liability by the defendants for bringing onto his land anything likely to do mischief it it escapes], viz., whether the defendants are not so far identified with the contractors whom they employed, as to be responsible for the consequences of their want of care and skill in making

entscheidungserheblich[190] hielt. *Justice* Blackburns Urteil begründete insoweit also keine Haftung *für* das Verschulden Dritter, sondern eine in eigenem Verhalten begründete Haftung *trotz* des Verschuldens Dritter.

d) Grundstücksbezug des Schädigers

Schließlich bedarf noch die Frage genauerer Erörterung, welche rechtliche Beziehung der Schädiger zu dem Grundstück haben muss, auf dem die Gefahrenquelle akkumuliert wurde. In der Grundregel heißt es dazu, dass der Schädiger etwas auf „sein Land“[191] bringen muss.

Dies spricht dafür, dass das betreffende Grundstück dem Schädiger rechtlich zugeordnet sein muss. Blackburn J. wird an anderer Stelle konkreter, indem er fordert, dass dieses Land „his own property“[192] sein muss. Gleichwohl führt diese Formulierung nicht zu vollständiger Klarheit. *Property* bezeichnet als Oberbegriff[193] sowohl ein eigentumsähnliches Recht an Grundstücken (im Sinne der *Freehold Ownership*)[194], als auch die vorübergehende Einräumung der Sachherrschaft *(Leasehold)*[195]. Auf diesem Wege ist also keine endgültige Klarheit zu erzielen.

Jedoch kann auf den ursprünglichen Sachverhalt der Entscheidung zurückgegriffen werden. Mr. Rylands war zwar *Owner* des Mühlengrundstücks, das mit Wasser versorgt werden sollte. Das Grundstück, auf dem das Reservoir erbaut wurde, und von dem folglich das Wasser entwichen ist, gehörte aber Lord Wilton[196]. Deshalb hat Mr. Rylands das Reservoir laut Sachverhalt auch nicht eigenmächtig, sondern „in pursuance of an arrangement with Lord Wilton“[197] erbaut. Dies deutet darauf

---

the reservoir in fact insufficient with reference to the old shafts […]“, Blackburn J., a. a. O., S. 279. Dies andeutend auch Oliphant, a. a. O., S. 96 f.

190 Vgl. Blackburn J., a. a. O., S. 287.

191 „his lands“, Blackburn J., a. a. O., S. 279.

192 Vgl. Blackburn J., a. a. O., S. 280.

193 Vgl. MacKenzie/Phillips:„Land Law“ (10. Auflage 2004), S. 18; Burn/Cartwright: „Modern Law of Real Property“ (17. Auflage 2006), S. 37; Goo: „Land Law“ (3. Auflage 2002), S. 2 f.

194 Im englischen Recht existiert lediglich eine eingeschränkte Form des Eigentums, da das gesamte Land formal im Eigentum der Krone steht. Eine Privatperson kann daher allenfalls als „freehold owner“ über das Land der Krone verfügen. Dieser Rechtszustand wird als *Estate in Fee Simple Absolute in Possession* bezeichnet. Vgl. zum Ganzen MacKenzie/Phillips, a. a. O., S. 4 ff.; Burn/Cartwright, a. a. O., S. 27; Goo, a. a. O., S. 3, 13 ff.

195 Dieses Rechtsinstitut bezeichnet das englische Recht auch als *Term of Years Absolute*; vgl. MacKenzie/Phillips, a. a. O., S. 7; Burn/Cartwright, a. a. O., S. 36 f.; Goo, a. a. O., S. 17.

196 „[…] the defendants […] made a reservoir […] in other land of Lord Wilton’s […]“, *Fletcher v. Rylands*, a. a. O., S. 267.

197 *Fletcher v. Rylands*, a. a. O., S. 267; vgl. dazu auch Schwartz: „*Rylands v. Fletcher*, Negligence, and Strict Liability“ in Cane/Stapleton (Hrsg.): „The Law of Obligations“ (1998), S. 222, 226 ff.

hin, dass der Schädiger zwar zumindest als *Lessee* zur Ausübung der tatsächlichen Sachherrschaft über den Akkumulationsort berechtigt sein, eine *Ownership* an dem Grundstück aber nicht bestehen muss. Im Gegenzug legt der Umstand, dass *Justice* Blackburn zur Haftung Mr. Rylands als Initiator der Akkumulation gegenüber Lord Wilton als dem *Owner* des Akkumulationsorts heranzog, den Schluss nahe, dass die tatsächliche Herrschaft über die Akkumulation und deren Ort primäre Bedeutung zur Bestimmung des Ersatzpflichtigen beansprucht.

e) Zusammenfassung

Zusammenfassend kann festgehalten werden, dass die Gefahrenquelle künstlich im Herrschaftsbereich des Schädigers akkumuliert worden sein muss. Dies schließt natürlich auf einem Grundstück – zu dessen Besitz der Schädiger als *Lessee* berechtigt, aber nicht durch *Ownership* legitimiert sein muss – bereits zuvor vorhandene Gefahrenquellen aus. Der Akkumulationsvorgang beinhaltet nach *Justice* Blackburns Wortlaut kumulativ das Verbringen, Ansammeln und Behalten der Gefahrenquelle. Durch dieses Verhalten muss der Schädiger aktiv, aber nicht vorsätzlich die Existenz der Gefahrenquelle in seinem Herrschaftsbereich herbeiführen. Dabei muss er auch nicht persönlich handeln, sondern es genügt, dass er die Durchführung der Akkumulation durch *Independent Contractors* veranlasst.

3. Entweichen – „escape"

Die dritte Voraussetzung *Justice* Blackburns ist, dass die Gefahrenquelle „entweichen"[198] muss. Als Ausgangspunkt kann die Feststellung dienen, dass Blackburn J. den Begriff des „Entweichens" im Hinblick auf Mr. Rylands' Reservoir als Bezeichnung für den Vorgang verwendete, im Zuge dessen die Gefahrenquelle das Schädigergrundstück verließ[199]. Einen Mitwirkungsakt des Schädigers sieht das Urteil nicht vor, da *Justice* Blackburn im Gegenteil die *Rule* als Haftung für das (passive) Zulassen des Entweichens einer (aktiv) akkumulierten Gefahrenquelle konzipierte[200].

a) Grundstücksbezug

Eine ausdrückliche Beschränkung auf Grundstücksfälle ist aber nicht in dem Urteil enthalten. Schon in der viel zitierten *Ratio* der Regel[201] sagte Blackburn J. zwar, dass der Schädiger die Gefahrenquelle „brings upon *his lands*" sowie „collects and keeps

198 „consequence of its escape", Blackburn J., a. a. O., S. 279.
199 „escape out of his land", Blackburn J., a. a. O., S. 279.
200 „[...] if he does not succeed in confining it to his own property [...]", Blackburn J., a. a. O., S. 280; „[...] he must take care to keep in that which he has brought on the land [...]", Blackburn J., a. a. O., S. 279.
201 Vgl. Blackburn J., a. a. O., 279.

there", hinsichtlich des Entweichens gab es aber keinen ausdrücklichen Bezug zu diesem Ort: Weder die Formulierung „if it escapes" noch „must keep it in" oder „its escape"[202] sind mit dem Zusatz „from there" versehen. Jedoch finden sich in *Justice* Blackburns rechtssystematischer Herleitung der Haftungsregel, insbesondere im Rahmen der von ihm ausführlich behandelten Tierhalterhaftung, deutliche Verweise auf ein Entweichen der Gefahrenquelle aus der Kontrolle (im Gegensatz zum Entweichen von einem Grundstück) des Schädigers[203].

Es ist zwar auffällig, dass Blackburn J. den Begriff des Entweichens in den meisten Fällen im Zusammenhang mit Grundstücken gebrauchte. Dies kann jedoch im Hinblick darauf nicht verwundern, dass der ihm vorliegende Fall eben diese Fallkonstellation beinhaltete. Angesichts der ausführlich diskutierten allgemeinen Tierhalterhaftung erscheint es aber zweifelhaft, dass Blackburn J. nur ein Entweichen mit Grundstücksbezug erfasst wissen wollte. Insofern steht zwar fest, dass der Begriff „escape" in jedem Falle das Entweichen von einem Grundstück umfasst; eine Beschränkung hierauf geht jedoch nicht aus *Justice* Blackburns Ausführungen hervor.

b) Verlauf

Justice Blackburns Formulierungen lassen keinen Zweifel daran, dass das Entweichen vom Herrschaftsbereich des Schädigers ausgehen muss[204]. Dagegen enthält die Grundregel keine Aussage darüber, wohin und auf welchem Wege die Gefahrenquelle entweichen muss. In der Herleitung der Rule erwähnte Blackburn J. aber wiederholt den „neighbour", entweder als Schädiger[205] oder als Geschädigten[206]. Also ging Blackburn J. – jedenfalls in Grundstücksfällen – offensichtlich von einem Nachbarschaftsverhältnis der Beteiligten aus. Diese Vorgabe muss aber großzügig ausgelegt werden[207], da im ursprünglichen Sachverhalt weder das Mühlengrundstück noch das Reservoirgrundstück direkt an das Minengrundstück Mr. Fletchers grenzten[208]. Als Nachbarschaftsverhältnis im Sinne der *Rule* kann daher allenfalls eine gewisse räumliche Nähebeziehung der Beteiligten gefordert werden. Demnach

---

202 Blackburn J, a. a. O., 279.

203 „[...] a person keeping a mischievous animal [...] is bound to keep it secure at his peril", „[...] the natural consequence of its being loose [...]", Blackburn J., a. a. O., S. 281.

204 „[...] if it escapes out of his land [...]", Blackburn J., a. a. O., S. 279.

205 „[...] the neighbour [...] should be obliged to make good the damage [...]", „[...] whose mine is flooded by his neighbour's reservoir [...]", Blackburn J., a. a. O., S. 280.

206 „[...] if it gets on his neighbour's [land] [...]", Blackburn J., a. a. O., S. 280.

207 So auch der Anwalt des Klägers, für den die Haftung des Schädigers nicht von dessen unmittelbarer Nachbarschaft zum Geschädigtengrundstück abhängen sollte: „[...] the duty is independent of the immediate neighbourhood of lands [...]", Manisty Q.C. in *Fletcher v. Rylands*, a. a. O., S. 270.

208 Vgl. dazu oben B.I.2. Darauf verweisend auch Schwartz: „*Rylands v. Fletcher*, Negligence, and Strict Liability" in Cane/Stapleton (Hrsg.): „The Law of Obligations" (1998), S. 222 f.

liegt auch ein Sachverhalt noch im Anwendungsbereich der Regel, in dem der Schaden den Herrschaftsbereich des Geschädigten auf dem „Umweg" über eines oder mehrere Zwischengrundstücke ereilt. Genau so verhielt es sich nämlich 1860, als das Wasser erst die Stollen unter einem dritten Grundstück durchfließen musste, um in Mr. Fletchers Mine zu gelangen.

c) Dauerhaftigkeit

Zu klären ist schließlich die Frage, ob die Regel nach *Justice* Blackburns Formulierung nur ein einmaliges oder auch ein mit einer gewissen Dauerhaftigkeit auftretendes Entweichen erfasst. Zu der Fallgruppe des einmaligen Entweichens zählen Konstellationen, in denen die Gefahrenquelle in einem singulären Ereignis entweicht, wie etwa bei einer Explosion oder einem Dammbruch. Hierunter ist auch der ursprüngliche Sachverhalt von *Rylands v. Fletcher* einzuordnen, denn für die Überschwemmung der Mine des Klägers war ein einzelner, isolierter Durchbruch des Wassers verantwortlich. Zwar hatte noch die Vorinstanz mehrheitlich festgestellt, dass singuläre Schadensereignisse nur bei unmittelbarer Verursachung (als *Trespass*) oder Fahrlässigkeit (als *Negligence*) vom *Common Law of Torts* erfasst waren[209]. Mit seiner *Rule* erlegte aber *Justice* Blackburn auch dem Verursacher einmaliger Schadensereignisse eine verschuldensunabhängige Haftung auf.

Im Gegensatz dazu wäre ein über längere Zeiträume auftretendes Entweichen von Gefahrenquellen gegeben, wenn im ursprünglichen Sachverhalt das Wasser nicht in einem einzelnen Ausbruch entwichen, sondern stetig in die Mine des Klägers getropft wäre. Zwar bestand rechtssystematisch für Blackburn J. keine Notwendigkeit, seine *Rule* auf Fälle dauerhaften Entweichens zu erstrecken, denn hierfür bot die *Nuisance* bereits eine Anspruchsgrundlage[210]. Dies galt aber ebenso für die Fallgruppe des einmaligen Entweichens, denn für diese war der *Tort* des *Trespass* (bzw. *Negligence*) konzipiert. Überdies ist *Justice* Blackburns Ausführungen keine Beschränkung auf singuläre Schadensereignisse zu entnehmen. Im Gegenteil verwies dieser in seiner Herleitung der *Rule* auf Fälle, in denen giftige Dämpfe aus Fabrikschornsteinen entwichen[211]. Somit ist davon auszugehen, dass Blackburn J. sowohl singuläre Schadensereignisse als auch Fälle dauerhaften bzw. mehrmaligen Entweichens als vom Anwendungsbereich der Regel aus *Rylands v. Fletcher* erfasst ansah.

d) Zusammenfassung

Zusammenfassend kann über das Merkmal *Escape* festgehalten werden, dass es den Vorgang bezeichnet, in dem die Gefahrenquelle den Herrschaftsbereich des Schädigers verlässt. Als derartiger Herrschaftsbereich gelten Grundstücke, jedoch sind

209 Vgl. oben B.I.3.
210 Vgl. B.I.3.
211 Vgl. Blackburn J., a. a. O., S. 285.

auch Fälle ohne Grundstücksbezug nicht von der *Rule* ausgeschlossen. Im Gegensatz zur Akkumulation erfordert das Entweichen keine aktiven Mitwirkungsakte des Schädigers. Die Gefahrenquelle muss auch nicht direkt vom Schädigergrundstück auf das Geschädigtengrundstück gelangen, sondern kann auch einen „Umweg" über das Land Dritter nehmen. Das Entweichen kann ein einmaliger Vorgang sein, jedoch sind nach *Justice* Blackburns Herleitung auch Fälle mehrmaligen bzw. dauerhaften Entweichens nicht von der Regel ausgeschlossen.

4. Haftungsregime ohne Verschulden – „at his peril"

Zentrale Bedeutung gewinnt *Justice* Blackburns Urteil dadurch, dass es ein strenges Haftungsregime vorsieht. Diese „Strenge" ergibt sich daraus, inwieweit das deliktische Verhalten des Schädigers schuldhaft sein muss[212]. Daher muss aus *Justice* Blackburns *Rule* zunächst ermittelt werden, worin jenes deliktische Verhalten besteht. Anschließend kann untersucht werden, welchen Haftungsmaßstab die *Rule* hieran knüpft.

In seiner Urteilsbegründung erörterte Blackburn J. ausführlich die Pflichten des Schädigers als dem „Herren" über die Gefahrenquelle. Dessen „duty"[213] sah *Justice* Blackburn darin, die zuvor akkumulierte Gefahrenquelle auf seinen Herrschaftsbereich zu begrenzen und nicht daraus entweichen zu lassen: „It is agreed on all hands that he must take care to keep in that which he has brought on the land and keeps there, in order that it may not escape and damage his neighbours [...]"[214]. Diese Pflicht ist in dem Augenblick verletzt, wenn die Gefahrenquelle aus dem Herrschaftsbereich des Schädigers entweicht. Für *Justice* Blackburn bestand das deliktische Verhalten des Schädigers demnach nicht in der Schaffung einer Gefahrenquelle, sondern darin, ihr Entweichen nicht verhindert zu haben. In der Systematik der *Rule* verweist dies auf das Haftungsmerkmal des *Escape*[215] (im Gegensatz zur vorangegangenen Akkumulation)[216].

Anschließend stellte Blackburn J. die beiden Möglichkeiten dar, einen Sorgfaltsmaßstab des für die Gefahrenquelle Verantwortlichen festzulegen. Einerseits, so Blackburn J., könnte den Schädiger eine „absolute duty"[217] treffen, die Gefahrenquelle auf sein Grundstück zu begrenzen; in diesem Falle würde er für die Folgen des Entweichens haften, und zwar selbst dann, wenn dieses Entweichen ohne die geringste Fahrlässigkeit des Schädigers zustande kam. Andererseits könnte man die

212 Vgl. dazu oben A.II.2.
213 Blackburn J., a. a. O., S. 279.
214 Blackburn J., a. a. O., S. 279.
215 Vgl. oben B.II.3.
216 So selbst zuletzt die (ansonsten die *Rule* skeptisch behandelnden) Entscheidungen des *House of Lords* in *Cambridge Water* und *Transco*; vgl. hierzu ausführlich unter F.I.1.a.bb. sowie F.IV.2.g.
217 Blackburn J., a. a. O., S. 279.

Anforderungen an den Grundstückseigentümer auf die Pflicht beschränken, lediglich alle vernünftigen Vorsichtsmaßnahmen zu treffen, um die Gefahrenquelle am Entweichen zu hindern; in diesem Falle würde er nur haften, falls er sie fahrlässig entweichen ließ[218]. Diese Option würde bedeuten, dass die dargestellte Fallkonstellation nach den Grundsätzen der normalen Fahrlässigkeitshaftung zu entscheiden – und Mr. Fletchers Klage abzuweisen gewesen wäre.

Justice Blackburn entschied sich bekanntlich für die erste Option, also eine Haftung ohne Fahrlässigkeit. Bereits im Wortlaut der *Rule* verzichtete Blackburn J. auf jegliche Verschuldenselemente und stellte im Gegenzug klar, dass der Schädiger seine Gefahrenquelle „at his peril"[219] (also auf eigene Gefahr[220]) unter Kontrolle halten müsse. Unmissverständlich deutlich wird der Charakter der *Rule* als Gefährdungshaftung aber in *Justice* Blackburns konkretisierenden Ausführungen. Er legte ausführlich dar, dass das englische *Common Law of Torts* eine Haftung ohne Fahrlässigkeit – nämlich „whether the escape [was] by negligence or not"[221] – durchaus zulasse. Dabei stützte sich *Justice* Blackburn insbesondere[222] auf den *Tort* des *Cattle Trespass*, wonach ein Viehhalter für die Folgen eines Viehübertritts auf das Land des Nachbarn haften musste, selbst wenn ihn am Entweichen der Tiere kein Verschulden traf[223]. Dieses Prinzip übertrug Blackburn J. auch auf das Wasser aus Mr. Rylands' Reservoir: „[T]here does not appear to be any difference in principle, between the extent of the duty cast on him who brings cattle on his land to keep them in, and the extent of the duty imposed on him who brings on his land, water [...]"[224].

Im Ergebnis kann also festgestellt werden, dass den Schädiger nach *Justice* Blackburns Auffassung die Pflicht traf, die Gefahrenquelle auf sein Grundstück zu begrenzen. Für den Fall, dass die Gefahrenquelle trotzdem entweicht, sollte der Schädiger ohne Rücksicht darauf haften, ob er das Entweichen verschuldet hatte.

5. Ausschlussgründe: „He can excuse himself..."

Gleichwohl deutete *Justice* Blackburn an, dass auch seine *Rule* Ausnahmen von der im Grundsatz strengen Haftung zulassen sollte. Die Möglichkeit, der *Rule* durch Einwendungen (sog. *Defences*[225]) Grenzen zu setzen, behandelte er aber eher beiläufig.

218 Vgl. zum Ganzen Blackburn J., a. a. O., S. 279.
219 Blackburn J., a. a. O., S. 279.
220 Vgl. Dietl/Lorenz I, S. 600.
221 Blackburn J., a. a. O., S. 282.
222 Ferner sprach Blackburn J. (a. a. O., S. 280 f.) auch die ebenfalls verschuldensunabhängige allgemeine Tierhalterhaftung an; vgl. dazu North, a. a. O., S. 3 sowie oben B.II.1.
223 Vgl. Blackburn J., a. a. O., S. 280 sowie oben B.II.1. Dazu auch North, a. a. O., S. 105, 175; Robson, a. a. O., S. 31 f., 44.
224 Blackburn J., a. a. O., S. 282.
225 Vgl. Dietl/Lorenz I, a. a. O., S. 217.

Die Ausführungen in dieser Frage waren nicht entscheidungserheblich[226] und besitzen daher als *Obiter Dicta* keine Bindungswirkung[227]. Das Urteil spricht ausdrücklich zwei *Defences* an, nämlich „the act of God"[228] und „the plaintiff's default"[229]. Überdies deutet die Einschränkung, dass der Schädiger die Gefahrenquelle „for his own purposes"[230] akkumuliert haben muss, in Richtung eines haftungsausschließenden (mutmaßlichen) Einverständnisses für den Fall, dass die Gefahrenquelle auch dem Nutzen des Geschädigten dient.

a) Höhere Gewalt – „act of God"

Mit der bemerkenswert vagen Ankündigung, dass hier „perhaps"[231] ein Ausschlussgrund liegen könne, verwies Blackburn J. auf *Acts of God* („höhere Gewalt"[232]). Das Urteil enthält keine exakte Erläuterung, nach welchen Maßstäben deren Vorliegen zu bestimmen ist. Allerdings wird aus *Justice* Blackburns Wortwahl deutlich, dass diese *Defence* in der Systematik der *Rule* nicht an die Akkumulation der Gefahrenquelle, sondern an die Haftungsvoraussetzung *Escape* geknüpft ist[233]. Folglich ist ein Haftungsausschluss hier allenfalls dann möglich, wenn ein *Act of God* in den schadensstiftenden Kausalverlauf eingegriffen hat, im Zuge dessen die Gefahrenquelle aus dem Herrschaftsbereich des Schädigers entwichen ist.

b) Eigenverantwortlichkeit – „the plaintiff's default"

Mit größerer Entschlossenheit[234] verwies *Justice* Blackburn darauf, dass „Verfehlungen"[235] des Geschädigten („the plaintiff's default") die *Rule* auszuschließen

---

226 So ausdrücklich Blackburn J. (a. a. O., S. 280) selbst: „[...] but as nothing of this sort exists here, it is unnecessary to inquire what excuse would be sufficient." Ebenso Woodside/Silbersack/Fliehman/Feichtner: „Why Absolute Liability under *Rylands v. Fletcher* is Absolutely Wrong", [2003] 29 U.D.L.R. 1, 7.

227 Vgl. oben A.II.1.b.

228 Blackburn J., a. a. O., S. 280.

229 Blackburn J., a. a. O., S. 280.

230 Blackburn J., a. a. O., S. 279.

231 Blackburn J., a. a. O., S. 280.

232 Vgl. Dietl/Lorenz I, a. a. O., S. 358. Blackburn J. führte auch die Synonymbezeichnung der „vis majeur" (a. a. O., S. 280) auf.

233 „[...] that the escape was the consequence of [...] the act of God", Blackburn J., a. a. O., S. 280.

234 Dieser *Defence* stellte Blackburn J. nicht die Einschränkung voran, dass sie nur „perhaps" die *Rule* ausschließen könne. Überdies betonte er wiederholt, dass die *Rule* ihr Motiv gerade darin finde, dass der Geschädigte „though free from all blame, must bear the loss" (a. a. O., S. 279), und er daher „is damnified without any fault of his own" (a. a. O., S. 280). Führt dagegen ein Fehlverhalten des Geschädigten zum Entweichen der Gefahrenquelle, so entfällt auch dieses Motiv seiner Schutzwürdigkeit.

235 Vgl. Dietl/Lorenz I, a. a. O., S. 216.

vermögen. Fest steht auch in Bezug auf diese *Defence*, dass sie ihren Bezugspunkt im Entweichen (und nicht der Akkumulation) der Gefahrenquelle findet[236].

Allerdings fehlen erneut erläuternde Ausführungen, welcher Natur die „Verfehlungen" des Geschädigten sein müssen. So enthielt sich *Justice* Blackburn einer Aussage darüber, ob bereits ein bloßer Kausalbeitrag den Anspruch ausschließt, oder ob dem Geschädigten zusätzlich ein vorsätzliches oder zumindest erkennbares Fehlverhalten vorzuwerfen sein muss. Ein hilfreiches Indiz liefert jedoch der ursprüngliche Sachverhalt: Hier hatte der geschädigte Mr. Fletcher genau denjenigen Verbindungsstollen ausheben lassen, der dem Wasser den Weg in seine Mine ermöglichte[237]. Dieser Kausalbeitrag erfolgte aber weder wissentlich noch war seine Folge erkennbar, da der Verlauf der stillgelegten Stollen unter Mr. Rylands' Reservoirgrundstück (an die sich wiederum Mr. Fletchers Verbindungsstollen anschloss) unbekannt war[238]. *Justice* Blackburn nahm diesen – im Prozess durch den Beklagtenanwalt nachdrücklich vorgetragenen[239] – Kausalbeitrag des Geschädigten nicht zum Anlass, um einen Ausschluss der *Rule* auch nur ansatzweise zu prüfen. Folglich kann nur eine Verfehlung die *Rule* beschränken, die nicht nur kausal, sondern überdies zumindest auch erkennbar (wenn nicht gar vorsätzlich) in das *Escape* eingreift.

c) Geteilter Nutzen – „for his own purposes"

Ein letzter Ausschlussgrund folgt indirekt aus *Justice* Blackburns *Rule*. Nach deren Wortlaut muss der Schädiger die Gefahrenquelle „für seine eigenen Zwecke"[240] akkumuliert haben. Festzuhalten ist daher zunächst, dass diese Einschränkung (im Gegensatz zu den vorangegangenen *Defences*) nicht auf das Entweichen der Gefahrenquelle, sondern auf deren Akkumulation bezogen ist.

Inhaltlich weist das Urteil zwar keine weiteren Vorgaben an die Reichweite dieses Erfordernisses auf. Jedoch ergibt der Umkehrschluss aus *Justice* Blackburns Formulierung, dass die *Rule* unanwendbar ist, sobald eine Gefahrenquelle nicht allein zum Nutzen des Schädigers, sondern (zumindest auch) zum Nutzen des Geschädigten akkumuliert wird. Führt man diesen Gedanken fort, so lässt sich in dieser Fallkonstellation ein mutmaßliches Einverständnis des Geschädigten zur Akkumulation der Gefahrenquelle ableiten: Soweit der Geschädigte die Vorteile der Akkumulation einer Gefahrenquelle annimmt, geht er auch die daraus resultierenden Risiken ein. Im ursprünglichen Sachverhalt hätte also Mr. Fletcher keinen Ersatzanspruch erheben können, falls er ebenfalls Wasser aus Mr. Rylands' Reservoir bezogen hätte

---

236 „He can excuse himself by shewing that the escape was owing to the plaintiff's default [...]", Blackburn J., a. a. O., S. 279 f.

237 Vgl. *Fletcher v. Rylands*, a. a. O., S. 268. Darauf verweisend auch Schwartz: „*Rylands v. Fletcher*, Negligence, and Strict Liability" in Cane/Stapleton (Hrsg.): „The Law of Obligations" (1998), S. 223 f.

238 Vgl. oben B.I.2.

239 Vgl. Mellish Q.C. in *Fletcher v. Rylands*, a. a. O., S. 272 ff.

240 „who for his own purposes brings on his lands", Blackburn J., a. a. O., S. 279.

– denn nunmehr hätte der Schädiger die Gefahrenquelle nicht „for his *own* purpose“ akkumuliert.

d) Zusammenfassung

Insgesamt widmete *Justice* Blackburn der Behandlung von Ausschlussgründen aber wenig Raum. Er benannte in *Obiter Dicta* zwei *Defences* für höhere Gewalt sowie Eigenverantwortlichkeit des Geschädigten, welche jeweils auf den Kausalverlauf abzielen, in dessen Verlauf die Gefahrenquelle den Herrschaftsbereich des Schädigers verlässt. Überdies lässt sich aus dem Urteil ableiten, dass ein Geschädigter, der die Gefahrenquelle des Schädigers mitbenutzt, sein mutmaßliches Einverständnis zu deren Akkumulation erklärt.

6. Schaden – „natural consequence“

Eine weitere Voraussetzung der *Rule* ist es, dass der Geschädigte einen Schaden erlitten hat. *Justice* Blackburn führte dazu aus, dass der Schädiger „is answerable for all the damage which is the natural consequence of its escape“[241].

Eine Besonderheit des englischen Deliktsrechts besteht darin, dass der Begriff „damage“ nur schwer zu fassen ist, da keine allgemein anerkannte Definition des Schadensbegriffs existiert[242]. *Damage* kann einerseits die Verletzung eines Rechtsguts im konkreten Fall bezeichnen; dieser Schadensbegriff ist vergleichbar mit der zur Anspruchsbegründung erforderlichen „Rechtsgutsverletzung“ bzw. dem „Primärschaden“ im deutschen Recht[243]. Andererseits findet der Terminus auch Anwendung auf die Folgen dieser Verletzung, den deutschen „Sekundärschaden“[244]. Regelmäßig grenzen die englischen Gerichte diese beiden Varianten nicht voneinander ab, sondern verwenden den Begriff *Damage* ohne deutliche Zuordnung.

---

241 Blackburn J., a. a. O., S. 279.

242 Vgl. McGregor: „Damages“ (17. Auflage 2003), S. 3; Rogers in Magnus (Hrsg.): „Unification of Tort Law: Damages“ (2001), S. 57; Grubb/Tettenborn/Wilby/Bennett: „The Law of Damages“ (2003), S. 3; von Bar: „The Common European Law of Torts. II“ (2000), S. 12; Buns, a. a. O., S. 15; Wurmnest: „Grundzüge eines europäischen Haftungsrechts“ (2003), S. 198 f.

243 Vgl. Lüer: „Die Begrenzung der Haftung bei fahrlässig begangenen unerlaubten Handlungen“ (1969), S. 28 f.; Hager: „Wende in der Umwelthaftung?“ in Leser (Hrsg.): „Arbeitsrecht und Zivilrecht in Entwicklung“ (1995), S. 195, 200; Buns, a. a. O., S. 15; von Bar, a. a. O., S. 13.

244 Vgl. von Bar, a. a. O., S. 13: „With respect to the forms of slander which are not actionable *per se* [...] the requisite of damage includes both the violation of the right to honour and good reputation, and the financial loss (special damage) resulting therefrom“; vgl. auch Buns, a. a. O., S. 15.

Die Prüfung des ersatzfähigen Schadens lässt sich daher in zwei Unterpunkte gliedern[245]. Zunächst wird bestimmt, ob der eingetretene Schaden seiner Art nach dem Schutzbereich eines *Tort* unterfällt *(Recoverable Type of Damage)*. Anschließend wird geprüft, ob dieser Schaden im konkreten Fall der Pflichtverletzung des Schädigers zurechenbar ist *(Remoteness of Damage)*. Bei der Schadenszurechnung besteht jedoch Einigkeit dahingehend, dass hier die Verknüpfung der Pflichtverletzung des Schädigers zu der Verletzung des beeinträchtigten Rechtsguts des Geschädigten zu prüfen ist, sodass hier der Begriff *Damage* dem deutschen „Primärschaden" entspricht[246]. Ausgehend von diesen Vorgaben ermittelt die nachfolgende Untersuchung sowohl die Ersatzfähigkeit des Schadenstyps als auch die Zurechenbarkeit des Primärschadens.

a) Ersatzfähiger Schadenstypus

aa) Sachschäden

Aus den Umständen des ursprünglichen Sachverhalts lässt sich zunächst ablesen, dass die *Rule* Sachschäden erfasst. Das Urteil *Justice* Blackburns sprach dem geschädigten Mr. Fletcher nämlich einen Ersatzanspruch für die Beschädigung der überschwemmten Mine zu[247]. Dieser umfasste die Kosten, die zum Abpumpen des Wassers und die anschließenden Reparaturmaßnahmen angefallen waren[248].

Eine Beschränkung auf Schäden an Grundstücken enthält das Urteil aber nicht. Zwar wies die Beschädigung der Mine tatsächlich einen Bezug zu dem Grundstück auf, das Mr. Fletcher von Lord Wilton gepachtet hatte[249]. Jedoch stützte sich *Justice* Blackburn bei der rechtssystematischen Herleitung der *Rule* entscheidend auf die allgemeine Tierhalterhaftung, welche nicht auf Grundstücksschäden beschränkt ist[250].

---

245 Vgl. dazu McGegor, a. a. O., S. 98 und Stapleton: „Cause-in-Fact and the Scope of Liability for Consequences", (2003) 119 L.Q.R. 388, 389 f. sowie bereits Street: „Principles of the Law of Damages" (1962), S. 1 f. Vgl. aus der Rechtsprechung auch Lawton J. in *British Celanese Ltd. v. A. H. Hunt (Capacitors) Ltd.*, [1969] 2 All E.R. 1252, 1257: „They would have to prove, however, that the damage which they suffered was the natural consequence of the escape and was of a kind recognised by the law.".

246 Vgl. Lüer, a. a. O., S. 28 f.; Buns, a. a. O., S. 15; Hager, a. a. O., S. 200.

247 „We are of the opinion that the plaintiff is entitled to recover […]", Blackburn J., a. a. O., S. 287. Mit dieser Äußerung sprach das Gericht dem Kläger sämtliche eingeklagten Schadensposten zu.

248 Vgl. zu dieser Klageforderung *Fletcher v. Rylands*, a. a. O., S. 266.

249 Vgl. oben B.I.2.

250 Vgl. Blackburn J., a. a. O., S. 280 f.

bb) Vermögensschäden

Zudem folgt aus *Justice* Blackburns Urteilsspruch, dass Vermögensschäden ersatzfähig sein können. Dies gilt jedenfalls unter der Voraussetzung, dass jener Schadensposten unmittelbar auf einem Sachschaden beruht. Im ursprünglichen Sachverhalt richtete sich Mr. Fletchers erfolgreiche Klageforderung auf den Ersatz des entgangenen Gewinns sowie der erhöhten Betriebskosten seiner Mine[251]. Beide Schadensposten basierten auf der vorangegangenen Beschädigung der Mine: Der entgangene Gewinn folgte aus deren vorübergehender Stilllegung, während die Flutschäden beseitigt wurden[252]. Ebenso hatten die erhöhten Betriebskosten ihren Ursprung in der Beschädigung der Mine, da Mr. Fletchers Bergleute nur gegen höheren Lohn zur Arbeit in dem nunmehr als unsicher geltenden Schacht bereit waren[253].

Ob darüber hinaus auch „reine", nicht auf einem Sachschaden beruhende Vermögensschäden (wie etwa die Verdienstausfälle der Bergleute während der Minenstilllegung) ersatzfähig sein sollen, ist der Urteilsbegründung hingegen nicht zu entnehmen. Allerdings äußerte sich *Justice* Blackburn in einer Folgeentscheidung – unter ausdrücklichem Verweis auf *Fletcher v. Rylands* – eher skeptisch zur Ersatzfähigkeit „reiner" Vermögensschäden: Er betonte, dass er dort den Bergarbeitern keinen Anspruch für Verdienstausfälle infolge der Minenschließung gewährt hätte, da jene Verluste auf einem Sachschaden des Mineninhabers, nicht aber auf einem solchen der Bergleute beruhten[254].

cc) Personenschäden

Obgleich *Justice* Blackburn nicht über die Ersatzfähigkeit von Personenschäden befinden musste, lässt sich aus seiner Urteilsbegründung ableiten, dass er diesen Schadenstypus nicht von der *Rule* ausschließen wollte. Das gesamte Urteil ist geprägt von bemerkenswert offenen Formulierungen in dieser Frage. Bereits in der Grundregel ließ *Justice* Blackburn den Schädiger „for all the damage which is the natural consequence of the escape"[255] haften, also für „alle" zurechenbaren

251 Vgl. *Fletcher v. Rylands*, a. a. O., S. 265 f.

252 Vgl. *Fletcher v. Rylands*, a. a. O., S. 265.

253 Vgl. *Fletcher v. Rylands*, a. a. O., S. 266 sowie oben unter B.I.2.

254 „[...] in such a case as that of *Fletcher v. Rylands* [...] the defendant would be liable, not only to an action by the owner of the drowned mine, and by such of his workmen as had their tools or clothes destroyed, but also to an action by very workman and person employed in the mine, who in consequence of its stoppage made less wages than he would otherwise have done. [...] No authority in favour of the plaintiff's right to sue was cited, and as far as our knowledge goes, there was none that could have been cited", Blackburn J. in *Cattle v. Stockton Waterworks Co.*, [1874–80] All E.R. Rep. 220, 223. Zur Unterstützung zitierte Blackburn J. auch die Entscheidung von Coleridge J. in *Lumley v. Gye* ([1853] 2 E. & B. 216, 252), wonach der Grundsatz „of redressing only the proximate and direct consequences of wrongful acts" zu beachten sei.

255 Vgl. Blackburn J. a. a. O., S. 279.

Schäden. An anderer Stelle bemerkte Blackburn J., die *Rule* erfasse „all the natural consequences of its escape“[256] (also wiederum „alle“ Folgen des Entweichens) und der Schädiger sei verpflichtet, „[to] make good all the damage which is the natural consequence“[257]. An diesen Formulierungen lässt sich keine Einschränkung der ersatzfähigen Schäden ablesen. Im Gegenteil spricht daraus eine großzügige Prüfung der Ersatzfähigkeit – einschließlich möglicher Personenschäden.

Interessant ist in diesem Zusammenhang noch eine weitere Formulierung *Justice* Blackburns: Er sagte, dass es das typische Risiko von Wasser sei, „[to] do damage [...] by drowning“[258]. Das Wort „drowning“ steht zwar auch für „überfluten“, aber primär bedeutet es „ertränken“; eine Überflutung wird gemeinhin als „flooding“ bezeichnet[259]. Ertränkt werden nur Lebewesen, Sachen werden überflutet. Dies spricht dafür, dass Blackburn J. von der Ersatzfähigkeit von Personenschäden ausging. Es ist in jedem Falle bemerkenswert, dass er bei der Beschreibung des Risikopotentials von Wasser (das ausweislich des ursprünglichen Sachverhalts zweifellos von der *Rule* erfasst ist) das Wort „drowning“ verwendete und nicht den Begriff „flooding“.

Was die Entstehungsgeschichte des Urteils anbelangt, so muss beachtet werden, dass sich in den Jahren vor 1866 eine Reihe von Unglücken mit Wasserreservoirs ereignet hatte. Ein Unglück in Sheffield im Jahre 1864 hatte 238 Tote gefordert und die englische Öffentlichkeit war – gerade wegen der Lebensgefährlichkeit jener Anlagen – äußerst negativ gegenüber Wasserreservoirs eingestellt[260]. Da der Urteilsspruch *Justice* Blackburns vor diesem Hintergrund auch als juristische Antwort auf die öffentliche Meinung zu werten ist[261], können Personenschäden nur schwerlich vom Anwendungsgebiet der Regel ausgeschlossen werden. Der Beklagtenanwalt trug schließlich auch – wenngleich in anderem Zusammenhang – vor, dass der Fall genauso liege, wie wenn „the owner had himself been drowned at the bottom

---

256 Vgl. Blackburn J., a. a. O., S. 279.

257 Vgl. Blackburn J., a. a. O., S. 285.

258 Vgl. Blackburn J., a. a. O., S. 286.

259 Ein zeitgenössischer Beleg hierfür findet sich in der Klageerwiderung des Beklagtenanwalts Mellish, als er nämlich vorbrachte, der Fall *Fletcher v. Rylands* läge ebenso, wie wenn „the owner had himself been drowned at the bottom of the mine“; Mellish Q.C. in *Fletcher v. Rylands*, (1866) L.R. 1 Exch. 265, 273. Anzuführen ist außerdem der in *The Times* vom 1. März 1852 abgedruckte Bericht der zur Untersuchung des Dammunglücks von Holmfirth (Yorkshire) eingesetzten *Jury*, in dem es hieß, „that Eliza Marsden came to her death by drowning, caused by the flooding of the Bilberry Reservoir [...]“, abgedruckt bei Simpson, a. a. O., S. 221 (Hervorhebungen nicht im Original).

260 Vgl. oben B.I.1 sowie eingehend auch Simpson, a. a. O., 225 ff.

261 Ähnlich auch Bagshaw („*Rylands* Confined“, [2004] 120 L.Q.R. 388, 388) und Simpson (a. a. O., S. 250). Skeptisch dagegen Schwartz (a. a. O., S. 236 f.), dem allerdings erwidert werden könnte, dass es vor englischen Gerichten keineswegs ungewöhnlich war, eher zurückhaltende Formulierungen wie diejenige *Justice* Blackburns („mischief“ statt „desaster“) zu wählen.

of the mine“[262]. Hier liegt ein entscheidender Punkt: Wäre Mr. Fletcher tatsächlich selbst mit seinen Bergarbeitern in der Mine ertrunken, dann ist es angesichts des beschriebenen historischen Kontexts des Urteils nur schwer vorstellbar, dass Blackburn J. einen Anspruch wegen des erlittenen Personenschadens abgelehnt hätte. Somit spricht auch die Entstehungsgeschichte von *Rylands v. Fletcher* für eine weite Auslegung des Schadensbegriffs unter Einbeziehung von Personenschäden.

Schließlich liefert auch die *Justice* Blackburns rechtssystematische Herleitung der *Rule* Hinweise zur Ersatzfähigkeit von Personenschäden. Blackburn J. sprach in diesem Zusammenhang zwar die Viehhalterhaftung gemäß dem *Tort* des *Cattle Trespass* an[263], welcher keine Personenschäden erfasste[264]. Allerdings darf nicht übersehen werden, dass auch für Vieh, dessen Halter nach *Cattle Trespass* haftete, parallel eine Haftung für Personenschäden nach der *Scienter Action* in Betracht kam[265] – worauf Blackburn J. ausdrücklich hinwies[266]. Diese *Scienter Action* behandelte *Justice* Blackburn mehrfach und stellte wiederholt heraus, dass selbst der Halter eigentlich „ungefährlicher“ Tiere *(Animals Mensuetae Naturae)* für Personenschäden haften müsse, falls er Kenntnis von einer entsprechenden Neigung seines Tieres hatte[267]. Dies galt selbstverständlich erst recht für dem Menschen gefährliche Tierarten *(Animals Ferae Naturae)*[268]. Demnach liegt auch in der rechtssystematischen Herleitung der *Rule* ein Indiz dafür, Personenschäden in den Anwendungsbereich von *Rylands v. Fletcher* aufzunehmen.

b) Zurechenbarkeit

Nunmehr ist zu untersuchen, nach welchen Grundsätzen *Justice* Blackburns Haftungsregel die Zurechenbarkeit eines Schadens bemisst. In der *Rule* legte Blackburn J. fest, dass „all the damage which is the natural consequence of the escape“[269] zu ersetzen sei. Daraus folgt zunächst, dass ein Zurechnungszusammenhang zwischen dem Schadenseintritt und dem „Entweichen“ der akkumulierten Gefahrenquelle herzustellen ist.

---

262 Hier ging es darum, dass der Beklagtenanwalt das Haftungsregime für Personenschäden – nämlich *Negligence* – auch für den vorliegenden Grundstücksschaden anwenden wollte; vgl. Mellish Q.C. in *Fletcher v. Rylands*, (1866) L.R. 1 Exch. 265, 273.

263 Vgl. Blackburn J., a. a. O., S. 280 f.

264 Vgl. Blackburn J., a. a. O., S. 280 sowie oben B.II.1.b. Daraus Skepsis gegenüber der Haftung für Personenschäden ableitend Ibbetson („A Historical Introduction to the Law of Obligations“ [1999], S. 186) sowie Schwartz (a. a. O., S. 236).

265 Vgl. dazu oben B.II.1.b.

266 „[...] but if the owner knows that the beast has a vicious propensity to attack man, he will be answerable for that too“, Blackburn J., a. a. O., S. 280.

267 Vgl. Blackburn J., a. a. O., S. 280 f.

268 Vgl. dazu oben B.II.1.b.

269 Blackburn J., a. a. O., S. 279.

Eine Definition des zentralen Begriffs dieser Aussage, der „natürlichen Folge", enthält *Justice* Blackburns Urteil aber nicht. Das Fehlen einer gesonderten Begriffsklärung der „natural consequences" vermag jedoch kaum zu überraschen. In der englischen Rechtsprechung war dieser kausalitätsbasierte Filter nämlich die gängige Zurechnungsmethode, bis der *Privy Council* in seiner wegweisenden Entscheidung zu *The Wagon Mound No. 1*[270] den *Foreseeability Test* als Gegenmodell zum – häufig[271] auch als *Direct Consequence Test* bezeichneten[272] – *Natural Consequence Test* einführte[273].

Nach diesem auch von *Justice* Blackburn in die *Rule* aufgenommenen Modell ist zunächst der Kausalzusammenhang zwischen dem Schädigerverhalten und dem Schadenseintritt festzustellen[274]. Anschließend ist zu prüfen, ob ein Ereignis

270 *Overseas Tankship (UK) Ltd. v. Morts and Dock & Engineering Co. Ltd. (The Wagon Mound No. 1)*, [1961] A.C. 388.

271 Um terminologische Einheitlichkeit waren die Gerichte kaum bemüht. Aufschlussreich insoweit das Votum durch Lord Reid in der Folgeentscheidung *Overseas Tankship (U.K.) Ltd. v. Miller Steamship Co. (The Wagon Mound No. 2)*, [1967] 1 A.C. 617, 634: „Their Lordships [...] find the most striking feature to be the variety of words used [...] and that is not very surprising because in the great majority of cases the facts were such that it made no difference whether the damage was said to be the direct or the natural or the probable or foreseeable result [...]. The word 'natural' is found very often and it is peculiarly ambiguous.".

272 So explizit Viscount Simonds in *The Wagon Mound No. 1*, a. a. O., S. 426 f.: „[...] a man should be held liable for damage unpredictable by a reasonable man because it was 'direct' or 'natural' [...]". Bereits Blackburn J. selbst hatte in einer Folgeentscheidung (*Cattle v. Stockton Waterworks Co.*, [1874–80] All E.R. Rep. 220, 223) – unter explizitem Verweis auf *Fletcher v. Rylands* – die gesicherte Rechtslage „of redressing only the [...] direct consequences of wrongful acts.' In this we quite agree" betont.

273 Insoweit deutlich der Rückblick von Taylor J. in *Jackson v. Tilling Construction Services Ltd.*, [1983] 75 J.No. 292 (zitiert nach *LexisNexis*):„The *Wagon Mound* [...] case changed the test by which a defendant's liability for the consequences of his tortious act is determined. Instead of the old direct or natural consequence test, there was substituted the test of whether the damage is of such a kind as a reasonable man should have foreseen." Vgl. dazu auch die Darstellung bei Wilson/Slade: „A Re-Examination of Remoteness", (1952) 15 M.L.R. 458, 465 ff. sowie darauf verweisend, allerdings ansonsten den *Foreseeability Test* unterstützend, auch Atkinson: „Strict Liability for Environmental Damage: The Cambridge Water Company case", [1993] 5 J.E.L. 179, 182 f.

274 Vgl. McGregor, a. a. O., S. 99 f.; Markesinis/Deakin/Johnston, a. a. O., S. 244 f. Hier liegt der klassische *Natural Consequence Test* in seiner weiten Ausprägung, welche allerdings im Anschluss durch zusätzliche Anforderungen an den Kausalverlauf (insbesondere dessen Unbetroffenheit von überlagernden Eingriffen wie *Acts of God*) getreu dem *Direct Consequence Test* eingeengt wird; vgl. zu diesem Zusammenspiel Lüer, a. a. O., S. 59 ff.

in diesen Kausalverlauf entscheidend[275] eingegriffen, und das Verhalten des Schädigers als direkte Schadensursache gleichsam „überlagert“ hat[276]. Auf diese Weise können Fälle höherer Gewalt oder eine Mitwirkung des Geschädigten den Zurechnungszusammenhang unterbrechen[277]. Andernfalls kommt der „direct or natural consequence test“[278] zu einer zurechenbaren „natural consequence“ des Kausalverlaufs.

Die Charakteristika dieses Zurechnungsfilters zeigen sich bereits an den von *Justice* Blackburn aufgeführten haftungsbegrenzenden *Defences.* In der Urteilsbegründung wird ausdrücklich auf zwei Ausschlussgründe hingewiesen, nämlich den Eingriff höherer Gewalt *(Act of God)* oder aber des Geschädigten selbst *(Plaintiff's Default)* in den Kausalverlauf[279]. Hier liegen typische[280] Anwendungsfälle für Eingriffe in den Kausalverlauf durch Ursachen, die das Verhalten des Schädigers (welcher wie Mr. Rylands das Entweichen einer von ihm selbst akkumulierten Gefahrenquelle nicht verhindert) zu „überlagern“ imstande sind.

Aber auch die erläuternden Ausführungen *Justice* Blackburns sprechen für den kausalitätsbasierten *Direct or Natural Consequence Test.* Die Verwendung des Terminus „natural consequence“ in *Justice* Blackburns rechtssystematischer Herleitung der *Rule* lässt sich auf die klassische[281] *Common-Law*-Tierhalterhaftung zurückverfolgen. Hier sah *Justice* Blackburn eine in das Mittelalter zurückreichende Vorlage verschuldensunabhängiger Haftungsregeln[282]. Insgesamt ist die

275 So ausdrücklich Prosser („The Law of Torts“ [4. Auflage 1971], S. 264): „[...] new external factor of significance intervenes“.

276 Vgl. Prosser, a. a. O., S. 263 f.; McGregor, a. a. O., S. 101; Hart/Honoré: „Causation in the Law“ (2. Auflage 1985), S. 178 f.; Markesinis/Deakin/Johnston, a. a. O., S. 266 ff.; Quinn/Elliott: „Tort Law“ (6. Auflage 2007), S. 105; Payne: „The 'Direct' Consequences of a Negligent Act“ (1952) C.L.P. 189, 204 f.

277 Vgl. McGregor, a. a. O., S. 133 ff., 143 f.; Markesinis/Deakin/Johnston, a. a. O., S. 268 ff.; Hart/Honoré, a. a. O., S. 162 f.

278 Mit dieser Terminologie etwa Viscount Simonds in *The Wagon Mound No. 1*, a. a. O., S. 426 und auch Taylor J. in *Jackson v. Tilling Construction Services Ltd.*, [1983] 75 J.No. 292.

279 Vgl. oben B.II.5.

280 Vgl. auch Harper: „Liability Without Fault and Proximate Cause“, (1932) 30 Mi.L.R. 1001, 1005, 1009; Dugdale in „Clerk and Jolowicz on Torts“(19. Auflage 2006), S. 102, Rdnr. 2–81; McGregor, a. a. O., S. 103; Nolan in Grubb (Hrsg.): „The Law of Tort“ (2002), S. 976, 996.

281 Diese Regeln sind inzwischen obsolet und im *Animals Act 1971* aufgegangen; vgl. dazu oben B.II.1.b. sowie unten D.VI.

282 So ausdrücklich Blackburn J., a. a. O., S. 280: „The law as to them seems to be perfectly settled from early times; the owner must keep them in at his peril, or he will be answerable for the natural consequences of their escape“; vgl. auch Fifoot: „History and Sources of the Common Law“ (1949), S. 155 m. w. N.

Formulierung „natural consequence“ in sieben Passagen des Urteils enthalten[283], an anderer Stelle wird auf die „natural and anticipated consequences“[284] verwiesen.

Bei der Behandlung der allgemeinen Tierhalterhaftung nannte Blackburn J. viermal den Begriff der „natural consequences“[285]. Hier wurde bei der Schadenszurechnung zwischen Tieren von „wilder Natur“ *(Animals Ferae Naturae)* und „zahmer Natur“ *(Animals Mensuetae Naturae)* unterschieden. Für die letztgenannte Gruppe der zahmen Tiere waren lediglich solche kausalen Schäden zurechenbar, die für den Halter insofern vorhersehbar waren, als sie einer ihm bekannten schädlichen Neigung des Tieres entsprachen[286]. Diese Zurechnungsregel sprach Blackburn J. ebenfalls an, als er von den „natural and anticipated consequences“[287] sprach. Dagegen lösten Tiere, die einer als „gefährlich“ bekannten Art angehörten, eine Halterhaftung für alle kausalen „natural consequences“ ihres Entweichens aus, unabhängig von der Vorhersehbarkeit des Schadens[288].

In Bezug auf den *Tort* des *Cattle Trespass* verwendete *Justice* Blackburn in zwei Passagen seines Urteils den Begriff der „natural consequences“[289]. Er führte aus, dass ein Viehhalter für das durch seine Tiere niedergetretene oder abgegraste Weideland

---

283 Vgl. Blackburn J., a. a. O., S. 279, 279, 280, 281, 281, 282, 285.

284 Blackburn J., a. a. O., S. 280.

285 Vgl. Blackburn J., a. a. O., S. 280, 280, 281, 281.

286 So ausdrücklich Devlin J. in *Behrens v. Bertram Mills Circus,* [1957] 1 All E.R. 583, 590: „There is a good deal of authority, [...] that, at least in the case of harmless animals, the rule is that the injury must be the result of a vicious propensity“. Vgl. zur Rechtslage vor Einführung des *Animals Act 1970* auch Jolowicz/Lewis: „Winfield on Tort“ (8. Auflage 1967), S. 475 m. w. N. und North, a. a. O., S. 21 sowie den Abschlussbericht der *Law Commission* in „Civil Liability for Animals“, (1967) Law Com. No. 13, S. 7, 12.

287 Blackburn J., a. a. O., S. 280.

288 So auch die zeitgenössische Entscheidung von Bowen L.J. in *Filburn v. The People's Palace and Aquarium.,* (1890) 25 Q.B.D. 258, 261 f.: „an action can be maintained for any injury done by [an Elephant], although the owner had no knowledge of its mischievous propensities“. Ähnlich später Devlin J. in *Behrens v. Bertram Mills Circus Ltd.*, [1957] 1 All E.R. 583, 590: „If a tiger is let loose in a fun fair, it seems to me to be irrelevant whether a person is injured as the result of a direct attack, or because, on seeing it, he runs away and falls over [...] and, if a wild elephant were let loose in the fun fair and were stampending around, I do not think that there would be much difficulty in holding that a person who was injured by falling timber had a right of redress“. Ebenso (unter Hinweis auf die vorangegangene Trennung in gefährliche und ungefährliche Arten) Hart/Honoré, a. a. O., S. 182 sowie North, a. a. O., S. 47 und insgesamt die Analyse der *Law Commission* in „Civil Liability for Animals“, (1967) Law Com. No. 13, S. 6, 1.

289 Vgl. Blackburn J., a. a. O., S. 280, 282.

des Nachbarn – und mithin für die kausalen[290] Folgen ihres Entweichens – hafte[291]. Weitere Zurechnungsvoraussetzungen vermochte *Justice* Blackburn dagegen hier nicht zu erkennen, wobei er aber anfügte, dass Personenschäden kein nach *Cattle Trespass* ersatzfähiger Schadenstypus (sondern allein nach den Regeln über *Animals Mensuetae Naturae* einzuklagen) waren[292].

Somit ist zu konstatieren, dass nach *Cattle Trespass* sowie für *Animals Ferae Naturae* eine Haftung für alle kausalen (ihrer Art nach ersatzfähigen) Schäden bestand[293]. Einzig die Zurechnung der durch sonstige „zahme" Tiere verursachten Schäden war zusätzlich an ein Vorhersehbarkeitserfordernis geknüpft. Leitet man diesen Gegensatz in den Wortlaut von *Justice* Blackburns *Rule* über, so fällt auf, dass hier ausdrücklich „all the damage which is the natural consequence"[294] genannt ist. Darin ist kein Vorhersehbarkeitselement enthalten[295], wie es der Haftung für *Animals Mensuetae Naturae* entsprach; auch der Zusatz „anticipated", den Blackburn J. noch im Hinblick auf die Haftung für zahme Tiere verwendet hatte, fehlt in seiner *Rule*. Dies steht vollständig im Einklang mit dem allein kausalitätsbasierten (die Vorhersehbarkeit übergehenden[296]) *Direct or Natural Consequence Test*.

---

290 Nicht notwendig ist auch hier eine Vorhersehbarkeit des Schadens; vgl. McGregor, a. a. O., S. 103; Williams: „The Risk Principle" (1961) 77 L.Q.R. 198, 211; North, a. a. O., S. 91. Zweifelhaft daher Davies: „Strict Liability and Reasonable Foreseeability: *Cambridge Water Company v. Eastern Counties Leather plc*", (1994) T.L.J.L. 7, [17].

291 Vgl. auch Blackburn J., a. a. O., S. 280: „[…] that is with regard to tame beasts, for the grass they eat and trample upon, though not for any injury to the person of others".

292 Vgl. Blackburn J., a. a. O., S. 280.

293 Vgl. zu diesem Zusammenhang auch Harper: „Liability Without Fault and Proximate Cause", (1932) 30 Mi.L.R. 1001, 1007, 1011 f.

294 Blackburn J., a. a. O., S. 279.

295 Dies wiegt umso schwerer, als ein erstes *Obiter Dictum* zugunsten des *Foreseeability Test* bereits 1850 (und damit vor *Justice* Blackburns Urteil) durch Pollock C.B. in *Greenland v. Chaplin* ([1850] 155 E.R. 104, 106) abgegeben wurde – und somit zumindest die theoretische Grundlage für dessen Aufnahme auch in die *Rule* vorhanden war.

296 Bestätigt wird dieses Ergebnis auch durch das spätere Votum *Justice* Blackburns in *Smith v. London & South Western Railway Co.* ([1870] L.R. 6 C.P. 14, 21), in dem er der Einordnung eines unvorhersehbaren Schadens als „natural consequence" durch den Vorsitzenden der Kammer (Kelly C.B., a. a. O., S. 20) mit der Einschätzung zustimmte, dass „[i]n *Fletcher v. Rylands* […] the House of Lords held that the defendants were responsible for the injury caused, though no one could have reasonably anticipated it". Ähnlich im Übrigen auch *Baron* Bramwell in seinem (durch Blackburn J. [a. a. O., S. 278] ausdrücklich bestätigten) Minderheitsvotum aus der Vorinstanz (a. a. O., S. 789): „As a rule the knowledge or ignorance of the damage is immaterial."

c) *Zusammenfassung*

Der Prüfungspunkt des „Schadens“ ist angesichts *Justice* Blackburns Wortwahl weit zu fassen. Als ersatzfähige Schadenstypen sind Sach- und auch Personenschäden erfasst sowie solche Vermögenseinbußen, die unmittelbar auf ihnen basieren. Die Zurechnungsprüfung erfolgt getreu dem *Direct or Natural Consequence Test.* Danach muss ein Kausalzusammenhang zwischen Schaden und (durch den Schädiger nicht verhindertem) Entweichen der Gefahrenquelle bestehen, ohne dass ein weiteres Ereignis entscheidend in diesen Zurechnungszusammenhang eingegriffen und diesen überlagert hat.

III. Die *Rule* im *House of Lords*

Gegen das Urteil der *Court of Exchequer Chamber* legte Mr. Rylands einen *Appeal* ein, sodass der Fall vor dem *House of Lords* verhandelt wurde. Das am 17. Juli 1868 verkündete Urteil zu *Rylands v. Fletcher*[297] enthält die Voten des damaligen Lordkanzlers Lord Cairns sowie Lord Cranworths[298]. Beide Urteilsbegründungen bestätigten ausdrücklich die vorangegangene Entscheidung *Justice* Blackburns. Dies gilt nicht nur für deren Ergebnis, sondern ausdrücklich auch seine rechtliche Herleitung: Indem Lord Cranworth[299] allein *Justice* Blackburns Haftungsregel anwandte, und Lord Cairns[300] diese sogar wörtlich zitierte, machte sich das *House of Lords* die *Rule* vollständig zu eigen. In rechtsmethodischer Hinsicht ist dies überaus bedeutsam[301], da die *Rule* hiermit zum bindenden *Precedent* des höchsten englischen Gerichts aufstieg.

Während sich aber Lord Cranworths Votum einzig auf zustimmende Ausführungen zu *Justice* Blackburn beschränkt[302], hebt sich dasjenige Lord Cairns’ ab. Hieraus

297 Vgl. [1861–73] All E.R. Rep. 1.

298 Zur Beschlussfähigkeit benötigte das *House of Lords* eigentlich die Anwesenheit von mindestens drei *Law Lords.* In den Manuskripten der Gerichtsschreiber ist für einige Verhandlungstage die Anwesenheit von Lord Colonsay vermerkt; diese wurde aber nicht in die offiziellen Prozessaufzeichnungen übernommen und es ist auch keine Urteilsbegründung von Lord Colonsay aufgezeichnet worden. Angesichts der damaligen Sitzungsroutine im *House of Lords* steht zu vermuten, dass der Fall tatsächlich nur von Lord Cairns und Lord Cranworth verhandelt wurde, zur Erreichung des erforderlichen Quorums jedoch während der Urteilsverkündung ein *Lord* ohne juristischen Hintergrund hinzugerufen wurde. Diese Vorgehensweise sollte offenbar durch die in den offiziellen Prozessaufzeichnungen abgedruckte offizielle Darstellung kaschiert werden. Vgl. zum Ganzen Heuston: „Who was the Third Lord in *Rylands v. Fletcher*?“, (1970) 86 L.Q.R. 160.

299 Vgl. Lord Cranworth in *Rylands v. Fletcher,* [1861–73] All E.R. Rep. 1, 14.

300 Vgl. Lord Cairns L.C. in *Rylands v. Fletcher,* [1861–73] All E.R. Rep. 1, 13.

301 Vgl. oben A.II.1.b.

302 Vgl. Lord Cranworth, a. a. O., 14 f. Im Unterschied zu Lord Cairns’ Entscheidung fehlt bei Lord Cranworth der Terminus „non-natural use“ vollständig. In Abweichung von *Justice* Blackburns Wortlaut genügte es Lord Cranworth (a. a. O., S. 13) zudem, dass

leitete die Folgejudikatur eine wirkungsmächtige Einschränkung der gesamten *Rule* ab[303], welche ausgehend von Lord Cairns' Wortlaut als „non-natural use"[304] bezeichnet wird. Daher gilt es, dieses Urteilsvotum – auch vor dem Hintergrund der Entscheidung *Justice* Blackburns – eingehender zu untersuchen.

1. Lord Cairns' „non-natural use of land"

Kernstück der Lösung von Lord Cairns ist das Zusammenspiel von zwei „[extremely] simple principles"[305], nämlich denjenigen des „non-natural use of land"[306] im Gegensatz zu einem „natural user of [...] land"[307].

Das erstgenannte Modell einer „unnatürlichen" Nutzung des eigenen Grundstücks begründete nach Lord Cairns eine Haftung des Schädigers. Sollte nämlich etwas im Zuge eines derartigen *Non-Natural Use* von einem Grundstück entweichen und dadurch ein Schaden entstehen, so wäre dieser auch zu ersetzen[308]. Dies galt für Lord Cairns unabhängig davon, ob dieser Schaden auf unsachgemäße Ausführung des *Non-Natural Use* zurückzuführen war oder nicht[309] – also unabhängig vom Verschulden der insoweit „at their own peril"[310] handelnden Schädiger.

Den Terminus des *Non-Natural Use* definierte Lord Cairns als Gebrauch eines Grundstücks „for the purpose of introducing into the close that which, in its natural condition, was not in or upon it [...]"[311]. Erläuternd fügte er an, dass eine derartige Akkumulation „not the result of any work or operation on or under the land [...]" sein dürfe[312].

Demnach setzt ein *Non-Natural Use* voraus, dass etwas auf das Grundstück künstlich „eingeführt" wird, was im „natürlichen Zustand" des Grundstückes „nicht darin oder darauf" gewesen ist. Dies kann für jegliche Veränderung des Grundstückes gelten, sei es die Errichtung eines Hauses, das Pflanzen eines Baumes, die Haltung von herbeigebrachten Tieren – oder eben das Anstauen von herbeigeschafftem Wasser in einem Reservoir. Im Umkehrschluss kann die Nutzung dessen, was natürlicherweise auf dem Grundstück ist, kein *Non-Natural Use* sein.

---

der Schädiger die Gefahrenquelle „brings or accumulates" – womit keine Kumulativität der Akkumulationshandlungen (vgl. dazu oben B.II.2.b) notwendig ist.

303 Vgl. dazu nachfolgend C.VI.

304 Lord Cairns L.C. in *Rylands v. Fletcher*, [1861–73] All E.R. Rep. 1, 13.

305 Lord Cairns L.C., a. a. O., S. 12.

306 Lord Cairns L.C., a. a. O., S. 13.

307 Lord Cairns L.C., a. a. O., S. 12.

308 Bemerkenswert ist, dass Lord Cairns hier keinerlei eingrenzende Vorgaben zur Schadenszurechnung aufstellte, sondern den Schädiger einschränkungslos „for the consequence" (a. a. O., S. 13) haften ließ.

309 „[...] and if in consequence of their doing so [i. e. a non-natural use of land], or in consequence of any imperfection in the mode of their doing so, the water came to escape [...]", Lord Cairns L.C., a. a. O., S. 13.

310 Lord Cairns L.C., a. a. O., S. 13.

311 Lord Cairns L.C., a. a. O., S. 13.

312 Lord Cairns L.C., a. a. O., S. 13.

Die angefügte Erläuterung konkretisiert dies insoweit, als kein *Non-Natural Use* vorliegt, falls etwas dadurch auf das Grundstück eingeführt wird, dass es dort erarbeitet bzw. erzeugt wird. Anders ausgedrückt: Die auf (durch Ackerbau) oder unter (wie Bergbau) dem Grundstück stattfindende Nutzung der natürlichen Grundstücksressourcen ist vom Begriff des *Non-Natural Use* ausgeschlossen[313]. Wiederum lässt sich hier mit Blick auf den sozioökonomischen Hintergrund der Entscheidung[314] eine Präferierung landwirtschaftlicher gegenüber industriellen Produktionsmethoden erahnen.

Als Gegenstück zu diesem Modell benannte Lord Cairns einen *Natural Use*. Hier sah er den „ordinary course of the enjoyment of land“[315] (also „gewöhnlichen Genuss“ der Grundstückswerte) und mithin keinen Anlass für ein strenges Haftungsregime. Da keine weitere Definition des *Natural Use* ersichtlich ist, bleibt zur Begriffsklärung allein der Umkehrschluss[316] aus dem *Non-Natural Use*: Die Nutzung der „natürlichen“ Grundstücksressourcen bleibt als „gewöhnliches“ Verhalten von der *Rule* unberührt. Dies gilt jedenfalls insoweit, als jener *Natural Use* Schäden zur Folge hat, die durch eine „operation of the laws of nature“[317] ausgelöst werden[318]. Allerdings erklärt sich dieser Zusatz Lord Cairns' aus der Systematik des *Common Law of Torts*, da selbstredend auch die Nutzung der natürlichen Grundstücksressourcen zu einer Haftung – nämlich nach *Trespass*[319] (nicht aber nach der *Rule*) – führen kann, falls der Schädiger die schadensstiftenden Stoffe bewusst bzw. unmittelbar auf das Land des Geschädigten einleitet.

Zusammenfassend kann hinsichtlich der Voraussetzungen des haftungsbegründenden *Non-Natural Use* festgehalten werden, dass etwas künstlich auf das Grundstück eingeführt werden muss, das nicht natürlicherweise dort vorhanden war. Keine Haftung nach der *Rule* besteht dagegen im Zuge eines *Natural Use*, also einer Nutzung der natürlichen Grundstücksressourcen.

2. Verhältnis zu *Justice* Blackburns Urteil

Die Entscheidungen von Lord Cairns und *Justice* Blackburn weisen signifikante Parallelen auf. Beide Urteile privilegieren die Nutzung der „natürlichen“ Grundstücksressourcen, während sie „künstliche“ Akkumulationen sanktionieren[320].

---

313 Angewandt auf den ursprünglichen Sachverhalt bedeutet dies, dass hier ein *Non-Natural Use* vorlag, da das Wasser im Reservoir auf Anweisung von Mr. Rylands künstlich angestaut worden und nicht natürlich (wie etwa in einem Teich) dorthin gelangt war.

314 Vgl. dazu oben B.I.1.

315 Lord Cairns L.C., a. a. O., S. 12.

316 Vgl. Lord Cairns L.C., a. a. O., S. 13.

317 Lord Cairns L.C., a. a. O., S. 12.

318 Vgl. Lord Cairns L.C., a. a. O., S. 12 f.

319 Vgl. oben B.I.3.

320 Vgl. oben B.II.2.a., B.III.1. Ähnlich Bohlen: „The Rule in *Rylands v. Fletcher*. Part II“, (1911) 59 U.Pa.L.R. 373, 373 f.; Charlesworth: „Liability for Dangerous Things“

Einig waren sich die beiden Richter darin, dass im Falle des Entweichens jener „künstlichen" Akkumulation eine verschuldensunabhängige Haftung des Schädigers möglich sein soll[321]. Auch bei der Eingrenzung der ersatzfähigen Schäden zeigen sich beide Urteile wenig restriktiv[322].

Ein Unterschied der beiden Urteile liegt im Bezugspunkt des übereinstimmend angewandten „Künstlichkeitsfilters". Während *Justice* Blackburn die Künstlichkeit in Relation zur Akkumulation einer „Gefahrenquelle" sah[323], schloss Lord Cairns daraus eher auf die Gewöhnlichkeit einer „Grundstücksnutzung"[324]. Tatsächlich fehlt in Lord Cairns' Ausführungen jeglicher Hinweis darauf, dass die Haftung des Schädigers von der Gefährlichkeit seiner Grundstücksnutzung abhängen soll. Diese wiederum ist zentraler Bestandteil der Ausführungen *Justice* Blackburns[325]. Zugleich verzichtete Letzterer darauf, die *Rule* auf Grundstücksfälle zu beschränken[326], was hingegen die Herleitung und Terminologie in Lord Cairns' Urteil („non-natural use of land"[327]) durchaus nahelegen[328].

Dieser Diskrepanz scheint sich Lord Cairns durchaus bewusst gewesen zu sein. Obgleich er dem Urteil *Justice* Blackburns vollumfänglich zustimmte, verwies er nämlich darauf, dass neben dem eigenen Prinzip des *Non-Natural Use* „[t]he same result is arrived at on the principles referred to by Blackburn J. [...]"[329]. Gleichwohl lassen sich diese beiden „principles" nicht nur im Ergebnis, sondern auch inhaltlich in Einklang bringen. Dies insoweit, als „künstliche" Akkumulationen zu einer verschuldensunabhängigen Haftung ihres Verursachers führen können – in Grundstücksfällen (gemäß Lord Cairns) bereits per se, ansonsten (getreu *Justice* Blackburn) unter der Voraussetzung ihrer Gefährlichkeit.

Die Bedeutung von Lord Cairns' Votum für *Justice* Blackburns *Rule* sollte vor diesem Hintergrund nicht überbewertet werden. Der Lordkanzler griff lediglich einen Teil der zuvor formulierten *Rule* heraus – nämlich den Künstlichkeitsfilter –

(1922), S. 148; Noel: „Nuisances from Land in its Natural Condition", (1943) 56 Harvard L.R. 772, 774; Newark: „Non-Natural User and *Rylands v. Fletcher*", (1961) 24 M.L.R. 557, 561, 570; Fordham: „The Demise of the Rule in *Rylands v. Fletcher*?", [1995] S.J.L.S. 1, 4; Kutner: „The End of *Rylands v. Fletcher*?", (1995) 31 T.I.L.J. 73, 75; Nolan in Grubb (Hrsg.): „The Law of Tort" (2002), S. 985.

321 Vgl. oben B.II.4., B.III.1.

322 Vgl. B.II.6., B.III.1.

323 Vgl. oben B.II.2.a.

324 Vgl. unter B.III.1.

325 Vgl. B.II.1.b.

326 Vgl. oben B.II.2.d, B.II.3.a, B.II.6.a.aa.

327 Lord Cairns L.C., a. a. O., S. 13.

328 Zur Verknüpfung der „Natürlichkeit" mit der Nutzung des Grundstücks (anstelle der Gefahrenquelle) auch Williams: „Non-Natural Use of Land", (1973) C.L.J. 312, 313 f. und Newark: „Non-Natural User and *Rylands v. Fletcher*", (1961) 24 M.L.R. 557, 560 f.

329 Lord Cairns L.C., a. a. O., S. 13.

und erhielt (angesichts der vorliegenden grundstücksrechtlichen Fallkonstellation) bereits aufgrund dieses für ihn entscheidenden Aspekts der *Rule* das Urteil *Justice* Blackburns aufrecht. Er fügte der *Rule* aber weder eine zusätzliche Haftungsvoraussetzung noch eine neuartige Haftungsbeschränkung an, da er mit dem Künstlichkeitsfilter lediglich ein bereits von *Justice* Blackburn vorgesehenes Fragment der *Rule* wiederholte[330].

IV. Resümee: *Justice* Blackburns „true rule of law"[331]

Aus *Justice* Blackburns Leitentscheidung lässt sich ein deutliches Bild der ursprünglichen *Rule* gewinnen[332]. Danach setzt der Anwendungsbereich der Haftungsregel die künstliche Akkumulation einer Gefahrenquelle voraus. Ausgeschlossen sind Akkumulationen im Zuge einer Nutzung der natürlichen Grundstücksressourcen sowie solche, die auch zum Nutzen des Geschädigten erfolgen. Der Verursacher der Akkumulation haftet auf Schadensersatz, falls er die Gefahrenquelle aus seinem Herrschaftsbereich entweichen lässt – und zwar unabhängig davon, ob ihn insoweit Verschulden trifft. Die Ersatzpflicht des Schädigers erstreckt sich auf solche Schäden, die kausal auf das Entweichenlassen gründen, solange dieser Kausalzusammenhang nicht durch ein anderes Ereignis (etwa Mitwirkungsakte des Geschädigten oder Naturereignisse) entscheidend unterbrochen wird. Unter diesen Voraussetzungen hat der Schädiger die entstandenen Sach- und Personenschäden sowie hierauf basierende Vermögensschäden zu ersetzen.

---

330 Zu weit geht daher etwa der Ansatz bei Waite („Deconstructing the Rule in *Rylands v. Fletcher*", [2006] 18 J.E.L. 1, 4 ff.) bzw. bereits zuvor MacDonald J. in *Porter v. Bell* ([1955] 1 D.L.R. 62, 66), aus den Urteilen Lord Cairns' und *Justice* Blackburns zwei unterschiedliche, verschieden weit reichende Regeln aus *Rylands v. Fletcher* zu deduzieren (vgl. auch Newark, a. a. O., S. 561 f. sowie aus der Rechtsprechung Lord Goff of Chieveley in *Cambridge Water v. Eastern Counties Leather*, [1994] 1 All E.R. 53, 78).

331 Blackburn J., a. a. O., S. 279.

332 Rechtssystematisch sollte die *Rule* als Generalisierung eingeordnet werden, die sich über die bestehenden „strengen" Haftungsregeln des englischen *Common Law of Torts* – insbesondere *Trespass* und die allgemeine Tierhalterhaftung – abstrahierend erhob. Insoweit muss *Justice* Blackburn eine originäre Rechtsfortbildung (wenngleich mit Blick auf die bereits zuvor bekannte Gefährdungshaftung nicht die Erfindung völlig „neuen Rechts"; ähnlich Blackburn J. selbst in *Ross v. Fedden*, [1872] 26 L.T. 966, 968) zuerkannt werden; vgl. dazu bereits Bohlen, a. a. O., S. 310 f. sowie unlängst Oliphant, a. a. O., S. 96 f. und aus der Rechtsprechung Viscount Simon L.C. in *Read v. Lyons*, [1946] 2 All E.R. 471, 474. Dagegen streitet allerdings die derzeit herrschende *Offshoot Theory*, wonach sich das Urteil lediglich auf eine Erweiterung der *Nuisance* bezüglich einmaliger Schadensereignisse beschränkt habe (vgl. dazu nachfolgend unter E.V.2.b.).

C. Die *Rule* im Wandel: Spielräume des Präjudiziensystems

Nunmehr gilt es, die Fortentwicklung der *Rule* durch die englische Rechtsprechung nachzuvollziehen. Dies ist allein schon mit Blick auf die Zwänge des englischen Präjudiziensystems[333] unerlässlich. Zugleich darf aber nicht vergessen werden, dass *Justice* Blackburns *Rule* selbst Präjudizwirkung zukommt, da sie im *House of Lords* ausdrücklich und vollumfänglich bestätigt wurde[334]. Anknüpfend an diese beiden Ausgangspunkte lässt sich die Entwicklung von *Rylands* in der Folgejudikatur zielgerichtet nachverfolgen: Überall dort, wo *Justice* Blackburns Ausführungen und die nachfolgenden Urteile voneinander abweichen, offenbaren sich Argumentationsspielräume. Diese könnten möglicherweise zur Stärkung der *Rule* Verwendung finden.

I. Gefahrenquellen

Die Judikatur zu der Frage, welche Gefahrenquellen die *Rule* erfasst, umspannt eine Vielzahl von Einzelfallentscheidungen. Dagegen haben die Gerichte dem Bemühen darum, über *Justice* Blackburns Formulierung „anything likely to do mischief"[335] hinaus eine vereinheitlichende Definition der haftungsbegründenden „Gefahrenquelle" zu entwickeln, kaum Beachtung geschenkt[336]. Folglich ist eine Zusammenstellung der einzelnen Anwendungsfälle notwendig, um auf dieser Grundlage die Eigenschaften der „Gefahrenquelle" zu umreißen.

1. Anwendungsfälle

Im ursprünglichen Sachverhalt *Justice* Blackburns war die Gefahrenquelle Wasser, das in einem Reservoir angestaut worden war[337]. Auch in den nachfolgenden

333 Vgl. oben A.II.1.b.

334 Vgl. oben B.III.

335 Blackburn J. in *Fletcher v. Rylands*, a. a. O., S. 279; vgl. dazu oben B.I.1.

336 Dies beklagend bereits Charlesworth: „The Law of Negligence" (1. Auflage 1938), S. 207 f. und später (aus rechtsvergleichender Sicht) Reid: „Liability for Dangerous Activities: A Comparative Analysis", (1999) 48 I.C.L.Q. 731, 733 ff. Jene Lücke hat sich bis heute gehalten, wie erneut die jüngste, wiederum keine einheitliche Definition enthaltende Leitentscheidung des *House of Lords* zu *Transco v. Stockport M.B.C.* zeigt (vgl. dazu nachfolgend unter F.IV.2.a.).

337 Vgl. oben B.I.2.

Entscheidungen ist diese Linie aufrecht erhalten[338] und Wasser (wie auch Abwässer[339]) als „anything likely to do mischief“ eingeordnet worden.

Ebenso folgten die Gerichte mit der Anerkennung wilder Tiere als Gefahrenquelle *Justice* Blackburns[340] Vorgaben. So wurde die *Rule* für den Schaden, den ein Elefant verursachte, wiederholt für einschlägig gehalten[341]. Nicht ausgeschlossen wurde auch die Anwendung von *Rylands* auf gefährliche Hunde[342]. Nach *Weller v. Foot and Mouth Disease Research Institute* kann die *Rule* auch gegenüber Viren greifen[343].

Aus *Justice* Blackburns Urteilsbegründung übernommen wurde auch die Anwendung der *Rule* auf Giftdämpfe. So hatte in *West v. Bristol Tramways Co.* ein Straßenbahnunternehmen Kreosot benutzt, um Holzplanken zu bestreichen; in der Folge bildeten sich giftige Dämpfe, welche die auf dem angrenzenden Grundstück wachsenden Pflanzen des Klägers vergifteten und eine Haftung nach der *Rule* auslösten[344]. Ähnlich gelagert ist der Sachverhalt der Entscheidung *Halsey v. Esso Petroleum Co. Ltd.*, wo sulfathaltige, aus einem Ölverteilerwerk entwichene Säuredämpfe unter *Rylands* gefasst wurden, nachdem diese den Lack des klägerischen Kraftfahrzeugs beschädigt hatten[345].

Die nachfolgende Rechtsprechung beschränkte den Anwendungsbereich der *Rule* allerdings nicht auf die von *Justice* Blackburn angesprochenen Fallgruppen, sondern fasste eine Vielzahl weiterer Gefahrenquellen unter die Haftungsregel.

---

338 Vgl. *Snow v. Whitehead*, (1882) 27 Ch.D. 588; *Buckley v. Buckley*, [1898] 2 Q.B. 608; *Charing Cross, West End and City Electricity Supply Co. Ltd. v. London Hydraulic Power Co.*, [1914] 3 K.B. 772; *Western Engraving v. Film Laboratories*, [1936] 1 All E.R. 106; *Ellison v. Ministry of Defence*, [1996] 81 B.L.R. 108.

339 Vgl. *Humphries v. Cousins*, (1877) 2 C.P.D. 239; *Foster v. Warblington Urban District Council*, [1906] 1 K.B. 648; *Jones v. Llanrwst*, (1911) 1 Ch. 393; *Smeaton v. Ilford*, [1954] 1 All E.R. 923.

340 Vgl. oben B.II.1a.

341 Vgl. *Filburn v. The People's Palace and Aquarium*, (1890) 25 Q.B.D. 258 sowie zustimmend *Behrens v. Bertram Mills Circus*, [1957] 1 All E.R. 583.

342 „Whether or not a case could be established against a person who kept a dog [...] I desire to express no opinion at all, because I can conceive circumstances in which it might be possible and proper to hold [...] that a case within the doctrine of *Fletcher v. Rylands* had been established“, Bankes L.J. in *Hines v. Tousley*, [1926] 95 L.J.K.B. 773, 774.

343 *Weller & Co. v. Foot and Mouth Disease Research Institute*, [1965] 3 All E.R. 560. In diesem Fall wurde dem Beklagten zwar im Ergebnis keine Haftung auferlegt; dies wurde jedoch nicht mit der mangelnden Anwendbarkeit der Haftungsregel auf Viren begründet.

344 Vgl. *West v. Bristol Tramways Co.*, [1908] 2 K.B. 14. Vgl. auch den ähnlichen Fall *Dell v. Chesham U.D.C.*, [1921] 3 K.B. 427, wo allerdings *Rylands* nur von den Klägervertretern (a. a. O., S. 429), nicht aber explizit im stattgebenden Urteil von Salter J. (a. a. O., S. 430 ff.) angesprochen wurde.

345 Vgl. *Halsey v. Esso Petroleum Co. Ltd.*, [1961] 2 All E.R. 145; vgl. dazu Lewis: „Nuisance – *Rylands v. Fletcher* – Smuts, Smells and Noise“, (1961) C.L.J. 168.

Dies war mit Sicherheit in *Justice* Blackburns Sinne, hatte er doch bereits in seiner Urteilsbegründung deutlich gemacht, dass die von ihm beschriebene Haftungsregel für weitere Anwendungsfälle offen bleiben solle[346].

Bezüge zur Fallgruppe giftiger Dämpfe weist die Anwendung der *Rule* auf Erdgas auf, wofür den Gerichten allerdings weniger dessen Giftigkeit als vielmehr die Explosionsgefahr Anlass bot. So entließ in *Hanson v. Wearmouth and Sunderland* eine beschädigte Erdgasleitung ihren Inhalt und verursachte eine Explosion[347]. Selbst das beklagte Gasunternehmen gestand hier ein, dass die Voraussetzungen von *Rylands* erfüllt waren[348]. Ebenso deutlich stellte das Gericht in *Northwestern Utilities Ltd. v. London Guarantee and Accident Co.* fest: „That gas is a dangerous thing within the rules applicable to things dangerous in themselves is beyond question."[349] In der Entscheidung *Rigby v. Chief Constable of Northamptonshire* ging zudem die *Queen's Bench Division* davon aus, dass auch Tränengas unter *Rylands* gefasst werden kann[350].

Generell ist Sprengstoff als Gefahrenquelle im Sinne der *Rule* anerkannt worden[351]. Eine erhöhte Explosionsgefahr leitete das *House of Lords* auch bei der Unterwerfung der Chemikalien Dinitrophenol und Natriumnitrat unter das strenge Haftungsregime von *Rylands*[352]. Bemerkenswert an dieser Entscheidung ist auch die Feststellung der Lordrichter, dass die auf das Grundstück verbrachten Chemikalien den Schaden nicht allein bewirken mussten, sondern es genügte, dass sich das Gefahrenpotential erst im Zusammenwirken der beiden für sich ungefährlichen Stoffe frei setzte[353].

Eine weitere Substanz, die aufgrund einer erhöhten Explosionsgefahr zu einer Haftung gemäß *Rylands v. Fletcher* führte, ist Paraffin. In *Mulholland and Tedd Ltd. v. Baker* hatte der Beklagte auf seinem Grundstück große Mengen an Paraffin

---

346 Vgl. oben B.II.1.a.

347 Vgl. *Hanson v. Wearmouth Coal Co. Ltd. and Sunderland Gas Co.*, [1939] 3 All. E.R. 47. Vgl. zu weiteren Fällen entweichenden Gases *Goodbody v. Poplar B.C.*, (1915) 84 L.J.K.B. 1230 sowie *Batchellor v. Turnbridge Wells Gas Co.*, (1901) 84 L.T. 765.

348 Vgl. Goddard L.J. in *Hanson v. Wearmouth Coal Co Ltd and Sunderland Gas Co.*, [1939] 3 All. E.R. 47, 52.

349 Lord Wright in *Northwestern Utilities Ltd. v. London Guarantee and Accident Co.*, [1936] A.C. 108, 118.

350 Vgl. Taylor J. in *Rigby and another v. Chief Constable of Northamptonshire*, [1985] 2 All E.R. 985, 995 f.

351 Vgl. Swinfen Eady M.R. in *Miles v. Forest Rock Granite Co.*, (1918) 34 T.L.R. 500, 501.

352 Vgl. *Rainham Chemical Works Ltd. v. Belvedere Fish Guano Co. Ltd.*, [1921] 2 A.C. 465.

353 „Therefore, while neither D.N.P. nor nitrate of soda is, in itself, dangerous, they become a source of danger if stored in close proximity to one another", Lord Parmoor in *Rainham Chemical Works v. Belvedere Fish Guano Co.*, [1921] 2 A.C. 465, 485.

gelagert, das Feuer fing und explodierte[354]. Auch ein Benzinfass, das entflammte und ein Gebäude beschädigte, wurde in den Anwendungsbereich der *Rule* aufgenommen[355]. Allerdings hat man Öl nicht allein mit Blick auf dessen Explosivität, sondern auch unter dem Gesichtspunkt einer Verschmutzung als Gefahrenquelle in Betracht gezogen[356].

Ähnlich gelagert ist überdies die Fallgruppe von Feuerschäden. Hier ist nicht nur die bewusste Erzeugung von Feuer unter die *Rule* gefasst worden[357]. Vielmehr liegt eine Vielzahl von Entscheidungen (auch jüngeren Datums[358]) vor, in denen die Gerichte jegliche Feuerquellen als haftungsbegründend anerkannten. Dies begann bereits durch *Justice* Blackburn selbst, der (noch vor Bestätigung seines Urteils im *House of Lords*) seine Haftungsregel für anwendbar erklärte, nachdem eine Lokomotive Funkenschläge freigesetzt hatte, die das neben der Bahnstrecke lagernde Heu des Klägers und schließlich dessen gesamten Hof in Brand setzten[359]. Ebenso wurde

354 Asquith J. führte dabei aus, dass obgleich „Paraffin is no doubt considerably less inflammable than petrol, yet it seems to me that 20 gallons of paraffin collected in a drum on the defendant's premises constituted a thing likely to do damage unless kept under proper control, and that the rule of strict liability laid down in *Rylands v. Fletcher* applies", Asquith J. in *Mulholland and Tedd Ltd. v. Baker*, [1939] 3 All E.R. 253, 256.

355 „In my opinion a drum of benzol being tapped in a garage is equally within the principle of that case", Atkin L.J. in *Jefferson v. Derbyshire Farmers Ltd.*, [1921] 2 K.B. 281, 290. Ähnlich (allerdings ohne explizite Nennung der *Rule*) auch die Einordnung des Gefahrenpotentials eines Öltankers durch Scrutton L.J. in *Hodge & Sons v. Anglo-American Oil Co.*, (1922) 12 L1. LR 183, 186.

356 Der Anspruch aus *Rylands v. Fletcher* scheiterte letztlich an dem Verursachungsbeitrag Dritter am Entweichen des Öls, die Anwendung der Regel auf Öl erschien der *King's Bench Division* aber nicht problematisch „[...] on the ground that they brought this dangerous matter on to their premises", Avory J. in *Smith v. Great Western*, (1926) 135 L.T. 112, 114.

357 So ausdrücklich Lord Denning M.R. (in *H. & N. Emanuel v. Greater London Council*, [1971] 2 All E.R. 835, 839), der klarstellte, dass „fire is undoubtedly a dangerous thing which is likely to do damage if it escapes". Zuvor noch zweifelnd Ogus: „Vagaries in Liability for the Escape of Fire", (1969) C.L.J. 104, 114. Jedoch wurde vom Schädiger erzeugtes Feuer auch in *J. Doltis v. Isaac Braithwaite & Sons (Engineers) Ltd.* ([1957] 1 Ll. L. Rep. 522, 527) und in *Johnson v. B.J.W. Property Developments Ltd.* ([2002] E.W.H.C. 1131, [31]) grds. für einen Fall von *Rylands* gehalten.

358 Vgl. *Hobbs (E) (Farms) Ltd. v. Baxenden Chemical Co. Ltd.*, [1992] 1 Ll.L.Rep. 54; *Johnson v. B. J. W. Property Developments Ltd.*, [2002] E.W.H.C. 1131; *LMS International Ltd. v. Styrene Packaging and Insulation Ltd.*, [2005] E.W.H.C. 2065; *Re-Source America International Ltd. v Platt Site Services Ltd.*, [2003] E.W.H.C. 1142 (T.C.C.). Vgl. dazu auch Deacon: „Opening the Floodgates to Stop Fire?", (2005) 155 N.L.J. 1720, 1721.

359 „The general rule as to liability in such cases is laid down in *Fletcher v. Rylands* [...], that when a man brings or uses a thing of a dangerous nature on his own land, he must keep it in at his own peril; and is liable for the consequences if it escapes and does injury to his neighbour. Here the defendants were using a locomotive engine

der Funkenflug von einem Traktor unter die *Rule* gefasst[360]. Auch die Benzintanks von Kraftfahrzeugen haben die Gerichte im Falle einer Entzündung wiederholt als Gefahrenquelle eingeordnet[361]. Schließlich hat man sogar eine Lötlampe als Feuer- und mithin Gefahrenquelle anerkannt[362]. Da auf diese Art jeder zu einer Feuerquelle mutierende Gegenstand unter den Anwendungsbereich von *Rylands v. Fletcher* fallen kann[363], gewinnt die *Rule* breite Wirkungsräume.

Darüber hinaus ist *Rylands* in einem Fall auf Erschütterungen angewandt worden. In *Hoare v. McAlpine* hatte der Beklagte auf seiner Baustelle eine große Anzahl von Pfählen in den Boden getrieben und dadurch starke Erschütterungen hervorgerufen, in deren Folge die Struktur eines nahe gelegenen Hauses derart beschädigt wurde, dass es zu großen Teilen abgerissen werden musste[364]. Ähnlich der Behandlung von Feuerquellen ist es demnach möglich, die *Rule* auf jede Tätigkeit auszuweiten[365], die Erschütterungen hervorruft.

Außerdem ist *Rylands* auf Elektrizität angewendet worden. In *Eastern and South African Telephone v. Cape Town Tramways* begründete der *Privy Council* dies, indem er unkontrolliert austretende Elektrizität als Gefahr für Menschenleben und Sachwerte qualifizierte[366].

[...] and they are therefore at common law bound to keep the engines from doing injury, and if the sparks escape and cause damage, the defendants are liable for the consequences, though no actual negligence be shewn on their part", Blackburn J. in *Jones v. The Festiniog Railway Company*, (1868) L.R. 3 Q.B. 733, 736. Ebenso Swinfen Eady M.R. in *Mansel v. Webb*, [1918–19] All E.R. Rep. 794, 796 f.

360 Vgl. *Powell v. Fall*, (1880) 5 Q.B.D. 597; *Gunter v. James*, (1908) 24 T.L.R. 868.

361 Vgl. *Musgrove v. Pandelis*, [1919] 2 K.B. 43; *Perry v. Kendricks Transport Ltd.*, [1956] 1 All E.R. 154; *Coxhill v. Forward*, Urteil der *Queen's Bench Division* vom 19.03.1986 (*Transcript* abrufbar unter *LexisNexis*). Die *Rule* wurde auch auf Fahrzeugersatzteile für anwendbar gehalten; vgl. *Mason v. Levy Auto Parts of England Ltd.*, [1967] 2 All E.R. 62.

362 So ausdrücklich Havers J. in *Balfour v. Barty-King*, [1956] 2 All E.R. 555, 566: „I hold, therefore, that the blow-lamp was, in the circumstances, an object of the class to which the rule in *Rylands v. Fletcher* applies." Bestätigend Lord Goddard L.J. in *Balfour v. Barty-King*, [1957] 1 All E.R. 156, 160.

363 Kritisch dazu – und zwecks Schaffung eines fester umrissenen Anwendungsbereichs der *Rule* sogar die Aussonderung dieser Fallgruppe aus *Rylands* fordernd – Lunney/Oliphant: „Tort Law" (4. Auflage 2010), S. 703.

364 Vgl. *Hoare & Co. Ltd. v. Sir Robert McAlpine, Sons & Co.*, [1923] 1 Ch. 167.

365 Kritisch dazu Murphy in „Street on Torts" (12. Auflage 2007), S. 484 Anm. 152.

366 „Electricity (in the quantity which we are now dealing with) is capable, when uncontrolled, of producing injury to life and limb and to property. [...] [It] appears to their Lordships that [...] the principle would apply", Lord Robertson in *Eastern and South African Telegraph Co. v. Cape Town Tramway Co.*, (1902) 86 L.T. 457, 460. Vgl. auch *National Telephone Co. v. Baker*, [1893] 2 Ch. 186 sowie *Midwood & Co. Ltd. v. Manchester Corp.*, [1905] 2 K.B. 597 (wo allerdings *Rylands* lediglich durch

Überdies sind Pflanzen als Gefahrenquelle im Sinne von *Rylands v. Fletcher* angesehen worden. Dies galt etwa für die Zweige eines Eibenbaums, die über die Begrenzung des Beklagtengrundstücks hinausgewachsen und vom Pferd des Klägers gefressen worden waren, das daraufhin verendete[367]. Während in diesem Fall noch von einer Giftigkeit des Baumes ausgegangen werden kann, lag diese in *Smith v. Giddy* nicht vor, was jedoch die Haftung des Beklagten nicht verhinderte, nachdem sein Baum auf das Nachbargrundstück gewachsen und dadurch das Wachstum der Pflanzen des Nachbarn behindert hatte[368].

Schließlich liegt eine Reihe von Entscheidungen vor, in denen einstürzende Objekte unter *Rylands* gefasst wurden. In *Shiffman v. The Grand Priory in the British Realm of the Venerable Order of the Hospital of St. John of Jerusalem* wurde die *Rule* in Bezug auf einen Fahnenmast für anwendbar gehalten, der niederfiel und einen Passanten verletzte[369]. Auch der Betreiber eines Kettenkarussells musste nach *Rylands* haften, nachdem sich eine der Gondeln in voller Fahrt gelöst und einen Passanten verletzt hatte[370]. Der *Court of Appeal* befand das Kettenkarussell mit Blick auf die Fähigkeit, Personenschäden zu verursachen[371], als „inherently dangerous"[372]. Zudem wurde eine einstürzende Stadtmauer unter *Rylands* gefasst, nachdem sie auf

---

die Klägervertreter [a. a. O., S. 603], nicht aber im stattgebenden Urteil benannt wurde).

367 Vgl. *Crowhurst v. Amersham Burial Bord*, (1878) 4 Ex.D 5. In einem etwas anders gelagerten Fall wurde ein rostiger Drahtzaun als Gefahrenquelle im Sinne der *Rule* angesehen, nachdem dessen Teile von Rindern verspeist wurden und diese verendeten; vgl. *Firth v. Bowling Iron Co.*, (1878) 3 C.P.D. 254. Das Gericht hat hier aber nicht ausdrücklich *Rylands v. Fletcher* als Anspruchsgrundlage genannt.

368 Die *King's Bench Division* entschied im Hinblick auf *Crowhurst v. Amersham Burial Bord*, „that there is no distinction in principle between the damage occasioned in that case and the damage in the present", Wills J. in *Smith v. Giddy*, [1904] 2 K.B. 448, 450.

369 Vgl. *Shiffman v. The Grand Priory in the British Realm of the Venerable Order of the Hospital of St. John of Jerusalem*, [1936] 1 All E.R. 557. Atkinson J. führte aus, dass ein Fahnenmast „exceptional" (a. a. O., S. 561) sei sowie „something which would be easily caused to fall, and something which, if it fell, was likely to do mischief to others" (a. a. O., S. 561).

370 Vgl. *Hale v. Jennings Brothers*, [1938] 1 All E.R. 579.

371 Scott L.J. argumentierte (a. a. O., S. 584), dass „[it] was said in evidence that the apparatus revolved five or six times a minute. That would mean a considerable speed when the machine was working at its full rate. It follows necessarily that that machine was dangerous in the *Rylands v. Fletcher* sense. If anything did escape from it, it was bound to be dangerous, as the facts of this case show, where a chair got loose and fell with its occupant on to the plaintiff, and caused her serious bodily injuries.".

372 Slesser L.J. in *Hale v. Jennings Brothers*, [1938] 1 All E.R. 579, 585.

ein benachbartes Haus gestürzt war und dieses beschädigt hatte[373]. Die Beklagten in *Attorney-General v. Cory Brothers* hafteten für den Aushub aus ihrer Mine, den sie auf einem Grundstück aufgehäuft hatten, von wo aus dieser einen Erdrutsch auslöste[374]. Das *House of Lords* benannte den Grubenaushub ausdrücklich als „dangerous material"[375].

Die *Chancery Division* hat in *Attorney-General v. Corke* sogar Menschen als Gefahrenquelle im Sinne von *Rylands v. Fletcher* eingeordnet[376]. Hier hatte der Beklagte sein Land an Menschen verpachtet, die dort in ihren Wohnwagen lebten. Deren ungebührliches Verhalten (sie nutzten regelmäßig die angrenzenden Grundstücke als Abort oder verursachten nächtlichen Lärm) nahm Bennett J. zum Anlass, um die *Rule* anzuwenden[377]. Bis dato ist dies aber der einzige Fall, in dem Menschen unter *Rylands* gefasst wurden. In *Evans v. Liverpool Corporation* wurde die Anwendung der *Rule* abgelehnt, nachdem ein Krankenhaus einen von einer ansteckenden Krankheit befallenen Patienten vorzeitig entlassen hatte[378]. Unabhängig von der rechtsethischen Frage, ob Menschen auf eine Stufe mit Feuersbrünsten, Explosionen oder Überschwemmungen gestellt werden sollten, widerspricht eine direkte Anwendung von *Rylands*, die Bennett J. annahm, vor allem dem Wortlaut der Entscheidung *Justice* Blackburns: Menschen, gleich, welche Lebensgewohnheiten sie auch haben mögen, können kaum unter „anything" subsumiert werden[379].

Es liegt auch eine Reihe von Entscheidungen vor, in denen die Gerichte die Anwendung von *Rylands v. Fletcher* auf bestimmte Gefahrenquellen ausschlossen. So lehnte man die *Rule* ab, nachdem sich ein Ast von einem Baum gelöst hatte, da

373 Der Anspruch aus *Rylands v. Fletcher* scheiterte zwar im Ergebnis am Erfordernis des *Non-Natural Use*, das Gericht nahm aber offenbar an, dass die Stadtmauer als Gefahrenquelle im Sinne von *Rylands v. Fletcher* gelten könnte; vgl. *St. Anne's Well Brewery Co. v. Roberts*, (1929) 140 L.T. 1.

374 Vgl. *Attorney-General and Kennard v. Cory Brothers*, [1921] 1 A.C. 521.

375 Viscount Finlay in *Attorney-General and Kennard v. Cory Brothers*, [1921] 1 A.C. 521, 539.

376 Vgl. *Attorney-General v. Corke*, [1933] Ch. 89.

377 „[...] in bringing on to his land, for his own profit, a number of people who dwell in caravans, the defendant has put his land to an abnormal use. Persons whose homes are in caravans, moving about from place to place, have habits of life many of which are offensive to those who have fixed homes, and when collected together in large numbers, on a comparatively small parcel of land, such persons would be expected by reasonable people to do the kind of things which have been complained of [...]. On that view of the matter the principle [...] in *Rylands v. Fletcher* affords in my judgement a basis upon which the defendant can be made responsible in law [...]", Bennett J. in *Attorney-General v. Corke*, [1933] Ch. 89, 94 f.

378 Vgl. Walton J. in *Evans v. Liverpool Corporation*, [1906] 1 K.B. 160, 165.

379 In der Folge eine Erweiterung der Rule vermutend daher die Urteilsanmerkung von D. W. M.: *„Att.-Gen. v. Corke"*, (1933) 5 C.L.J. 127, 128. Kritisch hingegen Lunney/Oliphant: „Tort Law" (4. Auflage 2010), S. 692.

dessen Gefahrenpotential für zu gering befunden wurde[380]. Ebenso wenig wurde ein Cricketball unter *Rylands v. Fletcher* gefasst, der über das Spielfeld geschlagen worden war und einen Passanten verletzt hatte[381]. Weiterhin ist die Anwendung der Haftungsregel auf Tiere von „zahmer Natur" wie Pferde[382] oder Schafe[383] abgelehnt worden. Zudem wurde eine Haftung aus *Rylands v. Fletcher* für ein abstürzendes Flugzeug nicht in den Anwendungsbereich der *Rule* aufgenommen[384].

Daran anknüpfend ist schließlich hervorzuheben, dass die englischen Gerichte bei Straßenverkehrsunfällen mit Kraftfahrzeugen die Anwendung der *Rule* ablehnen. Das *Common Law*[385] erfasst Straßenverkehrsunfälle regelmäßig mithilfe der *Negligence*, sodass nur der Nachweis fahrlässigen Verhaltens eine Haftung begründen kann[386]. Auch *Justice* Blackburns Urteil enthält eine Anmerkung, wonach Straßenverkehrsunfälle der Fahrlässigkeitshaftung zugeschlagen werden[387]. Bis heute wurde in keinem Fall ein Anspruch nach *Rylands* infolge eines Straßenverkehrsunfalls gewährt. Eine Ausnahme eröffnete sich zwar vorübergehend durch ein *Obiter Dictum* aus *Wing v. London General Omnibus*, wonach die Anwendung der *Rule* auf ein nicht verkehrssicheres Fahrzeug möglich sein sollte[388]. Selbst diese Möglichkeit versperrte aber schließlich

---

380 Vgl. *Noble v. Harrison*, [1926] 95 L.J.K.B. 813. Wright J. urteilte (a. a. O., S. 818), dass „a tree cannot be compared to a tiger, a spreading fire, or a reservoir in which a huge weight of water is artificially accumulated to be kept in by dams, or noxious fumes or sewage", weshalb auch nach der Einschätzung durch Rowlatt J. (a. a. O., S. 815) „a tree is not in itself a dangerous object, though in decay it may become so".

381 Vgl. Lord Reid in *Bolton v. Stone*, [1951] 1 All E.R. 1078, 1086.

382 Vgl. *Manton v. Brocklebank*, [1923] 2 K.B. 212.

383 Vgl. Neville J. in *Heath's Garage v. Hodges*, [1916] 2 K.B. 370, 382 f.

384 Vgl. Goddard J. in *Fosbroke-Hobbes v. Airwork Ltd.*, [1937] 1 All E.R. 108, 112.

385 Auch das *Statutory Law* sieht hier keine abweichende, ein verschuldensunabhängiges Haftungsregime durchsetzende Regelung vor; vgl. Rogers in Koch/Koziol: „Unification of Tort Law: Strict Liability" (2002), S. 111 sowie zum Verhältnis der *Rule* zum englischen Gesetzesrecht insgesamt nachfolgend in Abschnitt D.

386 „In every case of highway accident, I believe, actual negligence has been pleaded and sought to be proved against the defendant", McCardie J. in *Philipps v. Britannia Hygienic Laundry Co. Ltd.*, [1923] 1 K.B. 539, 550. Vgl. hierzu auch die Übersicht bei Spencer: „Motor-Cars and the Rule in *Rylands v. Fletcher*: A Chapter of Accidents in the History of Law and Motoring", (1983) 42 C.L.J. 65 m. w. N.

387 Zur Begründung verwies Blackburn J. aber keineswegs auf ein zu geringes Gefahrenpotential, sondern auf die verminderte Schutzwürdigkeit eines Geschädigten, der sich den Gefahren des Straßenverkehrs selbst aussetzt; vgl. Blackburn J. in *Fletcher v. Rylands*, a. a. O., S. 286: „[...] traffic on the highways [...] cannot be conducted without exposing those whose persons or property are near it to some inevitable risk; and that being so, those who go on the highway, or have their property adjacent to it, may well be held to do so subject to their taking upon themselves the risk of injury from that inevitable danger [...]. In neither case, therefore, can they recover without proof of want of care or skill occasioning the accident.".

388 „I have no doubt that analogous causes of action exist when a member of the public makes undue and improper use of the right which be enjoys in common

die Folgeentscheidung *Philipps v. Britannia Hygienic Laundry*: Hier lehnte das Gericht die Haftung für ein Rad ab, das sich von einer defekten Achse gelöst hatte, da keine verschuldensunabhängige Pflicht von Straßenverkehrsteilnehmern gesehen wurde, ihr Fahrzeug in verkehrssicherem Zustand zu halten[389]. Damit fallen Straßenverkehrsunfälle gänzlich aus dem Anwendungsbereich der *Rule* heraus.

2. Abstrahierung: Charakteristika der „Gefahrenquelle"

a) Beschaffenheit

Zunächst fällt mit Blick auf die Bandbreite der Anwendungsfälle auf, dass die Gerichte keine beschränkenden Vorgaben an die Beschaffenheit der schadensstiftenden Gefahrenquelle benannten[390]. Unter den dargestellten Fallkonstellationen befinden sich neben Stoffen und Gegenständen jeglicher Aggregatzustände auch Pflanzen, Tiere und sogar Menschen. Überdies wurden Erschütterungen und Feuer in den Anwendungsbereich der *Rule* aufgenommen. Einigendes Charakteristikum der Fälle ist regelmäßig ein erhöhtes Risikopotential[391], etwa durch Giftigkeit, Brand- oder Explosionsgefahr zu Lasten von Sachwerten oder der Gesundheit von Personen. Die Bestimmung des Gefahrenpotentials als zentraler Anknüpfungspunkt dieser Haftungsvoraussetzung sollte daher eingehender betrachtet werden.

---

with all others of using the public highways for traffic. If a man places on the streets vehicles so wholly unmanageable as necessarily to be a continuing danger to other vehicles either at all times or under special conditions of weather, I have no doubt that he does it at his peril and that he is responsible for injuries arising therefrom, even though there has been no negligence in the management of his vehicle. [...] This cause of action is of the type usually described by reference to the well known case of *Rylands v. Fletcher*", Fletcher Moulton L.J. in *Wing v. London General Omnibus Co.*, (1909) 2 K.B. 652, 665. In einem ähnlichen Fall (Betrieb eines 12 Jahre alten Fahrzeugs mit versteckten Mängeln) dagegen *Negligence* bejahend Darling J. in *Hutchins v. Maunder*, (1920) 37 T.L.R. 72, 73: „to place the car on the highway in its then condition was a thing necessarily dangerous [...] and it amounted to negligence". Vgl. darüber hinaus die Anmerkungen von W. H. N. in „Knowledge of the Dangerous Condition as Affecting One's Liability under the Rule in *Rylands v. Fletcher*", (1921) U.Pa. L.R. 274, 276 f.

389 „In my view it is reasonably clear on principle that just as no absolute duty at common law exists as against owners of horses, so no absolute duty exists with respect to motor cars", McCardie J. in *Philipps v. Britannia Hygienic Laundry Co. Ltd.*, [1923] 1 K.B. 539, 553. Vgl. in diesem Sinne auch Slesser L.J. in *Ryan v. Youngs*, [1938] 1 All E.R. 522, 525.

390 Ähnlich auch die Einschätzung bei Lunney/Oliphant („Tort Law" (4. Auflage 2010), S. 692): „Almost anything can be a dangerous thing [...] for the purpose of a *Rylands v. Fletcher* action."

391 Vgl. dazu bereits Stallybrass: „Dangerous Things and the Non-Natural Use of Land", (1929) 3 C.L.J. 376, 386 ff. sowie später Rogers in „Winfield and Jolowicz on Tort" (17. Auflage 2006), S. 701.

b) *Anknüpfungspunkt des Gefahrenpotentials*

Dabei ist zunächst die Frage zu behandeln, wie eng die Verknüpfung zwischen der Gefahrenquelle und dem mit ihr verbundenen Risikopotential sein muss. Eine Strömung in Rechtsprechung[392] und Wissenschaft[393] interpretiert diesen Zusammenhang sehr strikt: Nach der Lehre der *Dangerous Things per se* muss das Schadensrisiko der Gefahrenquelle selbst innewohnen. Gefahrenquellen, die erst durch ihre Nutzung ein Risikopotential entfalten, sollen demnach als *Dangerous Things sub modo* der Verschuldenshaftung nach *Negligence* unterfallen. Sichtbar wird der Einfluss dieser Theorie in der Behandlung von Straßenverkehrsunfällen, infolge derer bekanntlich[394] allein die *Negligence* des Fahrers, nicht aber das Gefahrenpotential des Fahrzeugs geprüft wird. Dieser Ansatz lässt sich auch mit *Justice* Blackburns Umschreibung der Gefahrenquelle als „anything likely to do mischief"[395] vereinbaren, wenngleich dessen Urteilsbegründung auch eine großzügigere Interpretation nicht ausschließt.

Jedoch wird durch die Theorie der *Dangerous Things per se* der Anwendungsbereich der *Rule* empfindlich eingeschränkt, denn im Regelfall führen erst die Umstände der Nutzung einer Gefahrenquelle zur Entfaltung ihres Risikopotentials[396]: Selbst eine geladene Waffe muss nämlich erst abgefeuert oder eine Maschine

392 Insoweit ausdrücklich Lord Macmillan in *Glasgow Corporation v. Muir* ([1943] A.C. 448, 463 f.): „A distinction has been drawn [...] between things intrinsically dangerous or dangerous per se and other things which are not dangerous in the absence of negligence. [...] I think, however, that there is a real and practical distinction between the two categories." Ebenso sprach Atkin L.J. in *Jefferson v. Derbyshire Farmers Ltd.* ([1921] 2 K.B. 281, 289) von „articles dangerous in themselves such as loaded fire-arms, poisons, explosives, or the like [...] [and] benzol is an article of that kind". Ähnlich Lord Wright in *Northwestern Utilities Ltd. v. London Guarantee and Accident Co. Ltd.*, [1936] A.C. 108, 118: „That gas is a dangerous thing within the rules applicable to things dangerous in themselves is beyond question". Vgl. auch Lord Dunedin in *Dominion Natural Gas Co. v. Collins*, (1909) A.C. 640, 646; Lord Dunedin in *Fardon v. Harcourt-Rivington*, (1932) 146 L.T. 391, 392; Lord Wright M.R. in *Wray v. Essex City Council*, (1936) 3 All E.R. 97, 101.

393 Diese Theorie geht zurück auf Charlesworth: „Liability for Dangerous Things" (1922), S. 7 ff.; fortgeführt bei Charlesworth: „The Law of Negligence" (1938), S. 206 ff. Diese Auffassung hält der Kommentar bis heute aufrecht, vgl. Walton/Cooper/Wood/Percy: „Charlesworth and Percy on Negligence" (11. Auflage 2006), S. 933, Rdnr. 12–07 f. sowie offenbar zustimmend Koch: „Die Sachhaftung" (1992), S. 41.

394 Vgl. oben C.I.1. Dies begrüßend Charlesworth: „The Law of Negligence" (1. Auflage 1938), S. 206.

395 Blackburn J. in *Fletcher v. Rylands*, a. a. O., S. 279.

396 Vgl. dazu bereits Stallybrass, a. a O., S. 386 ff. sowie die nachfolgenden Darstellungen dieses Theorienstreits bei Kleemann: „Das Verhältnis der Gefährdungshaftung zur Haftung für *negligence* und *nuisance* im englischen Recht" (1958), S. 56 ff. und Vogler, a. a. O., S. 26 ff. bzw. später bei Fordham: „The Demise of the Rule in *Rylands v. Fletcher*?", [1995] S.J.L.S. 1, 5 f.

(bzw. jedwede Risikotechnologie) gestartet werden[397]; umgekehrt ist auch ein wilder Tiger weniger gefährlich, falls er sich bereits satt gefressen oder gar seine Reißzähne verloren hat. Mit Blick auf diesen Einwand ist die Theorie der *Dangerous Things per se* auch auf beträchtlichen Widerstand[398] in der englischen Rechtsprechung gestoßen[399]. Sogar *Justice* Blackburn wandte die *Rule* in einer Folgeentscheidung auf eine funkensprühende Lokomotive an[400] – obgleich auch diese nicht *per se*, sondern erst infolge des Startvorgangs durch den Lokführer gefährlich wurde[401]. Schließlich lehnte auch das *House of Lords* – zwar lediglich in einem *Dictum*, jedoch gleichwohl in aller Deutlichkeit – die Unterteilung in *per se* und *sub modo* gefährliche Dinge als „impracticable"[402] ab. Mithin ist hier, sogar über *Justice* Blackburns ursprünglichen Wortlaut hinaus, eine großzügige Anwendung der *Rule* möglich: Gefahrenquellen,

---

397 Dies konsequenterweise bewusst von der *Rule* ausschließend Charlesworth: „The Law of Negligence" (1. Auflage 1938), S. 207.

398 Deutlich auch die Ablehnung der *Royal Commission* in ihrem Abschlussbericht zu „Civil Liability and Compensation for Personal Injury", (1978) Cmnd. 7054, Vol. I, Ch. 31, S. 342, Rdnr. 1643; vgl. dazu nachfolgend unter D.VIII.

399 So etwa Darling J. in *Mayor and Corporation of Chichester v. Foster*, [1906] 1 K.B. 167, 177 f.: „I very much doubt whether anything whatever can, strictly speaking, be called 'a dangerous thing'. That depends on its use [...]. The expression 'in itself dangerous' is [...] not [...] an appropriate expression anywhere." Zustimmend sein Kollege Wills J. (a. a. O., S. 177): „the way in which it was used made both the machine and the operation dangerous in themselves". Ähnlich auch Scrutton L.J. in *Hodge & Sons v. Anglo-American Oil Co.*, (1922) 12 Ll.L.Rep. 183, 187: „I do not understand the difference between a thing dangerous in itself, as poison, and a thing not dangerous as a class, but by negligent construction dangerous as a particular thing. The latter, if anything, seems the more dangerous of the two; it is a wolf in sheep's clothing instead of an obvious wolf". Ähnlich auch das Ergebnis bei Lord Parmoor in *Rainham Chemical Works v. Belvedere Fish Guano Co.*, [1921] 2 A.C. 465, 485: „Therefore, while neither D.N.P. nor nitrate of soda is, in itself, dangerous, they become a source of danger if stored in close proximity to one another." Vgl. überdies auch Lewis J. in *Howard v. Furness Houlder Argentine Lines Ltd.*, [1936] 2 All E.R. 781, 792.

400 Vgl. Blackburn J. in *Jones v. The Festiniog Railway Company*, (1868) L.R. 3 Q.B. 733, 736.

401 Hier liegt ein offener Gegensatz zur Theorie der *Dangerous Things per se*, da deren Schöpfer Charlesworth („The Law of Negligence", a. a. O., S. 207) bei ihrer Herleitung gerade „machinery which is safe when at rest [and only] [...] dangerous when in motion" von der *Rule* ausschließen wollte.

402 „Every activity in which man engages is fraught with some possible element of danger to others. Experience shows that even from acts apparently innocuous injury to others may result. [...] In my opinion, it would be impracticable to frame a legal classification of things as things dangerous and things not dangerous, attaching absolute liability in the case of the former but not in the case of the latter", Lord Macmillan in *Read v. J. Lyons & Co. Ltd.*, [1946] 2 All E.R. 471, 477. Vgl. auch die Aussagen Lord Porters a. a. O., S. 479.

die ihr Risikopotential erst durch ihre Nutzung entfalten, können auch unter *Rylands v. Fletcher* gefasst werden.

c) Verhältnis zur Schadensquelle

Ähnlich ist die Problematik gelagert, ob eine Gefahrenquelle den Schaden selbst verursachen muss, oder ob es ausreicht, dass sie eine weitere Schadensquelle freizusetzen vermag. Auch hier spricht *Justice* Blackburns Beschreibung der Gefahrenquelle als „likely to do mischief if *it* escapes"[403] eher zugunsten einer engen Auslegung[404]. Allerdings war es Blackburn J. selbst, der seine *Rule* (noch vor ihrer Bestätigung im *House of Lords*) großzügiger interpretierte und einen Ersatzanspruch für einen Brandschaden gewährte, obgleich die eigentlich als Gefahrenquelle qualifizierte Feuerquelle den Herrschaftsbereich des Schädigers nicht verlassen hatte[405]. In der Folge hat es den Gerichten gerade in der Fallgruppe von Brandschäden genügt, dass ein Gegenstand die eigentliche Schadensursache – das Feuer – freizusetzen imstande ist[406]. Ebenso ist die Fallkonstellation einzuordnen, in der durch Hämmerarbeiten starke, die Statik eines Wohnhauses schädigende Erschütterungen verursacht wurden[407]. *Rylands* wurde überdies für anwendbar gehalten, nachdem ein Schädiger (den als Gefahrenquelle eingeordneten) Sprengstoff zur Explosion gebracht hatte, wodurch (die unmittelbar schadensstiftenden) Felsbrocken aus seinem Herrschaftsbereich geschleudert wurden[408]. In diesem Sinne wurde schließlich auch ein Sachverhalt erfasst, in dem durch aufgestauten Minenaushub ein schadensstiftender Erdrutsch ausgelöst wurde[409]. Mithin hat sich hier eine eher großzügige Interpretation der *Rule* durchgesetzt.

---

403 Blackburn J. in *Fletcher v. Rylands*, a. a. O., S. 279.

404 Vgl. dazu etwa Ogus: „Vagaries in Liability for the Escape of Fire", (1969) C.L.J. 104, 114 f.

405 „Here the defendants were using a locomotive engine [...] and they are therefore at common law bound to keep the engines from doing injury, and if the sparks escape and cause damage, the defendants are liable for the consequences, though no actual negligence be shewn on their part", Blackburn J. in *Jones v. The Festiniog Railway Company*, (1868) L.R. 3 Q.B. 733, 736.

406 Vgl. vorstehend unter C.I.1.

407 Vgl. *Hoare & Co. Ltd. v. Sir Robert McAlpine, Sons & Co.*, [1923] 1 Ch. 167.

408 „The duty of the defendants on bringing this foreign and dangerous material on the ground and exploding it there was to keep all the results of the explosion on their own lands at their peril", Swinfen Eady M.R. in *Miles v. Forest Rock Granite Co.*, (1918) 34 T.L.R. 500, 501. Vgl. auch Buckley in Dugdale/Jones (Hrsg.): „Clerk and Lindsell on Torts" (19. Auflage 2006), S. 1246, Rdnr. 21–19.

409 „It is obviously immaterial for this purpose whether damage be caused by the colliery material itself directly or by its pushing other material in front of it downhill upon the houses and other property injured",Viscount Finlay in *Attorney-General and Kennard v. Cory Bros. & Co.*, [1921] 1 A.C. 521, 538.

d) *Prüfungsmaßstab der „Gefährlichkeit"*

Für die Reichweite der *Rule* wesentlich ist schließlich die Frage, nach welchen Maßstäben die Bemessung der „Gefährlichkeit" geprüft wurde. Ausgehend von dem Zeitpunkt vor Schadenseintritt stellte das *House of Lords* in *Rainham Chemical Works v. Belvedere Fish Guano*[410] zunächst klar, dass ein Schädiger die Gefährlichkeit seines Verhaltens nicht gekannt haben muss[411]. Dieser Linie sind die englischen Gerichte auch in anderen Entscheidungen kontinuierlich gefolgt[412].

Im Gegenzug wurde aber wiederholt gefordert, dass ein erhöhtes Gefahrenpotential erkenn*bar* gewesen sein muss[413]. Besonders markant trat hier die Entscheidung des *Court of Appeal* zu *West v. Bristol Tramways*[414] hervor, wo die unerwartete Wirkungsweise einer Chemikalie schadensstiftend wirkte. Das Gericht betonte nicht nur, dass – im Gegensatz zu positiver Kenntnis – die Erkennbarkeit erhöhten Risikopotentials für eine Haftung ausreiche[415]. Vielmehr erlegten die Richter dem Beklagten die Beweislast auf, sich durch Nachweis der *Un*gefährlichkeit der

---

410 *Rainham Chemical Works Ltd. v. Belvedere Fish Guano Co. Ltd.*, [1921] 2 A.C. 465.

411 Lord Buckmaster gestand zwar (a. a. O., S. 471) ein, dass „[i]t may be accepted that it was not known to either of the defendants that this danger existed", machte aber umgehend deutlich, dass „that in itself affords no excuse". Ähnlich auch die Einschätzung bei W. H. N.: „Knowledge of the Dangerous Condition as Affecting One's Liability under the Rule in *Rylands v. Fletcher*", (1921) U.Pa. L.R. 274, 275.

412 So bereits vor der endgültigen Klarstellung im *House of Lords* das Urteil von Denman J. in *Humphries v. Cousins*, (1877) 2 C.P.D. 239, 245: „that duty [...] is independent [...] of his knowledge or ignorance of the existence of the drain". Ebenso Bowen L.J. in *Filburn v. The People's Palace and Aquarium Ltd.*, (1890) 25 Q.B.D. 258, 261 f.: „[...] an action can be maintained for any injury done by it, although the owner had no knowledge of its mischievous propensities." Vgl. auch Lord Alverstone C.J. in *West v. Bristol Tramways Co.*, [1908] 2 K.B. 14, 21: „it is clear that it is not [...] the knowledge of a particular witness that is to be considered." Zustimmend schließlich auch Bankes L.J. in *Musgrove v. Pandelis*, [1919] 2 K.B. 43, 47: „But the expectation of danger is not the basis of the principle of *Rylands v. Fletcher*. [...] A thing may be dangerous although the danger is unexpected.".

413 Vgl. etwa Kelly C.B. (sich den Tatsachenfeststellungen der Vorinstanz anschließend) in *Crowhurst v. Amersham Burial Bord*, (1878) 4 Ex.D 5, 12„the fact that cattle frequently browse on the leaves and branches of yew trees within reach, and not unfrequently are poisoned thereby, is generally known." Ebenso stellte Bowen L.J. (a. a. O., S. 261) auf die „experience of mankind" ab. Vgl. auch die Einschätzung bei Davies: „Strict Liability and Reasonable Foreseeability: *Cambridge Water Company v. Eastern Counties Leather plc*", (1994) T.L.J.L. 7, [13] f.; Wilkinson: „*Cambridge Water Company v. Eastern Counties Leather plc*: Diluting Liability for Continuing Escapes", (1994) 57 M.L.R. 799, 805 f.; Reid: „Liability for Dangerous Activities: A Comparative Analysis", (1999) 48 I.C.L.Q. 731, 741.

414 *West v. Bristol Tramways Co.*, [1908] 2 K.B. 14.

415 So ausdrücklich Lord Alverstone C.J. (a. a. O., 21), für den „it is clear that it is not [...] the knowledge of a particular witness that is to be considered, but the common

Gefahrenquelle zu entlasten[416]. Im Regelfall knüpfte das Gericht die Erkennbarkeit der Gefährlichkeit an den allgemeinen Wissensstand des „common knowledge founded on common experience of common things“[417]. Zugleich ließ der *Court of Appeal* aber im Falle komplizierter technischer Vorgänge einen strengeren, spezialisiertes Expertenwissen berücksichtigenden Erkennbarkeitsmaßstab zu[418].

Diese Entwicklung der Judikatur lässt sich durchaus mit *Justice* Blackburns Ausführungen in Einklang bringen: Wie bereits erörtert[419], kann auch dessen Leitentscheidung dahingehend interpretiert werden, dass zwar keine positive Kenntnis des Schädigers, wohl aber allgemeine Erkennbarkeit eines erhöhten Risikopotentials der Gefahrenquelle gegeben sein muss. Folglich schlägt die Nachfolgejudikatur in dieser Frage eine Brücke zu gerade derjenigen Interpretation *Justice* Blackburns, die zu einer großzügigeren Anwendung der *Rule* führt.

3. Resümee

Die Judikatur zur Haftungsvoraussetzung der „Gefahrenquelle“ ist durch eine weitläufige Kasuistik geprägt. In deren Zuge wurde über *Justice* Blackburns Leitentscheidung hinaus eine Reihe neuer Anwendungsgebiete erschlossen, andere (wie etwa Unfälle im Straßen- und Luftverkehr) hingegen ausgeschlossen. Die breite Palette einzelner Anwendungsfälle kann zwar in Fallgruppen gebündelt werden, welche den Gerichten auch bei ihrer Urteilsfindung Orientierung bieten können. Aber eine generalisierende Definition der „Gefahrenquelle“ hat die Rechtsprechung nicht entwickelt.

Dennoch ist aus der Präjudizienlage eine Reihe einzelner Charakteristika isolierbar. Zunächst können (getreu *Justice* Blackburns Leitentscheidung) Gefahrenquellen jedweder Beschaffenheit unter die *Rule* fallen. Ein großzügiger Ansatz hat sich ebenfalls insoweit durchgesetzt, als die Gefahrenquelle nicht notwendig aus sich heraus *(per se)* gefährlich sein muss; vielmehr fließen auch die Umstände ihrer Nutzung in die Prüfung des Risikopotentials ein. Da die Formulierungen aus *Justice* Blackburns Urteil eine engere Interpretation andeuten (wenngleich nicht erzwingen), vermag die *Rule* durch diese Differenz zusätzlichen Anwendungsraum zu sichern. Gleiches gilt für die Frage, ob die Gefahrenquelle selbst schadensstiftend wirken

---

experience of mankind in general.“ Zustimmend auch sein Kollege Farwell L.J. in *West v. Bristol Tramways Co.*, a. a. O., S. 25.

416 „[T]he onus of proof rests upon the defendants“, Lord Alverstone C.J., a. a. O., 21. Ebenso wiederum Farwell L.J., a. a. O., S. 25.

417 Farwell L.J., a. a. O., S. 25.

418 Farwell L.J. führte (a. a. O.) aus, dass „chemicals [...] can hardly be said to be matters within the common experience of mankind, and [...] to which the knowledge even of experts is constantly growing and varying“ , weshalb er auf die Möglichkeit einer Berücksichtigung der „experience of experts in technical matters“ verwies.

419 Vgl. oben unter B.II.1.b.

muss: Auch hier hat die Rechtsprechung über *Justice* Blackburns engeren Wortlaut hinaus Gefahrenquellen anerkannt, welche die eigentliche Schadensquelle freisetzen. Überdies forderte die Nachfolgejudikatur durchweg lediglich die allgemeine Erkennbarkeit eines erhöhten Gefahrenpotentials, nicht aber dessen subjektive Kenntnis auf Seiten des Schädigers. Hiermit griffen die Gerichte diejenige zweier Interpretationsmöglichkeiten aus *Justice* Blackburns Urteil auf, welche der *Rule* breiteren Raum lässt. An diese Frage anknüpfend bürdete die Rechtsprechung dem Schädiger die Beweislast dafür auf, sich mit dem Nachweis der Ungefährlichkeit einer Gefahrenquelle entlasten zu müssen. Da in *Justice* Blackburns Urteil keine Stellungnahme zur Beweislastverteilung enthalten ist, vermag *Rylands* auch hier zusätzlichen Anwendungsraum zu gewinnen.

II. Akkumulationsvorgang

Nachdem die Anforderungen an die haftungsbegründende „Gefahrenquelle“ untersucht worden sind, rücken nunmehr die weiteren Voraussetzungen der *Rule* in den Mittelpunkt. Zunächst betrifft dies den Vorgang, im Zuge dessen der Schädiger die Gefahrenquelle akkumuliert – oder sie, in *Justice* Blackburns Worten, „brings on his lands and collects and keeps there“[420].

1. Handlungsmodalitäten

Da *Justice* Blackburn die Handlungsmodalitäten kumulativ und nicht alternativ benannte, drohte die *Rule* eingeschränkt zu werden. Ein Schädiger nämlich, der eine Gefahrenquelle vom Vorinhaber seines Grundstücks übernimmt, hat diese nicht auf sein Land „gebracht“[421]. Offenbar hatte aber Blackburn J. keine derartige Einschränkung im Sinn, da er selbst in einer Folgeentscheidung, die nur kurze Zeit nach seiner Leitentscheidung und sogar noch vor derjenigen Lord Cairns’ erging, seine *Rule* großzügiger interpretierte: Demnach sollte eine Haftung möglich sein, „when a man brings *or* uses a thing of a dangerous nature“[422]. Auch in der nachfolgenden Rechtsprechung ist diese weite Formel bedenkenlos übernommen worden[423]. Insoweit hat sich also eine Erweiterung der *Rule* durchgesetzt.

420 Blackburn J., a. a. O., S. 279; vgl. dazu oben B.II.2.

421 Vgl. oben B.II.2.b.

422 Blackburn J. in *Jones v. The Festiniog Railway Company*, (1868) L.R. 3 Q.B. 733, 736 (Hervorhebung nicht im Original).

423 Vgl. beispielhaft das vorerst jüngste Urteil des *House of Lords* zu *Rylands v. Fletcher*: „[...]in bringing or keeping on his land something dangerous [...]“, Lord Hobhouse of Woodborough in *Transco plc. v. Stockport M.B.C.*, [2003] U.K.H.L. 61, [54].

2. Ausschluss von „things naturally there“

Grundgedanke des Akkumulationserfordernisses war es bei Blackburn J. und Lord Cairns, die Nutzung der natürlichen Grundstücksressourcen („things naturally there“[424]) zu privilegieren; *Rylands* sollte im Gegenzug nur auf aktiv geschaffene künstliche Gefahrenquellen Anwendung finden[425]. Auch die Nachfolgejudikatur folgte dieser Vorgabe und lehnte die Anwendung der *Rule* auf solche Gefahrenquellen ab, die natürlich und ohne Zutun des Schädigers in dessen Herrschaftsbereich entstanden waren[426].

Allerdings wurden durchaus Fälle erfasst, in denen „natürlich“ auf ein Grundstück gelangte Gefahrenquellen dort vom Schädiger aktiv angesammelt wurden[427]. Dies wiederum kann insoweit mit *Justice* Blackburn in Einklang gebracht werden, als im ursprünglichen Sachverhalt auch die Anstauung von (natürlichem) Regenwasser in Mr. Rylands' (künstlichem) Reservoir der *Rule* kaum entgegen gestanden hätte: Aus *Justice* Blackburns Ausführungen lässt sich nämlich entnehmen, dass der aktiven Veranlassung des Akkumulationsvorgangs durch den Schädiger entscheidende Bedeutung für die Bestimmung des Ersatzpflichtigen zukam[428]. Insgesamt hat sich die Haftungsregel in diesem Komplex mithin nicht verändert.

---

424 Blackburn J., a. a. O., S. 280.

425 Vgl. oben B.II.2.a und B.III.1.

426 Vgl. die Entscheidungen in *Wilson v. Waddell*, (1876) 2 A.C. 95 (Überflutung einer Mine durch Grundwasser); *Whalley v. Lancashire and Yorkshire Railway Co.*, (1884) 13 Q.B.D. 131 und *Rouse v. Gravelworks Ltd.*, [1940] 1 K.B. 489 (jeweils Überschwemmung von Grundstücken durch Regenfälle); *Giles v. Walker*, (1890) 62 L.T. 933 (Überflug von natürlich gewachsenen Distelsamen auf das Geschädigtengrundstück); *Pontardawe R.D.C. v. Moore-Gwyn*, [1929] 1 Ch. 656 (hier lösten sich Gesteinsbrocken von einem auf dem Schädigergrundstück gelegenen Berg); *Bartlett v. Tottenham*, [1932] 1 Ch. 114 (Überflutung durch einen natürlichen unterirdischen Wasserlauf); *Ellison v. Ministry of Defence*, [1996] 81 B.L.R. 108 (Regenwasser sammelte sich während eines Unwetters in einer Baustelle). Relativierend wurde die Nutzung natürlicher Grundstücksressourcen auch dann privilegiert, wenn sie mittels (streng genommen ebenfalls künstlicher) Bepflanzung des Grundstücks vorgenommen wurde; vgl. dazu Rowlatt J. und Wright J. in *Noble v. Harrison* ([1926] 95 L.J.K.B. 813, 815, 818).

427 Vgl. Jessel M. R. in *Broder v. Saillard*, (1876) 2 Ch.D. 692, 700; Baggallay L.J. in *Whalley v. Lancashire and Yorkshire Railway Co.*, (1884) 13 Q.B.D. 131, 138 f.; Smith L.J. in *Buckley v. Buckley*, [1898] 2 Q.B. 608, 613; Bowsher J. in *Ellison v. Ministry of Defence*, [1996] 81 B.L.R. 108, 118. Ähnlich auch Bohlen: „The Rule in *Rylands v. Fletcher*. Part III“, (1911) 59 U.Pa.L.R. 423, 426; Newark: „Non-Natural User and *Rylands v. Fletcher*“, (1961) 24 M.L.R. 557, 558 f.; Kutner: „The End of *Rylands v. Fletcher*?“, (1995) 31 T.I.L.J. 73, 75; Nolan in Grubb (Hrsg.): „The Law of Tort“ (2002), S. 984.

428 Vgl. oben B.II.2.b. und B.II.4.

3. Grundstücksbezug des Schädigers

Schließlich ist die Frage zu behandeln, inwieweit die Gerichte einen bestimmten Grundstücksbezug des Schädigers forderten, um die *Rule* gegen ihn anzuwenden. Aus *Justice* Blackburns Leitentscheidung kann gefolgert werden, dass der Schädiger aufgrund einer rechtlichen Legitimation die tatsächliche Sachherrschaft über den Akkumulationsort ausüben muss[429]. Auch die Nachfolgejudikatur stellte heraus, dass der Schädiger nicht *Owner* des Ortes sein muss, an dem er die Gefahrenquelle akkumuliert[430]. Die Gerichte ließen diesen vielmehr auch dann haften, wenn ihm lediglich eine Nutzungserlaubnis *(Licence)* über den Akkumulationsort eingeräumt worden war[431].

Dies leitet zu der Frage über, ob *Rylands* auch gegenüber dem (die Nutzungserlaubnis erteilenden) *Owner* greifen kann, obgleich dieser mit der *Licence* seine unmittelbare Kontrolle über den Ort aufgegeben hat, an dem später die Gefahrenquelle akkumuliert wird. Aus *Justice* Blackburns Urteil ist keine derart weite Auslegung der *Rule* abzuleiten, da dort nicht Lord Wilton als *Owner* des Reservoirgrundstücks haften musste, sondern der Reservoirbetreiber Mr. Rylands[432]. Auch die Nachfolgejudikatur blieb in dieser Frage zurückhaltend und zog es vor, gegen den unmittelbar handelnden Akkumulator vorzugehen[433]. Dies galt freilich dann

---

429 Vgl. oben B.II.2.d.

430 So ausdrücklich Lord Wright in *Northwestern Utilities Ltd. v. London Guarantee and Accident Co.*, [1936] A.C. 108, 118: „The rule is not limited to cases where the defendant has been carrying or accumulating the dangerous thing on his own land." Vgl. zu dieser Einschätzung auch Friedmann: „Social Insurance and the Principles of Tort Liability", (1949) 63 Harvard L.R. 241, 247; Nolan in Grubb (Hrsg.): „The Law of Tort" (2002), S. 993; Rogers in „Winfield and Jolowicz on Tort" (17. Auflage 2006), S. 702 f. Ähnlich unlängst das Urteil von Thornton J. in *Re-Source America International Ltd. v Platt Site Services Ltd.*, [2003] E.W.H.C. 1142 (T.C.C.), [171]: „The defendant must have been in control of the use of land causing the fire that escaped but need not have any more substantial interest in the land from which the fire has escaped.".

431 Dies geht explizit aus einem Urteil des *House of Lords* hervor, wo Lord Sumner betonte, dass die Schädiger „cannot escape any liability [...] merely because they have no tenancy or independent occupation of the land but use it thus by permission of the tenants or occupiers"; Lord Sumner in *Rainham Chemical Works Ltd. v. Belvedere Fish Guano Co. Ltd.*, [1921] 2 A.C. 465, 479. Ähnlich *Charing Cross, West End and City Electricity Supply Co. Ltd. v. London Hydraulic Power Co.*, [1914] 3 K.B. 772; *Northwestern Utilities Ltd. v. London Guarantee and Accident Co.*, [1936] A.C. 108 sowie *National Telephone Co. v. Baker*, [1893] 2 Ch. 186.

432 Vgl. oben B.II.2.d.

433 So lehnte der *Court of Appeal* in *St. Anne's Well Brewery Co. v. Roberts* ([1929] 140 L.T. 1) die Anwendung der *Rule* ab gegenüber „an owner who is out of possession at the time that the injury takes place" (Greer L.J., a. a. O., S. 9), da „I do not know[...] any case where the doctrine of *Rylands v. Fletcher* [...] has been applied to an owner not in occupation" (Scrutton L.J., a. a. O., S. 5 f.). Ebenso Luxmore

nicht, wenn der *Owner* nach einem Akkumulationsvorgang die Kontrolle über das Grundstück aufgegeben[434] oder sein Land einem Dritten gerade zum Zwecke der Schaffung einer Gefahrenquelle überlassen hatte[435]: Hier sahen die Gerichte eine fortwirkende Verantwortlichkeit des *Owners* auch nach Aufgabe der unmittelbaren Kontrolle über den Akkumulationsort.

4. Resümee

Der Akkumulationsvorgang behielt auch in der Nachfolgejudikatur seine Bedeutung dergestalt, dass allein die „künstliche" Schaffung von Gefahrenquellen sanktioniert wurde. Dabei setzte sich aber über *Justice* Blackburns ursprünglichen Wortlaut hinaus eine weitere Interpretation durch, welche auch nicht selbst akkumulierte, sondern übernommene Gefahrenquellen unter die *Rule* fasst. Entscheidend zur Bestimmung des Anspruchsgegners war im Einklang mit Blackburn J., dass er auf Grundlage einer Nutzungserlaubnis die Gefahrenquelle akkumuliert; eine darüber hinausgehende *Ownership* wurde nicht für notwendig gehalten. Diesen Fokus auf den für die Akkumulation Verantwortlichen behielt die Rechtsprechung im Grundsatz auch dann bei, wenn dieser anschließend die Kontrolle über das Grundstück einem *Lessee* übertragen hat.

L.J. in *Westhoughton Coal & Cannel Co. Ltd. v. Wigan Coal Corp. Ltd.*, [1939] Ch. 393, 406: „ I am unable to accept [...] that once an artificial watercourse is made in a mine, its maker is for all time liable for any damage done to another mine by reason of the future escape [...] no matter from whose action the escape results." Vgl. dazu auch McBride/Bagshaw: „Tort Law" (2. Auflage 2005), S. 742; Rogers in „Winfield and Jolowicz on Tort" (17. Auflage 2006), S. 703; Buckley in „Clerk and Jolowicz on Torts" (19. Auflage 2006), S. 1242 f., Rdnr. 21–14.

434 So ausdrücklich Atkin L.J. in *Belvedere Fish Guano Co. Ltd. v. Rainham Chemical Works Ltd.*, [1920] 2 K.B. 487, 504: „Can the person who has acquired a tiger, so long as he remains its owner, relieve himself of responsibility by contracting with a third person for its custody? [...] This obligation he cannot relieve himself of by contracting with a third party." Dieses Ergebnis bestätigte auch die Folgeentscheidung des *House of Lords* in selbiger Sache; vgl. *Rainham Chemical Works Ltd.v. Belvedere Fish Guano Co. Ltd.*, [1921] 2 A.C. 465.

435 In *Rainham Chemical Works Ltd.v. Belvedere Fish Guano* ([1921] 2 A.C. 465) weigerte sich Lord Sumner, die Haftung des *Owners* auch nach Erteilung der *Licence* auszuschließen, falls „it were let for a purpose which necessarily involved a nuisance" (a. a. O., S. 489). Noch deutlicher Lord Buckmaster, der „acts expressly directed by them" (á. a. O., S. 476) sah.

III. Entweichen der Gefahrenquelle

Mit der Haftungsvoraussetzung „escape“[436] forderte *Justice* Blackburn, dass die Gefahrenquelle aus dem Herrschaftsbereich des Schädigers entwichen sein muss[437]. Neben einer Reihe von Einzelfragen kommt in diesem Komplex vor allem der Entscheidung des *House of Lords* zu *Read v. Lyons*[438] zentrale Bedeutung zu. Dort nämlich ist eine höchstrichterliche Definition für *Escape* entwickelt worden. Angesichts der überaus skeptischen Grundausrichtung der Urteilsbegründung gaben die Lordrichter jedoch zugleich den maßgeblichen Anstoß für die restriktiven Auslegungsgrundsätze der jüngeren Rechtsprechung zur *Rule*.

1. Verlassen des Akkumulationsorts

Wesentlich zur Auslegung von *Escape* ist zunächst die Frage, ob die Gefahrenquelle den Ort ihrer Akkumulierung in räumlicher Hinsicht verlassen muss, oder ob auch an diesem Ort selbst auftretende Schäden erfasst sind. In diesem Falle würde es ausreichen, dass die Gefahrenquelle aus der Kontrolle des Schädigers entwichen ist, um eine Haftung nach *Rylands* zu begründen. In der ursprünglichen Sachverhaltskonstellation hatte *Justice* Blackburn den Vorgang als *Escape* bezeichnet, im Zuge dessen das Wasser aus Mr. Rylands‘ Reservoir (dem Akkumulationsort) in Mr. Fletchers Mine (den Schädigungsort) gelangt war[439]. Dies spricht zwar eher für eine enge Auslegung, allerdings hatte *Justice* Blackburn auch wiederholt auf die Tierhalterhaftung verwiesen – die gerade greift, sobald Tiere aus der Kontrolle („animal *being loose*“[440]) des Schädigers entweichen. Die Leitentscheidung ließ hier also einigen Spielraum.

Diesen nutzte die Nachfolgejudikatur zu einer großzügigen Auslegung der *Rule*. In einer Reihe von Urteilen wurde *Rylands* angewendet, obgleich die Gefahrenquelle selbst den Herrschaftsbereich des Schädigers überhaupt nicht verlassen hatte[441]. So genügte es den Gerichten in den Fallgruppen der Brandschäden, Vibrationen und Explosionen, dass die Gefahrenquelle nach Freisetzung der eigentlichen Schadensquelle an ihrem Standort verblieb[442]. Es liegt sogar ein Fall vor, in dem die Gefahrenquelle

436 „consequence of its escape“, Blackburn J., a. a. O., S. 279.
437 Vgl. oben B.II.3.
438 *Read v. J. Lyons & Co. Ltd.*, [1946] All E.R. 471.
439 „escape out of his land“, Blackburn J., a. a. O., S. 279; vgl. oben B.II.3.
440 Blackburn J. in *Fletcher v. Rylands*, a. a. O., S. 281 (Hervorhebung nicht im Original).
441 Skeptisch hingegen (allerdings nur in einem *Obiter Dictum*) Lewis J. in *Howard v. Furness Houlder Argentine Lines Ltd. and A. & R. Brown Ltd.*, [1936] 2 All E.R. 781, 786.
442 Vgl. oben C.I.2.b. Darauf verweisend auch Linden: „Whatever Happened to *Rylands v. Fletcher*?“ in Klar: „Studies in Canadian Tort Law“ (1977), 325, 335; Fleming: „The Law of Torts“ (9. Auflage 1998), S. 392; Hedley/Padfield: „Tort“ (2. Auflage 2000), S. 206; Nolan in Grubb (Hrsg.): „The Law of Tort“ (2002), S. 990; Murphy in „Street on Torts“ (12. Auflage 2007), S. 477.

selbst schadensstiftend wirkte, ohne dabei ihren Standort zu verändern: In *Shiffman v. St. John* fiel ein Flaggenmast, der im Londoner Hyde Park errichtet worden war, auf einen Passanten[443]. Allein der Umstand, dass der Mast auf Land fiel, über das die Beklagten keine Kontrolle ausübten, reichte dem Gericht, um in seinem *Obiter Dictum* die *Rule* für anwendbar zu erklären[444] – obgleich ohne jede Ortsveränderung sowohl die Akkumulation, als auch das Entweichen und der Schadenseintritt auf dem Gelände einer öffentlichen Parkanlage erfolgt waren[445]. Dies steht in Einklang mit dem Urteil *Mansel v. Webb*, wo der *Court of Appeal* die Anwendbarkeit der *Rule* damit begründete, dass der Schädiger die Gefahrenquelle „in his custody" hatte (also in seiner Obhut und damit unter seiner Kontrolle), und dass sie von dort entwichen war[446]. Folglich konnte die *Rule* in dieser Frage durchaus gestärkt werden.

2. Verlauf

Bedeutsam ist überdies, dass die Gerichte keine strenge Trennung zwischen dauerhaft und einmalig entweichenden Gefahrenquellen vornahmen. Die letztgenannte Fallgruppe fasste bereits Blackburn J. unter die *Rule*, indem er Mr. Rylands für die erstmalig eintretende Überschwemmung von Mr. Fletchers Mine haften ließ[447]. Auch in der Folge bot sich hier für die englischen Gerichte mit Blick auf die Anwendung von *Rylands* auf Explosionen[448], Brandschäden[449] oder umstürzende Objekte[450] kein

---

443 Vgl. *Shiffman v. The Grand Priory in the British Realm of the Venerable Order of the Hospital of St. John of Jerusalem*, [1936] 1 All E.R. 557.

444 „[...] fall on land of which they were not in occupation [...]", Atkinson J, a. a. O., S. 561.

445 Ähnlich auch der Fall *Perry v. Kendricks Transport Ltd.* ([1956] 1 All E.R. 154): Hier war der Tank eines auf dem Grundstück des Beklagten geparkten Busses entflammt, wodurch eine Explosion ausgelöst wurde, die den Kläger verletzte, der sich in unmittelbarer Nähe des Busses befand. Das Gericht hatte keine Bedenken bezüglich der Haftungsvoraussetzung des Entweichens der Gefahrenquelle, sondern ließ den Anspruch scheitern, da „it seems to me plain that *the escape* was caused by the act of a stranger" (Jenkins L.J., a. a. O., S. 159; Hervorhebung nicht im Original).

446 „[A] man who has in his custody a thing likely to do mischief has it in his custody at his peril if it escapes", Duke L.J. in *Mansel v. Webb*, [1918–19] All E.R. Rep. 794, 797.

447 Vgl. oben B.II.3.c.

448 Vgl. *Miles v. Forest Rock Granite Co.*, [1918] 34 T.L.R. 500; *Rainham Chemical Works Ltd. v. Belvedere Fish Guano Co. Ltd.*, [1921] 2 A.C. 465; *Hanson v. Wearmouth Coal Co. Ltd. and Sunderland Gas Co.*, [1939] 3 All. E.R. 47; *Perry v. Kendricks Transport Ltd.*, [1956] 1 All E.R. 154.

449 Vgl. *Jones v. The Festiniog Railway Company*, (1868) L.R. 3 Q.B. 733; *Gunter v. James*, (1908) 24 T.L.R. 868; *Jefferson v. Derbyshire Farmers Ltd.*, [1921] 2 K.B. 281; *Balfour v. Barty-King and Another*, [1957] 1 All E.R. 156; *Crown River Cruises Ltd. v. Kimbolton Fireworks Ltd.*, [1996] 2 Ll. L. Rep. 533.

450 Vgl. *Shiffman v. The Grand Priory in the British Realm of the Venerable Order of the Hospital of St. John of Jerusalem*, [1936] 1 All E.R. 557; *Hale v. Jennings Brothers*, [1938] 1 All E.R. 579.

Raum für Zweifel[451]. Zugleich fand *Justice* Blackburns offene Ausrichtung der *Rule* in der zweiten Fallgruppe dauerhafter *Escapes* Anklang in der Folgejudikatur: Es findet sich eine Reihe von Urteilen, insbesondere zu entweichenden Dämpfen[452], in denen auch Schäden ersetzt wurden, nachdem die Gefahrenquelle über einen längerfristigen Zeitraum entwichen war[453]. Insoweit wurden also *Justice* Blackburns Vorgaben fortgeführt.

Auch in der Frage, ob die Gefahrenquelle unmittelbar vom Herrschaftsbereich des Schädigers in denjenigen des Geschädigten entweichen muss, war man sich in einer großzügigen Interpretation der *Rule* einig. Bereits aus den Umständen des ursprünglichen Sachverhalts ergibt sich, dass allenfalls eine räumliche Nähebeziehung, nicht aber eine unmittelbare Nachbarschaft vorliegen muss[454]. Auch später wurde *Rylands* für anwendbar gehalten, falls die Gefahrenquelle den Geschädigten erst mittelbar über den Umweg anderer Herrschaftsbereiche erreicht hat – unabhängig davon, ob diese privaten[455] Inhabern zuzuordnen oder aber öffentlich[456] waren.

---

451 Auch die Anwendung der *Rule* auf einen ausbrechenden Elefanten ordnet sich in diesen Grundsatz ein; vgl. *Filburn v. The People's Palace and Aquarium,* [1890] 25 Q.B.D. 258.

452 Vgl. *West v. Bristol Tramways Co.*, [1908] 2 K.B. 14; *Northwestern Utilities Ltd. v. London Guarantee and Accident Co.*, [1936] A.C. 108; *Halsey v. Esso Petroleum Co. Ltd.*, [1961] 2 All E.R. 145.

453 Dies betrifft ferner die Erfassung von Vibrationen (vgl. *Hoare & Co. Ltd. v. Sir Robert McAlpine, Sons & Co.*, [1923] 1 Ch. 167) sowie von Abwasserleitungen (vgl. *Foster v. Warblington Urban District Council,* [1906] 1 K.B. 648) und auch menschlicher Verhaltensgewohnheiten (vgl. *Attorney-General v. Corke,* [1933] Ch. 89).

454 Vgl. oben B.II.3.b.

455 Besonders deutlich wird dies im Urteil des *Court of Appeal* zu *British Celanese Ltd. v. A. H. Hunt (Capacitors) Ltd.*, [1969] 2 All E.R. 1252: Hier verursachte der Schädiger einen Stromausfall, indem er Metallfolie von seinem Grundstück zu einer Elektroschaltanlage entweichen ließ. Die Grundstücke von Schädiger und Geschädigtem lagen 130 Meter voneinander und 100 Meter von der Schaltanlage entfernt. Weder der Umstand, dass die Produktionsstätten der Parteien nicht unmittelbar aneinander grenzten (und somit ein Entweichen vom Bereich des Beklagten direkt auf den Bereich des Klägers unmöglich war), noch derjenige, dass die Gefahrenquelle nicht einmal selbst den Herrschaftsbereich des Klägers erreichte, bewogen das Gericht, *Rylands v. Fletcher* für nicht anwendbar zu halten: „In my judgment, the plaintiffs in this case would be entitled to damages notwithstanding that the escape was onto the premises of the electricity board", Lawton L.J., a. a. O., S. 1257.

456 So etwa beim Entweichen von Abwässern in das offene Meer und von dort aus weiter zu den Austernbänken des Geschädigten; vgl. *Foster v. Warblington Urban District Council,* [1906] 1 K.B. 648. Ähnlich *Crown River Cruises Ltd. v. Kimbolton Fireworks Ltd.*, [1996] 2 Ll. L. Rep. 533, wo ein Fluss zwischen den Herrschaftsbereichen der Parteien nicht als hinderlich für einen Anspruch nach *Rylands v. Fletcher* angesehen wurde.

Mit Blick auf die Rolle des Schädigers war die Rechtsprechung sehr zurückhaltend. Schon *Justice* Blackburn hatte einen aktiven Mitwirkungsbeitrag des Schädigers zwar am Akkumulationsvorgang, nicht aber beim Entweichen der Gefahrenquelle postuliert: *Rylands* sollte das passive Entweichenlassen einer (aktiv akkumulierten) Gefahrenquelle sanktionieren[457]. Diese Vorgabe griffen die nachfolgenden Gerichte auf und wandten die *Rule* wiederholt auf Gefahrenquellen an, die ohne Zutun des Schädigers aus dessen Herrschaftsbereich entwichen waren[458].

Noch nicht vollends geklärt ist die umgekehrte Frage, ob auch ein bewusst herbeigeführtes Entweichen noch unter *Rylands* gefasst werden kann. In *Justice* Blackburns Leitentscheidung wurde sie nicht problematisiert[459]. Aus der Nachfolgejudikatur liegen unterschiedlich ausgerichtete *Obiter Dicta* vor. In einer Entscheidung ordnete die *Queen's Bench Division* bewusst ausgelöste Schadensverläufe (zulasten der *Rule*) dem *Tort* des *Trespass*[460] zu[461]. Dagegen hatte sich der *Court of Appeal* zuvor offen dafür gezeigt, *Rylands* bei einer bewusst herbeigeführten Explosion anzuwenden[462]. Die vorerst letzte Wortmeldung stammt wiederum von der *Queen's Bench Division* und nimmt einen differenzierenden Standpunkt ein: Das Gericht hielt die Anwendung der *Rule* für möglich, falls ein bewusst herbeigeführtes Entweichen der Gefahrenquelle nicht bewusst auf den Geschädigten oder dessen Herrschaftsbereich abzielt[463]. Da dieser Ansatz mit beiden vorherigen *Dicta*

---

457 Vgl. oben B.II.3. bzw. B.II.2.b.

458 So etwa im Falle selbständig auf das Grundstück des Geschädigten überwachsender Pflanzen (vgl. *Crowhurst v. Amersham Burial Bord*, (1878) 4 Ex.D 5), einem ohne Zutun des Schädigers niederstürzenden Fahnenmast (vgl. *Shiffman v. The Grand Priory in the British Realm of the Venerable Order of the Hospital of St. John of Jerusalem*, [1936] 1 All E.R. 557) oder Giftdämpfen, die sich von kreosotversiegelten Bahnschienen freisetzten (vgl. *West v. Bristol Tramways Co.*, [1908] 2 K.B. 14).

459 Vgl. oben B.II.3.

460 Vgl. oben B.I.3. sowie nachfolgend unter E.I.

461 Vgl. Taylor J. in *Rigby v. Chief Constable of Northwestonshire*, a. a. O., [1985] 2 All E.R. 985, 996. In diesem Fall hatte die Polizei Tränengas in das Ladengeschäft des Geschädigten abgefeuert, um eine gefährliche Person daraus zu vertreiben. Begründet wurde dies mit dem ursprünglichen Sachverhalt sowie mit dem Terminus *Escape* („entweichen"), welcher auf ein unbewusstes Entweichenlassen hindeute (vgl. Taylor J., a. a. O., S. 996). Jedoch folgt dies keineswegs zwingend aus *Justice* Blackburns Formulierung, da es auch möglich ist, etwas – unbewusst – „entweichen zu lassen", also „to let something escape". Ferner ist keine ausdrückliche Ausgrenzung dieser Fallgruppe aus der *Rule* im Urteil enthalten.

462 Vgl. Swinfen Eady M.R. in *Miles v. Forest Rock Granite Co.*, (1918) 34 T.L.R. 500, 501.

463 „Equally, with great respect to the dicta of Mr. Justice Taylor, I see no good reason for limiting the liability to an accidental escape as opposed to an intentional release, at least where the release (though intentional) is not deliberately aimed in the direction of the plaintiff, or with the intention of impinging upon his property", Potter J. in *Crown River Cruises Ltd. v. Kimbolton Fireworks Ltd.*, [1996] 2 Ll. L. Rep. 533, 547. Ebenso Markesinis/Deakin/Johnston: „Tort Law" (6. Auflage 2008), S. 611.

in Einklang zu bringen ist, ist insoweit eine klare Rechtslage erkennbar; darüber hinaus besteht jedoch noch immer Klärungsbedarf.

3. Grundstücksbezug

Von zentraler Bedeutung für die Wirkungsbreite von *Rylands v. Fletcher* ist schließlich die Frage des Grundstücksbezugs. Dabei ist entscheidend, ob nur solche Fälle erfasst sind, in denen die Gefahrenquelle ein Grundstück verlässt, oder sogar darüber hinaus solche Konstellationen, in denen kein Bezug zu Grundstücken besteht. *Justice* Blackburn hatte seine *Rule* zwar vor dem Hintergrund eines Sachverhalts mit Grundstücksbezug entwickelt[464]. Mit Blick auf deren Herleitung aus grundstücksfremden Fallkonstellationen lässt sich dem Urteil aber keine Beschränkung auf Grundstücksfälle entnehmen[465].

Auch in der Nachfolgejudikatur findet sich eine Reihe von Fällen, in denen *Escape* nicht grundstücksgebunden interpretiert wurde[466]. Dies betrifft zunächst diverse Urteile, in denen *Rylands* für anwendbar gehalten wurde, obgleich die Gefahrenquelle von[467] oder auf[468] Straßen entwichen war. Blackburn J. selbst griff in einer Folgeentscheidung auf seine *Rule* zurück, nachdem von einer Bahnschienenstrecke Feuerfunken entwichen waren[469]. Ein Gericht erklärte es auch für möglich, *Rylands* in einem Fall einzusetzen, in dem sich der gesamte Geschehensablauf (Akkumulation,

464 Vgl. oben B.I.2.

465 Vgl. oben B.II.3.a. Ähnlich auch später Lord Sumner in *Charing Cross, West End and City Electricity Supply Co. Ltd. v. London Hydraulic Power Co.*, [1914] 3 K.B. 772, 780.

466 Vgl. auch Fleming: „The Law of Torts" (9. Auflage 1998), S. 382 f.; Nolan in Grubb (Hrsg.): „The Law of Tort" (2002), S. 992 f. Kritisch dagegen Murphy in „Street on Torts" (12. Auflage 2007), S. 471.

467 So in aller Deutlichkeit Taylor J. in *Rigby v. Chief Constable of Northwestonshire* ([1985] 2 All E.R. 985, 996): „I can see no difference in principle between allowing a man-eating tiger to escape from your land onto that of another and allowing it to escape from the back of your wagon parked on the highway." Vgl. überdies *Powell v. Fall*, (1880) 5 Q.B.D. 597; *Gunter v. James*, (1908) 24 T.L.R. 868; *West v. Bristol Tramways Co.*, [1908] 2 K.B. 14; *Charing Cross, West End and City Electricity Supply Co. Ltd. v. London Hydraulic Power Co.*, [1914] 3 K.B. 772.

468 „[T]he motor car was not actually on land in the plaintiff's occupation, but was on the public highway outside his door. [...] [I]n my judgment such damage is covered by the doctrine in *Rylands v. Fletcher*", Veale J. in *Halsey v. Esso Petroleum Co. Ltd.*, [1961] 2 All E.R. 145, 152. Vgl. auch *Charing Cross, West End and City Electricity Supply Co. Ltd. v. London Hydraulic Power Co.*, [1914] 3 K.B. 772; *Miles v. Forest Rock Granite Co.*, [1918] 34 T.L.R. 500.

469 Vgl. *Jones v. The Festiniog Railway Co.*, (1868) L.R. 3 Q.B. 733; vgl. überdies den ähnlichen Fall *Mansel v. Webb*, [1918–19] All E.R. Rep. 794.

Escape und Schadenseintritt) in einer öffentlichen Parkanlage ereignet hatte[470]. Man hielt die *Rule* sogar in einem Schadensfall für anwendbar, der sich zwischen zwei die Themse befahrenden Schiffen ereignete[471]. Dieser flexible Ansatz geht über *Justice* Blackburns enge Formulierung aus der *Ratio* hinaus, bekräftigt jedoch zugleich die großzügigere Interpretation ihrer Herleitung[472]. Besonders deutlich wird diese weite Auslegung in einem *Dictum* der *Queen's Bench Division*, wonach Schädiger „need not be the occupiers of adjoining land or indeed of any land"[473].

4. *Read v. Lyons*

Zentrale Bedeutung im Rahmen der Haftungsvoraussetzung *Escape* hat das Urteil des *House of Lords* in *Read v. J. Lyons & Co. Ltd.*[474] erlangt. Hier hatte das beklagte Unternehmen eine Munitionsfabrik betrieben, welche die Klägerin im Auftrag einer Regierungsbehörde begutachtete. Während der Inspektion ereignete sich in der Fabrik eine Explosion, ohne dass der Beklagten Fahrlässigkeit vorzuwerfen war. Die Klägerin forderte gleichwohl Schadensersatz für die erlittenen körperlichen Verletzungen[475].

Die Lordrichter lehnten die Anwendung der *Rule* ab, da der Schaden innerhalb des Herrschaftsbereichs der Beklagten eintrat, wo die Gefahrenquelle auch akkumuliert worden war[476]. Da hierin die entscheidungserhebliche *Ratio* des Urteils liegt, erwuchs diesem Grundsatz präjudizielle Bindungswirkung auf höchstrichterlicher Ebene[477].

---

470 Atkinson J. hielt in *Shiffman v. The Grand Priory in the British Realm of the Venerable Order of the Hospital of St. John of Jerusalem* ([1936] 1 All E.R. 557) die *Rule* in seinem *Obiter Dictum* für anwendbar, „for if it fell it was certain to fall on land of which they were not in occupation" (a. a. O., S. 561).

471 „I can see strong arguments also to extend it [i. e. the Rule in *Rylands v. Fletcher*; d. A.] to accumulations in or on a vessel in a navigable river," Potter J. in *Crown River Cruises Ltd. v. Kimbolton Fireworks Ltd.*, [1996] 2 Ll. L. Rep. 533, 547.

472 Vgl. oben B.II.3.a.

473 So Lawton J. in *British Celanese Ltd. v. A. H. Hunt (Capacitors) Ltd.*, [1969] 2 All E.R. 1252, 1257. Ähnlich auch unlängst Thornton J. in *Re-Source America International Ltd. v Platt Site Services Ltd.*, [2003] E.W.H.C. 1142 (T.C.C.): „A claimant relying on a *Rylands v. Fletcher* type claim must have been subject to an escape of fire from a neighbouring property but need not himself have an interest in land.".

474 *Read v. J. Lyons & Co. Ltd.*, [1946] All E.R. 471.

475 Vgl. zum Sachverhalt *Read v. J. Lyons & Co. Ltd.*, a. a. O., S. 471.

476 So deutlich Lord Porter in *Read v. Lyons*, a. a. O., S. 479: „[...] I know of no case where liability was imposed for injury occuring on the property in which the dangerous thing was confined.".

477 Vgl. dazu oben A.II.1.b.

Als Standarddefinition für *Escape* wird bis heute eine Passage aus Viscount Simons Urteilsvotum genutzt[478]: „Escape [...] means escape from a place which the defendant has occupation of, or control over, to a place which is outside his occupation or control."[479] Dem schloss sich auch Lord Porter an, der urteilte, dass „there should have been some form of escape from some place over which he has a measure of control to some other place not subject to his control"[480]. Beiden Aussagen ist gemein, dass sie *Escape* als Entweichen der Gefahrenquelle von einem unter Kontrolle des Schädigers stehenden Ort zu einem anderen, nicht vom Schädiger kontrollierten, Ort verstehen.

a) „place"

Ausgangspunkt der Definition Viscount Simons ist der Begriff „place", also „Ort" oder „Stelle". Auffallend ist zunächst, dass dieser nicht auf ein Grundstück beschränkt ist, sondern beträchtlichen Spielraum bietet: So können ein Gebäude, ein Fahr- oder sogar ein Flugzeug erfasst sein, aber auch kleinere Gegenstände und Behältnisse[481] bis hin zu einer Kiste oder einem Reagenzglas scheinen nicht ausgeschlossen zu sein. Darüber hinaus könnte die Gefahrenquelle auch in ein Gewässer entweichen, denn auch dies ist ein „Ort". Ein „place" muss auch kein körperlicher Ort sein[482]. Jedoch kann er rein begrifflich auch ein Tier oder sogar ein Mensch sein: Wenn die Gefahrenquelle in den Körper eines Lebewesens bzw. dort heraus entweicht, dann ist auch dies ein „place", der sich der Kontrolle des Schädigers entzieht.

Aus der offenen Formulierung Viscount Simons geht folglich keine Beschränkung auf *Escapes* mit Grundstücksbezug hervor. Das Urteil enthält jedoch zwei *Dicta*, aus denen deutlich das Ansinnen hervortritt, die *Rule* auf Grundstücksfälle zu begrenzen. Lord Macmillan wies in seinem Votum darauf hin, dass *Rylands* auf den gegenseitigen Pflichten von Grundstücksnachbarn gründe[483]. Daran anknüpfend führte Lord Simonds mit Blick auf *Justice* Blackburns Leitentscheidung aus, dass „the word 'escape' [...] meant to him escape from the defendant's premises

478 So auch die jüngste Entscheidung des *House of Lords* zu *Rylands v. Fletcher*: Vgl. dazu Lord Scott of Foscote in *Transco plc. v. Stockport M.B.C.*, [2004] U.K.H.L. 61, [76]. Vgl. aus der Literatur etwa Murphy in „Street on Torts" (12. Auflage 2007), S. 476.

479 Viscount Simon L.C. in *Read v. J. Lyons & Co. Ltd.*, a. a. O., S. 474.

480 Lord Porter, a. a. O., S. 479.

481 Einen „container" sprach Lord Porter sogar explizit an, vgl. Lord Porter, a. a. O., S. 479.

482 Dies wird bedeutsam, wenn man die *Rule* auf den Bereich des *Cyberlaw* auszudehnen versucht; vgl. dazu nachfolgend G.II.2.

483 „The doctrine of *Rylands v. Fletcher* [...] derives from a conception of the mutual duties of adjoining landowners [...]", Lord Macmillan in *Read v. J. Lyons & Co. Ltd.*, a. a. O., S. 477.

and nothing else"[484]. Selbst Lord Simonds beugte sich aber der Präjudizienlage und erkannte widerstrebend[485] an, dass die *Rule* auch in Schadensfällen auf öffentlichen Straßen[486] angewandt worden war.

Folglich äußerte zwar ein Teil des *House of Lords* deutlich den Wunsch, die *Rule* nur noch zwischen Grundstücksnachbarn anzuwenden. Da dies jedoch lediglich in *Obiter Dicta* geschah und überdies die Standarddefinition Viscount Simons keinen derartigen Grundstücksbezug forderte, konnte die *Rule* insoweit ihren Anwendungsbereich rein formal betrachtet noch behaupten.

b) „control"

Der zweite zentrale Bestandteil der Definition Viscount Simons fußt auf dem Begriff „control", also „Kontrolle". Dies betont zunächst die tatsächliche Herrschaftsgewalt des Schädigers über den Akkumulationsort unter Vernachlässigung seiner rechtlichen Zuordnung. Allerdings stellt die Definition der „Kontrolle" auch die Formulierung „occupation"[487] gegenüber. Damit wird der Gedanke aufgegriffen, dass in Grundstücksfällen zumindest eine Berechtigung zur Ausübung der tatsächlichen Herrschaftsgewalt bestehen muss. Dies bekräftigt die Gestalt der *Rule*, wie sie sowohl in *Justice* Blackburns Urteil als auch durch die sonstige Präjudizienlage umrissen wurde[488].

Eine gewichtige Einschränkung ergibt sich jedoch daraus, dass der Begriff „control" an den „place", also den Ort der Akkumulierung der Gefahrenquelle, anknüpft, nicht aber an die Gefahrenquelle selbst. Damit wird deutlich, dass ein Entweichen der Gefahrenquelle aus der Kontrolle des Schädigers nicht für ein *Escape* im Sinne von *Rylands v. Fletcher* ausreichen soll. Dies hat Viscount Simon – unter Verweis auf Blackburn J. – auch explizit klar gestellt: „[…] by keeping in he means, not preventing an explosive substance from exploding, but preventing a thing which may inflict mischief from escaping from the area which the defendant occupies or controls" [489].

Die rechtshistorische Argumentation mithilfe *Justice* Blackburns Urteils überrascht jedoch, da hier keineswegs ein Entweichen „aus der Kontrolle" des Schädigers ausgeschlossen wurde[490]. Auch Viscount Simon gestand zwar ein, dass Blackburn J.

---

484 Lord Simonds in *Read v. J. Lyons & Co. Ltd.*, a. a. O., S. 481.

485 „In suggesting to your Lordships that […] the rule in *Rylands v. Fletcher* […] must be confined to the escape of something from the defendant's premises I am pressed by the fact that in the *Charing Cross* case the escape was not strictly from the defendant's premises, but from pipes laid in the soil of another. So, also, in *West v. Bristol Tramways* […] the escape was of creosote from woodblocks laid in the highway", Lord Simonds, a. a. O., S. 482.

486 Vgl. zuvor unter C.III.3.

487 Viscount Simon L.C., a. a. O., S. 474.

488 Vgl. oben unter B.II.2.d sowie C.II.3.

489 Viscount Simon L.C., a. a. O., S. 474.

490 Vgl. auch oben unter B.II.3.a.

hinsichtlich der Gefahrenquelle mehrfach von „keeping in" gesprochen hatte[491]. Dies greift jedoch noch zu kurz und vernachlässigt die Passagen *Justice* Blackburns über das Entweichen von Tieren aus der Kontrolle des Schädigers, in denen er etwa von „the natural consequence of the animal *being loose*"[492] sprach oder von der Pflicht des Schädigers „to keep it *secure* at his peril"[493] – und zwar unabhängig davon, wo die Tiere den Schaden anrichteten[494]. Dies lässt sich durchaus auf *Read v. Lyons* überleiten: Hier hatte die Beklagte Sprengstoff akkumuliert, und dessen Explosion lässt sich als Ergebnis seines „being loose" subsumieren, da man den Sprengstoff nicht „secure" gehalten hatte. Mithin ist *Justice* Blackburns Wortwahl durchaus auf den *Read*-Sachverhalt anwendbar – was die Argumentation Viscount Simons hier angreifbar macht.

Weiterhin argumentierte das Gericht mit der Präjudizienlage, welche seine Sichtweise aber nur teilweise stützt. Die von Viscount Simon angeführte[495] Entscheidung *Howard v. Furness Houlder Argentine Lines* äußert zwar tatsächlich starke Zweifel daran, ob die *Rule* auch im Falle eines Schadenseintritts innerhalb des Herrschaftsbereichs des Schädigers greifen kann[496]. Dies geschah jedoch lediglich in einem *Obiter Dictum*[497]. Ebenso wenig zwingend ist Lord Porters Hinweis, dass Gas, welches aus unter Straßen verlaufenden Rohrleitungen des Schädigers ausströmt, aus dessen Herrschaftsbereich entweiche[498]: Dies besagt nämlich allenfalls, dass hier ein hinreichender Herrschaftsbereich vorliegen kann, nicht aber, dass dieser stets erforderlich ist. Dagegen haben die Lordrichter das Präjudiz[499] des *Court of Appeal* in *Mansel v. Webb* nicht berücksichtigt, wo ausdrücklich ein Entweichen aus der „custody"[500] des Schädigers für ausreichend gehalten wurde. Gleiches gilt für die

491 Vgl. Viscount Simon L.C., S. 474.

492 Blackburn J. in *Fletcher v. Rylands*, a. a. O., S. 281 (Hervorhebung nicht im Original).

493 Blackburn J., a. a. O., S. 281 (Hervorhebung nicht im Original).

494 Dies hat auch Lord Simonds (a. a. O., S. 482) bestätigt: „It is clear [...] that, if a man [...] keeps a wild beast [...] he may be liable for any damage occuring within or without his premises without proof of negligence.".

495 Vgl. Viscount Simon L.C., a. a. O., S. 474 f.

496 Vgl. Lewis J. in *Howard v. Furness Houlder Argentine Lines Ltd.*, [1936] 2 All E.R. 781, 786.

497 Das Gericht ließ die *Rule* an der Voraussetzung des *Non-Natural Use* (vgl. dazu unten C.VII.) scheitern, da „the owners of the steamship by generating steam therein were making [no] unnatural use of their steamship", Lewis J. in *Howard v. Furness Houlder Argentine Lines Ltd.*, a. a. O., S. 786.

498 Vgl. Lord Porter, a. a. O., S. 479.

499 Zwar wäre dieses nicht bindend gewesen, da das *House of Lords* nicht den Präjudizien des rangniederen *Court of Appeal* folgen muss (vgl. oben A.II.1.b.). Andererseits wurde *Howard* durchaus als *Persuasive Authority* berücksichtigt – obgleich es lediglich ein *Obiter Dictum* zugunsten der Linie des *House of Lords* enthielt. Allein der Verweis auf die Herkunft von *Mansel v. Webb* entlastet die Lordrichter daher nicht.

500 „[A] man who has in his custody a thing likely to do mischief has it in his custody at his peril if it escapes", Duke L.J. in *Mansel v. Webb*, [1918–19] All E.R. Rep. 794, 797.

Rechtsprechung zu Brandschäden, wo die Feuer- und Gefahrenquelle regelmäßig innerhalb des Herrschaftsbereichs des Schädigers blieb, jedoch zumindest der Schadenseintritt außerhalb lag[501]. Auch das *Obiter Dictum* aus *Shiffman v. St. John*[502] hielt die *Rule* für anwendbar, nachdem ein Flaggenmast in einem öffentlichen Park niedergestürzt war, ohne seinen Standort zu verändern. Vor diesem Hintergrund bietet auch die Präjudizienlage keinen überzeugenden Rückhalt für die restriktive Argumentation der Lordrichter.

Trotzdem hat sich die Sichtweise des *House of Lords* durchgesetzt und ist bis heute Grundlage seiner Rechtsprechung zu *Rylands v. Fletcher*: Es ist erforderlich, dass die Gefahrenquelle von einem (unter Kontrolle des Schädigers stehenden) Ort entweicht; der Verlust der Kontrolle über die Gefahrenquelle allein soll hingegen nicht genügen[503]. Dies geht einher mit einer Absage des *House of Lords* an eine erweiterte, allgemeine Gefährdungshaftungsregelung (wie sie im *Restatement of Torts* der USA angelegt ist[504]): Es wird offenbar, dass die Lordrichter keine *Rule* wollten, die jegliche Schadenshergänge unabhängig vom Ort ihres Eintritts sanktioniert. Man sah diesbezüglich vielmehr die *Negligence* als Grundsatz an[505] und bemühte sich im Gegenzug, *Rylands* als Ausnahmefall eng definierte Grenzen zu setzen.

5. Resümee

Viscount Simons Definition aus *Read v. Lyons* beschreibt *Escape* als einen Vorgang, im Zuge dessen die Gefahrenquelle einen unter Kontrolle des Schädigers stehenden Ort verlässt. Dadurch kann die *Rule* nicht auf Schadensfälle innerhalb des Herrschaftsbereichs eines Schädigers angewendet werden. Dies steht nicht in Widerspruch zu *Justice* Blackburns Leitentscheidung. Ebenso lässt sich die Definition mit der weiteren (ebenfalls *Justice* Blackburns Vorgaben fortführenden) Rechtsprechung zu *Escapes* vereinbaren: Weder ist ein Mitwirkungsakt des Schädigers am Entweichen der Gefahrenquelle notwendig, noch unterscheidet der Terminus *Escape* zwischen dauerhaften und einmaligen bzw. unmittelbaren von mittelbaren Schadenshergängen. Ebenso wenig erzwingt Viscount Simons Definition einen

501 Vgl. oben C.III.1.

502 Vgl. *Shiffman v. The Grand Priory in the British Realm of the Venerable Order of the Hospital of St. John of Jerusalem*, [1936] 1 All E.R. 557; vgl. dazu auch oben C.III.1.

503 Vgl. nur zuletzt Lord Scott of Foscote in *Transco plc. v. Stockport M.B.C.*, a. a. O., [76].

504 Dies war dem Gericht offenkundig durchaus bewusst: Viscount Simon L.C. verwies sogar im Zuge seiner Definition für *Escape* (a. a. O., S. 474) ausdrücklich auf das *Restatement*, ohne diesem aber zu folgen. Ähnlich die Einschätzung bei Fordham („The Demise of the Rule in *Rylands v. Fletcher*?", [1995] S.J.L.S. 1, 6) und Markesinis/Deakin/Johnston („Tort Law" [6. Auflage 2008], S. 612). Vgl. zur amerikanischen Rechtslage eingehend unten F.III.

505 So qualifizierte Lord Uthwatt (in *Read v. Lyons*, a. a. O., S. 483) ausdrücklich „[...] the conception of negligence as a general ground of liability".

Grundstücksbezug des Entweichens, was wiederum sowohl mit *Justice* Blackburn als auch mit der Nachfolgejudikatur in Einklang steht.

Die Beschränkung der *Rule* auf Grundstücksfälle propagierten aber zwei Lordrichter in ihren *Dicta* zur *Read*-Entscheidung. Obgleich diese keine Bindungswirkung ausübten, boten sie eine machtvolle *Persuasive Authority*[506] für nachfolgende niederrangige Gerichte: Jedem Richter musste nach *Read* klar sein, dass das *House of Lords* der *Rule* zukünftig eher skeptisch gegenüber treten würde. Dieser Eindruck wurde noch verstärkt durch weitere *Dicta*, in denen das Gericht die Ersatzfähigkeit von Personenschäden ablehnte[507] und die Haftungsbegrenzung *Natural Use* sehr weit ausdehnte[508]. In diesen Kontext ordnet sich die Absage der Lordrichter an eine „allgemeine" Gefährdungshaftung nach amerikanischem Vorbild ein: Das *House of Lords* legte – insoweit präjudiziell bindend – fest, dass *Escape* ein Entweichen aus dem Herrschaftsbereich des Schädigers voraussetze; lediglich „aus der Kontrolle" des Schädigers entwichene Gefahrenquellen sollten *Rylands* hingegen nicht auslösen können. Beide Punkte, der Grundstücksbezug wie auch der Ausschluss eines Entweichens „aus der Kontrolle", waren weder bei *Justice* Blackburn noch in der vorangegangenen Rechtsprechung angelegt. Daraus erwächst aber in dem Maße, wie die *Rule* Anwendungsmöglichkeiten aufgeben musste, Argumentationsspielraum zugunsten ihrer zukünftigen Erweiterung.

IV. Haftungsbegrenzende *Defences*

In seiner Leitentscheidung erklärte *Justice* Blackburn, dass seine *Rule* nicht schrankenlos greifen sollte. Als mögliche Haftungsgrenzen erwähnte er höhere Gewalt[509] sowie Mitwirkungsakte[510] (und andeutungsweise auch das haftungsausschließende Einverständnis[511]) des Geschädigten. Mit seiner offenen Formulierung hatte Blackburn J. der Nachfolgejudikatur durchaus die Möglichkeit zur Einführung weiterer Haftungsbeschränkungen eröffnet. Diese ist von den Gerichten in Gestalt neugeschaffener *Defences* bereitwillig wahrgenommen worden.

1. Verantwortlichkeit des Geschädigten

Wie erwähnt, hatte bereits Blackburn J. eine Haftungsgrenze seiner *Rule* vorgesehen, sobald der Geschädigte selbst für das Entweichen der Gefahrenquelle

506 Vgl. oben A.II.1.b.
507 Vgl. Lord Macmillan, a. a. O., S. 476 sowie zu dieser Frage ausführlich nachfolgend unter C.V.1.a.
508 Vgl. Viscount Simon L.C. (a. a. O., S. 475), Lord Porter (a. a. O., S. 479) und Lord Macmillan (a. a. O., S. 477) sowie insgesamt nachfolgend unter C.VI.2.b.dd.
509 Vgl. oben B.II.5.a.
510 Vgl. oben B.II.5.b.
511 Vgl. oben B.II.5.c.

verantwortlich war („the plaintiff's default“[512]). Auch die Nachfolgejudikatur schloss sich der Vorgabe *Justice* Blackburns vorbehaltlos an[513]. Diese *Defence* gegen *Rylands* bietet somit keine Angriffsfläche.

Auf noch festerer Grundlage steht die Haftungsbegrenzung wegen Mitverschuldens des Geschädigten: Sie ist nämlich im *Law Reform (Contributory Negligence) Act 1945* gesetzlich festgelegt worden. Diese Gesetzesregelung schließt aber im Unterschied zu der vorherigen *Defence* aus dem *Common Law* nicht die Anwendung der *Rule* insgesamt aus, sondern mindert lediglich die Höhe des aus ihr hervorgehenden Ersatzanspruchs[514]. Im Verhältnis der beiden Anspruchsgrundlagen ist natürlich der formale Anwendungsvorrang des *Statutory Law* gegenüber dem *Common Law* zu beachten[515]. Dies lässt *Justice* Blackburns *Defence* folglich nur dann Raum, wenn der Schadenseintritt ausschließlich auf den Geschädigten zurückgeht[516].

Voraussetzung des *Act* ist, dass sowohl den Schädiger als auch den Geschädigten an der Herbeiführung des Schadens ein gewisses Maß an „fault“[517] trifft. Unter dem Terminus *Fault* versteht der *Act* dabei jedes deliktische oder zumindest fahrlässige Verhalten[518]. Angewandt auf die *Rule* bedeutet dies, dass dem Schädiger das (nach Maßgabe von *Rylands* verschuldensunabhängig deliktische[519]) Entweichenlassen einer schadensstiftenden Gefahrenquelle vorzuwerfen sein muss. Der Geschädigte wiederum muss zwar nicht deliktisch, aber trotzdem zumindest fahrlässig gehandelt haben[520]. Zwar liegt bislang keine Entscheidung vor, in der ein Anspruch aus *Rylands* tatsächlich mithilfe dieses *Act* gemindert worden ist; aber die weite Formulierung der Gesetzesreglung würde dies ohne Zweifel zulassen[521]. Entscheidend ist gleichwohl, dass der *Act* den Terminus *Fault* nicht als Synonym für den *Tort* der *Negligence* versteht, sondern damit jedwedes deliktische Schädigerverhalten erfasst. Dadurch handeln nach Maßgabe des *Act* auch solche Schädiger mit *Fault*, deren Verhalten (wie im Falle von *Rylands*[522]) auch ohne Verschulden einen *Tort* erfüllt.

---

512 Blackburn J. in *Fletcher v. Rylands*, a. a. O., S. 280.

513 Vgl. dazu Cockburn C.J. in *Dunn v. Birmingham Canal Co.*, (1872) L.R. 7 Q.B. 244, 260: „the plaintiffs saw the danger and may be said to have courted it.“.

514 Vgl. *Law Reform (Contributory Negligence) Act 1945*, ch. 28, s. 1 (1).

515 Vgl. oben A.II.1.a.

516 Vgl. Markesinis/Deakin/Johnston: „Tort Law“ (6. Auflage 2008), S. 621.

517 *Law Reform (Contributory Negligence) Act 1945*, ch. 28, s. 1 (1).

518 Vgl. *Law Reform (Contributory Negligence) Act 1945*, ch. 28, s. 4.

519 Vgl. oben B.II.4.

520 Vgl. Markesinis/Deakin/Johnston, a. a. O., S. 897 sowie Dugdale in „Clerk and Jolowicz on Torts“(19. Auflage 2006), S. 177, Rdnr. 3–43, jeweils m. w. N.

521 Vgl. Markesinis/Deakin/Johnston, a. a. O., S. 621 (Anm. 91); Dugdale, a. a. O., S. 177, Rdnr. 3–43 und S. 1247, Rdnr. 21–22.

522 Vgl. oben B.II.4.

2. Einverständnis des Geschädigten

Ebenfalls in *Justice* Blackburns Leitentscheidung angelegt ist eine *Defence*, falls der Geschädigte mit der Schaffung der Gefahrenquelle einverstanden war[523]. Auch die Nachfolgejudikatur hat die *Rule* dem allgemeinen Rechtsgedanken „volenti non fit iniuria"[524] unterworfen. So wurde *Rylands* wiederholt abgelehnt, wenn der Geschädigte zuvor ausdrücklich dem Akkumulationsvorgang zugestimmt hatte[525].

Aber auch ein nicht ausdrücklich erteiltes Einverständnis kann zum Ausschluss von *Rylands* führen. Hierbei sind zwei Fallgruppen zu unterscheiden, in denen die Rechtsprechung Indizien für ein konkludentes Einverständnis gesehen hat: Die Mitnutzung der Gefahrenquelle durch den Geschädigten sowie die Übernahme der Gefahrensituation durch ihn.

Ein Einverständnis des Geschädigten haben die Gerichte zunächst vermutet, sobald dieser vom Schädiger ein Grundstück oder eine Wohnung anmietet, in dem die Gefahrenquelle bereits eingerichtet ist. Hintergedanke ist der freiwillige Eintritt des Geschädigten in den Gefahrenbereich, der im Abschluss eines Mietvertrages gesehen wird[526]. Folglich wurde es einem Geschädigten in dieser Fallkonstellation regelmäßig verwehrt, sich gegenüber dem Vermieter auf die *Rule* zu berufen[527]. Dies gilt auch umgekehrt für einen möglichen Anspruch des Vermieters gegen den Mieter[528].

---

523 Vgl. oben B.II.5.c.

524 Vgl. dazu eingehend Dugdale, a. a. O., S. 194 ff., Rdnr. 3–73 ff.; Markesinis/Deakin/Johnston, a. a. O., S. 905 ff.

525 So verweigerte das *House of Lords* die Anwendung der *Rule*, nachdem der Geschädigte sein Land an den Schädiger verpachtet und ihm gegen eine Zusatzgebühr die Genehmigung erteilt hatte, den (schlussendlich schadensstiftenden) Minenaushub auf dem Pachtgrundstück zu lagern; vgl. *Kennard v. Cory Brothers & Co. Ltd.*, [1921] A.C. 521. Viscount Finlay begründete dies (a. a. O., S. 539) damit, dass die *Rule* nicht einen „plaintiff who is himself a consenting party to the accumulation" schütze. Ähnlich auch Singleton L.J. in *Prosser v. Levy* ([1955] 3 All E.R. 577, 584): „If the plaintiff has consented to the source of danger and there has been no negligence on the part of the defendant, the defendant is not liable.".

526 So ausdrücklich Goddard L.J. in *Peters v. Prince of Wales Theatre (Birmingham) Ltd.* ([1943] K.B. 73, 78): „The contractual relationship between landlord and tenant, or the willingness of the plaintiff to take a lease of part of a house so constructed that at the time when he takes his lease other occupiers are being supplied with water, removes the case from the sphere of the common law doctrine laid down in *Rylands v. Fletcher*". Ebenso Murphy in „Street on Torts" (12. Auflage 2007), S. 479.

527 Treffend bemerkte Wright J. in *Blake v. Woolf*, [1898] 2 Q.B. 426, 428: „In this case the plaintiff, by taking these premises with the water laid on them and accepting his supply of water from the defendant's cistern, must be taken to have assented to water being kept on the premises by the defendant." Vgl. auch *Kiddle v. City Business Properties Ltd.* ([1942] 1 K.B. 269; *Peters v. Prince of Wales Theatre (Birmingham) Ltd.*, [1943] K.B. 73.

528 Lord Goddard lehnte in *Sochaski v. Sas* ([1947] 1 All E.R. 344) die Anwendung der *Rule* ab, nachdem der geschädigte Vermieter dem schädigenden Mieter ein

Als Indiz für ein implizites Einverständnis wurde überdies der *Mutual Benefit* angesehen. Dieser liegt vor, wenn nicht nur der Schädiger, sondern auch der Geschädigte aus der Akkumulierung der Gefahrenquelle Nutzen zieht. Diese Variante des Einverständnisses nimmt unmittelbar Bezug zu *Justice* Blackburns Urteil, das bekanntlich forderte, dass der Beklagte etwas „for his own purposes"[529] akkumulieren müsse[530]. Im Umkehrschluss verweigerte ein späteres Urteil die Anwendung der *Rule*, weil der Geschädigte selbst und ausschließlich von der Akkumulation der Gefahrenquelle profitiert hatte[531]. Häufiger ist allerdings die Fallkonstellation von Gefahrenquellen, an deren Nutzen der Geschädigte (ggf. auch neben dem ebenfalls profitierenden Schädiger) teil hat: Klassische Anwendungsfälle sind hier Installationen an Wohnhäusern wie Dachrinnen[532], Wassertanks[533] oder Rohrleitungen[534].

Streng an *Justice* Blackburns Wortlaut gemessen, erfolgen auch öffentlichen Interessen dienende Tätigkeiten des Schädigers nicht „for his own purposes". Berücksichtigt man aber den rechtshistorischen Kontext der *Rule*, so muss bezweifelt werden, dass Blackburn J. eine derart weitreichende *Defence* verankern wollte: *Rylands* ist auch als juristische Reaktion auf die damalige Serie von Unglücksfällen an Wasserstaudämmen zu verstehen[535] – deren Errichtung ebenfalls zumindest partiell öffentlichen Interessen diente. Auch in der Folgejudikatur hat sich eine

Zimmer mit Feuerstelle vermietet hatte, bei deren Nutzung sich ein Brand entwickelt hatte, da „[t]he plaintiff was using it with the assent of the defendants. There is no necessity for him to show that the defendants said in so many words: 'You may have a fire.'", Lord Goddard C.J., a. a. O., S. 345.

529 Blackburn J. in *Fletcher v. Rylands*, a. a. O., S. 280 sowie oben B.II.5.c.

530 Diese Formulierung wurde in einem Fall explizit aufgegriffen, in dem allein der Schädiger von der Gefahrenquelle profitierte, da diese „for the defendants' own purposes and for the purposes of nobody else" (Scott L.J. in *Western Engraving Co. v. Film Laboratories Ltd.*, [1936] 1 All E.R. 106, 109) akkumuliert worden war.

531 In *Whitmores (Edenbridge) Ltd. v. Stanford* ([1909] 1 Ch. 427) durchfloss ein Kanal das Grundstück des Beklagten, um die Mühle des Klägers mit Wasser zu versorgen. In seinem Urteil schloss Eve J. (a. a. O., S. 438) eine Haftung des Beklagten aus, da er es ablehnte, „to make the owner of land liable for consequences brought about by the collecting and impounding on his land, by another, of water, or any other dangerous element, not for the purposes of the owner of the land, but for the purposes of such other." Ebenso *Western Engraving Co. v. Film Laboratories Ltd.*, [1936] 1 All E.R. 106.

532 Vgl. *Gill v. Edouin*, (1895) 71 L.T. 762; *Cockburn v. Smith*, [1924] 2 K.B. 119; *Bishop v. Consolidated London Properties*, [1933] 102 L.J.K.B. 257; *Kiddle v. City Business Properties Ltd.*, [1942] 1 K.B. 269.

533 Vgl. das Votum durch Bramwell B. in *Carstairs v. Taylor*, (1871) L.R. 6 Ex. 217, 221 f.

534 Vgl. *Anderson v. Oppenheimer*, (1880) 5 Q.B.D. 602; *Prosser v. Levy*, [1955] 3 All E.R. 577; *Gilson v. Kerrier Rural District Council*, [1976] 3 All E.R. 343; zustimmend Vogler, a. a. O., S. 78 und Murphy, a. a. O., S. 480.

535 Vgl. dazu oben B.I.1.

derart weitgehende Auslegung dieser *Defence* nicht durchgesetzt. Zwar wurde in einem älteren *Obiter Dictum* erwogen, gerade die kommerzielle Ausrichtung eines privaten Erdgasversorgers (im Gegensatz zu öffentlichen Unternehmen) als „own purpose" zu interpretieren[536]. Dies verschiebt jedoch den Fokus dieser *Defence* vom Geschädigten (dessen Mitnutzung als Einverständnis ausgelegt wird) hin zum Schädiger (dessen Gewinnerzielungsabsicht als „own purpose" betrachtet wird). Das Leitmotiv eines Einverständnisses auf Seiten des Geschädigten wäre hier nur noch vage zu erkennen[537]. Vor diesem Hintergrund wurde es in einem späteren *Obiter Dictum* auch unmissverständlich abgelehnt, unter dem Blickwinkel eines konkludenten Einverständnisses die Wahrnehmung der Daseinsvorsorge durch staatliche Unternehmen gegenüber der Privatwirtschaft zu privilegieren[538].

Es sind mithin keine Abweichungen der Folgejudikatur von der ursprünglichen *Rule* zu erkennen. Diese *Defence* eines Einverständnisses zur Akkumulation der Gefahrenquelle schränkt *Rylands* folglich nicht über das Maß hinaus ein, das bereits in *Justice* Blackburns Leitentscheidung angelegt war.

3. *Act of God*

Als dritte Möglichkeit, die *Rule* zu begrenzen, hatte *Justice* Blackburn in seiner Leitentscheidung auf das Entweichen der Gefahrenquelle infolge „the act of God"[539]

---

536 Vgl. *Northwestern Utilities Ltd. v. London Guarantee and Accident Co.*, [1936] A.C. 108. Lord Wright konstatierte (a. a. O., S. 120), dass „the appellants are a commercial undertaking [...]. These facts do not constitute a common interest [...]." Diese Ausführungen waren aber nicht entscheidungserheblich, da die Anwendung der *Rule* bereits wegen *Acts of Strangers* (vgl. dazu nachfolgend C.IV.4.) abgelehnt worden war. Unabhängig von der *Defence* des Einverständnisses, sondern unter dem Blickwinkel der *Defence* der *Statutory Authority* (vgl. unter C.IV.5) lobte Sellers L.J. in *Dunne v. North Western Gas Board* ([1963] 3 All E.R. 916, 921) die Erfüllung gesetzlicher Pflichten, da es „scarcely seems accurate to hold that this nationalised industry collects and distributes gas for its 'own purposes'." Auch hier wurde daher kein haftungsausschließendes Einverständnis des Geschädigten aus der Gemeinnützigkeit des Schädigers hergeleitet.

537 Schnittmengen zu der Fallgruppe mitgenutzter Gefahrenquellen können zwar bestehen, falls der Geschädigte selbst Abnehmer von Erdgas ist. Allerdings ist auch diese Parallele nicht zwingend, da eine explodierende Erdgasleitung keineswegs nur die Kunden des Versorgungsunternehmens, sondern auch unbeteiligte Dritte schädigen kann.

538 „[...] the authorities do not establish the proposition that a local authority is exempt from the principle of absolute liability on the ground that the use of land [...] is such a use as is proper for the gerenal benefit of the community", Upjohn J. in *Smeaton v. Ilford Corp.*, [1954] 1 All E.R. 923, 932. Vgl. auch die Einschätzung von Buckley in „Clerk and Jolowicz on Torts" (19. Auflage 2006), S. 1243, Rdnr. 21–14.

539 Blackburn J., a. a. O., S. 280; vgl. dazu oben B.II.5.a.

verwiesen. Als Standarddefinition[540] wird regelmäßig Lord Westbury zitiert, der den *Act of God* (bereits vor *Justice* Blackburns Urteil) als „occurances and circumstances which no human foresight can provide against, and of which human pretence is not bound to recognise the possibility“[541] beschrieben hatte.

a) Prüfungsmaßstab

In der Nachfolgejudikatur hat der Haftungsausschluss bei höherer Gewalt nur eine Nebenrolle gespielt. Es liegt lediglich eine ältere Entscheidung vor, in der *Rylands* tatsächlich[542] aufgrund eines *Act of God* abgelehnt wurde: In *Nichols v. Marsland* hatte ein „extraordinary rainfall“[543] vom Beklagten künstlich angelegte Teiche zum Überlaufen gebracht. Das Gericht bekräftigte, dass *Rylands* nicht die Akkumulation einer Gefahrenquelle sanktioniere, sondern eine Verletzung der Pflicht, ihr Entweichen nicht zuzulassen[544]. Sobald jedoch die entscheidende Ursache des Entweichens „vis major, or as it is termed in the law books, ‘act of God,’“[545] sei, könne dem Schädiger nicht vorgeworfen werden, das Entweichen zugelassen zu haben[546]. In diesen Kontext ordnete das Gericht nicht nur Naturereignisse, sondern auch

540 Vgl. Lord Finlay L.C., Lord Shaw in *Greenock Corp. v. Caledonian Rail Co. and Glasgow & South-Western Rail Co.*, [1917] A.C. 556, 571 f., 580 f. Lord Shaw betonte in diesem Zusammenhang (a. a. O., S. 580) allerdings, dass ein *Act of God* einer „complete, exact, and unassailable definition“ nur schwer zugänglich sein dürfte, sodass Lord Westburys Ausführungen eher als grundsätzliche Leitlinie angesehen werden können.

541 Lord Westbury L.C. in *Tennant v. Earl of Glasgow*, (1864) 36 Sc.J. 400, 403.

542 Daneben liegen zwei *Obiter Dicta* vor, in denen die Anwendung von *Act of God* aber nur angesprochen wurde. Wright J. deutete in *Noble v. Harrison* ([1926] 95 L.J.K.B. 813, 818) vage auf die Möglichkeit, einen auf die Straße fallenden Ast als *Act of God* einzuordnen, verfolgte den Ansatz aber nicht weiter. Zuvor hatte Kelly C.B. in *Carstairs v. Taylor* [(1871) L.R. 6 Exch. 217, 221] erwogen, eine den Wassertank des Schädigers durchnagende Ratte als *Act of God* zu qualifizieren; allerdings konnte er sich mit dieser Auffassung nicht gegenüber Bramwell B. (a. a. O., S. 221 f.) und Martin B. (a. a. O., S. 222 f.) durchsetzen. Seine Subsumption hätte auch vor *Justice* Blackburns Ausführungen keinen Bestand gehabt, da dieser in seiner Urteilsbegründung (a. a. O., S. 281) den Eingriff von Tieren in den Schadensverlauf nicht als Haftungsgrenze anerkannt hatte.

543 *Nichols v. Marsland*, (1875) L.R. 10 Exch. 259, 259 (1. Instanz) sowie (1876) 2 Ex.D. 1, 1 (2. Instanz).

544 Vgl. Mellish L.J. in *Nichols v. Marsland*, (1876) 2 Ex.D. 1, S. 5. Dies steht im Einklang mit Blackburn J., vgl. oben B.II.4.

545 Mellish L.J., a. a. O., S. 4.

546 „A person cannot, in our opinion, be properly said to have caused or allowed the water to escape, if the act of God [...] was the real cause of its escaping“, Mellish L.J., a. a. O., S. 5.

Kriegsakte ein[547]. Entzieht man der *Rule* derart großzügig Anwendungsfälle, erwächst ihr durchaus eine beträchtliche Begrenzung.

Allerdings liegt eine Reihe von Fällen vor, in denen die Annahme eines *Act of God* nach überaus strenger Prüfung entschieden abgelehnt wurde[548]. So hat das *House of Lords* in *Greenock v. Caledonian Rail*[549] einen Sachverhalt, in dem (wie zuvor bei *Nichols*) starke Regenfälle die Gefahrenquelle entweichen ließen, nicht als *Act of God* eingeordnet. Die Lordrichter argumentierten, dass Regenfälle, selbst in außergewöhnlich starker Form, keineswegs ungewöhnlich seien[550]. Die vorangegangene *Nichols*-Entscheidung lehnte das *House of Lords* rundheraus ab[551] und verzichtete nur aus formalen Gründen auf ein *Overruling* dieses Urteils[552]. Diese restriktive Auslegung von *Acts of God* erhielt die Rechtsprechung in der Folge aufrecht. Auch in einer späteren Entscheidung wurde bekräftigt, dass die *Defence* nicht allein eine „natürliche" Schadensursache[553], sondern darüber hinaus auch eine solche von „unique character"[554] voraussetze. Man betonte allerdings, dass *Acts of God* stets eine Einzelfallprüfung der jeweiligen Tatsachenlage erforderten[555].

Somit lässt sich aus der spärlichen Judikatur ablesen, dass als *Act of God* nur besonders außergewöhnliche Naturereignisse in Betracht kommen können[556]. Die

547 Vgl. Mellish L.J., a. a. O., S. 4.

548 Vgl. *Greenock Corp. v. Caledonian Rail Co. and Glasgow & South-Western Rail Co.*, [1917] A.C. 556; *Attorney-General v. Cory Brothers*, [1921] 1 A.C. 521; *Greenwood Tileries Ltd. v. Clapson*, [1937] 1 All E.R. 765.

549 *Greenock Corp. v. Caledonian Rail Co. and Glasgow & South-Western Rail Co.*, [1917] A.C. 556.

550 Man deutete sogar an, dass etwa unter den Wettergegebenheiten Schottlands starke Regenfälle nie ein *Act of God* sein könnten; vgl. Lord Dunedin in *Greenock Corp. v. Caledonian Rail Co. and Glasgow & South-Western Rail Co.*, a. a. O., S. 575.

551 „I cannot, I confess, view the case as wholly satisfactory; but its conclusion was reached undoubtedly and solely by the road of settled fact", Lord Shaw of Dunfermline in *Greenock Corp. v. Caledonian Rail Co. and Glasgow & South-Western Rail Co.*, a. a. O., 580.

552 Das *Overruling* hielt man aber schlussendlich nicht für notwendig, da die Einordnung der Regenfälle in *Nichols* als (nicht aufhebbare) Tatsachenentscheidung der *Jury* aus der Eingangsinstanz (im Gegensatz zu einer Rechtsfrage des damaligen Richters) eingeordnet wurden; vgl. dazu Lord Finlay L.C. (a. a. O., S. 573 f.), Lord Dunedin (a. a. O., S. 577) und Lord Shaw (a. a. O., S. 580).

553 „[T]he fact that an artificial danger escaped through natural causes was no excuse to the person who brought an artificial danger there", Scrutton L.J. in *Attorney-General v. Cory Brothers*, (1919) 35 T.L.R. 570, 574.

554 Viscount Haldane in *Attorney-General v. Cory Brothers*, [1921] 1 A.C. 521, 536.

555 So betonte Lord Dunedin in *Greenock Corp. v. Caledonian Rail Co. and Glasgow & South-Western Rail Co.* (a. a. O., S. 577) ausdrücklich, dass „it always comes to a question of fact whether such and such an occurrence was a damnum fatale".

556 Ebenso Fleming: „The Law of Torts" (9. Auflage 1998), S. 387 f.; Buckley in „Clerk and Jolowicz on Torts"(19. Auflage 2006), S. 1247, Rdnr. 21–21; Murphy in „Street on Torts" (12. Auflage 2007), S. 483.

Betonung der Außergewöhnlichkeit ist keineswegs verwunderlich, sondern die konsequente Folgerung aus der Rolle dieser *Defence* in der Systematik der *Rule*. Ein *Act of God* ist nämlich eine mögliche Fallgruppe, in welcher getreu dem *Direct or Natural Consequence Test* ein Zurechnungszusammenhang zwischen Pflichtverletzung und Schadenseintritt unterbrochen sein kann – wie bereits *Justice* Blackburn (und sogar die *Nichols*-Entscheidung) andeutete[557]. Nach diesem Grundsatz muss das Naturereignis aber derart maßgeblich in den Kausalverlauf eingreifen, dass es das Verhalten des Schädigers als entscheidende Schadensursache zu überlagern imstande ist[558]. Dies wiederum kann nur bei besonders außergewöhnlichen Naturereignissen zutreffen. In ihren Einzelfallprüfungen folgten die Gerichte dieser Leitlinie, indem sie ihren strengen Prüfungsmaßstab besonders restriktiv anwandten.

b) Verschuldenselemente

Rylands v. Fletcher wurde von *Justice* Blackburn als strenge, verschuldensunabhängige Haftungsregel konzipiert[559]. Trotzdem bietet die Judikatur zu *Acts of God* durchaus Anlass zu untersuchen, ob nicht durch diese *Defence* Verschuldenselemente[560] in die Rule getragen werden. Ansatzpunkt soll dabei der Prüfungsmaßstab für die Außergewöhnlichkeit eines Naturereignisses sein.

Denkbar ist hierbei ein milder, auf vernünftige Dritte bezogener Maßstab. Dieser stellt darauf ab, ob der Schädiger das Naturereignis als Ursache für das Entweichen der Gefahrenquelle vorhersehen konnte[561]. Dieser Filter trägt starke

---

557 Vgl. oben B.II.6.b.

558 Lord Cockburn formulierte anschaulich: „I think he is bound to provide against the ordinary operations of nature, but not against her miracles", *Samuel v. Glasgow Railway Co.*, zitiert nach Lord Finlay L.C. in *Greenock Corp. v. Caledonian Rail Co. and Glasgow & South-Western Rail Co.*, a. a. O., S. 572.

559 Vgl. oben B.II.4.

560 Vgl. zum allgemeinen Verhältnis von verschuldensbasierter und verschuldensunabhängiger Haftung oben unter A.II.2.

561 Vgl. dazu auch Hall: „An Unsearchable Providence: The Lawyer's Concept of Act of God", (1993) 13 O.J.L.S. 227, 242 ff. Zu beachten ist allerdings, dass Hall die *Defence* nicht allein aus dem Blickwinkel von *Rylands v. Fletcher* analysierte, sondern den *Act of God* im Allgemeinen behandelte und infolgedessen nach einem ganzheitlichen Ansatz suchte. Im Ergebnis sprach er sich für einen einheitlichen Maßstab aus und forderte (a. a. O., S. 247), dass „the occurence is reasonably foreseeable and [...] the injury or harm it generates might reasonably be guarded against". Den Gedanken, zumindest im Rahmen der ansonsten strengen *Rylands*-Haftung ausnahmsweise einen strengeren Maßstab anzuwenden, verwarf Hall (a. a. O., S. 245) als „an undesirable element of inconsistency. Gerade diese kompromisslose Haltung aber bietet aus rechtssystematischer Sicht Anlass zur Kritik. *Defences* sind kein Selbstzweck; sie sind vielmehr in einem bestimmten Haftungsregime begründet und erklären, wann dieses ausnahmsweise nicht greifen soll. Folglich ist bei der Ausformung einer *Defence* auch zu berücksichtigen, welche Eigenarten

Verschuldenselemente in sich, da er die Haftung für ein Schadensereignis an die Vorhersehbarkeit seines Eintritts – und damit auch an die Möglichkeit seiner Verhinderung – knüpft. Aus der *Nichols*-Entscheidung ist dieser milde Prüfungsmaßstab ablesbar: Das Gericht urteilte in Bezug auf starke, die schadensstiftende Überschwemmung herbeiführende Regenfälle, dass „the flood was so great that it could not reasonably have been anticipated"[562] – und stellte damit verschuldensähnlich[563] auf vernünftige („reasonable") Sorgfalt ab. Damit würde eine Haftung des Schädigers im Falle von Naturkatastrophen davon abhängen, ob diese vernünftigerweise vorherzusehen waren[564].

Durchgesetzt hat sich aber ein strengerer Maßstab. Danach sind lediglich solche Naturereignisse *Acts of God*, die außerhalb jeglicher (und nicht lediglich vernünftiger) menschlicher Absehbarkeit liegen und geradezu „undenkbar" sind[565]. Bereits die Standarddefinition Lord Westburys deutete diese Linie an, da sie „circumstances which no human foresight can provide against, and of which human pretence is not bound to recognise the possibility"[566] forderte: Diese Formulierung legt den strengen Maßstab („no human foresight") an, um ein Naturereignis als außergewöhnlich zu klassifizieren und stellt nicht auf einen vernünftig vorausschauenden Schädiger ab („reasonable human foresight"). Auch das *House of Lords* bekräftigte in seiner *Greenock*-Entscheidung den strengen Prüfungsmaßstab mit ebensolcher Vehemenz, wie *Nichols* hier Ablehnung erfuhr[567]. Dieser Ansatz steht auch im Einklang mit der ohnehin äußerst zurückhaltenden Rechtsprechung zum *Act of God*. Daher ist in diesem Bereich keine Aufweichung des Grundprinzips einer verschuldensunabhängigen Haftung zu verzeichnen.

---

das jeweilige Haftungsregime aufweist. Im Rahmen der *Negligence* (vgl. dazu unten E.IV.) ist es mit Blick auf die Haftungsvoraussetzungen sicherlich überzeugend, *Acts of God* auf die „reasonable foreseeability" zu beziehen. Im Gegensatz dazu würde bei *Rylands* ein milderer Maßstab für den Haftungsausschluss dem strengen Grundsatz bei der Haftungsbegründung widersprechen.

562 Mellish L.J. in *Nichols v. Marsland*, a. a. O., S. 5 f.

563 Vgl. oben A.II.2.

564 Vgl. auch Hall, a. a. O., S. 247.

565 Unterstützung für den strengen Ansatz findet sich auch bei Murphy in „Street on Torts" (12. Auflage 2007), S. 483 sowie Buckley in „Clerk and Jolowicz on Torts" (19. Auflage London 2006), S. 1247, Rdnr. 21–21: „It is only a defence if it was impossible to provide against the occurrence, and it is not enough to show that it was not reasonably possible to provide against it."

566 Lord Westbury L.C. in *Tennant v. Earl of Glasgow*, (1864) 36 Sc.J. 400, 403.

567 Vgl. Lord Finlay L.C. in (*Greenock Corp. v. Caledonian Rail Co. and Glasgow & South-Western Rail Co.*, a. a. O., S. 573 f.), Lord Dunedin (a. a. O., S. 577); Lord Shaw (a. a. O., S. 580).

4. *Acts of Strangers*

Wird das Entweichen der Gefahrenquelle von Dritten bewirkt, so kann dies ebenfalls für die Anwendbarkeit von *Rylands v. Fletcher* relevant werden. Dies gilt zumindest dann, wenn solche Personen in den Schadensverlauf eingreifen, die nicht dem (potentiellen) Beklagten zurechenbar sind: Andernfalls haftet man nämlich für seine Auftragnehmer *(Independent Contractors)* nach der *Rule*[568] oder aber für seine Gehilfen *(Servants)* gemäß *Vicarious Liability*[569].

a) Rickards v. Lothian

In *Justice* Blackburns Leitentscheidung findet sich kein Hinweis darauf, dass der Eingriff Dritter in den Schadensverlauf als *Defence* in Betracht kommt[570]. Gleichwohl hat die Nachfolgejudikatur einen Haftungsausschluss bei *Acts of Strangers* eingeführt. Von zentraler Bedeutung ist hierbei das Urteil des *Privy Council* in *Rickards v. Lothian*[571]. Dort war der Geschädigte Mieter in einem Wohnhaus des Beklagten und erlitt einen Wasserschaden, nachdem Dritte in einem der öffentlichen Waschräume den Wasserhahn aufgedreht und so eine Überschwemmung verursacht hatten. Der *Privy Council* lehnte in seinem viel beachteten[572] Urteil die Haftung des Beklagten ab und stützte diese Auffassung auch darauf, dass das Entweichen des Wassers nicht durch den Beklagten, sondern durch Dritte verursacht worden war[573].

Der *Privy Council* stellte drei Voraussetzungen für diese *Defence* auf. Zunächst muss ein *Stranger* das Entweichen der Gefahrenquelle bewirkt haben: Hierunter fasste das Gericht Personen, die nicht unter Kontrolle des (potentiellen) Beklagten stehen[574]. Von der Handlung selbst heißt es, sie müsse „malicious" (also böswillig) sein, an anderer Stelle wurde sie mit dem Attribut „surreptitiously" (heimlich)

568 Vgl. dazu oben B.II.2.c. Dies wurde auch nachfolgend nicht in Zweifel gezogen; vgl. Lord Goddard L.J. in *Balfour v. Barty-King*, [1957] 1 All E.R. 156, 160 und Ogden Q.C. in *Hobbs (Farms) v. Baxenden Chemical Co.*, [1992] 1 Ll. L. Rep. 54, 69.

569 Vgl. dazu nachfolgend unter E.II.

570 Vgl. zu *Justice* Blackburns *Defences* oben B.II.5.

571 *Rickards v. Lothian*, [1911–13] All E.R. Rep. 71.

572 Dies liegt nicht zuletzt auch an der bis heute als Definition für den *Non-Natural Use* zitierten Passage Lord Moultons auf S. 80 der Entscheidung; vgl. dazu eingehender unten C.VI.2.b.cc.

573 „Their Lordships [...] are of the opinion that a defendant is not liable on the principle of *Rylands v. Fletcher* [...] for damage caused by the wrongful act of third persons", Lord Moulton in *Rickards v. Lothian*, a. a. O., S. 80.

574 „[P]ersons over whom they had no control", Lord Moulton in *Rickards v. Lothian*, a. a. O., S. 80; zustimmend später auch Jenkins L.J. in *Perry v. Kendricks Transport Ltd.* ([1956] 1 All E.R. 154, 159), für den „the relevance of the exception is that the stranger is regarded as a person over whose acts the [...] [defendant] has no control".

versehen und später als „wrongful" (unrecht) bezeichnet[575]. Schließlich darf das Entweichen der Gefahrenquelle nicht auf die Fahrlässigkeit eines Beklagten zurückzuführen sein[576].

Zur Begründung dieser neuen – bei Blackburn J. nicht aufgeführten – *Defence* stützte sich der *Privy Council* zunächst auf die Präjudizienlage[577] und führte das Urteil *Box v. Jubb*[578] an. Dessen Sachverhaltsumstände bieten aber die Möglichkeit eines *Distinguishing*[579]: Während die *Strangers* bei *Rickards* das Entweichen der Gefahrenquelle auslösten, führten sie bei *Box v. Jubb* bereits die Akkumulation herbei[580]. Dies wiederum steht der *Rule* ohnehin entgegen: Bereits *Justice* Blackburn hatte in seiner Leitentscheidung angemerkt, dass der Beklagte (oder seine *Independent Contractors*) – und nicht etwa Dritte – die Akkumulation veranlassen müssen[581]. Folglich bietet *Box v. Jubb* keine überzeugende Grundlage, um die (an ein fremdverursachtes Entweichen anknüpfende) *Defence* bei *Acts of Stranger* präjudiziell zu belegen.

Die zweite Argumentationslinie betrifft die Systematik der *Rule*. Hier versuchte der *Privy Council*, eine Parallele zum Ausschlussgrund des *Act of God* herzustellen[582]. Dabei fühlte sich das Gericht bestärkt durch das Urteil *Nichols v. Marsland*: Man hielt die beiden Fallgruppen für vergleichbar, da jeweils die Schadensursache außerhalb der Kontrolle des Schädigers läge[583]. Allerdings bietet dies rein formal eine eher brüchige Basis, da die betreffende Passage einem seinerseits durch das *House of Lords* hart kritisierten Urteil entstammt[584], und überdies lediglich als (nicht bindendes) *Obiter Dictum* in der Eingangsinstanz vorgetragen wurde[585]. Ohnehin

575 Vgl. jeweils Lord Moulton in *Rickards v. Lothian*, a. a. O., S. 80.

576 „[E]scaping without any fault of the defendant", Lord Moulton in *Rickards v. Lothian*, a. a. O., S. 80.

577 Vgl. Lord Moulton in *Rickards v. Lothian*, a. a. O., S. 80.

578 *Box v. Jubb*, (1879) 4 Ex.D. 76.

579 Vgl. oben A.II.1.b.

580 In diesem Fall lief das Wasserreservoir des Beklagten über, nachdem ein Dritter über eine zentrale Abflussleitung Wasser aus seinem Reservoir in dasjenige des Beklagten geleitet hatte. Pollock B. stellte (a. a. O., S. 79) heraus, dass „The case of *Rylands v. Fletcher* is quite distinguishable. [...] Here this water has not been accumulated by the defendants, but has come from elsewhere [...]".

581 Vgl. oben B.II.2.b.

582 Lord Moulton führte dazu aus (a. a. O., S. 79): „Their Lordships are of the opinion that all that is there laid down as to a case where the escape is due to vis major [...] applies equally to a case where it is due to the malicious act of a third person". Er fügte (a. a. O., S. 79 f.) an, dass „a defendant cannot in their Lordships' opinion be properly said to have caused or allowed the water to escape if the malicious act of a third person was the real cause of its escaping without any fault on the part of the defendant".

583 Vgl. Bramwell B. in *Nichols v. Marsland*, (1875) L.R. 10 Exch. 255, 259 f.

584 Vgl. zuvor unter C.IV.3.

585 Vgl. zur zweiten Instanz *Nichols v. Marsland*, (1876) 2 Ex.D. 1.

ist inhaltlich zu bedenken, welch strenge Vorgaben das *House of Lords* für *Acts of God* einforderte: Es muss nicht nur eine vom (potentiellen) Beklagten unkontrollierte Ursache in den Kausalverlauf eingreifen, sondern diese muss obendrein derart außergewöhnlich sein, dass sie das Verhalten des Schädigers als entscheidende Schadensursache verdrängt[586]. Vor diesem Hintergrund haben die beiden Fallgruppen zwar das (fehlende) Kontrollelement gemein. Jedoch vernachlässigte der *Privy Council* in seiner Herleitung der *Acts of Strangers* das entscheidende Kriterium einer Außergewöhnlichkeit der eingreifenden Schadensursache.

Gleichwohl haben sich *Acts of Strangers* als Ausschlussgrund gegen die *Rule* etabliert. Es liegen einige bindende Präjudizien vor, in denen *Rylands* wegen des Eingriffs Dritter in den Schadensverlauf abgelehnt wurde[587]. Daneben gab es eine Vielzahl an *Obiter Dicta*, in denen diese *Defence* bestätigt wurde[588].

b) Prüfungsmaßstab des Drittverschuldens

Allerdings hat sich eine divergierende Judikatur zu der Frage entwickelt, ob der *Stranger* bewusst in den Schadensverlauf eingreifen muss, oder ob bereits fahrlässiges Verhalten die *Rule* ausschließt. Dies ist bedeutsam, weil eine strenge, auf vorsätzliche Eingriffe beschränkte Auslegung der *Defence* zugleich den Anwendungsbereich der *Rule* erweitert.

Aus *Rickards* ist dieser strenge Prüfungsmaßstab abzulesen, da Lord Moulton hier einen „malicious act“[589] (und damit sogar Böswilligkeit) des *Stranger* forderte. Dagegen ließ die *King's Bench Division* in *Smith v. Great Western Rail*[590] bereits fahrlässiges[591]

586 Vgl. zuvor unter C.IV.3.

587 Vgl. *Perry v. Kendricks Transport Ltd.*, [1956] 1 All E.R. 154; *Smith v. Great Western*, (1926) 135 L.T. 112.

588 Vgl. Atkinson J. in *Shiffman v. The Grand Priory in the British Realm of the Venerable Order of the Hospital of St. John in Jerusalem*, [1936] 1 All E.R. 557, 561; Lord Wright in *Northwestern Utilities Ltd. v. London Guarantee and Accident Co. Ltd.*, [1936] A.C. 108, 119; Slesser L.J. in *Hale v. Jennings Brothers*, [1938] 1 All E.R. 579, 583 (sowie Clauson L.J., a. a. O., S. 586); Goddard L.J. in *Hanson v. Wearmouth Coal Co. Ltd. and Sunderland Gas Co.*, [1939] 3 All E.R. 47, 53; Denning M.R. in *H. & N. Emanuel v. Greater London Council*, [1971] 2 All E.R. 835, 839.

589 Lord Moulton, a. a. O., S. 79.

590 *Smith v. Great Western*, (1926) 135 L.T. 112.

591 Hier hatte Öl das Grundwasser verschmutzt, das der Kläger zur Viehhaltung nutzte. Das Öl war aus defekten Kanistern des beklagten Bahnunternehmens entwichen, welches die Ölkanister von dritter Seite erworben hatte. Gerade diese Veräußerung defekter Kanister durch den Lieferanten ordnete das Gericht als *Act of a Stranger* ein: „I find that by the exercise of reasonable care and diligence they ought to have discovered that the tank was defective“, Avory J. in *Smith v. Great Western*, a. a. O., S. 113.

Drittverschulden genügen, um *Rylands* auszuschließen[592]. Gleichwohl beharrte der *Privy Council* auch im Anschluss an *Smith* auf seinem Vorsatzfilter: In *Northwestern Utilities v. London Guarantee and Accident* forderte Lord Wright erneut einen „malicious (which their Lordships think means no more than conscious or deliberate) act of a third person“[593]. Dieser Linie hat sich auch der *Court of Appeal* ausdrücklich angeschlossen und ließ nur einen „mischievous, deliberate and conscious act“[594] als *Defence* gegen *Rylands* gelten.

Für diesen strengen Prüfungsmaßstab spricht neben der stärkeren Präjudizienbasis auch die Systematik der *Rule*. Wenn schon (wie im *Rickards*-Urteil) menschliche Eingriffe in den Schadensverlauf denjenigen durch Naturgewalten gleichgestellt werden sollen, dann muss auch der dortige restriktive Prüfungsmaßstab übernommen werden. Dieser fordert neben dem Eingriff einer vom (potentiellen) Beklagten nicht kontrollierten Ursache auch deren Außergewöhnlichkeit. Angewandt auf *Acts of Strangers* folgt daraus, dass es kaum noch möglich sein dürfte, bereits fahrlässiges Drittverschulden zu einem „miracle“[595] zu erheben.

c) Strenge des Haftungsregimes

Wie bereits im Hinblick auf *Acts of God*[596], ist auch bei der vorliegenden *Defence* zu prüfen, inwiefern sie die Strenge der *Rule* durch Verschuldenselemente[597] aufweicht. Hierzu bieten sogar zwei Ansatzpunkte Anlass, nämlich die Handlung des *Stranger* einerseits und andererseits das Verhalten des (potentiellen) Beklagten.

In Bezug auf den *Stranger* werden zwar tatsächlich strenge subjektive Vorgaben gefordert. Sein Eingriff in den Schadenshergang muss bekanntlich vorsätzlich bzw. (nach *Smith*[598]) fahrlässig und damit schuldhaft erfolgen. Jedoch ist der *Stranger* nicht Adressat der *Rule*. Die verschuldensunabhängige Pflicht des (potentiellen)

---

592 „[I]n *Rickards v. Lothian* [...] the judgment of the Judicial Committee of the Privy Council [...] laid down as law that a defendant is not liable on the principle of *Fletcher v. Rylands* [...] for damage caused by the wrongful acts of third persons. It is true that in that case the wrongful act was a wilful and malicious act, but I see no difference in principle for this purpose between [...] [such a case; d. A.] and the wrongful act of the Anglo-American Oil Co., who caused this tank to be sent on to the railway company's premises in a condition in which it was bound to leak“, Avory J. in *Smith v. Great Western Rail Co.*, a. a. O., S. 114.

593 Lord Wright in *Northwestern Utilities Ltd. v. London Guarantee and Accident Co. Ltd.*, [1936] A.C. 108, 119.

594 Singleton L.J. in *Perry v. Kendricks Transport Ltd.*, a. a. O., S. 157.

595 Vgl. Lord Cockburns Qualifizierung von *Acts of God* in *Samuel v. Glasgow Railway Co.*: „I think he is bound to provide against the ordinary operations of nature, but not against her miracles“, zitiert nach Lord Finlay L.C. in *Greenock Corp. v. Caledonian Rail Co. and Glasgow & South-Western Rail Co.*, a. a. O., S. 572.

596 Vgl. C.IV.3.b.

597 Vgl. dazu oben A.II.2.

598 Vgl. unter C.IV.4.b.

Beklagten, eine zuvor akkumulierte Gefahrenquelle am (ggf. durch Drittverschulden herbeigeführten) Entweichen zu hindern, wird dadurch nicht angetastet.

Genau dies erreicht aber ein anderes Element dieser *Defence*. Die Rechtsprechung hat nämlich die *Rule* in einigen Fällen auch nach *Acts of Strangers* anwendet, falls diese vorhersehbar und vermeidbar waren – ein Beklagter sie also „could reasonably have anticipated and guarded against“[599]. Diese Ausnahmeregelung trägt tatsächlich starke Verschuldenselemente in sich[600]: Ein Beklagter haftet nicht mehr verschuldensunabhängig für ein *Escape* der zuvor geschaffenen Gefahrenquelle, sondern vielmehr für deren fahrlässig mangelhafte Sicherung gegen den (ebenfalls schuldhaften) Zugriff Dritter.

Hier liegt ein klarer Widerspruch zu *Justice* Blackburns Leitentscheidung. Dort wurde betont, dass ein Verschulden eines Beklagten am Entweichen der Gefahrenquelle gerade nicht erforderlich sein soll[601]. Auch die Fallgruppe der *Acts of Strangers* hat Blackburn J. nicht als Ausnahme zu diesem Grundsatz zugestanden. Wie deutlich die Folgejudikatur von den Vorgaben der Leitentscheidung abwich, zeigt der Vergleich zweier Urteilspassagen. *Justice* Blackburn hatte das Haftungsregime seiner *Rule* als „an absolute duty to keep it in at his peril [...] [and not] merely a duty to take all reasonable and prudent precautions“[602] beschrieben. Im Gegensatz dazu sah die Folgejudikatur (nach *Acts of Strangers*) nur dann eine Haftungsgrundlage, falls „the defendants reasonably should have anticipated an act of a kind which would cause the escape“[603].

599 So ausdrücklich Parker L.J. in *Perry v. Kendricks Transport Ltd.*, [1956] 1 All E.R. 154, 161. Dies andeutend bereits Lord Moulton, der in *Rickards v. Lothian* (a. a. O., S. 80) ein Drittverschulden beschrieb, das eine Gefahrenquelle „escaping without any fault of the defendant“ lässt. Ähnlich auch Atkinson J. in *Shiffman v. The Grand Priory in the British Realm of the Venerable Order of the Hospital of St. John in Jerusalem*, [1936] 1 All E.R. 557, 561 sowie Goddard L.J. in *Hanson v. Wearmouth Coal Co. Ltd. and Sunderland Gas Co.*, [1939] 3 All E.R. 47, 53.

600 Ähnlich auch die Einschätzung bei Vogler (a. a. O., S. 72) und sowie mit ähnlicher Bewertung Fordham: „The Demise of the Rule in *Rylands v. Fletcher*?“, [1995] S.J.L.S. 1, 8. Mitunter finden sich Stimmen, die *Rylands v. Fletcher* aus diesem Grunde auf dem Weg in die Verschuldenshaftung sehen: „If that were made out, however, one reaches the point where the claim based on *Rylands v. Fletcher* [...] merges into the claim in negligence: for if such a state of affairs could be made out, then it would no longer be necessary for the plaintiff to rely on *Rylands v. Fletcher* [...] at all. He could rely simply on the defendants' negligence“, Jenkins L.J. in *Perry v. Kendricks Transport Ltd.*, a. a. O., S. 160. Diese Befürchtung äußert auch Murphy (in „Street on Torts“ [12. Auflage 2007], S. 482), der vorschlägt, diese Fallgruppe gänzlich aus der *Rylands*-Haftung auszugliedern und hier statt ihrer nur *Negligence* anzuwenden.

601 Vgl. eingehend oben unter B.II.4.

602 Blackburn J. in *Fletcher v. Rylands*, a. a. O., S. 279.

603 Parker L.J. in *Perry v. Kendricks Transport Ltd.*, [1956] 1 All E.R. 154, 161.

Diesem Verschuldenselement suchte der *Court of Appeal* in *Hanson v. Wearmouth*[604] etwas an Schärfe zu nehmen. Im Gegensatz zur regulären Verfahrensweise bei *Negligence*-Klagen kehrte man nämlich die Beweislast für das Verschuldenserfordernis um: Nach *Hanson* soll es einem Beklagten selbst obliegen, den Entlastungsbeweis zu führen, dass der *Act of a Stranger* unvorhersehbar bzw. unvermeidbar war[605]. Dies ist zumindest insoweit konsequent, als *Acts of Strangers* gerade dem potentiellen Beklagten als *Defence* gegen den Anspruchs aus *Rylands* dienen.

Allerdings besteht in dieser Frage keine einheitliche Rechtslage. In der Folgeentscheidung *Perry v. Kendricks Transport* forderte der *Court of Appeal* nämlich, dass nunmehr der Geschädigte das Verschulden des Anspruchsgegners nachweisen müsse[606]. Überraschend ist, dass der *Court of Appeal* – der sich eigentlich an seine eigenen Präjudizurteile gebunden fühlt[607] – in *Perry* die vorangegangene *Hanson*-Entscheidung nicht einmal erwähnte. Folgt man der *Perry*-Linie, so fällt (zumindest in der Fallgruppe des Drittverschuldens) auch das letzte Unterscheidungsmerkmal zwischen *Rylands* und *Negligence*: Die *Rule* wird in dieser Konstellation tatsächlich zur Verschuldenshaftung.

Im Gegensatz zu *Acts of God* bietet die vorliegende *Defence* daher tatsächlich eine Brücke, über die Verschuldenselemente in die *Rule* getragen werden. Legt man die Maßstäbe der *Perry*-Entscheidung an, schwinden die Unterschiede zwischen *Rylands* und *Negligence* vollends. Dies bedeutet aber auch eine dreifache Abkehr gegenüber *Justice* Blackburns Urteil. Bereits das Bestehen einer *Defence* für den Eingriff Dritter in den Schadenshergang lässt sich nicht aus der Leitentscheidung ableiten. In dieser Fallgruppe obendrein einen Beklagten nur für Verschulden haften zu lassen, widerspricht dem zentralen Haftungsprinzip der eigentlich verschuldensunabhängigen *Rule*. Schiebt man schließlich (gemäß *Perry*) sogar die Last des Verschuldensnachweises dem Geschädigten zu, so entsteht in dieser Fallkonstellation geradewegs das Gegenteil zu *Justice* Blackburns Haftungsregime.

---

604 *Hanson v. Wearmouth Coal Co. Ltd. and Sunderland Gas Co.*, [1939] 3 All E.R. 47; vgl. dazu auch Walton in „Charlesworth on Negligence" (11. Auflage London 2006), S. 950, Rdnr. 12–49; Buckley in „Clerk and Jolowicz on Torts" (19. Auflage 2006), S. 1250, Rdnr. 21–26.

605 „Obviously the burden of showing that there was no negligence is on the defendants, and it is not for the plaintiff to prove negligence affirmatively", Goddard L.J. in *Hanson v. Wearmouth Coal Co. Ltd. and Sunderland Gas Co.*, a. a. O., S. 53. Dies übergehend Nolan in Grubb (Hrsg.): „The Law of Tort" (2002), S. 999 f.

606 „In case of an act of a stranger, [...] [the defendants] avoid liability, unless the plaintiff can go on to show that the act which caused the escape was an act of the kind which the occupier could reasonably have anticipated and guarded against", Parker L.J. in *Perry v. Kendricks Transport Ltd.*, [1956] 1 All E.R. 154, 161. Ebenso Singleton L.J. (a. a. O., S. 158): „There is no evidence to show that either of those things should have been anticipated.".

607 Vgl. oben A.II.1.b. sowie ausführlich Bell in Birks (Hrsg.): „English Private Law. Vol. I" (2000), S. 40.

d) Resümee

Acts of Strangers haben sich als mächtige *Defence* gegen die *Rule* etabliert. Dies gilt, obwohl ihre Herleitung weder rechtshistorisch zwingend noch in der Präjudizienlage verwurzelt und auch rechtssystematisch zweifelhaft ist. Die *Defence* greift, sobald Dritte unabhängig vom (potentiellen) Beklagten in den Schadensverlauf eingreifen, wobei überwiegend ein Vorsatz des Dritten gefordert wird. Zugleich hat die Rechtsprechung – im Widerspruch zu Blackburn J. – auch auf Seiten des (potentiellen) Beklagten ein Verschuldenserfordernis aufgebaut: Er haftet nur, falls die Eingriffshandlung vorhersehbar und vermeidbar war. Muss der Geschädigte (mit *Perry* und entgegen *Hanson*) auch den Verschuldensbeweis führen, so besteht in dieser Fallkonstellation ein Gleichlauf zwischen *Negligence* und *Rylands.*

5. *Statutory Authority*

Auch für Gefahrenquellen, deren Akkumulation von einer gesetzlichen Ermächtigungsgrundlage *(Statutory Authority)* gedeckt ist[608], haben die englischen Gerichte mitunter die *Rule* ausgeschlossen[609]. Diese *Defence* betrifft aber weniger reguläre Gesetzesregelungen wie etwa den *Nuclear Installations Act 1965*, an deren allgemeingültige Bestimmungen die Judikative ohnehin aufgrund des Primats des *Statutory Law* gebunden ist[610]. Vielmehr handelt es sich um als *Private Acts* bezeichnete[611] Einzelfallgesetze, welche Privatunternehmen oder Behörden in einem Sonderverfahren die Genehmigung zur Realisierung von Infrastrukturvorhaben bzw. der Gewährleistung der Daseinsvorsorge erteilen[612]. Sobald darin explizit ein von *Rylands* abweichendes Haftungsregime für die schadensstiftende Tätigkeit festgelegt ist, führt dies zum Ausschluss der *Rule*[613].

---

608 Der Rechtsgedanke der *Statutory Authority* war in *R. v. Pease* ([1824–1834] All E.R. Rep. 579) entwickelt und in *Vaughan v. Taff Vale Railway* ([1860] 29 L.J.Exch. 247) abstrakt bestätigt worden. Zustimmend Lord Blackburn in *Geddis v. Proprietors of Bann Reservoir*, (1878) 3 A.C. 430, 455 f.; kritisch dagegen Bramwell L.J. in *Powell v. Fall*, (1880) 5 Q.B.D. 597, 601. Ansonsten spielt *Statutory Authority* als Haftungsbegrenzung vor allem in der *Nuisance* eine Rolle, vgl. dazu Buckley in „Clerk and Lindsell on Torts" (19. Auflage 2006), S. 1199, Rdnr. 20–68 ff.

609 Vgl. *Dixon v. The Metropolitan Board of Works*, (1881) 7 Q.B.D. 418; *Green v. Chelsea Waterworks Co.*, (1894) 70 L.T. 547; *National Telephone Co. v. Baker*, [1893] 2 Ch. 186; *Price v. South Metropolitan Gas Co.*, (1896) 65 L.J.Q.B. 126; *Smeaton v. Ilford Corp.*, [1954] 1 All E.R. 923; *Dunne v. North Western Gas Board*, [1963] 3 All E.R. 916; *Boxes Ltd. v. British Waterways Board*, [1970] 2 Ll. L. Rep. 434.

610 Vgl. oben A.II.1.a. sowie nachfolgend D.III.

611 Vgl. Dietl/Lorenz I, S. 10, 72.

612 Vgl. Loveland: „Constitutional Law, Administrative Law and Human Rights" (4. Auflage 2006), S. 148; Bradley/Ewing: „Constitutional and Administrative Law" (14. Auflage 2007), S. 201.

613 Vgl. etwa Upjohn J. in Smeaton v. *Ilford*, [1954] 1 All E.R. 923, 936 f.

Allerdings sind derart ausdrückliche Bestimmungen keineswegs der Regelfall. Da die *Private Acts* als Einzelfallgesetze stets auf einen engen persönlichen und sachlichen Anwendungsbereich begrenzt sind, weichen ihre Formulierungen nicht selten voneinander ab. In der Folge müssen die Gerichte durch Auslegung des jeweiligen *Act* ermitteln, wann eine einzelne Ermächtigungsgrundlage zur *Defence* gegen *Rylands* wird[614]. Daher hat auch nicht jede *Statutory Authority* zu einem Ausschluss der *Rule* geführt. Die sich in der Folge herausbildende Judikatur hat eines der Gerichte treffend als „rough sea of contradictory authority"[615] beklagt.

Besonders unübersichtlich ist die Abgrenzung zwischen (lediglich genehmigenden) *Permissive Powers*[616] und (verpflichtenden) *Mandatory Obligations*[617]. Diese Differenzierung ist, obgleich sie in einigen älteren Entscheidungen[618] noch nicht getroffen wurde, inzwischen von entscheidender Bedeutung: Die Rechtsprechung[619] stellt gerade auf die Pflicht zur Durchführung einer schadensstiftenden Tätigkeit

614 „Where undertakers are acting under statutory powers it is a question of construction, depending on the language of the statute, whether they are only liable for negligence or whether they remain subject to the strict and unqualified rule of *Rylands v. Fletcher*", Lord Wright in *Northwestern Utilities Ltd. v. London Guarantee and Accident Co. Ltd.*, [1936] A.C. 108, 120. Ähnlich bekräftigte später Upjohn J. in *Smeaton v. Ilford* (a. a. O., S. 937), dass „the question will turn on the construction of the relevant statute." Vgl. dazu auch Rogers in „Winfield and Jolowicz on Tort" (17. Auflage 2006), S. 710 f.

615 Upjohn J. in *Smeaton v. Ilford Corp.*, [1954] 1 All E.R. 923, 937.

616 Vgl. zu diesem Terminus auch den offiziellen Abschlussbericht der Law Commission: „Civil Liability for Dangerous Things and Activities", (1970) Law Commission Report No. 32, S. 21.

617 Diese Bezeichnung wählte etwa Sellers L.J. in *Dunne v. North Western Gas Board*, [1963] 3 All E.R. 916, 923. Ähnlich auch „mandatory duty" bei Eveleigh J. in *Boxes Ltd. v. British Waterways Board*, [1970] 2 Ll. L. Rep. 434, 439.

618 Vgl. *Dixon v. The Metropolitan Board of Works*, (1881) 7 Q.B.D. 418; *Evans v. Manchester Sheffield and Lincolnshire Rail Co.* ([1887] 36 Ch.D. 626; *National Telephone Co. v. Baker*, [1893] 2 Ch. 186; *Green v. Chelsea Waterworks Co.*, (1894) 70 L.T. 547.

619 So ausdrücklich Lord Sumner in *Charing Cross Electricity Supply Co. v. Hydraulic Power Co.* ([1914] 3 K.B. 772, 781 f.): „[T]hey are given powers [...] without being under obligation [...]. This serves at once to distinguish the class of cases [...] where the principle is that if the Legislature has directed and required the undertaker to do that which caused the damage, his liability must rest upon negligence in his way of doing it". Ähnlich auch Sellers L.J. in *Dunne v. North Western Gas Board*, [1963] 3 All E.R. 916, 922 f. sowie Salter J. in *Dell v. Chesham U.D.C.*, [1921] 3 K.B. 427, 433 und Upjohn J. in *Smeaton v. Ilford*, a. a. O., S. 935 ff.

ab[620], um den Ausschluss der *Rule* wegen *Statutory Authority* zu begründen[621]. Allerdings sind die Gerichte bei der Deduktion einer haftungsbegrenzenden Verpflichtung aus den *Acts* mitunter sehr strengen Maßstäben gefolgt. Der *Court of Appeal* forderte in *West v. Bristol Tramways*, dass eine Haftungsfreistellung nur bei im *Act* explizit angeordneten oder aber solchen Tätigkeiten in Betracht käme, die sich zwingend aus dem *Statute* ergäben[622]. Sobald mehrere Möglichkeiten zur Erfüllung einer Gesetzespflicht sichtbar sind, von denen keine explizit im *Act* angeordnet ist, bleibt die *Rule* nach diesem Prinzip anwendbar[623]. Auch *Justice* Blackburn folgte diesem restriktiven Prüfungsmaßstab: In *Jones v. The Festiniog Railway* wandte er seine *Rule* ungeachtet einer Gesetzesregelung auf den Funkenflug aus einer Eisenbahn an, da das *Statute* zwar Bau und Nutzung einer Schienenstrecke betraf, nicht aber deren Betrieb mit einer Dampflokomotive[624].

Dieser strenge Prüfungsmaßstab entspricht auch eher *Justice* Blackburns ursprünglicher Leitentscheidung. Dort nämlich ist eine *Defence* bei *Statutory Authority* nicht aufgeführt. Insoweit offenbart sich unabhängig von den jeweiligen Ergebnissen der Einzelfalljudikatur bereits im Grundsatz eine Diskrepanz zu der ursprünglichen Leitentscheidung. Dabei muss auch bedacht werden, dass *Justice* Blackburn mit seiner *Rule* gerade nicht die Akkumulation einer Gefahrenquelle,

---

620 Dies kommt natürlich insbesondere den öffentlichen Behörden entgegen, da diese zur Daseinsvorsorge verpflichtet sind (ebenso Lord Porter in *Longhurst v. Metropolitan Water Board*, [1948] 2 All E.R. 834, 839: „[W]hatever may be the liability of private individuals, that of statutory authorities acting under statutory powers has always been held to be more limited."). Ein Haftungsausschluss zugunsten der öffentlichen Behörden ist jedoch weder zwingende Folge noch genereller Auslegungsgrundsatz. Dies bekräftigte Upjohn J. in *Smeaton v. Ilford* (a. a. O., S. 937): „I can see no justification for applying a different law to a local authority merely because it is a local authority, [...] or even that it is doing so pursuant to a statutory duty." Entscheidend ist wiederum die Auslegung des *Statute* im Einzelfall. Ähnlich auch Evershed M.R. in *Pride of Derby and Derbyshire Angling Association Ltd. v. British Celanese Ltd.*, [1953] 1 All E.R. 179, 186 sowie i. E. auch Newey J. in *Ryeford Homes Ltd. v. Sevenoaks District Council*, [1989] 46 B.L.R. 34, 46.

621 Vgl. dazu auch Law Commission: „Civil Liability for Dangerous Things and Activities", (1970) Law Commission Report No. 32, S. 20 f. sowie Hedley/Padfield: „Tort" (2. Auflage 2000), S. 208; Murphy in „Street on Torts" (12. Auflage 2007), S. 479; Markesinis/Deakin/Johnston: „Tort Law" (6. Auflage 2008), S. 619.

622 „It is, of course, established law that, if a statute has, either expressly, or by necessary implication, authorized the doing of a particular thing, no action will, in the absence of negligence in the mode of doing it, lie in respect of damage thereby caused", Lord Alverstone in *West v. Bristol Tramways Co.*, [1908] 2 K.B. 14, 21.

623 Vgl. Lord Alverstone in *West v. Bristol Tramways Co.*, a. a. O., S. 22. Vgl. auch Salter J. in *Dell v. Chesham U.D.C.*, [1921] 3 K.B. 427, 432 f.

624 „It is essential to shew that their Act authorized the use of locomotive engines, and it is not enough to shew that it authorized the making and using of a railway", Blackburn J. in *Jones v. The Festiniog Railway Co.*, (1866) L.R. 3 Q.B. 733, 737.

sondern vielmehr deren schädigendes Entweichen sanktionieren wollte[625]. In der Folge verliert es an Überzeugungskraft, ausgerechnet die Rechtmäßigkeit der Akkumulation (bzw. deren Genehmigung per *Statute*) zum maßgeblichen Ansatzpunkt dieser *Defence* zu erheben.

Wie bereits angemerkt, ist es angesichts der jeweils für den Einzelfall ausgelegten *Statute* kaum möglich, generelle Prinzipien dafür festzuhalten, wann *Rylands* infolge *Statutory Authority* ausgeschlossen ist. Gesichert ist, dass die *Defence* bei *Statutes* greift, die ein eigenes Haftungsregime festlegen. Ebenso schließen über die bloße Genehmigung hinausgehende Verpflichtungen zur Durchführung der schadensstiftenden Tätigkeit *Rylands* aus. Da bei der Deduktion einer solchermaßen zwingenden *Statutory Authority* aus dem jeweiligen *Act* aber ein erheblicher Auslegungsspielraum besteht, bleibt die Entscheidung über die Anwendbarkeit der *Rule* letztlich dem Gericht im Einzelfall überlassen.

6. *Necessity*

Necessity ist ein Haftungsausschlussgrund für Vorsatzdelikte. Er setzt voraus, dass eine Maßnahme ergriffen wird, die zwar zur Abwehr einer dringenden Gefahr für bestimmte öffentliche oder private Interessen notwendig („necessary") ist, dabei aber zugleich einen Unbeteiligten schädigt[626].

Zwar fordert *Rylands* als verschuldensunabhängige Haftungsregel keinen Vorsatz des Schädigers[627]. Allerdings ist es nicht ausgeschlossen, die *Rule* auch in Fallkonstellationen anzuwenden, in denen der Schädiger eine der *Rule* entsprechende Gefahrenquelle bewusst einsetzt[628]. Eigentlich bilden solche bewusst herbeigeführten Schadensereignisse den klassischen Anwendungsfall für den *Tort* des *Trespass*, welcher wiederum durch die *Defence* der *Necessity* begrenzt wird[629]. Daher besteht die Rechtsprechung darauf, im Gegenzug für die parallele Anwendbarkeit von *Trespass* und *Rylands* zu fordern, dass auch die *Defence* der *Necessity* beide Haftungsregeln gleichermaßen begrenzt[630].

---

625 Vgl. oben B.II.4. Aus rechtspolitischen und ökonomischen Erwägungen kritisch auch Vogler (a. a. O., S. 82).

626 Vgl. dazu im Einzelnen Murphy in „Street on Torts" (12. Auflage 2007), S. 305 ff.; Jones in „Clerk and Lindsell on Torts" (19. Auflage 2006), S. 222 ff. m. w. N.

627 Vgl. oben B.II.4.

628 Dies gilt jedenfalls dann, wenn der Schädiger zwar bewusst eine Gefahrenquelle freisetzt, damit aber nicht bewusst auf den Geschädigten abzielt; vgl. dazu oben C.III.2.

629 Aus diesem Grund wurde auch die Anwendbarkeit der Rule auf diese Konstellation in Zweifel gezogen; vgl. Taylor J. in *Rigby v. Chief Constable of Northwestonshire*, [1985] 2 All E.R. 985, 996. Vgl. zum *Trespass* bereits oben B.I.3. sowie ausführlich nachfolgend unter E.I.

630 „However, if one is to embrace cases of voluntary release or firing (such as this one) within the *Rylands v. Fletcher* principle, it seems irresistibly logical that the

Da *Justice* Blackburn diese *Defence* nicht nannte[631], ist hier natürlich eine Einschränkung der *Rule* zu erkennen. Allerdings ist zu bedenken, dass auch die Anwendung der *Rule* auf bewusst herbeigeführte Schadensereignisse nicht in der Leitentscheidung behandelt wurde. Daher ist es nur konsequent, den Gleichlauf der Anspruchsvoraussetzungen von *Trespass* und *Rylands* auch mit einer Parallelität der *Defences* zu beantworten.

7. Resümee

Es haben sich sechs Einwendungen gegen die Haftung nach *Rylands v. Fletcher* etabliert. In der Systematik der *Rule* knüpfen zwei dieser *Defences* an die Akkumulation der Gefahrenquelle an (nämlich *Statutory Authority* und Einverständnis), während die restlichen Haftungsgrenzen auf das schadensstiftende *Escape* Bezug nehmen (Mitverantwortlichkeit, *Necessity* sowie *Acts of God* bzw. *Strangers*).

Da *Justice* Blackburns Leitentscheidung nur drei Ausschlussgründe beinhaltet, hat die Nachfolgejudikatur den Anwendungsbereich seiner *Rule* beträchtlich eingeengt. Dies gilt insbesondere für die beiden stärksten *Defences*, die *Acts of Strangers* sowie *Statutory Authority*. Gerade die Fallgruppe des Drittverschuldens ist eine elementare Bedrohung für die Strenge der *Rule*, da sie in ihrer verschuldensbetonten Ausrichtung einen Gleichlauf von *Rylands* und *Negligence* herbeiführt. Jedoch hat sich auch gezeigt, dass nicht jede Begrenzung der *Rule* auf sicherem präjudiziellen, rechtshistorischen und systematischen Fundament steht. Auch dies gilt in besonderem Maße für die Einwendung von *Acts of Strangers*. Gleichwohl muss konstatiert werden, dass die Nachfolgejudikatur jede Gelegenheit wahrgenommen hat, um durch Ausweitung der *Defences* den Anwendungsbereich von *Rylands* einzuschränken.

V. Schaden

Wie bereits dargestellt[632], gliedert sich die Schadensprüfung in zwei Teile. Zunächst ist zu untersuchen, ob der Schaden seiner Art nach vom Anwendungsbereich der *Rule* erfasst ist. Ferner muss festgestellt werden, ob der eingetretene Schaden dem haftungsbegründenden Verhalten des Schädigers zurechenbar ist.

1. Ersatzfähigkeit

Ausgehend von *Justice* Blackburns Leitentscheidung[633] hat auch die Nachfolgejudikatur nicht in Zweifel gezogen, dass die *Rule* einen Anspruch für Schäden an

defence of necessity must be open on the same basis as in trespass“, Taylor J. in *Rigby v. Chief Constable of Northamptonshire*, a. a. O., S. 996.

631 Vgl. oben B.II.5.

632 Vgl. oben B.II.6.

633 Vgl. oben B.II.6.a.aa.

körperlichen Gegenständen sowie an Grundstücken gewährt. Hier besteht demnach vollständige Übereinstimmung.

Weniger deutlich ist die Rechtslage in Bezug auf anderweitige Schadenstypen. Dieser Komplex hat großen Einfluss auf den Anwendungsbereich der *Rule*. Ein restriktiver, auf Sach- bzw. Grundstücksschäden beschränkter Ansatz vermag *Rylands* nämlich allein auf das nachbarliche Grundstücksrecht zu reduzieren. Dagegen erhält eine großzügige Herangehensweise der *Rule* die Chance, variabel neue Anwendungsbereiche zu erschließen. Folglich muss untersucht werden, inwieweit sich die Nachfolgejudikatur bereitgefunden hat, auch Personen- und Vermögensschäden unter die *Rule* zu fassen.

a) Personenschäden

Die Untersuchung von *Justice* Blackburns Leitentscheidung hat starke Hinweise dafür ergeben, auch Personenschäden in den Anwendungsbereich der *Rule* aufzunehmen: Dies stützt sowohl die rechtssystematische Herleitung als auch der rechtshistorische Kontext und die Wortlautinterpretation des Urteils[634]. Allerdings enthält die Leitentscheidung kein explizites Votum zugunsten von Personenschäden. Daran anknüpfend hat die Folgejudikatur nicht zu einer einheitlichen Rechtslage geführt.

In Übereinstimmung mit *Justice* Blackburn hat sich eine Reihe von Gerichten in *Obiter Dicta* dafür ausgesprochen, *Rylands* auch auf Personenschäden anzuwenden[635]. Es liegt sogar ein bindendes Präjudizurteil aus dem *Court of Appeal* zugunsten von Personenschäden vor: In *Hale v. Jennings Brothers* gewährte das Gericht einen Anspruch aus *Rylands*, nachdem sich eine Gondel aus einem Kettenkarussell gelöst und den Kläger verletzt hatte[636].

---

634 Vgl. oben B.II.6.a.cc.

635 So ausdrücklich Lawton J. in *British Celanese Ltd. v. A. H. Hunt (Capacitors) Ltd.* ([1969] 2 All E.R. 1252, 1257): „the rule in *Rylands v. Fletcher* [...] applied when that which escaped caused personal injuries. In my judgment, the plaintiffs in this case would be entitled to damages [...]“. Ebenso Lord Robertson in *Eastern and South African Telephone Co. Ltd. v. Cape Town Tramways Co. Ltd.* ([1902] 86 L.T. 457, 460): „Electricity [...] is capable when uncontrolled of producing injury to life and limb [...] and the principle would apply“. Deutlich zudem Parker L.J. in *Perry v. Kendricks Transport Ltd.* ([1956] 1 All E.R. 154, 160): „[...] nor do I think it is open to this court to hold that the rule applies only to damage to adjoining land or to a proprietary interest in land and not to personal injury“. Vgl. darüber hinaus auch Fletcher Moulton L.J. in *Wing v. London General Omnibus Co.*, [1909] 2 K.B. 652, 655; Swinfen Eady M.R. in *Miles v. Forest Rock Granite Co.*, (1918) 34 T.L.R. 500, 501; *Shiffman v. The Grand Priory in the British Realm of the Venerable Order of the Hospital of St. John of Jerusalem*, [1936] 1 All E.R. 557.

636 „[...] with the result that they inflicted damage upon the plaintiff. On these facts, it appears to me clear that, as a matter of law, the defendants must be held responsible for what occurred, upon what has been described as the rule in *Rylands v. Fletcher* [...]“, Clauson L.J. in *Hale v. Jennings Brothers*, [1938] 1 All E.R.

Die entgegengesetzte Position vertrat das *House of Lords* in *Read v. Lyons*[637]. Bis zu dieser Entscheidung hatte kein Gericht die Ersatzfähigkeit von Personenschäden in Frage gestellt[638]. Dementsprechend zurückhaltend formulierte die Mehrheit der Lordrichter lediglich Zweifel an der bisherigen Rechtslage[639]. Hingegen erklärte Lord Macmillan unmissverständlich, dass „I am of the opinion that, as the law now stands an allegation of negligence is in general essential to the relevancy of an action of reparation for personal injuries."[640]

Allerdings muss angemerkt werden, dass *Read* diese Frage lediglich im Rahmen eines *Obiter Dictum* behandelte[641]. Da hieraus keine Bindungswirkung folgen kann, hat sich der *Court of Appeal* auch nach *Read* in der Lage gesehen, ein gegenteiliges *Obiter Dictum* zugunsten von Personenschäden auszusprechen[642]. Gleichwohl erfordert die Deutlichkeit dieses auf höchstrichterlicher Ebene ausgesprochenen *Obiter Dictum* einen genauen Blick auf dessen Begründungsargumentation.

Zunächst ist bemerkenswert, dass Lord Macmillan nicht wie üblich die Präjudizienlage zur Ersatzfähigkeit von Personenschäden prüfte, obgleich diese ausweislich der *Hale*-Entscheidung[643] seiner Sichtweise entgegenstand. Vielmehr ging Lord Macmillan ausdrücklich über eine Präjudizienprüfung hinweg, da, wie auch immer das

579, 586. Den Präjudiziengehalt dieser Entscheidung allein auf Personenschäden von Grundstücksinhabern reduzierend Murphy in „Street on Torts" (12. Auflage 2007), S. 472; jedoch wurde in *Hale* keine derartige Beschränkung aufgestellt.

637 *Read v. J. Lyons & Co. Ltd.*, [1946] 2 All E.R. 471.

638 Vgl. auch Tyler: „The Restriction of Strict Liability", (1947) 10 M.L.R. 396, 399 f.

639 Lord Porter stellte (a. a. O., S. 480) lediglich eine kritische Prüfung der bisherigen Judikatur in Aussicht. Lord Simonds äußerte (a. a. O., S. 481) Zweifel, ob die Präjudizienlage die Erfassung von Personenschäden erzwinge.

640 Lord Macmillan, a. a. O., S. 476.

641 Entscheidungserheblich war der Komplex *Escape*. Die Lordrichter ließen Mrs. Reads Klage bereits (unabhängig von der Schadensfrage) daran scheitern, dass ihre Verletzung innerhalb des Herrschaftsbereichs des Schädigers eingetreten war; vgl. dazu oben C.III.4.

642 So unter ausdrücklicher Bezugnahme auf die *Read*-Entscheidung Parker L.J. in *Perry v. Kendricks Transport Ltd.* ([1956] 1 All E.R. 154, 160 f.): „[...] nor do I think it is open to this court to hold that the rule applies only to damage to adjoining land or to a proprietary interest in land and not to personal injury. It is true that in *Read v. Lyons* [...] Lord Macmillan, Lord Porter and Lord Simonds all doubted whether the rule extended to cover personal injuries, but the final decision in the matter was expressly left over and, as the matter stands at present, I think we are bound to hold that the defendants are liable in this case, quite apart from negligence, unless they can bring themselves within one of the wellknown exceptions to the rule". Vgl. dazu auch die zustimmende Urteilsanmerkung von Ajayi: „*Rylands v. Fletcher* – Liability for Personal Injuries – Defence of Novus Actus", (1956) 19 M.L.R. 419, 421 f. Dem *Perry*-Urteil später in der *Queen's Bench Division* beipflichtend auch Lawton J. in *British Celanese v. Hunt*, a. a. O., S. 1257.

643 *Hale v. Jennings Brothers*, [1938] 1 All E.R. 579.

englische Recht „in early times"[644] entschieden habe, nunmehr andere Grundsätze gälten. Dies ist durchaus überraschend, da gerade das Präjudizurteil des *Court of Appeal* zu *Hale* erst acht Jahre zurücklag – und damit keineswegs aus der Frühzeit des *Common Law* stammte.

Mit Blick auf die Systematik des *Common Law of Torts* berief sich Lord Macmillan auf eine allgemeine Entwicklung des englischen Rechts fort von verschuldensunabhängigen (*Rylands*) und hin zu verschuldensbasierten Haftungsgrundsätzen (*Negligence*)[645]. Allein die klassische Tierhalterhaftung ließ er als Ausnahme gelten, sah diese aber als äußersten Sonderfall an, der weder generalisiert noch ausgeweitet werden könne und daher keinesfalls analogiefähig sei[646]. Auch diese Argumentation ist jedoch nicht unangreifbar. *Justice* Blackburn hatte sich nämlich in seiner Leitentscheidung maßgeblich auf die Tierhalterhaftung gestützt[647]. Hätte Blackburn J. (wie später Lord Macmillan) die verschuldensunabhängige Haftung von Tierhaltern als nicht analogiefähige Sonderregel begriffen, so hätte es wohl die Regel aus *Rylands v. Fletcher* nie gegeben.

Trotzdem führt Lord Macmillans *Dictum* dazu, dass zur Ersatzfähigkeit von Personenschäden keine gesicherte Rechtslage besteht. Dem *Dictum* aus *Read* steht neben diversen niederrangigen *Dicta* das Präjudizurteil des *Court of Appeal* zu *Hale* entgegen, welches Bindungswirkung gegenüber allen Gerichten unterhalb der höchstrichterlichen Ebene des *House of Lords* (bzw. nunmehr des *Supreme Court*) entfaltet[648]. Diese großzügigere Linie lässt sich auch besser mit *Justice* Blackburns Leitentscheidung in Einklang bringen, die für eine Anwendung der *Rule* auf Personenschäden spricht. Bedeutsam ist, dass bis heute kein Urteil gefällt wurde, das mit bindender Präjudizwirkung die Anwendung der *Rule* auf Personenschäden ausgeschlossen hätte[649].

b) Vermögensschäden

In der Frage der Vermögensschäden bietet *Justice* Blackburns Leitentscheidung eine differenzierte Vorlage[650]. Das Urteil gewährte dem Mineninhaber Mr. Fletcher Ersatz

---

644 Lord Macmillan, a. a. O., S. 476.

645 „The emphasis formerly was on the injury sustained and the question was whether the case fell within one of the accepted classes of common law actions; the emphasis now is on the conduct of the person whose act has occasioned the injury and the question is whether it can be characterised as negligent", Lord Macmillan, a. a. O., S. 476.

646 „But such an exceptional case as this affords no justification for its extension by analogy", Lord Macmillan, a. a. O., S. 476.

647 Vgl. oben im Abschnitt B.II. die Unterpunkte 1.b., 3.a., 4., 6.a.cc. und 6.b.

648 Vgl. oben A.II.1.b.

649 In der jüngeren Entscheidung des *Court of Appeal* zu *Ribee v. Norrie* ([2001] P.I.Q.R. 98) ließ Ward L.J. (a. a. O., [30]) diese Frage bewusst offen.

650 Vgl. oben B.II.6.a.bb.

für die Nutzungsausfälle und erhöhten Betriebskosten, die infolge der Überschwemmung seiner Mine aufgelaufen waren – und erkannte damit die Ersatzfähigkeit von Vermögensschäden im Grundsatz an. Dagegen lässt sich nicht ersehen, dass Blackburn J. die Ersatzfähigkeit solcher „reinen" Vermögensschäden unterstützt hätte, die nicht auf der Verletzung eines weiteren eigenen Rechtsguts des Geschädigten (etwa einem Grundstücksschaden) beruhen.

Diese Linie ist auch von der Nachfolgejudikatur aufrechterhalten worden. In *Ryeford Homes v. Sevenoaks District Council* wurde betont, dass die *Rule* auch Vermögensschäden erfassen kann[651], solange diese eine hinreichend direkte Folge des Entweichens der Gefahrenquelle sind[652]. Dies deckt sich auch mit einem *Obiter Dictum*, das *Justice* Blackburn bereits einige Jahre nach *Rylands* gesprochen hatte: In *Cattle v. Stockton Waterworks*[653] bekräftigte er, dass in einem Grundstücksfall ein „reiner", nicht auf direkter Beeinträchtigung der Grundstücksinteressen des Geschädigten basierender, Vermögensschaden nicht ersatzfähig sein sollte[654].

Ähnliche Grundsätze bilden auch die Grundlage der Entscheidung *Weller v. Foot and Mouth Disease Research Institute*[655]: Hier klagten Viehauktionatoren auf Ersatz entgangenen Gewinns gegen ein Forschungsinstitut, aus dessen Labor Viren entwichen waren, die den Viehbestand auf dem Auktionsgelände infiziert hatten. Da

651 Anders offenbar Stenger („Die Haftung aufgrund unverschuldeter Eingriffe in Eigentum und Besitz an unbeweglichen Sachen", S. 144), die den entgangenen Gewinn durchweg für nicht ersatzfähig hält. Dagegen jedoch zutreffend McBride/Bagshaw: „Tort Law" (2. Auflage 2005), S. 743.

652 „Under *Rylands v. Fletcher*, an occupier of land, who has collected on it something which was not naturally upon it and which was likely to cause damage if it escaped, is liable for any direct losses caused by its escape. [...] Whether economic loss could be a sufficiently direct result of an escape of water from sewers must, I think, be a question of fact", Newey J. in *Ryeford Homes Ltd. v. Sevenoaks District Council*, [1989] 46 B.L.R. 34, 46.

653 *Cattle v. Stockton Waterworks Co.*, [1874–80] All E.R. Rep. 220; vgl. dazu bereits oben unter B.II.6.a.bb.

654 Mit Blick auf sein Urteil zu *Rylands* erklärte Blackburn J. (a. a. O., S. 223): „But if we did so we should establish an authority for saying that in such a case as that of *Fletcher v. Rylands* [...] the defendant would be liable, not only to an action by the owner of the drowned mine, and by such of his workmen as had their tools or clothes destroyed, but also to an action by very workman and person employed in the mine, who in consequence of its stoppage made less wages than he would otherwise have done. [...] No authority in favour of the plaintiff's right to sue was cited, and as far as our knowledge goes, there was none that could have been cited". Er fügte (a. a. O., S. 223) in Bezug auf die Unmittelbarkeitsbeziehung an: „But [...] courts of justice should not '[...] transgress the bounds which our law [...] has imposed on itself, of redressing only the proximate and direct consequences of wrongful acts.' In this we quite agree." So auch Buckley in „Clerk and Jolowicz on Torts" (19. Auflage 2006), S. 1244, Rdnr. 21–16.

655 *Weller & Co v. Foot and Mouth Disease Research Institute*, [1965] 3 All E.R. 560.

die klagenden Auktionatoren aber keinen eigenen Sachschaden vorweisen konnten (ihnen gehörte weder das Vieh noch das Auktionsgelände), wurde auch die Klage auf Ersatz ihrer – nur mittelbaren bzw. „reinen“ – Vermögensschäden abgewiesen[656].

Folglich ist zu konstatieren, dass sich die Rechtsprechung in ihrer differenzierten Behandlung von Vermögensschäden einig ist. Diese sind im Grundsatz von der *Rule* erfasst. Zugleich soll *Rylands* aber keine Anspruchsgrundlage für den Ersatz „reiner“ Vermögensschäden sein.

c) Resümee

In der Frage, wann ein Schaden seiner Art nach von *Rylands* erfasst ist, verfolgte die Judikatur auch nach Blackburn J. einen eher großzügigen Ansatz. Die englischen Gerichte haben die *Rule* nicht nur auf Sach- und Grundstücksschäden angewendet. Vielmehr wurden in einem Präjudizurteil sowie diversen *Obiter Dicta* auch Personenschäden als ersatzfähig anerkannt. Ebenso führte die Rechtsprechung *Justice* Blackburns Grundsatz fort, indem Vermögensschäden im Grundsatz unter die *Rule* gefasst wurden.

Einschränkungen von dieser großzügigen Grundausrichtung ergeben sich aber insoweit, als das *House of Lords* in einem *Obiter Dictum* die Ersatzfähigkeit von Personenschäden in Zweifel zog. Überdies wurden Vermögensschäden nur unter der Voraussetzung ersetzt, dass sie auf einer vorangegangenen Verletzung eigener Rechtsgüter des Geschädigten basieren.

Anzufügen ist, dass sich eine – im *Weller*-Urteil per *Obiter Dictum* vorgeschlagene[657] – Beschränkung der *Rule* auf solche Geschädigten, die auch ein Grundstücksinteresse am Schadensort vorweisen können, nicht durchgesetzt hat. Dieser überaus restriktiven, den Anwendungsbereich der *Rule* massiv einengenden Interpretation

---

656 Vgl. Wedgery J. in *Weller & Co v. Foot and Mouth Disease Research Institute*, [1965] 3 All E.R. 560, 570 f. Ebenfalls ablehnend zur Frage der Ersatzfähigkeit von „reinen“ Vermögensschäden das *Obiter Dictum* von Burnton J. in *Anglian Water Services Ltd. v. Crawshaw Robbins & Co. Ltd.*, [2001] B.L.R. 173, [149]. Ähnlich auch Steel J. in *Colour Quest Ltd. v. Total Downstream UK plc.*, [2009] E.W.H.C. 540 (Comm.), [467], Anm. 71.

657 Wedgery J. äußerte (a. a. O., S. 570) „the suggestion that persons who have no interest in the property upon which a danger has escaped have no claim for damages against the person who permitted the escape“.

stehen neben zwei Präjudizurteilen[658] eine Reihe von *Obiter Dicta*[659] entgegen, in denen auch Geschädigte ohne Grundstücksbezug als Anspruchsberechtigte bestätigt wurden.

2. Zurechenbarkeit

In der Frage des Zurechnungsfilters hatte sich *Justice* Blackburn (ausweislich dem Wortlaut und der rechtssystematischen Grundlage seiner Leitentscheidung) für den *Direct or Natural Consequence Test* entschieden[660].

Auch in der Nachfolgejudikatur finden sich diverse Urteile, in denen ein Schaden „flowing directly from the escape"[661] geprüft wurde. Bereits Blackburn J. selbst hatte in einer Folgeentscheidung in Zitierung der Präjudizienlage auf die „direct consequences of wrongful acts"[662] verwiesen. Hierauf wurde auch später Bezug genommen[663]. Die englische Rechtsprechung hielt die *Rule* für „any direct losses caused"[664] anwendbar.

---

658 So einerseits *Halsey v. Esso Petroleum Co. Ltd.* ([1961] 2 All E.R. 145), wo Veale J. (a. a. O., S. 152) die *Rule* anwandte, obgleich „the motor car was not actually on land in the plaintiff's occupation, but was on the public highway outside his door. [...] [I]n my judgment such damage is covered by the doctrine in *Rylands v. Fletcher*". Dieselben Grundsätze wurden bereits zuvor in *Charing Cross Electricity Supply Co. v. Hydraulic Power Co.* ([1914] 3 K.B. 772) angewendet: Lord Sumner lehnte es (a. a. O., S. 780) ab, dass „the doctrine of *Rylands v. Fletcher* [...] depends upon the ownership of land and the rights attaching to the ownership of land [...] I am unable to agree with any of these distinctions". Zustimmend Bray J. (a. a. O., S. 785): „not mischief necessarily occasioned to the owner of the adjoining land, but, any mischief thereby occasioned".

659 So wollte etwa Lawton J. in *British Celanese v. Hunt* ([1969] 2 All E.R. 1252, 1257) zugelassen, dass „[...] those damnified may claim. They need not be the occupiers of adjoining land or indeed of any land". Ebenso Parker L.J. in *Perry v. Kendricks Transport* ([1956] 1 All E.R. 154, 160): „ [...] nor do I think it is open to this court to hold that the rule applies only to damage [...] to a proprietary interest in land [...]". Ein Anspruch infolge eines Schadensfalls in einer öffentlichen Parkanlage wurde gleichfalls für möglich gehalten; vgl. Atkinson J. in *Shiffman v. St. John of Jerusalem*, [1936] 1 All E.R. 557, 561 f. Schließlich besagt auch *Justice* Blackburns *Dictum* aus *Cattle v. Stockton Waterworks* (a. a. O., S. 223), dass die *Rule* im ursprünglichen *Rylands*-Sachverhalt auch den Bergarbeitern der beschädigten (von Mr. Fletcher betriebenen) Mine Ersatzansprüche für ihre beschädigten Werkzeuge gewährt hätte.

660 Vgl. oben B.II.6.b.

661 Lawton J. in *British Celanese Ltd. v. A. H. Hunt (Capacitors) Ltd.*, [1969] 2 All E.R. 1252, 1257.

662 Blackburn J. in *Cattle v. Stockton Waterworks Co.*, [1874–80] All E.R. Rep. 220, 223.

663 Vgl. Wedgery J. in *Weller v. Foot and Mouth Disease Research Institute*, a. a. O., S. 570 f.

664 So ausdrücklich Newey J. in *Ryeford Homes Ltd. v. Sevenoaks District Council* ([1989] 46 B.L.R. 34, 46): „Under *Rylands v. Fletcher*, an occupier of land, who has

Dies stützt innerhalb der Systematik der *Rule* auch die Entwicklung im Bereich der *Defences.* Dort haben sich neben *Acts of God* auch *Acts of Strangers* als neu eingeführte Haftungsgrenze etabliert. Beide Ausschlussgründe betreffen den Kausalzusammenhang zwischen der Pflichtverletzung (bei *Rylands* das Entweichenlassen der Gefahrenquelle) und dem Schaden: Sowohl höhere Gewalt[665] als auch Drittverschulden[666] können diesen zu einer „indirekten“ Folge werden lassen. Es ist bezeichnend, dass nicht nur Blackburn J. (mit *Acts of God*), sondern auch die Nachfolgejudikatur (mit *Acts of Strangers*) der *Rule* gerade solche *Defences* entgegenstellten, die als klassische Anwendungsfälle[667] für den *Direct or Natural Consequence Test* einzuordnen sind. Hier liegt ebenfalls ein Indiz dafür, dass die Rechtsprechung an diesem Zurechnungsfilter festhielt.

Generell ist zu konstatieren, dass die Zurechenbarkeit des Schadens kaum von den Gerichten problematisiert wurde[668]. Dies ist vor dem Hintergrund erklärbar, dass *Rylands* von der allgemeinen Entwicklung im *Common Law of Torts,* die zunehmend allein vorhersehbare Schäden für zurechenbar hielt[669], von Beginn an explizit ausgenommen wurde: In der wegweisenden Entscheidung *The Wagon Mound No. 1*[670], welche den Vorhersehbarkeitsfilter (zunächst im Rahmen der *Negligence*) als Zurechnungsmethode einführte, erklärten die Lordrichter nämlich ausdrücklich: „It is proper to add that their Lordships have not found it necessary to consider the so-called rule of ‘strict liability’ exemplified in *Rylands v. Fletcher* [...] and the cases that have followed or distinguished it. Nothing that they have said is intended to reflect on that rule.“[671]

---

collected on it something which was not naturally upon it and which was likely to cause damage if it escaped, is liable for any direct losses caused by its escape“. Vgl. auch die Entscheidung *Hale v. Jennings Brothers* ([1938] 1 All E.R. 579), wo Slesser L.J. (a. a. O., S. 582) und Scott L.J. (a. a. O., S. 584) unter Verweis auf die Kommentarliteratur eine Prüfung der „direct consequences“ für maßgeblich hielten. Darauf verweisend auch Buns: „Die Voraussehbarkeit als Grenze der Umwelthaftung“ (2006), S. 32.

665 Vgl. oben C.IV.3.a.

666 Vgl. oben C.IV.4.a.

667 Vgl. dazu auch Dugdale in „Clerk and Jolowicz on Torts“(19. Auflage 2006), S. 101 f., Rdnr. 2–78 ff.; McGregor: „Damages“ (17. Auflage 2003), S. 103; Nolan in Grubb (Hrsg.): „The Law of Tort“ (2002), S. 976, 996.

668 Die *Law Commission* des Parlaments widmete dieser Frage in ihrer offiziellen Analyse der Rechtslage folglich ebenfalls keinen Raum; vgl. Abschlussbericht zu „Civil Liability for Dangerous Things and Activities“, (1970) Law Commission Report No. 32, S. 14 ff. Ähnlich bereits zuvor Wilson/Slade: „A Re-Examination of Remoteness“, (1952) 15 M.L.R. 458, 463.

669 Dies gilt insbesondere für die Torts der *Negligence* und der *Nuisance,* vgl. nachfolgend unter E.IV. und E.V.

670 *Overseas Tankship (UK) Ltd. v. Morts and Dock & Engineering Co. Ltd. (The Wagon Mound No. 1),* [1961] A.C. 388.

671 Viscount Simonds in *Overseas Tankship (UK) Ltd. v. Morts and Dock & Engineering Co. Ltd. (The Wagon Mound No. 1),* a. a. O., S. 426 f.

Von diesem Grundsatz ließen sich die Gerichte auch später leiten. Man hielt es für „unnecessary for me to decide whether, for the purposes of [...] *Rylands v. Fletcher*, the damages suffered must have been foreseeable"[672]. Diese Rechtslage hatte Bestand bis zu der Entscheidung des *House of Lords* in *Cambridge Water v. Eastern Counties Leather*[673]. Beleg hierfür ist die Entscheidung des *Court of Appeal* in ebendiesem Rechtsstreit, welcher sich in Fortführung der ständigen Rechtsprechung mit „the sufficiency for the purpose of establishing liability under the rule in *Rylands v. Fletcher*, of the escaped thing having caused the damage which it did through the operation of ordinary natural processes"[674] begnügte.

3. Resümee

Im Bereich des Schadensrechts orientierte sich die Nachfolgejudikatur eng an den Vorgaben aus *Justice* Blackburns Leitentscheidung. So übernahmen die Gerichte die Grundsätze des *Direct or Natural Consequence Test* als Zurechnungsfilter. Da man allerdings in diesem Rahmen *Acts of Strangers* als potentielle Zurechnungshindernisse anerkannte, wurde zugleich der Anwendungsbereich von *Rylands* beträchtlich beschnitten.

In der Frage wiederum, wann Schäden ihrer Art nach von der *Rule* erfasst sind, erhielt die Rechtsprechung *Justice* Blackburns großzügige Grundsätze bei: Es liegen Urteile zur Ersatzfähigkeit nicht nur von Sach- und Grundstücksschäden, sondern auch solchen an Personen und dem Vermögen vor. Jedoch muss auch dies mit Einschränkungen versehen werden. So sind „reine" Vermögensschäden nicht unter die *Rule* gefasst worden. Zudem hat das *House of Lords*, wenngleich nur in einem *Obiter Dictum*, die Präjudizienlage zur Ersatzfähigkeit von Personenschäden in Zweifel gezogen.

VI. *Non-Natural Use*

Bedeutsam für den Anwendungsbereich von *Rylands v. Fletcher* ist schließlich, ob die Schaffung der Gefahrenquelle als *Non-Natural Use* eingeordnet werden kann. *Justice* Blackburn wollte das strenge Haftungsregime seiner *Rule* nur auf eine solche Gefahrenquelle anwenden, „which was not naturally there"[675]. Daran anknüpfend prägte Lord Cairns im *House of Lords* den Terminus des „non-natural use"[676]. Funktion

672 Lawton J. in *British Celanese Ltd. v. A. H. Hunt (Capacitors) Ltd.*, [1969] 2 All E.R. 1252, 1257.

673 *Cambridge Water Co. Ltd. v. Eastern Counties Leather plc.*, [1994] 1 All E.R. 53. Vgl. insbesondere die eingehende Untersuchung nachfolgend unter F.I.

674 Mann L.J. in *Cambridge Water Co. Ltd. v. Eastern Counties Leather plc.*, [1993] 5 J.E.L. 173, 176.

675 Blackburn J. in *Fletcher v. Rylands*, a. a. O., S. 280; vgl. dazu oben B.II.2.a.

676 Lord Cairns L.C. in *Rylands v. Fletcher*, a. a. O., S. 13; vgl. oben B.III.1.

dieser Haftungsvoraussetzung war es in beiden Urteilen, die *Rule* auf künstlich geschaffene – und insoweit „nicht natürliche" – Gefahrenquellen zu beschränken[677].

Allerdings bietet der Terminus „Natürlichkeit" beträchtlichen Interpretationsspielraum. Dies ist insoweit bedrohlich für *Rylands*, als mit einer extensiven Auslegung dieser Haftungsgrenze zugleich der Anwendungsbereich der *Rule* schrumpft. Tatsächlich hat die offene Terminologie zu einer äußerst umfangreichen Kasuistik geführt. Im Bestreben, den Begriff der „Natürlichkeit" zu greifen, entwickelte die Nachfolgejudikatur eine Vielzahl unterschiedlicher Formulierungen, Zuordnungskriterien und Argumentationslinien. Auch die Subsumtion der Anwendungsfälle des *Non-Natural Use* unter die entwickelten Grundsätze verlief nicht immer stringent. Daher führt der Weg zu einem systematischen Verständnis der Nachfolgejudikatur zum *Non-Natural Use* nur über eine Vergegenwärtigung seiner Anwendungsfälle unter Berücksichtigung der jeweils entscheidenden Zuordnungskriterien.

1. Systematisierung der Anwendungsgebiete

Dabei ist zunächst zu untersuchen, in welchen Fallgruppen die englischen Gerichte einen haftungsbegründenden *Non-Natural Use* annahmen, und welche Argumentationsmuster sie hierbei entwickelten.

a) Haftungsbegründender Non-Natural Use

Die Rechtsprechung hat in den unterschiedlichsten Tätigkeiten einen *Non-Natural Use* erblickt[678]. Dabei verharrte die Folgejudikatur nicht bei der ursprünglichen Entscheidung *Justice* Blackburns und Lord Cairns', *Rylands* auf die – künstliche – Errichtung eines Wasserreservoirs anzuwenden[679]. Vielmehr sah man auch die Wasserrohrleitungen unter einer Straße als künstlich und damit unnatürlich an, da deren Wasser „would not have naturally come"[680]. Hinsichtlich eines in seiner Garage abgestellten Autos mit halbvollem Tank wurde betont, dass der Beklagte es künstlich in seinen Herrschaftsbereich gebracht hatte[681]. Ebenso hat man die zum

677 Vgl. oben B.III.2.

678 Vgl. dazu auch die Zusammenstellungen bei Stallybrass: „Dangerous Things and the Non-Natural User of Land", (1929) 3 C.L.J. 376, 389 ff.; Kleemann: „Das Verhältnis der Gefährdungshaftung zur Haftung für *negligence* und *nuisance* im englischen Recht" (1958), S. 24 ff.; Vogler: „Grundlagen und Grenzen der angloamerikanischen Gefährdungshaftung nach der *rule* in *Rylands v. Fletcher*" (1965), S. 30 ff.

679 Vgl. oben B.II.2.a. und B.III.1.; ähnlich auch *Smith v. Fletcher*, (1874) L.R. 9 Exch. 64 und *Hurdman v. The North Eastern Rail Co.*, (1878) 3 C.P.D. 168 (wenngleich dort die Entscheidung nicht ausdrücklich auf *Rylands* gestützt wurde).

680 Bray J. in *Charing Cross Electricity Supply Co. v. Hydraulic Power Co.*, [1914] 3 K.B. 772, 785.

681 „The Defendant brought it, or caused it to be brought upon his premises", Bankes L.J. in *Musgrove v. Pandelis*, [1919] 2 K.B. 43, 47 f.

Betrieb einer Straßenbahn notwendigen Energiemengen unter *Rylands* eingeordnet, da diese „artificially generated“[682] worden waren. Generell hat die Rechtsprechung Eisenbahnen als Anwendungsfall der *Rule* begriffen, da die schadensstiftenden Lokomotiven stets erst (künstlich) im Zuge ihrer Nutzung an den Schadensort gebracht wurden[683]. Schließlich hat man den Betrieb eines Kettenkarussells auf einem Jahrmarkt als *Non-Natural Use* angesehen, wobei einerseits auf dessen künstlichen und damit unnatürlichen Ursprung verwiesen[684], andererseits auf die gefährliche Wirkungsweise der Apparatur Bezug genommen wurde[685].

Schon dieses letzte Beispiel weist den Weg zu einem weiteren Argumentationsmuster, das den *Non-Natural Use* in der besonderen Gefährlichkeit des schadensstiftenden Verhaltens sieht. So ordnete das *House of Lords* die Aufschüttung enormer Massen – im konkreten Fall einer halben Million Tonnen – von Minenabraum als „extremely dangerous“[686] ein. Auch die Akkumulation von Abwasser wurde als *Non-Natural Use* angesehen, da man es für „noxious and dangerous“[687] hielt. Ebenso wurde die Lagerung großer Mengen leicht entflammbarer Stoffe als *Non-Natural*

682 Lord Robertson in *Eastern and South African Telephone Co. v. Cape Town Tramways*, (1902) 86 L.T. 457, 460. Vgl. insoweit auch Kekewich J. in *National Telephone Co. v. Baker*, [1893] 2 Ch. 186, 201: „[...] a man who has created, or, if that be inaccurate, called into special existence, an electric current for his own purposes [...]“.

683 So bereits *Justice* Blackburn selbst in einer frühen, sogar noch vor Lord Cairns' Urteil zum *Non-Natural Use* ergangenen Entscheidung: „[W]hen a man brings or uses a thing of a dangerous nature [...] he must keep it in [...]. Here the defendants were using a locomotive engine [...] and they are therefore at common law bound to keep the engines from doing injury“, Blackburn J. in *Jones v. The Festiniog Railway Co.*, (1868) L.R. 3 Q.B. 733, 736. Vgl. auch die späteren Entscheidungen in *Powell v. Fall*, (1880) 5 Q.B. 597 und *Mansel v. Webb*, [1918–19] All E.R. Rep. 794.

684 „[...] not its natural user, but anything artificial“, Scott L.J. in *Hale v. Jennings Bros.*, [1938] 1 All E.R. 579, 584.

685 „I [...] agree that it is a non-natural user of land to erect upon it a machine the purpose of which is to whirl heavy objects round in reliance upon the combined stress of the various parts of the structure“, Clauson L.J. in *Hale v. Jennings Bros.*, a. a. O., 585 f.

686 „[T]he tenant or licensee of land is bound to use the right or permission he has acquired with a reasonable regard to the purposes to which the land might without danger to others be put. [...] It [...] was not necessary [...] that they should exercise it in the extremely dangerous and unreasonable way in which they have in fact exercised it“, Lord Atkinson in *A.-G. and Kennard v. Cory Brothers*, [1921] 1 A.C. 521, 545.

687 „To collect into a sewer a large volume of sewage, inherently noxious and dangerous and bound to cause great damage if not properly contained, cannot be described, in my Justicement, as a natural user of land“, Upjohn J. in *Smeaton v. Ilford Corporation*, [1954] 1 All E.R. 923, 933. Vgl. auch *Ryeford Homes Ltd. v. Sevenoaks District Council*, [1989] 46 B.L.R. 34, 46.

Use bewertet[688]. Derartige Erwägungen führten auch zur Erfassung einer Erdgasleitung[689]. Vergleichbar ist die Entscheidung, die Enteisung eines filzummantelten Installationsrohrs mittels einer Lötlampe unter Verweis auf die „increased danger“[690] dieser Vorgehensweise unter *Rylands* zu fassen.

Mitunter diente den Richtern auch der Vergleich zur „Normalität“, um etwas als „ungewöhnlich“ und damit als *Non-Natural* einzuordnen. So etwa im Falle besonders schwerer Maschinen, wenn sie öffentliche Straßen befuhren und diese durch ihr im Vergleich zu gewöhnlichen Fahrzeugen außergewöhnliches und damit unnatürliches Gewicht beschädigten[691]. Ähnlich argumentierte man, um die von einer Baustelle ausgehenden Vibrationen unter *Rylands* zu fassen, welche die Statik eines Londoner Hauses beeinträchtigten: Hier gelangte man mittels eines Vergleichs mit gewöhnlichen Einsturzursachen zur Anwendbarkeit der Haftungsregel[692].

b) *Haftungsbegrenzender* Natural Use

Ähnliche Argumentationsmuster finden sich bei der Bewertung bestimmter Verhaltensweisen als *Natural Use*, wenngleich mit veränderter Schwerpunktsetzung: Nutzten die Gerichte zur Einordnung eines Verhaltens als *Non-Natural Use* noch besonders häufig *Justice* Blackburns Formulierung des „not naturally there“[693], so ist der *Natural Use* zumeist mit der „Normalität“ entsprechenden, damit „gewöhnlichen“ und mithin „natürlichen“ Verhaltensweisen begründet worden.

688 Vgl. MacKenna J. in *Mason v. Levy Auto Parts of England Ltd.*, [1967] 2 All E.R. 62, 70.

689 Vgl. Farwell J. in *Batchellor v. Turnbridge Wells Gas Co.*, (1901) 84 L.T. 765, 766.

690 „[...] yet in other places it is not only not a recognised practice but also an extremely dangerous practice, and [...] I hold, [...] if it is a necessary requisite for the application of the rule in *Rylands v. Fletcher* [...] to this case, that to bring the blow-lamp to this position in which it was ignited and used was to make a non-natural user of that place. It was a special user, bringing with it increased danger to others, and was not merely the ordinary user of the land“, Havers J. in *Balfour v. Barty-King*, [1956] 2 All E.R. 555, 566.

691 „to use the highway in a natural manner, having reasonable regard to the kind of traffic which would usually pass along it“, Darling J. in *Mayor and Corporation of v. Foster*, [1906] 1 K.B. 167, 177; allerdings war sich das Gericht nicht über die Anwendbarkeit von *Rylands v. Fletcher* einig, vgl. die Ausführungen von Wills J. (dagegen, vgl. S. 176 f.) und Darling J. (wohl dafür, vgl. S. 177). Vgl. zu einer besonders schweren Dampfwalze auch *Gas Light v. Vestry of St. Mary*, (1885) 15 Q.B. 1.

692 „[...] resisting not only all ordinary but also all extraordinary forces“, Astbury J. in *Hoare & Co. Ltd. v. Sir Robert McAlpine Sons & Co.*, (1923) 1 Ch. 167, 176.

693 Vgl. zuvor unter C.VI.1.a.

In diesem Sinne sind Konstruktionen wie Mauern[694] oder auch Gebäude im Allgemeinen[695] in Bezug auf die übliche Nutzung von Grundstücken stets als *Natural Use* gewertet worden, da „[o]ne of the most normal uses of land [...] is to put buildings on it“[696]. Ebenso hat man die Anwendung der *Rule* verweigert, als ein Mieter im Kamin seines Zimmers ein Feuer entzündete, da hierin der „ordinary, natural way in which the room could be used“[697] gesehen wurde[698]. Besonders häufig ist diese Argumentationslinie auf die üblichen Wasser-[699] oder Elektroinstallationen[700] in Wohngebäuden angewendet worden[701]. Zwar wurde eingedenk früherer Entscheidungen anerkannt, dass Strom und Wasser als Gefahrenquellen auch zu einer Haftung nach *Rylands* führen können; im Kontext einer alltäglichen Bereitstellung zu Wohnzwecken nahm die Rechtsprechung aber einen *Natural Use* an[702].

---

694 Vgl. *St. Anne's Well Brewery Co. v. Roberts*, (1929) 140 L.T. 1; *Ilford Urban District Council v. Beal and Judd*, [1925] 1 K.B. 671. Dies gilt im Übrigen auch für das Einreißen von Mauern, selbst wenn dadurch eine Überschwemmung des Nachbarlandes durch den angrenzenden Fluss bewirkt wird; vgl. *Thomas and Evans Ltd. v. Mid-Rhondda Co-operative Society Ltd.*, [1941] 1 K.B. 381.

695 Vgl. *Wilkins v. Leighton*, (1932) 2 Ch. 106.

696 Scrutton L.J. in *St. Anne's Well Brewery Co. v. Roberts*, a. a. O., S. 6. Vgl. auch *Ilford Urban District Council v. Beal and Judd*, [1925] 1 K.B. 671, hier hat Branson J. allerdings seine Feststellung, dass „[t]here can be no question that in the present case the use of the land by erecting a retaining wall upon it is merely a normal use“ (a. a. O., S. 675), nicht weiter begründet.

697 Lord Goddard C.J. in *Sochacki v. Sas*, [1947] 1 All E.R. 344, 345.

698 Vgl. auch Streatfeild J. in *J. Doltis Ltd. v. Isaac Braithwaite & Sons (Engineers) Ltd.*, [1957] 1 Ll. L. Rep. 522, 528. Ebenso Linden: „Whatever Happened to *Rylands v. Fletcher?*“ in Klar: „Studies in Canadian Tort Law“ (1977), 325, 331.

699 Vgl. *Ross v. Fedden*, (1872) 26 L.T. 966; *Blake v. Woolf*, [1898] 2 Q.B. 426; *Rickards v. Lothian*, [1911–13] All E.R. Rep. 71; *Tilley v. Stevenson*, [1939] 4 All E.R. 207.

700 Vgl. *Collingwood v. Home and Colonial Stores Ltd.*, [1936] 3 All E.R. 200.

701 So ausdrücklich Lord Wright M.R. in *Collingwood v. Home and Colonial Stores Ltd.*, a. a. O., S. 208: „*Rylands v. Fletcher* [...] seem[s] to me to be very different in principle and in result from the case of the ordinary domestic pipes for gas or water or for wiring electricity“. Ähnlich Buckley in „Clerk and Jolowicz on Torts“ (19. Auflage 2006), S. 1242, Rdnr. 21–13.

702 „It is perfectly true that electricity, like gas and water, may be regarded from one point of view as a dangerous thing, and the principle of *Rylands v. Fletcher* has been applied to persons who carry, in their property or in their mains, gas, water or electricity. [...] But in all these cases there was nothing comparable to the ordinary domestic installation of electric wiring for the ordinary comfort and convenience of life. In all these cases these dangerous things were being handled in bulk and in large quantities“, Lord Wright M.R. in *Collingwood v. Home and Colonial Stores Ltd.*, a. a. O., S. 208.

In diesem Zusammenhang wurde auch mit Blick auf den nützlichen Zweck der Installationen argumentiert[703], dass diese für die Hausgemeinschaft nützlich („proper for the general benefit of the community“[704]) seien. Ähnlich bewertete der *Court of Appeal* eine zum Brandschutz in einem Theater installierte Sprinkleranlage, da deren Installation nicht nur weit verbreitet, sondern in Brandschutzvorschriften sogar vorgeschrieben war[705]. Noch weiter gingen einige Gerichte, indem sie die Errichtung eines Militärflughafens[706] oder den Betrieb einer Munitionsfabrik[707] mit Blick auf die Landesverteidigung als gesamtgesellschaftlich nützlich einordneten: „Taking the national community as a whole, there is no doubt that the works were for the benefit of the community“[708].

Auch *Justice* Blackburns Künstlichkeitsfilter fand in einigen Entscheidungen Anwendung, um *Rylands* auszuschließen. Terminologisch bezogen sich die Gerichte hier wahlweise darauf, dass die Gefahrenquelle „is there naturally“[709] oder aber sie „artificially brought or kept upon the defendant's land“[710] wurde. Auf diese Weise hat man in einer Reihe von Fällen die Anwendung der *Rule* auf Regenwasser verweigert, „because what escaped from their land was something naturally upon it, that is, rainwater“[711].

---

703 „The provision of a proper supply of water to the various parts of a house is not only reasonable, but has become, in accordance with modern sanitary views, an almost necessary feature of town life. It is recognised as being so desirable in the interests of the community that in some form or other it is usually made obligatory in civilised countries“, Lord Moulton in *Rickards v. Lothian*, [1911–13] All E.R. Rep. 71, 81. Zweifelnd dagegen noch Jessel M.R. in *Broder v. Saillard*, (1876) 2 Ch. D. 692, 700.

704 Lord Moulton in *Rickards v. Lothian*, a. a. O., 80.

705 „[T]his system was not uncommon in large business premises [...] where not only must special precautions against fire be taken but these sprinklers are by the local authority required to be fitted. Having regard, therefore, to the nature of the building, the installation would appear to be ordinary and usual“, Goddard L.J. in *Peters v. Prince of Wales Theatre (Birmingham) Ltd.*, [1943] K.B. 73, 76.

706 Vgl. *Ellison v. Ministry of Defence*, [1996] 81 B.L.R. 108.

707 „[I]f the question had hereafter to be decided whether the making of munitions in a factory at the government's request in time of war for the purpose of helping to defeat the enemy is a 'non-natural' use of land [...] it would not seem to me that the House would be bound by this authority to say that it was“, Viscount Simon L.C. in *Read v. J. Lyons & Co. Ltd.*, [1946] 2 All E.R. 471, 475; zustimmend Lord Uthwatt in *Read v. Lyons*, a. a. O., S. 484. Vgl. zum Ganzen nachfolgend unter C.VI.2.b.dd.

708 Bowsher Q.C. in *Ellison v. Ministry of Defence*, a. a. O., S. 119.

709 Goddard L.J. in *Rouse v. Gravelworks Ltd.*, [1940] 1 K.B. 489, 505.

710 Lawrence L.J. in *Bartlett v. Tottenham* ([1932] 1 Ch. 114, 131; ähnlich auch Scrutton L.J. in *Cockburn v. Smith*, [1924] 2 K.B. 119, 132 f.): „artificial construction“.

711 Bowsher Q.C. in *Ellison v. Ministry of Defence*, a. a. O., S. 118; vgl. zudem Slesser L.J. in *Rouse v. Gravelworks Ltd.*, [1940] 1 K.B. 489, 498 ff.; Baggallay L.J. in *Whalley*

Auf mangelnde Gefährlichkeit stellten die Gerichte dagegen kaum ab, um einen haftungsausschließenden *Natural Use* zu begründen. Zu finden ist dieser Aspekt in der Entscheidung *British Celanese v. Hunt*[712], wo die Lagerung von Metallfolien in einem Gewerbegebiet als *Natural Use* eingeordnet wurde. Hierzu arbeitete das Gericht alle ihm erheblich erscheinenden Elemente des *Non-Natural Use* ab: Zunächst wurde festgestellt, dass das Betreiben einer Manufaktur innerhalb eines Gewerbegebiets gewöhnlich sei[713], zudem wurde dem konkret schadensauslösenden Verhalten des Beklagten (der Lagerung von Metallfolien) attestiert, keine besondere Gefährdung Dritter darzustellen[714] und schließlich wurde erklärt, dass das Gewerbe des Beklagten (die Herstellung von Elektroteilen) im Ergebnis der Produktion nützlicher Waren und damit dem Wohle der gesamten Gesellschaft diene[715]. So kam man zum Ausschluss von *Rylands*, obgleich das Gericht eingestand, dass auf Grundlage der ursprünglichen Regel *Justice* Blackburns alle Voraussetzungen einer Haftung – insbesondere diejenige der Gefahrenquellen „which were not naturally there"[716] – vorgelegen hätten.

c) Grenzfälle

Nicht alle Anwendungsfälle hat die Rechtsprechung einmütig dem *Non-Natural* oder dem *Natural Use* zugeordnet. Hinsichtlich einiger Verhaltensweisen ist es durchaus zu Kontroversen gekommen.

Dies betrifft zunächst die Nutzung von Sprengstoff. Hier ist zunächst zu unterscheiden, ob diese zu Kriegs- oder zu Friedenszeiten stattfindet. Die friedliche Nutzung von Sprengstoff – etwa im Bergbau – wurde nämlich unbestritten als *Non-Natural Use* eingeordnet[717]. Es gibt aber zwei Entscheidungen, die jeweils die Produktion von Sprengstoff zu Kriegszwecken betreffen und gegensätzliche Positionen einnehmen. Während des Ersten Weltkrieges hat das *House of Lords* in

---

v. Lancashire and Yorkshire Railway Co., (1884) 13 Q.B.D. 131, 138 f.; ähnlich auch Lord Blackburn in *Wilson v. Waddell* ([1876] 2 A. C. 95, 99; Lawrence L.J. in *Bartlett v. Tottenham*, [1932] 1 Ch. 114, 130 f. und Lord Goddard C.J. in *Neath Rural District Council v. Williams*, [1951] 1 K.B. 115, 121 f.

712 *British Celanese Ltd. v. A. H. Hunt (Capacitors) Ltd.*, [1969] 2 All E.R. 1252.

713 „The defendants are alleged to occupy premises on a trading estate. Such estates are planned and laid out for the purpose of accommodating manufacturers. The defendants are manufacturers. [...] The use of the site for manufacturing would be an ordinary one", Lawton J. in *British Celanese v. Hunt*, a. a. O., S. 1256.

714 „the use of the premises for storing such foil did not by itself create special risks", Lawton J., a. a. O., S. 1257.

715 „ The metal foil was there for use in the manufacture of goods of a common type which at all material times were needed for the general benefit of the community", Lawton J., a. a. O., S. 1257.

716 Lawton J., a. a. O., S. 1256.

717 Vgl. Swinfen Eady M.R. in *Miles v. Forest Rook Granite Co.*, (1918) 34 T.L.R. 500, 501.

Rainham Chemical Works v. Belvedere Fish Guano die Sprengstoffproduktion mit absoluter Selbstverständlichkeit als „certainly not the common and ordinary use of the land“[718] bewertet. Dagegen hat das *House of Lords* während des Zweiten Weltkriegs in *Read v. Lyons*[719] die gegenteilige Position vertreten: Zwei der Richter stellten darauf ab, dass die industrielle Herstellung von Sprengstoff zu Kriegszeiten kein *Non-Natural Use* sein könne[720]. Ein weiterer Lordrichter wies darauf hin, dass in einer Industriegesellschaft der Betrieb einer Munitionsfabrik nicht unnatürlich sei, zumal außerhalb von Wohngebieten[721].

Das Ergebnis aus *Read* gründet nicht zuletzt darauf, dass sich das Gericht bei seiner Argumentation nicht an *Rainham* orientierte[722]. Dagegen stellte *Read* darauf ab, dass das Verhalten des Beklagten (Betrieb einer Fabrik außerhalb von Wohngebieten) nicht ungewöhnlich und darüber hinaus noch von gesamtgesellschaftlichem Nutzen (Produktion von Munition zur Kriegführung) gewesen sei. Einer entgegenstehenden Präjudizienwirkung der (ebenfalls im *House of Lords* entschiedenen) *Rainham*-Entscheidung suchte man sich in *Read* mit der Einschätzung zu entziehen, dass der Schwerpunkt dort nicht die Prüfung des *Non-Natural Use* gewesen sei[723]. Dieses Argument muss sich aber *Read* vor allem selbst entgegen halten lassen: Entscheidungserheblich war hier nicht die Frage des *Non-Natural Use*, sondern vielmehr

---

718 „In the present case the use complained of was that for the purpose of making munitions, which was certainly not the common and ordinary use of the land“, Lord Buckmaster in *Rainham Chemical Works Ltd. v. Belvedere Fish Guano Co.*, [1921] 2 A.C. 465, 471.

719 *Read v. J. Lyons & Co. Ltd.*, [1946] 2 All E.R. 471.

720 „[I]f the question had hereafter to be decided whether the making of munitions in a factory at the government's request in time of war for the purpose of helping to defeat the enemy is a 'non-natural' use of land [...] it would not seem to me that the House would be bound by this authority to say that it was“, Viscount Simon L.C. in *Read v. Lyons*, a. a. O., S. 475; zustimmend Lord Uthwatt in *Read v. Lyons*, a. a. O., S. 484.

721 „I should hesitate to hold that in these days and in an industrial community it was a Non-Natural Use of land to build a factory on it and conduct there the manufacture of explosives. I could conceive it being said that to carry on the manufacture of explosives in a crowded urban area was evidence of negligence, but there is no such case here“, Lord Macmillan in *Read v. Lyons*, a. a. O., S. 477.

722 Vielmehr berücksichtigte man Lord Moultons Definition aus *Rickards v. Lothian*, [1911–13] All E.R. Rep. 71, 80; vgl. dazu ausführlich nachfolgend C.VI.2.b.cc. Viscount Simon L.C. führte (a. a. O., S. 475) aus, dass „Lord Moulton's analysis in delivering the judgment of the Privy Council in *Rickards v. Lothian* [...] is of the first importance“; zustimmend Lord Uthwatt, a. a. O., S. 484.

723 Vgl. Viscount Simon L.C., a. a. O., S. 475. Diese Auffassung erfuhr die uneingeschränkte Zustimmung Lord Uthwatts (a. a. O., S. 484). Weniger überzeugt von dieser Argumentation zeigte sich Lord Simonds (a. a. O., S. 482), der sich aber im Ergebnis Viscount Simon L.C. anschloss.

diejenige des *Escape*[724]. Folglich erfolgten die Ausführungen in *Read* – im Gegensatz zu *Rainham*, wo man *Rylands* unter expliziter Billigung eines *Non-Natural Use* anwandte – lediglich als *Obiter Dictum*[725]. Somit ist die Präjudizienbasis zugunsten eines *Non-Natural Use* rein formal stärker einzuschätzen.

Besonders unübersichtlich ist die Rechtsprechung zu Pflanzen und Bäumen[726]. Teilweise haben die Gerichte zur Bestimmung eines *Non-Natural Use* darauf abgestellt, ob die Pflanzen natürlich gewachsen oder künstlich kultiviert worden waren: So hat man natürlich gewachsene Disteln nicht unter die *Rule* gefasst[727], während ein künstlich angepflanzter Eibenbaum zur Grundlage einer Haftung aus *Rylands* wurde[728]. Andererseits lehnten mehrere Urteile die Differenzierung zwischen künstlich gepflanzten und natürlich gewachsenen Pflanzen ab[729]. In *Davey v. Harrow Corporation* wurde auf dieser Grundlage festgestellt, dass auch natürlich gewachsene Pflanzen als *Non-Natural Use* gelten können[730]. Der umgekehrte Fall einer als Grundstücksbegrenzung angepflanzten Buche wurde dagegen als *Natural Use* bewertet, da „I do not think it material to consider whether the beech was originally planted – as most boundary trees would be – or whether it grew casually. Such a tree is a usual and normal incident of the English country"[731].

Ein anderer Ansatz, der Frage des *Non-Natural Use* von Pflanzen Herr zu werden, baut auf deren Giftigkeit auf. So war der Umstand, dass Eibenbäume giftig für Tiere sein können, in *Crowhurst v. Amersham Burial Board*[732] ein wichtiges Element bei der Begründung der Haftung nach *Rylands v. Fletcher*. Eine gegenteilige Rechtsauffassung geht aus der späteren Entscheidung *Ponting v. Noakes* hervor, in der

724 Vgl. oben C.III.4.

725 Viscount Simon L.C. leitete (a. a. O., S. 475) seine Ausführungen mit der Aussage ein, dass „the discussion of [the Non-Natural Use of land] is also unnecessary in the present appeal".

726 Vgl. dazu auch Vogler, a. a. O., S. 33 f.

727 Vgl. *Giles v. Walker*, (1890) 62 L.T. 933 (Hier wurde keine Haftung aus *Rylands v. Fletcher* für Distelsamen gesehen, die auf das Nachbargrundstück geweht wurden, da die Disteln natürlich gewachsen waren).

728 Vgl. *Crowhurst v. Amersham Burial Board*, (1878) 4 Ex.D 5.

729 Vgl. neben den nachfolgend angeführten Entscheidungen auch die ohne Erörterung der etwaigen Künstlichkeit der Pflanzen ausgesprochene Haftung des Beklagten in *Smith v. Giddy*, [1904] 2 K.B. 448; vgl. zur widersprüchlichen Rechtslage auch Noel: „Nuisances from Land in its Natural Condition", (1943) 56 Harvard L.R. 772, 777.

730 Vgl. Lord Goddard L.J. in *Davey v. Harrow Corporation*, [1957] 2 All E.R. 305, 310. Ebenso Collins J. in *Ponting v. Noakes*, [1894] 2 Q.B. 281, 289: „It is [...] lawful and usual [...] to plant yew trees near fences"; im Ergebnis wurde die *Rule* aber mangels *Escape* abgelehnt, da kein Überwuchs nachgewiesen werden konnte (vgl. Collins J., a. a. O., S. 287).

731 Wright J. in *Noble v. Harrison*, [1926] 95 L.J.K.B. 813, 818.

732 Vgl. Kelly C.B. in *Crowhurst v. Amersham Burial Board*, (1878) 4 Ex.D 5, 12.

Eibenbäume trotz ihrer Giftigkeit als „gewöhnlich" angesehen wurden[733]. Umgekehrt scheint man in *Davey v. Harrow Corporation* die Regel aus *Rylands v. Fletcher* (und damit den *Non-Natural Use*) auch ohne eine Giftigkeit der schadensstiftenden Pflanzen für einschlägig gehalten zu haben[734].

Damit konnte sich die Rechtsprechung auf keine stringente Linie zur Anwendung des *Non-Natural Use* auf Pflanzen einigen. Als *Natural Use* sind sowohl künstlich gepflanzte[735] als auch natürlich gewachsene[736], giftige[737] wie auch ungiftige[738] Pflanzen eingeordnet worden. Zugleich hat man aber sowohl angepflanzte[739] als auch natürliche[740], giftige[741] wie auch ungiftige[742] Gewächse als *Non-Natural* behandelt.

d) Resümee

Im Ergebnis zeigt sich, dass die Rechtsprechung zum *Non-Natural Use* kein durchweg einheitliches Bild vermittelt. Zwar sind viele Verhaltensweisen ohne Kontroverse als *Natural* oder aber *Non-Natural* eingeordnet worden, allerdings gab es auch widersprüchliche Entscheidungen.

Vor allem in den Zuordnungskriterien zeigen sich stark divergierende Ansätze. Neben den „artificially generated"[743] Gefahrenquellen („not naturally there"[744]) ist vor allem auf die Ungewöhnlichkeit schadensstiftender Verhaltensweisen abgestellt worden. Neben deren Einordnung als „extraordinary"[745] finden sich dabei auch Formulierungen wie „unreasonable"[746] und „special"[747], zudem wurde auch

733 „It is, however, lawful and usual [...] to plant yew trees near fences. Though possibly dangerous, therefore, under some circumstances, there is nothing unlawful in a yew tree so planted", Collins J. in *Ponting v. Noakes,* [1894] 2 Q.B. 281, 289.

734 Vgl. Lord Goddard C.J. in *Davey v. Harrow Corporation,* [1957] 2 All E.R. 305, 310.

735 Vgl. *Noble v. Harrison,* [1926] 95 L.J.K.B. 813.

736 Vgl. *Giles v. Walker,* (1890) 62 L.T. 933.

737 Vgl. *Ponting v. Noakes,* [1894] 2 Q.B. 281.

738 Vgl. *Noble v. Harrison,* [1926] 95 L.J.K.B. 813.

739 Vgl. *Crowhurst v. Amersham Burial Board,* (1878) 4 Ex.D 5.

740 Vgl. *Davey v. Harrow Corporation,* [1957] 2 All E.R. 305.

741 Vgl. *Crowhurst v. Amersham Burial Board,* (1878) 4 Ex.D 5.

742 Vgl. *Davey v. Harrow Corporation,* [1957] 2 All E.R. 305; *Smith v. Giddy,* [1904] 2 K.B. 448.

743 Lord Robertson in *Eastern and South African Telephone Co. v. Cape Town Tramways,* (1902) 86 L.T. 457, 460.

744 Lawton J. in *British Celanese v. Hunt,* [1969] 2 All E.R. 1252, 1256.

745 Kekewich J. in *National Telephone Co. v. Baker,* (1893) 2 Ch. 186, 199.

746 Lord Atkinson in *A.-G. and Kennard v. Cory Brothers and Co. Ltd.,* [1921] 1 A.C. 521, 545.

747 Havers J. in *Balfour v. Barty-King,* [1956] 2 All E.R. 555, 566.

geprüft, ob etwas „proper“[748] bzw. „appropriate“[749], „common“[750], „normal“[751] oder „usual“[752] sei. Gleichzeitig fand eine mögliche Gemeinnützigkeit („general benefit of the community“[753]) Berücksichtigung[754]. Überdies hat auch die erhöhte Gefährlichkeit des schadensstiftenden Verhaltens („increased danger“[755]) Berücksichtigung gefunden[756]. Diese terminologische und inhaltliche Vielfalt an Zuordnungskriterien für *Non-Natural Use* gilt es nun zu vereinheitlichen.

2. Abstrahierung der Zuordnungskriterien

Ausgehend von der vorangegangenen Zusammenstellung lassen sich drei Gruppen von Kriterien zur Bewertung eines *Non-Natural Use* bilden. Ordnet man die Terminologie der Urteile diesen Gruppen zu, so müssen „artificial“ und „not naturally there“ zu *Justice* Blackburns Künstlichkeitsfilter zusammengefasst werden. Eine weitere Gruppe bildet der Gefährlichkeitsfilter unter Einschluss der Termini „special danger“ und „increased risk“. Die sonstigen Begriffe (wie „common“, „usual“ und „ordinary“) lassen sich dem Gewöhnlichkeitsfilter zuordnen.

a) Künstlichkeitsfilter

Der Künstlichkeitsfilter beschreibt die Bedeutung des *Non-Natural Use* in den Leitentscheidungen *Justice* Blackburns und Lord Cairns’[757]. Danach ist die Anwendung der *Rule* nur dann ausgeschlossen, wenn eine Gefahrenquelle auf natürlichem Weg ohne Zutun des Schädigers in dessen Herrschaftsbereich gelangt ist. Im Gegenzug lässt dieser Filter jede Fallkonstellation passieren, in der ein Schädiger aktiv die Gefahrenquelle akkumuliert hat.

Da der Künstlichkeitsfilter auf diese Weise eine Nutzung der „natürlichen“ Grundstücksressourcen von der *Rule* aussondert, privilegiert er zugleich die traditionellen landwirtschaftlichen Produktionsmethoden. Im Gegenzug sanktioniert dieser Filter die technologisch-industrielle Nutzung des eigenen Herrschaftsbereichs. Dies erklärt sich vor dem Hintergrund des rechtshistorischen Entstehungskontexts der

748 Lord Blackburn in *Wilson v. Waddell*, (1876) 2 A.C. 95, 100.
749 Havers J. in *Balfour v. Barty-King*, [1956] 2 All E.R. 555, 566.
750 Lord Buckmaster in *Rainham Chemical Works Ltd. v. Belvedere Fish Guano Co.*, [1921] 2 A.C. 465, 471.
751 Scrutton L.J. in *St. Anne’s Well Brewery Co. v. Roberts*, (1929) 140 L.T. 1, 6.
752 Collins J. in *Ponting v. Noakes*, [1894] 2 Q.B. 281, 289.
753 Lawton J. in *British Celanese v. Hunt*, [1969] 2 All E.R. 1252, 1257.
754 Vgl. *Read v. J. Lyons & Co. Ltd.*, [1946] 2 All E.R. 471; *Ellison v. Ministry of Defence*, [1996] 81 B.L.R. 108.
755 Lord Moulton in *Rickards v. Lothian*, [1911–13] All E.R. Rep. 71, 80; Havers J. in *Balfour v. Barty-King*, [1956] 2 All E.R. 555, 566.
756 Vgl. *Smeaton v. Ilford Corporation*, [1954] 1 All E.R. 923; *British Celanese v. Hunt*, [1969] 2 All E.R. 1252.
757 Vgl. zum Ganzen oben B.II.2.a. und B.III.1.

Rule[758]: Das Zeitalter der Industrialisierung führte in England auch zu erhöhter Skepsis gegenüber den modernen, häufig noch unausgereiften und risikoreichen Technologien der Industrie. Dagegen ging von der traditionellen – das Land „natürlich" nutzenden – Landwirtschaft keine derartige Bedrohungslage aus.

Gerade in den frühen, noch sehr von den ursprünglichen Leitentscheidungen geprägten Urteilen zu *Rylands* wurde der Künstlichkeitsfilter angewendet[759]. In der Folge griff die *Rule* in diesem Zeitraum besonders häufig. Das Verständnis einer „natürlichen" Grundstücksnutzung als Gegensatz zur „künstlichen" Akkumulation einer Gefahrenquelle weist der *Rule* nämlich einen besonders weiten Wirkungsbereich zu, da sie jede künstlich neu geschaffene Gefahrenquelle erfassen kann.

b) Gewöhnlichkeitsfilter

Während der Künstlichkeitsfilter häufig zu einem (haftungsbegründenden) *Non-Natural Use* führt, bewirkt der Gewöhnlichkeitsfilter das genaue Gegenteil: Eine schadensstiftende Gefahrenquelle wird im Regelfall zwar künstlich akkumuliert (was ihre Nutzung *Non-Natural* werden und *Rylands* greifen ließe), trotzdem aber kann auch eine solche Akkumulation durchaus als gewöhnlich (und damit als haftungsausschließender *Natural* bzw. *Ordinary Use*) interpretiert werden. Selbst die künstliche Akkumulation der riskantesten Gefahrenquelle kann in ihrem zeitlichen und räumlichen Kontext noch „üblich" sein. Dies gilt für eine Freisetzung von Giftdämpfen in Industriegebieten ebenso wie bei einem Atomwaffentest zu Kriegszeiten. Auch die praktische Umsetzung des Gewöhnlichkeitsfilters in der englischen Rechtsprechung stützt diese Einschätzung: Es ist kein Zufall, dass gerade die Zusammenstellung[760] zum haftungsausschließenden *Natural Use* besonders viele Fälle enthält, in denen der Gewöhnlichkeitsfilter die Anwendung der *Rule* verhinderte.

Da dieser Gewöhnlichkeitsfilter offenkundig eine starke Bedrohung für die *Rule* darstellt, ist eine eingehende Untersuchung seiner Herleitung unerlässlich. Dies bereits deshalb, weil in den ursprünglichen Leitentscheidungen *Justice* Blackburns und Lord Cairns' allein der Künstlichkeitsfilter Verwendung fand. Der Schritt hin zu einer „Natürlichkeit" im Kontrast zur „Ungewöhnlichkeit" des Einsatzes einer Gefahrenquelle erfolgte erst später in mehreren Entwicklungsschritten. Diese Etappen gilt es nun nachzuvollziehen. Nur so können innerhalb des Präjudiziensystems Argumente hervortreten, die den Beschränkungen des Gewöhnlichkeitsfilters entgegen gestellt werden können.

---

758 Vgl. oben B.I.1.

759 Vgl. oben C.VI.1. Vgl. dazu i. E. auch Newark: „Non-Natural User and *Rylands v. Fletcher*", (1961) 24 M.L.R. 557, 562 ff., 570 und Linden: „Whatever Happened to *Rylands v. Fletcher?*" in Klar: „Studies in Canadian Tort Law" (1977), 325, 330.

760 Vgl. oben C.VI.1.b.

aa) Ursprung

Die terminologischen Wurzeln des Gewöhnlichkeitsfilters finden sich in der Urteilsbegründung Lord Cairns' zu *Rylands v. Fletcher*: Hier griff der Lordrichter auf die Formulierung „ordinary course of enjoyment of land"[761] zurück, um den *Natural Use* als Haftungsgrenze der *Rule* zu umschreiben. Zwar stellte er inhaltlich allein auf den Künstlichkeitsfilter ab[762]. Zugleich jedoch schuf Lord Cairns[763] mit seiner Formulierung eine begriffliche[764] Basis für das Verständnis des *Non-Natural Use* im Sinne einer „Ungewöhnlichkeit" des Schädigerverhaltens – nämlich des *Non-Ordinary Use*.

Der Begriff *Ordinary Use* wurde zunächst nur im Sinne Lord Cairns' gebraucht[765], um die Künstlichkeit der Gefahrenquelle zu berücksichtigen[766] und diente damit als rein terminologische Alternative zu der Formulierung *Natural Use*. Dies zeigt sich besonders in der Entscheidung *National Telephone v. Baker*, in der das Gericht den Terminus *Non-Natural Use* für „capable of improvement by the substitution for

761 Lord Cairns L.J. in *Rylands v. Fletcher*, a. a. O., S. 12 f.

762 Vgl. oben B.III.1. Ebenso Newark, a. a. O., S. 561; Smith: „Reasonable Use of One's Property as a Justification for Damage to a Neighbour", (1917) 17 C.L.R. 383, 397 f.; Charlesworth: „Liability for Dangerous Things" (1922), S. 148; krit. hingegen Stallybrass: „Dangerous Things and the Non-Natural User of Land" (1929) 3 C.L.J. 376, 391.

763 Zuvor hatte bereits *Baron* Bramwell vom „common and ordinary use of land" gesprochen; vgl. Bramwell B. in *Bamford v. Turnley*, (1862) 122 E.R. 27, 33. Der Sachverhalt dieser Entscheidung ist aber eher der *Nuisance* zuzuordnen; vgl. auch Newark, a. a. O., S. 571, Anm. 53. Wie bereits zu Beginn dieser Arbeit (unter B.I.3.) ausgeführt, war Bramwell B. auch der einzige Richter, der bereits vor Blackburn J. einen Anspruch von Mr. Fletcher gegen Mr. Rylands gesehen hatte. In diesem Urteil wendete auch Bramwell B. den Künstlichkeitsfilter an: Er sprach von „water artificially brought", welches er als „foreign" bezeichnete und in Kontrast zu „water naturally flowing in" stellte; Bramwell B. in *Fletcher v. Rylands*, 3 H. & C. 774, 789. Den Gewöhnlichkeitsfilter erwähnte er dagegen nicht.

764 Dies unterschätzt offenbar Newark („Non-Natural User and *Rylands v. Fletcher*", (1961) 24 M.L.R. 557, 561). Vgl. aber dessen eingehende Darstellung der Präjudizienentwicklung zum *Non-Natural Use* (a. a. O., S. 565 ff.).

765 Dieser wurde regelmäßig auch zitiert; vgl. insbesondere Lord Blackburn in *Wilson v. Waddell*, (1876) 2 A.C. 95, 99 sowie auch Lord Coleridge C.J. in *Smith v. Fletcher*, (1874) L. R. 9 Exch. 64, 67 und Cotton L.J. in *Hurdman v. North Eastern Rail Co.*, (1878) 3 C.P.D. 168, 174.

766 Vgl. etwa die Entscheidung *Smith v. Fletcher*, (1874) L. R. 9 Exch. 64, in der zwar der „ordinary, reasonable and proper way of working a mine" (Lord Coleridge C.J. a. a. O., S. 67) Berücksichtigung findet; dies aber nur, um „water [which] come[s] simply by natural causes into the plaintiff's mines" (Lord Coleridge C.J., a. a. O., S. 67) zu beschreiben.

'non-natural' of 'extraordinary'"[767] befand[768] und erläuterte, dass der beschriebene *Extraordinary Use* in der Einführung „of something which in the natural condition of the land is not upon it" [769] bestünde[770].

bb) Loslösung von Lord Cairns

Crowhurst v. Amersham Burial Board[771] war die erste[772] Entscheidung zu *Rylands v. Fletcher*, in der die Gewöhnlichkeit des Schädigerverhaltens diskutiert wurde; dies allerdings nur im Rahmen einer Abwägung der gegenseitigen Interessen zweier Grundstücksnachbarn und mit dem Ergebnis, dass ein Anspruch nach *Rylands* auch bei einem „so usual and ordinary"[773] Verhalten wie dem Anpflanzen eines Eibenbaums nicht ausgeschlossen sein solle. In der Folge kam man in diesem Fall auch zu einer Haftung des Beklagten.

Die Ausführungen aus *Crowhurst* wurden aber in *Ponting v. Noakes* offenbar missverstanden und als Präjudiz dafür zitiert, dass ein als *Usual* qualifiziertes Verhalten des Schädigers zum Ausschluss seiner Haftung führen könne[774]. Aus dieser dem *Crowhurst*-Urteil entgegengesetzten Rechtsauffassung entstand folgerichtig

767 Kekewich J. in *National Telephone Co. v. Baker*, (1893) 2 Ch. 186, 199.

768 Als Grundlage zitierte Kekewich J. (a. a. O., S. 199) Lord Kingsdowns Urteil in *Miner v. Gilmour* (12 Moo. P.C. 131). Anders Newark (a. a. O., S. 567), der in *Justice* Kekewichs Formulierung den Einfluss von Garretts Abhandlung „Law of Nuisance" (1. Auflage 1890) sah.

769 Kekewich J. in *National Telephone Co. v. Baker*, a. a. O., S. 199.

770 In ebendieser Weise beschrieb auch die *King's Bench Division* in *West v. Bristol Tramways Co.*, [1908] 2 K.B. 14 den *Extraordinary Use*. Einzige Grundlage war hier die bereits erwähnte (vgl. die vorvorige Anmerkung) Abhandlung Garretts „Law of Nuisance", allerdings in ihrer nunmehr 2. Auflage von 1897, die den Ausführungen *Justice* Kekewichs aus *National Telephone Co. v. Baker* folgend den „non-natural or extraordinary use" (zit. nach Newark, a. a. O., S. 567) beinhaltete.

771 *Crowhurst v. Amersham Burial Board*, (1878) 4 Ex.D 5.

772 Zuvor war zwar bereits in *Crompton v. Lea* die Frage behandelt (und verneint) worden, ob es „ordinary, reasonable and proper" (Hall V.C., [1874] L.R. 19 Eq. 115, 129) sei, wenn die Nutzung einer Mine im Durchbruch des darüber gelegenen Sees resultiert. Allerdings wurden diese Begriffe hier genutzt, um eine Haftung des Beklagten zu begründen – nicht, um sie auszuschließen. Dabei stützte sich *Crompton* terminologisch auf *Smith v. Fletcher* (*Smith v. Fletcher*, (1874) L. R. 9 Exch. 64), wo allerdings eindeutig der Künstlichkeitsfilter angewandt wurde. Da *Crompton* in der Gerichtsbarkeit der *Equity Courts* (vgl. oben A.I.2.a.) entschieden wurde, fand das Urteil im *Common Law* keine weitere Berücksichtigung; vgl. nur Lord Blackburn, der es in *Wilson v. Waddell* ([1876] 2 A.C. 95, 98) als nicht zu berücksichtigende Einzelfallentscheidung abtat. Vgl. auch die Darstellung bei Newark, a. a. O., S. 565 ff.

773 Kelly C.B. in *Crowhurst v. Amersham Burial Board*, a. a. O., S. 10.

774 Vgl. Collins J. in *Ponting v. Noakes*, [1894] 2 Q.B. 281, 289.

das umgekehrte Ergebnis – nämlich ein Ausschluss der Haftung des Beklagten für dessen Eibenbaum[775].

Das Missverständnis zwischen *Crowhurst* und *Ponting* sollte weitreichende Folgen haben. In *Gill v. Edouin* wurde die „ordinary and reasonable manner of use“[776] bereits als etablierter Haftungsausschluss behandelt und die Anwendung der *Rule* auf eine „gewöhnliche“ Regenrinne abgelehnt[777]. Dieser Weg wurde in *Blake v. Woolf* fortgeführt und *Rylands* ausgeschlossen, da „the bringing of water on to such premises as these and the maintaining of a cistern in the usual way seems to me to be an ordinary and reasonable user of such premises as these“[778].

cc) Konsolidierung: Rickards v. Lothian

Zementiert wurde diese Entwicklung durch das Urteil des *Privy Council* zu *Rickards v. Lothian*[779], worin Lord Moulton die bis heute[780] anerkannte Standarddefinition des *Non-Natural Use* formulierte: „It is not every use to which land is put, that brings into play that principle. It must be some special use bringing with it increased danger to others and must not merely be the ordinary use of the land or such a use as is proper for the general benefit of the community.“[781] Lord Moulton betonte damit (neben der Gefährlichkeit) die Gewöhnlichkeit und Nützlichkeit des schadensstiftenden Verhaltens als Grenze der *Rule*. Dagegen ist der Künstlichkeitsfilter hier nicht mehr aufgeführt.

Der *Privy Council* stützte seine Anerkennung des Gewöhnlichkeitsfilters auf die Präjudizienbasis des Urteils *Blake v. Woolf*[782]. Diese Entscheidung wurde bereits behandelt[783] als Entwicklungsetappe einer sich von Lord Cairns entfernenden

---

775 Zwar ist anzumerken, dass Hauptgrund für den Haftungsausschluss in diesem Fall wohl das fehlende Entweichen der Gefahrenquelle war; vgl. Collins J. in *Ponting v. Noakes*, a.a. O., S. 287. Trotzdem hätte angesichts der Interpretation des *Non-Ordinary Use* auch die Gewöhnlichkeit des Schädigerverhaltens die Anwendbarkeit der *Rule* verhindert.

776 Wright J. in *Gill v. Edouin*, (1895) 71 L.T. 762, 763.

777 Allerdings war dies nicht der einzige Grund für den Ausschluss von *Rylands v. Fletcher*. Parallel sah das Gericht auch ein haftungsausschließendes Einverständnis des Klägers; vgl. Wright J. in *Gill v. Edouin*, a. a. O., S. 763.

778 Wright J. in *Blake v. Woolf*, [1898] 2 Q.B. 426, 428.

779 *Rickards v. Lothian*, [1911–13] All E.R. Rep. 71.

780 Vgl. aus der jüngsten *Rylands*-Entscheidung des *House of Lords* in *Transco v. Stockport M.B.C.* ([2003] U.K.H.L. 61) die Richter Lord Bingham of Cornhill (a.a O., [11]), Lord Hoffmann ([36]), Lord Scott of Foscote ([82]) und Lord Walker of Gestingthorpe ([100]).

781 Lord Moulton in *Rickards v. Lothian*, a. a. O., S. 80.

782 *Blake v. Woolf*, [1898] 2 Q.B. 426; nur am Rande wurde noch auf *Eastern and South African Telegraph Co. v. Cape Town Tramways Co.*, (1902) 86 L.T. 457, 460 verwiesen; vgl. zum Ganzen Lord Moulton, a. a. O., S. 81.

783 Vgl. zuvor unter C.VI.2.b.bb.

Interpretation des *Non-Natural* hin zum *Non-Ordinary Use*. An diese kritikwürdige präjudizielle Entwicklung seit *Crowhurst* und *Ponting* knüpfte Lord Moulton mithin ausdrücklich an, ohne allerdings zusätzliche Argumente zugunsten des Gewöhnlichkeitsfilters vorzutragen. Trotz seiner brüchigen Basis bewirkte das *Rickards*-Urteil, dass der Gewöhnlichkeitsfilter nunmehr auf der obergerichtlichen Ebene des *Privy Council* Anerkennung fand. Allerdings konnten Lord Moultons Ausführungen zum *Non-Natural Use* keine vollständige Präjudizienwirkung beanspruchen, da sie lediglich in einem *Obiter Dictum* vorgetragen wurden[784].

Lord Moulton beschränkte sich jedoch nicht darauf, den Gewöhnlichkeitsfilter zu festigen. Vielmehr verlieh seine Definition dem *Non-Natural Use* noch eine weitere Dimension – diejenige der Nützlichkeit in Gestalt eines „general benefit of the community"[785]. Zwar verzichtete Lord Moulton darauf, seinen Ansatz mit Hinweisen zur Präjudizienlage zu erläutern. Jedoch sind tatsächlich Vorlagen aus der Rechtsprechung ersichtlich, auf die sich der *Privy Council* stützen konnte. Schon in einer der ersten Entscheidungen zu *Rylands v. Fletcher* hatte Bramwell B. die Anwendung der *Rule* abgelehnt, da er aus dem „joint benefit"[786], den Kläger und Beklagter aus der Gefahrenquelle zogen, ein konkludentes Einverständnis des Geschädigten zu deren Akkumulation folgerte. Dies wiederum steht im Einklang mit der Leitentscheidung *Justice* Blackburns, wo eine solche *Defence* angelegt war, sobald die Gefahrenquelle auch zum Nutzen des Geschädigten akkumuliert wird[787]. Folglich hat man die *Rule* auch in *Anderson v. Oppenheimer* nicht auf eine gemeinsam genutzte Wasserzisterne angewendet, da „this apparatus was used for the common benefit of the plaintiffs and the other tenants"[788]. Schließlich wurde in *Gill v. Edouin* der „common benefit" explizit als Anwendungsfall der *Defence* des konkludenten Einverständnisses benannt[789].

Vor diesem Hintergrund wird deutlich, dass der „Nützlichkeitsfilter" keine Neuschöpfung Lord Moultons war, sondern lediglich eine bereits (unabhängig vom *Non-Natural Use*) etablierte *Defence* aufgriff[790]. Zugleich offenbart sich dessen

---

784 Entscheidungserheblich war in der *Rickards*-Entscheidung die *Defence* für *Acts of Strangers*; vgl. oben C.IV.4.a.

785 Lord Moulton, a. a. O., S. 80.

786 „[T]he roof was the common protection of both, and the collection of the water running from it was also for their joint benefit. [...] [T]he plaintiffs must be taken to have consented to this collection of the water which was for their own benefit", Bramwell B. in *Carstairs v. Taylor*, (1871) L.R. 6 Exch. 217, 222.

787 Vgl. oben B.II.5.c. Dies andeutend auch McBride/Bagshaw: „Tort Law" (2. Auflage 2005), S. 747.

788 Brett J. in *Anderson v. Oppenheimer*, (1880) 5 Q.B.D. 602, 608.

789 „the provision of the gully [...] was for the common benefit and impliedly, and I should also infer actually, assented to by the plaintiffs", Wright J. in *Gill v. Edouin*, (1895) 71 L.T. 762, 763.

790 Vgl. hierzu oben C.IV.2.; ähnlich auch die Einschätzung bei Lord Hobhouse of Woodboroughs in *Transco v. Stockport M.B.C.* ([2003] U.K.H.L. 61, [62] f.; vgl. dazu nachfolgend unter F.IV.2.b.).

inhaltliche Reichweite: Gegenstand des Nützlichkeitsfilters sollte allein der Nutzen sein, den die konkret beteiligten Parteien aus der Akkumulation einer Gefahrenquelle ziehen. Dies entspricht exakt den Sachverhaltsumständen der *Rickards*-Entscheidung, denn hier ging der Schaden von der gemeinschaftlich genutzten Wasseranlage eines Wohnhauses aus[791]. Im Kontrast zu dieser eindeutigen Vorlage eröffnete Lord Moultons Urteilswortlaut aber die Möglichkeit eines neuerlichen Missverständnisses. Die offene Formulierung des „general benefit of the community" lässt sich über das Verhältnis der konkret beteiligten Parteien leicht zu einer „gesamtgesellschaftlichen Nützlichkeit" der Gefahrenquelle erweitern. Dies wiegt umso schwerer, da die Formulierung im Kontext des *Non-Natural Use* steht. Hierdurch nämlich wurde es möglich, diesen zu einer äußerst weit interpretierbaren und flexiblen Haftungsgrenze gegen *Rylands* auszudehnen.

dd) Ausdehnung: Read v. Lyons

Das *House of Lords* nutzte sein Urteil in *Read v. Lyons*[792], um im Rahmen höchstrichterlicher *Obiter Dicta*[793] den *Non-Natural Use* endgültig zu einem weit reichenden und flexibel einsetzbaren Instrument zur Begrenzung der *Rule* auszubauen.

Hierzu bestätigten die Lordrichter Lord Moulton darin, den Gewöhnlichkeitsfilter zum zentralen Kriterium des *Non-Natural Use* zu erheben[794]. Insoweit war dem Gericht an einer möglichst flexiblen Interpretation des Gewöhnlichkeitsbegriffs gelegen, welche den zeitlichen und örtlichen Rahmen der schadensstiftenden Behandlung zu berücksichtigen hat[795]. So hielten die Lordrichter im *Read*-Sachverhalt (Explosion in einer Munitionsfabrik) die *Rule* für unanwendbar, da die industrielle Waffenproduktion in einem Gewerbegebiet zu Kriegszeiten nicht ungewöhnlich sei[796]. Hingegen wurde der ursprüngliche, die landwirtschaftlichen gegenüber

---

791 *Rickards v. Lothian*, a. a. O., S. 71 ff.

792 *Read v. J. Lyons & Co. Ltd.*, [1946] 2 All E.R. 471.

793 Maßgeblicher (und präjudiziell bindender) Gegenstand der Entscheidung war die Haftungsvoraussetzung *Escape* und deren Grundstücksbezug; vgl. dazu oben C.III.4.

794 Dabei wurde Lord Moultons Definition aus *Rickards* explizit „first importance" zuerkannt; Viscount Simon L.C. in *Read v. Lyons*, a. a. O., S. 475; zustimmend Lord Uthwatt a. a. O., S. 484.

795 Vgl. Lord Porter in *Read v. Lyons*, a. a. O., S. 479.

796 „I should hesitate to hold that in these days and in an industrial community it was a Non-Natural Use of land to build a factory on it and conduct there the manufacture of explosives. I could conceive it being said that to carry on the manufacture of explosives in a crowded urban area was evidence of negligence, but there is no such case here and I offer no opinion on the point", Lord Macmillan, a. a. O., S. 477; vgl. auch Viscount Simon L.C., a. a. O., S. 475.

industriellen Produktionsmethoden privilegierende[797] Künstlichkeitsfilter weiter an den Rand gedrängt[798], da „'natural' does not mean 'primitive'"[799].

Bedeutsam ist aber insbesondere, dass Viscount Simon die Vorlage aus Lord Moultons Urteil aufgriff und erstmals[800] dessen Formulierung „general benefit of the community"[801] großzügig abstrahierte: Sobald eine Gefahrenquelle zum Nutzen der gesamten Gesellschaft akkumuliert wird, sollte dies als „gewöhnliches" Verhalten einen haftungsausschließenden *Non-Natural Use* begründen[802]. Mit dieser Interpretation ging Viscount Simon deutlich über das ursprüngliche Verständnis des Nützlichkeitsfilters hinaus, indem er nicht mehr den gemeinsamen Nutzen der konkret beteiligten Parteien prüfte, sondern nunmehr denjenigen der gesamten Gesellschaft. Wie stark diese Auslegung den *Non-Natural Use* ausweitet (und zugleich die *Rule* einengt), zeigt der *Read*-Sachverhalt: Hier wurde die Klägerin durch eine Explosion in der Munitionsfabrik des Beklagten verletzt, welche sie während des 2. Weltkriegs im Auftrag einer Regierungsbehörde inspizierte[803]. Da die schadensstiftende Munition künstlich akkumuliert worden war, passiert sie den Künstlichkeitsfilter. Gleiches gilt für den ursprünglichen Nützlichkeitsfilter, da die Geschädigte die Munitionsvorräte nicht selbst nutzte. Dagegen argumentierte Viscount Simon, dass die Herstellung von waffenfähigem Sprengstoff zu Kriegszeiten im nationalen Interesse läge[804] – und hielt *Rylands* folglich mangels *Non-Natural Use* für unanwendbar. Dieser Maßstab zeigt den Gewöhnlichkeitsfilter in seiner extremsten Ausprägung: Selbst die (künstliche) Akkumulation der gefährlichsten Risikotechnologie

---

797 Vgl. dazu oben B.I.1., B.II.2.a., B.III.1. und C.VI.2.a.

798 Besonders Viscount Simon (a. a. O., S. 474) sah seinen Gewöhnlichkeitsfilter in der Tradition von Lord Cairns' Urteil, welches er als Kontrast zu *Justice* Blackburns Künstlichkeitsfilter interpretierte: „this test of 'non-natural' user […] or of bringing on the land what was not 'naturally there', which is not the same test […]" (vgl. dazu auch Stallybrass: „Dangerous Things and the Non-Natural User of Land", (1929) 3 C.L.J. 376, 395 m. w. N.). Dieser Ansatz ist jedoch zweifelhaft, da Lord Cairns ebenfalls den Künstlichkeitsfilter anwandte, und diesen lediglich terminologisch in Bezug zur „Gewöhnlichkeit" der Akkumulation einer Gefahrenquelle setzte; vgl. oben B.III.2.

799 Lord Uthwatt, a. a. O., S. 484.

800 Noch kurz vor *Read* hatte der *Court of Appeal* den Nützlichkeitsfilter in seiner ursprünglichen, von *Carstairs* bis *Rickards* vertretenen Gestalt angewendet: Goddard L.J. führte in *Peters v. Prince of Wales Theatre (Birmingham) Ltd.* ([1943] K.B. 73, 79) aus, dass „the water was not on the premises for the common benefit of the parties".

801 Lord Moulton in *Rickards v. Lothian*, a. a. O., S. 80.

802 Vgl. Viscount Simon L.C., a. a. O., S. 475.

803 Vgl. *Read v. Lyons*, a. a. O., S. 471.

804 „[I]f the question had hereafter to be decided whether the making of munitions in a factory at the government's request in time of war for the purpose of helping to defeat the enemy is a 'non-natural' use of land, adopted by the occupier 'for his own purposes', it would not seem to me that the House would […] say that it was", Viscount Simon L.C., a. a. O., S. 475.

kann nach diesem Maßstab von der *Rule* ausgenommen werden, solange sie in den Kontext eines gesamtgesellschaftlichen Nutzens gebracht werden kann.

c) Gefährlichkeitsfilter

Als *Non-Natural Use* ist die Akkumulation einer Gefahrenquelle auch im Hinblick auf ihr herausgehobenes Risikopotential qualifiziert worden[805]. Dieser Gefährlichkeitsfilter erinnert inhaltlich und terminologisch an *Justice* Blackburns Prüfungsmaßstab für die schadensstiftende Gefahrenquelle, welche „naturally do[es] mischief if it escapes"[806].

In dem Maße, wie die Diskussion der „dangerous things per se" an Bedeutung verlor[807], fand der Gefährlichkeitsfilter auch Eingang in den Komplex des *Non-Natural Use*[808]. Eine funktionelle Parallele zum Prüfungskomplex der haftungsbegründenden Gefahrenquelle findet sich dann auch in der Verbreitung des Gefährlichkeitsfilters: Dieser findet sich nahezu ausschließlich in den Fällen, die zu einem haftungsbegründenden *Non-Natural Use* führten, während sein Risikomoment im Präjudizienmaterial zum haftungsbegrenzenden *Natural Use* kaum zu finden ist[809].

Zwar ist die „increased danger"[810] des schadensstiftenden Verhaltens auch in Lord Moultons Definition aus *Rickards* aufgeführt. Entscheidende Bedeutung hat der Gefährlichkeitsfilter als Indikator des *Non-Natural Use* aber trotzdem nicht erlangt[811]. Mitunter ist die Gefährlichkeit des Schädigerverhaltens nur ergänzend herausgestellt worden, wenn bereits anhand des Gewöhnlichkeitsfilters über das

805 Vgl. oben C.VI.1.a. sowie i. E. auch Linden: „Whatever Happened to *Rylands v. Fletcher?*" in Klar: „Studies in Canadian Tort Law" (1977), 325, 330.

806 Blackburn J. in *Fletcher v. Rylands*, (1866) L.R. 1 Exch. 265, 279; vgl. dazu oben B.II.1.

807 Der Schöpfer der Theorie der *Dangerous Things per se*, Charlesworth (in „The Law of Negligence" [1938], S. 214 f.), hatte durch seinen Prüfungsfilter die Fortführung des *Non-Ordinary Use* sogar als „unnecessary" angesehen. Wie (oben unter C.I.2.b.) gezeigt, konnte sich Charlesworths Theorie aber nicht in der englischen Rechtsprechung durchsetzen, wohingegen der *Non-Ordinary Use* ausweislich der obigen Ausführungen (C.VI.2.b.) massiv an Bedeutung gewann.

808 Dies zeigt sich auch daran, dass eher jüngere Urteile den Gefährlichkeitsfilter anwandten; vgl. *Smeaton v. Ilford Corporation*, [1954] 1 All E.R. 923; *Balfour v. Barty-King*, [1956] 2 All E.R. 555; *Mason v. Levy Auto Parts of England Ltd.*, [1967] 2 All E.R. 62.

809 Vgl. oben C.VI.1.

810 Lord Moulton in *Rickards v. Lothian*, a. a. O., S. 80.

811 Jedoch nahmen unlängst in der *Transco*-Entscheidung des *House of Lords* zwei der Lordrichter den Gefährlichkeitsfilter auf; vgl. Lord Hoffmann in *Transco plc. v. Stockport M.B.C.*, [2003] U.K.H.L. 61, [44] und Lord Walker of Gestingthorpe, a. a. O., [103] sowie insgesamt nachfolgend unter F.IV.2.b.

Vorliegen eines *Non-Natural Use* entschieden worden war[812]. Angesichts von *Read* hat die Rechtsprechung sogar trotz der offensichtlich erhöhten Gefährlichkeit einer schadensauslösenden Tätigkeit den *Non-Natural Use* unter Verweis auf deren „Gewöhnlichkeit" abgelehnt[813].

3. Resümee

Der Komplex des *Non-Natural Use* hat sich zu einer äußerst wirkungsvollen Einschränkung der *Rule* entwickelt. Dies gründet darauf, dass der Begriff „Natürlichkeit" sehr flexibel interpretiert werden kann. Die englische Rechtsprechung hat diese Spielräume in drei Prüfungsfilter umgesetzt, welche auf Künstlichkeit bzw. Gefährlichkeit oder aber Gewöhnlichkeit abstellen.

Eine Konstante ist dagegen insoweit sichtbar, als die Gerichte stets die „Natürlichkeit" der Akkumulation einer Gefahrenquelle (und nicht ihres Entweichens) prüften[814]. Ebenso ist gesichert, dass der *Non-Natural Use* allein auf das Verhalten des Schädigers Bezug nimmt – und diesen selbst im Falle eines vergleichbar „unnatürlichen" Verhaltens des Geschädigten haften lässt[815].

Unter den drei Interpretationen des *Non-Natural Use* engt der Gewöhnlichkeitsfilter die *Rule* besonders nachhaltig ein[816]. Hiermit lassen sich in großzügiger, sogar auf den gesamtgesellschaftlichen Nutzen der schadensstiftenden Tätigkeit abstellenden Auslegung breite Anwendungsgebiete aus *Rylands* (und in die *Negligence*) auslagern: Selbst die gefährlichste Risikotechnologie kann in ihrem räumlich-zeitlichen Kontext durchaus als „gewöhnlich" oder „nützlich" gerechtfertigt werden[817]. Dagegen lässt der Künstlichkeitsfilter der *Rule* viel Raum, da Risikotechnologien regelmäßig erst künstlich installiert werden müssen[818]. Auch der Gefährlichkeitsfilter begrenzt *Rylands* nicht wesentlich, da seine Parameter bereits unter dem Blickwinkel der schadensstiftenden Gefahrenquelle Berücksichtigung finden[819].

---

812 Vgl. etwa *Mason v. Levy Auto Parts of England Ltd.*, [1967] 2 All E.R. 62; *British Celanese Ltd. v. A. H. Hunt (Capacitors) Ltd.*, [1969] 2 All E.R. 1252.

813 Vgl. zuvor unter C.VI.2.b.dd.

814 Vgl. Murphy in „Street on Torts" (12. Auflage 2007), S. 474 m. w. N.

815 „True it is [...] that the Plaintiffs are using the land for an extraordinary purpose; but, admittedly, it is a lawful purpose[...]; but, so far as I am aware, there is no principle or authority in English law for rejecting a claim for damage by the owner of the latter on the ground that his user, as well as that of the neighbouring owner, is extraordinary", Kekewich J. in *National Telephone Co. v. Baker*, [1893] 2 Ch. 186, 202.

816 Vgl. C.VI.2.b.

817 Vgl. C.VI.1.c. und C.VI.2.b.dd.

818 Vgl. C.VI.2.a.

819 Vgl. C.VI.2.c.

Klare Regeln über das Verhältnis der drei Prüfungsfilter hat die Rechtsprechung nicht explizit formuliert[820]. Im Bestreben, den *Non-Natural Use* möglichst flexibel gegen die *Rule* einzusetzen[821], wählten die Gerichte nicht selten mit Blick auf die konkrete Fallsituation frei unter den drei Prüfungsfiltern: So wurde in *British Celanese v. Hunt*[822] auf alle drei Kriterien abgestellt, in *Balfour v. Barty-King*[823] zog man Gefährlichkeit und Ungewöhnlichkeit heran, und in *Mayor and Corporation of Chichester v. Foster*[824] war die Kombination aus Künstlichkeit und Ungewöhnlichkeit entscheidend.

Der Blick auf das Präjudizienmaterial zwingt aber zu dem Schluss, dass sich unter den drei Prüfungskriterien besonders der (die *Rule* deutlich einengende) Gewöhnlichkeitsfilter durchgesetzt hat. Nach dessen Maßstäben wurde *Rylands* nämlich besonders häufig für nicht anwendbar erklärt[825]. Dagegen haben die Gerichte unter Verweis auf die Gewöhnlichkeit des schadensstiftenden Verhaltens sowohl künstlich geschaffene[826] als auch besonders risikoreiche[827] Gefahrenquellen von der *Rule* ausgenommen. Folglich muss anerkannt werden, dass im Widerspruch zum Gewöhnlichkeitsfilter kein Verhalten als *Non-Natural Use* qualifiziert werden wird.

Die Dominanz des Gewöhnlichkeitsfilters besitzt jedoch – ganz im Unterschied zum Künstlichkeits- und Gefährlichkeitsfilter[828] – rein formal betrachtet keine sonderlich solide Basis. Im Gegenteil hat sich gezeigt, dass die präjudizielle Entwicklung des Gewöhnlichkeitsfilters von Missverständnissen und Fehlentwicklungen

---

820 Zweifelhaft erscheint auch das bei Vogler (a. a. O., S. 38 m. w. N.) vertretene Stufenverhältnis, wonach der Gewöhnlichkeitsfilter erst einsetzt, wenn eine neu geschaffene Gefahrenquelle den Künstlichkeitsfilter passiert hat: In einer Reihe von Fällen wurde nämlich zwar der Gewöhnlichkeitsfilter geprüft, der Künstlichkeitsfilter aber überhaupt nicht mehr erwähnt; vgl. etwa *Howard v. Furness Houlder Argentine Lines Ltd.*, [1936] 2 All E.R. 781; *Peters v. Prince of Wales Theatre (Birmingham) Ltd.*, [1943] K.B. 73; *Balfour v. Barty-King*, [1956] 2 All E.R. 555.

821 Vgl. zu diesem Anliegen nur Lord Porter in *Read v. Lyons*, a. a. O., S. 479; ähnlich auch die Einschätzung bei Fordham: „The Demise of the Rule in *Rylands v. Fletcher?*“, [1995] S.J.L.S. 1, 4.

822 *British Celanese Ltd. v. A. H. Hunt (Capacitors) Ltd.*, [1969] 2 All E.R. 1252.

823 Vgl. Havers J. in *Balfour v. Barty-King*, [1956] 2 All E.R. 555, 566.

824 Vgl. die Ausführungen von Wills J. in *Mayor and Corporation of Chichester v. Foster*, [1906] 1 K.B. 167, 177.

825 Vgl. oben C.VI.1.b.

826 So ausdrücklich eine Entscheidung der *Chancery Division*: „Even in the case where things are artificially brought or kept upon the defendant's land, questions may arise whether the defendant is liable to his neighbour for their escape if he is only putting his land to its natural use“, Lawrence C.J. in *Bartlett v. Tottenham*, (1932) 1 Ch. 114, 131. Vgl. auch Lord Goddard C.J. in *Davey v. Harrow Corporation*, [1957] 2 All E.R. 305, 310.

827 Vgl. nur die bereits (unter C.VI.2.b.dd.) angesprochene Einordnung der Produktion von Sprengstoff als *Natural Use* in *Read v. Lyons*.

828 Vgl. oben unter C.VI.2.a. und C.VI.2.c.

geprägt ist. Dies nahm seinen Anfang damit, dass Lord Cairns *Justice* Blackburns Künstlichkeitsfilter nur paraphrasieren wollte und ihn missverständlich als „ordinary"[829] bezeichnete. Diesen Terminus griffen spätere Urteile auf, interpretierten ihn aber seiner engeren Wortbedeutung nach als „gewöhnlich" und erschufen dadurch erst den neuartigen Gewöhnlichkeitsfilter[830]. Dieser wurde durch *Rickards* obergerichtlich etabliert, allerdings unter Bereitung eines erneuten Missverständnisses: Nunmehr berücksichtigte man (in Anlehnung an die *Defence* des konkludenten Einverständnisses) auch von den Parteien gemeinschaftlich genutzte Gefahrenquellen[831]. In Verkehrung dieser Bedeutung wiederum abstrahierte *Read* den Nützlichkeitsfilter zu einem Haftungsausschluss für gesamtgesellschaftlich nützliche Gefahrenquellen[832].

Vom ursprünglichen Konzept *Justice* Blackburns und Lord Cairns' hat sich der *Non-Natural Use* dadurch weit entfernt[833]. Der Gewöhnlichkeitsfilter vermag der *Rule* breite Anwendungsgebiete zu entziehen, welche ursprünglich erfasst werden konnten. Zur Verdeutlichung muss nicht einmal das extreme Beispiel aus *Read* bemüht werden, wonach eine (hochgefährliche und künstlich errichtete) Sprengstofffabrik als (gewöhnlicher) *Natural Use* gerechtfertigt wurde[834]. Vielmehr genügt ein Blick auf *Justice* Blackburns[835] Urteil in *Jones v. Festiniog Railway*[836], wo der Betrieb einer Lokomotive auf einer Bahnstrecke die *Rule* auslöste – obwohl kaum eine „gewöhnlichere" Nutzung von Schienenwegen denkbar ist, als diese mit einer Eisenbahn zu befahren.

VII. Resümee: Die *Rule* in der Nachfolgejudikatur

Ziel des vorangegangenen Abschnitts war es, Spielräume zwischen *Justice* Blackburns Leitentscheidung und der nachfolgenden Judikatur aufzuzeigen. Tatsächlich hat sich *Rylands* zusehends von den ursprünglichen Vorgaben entfernt und dadurch beträchtlich verändert. Dies zieht sich durch nahezu[837] alle Haftungsmerkmale,

829 Lord Cairns L.J. in *Rylands v. Fletcher*, a. a. O., S. 12 f.; vgl. dazu oben C.VI.2.b.aa.

830 Vgl. oben C.VI.2.b.bb.

831 Vgl. C.VI.2.b.cc.

832 Vgl. dazu C.VI.2.b.dd.

833 Vgl. auch Newark, a. a. O., S. 571.

834 Vgl. unter C.VI.1.c. und C.VI.2.b.dd.

835 Zutreffend erinnert auch Stallybrass (a. a. O., S. 390 f.) daran, dass Blackburn J. sich bei der Herleitung seiner *Rule* auf den *Tort* des *Cattle Trespass* stützte – und dieser mit der Viehhaltung eine mustergültig „gewöhnliche" Art der Nutzung bäuerlicher Grundstücke sanktioniert. Ähnlich bereits zuvor Gest: „The Non-Natural Use of Land", (1894) 42 A.L.R.R. 97, 104.

836 *Jones v. The Festiniog Railway Co.*, (1868) L.R. 3 Q.B. 733.

837 So sind keine *Rylands* beschränkenden Veränderungen in der Frage der „Akkumulation" zu erkennen. Vielmehr wurde die *Rule* hier sogar auf übernommene Gefahrenquellen ausgedehnt; vgl. oben C.II.

wobei *Rylands* von der Rechtsprechung gerade in einer Reihe besonders neuralgischer Punkte derart modifiziert wurde, dass die Wirkungsmacht der *Rule* empfindlich beschnitten werden konnte.

So haben die englischen Gerichte es abgelehnt[838], Kraftfahrzeuge oder Flugzeuge trotz ihres signifikanten Risikopotentials als Gefahrenquellen[839] im Sinne der *Rule* anzuerkennen. Zudem wurde die Haftungsvoraussetzung *Escape* auf Grundlage von *Read v. Lyons*[840] massiv eingegrenzt: Fallkonstellationen, in denen die Gefahrenquelle lediglich aus der Kontrolle des Schädigers entweicht, sollten nicht unter die *Rule* fallen[841]. Zugleich wollten die Lordrichter *Rylands* auf Grundstücksfälle beschränken[842]. Schadensereignisse innerhalb des Herrschaftsbereichs eines Schädigers wurden dagegen ausgeschlossen[843].

Überdies führte die Nachfolgejudikatur neue *Defences* ein, durch die *Rylands* in weiteren Fallkonstellationen gesperrt wurde[844]. Seither kann die *Rule* abgelehnt werden, falls eine gesetzliche Ermächtigung *(Statutory Authority)* zur Durchführung der schadensstiftenden Tätigkeit vorliegt – woraus gerade mit Blick auf den weiten Spielraum der Gerichte bei der Interpretation der Einzelfallermächtigungen vielfältige Möglichkeiten zur Einschränkung der *Rule* resultieren[845]. Noch gravierender sind die Auswirkungen der *Defence* für drittverschuldete Schadensfälle *(Acts of Strangers)*: Hierdurch wird das strenge Haftungsregime der *Rule* durch Verschuldenselemente aufgeweicht, da ein potentieller Beklagter nur für vorhersehbares und vermeidbares Drittverschulden haften muss[846].

Die letztgenannte *Defence* hat zudem Einfluss auf die Schadenszurechnung, da sie die Zurechnungshindernisse nach dem *Direct or Natural Consequence Test* um

---

838 Dies betrifft jedenfalls deren Einsatz im Straßen- bzw. Luftverkehr; vgl. oben C.I.1.

839 Vgl. oben C.I.1. Dies gilt, obgleich die abstrakten Prüfungsparameter für „Gefahrenquellen“ aus *Justice* Blackburns Leitentscheidung fortgeführt wurden, insbesondere wurden auch weiterhin keine Beschränkungskriterien an die Beschaffenheit von Gefahrenquellen angelegt (vgl. C.I.2.a.). Insoweit sind mit Blick auf die Beweislastverteilung zur Gefährlichkeit (C.I.2.d.) ebenso modifizierende Erweiterungen der *Rule* erkennbar wie in der Frage, ob die Gefahrenquelle selbst schadensstiftend wirken muss (C.I.2.c.).

840 *Read v. J. Lyons & Co. Ltd.*, [1946] 2 All E.R. 471.

841 Damit sprach man sich insbesondere gegen das amerikanische Modell des *Restatement of Torts* aus; vgl. oben C.III.4.b. bzw. nachfolgend unter F.III.

842 Vgl. dazu oben C.III.4.a.

843 Vgl. insgesamt C.III.5.

844 Aufgrund des nur geringen Anwendungsgebiets an dieser Stelle vernachlässigt, wurde auch die *Defence* der *Necessity* in *Rylands*-Fällen für anwendbar gehalten; vgl. C.IV.6.

845 Vgl. oben C.IV.5.

846 Bürdet man im Einklang mit einer Strömung der Rechtsprechung auch die Beweislast für Erkennbarkeit und Vermeidbarkeit des Drittverschuldens dem Anspruchsteller auf, so schwinden die Unterschiede der *Rule* zu *Negligence* vollständig; vgl. dazu oben C.IV.4.c.

die Fallgruppe des Eingriffs Dritter in den Schadensverlauf erweitert[847]. Im Hinblick auf die Ersatzfähigkeit der eingetretenen Schadensart haben die Gerichte zwar fast durchweg *Justice* Blackburns großzügiges Verständnis übernommen; jedoch wurde dieser Grundsatz durch eine Reihe von *Dicta* untergraben, in denen (auch höchstrichterlich) die Ersatzfähigkeit von Personenschäden in Zweifel gezogen wurde.

Das wirkungsvollste Instrument zur Beschränkung der *Rule* wurde aber mit dem *Non-Natural Use* geschaffen. Dies gilt in besonderem Maße für seine extreme Ausprägung, wonach der ohnehin bereits äußerst engmaschige Gewöhnlichkeitsfilter durch Privilegierung gesamtgesellschaftlich nützlicher Tätigkeiten nochmals verschärft wurde. Dadurch können *Rylands* umfangreiche Anwendungsgebiete entzogen werden, die vormals mit Blick auf das Risikopotential einer (getreu Blackburn J. künstlich geschaffenen) Gefahrenquelle die *Rule* ausgelöst hätten.

Auf diese Weise hat sich auch der zentrale Mechanismus zur Haftungskontrolle[848] innerhalb der *Rule* verschoben. Zu Beginn bestimmte sich ihr Anwendungsbereich nach dem Risikopotential der Gefahrenquelle. Nach *Justice* Blackburns Vorgabe hatten die Gerichte zu prüfen, ob „anything likely to do mischief" den Schaden ausgelöst hatte. Dies änderte sich in dem Maße, wie der *Non-Natural Use* stetig ausgedehnt wurde. Gerade dessen Variante des *Non-Ordinary Use* ermöglicht es, den Einsatz auch risikoreichster Gefahrenquellen als „gewöhnlichen" *Non-Natural Use* zu interpretieren. Dadurch hat dieser Gewöhnlichkeitsfilter die Gefährlichkeitsprüfung als dominierendes Kriterium abgelöst, um die Anwendungsbereiche der *Rule* abzustecken.

Der Entwicklungsprozess, im Zuge dessen sich *Rylands* immer weiter von *Justice* Blackburns Vorgaben entfernte, weist vor allem zwei zentrale Wegmarken auf. Zunächst beendete *Rickards v. Lothian*[849] die frühe Phase einer eher großzügigen Anwendung der *Rule*. Dort führte der *Privy Council* die mächtige *Defence* für *Acts of Strangers* ein[850] und etablierte zugleich die Fehlentwicklung des *Non-Ordinary Use*[851]. Die zweite entscheidende Etappe ging von *Read v. Lyons*[852] aus. Hier schränkte das *House of Lords* nicht nur die Haftungsvoraussetzung *Escape* durch restriktive Vorgaben ein[853]. Vielmehr erweiterte das Gericht auch den *Non-Ordinary Use* um die Privilegierung gesamtgesellschaftlich nützlicher Tätigkeiten[854]. Obendrein versuchten die Lordrichter, *Rylands* auf Grundstücksfälle zu beschränken[855] und zweifelten schließlich die Ersatzfähigkeit von Personenschäden an[856]. Die mächtige Wirkung

847 Vgl. oben C.V.2.
848 Vgl. dazu Markesinis/Deakin/Johnston, a. a. O., S. 613 f.
849 *Rickards v. Lothian*, [1911–13] All E.R. Rep. 71.
850 Vgl. C.V.4.a.
851 Vgl. dazu C.VI.2.b.cc.
852 *Read v. J. Lyons & Co. Ltd.*, [1946] 2 All E.R. 471.
853 Vgl. C.III.4.
854 Vgl. dazu C.VI.2.b.dd.
855 Vgl. oben C.III.4.a.
856 Vgl. dazu oben C.V.1.a.

von *Rickards* und *Read* ist jedoch zumindest insoweit überraschend, als sich diese Urteile in diversen Punkten für nicht unangreifbar erwiesen haben[857]. Gleichwohl vermittelte insbesondere *Read* den niederrangigen Gerichten die Leitlinie, *Rylands* nach möglichst restriktiven Grundsätzen auszulegen. Dies hatte nachhaltige Wirkung, da die *Rule* seit der zweiten Hälfte des vergangenen Jahrhunderts immer seltener angewendet worden ist.

Vor dem Hintergrund dieser wechselvollen und wendungsreichen Entwicklung vermag die treffende Einschätzung *Justice* Lawtons nicht mehr zu verwundern, der in einem *Dictum* beklagte: „If I had to do no more than apply the law as stated by Blackburn J. [...], my task would be easy. [...] As is well known to lawyers, however, Blackburn J. statement of principle [...] has had glosses put on it by the House of Lords and the Privy Council in a number of cases“[858].

---

857 Vgl. zu *Read* die Ausführungen unter C.III.4.b. bzw. C.V.1.a. und C.VI.2.b.dd. sowie zu *Rickards* unter C.IV.4.a. und C.VI.2.b.cc.

858 Lawton J. in *British Celanese Ltd. v. A. H. Hunt (Capacitors) Ltd.*, [1969] 2 All E.R. 1252, 1256.

D. Das Verhältnis der *Rule* zum *Statutory Law*

Diverse Lebensbereiche werden von Gesetzen erfasst, den *Statutes* oder *Acts*. In dem Maße, wie ein Gesetz Geltung beansprucht, kann es der Regel aus *Rylands v. Fletcher* ihren Anwendungsraum entziehen. Dies gründet auf dem Primats des *Statutory Law* gegenüber dem *Common Law*[859]. Es gilt daher herauszuarbeiten, in welchen Fallkonstellationen das Gesetzesrecht eine Anwendung der *Rule* beeinträchtigt und wie sich dies insgesamt auf *Rylands v. Fletcher* auswirkt.

I. Feuer: *Fires Prevention (Metropolis) Act 1774*

Das älteste der für *Rylands* bedeutsamen *Statutes* ist der *Fires Prevention (Metropolis) Act 1774*[860]. Dieses Gesetz stellt Personen, auf deren Grundbesitz ein Feuer „accidentally" (also versehentlich), ausbricht, von jeder Haftung für die Folgen dieses Feuers frei[861]. Der Begriff „accidental" erfasst Feuer, die „by mere chance" (und mithin unterhalb der Fahrlässigkeitsschwelle) entstehen[862]. Dies könnte eine empfindliche Einschränkung der *Rule* in ihrem Anwendungsgebiet der Brandschäden bedeuten. Jedoch wird ein Feuer nicht als „accidental" angesehen, falls es durch eine Gefahrenquelle im Sinne der *Rule* verursacht wird[863]. Da aber die Gerichte sowohl Feuer selbst als schadensstiftende Gefahrenquelle qualifiziert haben als auch solche Objekte, die Feuer fangen können[864], lässt der *Act* die *Rule* insoweit unberührt[865].

---

859 Vgl. oben A.II.1.a.

860 Entgegen der Bezeichnung „Metropolis" gilt der *Act* nicht nur für städtische Ballungsräume, sondern auch für ländliche Gebiete; vgl. Buckley in „Clerk and Jolowicz on Torts" (19. Auflage 2006) S. 1260, Rdnr. 21–48.

861 Der *Act* bestimmt, dass „no action, suit or process whatever shall be had, maintained or prosecuted against any person in whose house, chamber, stable, barn or other building, or on whose estate any fire shall [...] accidentally begin", *Fires Prevention (Metropolis) Act 1774*, Ch. 78, s. 86.

862 In der Folge erfasst der *Act* keine fahrlässig verursachten Brände; vgl. Buckley, a. a. O., S. 1260, Rdnr. 21–49; Hodgson/Lewthwaite: „Tort Law" (2004), S. 361.

863 Vgl. Bankes L.J. in *Musgrove v. Pandelis*, [1919] 1 K.B. 43, 47; MacKenna J. in *Mason v. Levy Auto Parts of England Ltd.*, [1967] 2 All E.R. 62, 68; vgl. auch Ogus: „Vagaries in Liability for the Escape of Fire", (1969) C.L.J. 104, 115 f.; Cooke: „Law of Tort", (9. Auflage 2009), S. 370; Lunney/Oliphant: „Tort Law" (4. Auflage 2010), S. 702.

864 Vgl. dazu eingehend oben C.I.1.

865 Darüber hinaus sind Brände ohnehin nicht vom *Act* erfasst, die auf öffentlichen Straßen oder an beweglichen Orten (z. B. Schiffen) entstehen; vgl. Buckley, a. a. O., S. 1260, Rdnr. 21–48.

Im Ergebnis ist daher festzustellen, dass die *Rule* ihre Anwendungsgebiete nicht an den *Fires Prevention (Metropolis) Act 1774* verliert[866].

II. Eisenbahnen: *Railway Fires Act 1905*

Der *Railway Fires Act 1905*[867] betrifft Schäden, die durch den Funkenflug von Lokomotiven verursacht werden. Konkret erfordert der *Act* einen durch Feuer verursachten Schaden an landwirtschaftlicher Nutzfläche im Allgemeinen oder der Ernte im Besonderen[868]. Das Feuer selbst muss durch Funken oder glühende Kohlestücke ausgelöst werden, die eine Lokomotive[869] beim Befahren einer Bahnstrecke erzeugt[870]. Allerdings gewährt der *Act* nur Ansprüche bei einem Schaden von mindestens £ 3.000[871]. Ziel des *Railway Fires Act 1905* ist es, dass eine Haftung des Schädigers für die definierten Schäden nicht allein deshalb ausgeschlossen sein soll, weil er die Lokomotive mit gesetzlicher Ermächtigung betreibt[872]. In Bezug auf *Rylands* knüpft der *Act* daher an die *Defence* der *Statutory Authority*[873] an: Allein eine gesetzliche Ermächtigung vermag nach den Bestimmungen des *Act* eine Anwendung der *Rule* nicht zu verhindern. In der Folge hat der *Act* in mehreren Fällen zu einer Haftung des Schädigers nach *Rylands* geführt[874]. Damit sperrt diese Regelung einen wichtigen Ausschlussgrund der *Rule* und erweitert auf diese Weise deren Spielraum.

III. Atomanlagen: *Nuclear Installations Act 1965*

Der *Nuclear Installations Act 1965* regelt die Haftung für Atomanlagen. Deren Betreiber hat die Pflicht, Zwischenfälle beim Betrieb eines Atomkraftwerks oder beim

866 Zu diesem Ergebnis kommt auch Murphy in „Street on Torts“ (12. Auflage 2007), S. 485. Ähnlich Ogus, a. a. O., S. 116.

867 Der offizielle Titel ergibt sich aus *Railway Fires Act 1905*, Ch. 11, s. 5.

868 Vgl. *Railway Fires Act 1905*, Ch. 11, s. 1 (1). Zu den Begriffen „landwirtschaftliche Nutzfläche“ und „Ernte“ vgl. die Legaldefinition a. a. O., Ch. 11, s. 4.

869 Vgl. die Legaldefinition in *Railway Fires Act 1905*, Ch. 11, s. 4.

870 Darüber hinaus muss der Geschädigte den Schädiger spätestens sieben Tage nach dem Feuer schriftlich hiervon in Kenntnis setzen und ihm zudem innerhalb von 21 Tagen nach Schadenseintritt mitteilen, dass er eine Klage beabsichtigt und welche Schadenshöhe er einzuklagen gedenkt; vgl. *Railway Fires Act 1905 Amendment Act 1923*, Ch. 27, s. 2.

871 Vgl. *Railway Fires Act 1905*, Ch. 11, s. 1 (3); vgl. dazu auch Rogers in „Winfield and Jolowicz on Tort“ (17. Auflage London 2006), S. 720.

872 Vgl. *Railway Fires Act 1905*, Ch. 11, s. 1 (1).

873 Vgl. dazu oben C.IV.5.

874 Vgl. insbesondere *Justice* Blackburns Entscheidung in *Jones v. The Festiniog Railway Co.*, (1868) L.R. 3 Q.B. 733 sowie *Powell v. Fall*, (1880) 5 Q.B. 597; *Mansel v. Webb*, [1918–19] All E.R. Rep. 794.

Transport von Nuklearmaterial zu verhindern[875]. Resultiert aus der Verletzung dieser Pflicht ein Schaden für Dritte, so haftet der Betreiber verschuldensunabhängig auf Ersatz[876] sowohl für Sach-[877] als auch für Personenschäden[878].

Da Anspruchsgrundlagen außerhalb des Gesetzes ausdrücklich gesperrt sind[879], bleibt für *Rylands* in dieser Fallkonstellation kein Raum, obgleich der Regelungsgegenstand (Nuklearmaterial) aufgrund seines hohen Gefahrenpotentials ansonsten den Anwendungsbereich der *Rule* beträfe[880]. Jedoch stimmen die beiden Anspruchsgrundlagen insofern überein, als sie kein Verschulden des Schädigers fordern[881], ein Mitverschulden des Geschädigten[882] aber berücksichtigen. In einer Reihe[883] von Punkten ist der im *Nuclear Installations Act 1965* vorgegebene Haftungsmaßstab sogar strenger[884] als derjenige der *Rule*: Im Unterschied zu *Rylands*[885] ist für eine Haftung des Betreibers nach dem *Nuclear Installations Act 1965* nämlich kein Entweichen der Gefahrenquelle erforderlich[886]. Auch die „Natürlichkeit" der Grundstücksnutzung spielt (anders als in der *Rule*[887]) keine Rolle[888]. Zudem ist im Gegensatz zu

---

875 Vgl. *Nuclear Installations Act 1965*, Ch. 57, s. 7–10; vgl. dazu auch Lee: „Civil Liability of the Nuclear Industry", (2000) 12 J.E.L. 317, 319 ff.

876 Die Ersatzfähigkeit reiner Vermögensschäden erscheint angesichts der Entscheidung von Gatehouse J. in *Merlin v. British Nuclear Fuels plc.* ([1990] 2 Q.B. 557, 572) zweifelhaft; vgl. auch Lee, a. a. O., S. 321. Allerdings hat sich die Rechtsprechung seit diesem Urteil generell etwas großzügiger bei der Schadenserfassung gezeigt; vgl. nur Aldous L.J. in *Blue Circle Industries plc. v. Ministry of Defence*, [1998] 3 All E.R. 395, 393 f.

877 Als Sachschäden gilt auch die radioaktive Kontaminierung von Grundstücken; vgl. Aldous L.J. in *Blue Circle Industries plc. v. Ministry of Defence*, [1998] 3 All E.R. 395, 393.

878 Vgl. *Nuclear Installations Act 1965*, Ch. 57, s. 12 (1) (a) i. V. m. s. 7 (1) (a).

879 Vgl. *Nuclear Installations Act 1965*, Ch. 57, s. 12 (1) (b).

880 Vgl. oben C.I.2.a.

881 Ebenso Lee: „Civil Liability of the Nuclear Industry", (2000) 12 J.E.L. 317, 320.

882 Vgl. *Nuclear Installations Act 1965*, Ch. 57, s. 13 (6). Vgl. dazu auch Buckley, a. a. O., S. 1276, Rdnr. 21–82 m. w. N.

883 Allerdings trifft der *Act* – im Gegensatz zu *Rylands* – keinerlei Regelung in Bezug auf die Verantwortlichkeit des Betreibers für *Independent Contractors.*

884 Jedoch neigen die Gerichte dazu, den *Act* eng auszulegen, sodass insbesondere im Hinblick auf den nachzuweisenden Kausalzusammenhang diverse Geschädigte nicht mit ihren Klagen durchzudringen vermochten; vgl. McBride/Bagshaw: „Tort Law" (2. Auflage 2005), S. 754 m. w. N.

885 Vgl. oben B.II 3. und C.III.

886 Vgl. auch Buckley, a. a. O., S. 1076, Rdnr. 20–83.

887 Vgl. oben C.VI.

888 Dies ist nicht unbedeutend: Da Atomkraftwerke Strom produzieren, dienen sie einem gesamtgesellschaftlich „nützlichen" Zweck – und könnten daher als „gewöhnlicher" *Non-Natural Use* von der *Rule* ausgeschlossen werden.

Rylands[889] im *Act* der Ersatz von Personenschäden unstrittig erfasst[890]. Überdies kann sich der Betreiber einer Atomanlage nicht wie bei *Rylands*[891] entlasten, indem er die *Defences* für *Acts of God*[892] bzw. *Acts of Strangers* einwendet oder sich auf *Statutory Authority* bzw. das (mutmaßliche) Einverständnis des Geschädigten beruft.

Zusammenfassend verhindert die Sperrklausel des *Nuclear Installations Act 1965* zwar die Anwendung von *Rylands* im Bereich von durch Atomkraft verursachte Schäden. Allerdings ist das Haftungsregime des Gesetzes nicht milder als dasjenige der *Rule*, sondern übertrifft deren Strenge sogar in einigen Punkten.

IV. Erdgas: *Gas Act 1965*

Der *Gas Act 1965* behandelt Schäden, die durch unterirdisch gelagertes oder transportiertes Erdgas verursacht werden. Konkret benennt das Gesetz drei Fallgruppen, in denen es greift: Gas, das in unterirdischen Leitungen akkumuliert wird oder aber solches in Bohrlöchern, die mit unterirdischen Leitungen verbunden sind, sowie Gas, das aus derartigen Leitungen bzw. Bohrlöchern entweicht bzw. bereits entwichen ist[893]. Für diese Fälle sieht der *Gas Act 1965* vor, dass der Gasversorger „absolutely liable in civil proceedings" ist[894].

Dies betrifft unmittelbar den Anwendungsbereich der *Rule*, die mehrfach auf entweichendes Erdgas angewandt worden ist[895]. Jedoch stellt der *Act* sogar ein strengeres Haftungsregime auf, da er einzig ein Mitverschulden des Geschädigten als *Defence* anerkennt[896] und die sonstigen Beschränkungen der *Rule*[897] übergeht. Bedeutsam ist dies insbesondere für *Statutory Authority*, da diese *Defence* gerade in Klagen gegen Erdgasversorger beträchtliche Wirkung gegen *Rylands* erzielt hat[898]. Auch einen *Non-Natural Use* kennt der *Act* nicht, obgleich es durchaus denkbar wäre, die Versorgung der Bevölkerung mit Erdgas als gesamtgesellschaftlich nützlich und

889 Hier ist die Ersatzfähigkeit von Personenschäden angesichts der *Dicta* des *House of Lords* in *Read v. Lyons* nicht unumstritten; vgl. oben C.V.1.a.

890 Vgl. *Nuclear Installations Act 1965*, Ch. 57, s. 12 (1) (a) i. V. m. s. 7 (1) (a).

891 Vgl. oben unter C.V. die Abschnitte 3., 4. und 5.

892 Vgl. *Nuclear Installations Act 1965*, Ch. 57, s. 13 (4) (b). Einzig feindliche Handlungen im Rahmen bewaffneter Konflikte können zu einem Haftungsausschluss führen; vgl. Ch. 57, s. 13 (4) (a).

893 Vgl. *Gas Act 1965*, Pt. II, Ch. 36, s. 14 (1).

894 Vgl. *Gas Act 1965*, Pt. II, Ch. 36, s. 14 (1), (2).

895 Vgl. oben C.I.1.

896 Vgl. *Gas Act 1965*, Pt. II, Ch. 36, s. 14 (3) i. V. m. *Law Reform (Contributory Negligence) Act 1945*. Allerdings sieht der *Act* keine Haftung für *Independent Contractors* vor.

897 Vgl. oben C.IV.

898 Vgl. dazu oben unter C.IV.5; in dieser Fallgruppe relevant auch die Beschränkungen durch die *Defence* bei mutmaßlichem Einverständnis (C.IV.2.).

folglich als *Ordinary Use* zu interpretieren[899]. Beachtenswert ist überdies, dass der *Act* – im Gegensatz zu *Rylands*[900] – nicht einmal ein Entweichen der Gefahrenquelle aus dem Herrschaftsbereich des Schädigers fordert[901]. Dessen Ersatzpflicht schließt zudem (deutlicher als die *Rule*[902]) sowohl Sach- als auch Personenschäden ein[903].

Der *Act* entzieht der *Rule* Erdgas als Anwendungsgebiet; dies ist jedoch auf Fallkonstellationen beschränkt, in denen das Gas aus Bohrlöchern oder Untergrundleitungen akkumuliert wurde[904]. Ohnehin stellt der *Act* im Ergebnis einen in seiner Strenge noch erheblich über *Rylands* hinausreichenden Haftungsmaßstab auf.

V. Gefahrenquellen: *Law Commission* zu *Civil Liability for Dangerous Things and Activities* (1970)

Das Parlament setzte auf Grundlage des *Law Commissions Act 1965* eine unabhängige Expertenkommission[905] ein, um Vorschläge zur Reform des englischen Rechtssystems zu erarbeiten. Ein Untersuchungsgegenstand dieser *Law Commission* war auch die „zivilrechtliche Haftung für gefährliche Dinge und Tätigkeiten"[906]: Die Kommission sollte die bestehende Rechtslage[907] analysieren, um die Grundlage für ein vereinheitlichendes Gesetzgebungsverfahren des Parlaments zu schaffen[908].

899 Vgl. oben C.VI.2.b.dd.

900 Vgl. oben B.II 3. und C.III.

901 Dies gilt jedenfalls für die ersten beiden der eingangs benannten Fallgruppen.

902 Vgl. nur C.V.1.a.

903 Vgl. *Gas Act 1965*, Pt. II, Ch. 36, s. 14 (4). Ansprüche wegen des Todes von Menschen sind unter Berücksichtigung der Bestimmungen des *Fatal Accidents Acts 1976* möglich, jedoch in ihrer Höhe auf £ 10.000 beschränkt, vgl. s. 14 (2). In Bezug auf Vermögensschäden trifft der *Act* keine Regelung.

904 Weiter möglich könnte die Anwendung von *Rylands v. Fletcher* daher für Gas sein, das nicht aus unterirdischen Leitungen oder Bohrlöchern entweicht, sondern z. B. in einem anderweitigen Behältnis bzw. oberirdisch im Herrschaftsbereich des Schädigers gelagert wird.

905 Vgl. zur Zusammensetzung der *Law Commission* den *Law Commission Act 1965*, c. 22, s. 1. sowie deren Bericht zur „Civil Liability for Dangerous Things and Activities", (1970) Law Commission Report No. 32, S. 10.

906 Daher auch die Bezeichnung des Abschlussberichts; vgl. dazu *Item* IV im *Law Commission's First Programme*; abgedruckt bei *Law Commission*: „Civil Liability for Dangerous Things and Activities", (1970) Law Commission Report No. 32, S. 1.

907 Dabei beschränkte sich die Kommission aber nur auf das *Common Law* und sonderte das Gesetzesrecht aus. Im Richterrecht wiederum untersuchte man neben *Rylands* auch *Nuisance* und die Haftung für *Independent Contractors*, lagerte aber die Tierhalterhaftung in einen weiteren Untersuchungsbericht aus (welcher durch den *Animals Act 1971* umgesetzt wurde; vgl. dazu D.VI.). Vgl. zum Untersuchungsgegenstand *Law Commission*, a. a. O., S. 2, Rdnr. 4 bzw. S. 3, Rdnr. 6.

908 Vgl. dazu auch den *Law Commission Act 1965*, c. 22, s. 3.

In ihrem Abschlussbericht sah sich die *Law Commission* aber nicht in der Lage, eine Reformempfehlung vorzulegen[909]. Zwar erkannte man durchaus Reformbedarf angesichts beträchtlicher Komplexität und Uneinheitlichkeit in der bestehenden Rechtslage[910]. So beklagte die Kommission das Fehlen einer verbindlichen Definition von „Gefahrenquellen"[911] und deutete Vorbehalte gegenüber dem Ausschluss der *Rule* bei *Statutory Authority* und *Ordinary Use* an[912]. Überdies äußerte man unverhohlen Skepsis gegenüber einem lediglich verschuldensbasierten Haftungsregime für Quellen erhöhter Gefahr[913].

Trotzdem wollte die *Commission* keine Gesamtlösung[914] für dieses Rechtsgebiet vorlegen, da man den Untersuchungsgegenstand – der Personenschäden ausschloss – für zu eng gefasst hielt[915]. Dabei ging die Kommission von dem Grundsatz aus, dass die Basis strikter Haftungsmodelle für Gefahrenquellen gerade in der Außergewöhnlichkeit ihres Schadensrisikos liegen müsse[916]. Die gesetzliche Bemessung einer solchen Gefährdungslage hielt man aber nicht für möglich, ohne das Risiko von Personenschäden darin einzubeziehen[917].

Im Ergebnis konnte der Bericht der *Law Commission* mithin keine Auswirkungen auf *Rylands* entfalten. Da die Kommission keine Beschlussvorlage an das Parlament unterbreitete, kam es auch nicht zu einer Gesetzesinitiative, um die *Rule* durch einen umfassenden *Act* über die Haftung für Gefahrenquellen zu ersetzen.

VI. Tiere: *Animals Act 1971*

Der *Animals Act 1971* regelt die Haftung von Tierhaltern. Das *Statute* ersetzt die klassischen *Common-Law*-Tierhaftungsregeln, indem es deren Grundprinzipien

909 Vgl. *Law Commission*, a. a. O., S. 12, Rdnr. 20.

910 Vgl. *Law Commission*, a. a. O., S. 4, Rdnr. 7.

911 Daher erwog man eine verbindliche Legaldefinition der „gefährlichen Dinge und Tätigkeiten" unter abschließender Aufzählung ihrer Anwendungsfälle; vgl. *Law Commission*, a. a. O., S. 11, Rdnr. 17.

912 Vgl. *Law Commission*, a. a. O., S. 11, Rdnr. 17. Zur Reichweite dieser Haftungsgrenzen vgl. oben C.IV.5. und C.VI.2.b.

913 Vgl. *Law Commission*, a. a. O., S. 7, Rdnr. 9 i. V. m. S. 36, *Appendix* II. Dagegen fand der Ansatz des amerikanischen *Restatement of Torts* (vgl. dazu ausführlich unten F.III.) – zumindest in Teilen – durchaus Zustimmung (vgl. *Law Commission*, a. a. O., S. 8 ff., Rdnr. 12 ff.).

914 Die Kommission erwog lediglich eine Reihe von unverbindlichen Vorschlägen, von denen sie aber keine Variante umsetzte: Man eruierte die Beibehaltung des Status Quo sowie die vollständige Abschaffung der Rule, ferner eine Änderung der Anwendungsgebiete oder der Haftungsvoraussetzungen. Vgl. zum Ganzen *Law Commission*, a. a. O., S. 6, Rdnr. 8.

915 Vgl. *Law Commission*, a. a. O., S. 1, Rdnr. 2; S. 8, Rdnr. 11; S. 11, Rdnr. 18.

916 Vgl. *Law Commission*, a. a. O., S. 4, Rdnr. 7.

917 Vgl. *Law Commission*, a. a. O., S. S. 8, Rdnr. 11; S. 10, Rdnr. 16.

aufgreift[918]: In der Folge unterscheidet der *Act* die Haftung für gefährliche bzw. ungefährliche Tierarten (ehemals *Animals Ferae Naturae* bzw. *Mensuetae Naturae*) und statuiert einen Sondertatbestand für den Übertritt von Vieh auf Grundstücke (zuvor *Cattle Trespass*)[919].

Als „gefährlich" sieht der *Act* solche Tierarten an, die gewöhnlich auf den Britischen Inseln nicht domestiziert werden, und die als ausgewachsene und ungebändigte Tiere „normalerweise" Schaden anrichten bzw. im Falle einer Schädigung besonders schweren Schaden verursachen; auf die Eigenschaften des konkreten Tieres kommt es dabei nicht an[920]. Der Halter[921] haftet verschuldensunabhängig für „any damage"[922], was Personen-[923] und Sachschäden[924] einschließt[925]. Der Schaden muss weder konkret vorhersehbar noch unmittelbare Folge der die besondere Gefährlichkeit einer Tierart begründenden Eigenschaften sein[926]. Der Tierhalter kann sich jedoch einer Haftung entziehen, indem er das bewusste Einverständnis des

918 Vgl. *Animals Act 1971*, c. 22, s. 1 (1) (a), (c). So auch die Beurteilung der *Law Commission* in „Civil Liability for Animals", (1967) Law Com. No. 13, S. 12 f. Kritisch North: „The Modern Law of Animals" (1971), S. 19 f.

919 Vgl. dazu jeweils auch oben unter B.II.1.b. sowie B.II.6.a.cc. bzw. B.II.6.b. Außerdem haften Hundehalter nach dem *Act* auf Schadensersatz, wenn ihr Hund das Vieh des Geschädigten verletzt (*Animals Act 1971*, c. 22, s. 3). Eine Ausnahme gilt, falls sich die geschädigten Tiere unberechtigt auf dem Grundstück befinden und dort von einem dem Inhaber zuzuordnenden Hund verletzt werden (*Animals Act 1971*, c. 22, s. 5 [4]).

920 Vgl. *Animals Act 1971*, c. 22, s. 6 (2). Als Anhaltspunkt hierfür können der *Dangerous Wild Animals Act 1976* oder der *Dangerous Dogs Act 1991* herangezogen werden; vgl. Dugdale/Jones, a. a. O., S. 1278, Rdnr. 22–03, Anm. 9.

921 Unter dem Begriff des Halters versteht der *Act* den Eigentümer oder den (die tatsächliche Kontrolle nicht nur zum Zwecke der Rückführung an den Halter ausübenden; vgl. s. 6 [4]) Besitzer des Tieres; vgl. *Animals Act 1971*, c. 22, s. 6 (3).

922 Vgl. *Animals Act 1971*, c. 22, s. 2 (1). Es gelten die Verjährungsregeln des *Limitation Act 1980*; vgl. s. 10.

923 Vgl. *Animals Act 1971*, c. 22, s. 11.

924 Vgl. Murphy in „Street on Torts" (11. Auflage 2003), S. 452.

925 Eine Regelung hinsichtlich der Ersatzfähigkeit von Vermögensschäden trifft der *Act* nicht ausdrücklich. Diese werden durch den Gesetzgeber allerdings häufig als „loss" (im Gegensatz zu „damage", wovon der *Act* spricht) bezeichnet (vgl. etwa den *Water Industry Act 1991*, c. 56, pt. VIII, s. 209 [1] bzw. den *Water Resources Act 1991*, c. 57, pt. IX, s. 208 [1]), was die Ersatzfähigkeit der Vermögensschäden unter dem *Act* zweifelhaft erscheinen lässt.

926 Vgl. Dugdale/Jones, a. a. O., S. 1278 f., Rdnr. 21–03; vgl. auch zu der alten *Common-Law*-Rechtslage *Behrens v. Bertram Mills Circus*, [1957] 2 Q.B. 1, 17.

Geschädigten in die Gefahr nachweist[927] oder wenn sich der Geschädigte unberechtigt auf dem Grundstück befand[928].

Für Halter „ungefährlicher" Tierarten spricht der *Act* unter mehreren kumulativen Voraussetzungen eine Haftung aus. Es ist erforderlich, dass es „likely"[929] ist, dass das konkrete Tier den eingetretenen Schadenstypus ungebändigt verursacht oder dass durch das Tier bewirkte Schäden schwerwiegend sind[930]. Zudem muss dies auf im Vergleich zu dieser Tierart im Allgemeinen oder in bestimmten Situationen[931] anormale Besonderheiten des konkreten Tieres zurückzuführen sein[932]. Schließlich muss dies dem Halter bekannt gewesen sein[933]. Erforderlich ist zudem der Nachweis einer Kausalbeziehung zwischen der betreffenden Besonderheit des Tieres und dem eingetretenen Schaden[934], für dessen Inhalt ansonsten keine Besonderheiten gegenüber den „gefährlichen" Tierarten gelten. Gleiches gilt für die *Defences*[935].

---

927 Vgl. *Animals Act 1971*, c. 22, s. 5 (2). Er ist aber für Beschäftigte des Halters eingeschränkt; vgl. s. 6 (5). Diese *Defence* wird generell enger interpretiert als der verwandte *Common-Law*-Ausschlussgrund; vgl. Ormrod J. in *Cummings v. Granger*, [1977] Q.B. 397, 408.

928 In diesem Fall wird der Geschädigte als *Trespasser* bezeichnet. Voraussetzung für den Haftungsausschluss ist allerdings, dass das schadensauslösende Tier entweder überhaupt nicht oder zumindest angemessenerweise zu Wachzwecken eingesetzt wurde; vgl. *Animals Act 1971*, c. 22, s. 5 (3).

929 Die Rechtsprechung hat diesen Begriff nicht hinsichtlich einer erhöhten Wahrscheinlichkeit interpretiert, sondern im Sinne einer bloßen Möglichkeit; vgl. die Einschätzung von Dugdale/Jones (a. a. O., S. 1280, Rdnr. 22–05) unter Verweis auf *Smith v. Ainger*, [1990] C.L.Y. 3297.

930 Vgl. *Animals Act 1971*, c. 22, s. 2 (2) (a). Die Schwere der Schädigung muss aber nicht auf Besonderheiten des konkreten Tieres zurückzuführen sein; vgl. Stuart-Smith L.J. in *Curtis v. Betts*, [1990] 1 W.L.R. 459, 469. Auch muss der tatsächlich eingetretene Schaden nicht schwerwiegend sein; vgl. Dugdale/Jones, a. a. O., S. 1279, Anm. 17 m. w. N.

931 Mithilfe dieses Merkmals wurde etwa die Eigenart bestimmter Hunderassen erfasst, ihr Revier besonders aggressiv zu verteidigen; vgl. Stuart-Smith L.J. in *Curtis v. Betts*, a. a. O., S. 469 f.

932 Vgl. *Animals Act 1971*, c. 22, s. 2 (2) (b).

933 Vgl. *Animals Act 1971*, c. 22, s. 2 (2) (c). Dies ist aber weit gefasst worden: So musste in *Wallace v. Newton* der durch ein Pferd Verletzte nur nachweisen, dass sich das Tier bereits zuvor unberechenbar verhalten hatte, nicht jedoch, dass es zum Angriff auf Menschen neigte; vgl. Park J. in *Wallace v. Newton*, [1982] 1 W.L.R. 375, 381.

934 Vgl. *Jaundrill v. Gillett*, The Times, 30.01.1996 (zitiert nach Murphy in „Street on Torts" [11. Auflage 2003], S. 453, Anm. 15).

935 Auch hier kann sich der Tierhalter gegenüber Einwilligenden (*Animals Act 1971*, c. 22, s. 5 [2]) oder unberechtigten Eindringlingen (*Animals Act 1971*, c. 22, s. 5 [3]) der Haftung entziehen.

Darüber hinaus sieht der *Act* eine Haftung von Viehhaltern vor, wenn ihre Tiere auf das Land des Geschädigten gelangen[936] und entweder das Land bzw. die darauf befindliche Sachen schädigen oder wenn das Vieh von dem Geschädigten mangels Rückführungsmöglichkeit unterhalten werden muss[937].

Festzuhalten ist, dass die Haftung nach dem *Animals Act 1971* kein Verschulden des Ersatzpflichtigen voraussetzt und daher als Gefährdungshaftung[938] zu qualifizieren ist. Insofern besteht Übereinstimmung mit *Rylands v. Fletcher.* In Bezug auf die zugelassenen *Defences* ist der *Act* sogar strenger als die *Rule*[939], da ein Tierhalter sich nicht auf *Acts of God* bzw. *Acts of Strangers*[940] oder *Statutory Authority* berufen kann. Zudem setzt der *Act* (im Unterschied zu *Rylands*) nicht durchgängig[941] ein *Escape* von Tieren aus dem Herrschaftsbereich des Schädigers voraus; insoweit genügt es dem *Act*, dass ein Tier aus der Kontrolle des Halters entweicht.

Die Frage der Vorhersehbarkeit beantwortet der *Act* unterschiedlich. Für „gefährliche" Tiere haftet deren Halter unabhängig davon, ob er den Schaden oder die Gefährlichkeit der Tiere voraussehen konnte. Auch die Haftung für Viehübertritt ist nicht von derartigen Voraussetzungen abhängig. Dies entspricht dem Haftungsregime der *Rule*[942]. Hingegen erlaubt der *Act* bezüglich ungefährlicher Arten nur bei Kenntnis der haftungsbegründenden Besonderheiten des betreffenden Tieres eine Haftung.

Während der *Act* im Grundsatz keinen *Non-Natural Use* fordert, klingt dieses Element aus *Rylands* gleichwohl an einigen Punkten an. So ist die Einordnung eines Tieres als „gefährlich" im Sinne des *Act* davon abhängig, ob es „not commonly

---

936 Hat es allerdings der Grundstücksinhaber versäumt, das Land einzuzäunen, so kann dies seinem Ersatzanspruch entgegenstehen; vgl. *Animals Act 1971*, c. 22, s. 5 (6). Ferner besteht keine Haftung, falls das Vieh von einer Straße auf das Grundstück gelangt (falls es sich dort rechtmäßig aufgehalten hatte); vgl. *Animals Act 1971*, c. 22, s. 5 (5).

937 Vgl. *Animals Act 1971*, c. 22, s. 4. Als Tierhalter wird gemäß s. 4 (2) der Besitzer der Tiere gesehen; als Grundstücksinhaber gilt gemäß s. 4 (1) der Eigentümer oder Besitzer des Landes.

938 Vgl. oben A.II.2.

939 Vgl. zu deren *Defences* oben C.IV.

940 Dies gilt lediglich dann nicht, wenn der Geschädigte selbst ein *Stranger* ist, da er unberechtigt auf das Grundstück des Schädigers eindringt. Dies ist aber insoweit von der *Defence* der *Rule* zu trennen, als dort der *Stranger* aktiv in den Kausalverlauf eingreifen muss, im Zuge dessen eine andere Person Schaden erleidet (vgl. C.IV.4.). Dagegen behandelt der *Act* den Fall, dass der *Stranger* – unabhängig davon, ob er in das schadensstiftende *Escape* eingreift – selbst diejenige Person ist, die passiv den Schaden erleidet.

941 Notwendig ist ein *Escape* natürlich im Rahmen der Haftung für Viehübertritt; allerdings ist anzumerken, dass dieses *in* den Herrschaftsbereich des Geschädigten hinein erfolgen muss, nicht aber undbedingt *aus* demjenigen des Schädigers heraus.

942 Vgl. oben B.II.1.b. und C.I.2.d.

domesticated in the British Isles“[943] ist; hier kann durchaus eine Parallele zum „Gewöhnlichkeitsfilter“[944] gezogen werden[945]. Ebenso erinnert die Klassifizierung in gefährliche und ungefährliche Arten an den „Gefährlichkeitsfilter“[946]. Auf diese Weise weisen einige Elemente des *Animals Act 1971* zwar Parallelen zum *Non-Natural Use* aus der *Rule* auf, eine konsequente Anwendung dieses *Rylands*-Merkmals ist aber nicht zu erkennen.

In seinem Anwendungsbereich sperrt der *Animals Act 1971* die *Rule* ebenso[947], wie die alten *Common-Law*-Tierhaftungsregeln (insbesondere *Scienter Action* und *Cattle Trespass*) durch den *Act* verdrängt werden[948]. Jedoch waren Letztere bereits vor Inkrafttreten des *Act* auf dem Gebiet der Tierhaftung dominierend, wohingegen *Rylands* – trotz der theoretischen Anwendbarkeit insbesondere für „gefährliche“ Tierarten – nur sporadisch angewandt wurde[949]. Daher ist der *Animals Act 1971* in der Praxis keine einschneidende Beschränkung der Regel aus *Rylands v. Fletcher*, sondern eher eine Ergänzung.

VII. Wasserreservoirs: *Reservoirs Act 1975*

Der *Reservoirs Act 1975* behandelt Wasser, das aus Reservoirs entweicht, worunter jegliche überirdischen Wasserstauanlagen gefasst werden[950], nicht aber Minen und Binnenschifffahrtswege wie etwa Kanäle[951]. Der *Act* schreibt vor, dass sich die Betreiber dieser Reservoirs einer Haftung nicht allein deshalb entziehen können, weil sie eine gesetzliche Ermächtigung[952] zur Errichtung ihres Reservoirs vorweisen können[953]. Dies bedeutet für *Rylands v. Fletcher*, dass der Haftungsausschlussgrund der *Statutory Authority*[954] in dieser Fallgruppe nicht zu greifen vermag. Der *Reservoirs Act 1975* erweitert auf diese Weise den Wirkungsbereich der *Rule*[955].

---

943 Vgl. *Animals Act 1971*, c. 22, s. 6 (2) (a).

944 Vgl. oben C.VI.2.b.

945 Zudem besteht für die Schädigung eines unberechtigten Eindringlings durch einen Wachhund dann kein Ersatzanspruch nach dem *Act*, wenn dessen Haltung zu Wachzwecken nicht „unreasonable“ war ; vgl. *Animals Act 1971*, c. 22, s. 5 (3) (b).

946 Vgl. oben C.VI.2.c.

947 Vgl. Dugdale/Jones, a. a. O., S. 1277, Rdnr. 22–01. Allerdings hält sich North (a. a. O., S. 175) die Anwendung der Rule noch offen.

948 Vgl. *Animals Act 1971*, c. 22, s. 1 (1) (a), (c).

949 Vgl. oben C.I.1.

950 Vgl. *Reservoirs Act 1975*, Ch. 23, s. 1 (1).

951 Vgl. *Reservoirs Act 1975*, Ch. 23, s. 1 (1), (2).

952 Dies gilt jedoch nur für Reservoire, die nach 1930 errichtet sind und sich auf nach Juli 1930 erteilte gesetzliche Ermächtigungen stützen; vgl. *Reservoirs Act 1975*, Ch. 23, s. 28, sch. 2.

953 Vgl. *Reservoirs Act 1975*, Ch. 23, s. 28, sch. 2.

954 Vgl. dazu oben C.IV.5.

955 Auch das *House of Lords* hat bestätigt, dass für berstende Wasserreservoirs die Grundsätze von *Rylands v. Fletcher* fortgelten; vgl. Lord Bingham of Cornhill in

VIII. Personenschäden: *Royal Commission* zu *Civil Liability and Compensation for Personal Injury* (1978)

Auf königliche Weisung wurde 1973 eine Expertenkommission eingesetzt[956], um allgemeingültige Haftungsregeln für Personenschäden zu erarbeiten[957]. Die 1978 vorgelegte Abschlussempfehlung der *Royal Commission* enthielt neben diversen Spezialgesetzen[958] auch einen Abschnitt über eine allgemeine Gefährdungshaftung für „Exceptional Risks"[959].

Darin wurde die Verabschiedung einer generalisierenden Gesetzesregelung zu jeglichen[960] Quellen erhöhter Gefahr vorgeschlagen[961]. Man sah zwei abstrakte Kategorien von Gefahrenquellen[962]: Einerseits zielte man auf Tätigkeiten oder Dinge ab, die besonders anfällig für Schadensfälle sind (etwa Sprengstoff)[963]. Andererseits wollte man eigentlich sichere, jedoch im Unglücksfall mit besonders gravierendem Schadenspotential verbundene Gefahrenquellen erfassen (wie

---

Transco v. Stockport M.B.C., [2003] U.K.H.L. 61, [6].

956 Vgl. *Royal Commission*: „Civil Liability and Compensation for Personal Injury", (1978) Cmnd. 7054, Vol. I, S. iii f.f. Die Kommission wurde unter Verweis auf ihren Vorsitzenden Lord Pearson auch als *Pearson Commission* bezeichnet.

957 Vgl. *Royal Commission*: „Civil Liability and Compensation for Personal Injury", a. a. O., S. iv sowie S. 3.

958 So schlug die Kommission auch ein verschuldensunabhängiges Haftungsregime für Straßenverkehrsunfälle vor; vgl. *Royal Commission*: „Civil Liability and Compensation for Personal Injury", (1978) Cmnd. 7054, Vol. I, Ch. 18, S. 213, Rdnr. 1004.

959 Vgl. *Royal Commission*: „Civil Liability and Compensation for Personal Injury", (1978) Cmnd. 7054, Vol. I, Ch. 31, S. 340, Rdnr. 1632.

960 Dies sollte nicht nur Tätigkeiten ebenso wie Dinge erhöhten Gefahrenpotentials erfassen. Vielmehr lehnte man auch die Differenzierung zwischen *Dangerous Things per se* bzw. *sub modo* (vgl. dazu oben C.I.2.b.) ausdrücklich ab; vgl. *Royal Commission*, a. a. O., S. 342, Rdnr. 1643.

961 Die vorgeschlagene Regelungssystematik sah vor, dass ein *Parent Law* als Basisregelung für alle Gefahrenquellen den Rahmen für ein verschuldensunabhängiges Haftungsregime statuieren sollte. Das *Parent Law* sollte wiederum auf Verordnungsebene von speziellen, auf die jeweilige Gefahrenquelle zugeschnittenen *Statutory Instruments* ergänzt werden; vgl. zum Ganzen *Royal Commission*, a. a. O., S. 344, Rdnr. 1651. Wie dehnbar und unsicher die Ausfüllung von Basisgesetzen durch *Statutory Instruments* sein kann, verdeutlicht aber der *Workers Safety Act 1974*: Dort war eine Ermächtigung zum Erlass von Verordnungen über Arbeitsschutz vorgesehen, die von (möglichst strengen) Haftungsvorschriften begleitet werden sollte – im Ergebnis wurde aber doch nur eine Verschuldenshaftung umgesetzt; vgl. zum Ganzen Rogers in „Winfield and Jolowicz on Tort" (17. Auflage 2006), S. 699 f.

962 Vgl. *Royal Commission*, a. a. O., S. 342 f., Rdnr. 1643.

963 Vgl. *Royal Commission*, a. a. O., S. 343, Rdnr. 1644.

Brückenkonstruktionen)[964]. Diese abstrakte Definition sollte spezifiziert werden durch eine enumerative Auflistung der konkret erfassten Gefahrenquellen[965].

Bei Realisierung dieses[966] Schadensrisikos sollte diejenige Person ersatzpflichtig sein, welche (ähnlich der *Rule*[967]) als „controller"[968] die physische Herrschaft[969] (oder alternativ die rechtliche Verantwortung[970]) in Bezug auf die Gefahrenquelle ausübt. Von der Aktivlegitimation ausgeschlossen wurden unbefugte Eindringlinge in den Herrschaftsbereich des Schädigers[971]. Als *Defences* wollte die Kommission ansonsten (im Einklang mit *Rylands*[972]) nur das Mitverschulden[973] oder Einverständnis[974] des Geschädigten anerkennen. Dagegen verzichtete die Abschlussempfehlung explizit auf die (aus *Rylands* bekannten[975]) *Defences* für *Acts of God*[976] *or Strangers*[977] sowie *Statutory Authority*[978].

Der königlichen Weisung folgend beschränkte die Kommission ihre Beschlussempfehlung allein auf den Ersatz von Personenschäden[979]. Daher sah man keinen Anlass, das Gefüge des sonstigen, auf Sachschäden konzentrierten Privatrechts anzutasten[980]. Auch den Stellenwert der *Negligence* als Grundsatz des allgemeinen Haftungsrechts wollte man – abgesehen von der eigenen Empfehlung zu Personenschäden infolge außergewöhnlicher Risikosituationen – nicht korrigieren[981]. Für *Rylands* beließ der Vorschlag der *Royal Commission* aber wenig Raum, da auf dem Gebiet der Personenschäden nunmehr ein allgemeines, gesetzlich verankertes Haftungsregime ohne Verschulden gelten sollte. Lediglich darüber hinaus blieben

964 Vgl. *Royal Commission*, a. a. O., S. 343, Rdnr. 1645.
965 Vgl. *Royal Commission*, a. a. O., S. 344, Rdnr. 1649.
966 Dabei wollte man (ähnlich dem amerikanischen *Restatement of Torts*; vgl. dazu nachfolgend unter F.III.1.b.) nur Schäden erfassen, in denen sich das besondere Schadensrisiko realisiert, nicht jedoch reguläre Schadensereignisse; vgl. *Royal Commission*, a. a. O., S. 348, Rdnr. 1666.
967 Vgl. oben B.II.2.d und C.II.3.
968 *Royal Commission*, a. a. O., S. 342, Rdnr. 1643.
969 Vgl. *Royal Commission*, a. a. O., S. 348, Rdnr. 1666.
970 Vgl. *Royal Commission*, a. a. O., S. 348, Rdnr. 1666.
971 Dies allerdings nur auf Ebene der spezifischen *Statutory Instruments* nach Maßgabe der jeweiligen Gefahrenlage; vgl. *Royal Commission*, a. a. O., S. 345 f., Rdnr. 1655 f.
972 Vgl. oben C.IV.1. und C.IV.2.
973 Vgl. *Royal Commission*, a. a. O., S. 345, Rdnr. 1654.
974 Vgl. *Royal Commission*, a. a. O., S. 345, Rdnr. 1654.
975 Vgl. oben unter C.IV. die Abschnitte 3., 4. und 5.
976 So jedenfalls die Mehrheitsauffassung in der Kommission; vgl. *Royal Commission*, a. a. O., S. 346 f., Rdnr. 1660.
977 Vgl. wiederum das Mehrheitsvotum unter *Royal Commission*, a. a. O., S. 346 f., Rdnr. 1660.
978 Vgl. *Royal Commission*, a. a. O., S. 345, Rdnr. 1653.
979 Vgl. *Royal Commission*, a. a. O., S. 347, Rdnr. 1662.
980 Vgl. *Royal Commission*, a. a. O., S. 349, Rdnr. 1670.
981 Vgl. *Royal Commission*, a. a. O., S. 340, Rdnr. 1629.

Rylands demnach Wirkungsmöglichkeiten beim Ersatz von Sach- und ggf. Vermögensschäden.

Allerdings geht die Vorlage der *Royal Commission* in der Strenge ihres verschuldensunabhängigen Haftungsregimes noch bedeutend über *Rylands* hinaus. Dies gilt insbesondere für den Ausschluss der mächtigen *Defences* bei *Acts of Strangers* und *Statutory Authority.* Auch auf die Beschränkungen des *Ordinary Use* verzichtete die Kommission bewusst[982]. Jedoch birgt die abschließende Aufzählung haftungsbegründender Gefahrenquellen erhebliches Potential, um den Anspruch eines umfassenden und effektiven Haftungsregimes zu untergraben: Eine derartige Liste[983] muss die parlamentarischen Gremien durchlaufen[984] und läuft in diesem Prozess Gefahr, beträchtlich ausgedünnt zu werden. Überdies muss befürchtet werden, dass die nachträgliche Aufnahme neuartiger[985] Gefahrenquellen in diese abschließende Liste massiv den widerstreitenden Interessen ökonomischer und politischer Einflussnahme auf die Legislative[986] – im Gegensatz zur unabhängigeren Judikative – ausgesetzt wäre. Dies wiederum kann das Bedürfnis nach strikten Haftungsregeln auch und gerade für moderne Risikotechnologien weitgehend untergraben.

Ein mahnender Beleg für diese Befürchtungen ist bereits die Abschlussempfehlung der *Royal Commission* selbst: Das Parlament hat den Entwurf nämlich bis heute nicht umgesetzt. Mit dem Regierungsantritt von Premierministerin Margaret Thatcher schwand bereits kurz nach Veröffentlichung der Empfehlung die politische Unterstützung für deren Umsetzung[987]. Auch heute sind keine Anhaltspunkte auszumachen, dass ein Gesetzgebungsverfahren auf Grundlage des Kommissionsentwurfs vorangetrieben wird[988]. Daher steht nicht zu erwarten, dass die *Rule* auf dem Gebiet der Personenschäden durch eine allgemeine Gefährdungshaftung des *Statutory Law* verdrängt wird.

---

982 Vgl. *Royal Commission*, a. a. O., S. 341, Rdnr. 1637. Auch vor diesem Hintergrund lehnte man die Lösung des amerikanischen *Restatement of Torts* (welche den Gewöhnlichkeitsfilter als *Common Usage* berücksichtigt; vgl. dazu nachfolgend F.III.1.a.) ab; vgl. *Royal Commission*, a. a. O., S. 343 f., Rdnr. 1647).

983 Kritisch auch Stanton, a. a. O., S. 95 f.

984 Vgl. *Royal Commission*, a. a. O., S. 348 , Rdnr. 1667 i. V. m. S. 347, Rdnr. 1664 f.

985 Ihren zuversichtlichen Standpunkt bezüglich der Aufnahme neuer Gefahrenquellen in die Liste erläuterte die Kommission leider nicht; vgl. *Royal Commission*, a. a. O., S. 344, Rdnr. 1650.

986 Ähnlich skeptisch auch Markesinis/Deakin/Johnston: „Tort Law“ (6. Auflage 2008), S. 628.

987 Die neue konservative Regierung war auf Deregulierung bedacht; vgl. auch Elliott/Quinn: „Tort Law“ (6. Auflage 2007), S. 12 f.

988 Vgl. Nolan in Grubb (Hrsg.): „The Law of Tort“ (2002), S. 980 und Buckley in „Clerk and Jolowicz on Torts“ (19. Auflage 2006), S. 1237, Rdnr. 21–04 sowie zuletzt Harpwood: „Modern Tort Law“ (7. Auflage 2009), S. 278.

Aber auch die Judikative hat die Vorlage der *Royal Commission* nicht aufgegriffen. In den Urteilen der englischen Gerichte wurden deren Ausführungen kaum erwähnt. Dies könnte auf die Methodik der Kommission zurückzuführen sein: Die Beschlussempfehlung argumentierte nämlich ausschließlich mit rechtspolitischen[989] und ökonomischen[990] Erwägungen. Dagegen verzichtete man vollständig darauf, den Entwurf mit einer Analyse des bestehenden Präjudizienrechts zu untermauern[991]. Den Gerichten boten sich daher kaum Anknüpfungspunkte, um die Anregungen der *Commission* in das Präjudizienrecht zu überführen. Es ist bezeichnend, dass auch in der jüngsten höchstrichterlichen Entscheidung zu *Rylands* anstatt der *Royal Commission* nur die *Law Commission* Erwähnung findet[992]: Obgleich Letztere nicht einmal eine konkrete Beschlussempfehlung vorlegen konnte, nahm sie doch eine erschöpfende Analyse des Präjudizienstands der *Rule* vor[993] – auf die sich die Gerichte wiederum bei der Anwendung des *Common Law* beziehen konnten.

IX. Flugzeuge: *Civil Aviation Act 1982*

Der *Civil Aviation Act 1982* behandelt Schäden im Zusammenhang mit Unglücksfällen in der zivilen Luftfahrt. Der Anwendungsbereich dieses *Act* umfasst drei Fallgruppen: Schädigungen durch das Flugzeug selbst; zudem solche durch im Flugzeug befindliche Personen; schließlich Schadensfälle durch aus dem Flugzeug fallende Menschen, Tiere oder Gegenstände[994]. Das Flugzeug muss sich während des Unglücks im Flug[995] bzw. Lande- oder Startvorgang befinden, sodass von abgestellten Flugzeugen ausgehende Schädigungen nicht erfasst sind[996]. Wie bereits aus dem Namen des *Act* hervorgeht, hat dieser die zivile Luftfahrt im Blick, sodass Schäden durch Militärflugzeuge ausscheiden.

---

989 Vgl. *Royal Commission*, a. a. O., S. 343, Rdnr. 1644 f.; S. 346, Rdnr. 1660.

990 Vgl. *Royal Commission*, a. a. O., S. 342, Rdnr. 1641; S. 347, Rdnr. 1664.

991 Dies (offenbar noch in der Hoffnung auf zügige Umsetzung des Entwurfs) begrüßend Fleming: „The Pearson Report: Its 'Strategy'", (1979) 42 M.L.R. 249, 266.

992 Vgl. Lord Bingham of Cornhill in *Transco plc. v. Stockport M.B.C.*, [2004] U.K.H.L. 61, [5].

993 Vgl.oben D.V.

994 Vgl. *Civil Aviation Act 1982*, pt. III, ch. 16, s. 76 (2).

995 Vgl. *Civil Aviation Act 1982*, pt. III, ch. 16, s. 76 (2). Vgl. dazu Byrne J. in *Blankley v. Godley*, [1952] 1 All E.R. 436, 436.

996 Dies weist in Richtung des Entweichenserfordernisses aus *Rylands*, wenngleich im Hinblick auf die Erfassung von Schädigungen während des Startvorgangs von Flugzeugen keine vollständige Kongruenz gegeben ist.

Rechtsfolge des *Civil Aviation Act 1982* ist, dass der Eigentümer (bzw. Halter)[997] des betreffenden Flugzeuges unabhängig von seinem Verschulden[998] haftet. Seine Ersatzpflicht erstreckt sich auf Schäden am Vermögen sowie an Personen und Sachen[999]; da sich diese aber zur Zeit der Schädigung zu Lande oder Wasser befinden müssen[1000], sind Passagiere grundsätzlich[1001] nicht aus dem *Act* anspruchsberechtigt. Der Schädiger kann sich lediglich durch den Nachweis eines Mitverschuldens des Geschädigten entlasten[1002]. Dies bedeutet eine weit strengere Haftung als unter der *Rule*, da deren Ausschlussgründe im *Act* nicht vorgesehen sind[1003]. Beachtlich ist, dass der Schädiger auf diese Weise nicht anführen kann, dass der Schaden durch *Acts of Strangers*[1004] (z. B. Terroristen) verursacht wurde oder auf eine Naturkatastrophe *(Act of God)*[1005] zurückzuführen ist. Dass diese Fallkonstellationen nicht zur Freistellung des Schädigers führen, unterstreicht die Strenge des Haftungsregimes.

Bereits vor Einführung des *Civil Aviation Acts 1982* war *Rylands* nicht für Flugzeugunglücke angewendet worden, da Flugzeuge wie auch Kraftfahrzeuge im *Common Law* traditionell nicht als Quellen erhöhter Gefahr eingeordnet wurden[1006]. Eine Ausnahme kann allenfalls dann greifen, wenn ein abgestelltes Flugzeug – ähnlich wie in den Autogaragenfällen[1007] – Feuer fängt oder sein Tank explodiert und in der Umgebung des Flugzeughangars Schäden verursacht. Ansonsten wird aber durch den weit gefassten Anwendungsbereich des *Act* auf dessen Gebiet für *Rylands* auch zukünftig kein Raum bleiben. Dabei sollte jedoch nicht vergessen werden, dass das

---

997 Ausnahmsweise haftet der Inhaber der tatsächlichen Gewalt, wenn der Eigentümer sein Flugzeug gutgläubig an eine andere Person vermietet hat und kein Mitglied der Bedienungsmannschaft des Flugzeugs vom Eigentümer angestellt ist; vgl. *Civil Aviation Act 1982*, pt. III, ch. 16, s. 76 (4). Vgl. zur Haftungsfreistellung des Eigentümers bei eigenmächtigem Flugantritt durch einen Dritten auch Gorman J. in *Greenfield v. Law*, [1955] Ll. L. Rep. 696, 699 f.

998 Vgl. *Civil Aviation Act 1982*, pt. III, ch. 16, s. 76 (2).

999 Vgl. *Civil Aviation Act 1982*, pt. III, ch. 16, s. 76 (2).

1000 Vgl. *Civil Aviation Act 1982*, pt. III, ch. 16, s. 76 (2).

1001 Denkbar sind hier höchstens Schäden eines Passagiers, die durch das ihn transportierende Flugzeug an seinen am Boden befindlichen Rechtsgütern verursacht werden.

1002 Vgl. bereits zu einer älteren Fassung des *Act* Acton J. in *Cubbit v. Gower*, (1933) 47 Ll. L.R. 65, 66; Buckley, a. a. O., S. 1274, Rdnr. 21–77.

1003 Ebenso wenig fragt der *Act*, ob sich die Schädigung im Zusammenhang mit einem *Non-Natural Use* ereignet hat.

1004 Vgl. oben C.IV.4.

1005 Vgl. dazu C.IV.3.

1006 Vgl. bereits oben C.I.1.; vgl. auch Goddard J. in *Fosbroke-Hobbes v. Airwork Ltd.*, [1937] 1 All E.R. 108, 112: „I do not think I can hold that arranging for a journey by aeroplane is setting in motion a thing dangerous in itself. A risk attaches to an aeroplane flight as to a journey by motor car, or even by rail". Vgl. auch Buckley in „Clerk and Jolowicz on Torts" (19. Auflage London 2006), S. 1273, Rdnr. 21–77.

1007 Vgl. oben C.I.1.

Haftungsregime des *Act* weitaus strenger ist. Einzig für die militärische Luftfahrt ist die Anwendung der *Rule* denkbar, jedoch aufgrund der erwähnten Rechtsprechung nicht zu erwarten[1008].

X. Grundstücksinhaber: *Occupiers' Liability Acts 1984, 1957*

Die *Occupiers' Liability Acts* regeln die Haftung für Schäden, die eine Person innerhalb der Grundstücksgrenzen einer anderen Person erleidet[1009]. Voraussetzung für eine Haftung ist allerdings, dass die Schädigung entweder durch den gefahrgeneigten Zustand des Grundstücks selbst verursacht wurde oder durch eine innerhalb dieses Bereichs vorgenommene Handlung (bzw. ein derartiges Unterlassen) des *Occupier*[1010]. Die *Acts* sehen diejenige Person als ersatzpflichtigen *Occupier* an, welche die tatsächliche Kontrolle über die *Premises* ausübt[1011]. Der *Occupier* kann sich allerdings im Falle einer Einwilligung des Geschädigten seiner Haftungspflicht entledigen[1012].

Der Unterschied zwischen den beiden *Acts* liegt in der Person des Anspruchstellers: Während der *Act* von 1957 die Ansprüche von Personen behandelt, die sich als *Visitors* des *Occupier* berechtigt auf dessen Grundstück aufhalten[1013], betrifft der *Act* von 1984 Geschädigte ohne eine solche Berechtigung[1014]. Ausgehend von dieser Differenzierung stellen die *Acts* unterschiedliche Kriterien dahingehend auf, welche Sorgfaltspflichten der Schädiger zu beachten hat, wann er diese verletzt und welchen Schaden er zu ersetzen hat.

Der mit den berechtigt anwesenden *Visitors* befasste *Occupiers' Liability Act 1957* fordert die unter Berücksichtigung der Umstände des konkreten Falls

---

1008 Für die ebenfalls nicht erfassten Schäden, die Personen als Passagiere erleiden, ist die Anwendbarkeit von *Rylands v. Fletcher* bereits aufgrund des im Rahmen des Beförderungsvertragsverhältnisses anzunehmenden stillschweigenden Einverständnisses (vgl. dazu oben C.IV.2.) zweifelhaft.

1009 Die *Acts* erfassen neben Grundstücken (als sog. *Premises*) auch andere Räumlichkeiten, in denen sich Menschen aufhalten können (wie etwa Wohnungen oder Fahrzeuge); vgl. *Occupiers' Liability Act 1957*, c. 31, s. 1 (1) sowie (3) (a); *Occupiers' Liability Act 1984*, c. 3, s. 1 (1) (a) und (2).

1010 Vgl. *Occupiers' Liability Act 1984*, c. 3, s. 1 (1) (a); *Occupiers' Liability Act 1957*, c. 31, s. 1 (1). Dabei wird ein *Non-Natural Use* nicht gefordert.

1011 Mangels Legaldefinition wird hier die *Common-Law*-Definition aus *Wheat v. E. Lacon & Co. Ltd.* ([1966] A. C. 552 herangezogen; vgl. auch Murphy in „Street on Torts" (11. Auflage 2003), S. 332 m. w. N.; vgl. insoweit auch *Occupiers' Liability Act 1957*, c. 31, s. 1 (2).

1012 Vgl. *Occupiers' Liability Act 1984*, c. 3, s. 1 (6); *Occupiers' Liability Act 1957*, c. 31, s. 2 (5). Im Falle der letztgenannten Regelung genügt auch eine mutmaßliche Einwilligung; vgl. Murphy in „Street on Torts" (11. Auflage 2003), S. 332 m. w. N.

1013 Vgl. *Occupiers' Liability Act 1957*, c. 31, s. 2 (1) sowie die Einleitung, die von „persons or goods lawfully on any land or other property" spricht.

1014 Vgl. *Occupiers' Liability Act 1984*, c. 3, s. 1 (1) (b).

„reasonable“[1015] (also vernünftige) Sorgfalt ein[1016]. Dies schließt die Sorgfalt ein, die bezüglich einer Person wie derjenigen des Geschädigten „ordinarily“[1017] (also gewöhnlich) notwendig ist[1018], damit dieser ein vernünftiges Maß an Sicherheit[1019] genießt[1020]. Der *Occupier* haftet allerdings nicht, wenn er sich zur Instandhaltung seines Grundstücks kompetent ausgewählter Fachleute bedient hat[1021]. Zudem kann ein Mitverschulden des Geschädigten den Ersatzanspruch beschränken[1022]. Dieser besteht in erlittenen Personen- und Sachschäden[1023], solange diese (nach den Maßstäben der *Negligence*[1024]) zurechenbar und vorhersehbar sind[1025].

Gegenüber Personen, die sich ohne den Willen des *Occupier* auf seinem Grundstück[1026] aufhalten[1027], stellt der *Occupiers' Liability Act 1984* veränderte Voraussetzungen auf. Hier bemisst sich die Sorgfaltspflicht des *Occupier* danach, inwiefern er subjektiv[1028] vernünftigerweise absehen konnte, dass die Gefahr einer Schädigung

1015 *Occupiers' Liability Act 1957*, c. 31, s. 2 (2).

1016 So kann etwa eine angemessene Warnung vor einem Risiko ausreichend sein; vgl. *Occupiers' Liability Act 1957*, c. 31, s. 2 (4) (a).

1017 *Occupiers' Liability Act 1957*, c. 31, s. 2 (3). Der *Act* weist etwa auf die höhere Sorgfaltspflicht gegenüber Kindern hin; vgl. *Occupiers' Liability Act 1957*, c. 31, s. 2 (3) (a). Die aufgestellte Sorgfaltspflicht gilt auch für Personen, die im Rahmen vertraglicher Beziehungen mit dem Schädiger dessen Herrschaftsbereich betreten; vgl. dazu unter s. 5 des *Act*.

1018 Dabei darf der Schädiger davon ausgehen, dass sich ein im Rahmen seines Berufs handelnder *Visitor* gegen die gewöhnlich zu erwartenden Risiken selbst schützt; vgl. *Occupiers' Liability Act 1957*, c. 31, s. 2 (3) (b).

1019 Vgl. *Occupiers' Liability Act 1957*, c. 31, s. 2 (2).

1020 Die Sorgfaltspflichten kann der *Occupier* freilich vertraglich einschränken; vgl. *Occupiers' Liability Act 1957*, c. 31, s. 2 (1).

1021 Vgl. *Occupiers' Liability Act 1957*, c. 31, s. 2 (4) (b). Vgl. dazu auch Markesinis/Deakin/Johnston: „Markesinis and Deakin's Tort Law“ (5. Auflage Oxford 2003), S. 344 ff. m. w. N.

1022 Vgl. O'Connor J. in *Bunker v. Charles Brand & Son Ltd.*, [1969] 2 Q.B. 480, 490.

1023 Vgl. *Occupiers' Liability Act 1957*, c. 31, s. 1 (3) (b) sowie die Einleitung, in der das Anwendungsgebiet des Act hinsichtlich der „injury or damage resulting to persons or goods“ abgesteckt wird.

1024 Vgl. *Jollery v. Sutton London Borough Council*, [1998] 3 All E.R. 559. Kritisch mit Blick auf die nicht immer eindeutige Rechtslage bei *Negligence* North: „Damage to property and the Occupiers' Liability Act 1957“, 1966 (30) Conv. 264, 265 ff. Eingehend zum *Tort* der *Negligence* auch nachfolgend unter E.IV.

1025 Vgl. dazu auch die Anwendungsfälle unter *Occupiers' Liability Act 1957*, c. 31, s. 2 (3).

1026 Ausgenommen sind allerdings Personen, die sich auf Straßen aufhalten; vgl. *Occupiers' Liability Act 1984*, c. 3, s. 1 (7).

1027 Vgl. *Occupiers' Liability Act 1984*, c. 3, s. 1 (2).

1028 Vgl. dazu das *Holding* aus *Swain v. Natui Ram Puri*, [1996] C.L.Y. 5697.

besteht[1029] und dass der spätere Geschädigte dieser ausgesetzt sein könnte[1030]. Zudem ist erforderlich, dass der Geschädigte vernünftigerweise gegen diese Gefahr geschützt werden musste[1031]. Diese Sorgfaltspflicht verletzt der *Occupier*, wenn er nicht die unter den gegebenen Umständen objektiv[1032] vernünftigen Schutzmaßnahmen ergreift[1033]. Der *Act* gewährt dem Geschädigten nur Ersatz für Personenschäden[1034].

Im Hinblick auf *Rylands v. Fletcher* ist zunächst zu konstatieren, dass die *Acts* für ihren Geltungsbereich die Anwendung des *Common Law* ausschließen[1035]. Dies ist insofern bedeutsam, als sie einen Bereich der Haftung von Personen abdecken, die Herrschaft über Grundstücke ausüben – was im Grundsatz der von *Rylands* vorgesehenen Fallsituation entspricht[1036]. Allerdings beschränken sich die *Acts* auf Schäden, die der Anspruchsteller innerhalb der Grenzen des Schädigergrundstücks erleidet; mithin ist es Voraussetzung der *Occupiers' Liability Acts*, dass gerade kein *Escape* der Gefahrenquelle eintritt. Die strenge Anwendung des aus *Read v. Lyons*[1037] folgenden, ausschließlich räumlichen Begriffs des „Entweichens" der Gefahrenquelle führt daher zu einer klaren Grenzziehung zwischen der *Rule* und den *Acts*: Schäden, die sich innerhalb der Grundstücksgrenzen des Schädigers ereignen, unterfallen den *Acts*, wohingegen für Schäden außerhalb dieser Grenzen *Rylands* einschlägig ist.

Daneben lassen die *Acts* aber noch weitere Fallgruppen offen, die sie selbst nicht erfassen. Dies betrifft zunächst Schäden derjenigen Individuen, die sich ohne Einwilligung des *Occupier* auf seinem Grundstück befinden (ausgenommen die Personenschäden dieser Individuen)[1038]. Ferner sind Schädigungen auszuschließen, die nicht in Zusammenhang mit der Ausübung der Herrschaftsgewalt über die erfassten *Premises* durch deren *Occupier* stehen[1039]. Hier ist eine Anwendung des *Common*

1029 Vgl. *Occupiers' Liability Act 1984*, c. 3, s. 1 (3) (a).

1030 Vgl. *Occupiers' Liability Act 1984*, c. 3, s. 1 (3) (b). Vgl. auch Jones: „The Occupiers' Liability Act 1984 – The Wheels of Law Reform Turn Slowly", (1984) 47 M.L.R. 713, 717 f.

1031 Vgl. *Occupiers' Liability Act 1984*, c. 3, s. 1 (3) (c).

1032 Vgl. Murphy in „Street on Torts" (11. Auflage 2003), S. 351 m. w. N.

1033 Vgl. *Occupiers' Liability Act 1984*, c. 3, s. 1 (4). Dies schließt gemäß s. 1 (5) auch angemessene Warnhinweise durch den Schädiger ein. Vgl. zum Ganzen ausführlich Jones, a. a. O., S. 719 ff.

1034 Vgl. *Occupiers' Liability Act 1984*, c. 3, s. 1 (9).

1035 Vgl. *Occupiers' Liability Act 1957*, c. 31, s. 1 (1) und *Occupiers' Liability Act 1984*, c. 3, s. 1 (1).

1036 Vgl. oben C.II.2.c.

1037 Vgl. oben C.III.4.

1038 Der *Occupiers' Liability Act 1984*, c. 3, s. 1 (1) (a) legt lediglich die „duty [...] owed by a person as occupier of premises to persons other than his visitors in respect of any risk of their suffering injury on the premises" fest. Hinsichtlich der Sorgfaltspflichten in Bezug auf Sachschäden trifft der *Act* keine Aussage; i. E. ebenso Murphy in „Street on Torts" (11. Auflage 2003), S. 352.

1039 Nicht erfasst etwa das Abfeuern einer Waffe durch einen Sportschützen; vgl. Neill L.J. in *Revill v. Newberry*, [1996] 1 All E.R. 291, 297 f.

Law weiter möglich, jedoch wendet die Rechtsprechung in diesen Fällen – unter Berücksichtigung von *Read*[1040] – nicht die Regel aus *Rylands v. Fletcher*, sondern die Grundsätze der *Negligence* an[1041].

Dies steht nicht außer Verhältnis zu dem bereits behandelten Haftungsmaßstab der *Acts*, die keine strenge Haftung nach den Maßstäben von *Rylands v. Fletcher* statuieren. Insbesondere der 1984er *Act* berücksichtigt bei der Festlegung des Umfangs der Sorgfaltspflichten auch die subjektive Sicht des Schädigers[1042]. Ebenso statuiert der 1957er *Act* kein verschuldensunabhängiges Haftungsregime[1043], sondern wird nicht selten in die Nähe zum Haftungsregime der *Negligence* gerückt[1044]. Beide *Acts* verlangen vom *Occupier* jeweils nur die vernünftigerweise zu ergreifenden Schutzmaßnahmen.

Dies ist bei *Rylands* nicht der Fall, da hier – abgesehen vom Haftungsausschluss für *Acts of Strangers*[1045] – im Falle eines Schadenseintritts die Haftung unabhängig davon greift, ob der Schaden durch objektiv vernünftige Maßnahmen zu verhindern oder gar subjektiv vorhersehbar war: Der Schädiger haftet nach *Rylands* selbst dann, wenn er alle denkbaren Schutzmaßnahmen ergriffen hat[1046]. Illustriert wird dieser Gegensatz durch die in beiden *Acts* statuierte Möglichkeit des *Occupier*, sich durch eine angemessene Warnung seiner Haftung zu entziehen[1047], was nach *Rylands* nicht ausreichen kann. Auch die Haftungsbefreiung nach dem 1957er *Act* bei Einsatz von *Independent Contractors* besteht im Rahmen der *Rule* gerade nicht[1048].

Damit kann im Ergebnis festgehalten werden, dass im Falle von Schäden, die innerhalb der Grundstücksgrenzen des Schädigers eintreten, ein milderes Haftungsregime gilt als das der *Rule*. Dieses leitet sich aus den *Occupiers' Liabilities Acts* ab, wird jedoch auch bei der Ausfüllung der durch die *Acts* belassenen Regelungslücken von der Rechtsprechung nicht mithilfe von *Rylands* verschärft.

1040 Vgl. C.III.4.

1041 Vgl. ausführlich Murphy in „Street on Torts" (11. Auflage 2003), S. 337 ff., 353 ff., jeweils m. w. N.

1042 Vgl. *Occupiers' Liability Act 1984*, c. 3, s. 1 (3).

1043 Ebenso Murphy in „Street on Torts" (11. Auflage 2003), S. 338 f. m. w. N.

1044 Vgl. Rogers in „Winfield and Jolowicz on Tort" (17. Auflage 2006), S. 393, Rdnr. 9–3; Dugdale in „Clerk and Jolowicz on Torts" (19. Auflage London 2006), S. 740, Rdnr. 12–02.

1045 Vgl. oben C.IV.4.c. Zwar sehen die *Acts* die diversen *Defences* nicht vor; diese werden allerdings angesichts des milderen Haftungsmaßstabs zur Entlastung des Schädigers in der Praxis auch kaum notwendig sein.

1046 Vgl. oben B.II.4.

1047 Vgl. *Occupiers' Liability Act 1957*, c. 31, s. 2 (4) (a) sowie *Occupiers' Liability Act 1984*, c. 3, s. 1 (5).

1048 Vgl. oben B.II.2.c.

XI. Produkthaftung: *Consumer Protection Act 1987*

Der *Consumer Protection Act 1987* setzt eine EG-Richtlinie zur Produkthaftung in nationales Recht um und statuiert – im Gegensatz zu der zuvor auf diesem Gebiet angewandten *Negligence*[1049]– eine verschuldensunabhängige Haftung.

Voraussetzung zur Anwendung des *Act* ist ein defektes Produkt. Als Produkt erfasst das Gesetz sämtliche Waren, was auch Elektrizität, landwirtschaftliche Erzeugnisse[1050] und bestimmte Substanzen[1051], nicht aber Immobilien und Gebäude[1052] einschließt. Einen Defekt sieht der *Act*, wenn das Produkt in Bezug auf seine gewöhnlichen Verwendungen und Eigenschaften[1053] den allgemein zu erwartenden Sicherheitsstandards nicht genügt[1054]. In diesem Fall sind alle an Herstellung (bzw. Import in die EU) und Vermarktung der Produkte Beteiligten schadensersatzpflichtig[1055]. Anspruchsberechtigt ist jede von dem defekten Produkt geschädigte Person[1056], weshalb der Anspruch nicht allein den Erwerbern des Produkts vorbehalten ist.

Das Haftungsregime ist streng, da den Ersatzpflichtigen (wie nach der *Rule*[1057]) kein Verschulden treffen muss[1058]. Jedoch sieht der *Act* eine Reihe von *Defences* vor[1059]. Ein wichtiger Haftungsausschluss liegt im sogenannten „Entwicklungsrisiko“, wonach sich der Schädiger durch den Nachweis entlasten kann, dass das Produkt den wissenschaftlich-technischen Standards seiner Zeit entsprach[1060]. Auch

---

1049 Vgl. Murphy in „Street on Torts“ (11. Auflage 2003), S. 378, 367 ff. und eingehend Miller/Goldberg: „Product Liability“ (2. Auflage 2004), S. 9 ff., Rndr. 1.18 ff., jeweils m. w. N.

1050 Vgl. *Consumer Protection Act 1987*, ch. 43, s. 1 (2).

1051 Dies wurde etwa auf Blut bzw. Blutkonserven bezogen; vgl. Burton J. in *A. v. National Blood Authority*, [2001] 3 All E.R. 289, 342.

1052 Diese Lücke füllen der die Haftung von Bauunternehmern für die von ihnen errichteten Gebäude regelnde *Defective Premises Act 1972*, s. 1 und die *Negligence*.

1053 Vgl. dazu die Entscheidung von *Justice* Field in *Bogle v. McDonald's Restaurants Ltd.* ([2002] E.W.H.C. 490 (Q.B.), [70 ff.]) in der eine Haftung für brühend heißen Kaffee abgelehnt wurde.

1054 Vgl. *Consumer Protection Act 1987*, ch. 43, s. 3. Kritisch mit Blick auf die eher vage Ausgestaltung der Definition dazu Stoppa: „The Concept of Defectiveness in the Consumer Protection Act 1987“, [1992] L.S. 210, 212.

1055 Vgl. *Consumer Protection Act 1987*, ch. 43, s. 2 (2); vgl. auch Murphy, a. a. O., S. 379. Über die Haftung für *Independant Contractors* trifft der *Act* darüber hinaus keine Aussage. Eine Ersatzpflicht kann allerdings auch den Vertreiber eines Produkts treffen, wenn er dem Geschädigten nicht innerhalb einer bestimmten Frist Auskunft über die Identität des Herstellers des Produkts gibt (oder geben kann); vgl. *Consumer Protection Act 1987*, ch. 43, s. 2 (3).

1056 Vgl. *Consumer Protection Act 1987*, ch. 43, s. 2 (1).

1057 Vgl. oben B.II.4.

1058 Vgl. Murphy in „Street on Torts“ (11. Auflage 2003), S. 385 m. w. N.

1059 Ein *Non-Natural Use* wird jedoch nicht gefordert.

1060 Vgl. *Consumer Protection Act 1987*, ch. 43, s. 4 (1). Vgl. dazu eingehend Newdick: „The Development Risks Defence of the Consumer Protection Act 1987“, (1988)

kann die Übereinstimmung mit gesetzlichen Standards die Haftung für ein Produkt ausschließen[1061], was an die *Rylands-Defence* bei *Statutory Authority* erinnert[1062]. Ferner führt es zum Ausschluss des *Act*, wenn der Produzent nachweisen kann, dass er das Produkt anderen nicht willentlich[1063] oder nicht geschäftlich[1064] zugänglich gemacht hat[1065]. Schließlich kann das Mitverschulden des Geschädigten seinen Anspruch nach dem *Act*[1066] (wie nach der *Rule*[1067]) begrenzen. Der *Act* gewährt Ersatz für Personen-[1068] und Sachschäden[1069] (solange diese sich auf Privatsachen beziehen[1070]). Reine Vermögensschäden sind nicht erfasst, wohl aber (wie bei *Rylands*[1071]) solche, die auf Personen- oder Sachschäden beruhen[1072].

Im Verhältnis zu *Rylands v. Fletcher* hat der *Act* insofern keine Wirkung, als er die Anwendung weiterer Anspruchsgrundlagen ausdrücklich offen lässt[1073]. Dabei muss allerdings nochmals angemerkt werden, dass im Bereich der Produzentenhaftung auch vor Inkrafttreten des *Consumer Protection Act 1987* lediglich *Negligence* angewendet wurde[1074], während *Rylands* eher auf das Verhältnis zwischen dem Nutzer eines Produkts und einer dadurch geschädigten Person ausgerichtet ist.

C.L.J. 455, 461 ff.; Stoppa: „The Concept of Defectiveness in the Consumer Protection Act 1987", [1992] L.S. 210, 218 ff.

1061 Vgl. *Consumer Protection Act 1987*, ch. 43, s. 4 (1) (a).

1062 Vgl. oben C.IV.5.

1063 Vgl. *Consumer Protection Act 1987*, ch. 43, s. 4 (1) (b).

1064 Vgl. *Consumer Protection Act 1987*, ch. 43, s. 4 (1) (c).

1065 Gleiches gilt, wenn der schadensstiftende Defekt erst nachträglich verursacht wurde; vgl. *Consumer Protection Act 1987*, ch. 43, s. 4 (1) (d). Laut s. 4 (1) (f) haftet der Produzent von Einzelteilen auch nicht für allein durch die mangelhafte Endkonstruktion verursachte Schäden.

1066 Vgl. *Consumer Protection Act 1987*, ch. 43, s. 6 (4).

1067 Vgl. oben C.IV.1.

1068 Vgl. *Consumer Protection Act 1987*, ch. 43, s. 2 (1).

1069 Vgl. *Consumer Protection Act 1987*, ch. 43, s. 5 (4). Diese sind allerdings gemäß s. 5 (5) auf eine Höhe von bis zu £ 275 begrenzt.

1070 Vgl. *Consumer Protection Act 1987*, ch. 43, s. 5 (3).

1071 Vgl. oben C.V.1.b.

1072 Vgl. Murphy, a. a. O., S. 379, Anm. 95.

1073 Vgl. *Consumer Protection Act 1987*, ch. 43, s. 2 (6).

1074 Vgl. Miller/Goldberg: „Product Liability" (2. Auflage 2004), S. 9 ff., Rndr. 1.18 ff.; Murphy, a. a. O., S. 378, 367 ff.

XII. Abfalldeponien: *Environmental Protection Act 1990*

Die Haftung für Abfall ist im *Environmental Protection Act 1990* geregelt. Voraussetzung ist eine risikobehaftete[1075] Deponierung von Abfall[1076], der sich auf oder im Boden eines Grundstücks[1077] befindet[1078]. In diesem Fall ist die Person ersatzpflichtig, welche den Abfall abgelagert oder diesen Vorgang bewusst angeordnet bzw. wissentlich geduldet hat[1079]. Der solchermaßen Verantwortliche hat „any damage"[1080] zu ersetzen, was auch Personenschäden einschließt[1081].

Jedoch sieht der *Act* eine Reihe von *Defences* vor. Die Haftungsausschlüsse bei Einwilligung[1082] des Geschädigten oder seine Verursachungsbeiträge[1083] zum Schaden schließen den *Act* (wie auch *Rylands*) aus. Auch das Handeln in einer Notsituation[1084] oder auf Weisung des Arbeitgebers[1085] kann den Schädiger entlasten. Besonders schwer wiegt die Möglichkeit des Schädigers, sich durch den Nachweis zu entlasten, alle angemessenen Vorkehrungen zur Schadensverhinderung getroffen und mit aller gebotenen Sorgfalt gehandelt zu haben[1086]. Auf diese Weise wird (im Gegensatz zu *Rylands*[1087]) ein derart starkes Verschuldenselement in den *Act* eingeführt, dass dieser faktisch als Fahrlässigkeitshaftung – allerdings mit zu Lasten des Schädigers umgekehrter Beweislast – einzuordnen ist.

1075 Dies bedeutet, dass eine Schädigung der Umwelt oder der Gesundheit von Menschen mit Wahrscheinlichkeit zu erwarten ist; vgl. *Environmental Protection Act 1990*, c. 43, pt. II, s. 73 (6) i. V. m. 33 (1) (c).

1076 Vgl. zur exakten Definition *Environmental Protection Act 1990*, c. 43, pt. II, s. 75 (2). Nicht erfasst sind Explosivstoffe (s. 75 [2]) oder radioaktive Substanzen (vgl. s. 78). Erfasst ist aber sowohl „kontrollierter Abfall" (s. 33 [2]) als auch besonders gefährlicher „Sondermüll" (s. 63 [2] i. V. m. 75 (9) i. V. m. 62 [1]). Eine Ausnahme gilt für Hausmüll innerhalb von Privatgrundstücken; vgl. *Environmental Protection Act 1990*, c. 43, pt. II, s. 73 (6) i. V. m. 33 (2).

1077 Wird Müll durch ein Kraftfahrzeug deponiert, so ist ebenfalls eine Haftungspflicht der weisungsbefugten Person vorgesehen; vgl. *Environmental Protection Act 1990*, c. 43, pt. II, s. 73 (6) i. V. m. 33 (5).

1078 Vgl. *Environmental Protection Act 1990*, c. 43, pt. II, s. 75 (6).

1079 Vgl. *Environmental Protection Act 1990*, c. 43, pt. II, s. 75 (6).

1080 Vgl. *Environmental Protection Act 1990*, c. 43, pt. II, s. 73 (6).

1081 Vgl. *Environmental Protection Act 1990*, c. 43, pt. II, s. 73 (8). Darüber hinaus gelten gemäß s. 73 (9) die Verjährungsregeln des *Limitation Act 1980* und für Ansprüche infolge des Todes von Menschen die Begrenzung der Haftungssumme nach dem *Fatal Accidents Act 1976*.

1082 Vgl. *Environmental Protection Act 1990*, c. 43, pt. II, s. 73 (6) (b).

1083 Dies betrifft sowohl die alleinige Verantwortlichkeit (vgl. *Environmental Protection Act 1990*, c. 43, pt. II, s. 73 [6] [a]) als auch ein Mitverschulden (s. 73 [9] [b]).

1084 Vgl. *Environmental Protection Act 1990*, c. 43, pt. II, s. 73 (7) i. V. m. 33 (7) (c).

1085 Vgl. *Environmental Protection Act 1990*, c. 43, pt. II, s. 73 (7) i. V. m. 33 (7) (b).

1086 Vgl. *Environmental Protection Act 1990*, c. 43, pt. II, s. 73 (7) i. V. m. 33 (7) (a).

1087 Vgl. oben B.II.4.

Die mangelnde Strenge dieses Haftungsregimes verliert jedoch dadurch an Bedeutung, dass der *Act* die Anwendung von Anspruchsgrundlagen aus dem *Common Law* ausdrücklich vorbehält[1088]. Dies lässt *Rylands* auch weiterhin Raum in Schadensfällen, die durch deponierten Abfall verursacht werden.

XIII. Wasserleitungen: *Water Industry Act 1991* und *Water Resources Act 1991*

Die Regelungen von *Water Industry Act 1991* und *Water Resources Act 1991* haben identische Fallsituationen im Blick und entsprechen einander sowohl in den Haftungsvoraussetzungen als auch deren Beschränkungen. Die Haftungsregelungen unterscheiden sich lediglich in der Person des Ersatzpflichtigen. Haftungsbegründend ist jeweils Wasser, das aus einer Rohrleitung entweicht, wobei der genaue Hergang des Entweichens unwesentlich ist[1089].

In diesem Fall tritt eine verschuldensunabhängige Haftung desjenigen ein, dem diese Rohrleitung übertragen worden ist[1090]: Dabei handelt es sich nach dem *Water Industry Act 1991* um einen (privaten) Wasserversorger[1091] oder nach dem *Water Resources Act 1991* um die (staatliche) *Environment Agency*[1092]. Ersatzfähig ist jeweils „the loss or damage", der durch das entweichende Wasser entsteht[1093]. Die Ersatzpflicht des Schädigers kann (wie bei *Rylands*[1094]) durch den Nachweis des Mitverschuldens eines Geschädigten begrenzt[1095] und im Falle einer dem Geschädigten zurechenbaren alleinigen Verantwortlichkeit[1096] sogar gänzlich ausgeschlossen werden[1097].

Die Regelungen der *Acts* treten in ihrem Anwendungsbereich an die Stelle von *Rylands v. Fletcher*. Dabei ist aber zu beachten, dass auf diesem Gebiet häufig *Statutory*

1088 Vgl. *Environmental Protection Act 1990*, c. 43, pt. II, s. 73 (8).

1089 Vgl. *Water Industry Act 1991*, c. 56, pt. VIII, s. 209 (1); *Water Resources Act 1991*, c. 57, pt. IX, s. 208 (1).

1090 Jedoch begründen die *Acts* keinen originären Anspruch zugunsten von öffentlichen Gasversorgern, Straßenbehörden oder Abwasserent- bzw. Wasserversorgern; vgl. *Water Industry Act 1991*, c. 56, pt. VIII, s. 209 (3) und *Water Resources Act 1991*, c. 57, pt. IX, s. 208 (3).

1091 Vgl. *Water Industry Act 1991*, c. 56, pt. VIII, s. 209 (1).

1092 Vgl. *Water Resources Act 1991*, c. 57, pt. IX, s. 208 (1).

1093 Vgl. *Water Industry Act 1991*, c. 56, pt. VIII, s. 209 (1) ; *Water Resources Act 1991*, c. 57, pt. IX, s. 208 (1).

1094 Vgl. oben C.IV.1. und C.IV.2.

1095 Vgl. *Water Industry Act 1991*, c. 56, pt. VIII, s. 209 (4); *Water Resources Act 1991*, c. 57, pt. IX, s. 208 (4).

1096 Vgl. *Water Industry Act 1991*, c. 56, pt. VIII, s. 209 (1) sowie *Water Resources Act 1991*, c. 57, pt. IX, s. 208 (1).

1097 Daneben sind die Bestimmungen des *Limitations Acts 1980* und des *Fatal Accident Acts 1976* anwendbar; vgl. *Water Industry Act 1991*, c. 56, pt. VIII, s. 209 (4) wie auch *Water Resources Act 1991*, c. 57, pt. IX, s. 208 (4).

Authorities der ersatzpflichtigen Wasserversorger vorliegen, woraus die Rechtsprechung nicht selten einen Ausschluss der *Rule* abgeleitet hat[1098]; in *Water Industry Act 1991* und *Water Resources Act 1991* hingegen ist eine solche *Defence* ebenso wenig vorgesehen wie Einverständnis sowie *Acts of God or Strangers*[1099], weshalb das Haftungsregime der *Acts* insoweit sogar als strenger zu bewerten ist als dasjenige von *Rylands.*

XIV. Tankschiffhavarien: *Merchant Shipping Act 1995*

Nach dem *Merchant Shipping Act 1995*[1100] haften Eigentümer von Tankschiffen[1101], falls aus diesen Öl[1102] austritt[1103]. Ersatzfähig ist dabei „any damage"[1104] durch die Verschmutzung[1105]. Als Schaden gilt auch der entgangene Gewinn des Geschädigten[1106], solange er (vergleichbar zu *Rylands*[1107]) in unmittelbarem Zusammenhang

1098 Vgl. oben C.IV.5.

1099 Dies gilt im Übrigen auch für den *Non-Natural Use*, dessen Vorliegen der *Act* nicht voraussetzt; vgl. dagegen zu *Rylands* oben unter C.IV.3. bzw. C.IV.4. und C.VI.

1100 Der *Merchant Shipping Act 1995* ersetzt die zum 01.01.1996 aufgehobenen Haftungsbestimmungen des *Prevention of Oil Pollution Act 1971.*

1101 Dies gilt zuvorderst für Öltanker, worunter Schiffe gefasst werden, die zur Beförderung großer Ölmengen konstruiert sind (vgl. *Merchant Shipping Act 1995*, c. 21, pt. VI, ch. III, s. 153 [3]) oder die zur Beförderung großer Ölmengen zwar nicht konstruiert, jedoch gleichwohl fähig sind, solange sie zur Zeit des Entweichens des Öls hierzu genutzt werden (vgl. s. 153 [4]). Die folgende s. 154 erlegt den Eigentümern „sonstiger Schiffe" unter denselben Voraussetzungen eine verschuldensunabhängige Haftung auf. Vom *Act* ausgenommen sind einzig Schiffe, die von Staaten nicht kommerziell genutzt werden; vgl. *Merchant Shipping Act 1995*, c. 21, pt. VI, ch. III, s. 170 (1).

1102 Eine Ausdehnung des Anwendungsbereichs auf jegliche gefährlichen bzw. giftigen Substanzen ist bislang nicht erfolgt. Ein entsprechendes internationales Abkommen (die *International Convention on Liability and Compensation for Damage in Connection with the Carriage of Hazardous and Noxious Substances by Sea 1996*) ist nicht in Kraft getreten. Gleiches gilt für die nachträgliche Ergänzungsvereinbarung zu diesem Abkommen aus dem Jahr 2010. Sollte das Abkommen jedoch in Kraft treten, ermöglicht der *Merchant Shipping Act 1995* (gemäß c. 21, pt. VI, ch. V, s. 182 A ff. i. V. m. c. 21, sch. 5 A) eine Umsetzung in das nationale Recht des Vereinigten Königreichs.

1103 Vgl. *Merchant Shipping Act 1995*, c. 21, pt. VI, ch. III, s. 153 (1).

1104 *Merchant Shipping Act 1995*, c. 21, pt. VI, ch. III, s. 153 (1).

1105 Über Personenschäden infolge entweichenden Öls wird keine Aussage getroffen: Im Bereich der direkten Folgen von Umweltbeeinträchtigungen sind Personenschäden nicht aufgeführt; vgl. *Merchant Shipping Act 1995*, c. 21, pt. VI, ch. III, s. 156 (3).

1106 Vgl. *Merchant Shipping Act 1995*, c. 21, pt. VI, ch. III, s. 170 (1). Dies vermag sogar die Einbußen von Fischern oder Hoteliers einzuschließen; vgl. Rogers in „Winfield and Jolowicz on Tort" (17. Auflage 2006), S. 723.

1107 Vgl. oben C.V.1.b.

mit der Kontaminierung steht[1108]. Zudem sind die Kosten von bzw. Schäden durch Schadensminderungsmaßnahmen erfasst, nachdem Öl entwichen ist oder sobald dies unmittelbar bevorsteht[1109]. Ersatzfähig sind aber nur Schäden außerhalb des Schiffes, sodass Ansprüche der Besatzung ausscheiden[1110].

Zur Begründung der Haftung ist kein Verschulden der Tankereigentümer[1111] notwendig. Jedoch steht ihnen die Möglichkeit eines Verfahrens zur Begrenzung der Haftungssumme offen, falls ihnen absichtliches oder unbesonnenes Verhalten nicht vorzuwerfen ist[1112]. Daraus folgt, dass nur im Rahmen verschuldeter Schadensfälle eine der Höhe nach unbegrenzte Haftung des Schädigers möglich ist. Insofern wird bei der Ausfüllung des Ersatzanspruchs das verschuldensunabhängige Haftungsregime aufgeweicht[1113].

Der *Act* sieht darüber hinaus eine Reihe von *Defences* vor, durch deren Vorbringen der Schädiger einer Haftung entgehen kann[1114]. Dies gilt, falls seine Ersatzpflicht infolge von Kriegshandlungen ausgelöst wurde[1115] oder durch ein „exceptional, inevitable and irresistable“[1116] Naturphänomen eintrat. Ebenso kann sich der Schädiger durch den Nachweis entlasten, dass seine Ersatzpflicht ausschließlich auf das Verhalten mit Schädigungsabsicht handelnder Dritter zurückzuführen ist[1117].

1108 Vgl. Steel J. in *Alegrete Shipping Co. Inc. v. International Oil Pollution Compensation Fund 1971 (The Sea Empress)*, [2002] E.W.H.C. 1095 (Admlty), [33].

1109 Vgl. *Merchant Shipping Act 1995*, c. 21, pt. VI, ch. III, s. 153 (1) (b), (2).

1110 Vgl. *Merchant Shipping Act 1995*, c. 21, pt. VI, ch. III, s. 153 (1) (a). Vgl. zur Beschränkung der Ansprüche für Schäden, die an Bord des Schiffes oder bei dessen Betrieb entstehen, die *Convention on Limitation of Liability for Maritime Claims 1976*, ch. 1, pt. I, art. 2 (*Merchant Shipping Act 1995*, c. 21, sch. 7) i. V. m. *Merchant Shipping Act 1995*, c. 21, pt. VI, ch. III, s. 185.

1111 Diese Regelung gilt nicht für die Eigentümer von „sonstigen Schiffen“ i. S. d. s. 154; vgl. *Merchant Shipping Act 1995*, c. 21, pt. VI, ch. III, s. 157.

1112 Vgl. *Merchant Shipping Act 1995*, c. 21, pt. VI, ch. III, s. 157 (3). Dies gilt für positives Tun ebenso wie für Unterlassen. Vgl. zum Begriff der *Recklessness* auch Gross J. in *The Saint Jacques II*, [2003] 1 Ll. L. Rep. 203, 209 f.

1113 Im Ergebnis werden aber die nachteiligen Folgen für den Geschädigten durch die Einrichtung eines Auffangfonds ausgeglichen; vgl. *Merchant Shipping Act 1995*, c. 21, pt. VI, ch. IV, s. 175 (1) (c).

1114 Auch für diese Fälle (ebenso für den Fall mangelnder Leistungsfähigkeit des Schädigers und der bereits erwähnten Haftungsbegrenzung) sieht der *Act* die Einrichtung eines Ausgleichsfonds vor, um Umweltschäden durch aus Schiffen entwichenes Öl auszugleichen; vgl. *Merchant Shipping Act 1995*, c. 21, pt. VI, ch. IV, s. 175.

1115 Vgl. *Merchant Shipping Act 1995*, c. 21, pt. VI, ch. III, s. 155 (a).

1116 Vgl. *Merchant Shipping Act 1995*, c. 21, pt. VI, ch. III, s. 155 (a).

1117 Vgl. *Merchant Shipping Act 1995*, c. 21, pt. VI, ch. III, s. 155 (b). Voraussetzung ist allerdings, dass die Dritten nicht in Diensten des Schiffseigentümers stehen.

Dies gilt auch für den Fall, dass ausschließlich die vorwerfbar[1118] mangelhafte Bereitstellung von Navigierhilfen durch staatliche Behörden für den Schadenseintritt verantwortlich ist[1119]. Schließlich werden auch Verschuldensbeiträge des Geschädigten berücksichtigt[1120].

Im Anwendungsbereich des *Act* sind andere Anspruchsgrundlagen ausdrücklich ausgeschlossen[1121], sodass für *Rylands* bei Klagen nach Tankerhavarien kein Raum bleibt, obgleich eine Anwendung angesichts des erhöhten Gefahrenpotentials ansonsten im Bereich des Möglichen läge[1122]. Dem Grundsatz nach statuiert aber auch[1123] der *Merchant Shipping Act 1995* eine verschuldensunabhängige Haftung des Schiffseigentümers. Diese wird wie auch bei *Rylands* durch *Acts of God*[1124] und das Mitverschulden[1125] des Geschädigten begrenzt. Auch *Act of Strangers* können einen Haftungsausschluss unter dem *Act* bewirken, allerdings müssen diese im Unterschied zu *Rylands*[1126] zwingend mit Schädigungsabsicht durchgeführt worden sein. Während der *Act* (entgegen der *Rule*[1127]) weder bei *Statutory Authority* noch durch einen *Natural Use* ausgeschlossen wird, kann sich der Schädiger hier durch behördliche Versäumnisse bei der Bereitstellung von Navigationshilfen entlasten.

Damit weist der *Merchant Shipping Act 1995* in der Summe eine der Regel aus *Rylands v. Fletcher* vergleichbar strenge Haftung auf. Zwar ist das Gesetz in der Frage der *Defences* beträchtlich strenger als die *Rule*. Jedoch wird die Strenge des Haftungsregimes durch die Möglichkeit aufgeweicht, die Haftungssumme für nicht schuldhaft verursachte Schäden zu begrenzen.

1118 Darunter versteht der *Act* entweder Fahrlässigkeit oder einen „wrongful act"; vgl. *Merchant Shipping Act 1995*, c. 21, pt. VI, ch. III, s. 155 (c).

1119 Vgl. *Merchant Shipping Act 1995*, c. 21, pt. VI, ch. III, s. 155 (c). Denkbar ist hier beispielsweise die fehlende Wartung von Leuchttürmen.

1120 Vgl. *Merchant Shipping Act 1995*, c. 21, pt. VI, ch. III, s. 153 (8), s. 154 (4), der auf die Bestimmungen des *Law Reform (Contributory Negligence) Act 1945* in sinngemäßer Anwendung verweist.

1121 Vgl. *Merchant Shipping Act 1995*, c. 21, pt. VI, ch. III, s. 156 (1) (i).

1122 Vgl. oben C.I.2.a.

1123 Vgl. in Bezug auf *Rylands* oben B.II.4.

1124 Vgl. C.IV.3.

1125 Vgl. oben C.IV.1.

1126 Vgl. zu der bei *Rylands* uneinheitlichen Rechtslage oben C.IV.4.b.

1127 Vgl. C.IV.5. sowie C.VI.

XV. Menschenrechte: *Human Rights Act 1998*

Der *Human Rights Act 1998* soll die Wirkung der europäischen „Konvention zum Schutze der Menschenrechte und Grundfreiheiten“[1128] im Recht des Vereinigten Königreichs stärken[1129]. Hierzu werden die staatlichen Behörden verpflichtet, die im *Act* aufgeführten[1130] Konventionsbestimmungen zu achten[1131]. Der *Act* bindet alle staatlichen Behörden einschließlich der Gerichte[1132].

Die Konvention gewährt in Artikel 8 Abs. 1 jeder Person Schutz vor Missachtung ihres Privat- und Familienlebens[1133]. Für das Deliktsrecht kann daraus gefolgert werden, dass das Privat- und Familienleben nicht allein solcher Personen geschützt ist, denen Rechte an einem Grundstück zustehen[1134]. Übertragen auf *Rylands v. Fletcher* lässt sich daraus sogar die Pflicht der Judikative zu einer großzügigeren – den Ersatz von Personenschäden einschließenden – Interpretation der *Rule* ableiten: Ein ungestörtes Privat- und Familienleben setzt nämlich voraus[1135], dass der geschützte Personenkreis auch vor Beeinträchtigungen seiner körperlichen Integrität geschützt ist[1136].

Zwar hat das *House of Lords* (bzw. nunmehr der *Supreme Court*) noch nicht zu dieser Frage Stellung bezogen. Jedoch liegen unterhalb der höchstrichterlichen Ebene bereits *Obiter Dicta* vor, die sich offen für eine großzügigere Anwendung

---

1128 Der *Act* bezieht sich dabei auf die Fassung der Konvention, welche zum Zeitpunkt seines Inkrafttretens galt; vgl. *Human Rights Act 1998*, ch. 42, s. 21 (1) i. V. m. ch. 42, sch. 1, pt. 1.

1129 Vgl. *Human Rights Act 1998*, ch. 42, s. 1 (2) sowie die Einleitung des Gesetzes. Allerdings ist keine vollständige Umsetzung der Konvention beabsichtigt; vgl. dazu eingehend Grosz/Beatson/Duffy: „Human Rights: The 1998 Act and the European Convention“ (2000), S. 6 ff.

1130 Vgl. *Human Rights Act 1998*, ch. 42, s. 1 (1) sowie Grosz/Beatson/Duffy, a. a. O., S. 3 ff.

1131 Vgl. *Human Rights Act 1998*, ch. 42, s. 6 (1).

1132 Vgl. *Human Rights Act 1998*, ch. 42, s. 6 (3) (a).

1133 Diese Regelung ist vom Geltungsbereich des Act umfasst; vgl. *Human Rights Act 1998*, ch. 42, s. 1 (1) (a).

1134 Vgl. Murphy in „Street on Torts“ (12. Auflage 2007), S. 472 f., Anm. 60, 66; Markesinis/Deakin/Johnston, a. a. O., S. 623.

1135 Dies illustriert eine Fallkonstellation, in der die Kinder eines Grundstücksbesitzers geschädigt werden, da eine Fabrik nahe ihres Elternhauses Giftdämpfe ausstößt: Die Kinder haben keine eigenen Grundstücksrechte inne (diese üben ihre Eltern aus), gleichwohl ist ihnen ein ungestörtes Privatleben in dem durch die Dämpfe gesundheitsschädlichen Familienheim kaum möglich (vgl. insoweit auch die Fallkonstellation aus *McKenna v. British Aluminium Ltd.*, [2002] 4 Env. L.R. 182, 182).

1136 Vgl. Markesinis/Deakin/Johnston, a. a. O., S. 623. Vor dem Hintergrund der besonderen Bedeutung des Schutzes der körperlichen Integrität hatte sich bereits Linden („Whatever Happened to *Rylands v. Fletcher*?“ in Klar: „Studies in Canadian Tort Law“ [1977], 325, 336) dafür ausgesprochen, die *Rule* auf Personenschäden anzuwenden.

der *Rule* im Lichte des *Act* zeigen[1137]. Folglich ist der *Human Rights Act 1998* das Gegenteil einer Beschränkung der *Rule*: Das Gesetz eröffnet vielmehr eine zusätzliche Argumentationslinie, um Zweifel an der Ersatzfähigkeit von Personenschäden unter *Rylands* zu entkräften.

XVI. Umwelthaftung: Richtlinie 2004/35/EG

Die im Jahre 2004 beschlossene Richtlinie 2004/35/EG über Umwelthaftung zur Vermeidung und Sanierung von Umweltschäden[1138] betrifft auch das Vereinigte Königreich als Mitgliedsstaat der Europäischen Union. Da selbstverständlich auch Gefahrenquellen nach Maßgabe von *Rylands*[1139] Umweltschäden herbeiführen können, tangiert die Richtlinie den Anwendungsbereich der *Rule*[1140].

Ziel der Richtlinie ist die Schaffung eines Rahmens für die Umwelthaftung im Sinne des Verursacherprinzips[1141]. Gegenstand der Regelung sind Schäden an geschützten Arten sowie natürlichen Lebensräumen[1142]. Im Gegensatz zu *Rylands*[1143] ist es aber weder erforderlich, dass der Umweltschaden außerhalb des Herrschaftsbereichs des Verursachers eintritt *(Escape)*, noch muss ein *Non-Natural Use* vorliegen. Die Richtlinie sieht vor, dass die zuständige mitgliedsstaatliche Behörde[1144] den Verursacher zu geeigneten Maßnahmen zum Schutz der Umwelt anweist[1145] oder diese selbst durchführt[1146]. Die Kosten der Maßnahmen fallen dem Verursacher der Umweltschädigung zu[1147], es sei denn, diese wurde durch Dritte[1148] bzw. unabwendbare Naturereignisse[1149] verursacht oder der Verursacher befolgte im Zusammenhang mit

---

1137 Vgl. Neuberger J. in *McKenna v. British Aluminium Ltd.*, a. a. O., S. 182; Lord Philipps of Worth Matravers M.R. in *Marcic v. Thames Water Utilities Ltd.*, [2002] E.W.C.A. Civ. 65, [115].

1138 Die englische Bezeichnung lautet *Directive 2004/35/CE of the European Parliament and of the Council on Environmental Liability with Regard to the Prevention and Remedying of Environmental Damage.*

1139 Vgl. C.I.1.

1140 Dies geht auch aus dem Kommentar der Regierung des Vereinigten Königreichs zum Weißbuch der Kommission zur Umwelthaftung hervor; vgl. *United Kingdom Response to European Commission White Paper on Environmental Liability*, August 2000, Nr. 18.

1141 Vgl. Richtlinie 2004/35/EG v. 23.04.2004, Art. 1.

1142 Vgl. Richtlinie 2004/35/EG v. 23.04.2004, Art. 2 ff.

1143 Vgl. B.II.3. bzw. C.III sowie C.VI.

1144 Vgl. Richtlinie 2004/35/EG v. 23.04.2004, Art. 11.

1145 Vgl. Richtlinie 2004/35/EG v. 23.04.2004, Art. 6 f.

1146 Vgl. Richtlinie 2004/35/EG v. 23.04.2004, Art. 6 Abs. 3.

1147 Vgl. Richtlinie 2004/35/EG v. 23.04.2004, Art. 8 Abs. 1.

1148 Vgl. Richtlinie 2004/35/EG v. 23.04.2004, Art. 8 Abs. 3.

1149 Allerdings schließt die Richtlinie ausdrücklich auch Schäden durch bewaffnete Konflikte von ihrem Anwendungsbereich aus; vgl. Richtlinie 2004/35/EG v. 23.04.2004, Art. 4 (vgl. dort auch zu Einzelheiten weiterer Ausnahmen).

der Schädigung eine behördlichen Anweisung[1150]. Dies entspricht den Grundsätzen der *Rule*[1151]. Dagegen[1152] eröffnet die Richtlinie dem Verursacher den Entlastungsbeweis mangelnden Verschuldens, falls er eine behördliche Genehmigung für seine Tätigkeit vorweisen kann[1153].

Zwar sieht die Richtlinie eine Ersatzpflicht des Verursachers für die von ihm bewirkten Umweltschäden vor. Dies betrifft jedoch lediglich die Vermeidung und Sanierung von Umweltbeeinträchtigungen. Dagegen zielt die Richtlinie nicht auf den Ausgleich von Schäden ab, die Privatpersonen im Zusammenhang mit Umweltschäden erlitten haben. Vielmehr erklärt die Richtlinie ausdrücklich, dass „Privatparteien gemäß dieser Richtlinie keinen Anspruch auf Schadensersatz infolge eines Umweltschadens oder der unmittelbaren Gefahr eines solchen Schadens“[1154] haben. Somit beschränkt die Richtlinie nicht den Anwendungsraum der Regel aus *Rylands v. Fletcher*, die zwar in sachlicher Hinsicht Überschneidungen mit der Richtlinie aufweist, nicht aber in Bezug auf die anspruchsberechtigten Personen.

XVII. Resümee

Im englischen Recht gilt der Grundsatz, dass das *Statutory Law* über dem *Common Law* steht[1155], wodurch die untersuchten Gesetze das Potential besitzen, der Regel aus *Rylands v. Fletcher* Anwendungsgebiete zu entziehen. Dies ist jedoch keine zwingende Folge. Entscheidend ist der Regelungsgehalt des jeweiligen Gesetzes. Die untersuchten Regelungen variieren dementsprechend hinsichtlich ihrer Auswirkung auf die *Rule*.

Eine Reihe von *Acts* verzichtet auf eine Beschneidung des Anwendungsbereichs von *Rylands*, obgleich die von ihnen geregelten Sachverhalte auch für die

---

1150 Vgl. Richtlinie 2004/35/EG v. 23.04.2004, Art. 8 Abs. 3.

1151 Vgl. oben unter C.IV.3. und C.IV.4. sowie C.IV.5.

1152 Insoweit erkennt *Rylands* gerade keine *Defence*, falls der Schädiger lediglich eine Genehmigung (im Unterschied zu einer entsprechenden Verpflichtung) zur Durchführung der schadensstiftenden Tätigkeit vorweisen kann; vgl. oben C.IV.5.

1153 Gleiches gilt, falls das Verhalten des Verursachers nach dem wissenschaftlich-technischen Stand bei Schädigung nicht als umweltschädlich galt; vgl. zum Ganzen Richtlinie 2004/35/EG v. 23.04.2004, Art. 8 Abs. 4.

1154 So explizit die Richtlinie 2004/35/EG v. 23.04.2004, Art. 3 Nr. 3 sowie Erwägungsgründe 11, 14. Die Richtlinie gewährt Privatpersonen lediglich das Recht, im Falle einer (ggf. lediglich absehbaren) Umweltschädigung von den zuständigen mitgliedsstaatlichen Behörden Umweltschutzmaßnahmen zu verlangen; vgl. Richtlinie 2004/35/EG v. 23.04.2004, Art. 12 Abs. 1. Vgl. auch Betlem: „Torts, a European Ius Commune and the Private Enforcement of Community Law“, (2005) 64 C.L.J. 126, 148. Daraus ein generelles Prinzip des englischen Umwelthaftungsrechts ableitend O'Quinn: „Not-So Strict Liability: A Foreseeability Test for *Rylands v. Fletcher* and Other Lessons from *Cambridge Water Co. v. Eastern Counties Leather plc*“, (2000) 24 H.E.L.R. 287, 287 f.

1155 Vgl. oben A.II.1.a.

Rule relevant sind. Hierzu zählen der *Fires Prevention (Metropolis) Act 1774*[1156], der *Environmental Protection Act 1990*[1157] sowie die Richtlinie 2004/35/EG über Umwelthaftung[1158] und die der *Consumer Protection Act 1987*[1159]. Ähnlich wirken auch der *Animals Act 1971* und der *Civil Aviation Act 1982*, die Sachverhalte erfassen, in denen *Rylands* auch vor deren Inkrafttreten nicht oder nur sporadisch angewendet worden war[1160]. Sogar eine Erweiterung der *Rule* bewirken *Railway Fires Act 1905* und *Reservoirs Act 1975*: Diese Gesetze erklären die *Defence* der *Statutory Authority* für berstende Wasserreservoirs sowie nach Brandschäden durch Eisenbahnen für unanwendbar. Auch der *Human Rights Act 1998* eröffnet der *Rule* zusätzlichen Argumentationsspielraum, um ihre Anwendbarkeit auf Personenschäden zu sichern. Hinzu kommt, dass der Gesetzgeber den Reformentwurf der *Royal Commission* zu einer allgemeinen Gefährdungshaftung für Personenschäden infolge Quellen erhöhter Gefahr nicht umgesetzt hat, und auch der Bericht der *Law Commission* ohne Wirkung bleibt.

Eine Reihe von *Acts* verdrängt zwar die Regel aus *Rylands v. Fletcher* tatsächlich aus ihren Anwendungsgebieten. Jedoch erlegt die Mehrheit dieser Gesetze dem Schädiger ein beträchtlich strengeres Haftungsregime als die *Rule* auf. Dies gilt für Schadensfälle durch Nuklearmaterial *(Nuclear Installations Act 1965)* ebenso wie für unterirdische Erdgas- *(Gas Act 1965)* und Wasserleitungen *(Water Industry Act 1991 bzw. Water Resources Act 1991)*. Auch der *Civil Aviation Act 1982* ist eine strengere Haftungsgrundlage für zivile Flugzeugunglücke als *Rylands v. Fletcher.* Zumindest vergleichbar strikt sanktioniert der *Merchant Shipping Act 1995* Tankschiffhavarien. Ein deutlich milderes, erkennbar verschuldensbasiertes Haftungsregime statuieren dagegen die *Occupiers' Liability Acts 1984, 1957* für Schäden, die sich innerhalb der Grundstücksgrenzen des Ersatzpflichtigen aufgrund dort begründeter Ursachen ereignen.

Im Vergleich zu *Rylands v. Fletcher* fällt zudem auf, dass keiner der *Acts* das (die *Rule* so wirkungsvoll beeinträchtigende[1161]) Konzept des *Non-Natural Use* aufnimmt. Nahezu jeder der *Acts*, die Schadensersatzansprüche gewähren, erstreckt diese auch auf Personenschäden[1162]. Ebenso ist eine *Statutory Authority* von nur einem

---

1156 Diese Regelung lässt die für *Rylands* relevanten Fallgruppen von Feuerschäden unberührt; vgl. oben D.I.

1157 Der *Environmental Protection Act 1990* behält in c. 43, pt. II, s. 73 (8) ausdrücklich die Anwendbarkeit anderer Anspruchsgrundlagen bei.

1158 Diese Richtlinie ist gemäß Art. 3 Nr. 3 nicht im Rahmen des von *Rylands* geregelten Ausgleichs der Schäden von Privatpersonen anwendbar.

1159 Der *Consumer Protection Act 1987* lässt die Anwendung anderer Ansprüche in s. 2 (6) ausdrücklich unberührt.

1160 Allerdings muss konstatiert werden, dass die *Acts* der *Rule* nunmehr endgültig die Möglichkeit nehmen, deren Anwendungsgebiete zu erfassen.

1161 Vgl. oben C.VI.

1162 Einzige Ausnahme ist der *Merchant Shipping Act 1995.* Der *Water Industry Act 1991* und der *Water Resources Act 1991* treffen zwar keine ausdrückliche Aussage,

Gesetz[1163] als *Defence* vorgesehen, obgleich diverse *Statutes*[1164] durchaus gängige Anwendungsgebiete dieses Ausschlussgrundes betreffen. Der englische Gesetzgeber hat sogar *Acts* formuliert, welche diese *Defence* in einigen ihrer typischen Anwendungsgebiete ausdrücklich ausschließen[1165]. Schließlich sieht nur ein Gesetz[1166] (obendrein unter überaus strikten Voraussetzungen) einen Haftungsausschluss für *Acts of Strangers* vor.

Somit ergibt sich ein durchaus überraschendes Bild der Auswirkungen des *Statutory Law* auf die *Rule*: Eine Reihe von Gesetzesregelungen lässt *Rylands v. Fletcher* unberührt; mitunter hat der Gesetzgeber sogar *Statutes* formuliert, die Begrenzungen der *Rule* ausschließen. In den *Acts*, welche *Rylands* tatsächlich verdrängen, übertrifft der Gesetzgeber sogar fast durchgängig die Strenge des Haftungsregimes der *Rule*.

erfassen aber „the loss or damage", worunter auch Personenschäden subsumierbar sind.

1163 Dabei handelt es sich um den *Consumer Protection Act 1987*.

1164 Insbesondere die Fallkonstellation berstender Erdgasleitungen (nach dem *Gas Act 1965*) bot hier unter *Rylands* Gelegenheit zur Beschränkung der Haftung; vgl. dazu oben C.IV.5.

1165 Dies betrifft den *Railway Fires Act 1905* und den *Reservoirs Act 1975*.

1166 Vgl. die Ausführungen zum *Merchant Shipping Act 1995* unter D.XIV.

E. Die Stellung der *Rule* im *Common Law*

Nicht allein das (formal vorrangige[1167]) Gesetzesrecht schränkt die *Rule* ein. Vielmehr drohen auch innerhalb der Grenzen des *Common Law* die (formal gleichrangigen) *Torts* eine ähnliche Wirkung zu erzielen. *Rylands* steht hier in scharfer Konkurrenz mit diesen anderen Haftungstatbeständen. Ein großzügiger Einsatz dieser anderen *Torts* kann dazu führen, dass die *Rule* seltener angewendet – und dadurch in ihrer Außenwirkung beschnitten – wird. Noch bedeutsamer ist es aber, die Haftungsvoraussetzungen der anderen *Torts* eingehend zu untersuchen: Wird *Rylands* nämlich unter rechtssystematischen Gesichtspunkten ausgelegt, so können vergleichbare Tatbestandsmerkmale anderer *Torts* Einfluss auf diejenigen der *Rule* nehmen – und dadurch *Rylands* von innen heraus aufweichen. Folglich ist es notwendig, auch innerhalb des *Common Law* das Verhältnis der *Rule* zu den konkurrierenden *Torts* zu untersuchen.

I. *Trespass*

Der älteste mit *Rylands v. Fletcher* in Zusammenhang stehende *Common-Law*-Anspruch ist der *Trespass*[1168]. Es bestehen mehrere Varianten dieses *Tort*, jeweils bezogen auf das verletzte Rechtsgut: Neben *Trespass to the Person* (natürliche Personen) existieren *Trespass to Goods* (Besitz an Gütern) und *Trespass to Land* (Grundstücksbesitz).

1. Voraussetzungen und Grenzen der Haftung

Gemein ist diesen *Torts*, dass sie ein bewusstes[1169] Verhalten des Schädigers erfordern und dieses unmittelbar[1170] zur Erfüllung des Haftungstatbestands führen muss. Allerdings ist die Schädigungshandlung hinreichend unmittelbar, wenn der *Trespasser* sie durch eine Sache (etwa eine Körperverletzung durch einen Messerwurf), ein Tier

1167 Vgl. oben A.II.1.a.

1168 Dieser Begriff kann mit „Übergriff" übersetzt werden; vgl. Dietl/Lorenz II, a. a. O., S. 717. *Trespass*-Klagen werden seit dem 13. Jahrhundert vor englischen Gerichten verhandelt; vgl. dazu Maitland: „The Forms of Action at Common Law" (1909/1997), S. 53 ff.; Plucknett: „A Concise History of the Common Law" (5. Auflage 1956), S. 366 f.

1169 Vgl. Murphy in „Street on Torts" (11. Auflage 2003), S. 27; vgl. dazu bereits *Weaver v. Ward*, (1616) 80 E.R. 284 sowie *National Coal Board v. J. E. Evans & Co. (Cardiff) Ltd.*, [1951] 2 K.B. 861.

1170 Vgl. Murphy, a. a. O., S. 35, 67, 73 sowie Le Blanc J. in *Leame v. Bray*, (1803) 102 E.R. 724, 728 *(Trespass to the Person)*; Lord Ellenborough in *Covell v. Laming*, (1808) 170 E.R. 1034, 1035 *(Trespass to Goods)*; Kay L.J. in *Lemmon v. Webb*, [1894] 3 Ch. 1, 24 *(Trespass to Land)*.

(z. B. ein Grundstücksübertritt durch einen Hund) oder gar durch andere Menschen begeht[1171].

Der Tatbestand des *Trespass to the Person* ist erfüllt, wenn körperliche Gewalt gegen eine Person angewendet[1172] (sog. *Battery*) bzw. eine dahingehende Drohung ausgesprochen wird[1173] (sog. *Assault*) oder wenn die Bewegungsfreiheit einer Person vollständig eingeschränkt wird[1174] (sog. *False Imprisonment*)[1175]. Der *Trespass to Goods* schützt deren Besitzer[1176] vor Beschädigung oder unbefugtem Entzug einer Sache[1177]. Ein *Trespass to Land* schließlich liegt im unbefugten Eindringen in das im Besitz eines Anderen stehende Grundstück oder Gebäude[1178]. Der einklagbare Schaden[1179] hängt vom geschützten Rechtsgut ab: So sind beim *Trespass to the Person* primär Personenschäden, beim *Trespass to Goods* Sachschäden[1180] und beim *Trespass to Land* Grundstücksschäden[1181] ersatzfähig, wobei Letzterer auch Unterlassungsansprüche beinhaltet[1182].

1171 Vgl. Murphy, a. a. O., S. 74 f. m. w. N.

1172 Zur Erfüllung der Tathandlung kann sogar ein bloßer physischer Kontakt ausreichen, wobei aber eine Bagatellgrenze (etwa in Alltagssituationen wie Berührungen in einer Menschenmenge) berücksichtigt wird; vgl. Lunney/Mitchell in Grubb (Hrsg.): „The Law of Tort“ (2002), S. 352.

1173 Es ist nicht erforderlich, dass tatsächlich eine Gefahr vorliegt; jedoch muss vernünftigerweise davon auszugehen gewesen sein; vgl. Markesinis/Deakin/Johnston: „Tort Law“ (6. Auflage 2008), S. 453.

1174 Hierzu muss eine Person in irgendeiner Räumlichkeit (die kein „Gefängnis“ im klassischen Sinne sein muss) ohne möglichen Ausweg eingesperrt sein; vgl. Lunney/Mitchell, a. a. O., S. 365 f.

1175 Ein *Trespasser to the Person* kann sich jedoch auf die *Defences* berufen, dass er in Selbstverteidigung handelte oder dass (bei *False Imprisonment*) eine rechtmäßige Festnahme vorlag. Auch die Verteidigung einer nahestehenden Person reicht hierfür aus. Vgl. Murphy, a. a. O., S. 86 ff.

1176 Zwar ist keine Eigentumsstellung des Geschädigten notwendig, jedoch muss er zur Zeit der Schädigung die tatsächliche Kontrolle über die Sache ausüben können und wollen; vgl. Murphy, a. a. O., S. 68 sowie auch Lord Esher in *Johnson v. Diprose*, [1893] 1 Q.B. 512, 515.

1177 Vgl. Murphy, a. a. O., S. 47 und S. 66 ff. m. w. N. Inzwischen ist dieser *Tort* im *Torts (Interference with Goods) Act 1977* geregelt; vgl. s. 1 (b) des Act.

1178 Als Eindringen wird auch das unberechtigte Verweilen angesehen; vgl. Cooke: „Law of Tort“ (9. Auflage 2009), S. 321.

1179 Ein Schaden ist aber keine notwendige Voraussetzung des *Trespass*, da dieser die *per se* (also ohne Nachweis einer tatsächlichen Schädigung) einklagbar ist; vgl. dazu Markesinis/Deakin/Johnston, a. a. O., S. 453, 495.

1180 Vgl. den *Torts (Interference with Goods) Act 1977*, c. 32, s. 3. Ersatzfähig sind ausweislich s. 3 (2) (a) auch sämtliche mittelbaren Folgeschäden.

1181 Vgl. Murphy, a. a. O., S. 81 f. Darüber hinaus kann auch ein infolge des *Trespass* entgangener Gewinn ersatzfähig sein; vgl. Hilbery J. in *Watson v. Murray*, [1955] 2 Q.B. 1, 19 f.

1182 Vgl. Horsey/Rackley: „Tort Law“ (2009), S. 482.

Ein *Trespasser* kann jedoch zur Abwehr des Anspruchs eine Reihe von *Defences* anführen. So ist ein *Trespass* immer ausgeschlossen, wenn das Einverständnis[1183] des Geschädigten, eine Selbstverteidigungshandlung[1184] oder *Necessity*[1185] vorliegt. Auch die *Statutory Authority* des Schädigers bildet eine Haftungsgrenze[1186]. Schließlich wird – außer bei *Trespass to Goods*[1187] – ein Mitverschulden des Geschädigten berücksichtigt[1188].

2. Verhältnis der *Rule* zu *Trespass*

Vergleich zu *Rylands v. Fletcher* spielt im *Trespass* die Akkumulation einer Gefahrenquelle keine Rolle. Entscheidend ist vielmehr die Schädigungshandlung durch den *Trespasser*, welche wiederum eher an das *Escape* aus *Rylands* erinnert – wie besonders der *Trespass to Land* zeigt, in dem die Schädigungshandlung im Eintritt in das Land des Geschädigten liegt. Diese Schädigungshandlung[1189] muss im Gegensatz zu *Rylands* einerseits vom Bewusstsein getragen (und dabei zumindest fahrlässig[1190]) sein und andererseits unmittelbar[1191] zur Schädigung führen. Der letztgenannte Punkt war die Ursache dafür, dass auf den ursprünglichen Sachverhalt von *Fletcher v. Rylands* kein *Trespass* angewendet werden konnte[1192]: Die Flutung des Reservoirs durch Mr. Rylands hatte nicht unmittelbar zur Überschwemmung von Mr. Fletchers

---

1183 Vgl. Murphy, a. a. O., S. 86 ff. Eine Einwilligung kann auch mutmaßlich erklärt werden. In Bezug auf psychisch kranke Personen gelten die Sonderbestimmungen der *Mental Health Acts 1983, 1995.* Zudem sind Maßnahmen zur Aufrechterhaltung der Ordnung an Bord von Schiffen und Flugzeugen erlaubt. Ähnliche Erwägungen bestehen auch im Rechtsverhältnis von Eltern und Kindern; vgl. Murphy, a. a. O., S. 96 ff. Beim *Trespass to Land* kann sich der Schädiger durch Nachweis einer *License* des Berechtigten entlasten; vgl. Cooke, a. a. O., S. 323 f.

1184 Die Abwehrhandlung muss jedoch verhältnismäßig und in vernünftiger Einschätzung der Angriffslage vorgenommen werden; vgl. Horsey/Rackley, a. a. O., S. 405.

1185 Generell ist eine Haftung für Justiz- und Legislativakte ebenso ausgeschlossen wie für Handlungen von Privatpersonen zur Verhinderung von Straftaten; vgl. Murphy, a. a. O., S. 94 ff., 103 f. sowie den *Criminal Law Act 1967* und den *Police and Criminal Evidence Act 1984.*

1186 Vgl. Markesinis/Deakin/Johnston, a. a. O., S. 467 ff.

1187 Vgl. *Torts (Interference with Goods) Act 1977*, c. 32, s. 11 (1).

1188 Vgl. Murphy, a. a. O., S. 90.

1189 Im Gegensatz dazu ist Bewusstsein hinsichtlich der Folgen der Handlung nicht erforderlich: *Trespass* verübt auch derjenige, der zwar bewusst einen Grundstücksabschnitt betritt, dies aber in dem Irrglauben, er gehöre noch zum eigenen Herrschaftsbereich; vgl. Cooke, a. a. O., S. 319.

1190 Vgl. Murphy, a. a. O., S. 32, Anm. 5.

1191 Vgl. Diplock J. in *Fowler v. Lanning*, [1959] 1 Q.B. 426, 432. Es besteht keine Haftung für unabwendbare Ereignisse; vgl. Murphy, a. a. O., S. 85.

1192 Vgl. oben B.I.3. Eine Ausnahme gilt lediglich für *Baron* Bramwells Minderheitsvotum in erster Instanz.

Mine geführt, sondern trat erst später ein, nachdem sich das Wasser einige Tage im Reservoir gehalten hatte[1193]. Das Anknüpfen der Schädigungshandlung an das Bewusstsein des *Trespasser* wiederum kann als Verschuldenselement gewertet werden, sodass in diesem Punkt das Haftungsregime bei *Trespass* deutlich milder als in *Rylands* ist.

Hinsichtlich der *Defences* bestehen Parallelen der beiden[1194] *Torts* bei *Statutory Authority, Necessity*[1195], Einwilligung und Mitverschulden. Dagegen kennt der *Trespass* keine *Acts of God or Strangers*. Dies liegt darin begründet, dass die Handlung eines *Trespasser* ohnehin unmittelbar schädigend wirken muss – was gerade nicht der Fall ist, falls Naturgewalten oder Dritte in den Schadensverlauf eingreifen. Daher sind diese *Defences* im *Trespass* schlicht überflüssig. Unterschiede zwischen den beiden Anspruchsgrundlagen bestehen auch insofern, als ein *Trespass* keinen *Non-Natural Use* erfordert, und dass eine Haftung für *Independent Contractors* grundsätzlich nicht besteht[1196]. Gleichwohl ist in der Gesamtschau das Haftungsregime von *Rylands* – nicht zuletzt im Hinblick auf die verschuldensabhängige Tathandlung des *Trespasser* – das strengere.

Zum Konkurrenzverhältnis der beiden Anspruchsgrundlagen hat es bislang keine abschließende Stellungnahme in der Rechtsprechung gegeben. Allerdings boten zwei Merkmale des *Trespass* hierzu Anlass, nämlich das Bewusstsein der schädigenden Handlung sowie ihre Unmittelbarkeitsbeziehung zum Schadenseintritt. In der ersten Frage hat die Rechtsprechung zunächst angedeutet, dass eine bewusste Handlung, die in einen Schaden mündet, eher dem *Trespass* als der *Rule* zuzuordnen ist[1197]. Allerdings hat man dies nachfolgend insoweit relativiert, als lediglich solche Handlungen von *Rylands* ausgeschlossen sind, die bewusst auf den Geschädigten abzielen[1198]. Auch das Unmittelbarkeitserfordernis schließt *Rylands* nicht aus: Die *Rule* wurde nämlich auf einen Fall angewendet, in dem der Schädiger Abwässer in das Meer geleitet und dadurch – mittels einer unmittelbar schadensstiftenden

---

1193 Vgl. oben B.I.2.

1194 Vgl. zu *Rylands* oben C.IV.1., C.IV.2., C.IV.5. und C.IV.6.

1195 Jedoch privilegiert der *Trespass* im Gegensatz zur *Rule* großzügig Selbstverteidigungshandlungen sowie Justizakte.

1196 Vgl. zu diesem Grundsatz Murphy, a. a. O., S. 552, 558 und zu den Ausnahmen S. 558 ff. m. w. N.

1197 „In the result, I conclude that if, which I doubt, this case falls to be considered at all under *Rylands v. Fletcher* [...]", „I am inclined to the view that counsel for the defendant is right on this point", Taylor J. in *Rigby v. Chief Constable of Northwestonshire*, [1985] 2 All E.R. 985, 996.

1198 „Equally, with great respect to the dicta of Mr. Justice Taylor, I see no good reason for limiting the liability to an accidental escape as opposed to an intentional release, at least where the release (though intentional) is not deliberately aimed in the direction of the plaintiff, or with the intention of impinging upon his property", Potter J. in *Crown River Cruises Ltd. v. Kimbolton Fireworks Ltd.*, [1996] 2 Ll. L. Rep. 533, 547.

Handlung – die an der Küste gelegenen Austernbänke des Klägers verunreinigt hatte[1199]. In diesem Fall hat der *Court of Appeal* zudem das Konkurrenzverhältnis von *Rylands* und *Trespass* insoweit entkrampft, als er beide *Torts* parallel für anwendbar erklärte[1200].

II. *Vicarious Liability*

Vicarious Liability statuiert eine Haftung des *Master* (Herren) für von seinen *Servants* (Dienern) im Rahmen ihrer Dienste begangene *Torts*[1201]. Heute werden die traditionellen Termini *Master* und *Servant* regelmäßig durch die aus dem modernen Arbeitsleben entlehnten Begriffe *Employer* (Arbeitgeber) und *Employee* (Arbeitnehmer) ersetzt.

1. Voraussetzungen und Grenzen der Haftung

Der Anspruch setzt zunächst ein Anstellungsverhältnis zwischen *Employer* und *Employee* voraus. Fehlt ein solches, haftet der Auftraggeber nur im Ausnahmefall[1202] für seine selbständigen Auftragnehmer *(Independent Contractors)*[1203]. Dabei liegt das entscheidende Abgrenzungskriterium in der Kontrolle[1204], die der *Employer* über die Verrichtungen des *Employee* – im Gegensatz zu der Tätigkeit eines *Independent Contractor* – ausübt.

Zudem muss der *Employee* einen *Tort* verwirklicht haben, was von den Voraussetzungen der jeweiligen Vorschrift abhängt. Sind diese erfüllt, so ist der Anwendungsbereich der *Vicarious Liability* auch dann eröffnet, wenn einer Klage gegen den *Employee* selbst formale Gründe entgegenstehen[1205].

1199 Vgl. Stirling L.J. in *Foster v. Warblington Urban District Council*, [1906] 1 K.B. 648, 672 f.

1200 „[T]his would be actionable on the principle laid down in *Fletcher v. Rylands* [...]" sowie „I rely merely upon the occupation of the plaintiff, which is enough, in my opinion, to give him a title to bring an action for trespass", jeweils Stirling L.J. in *Foster v. Warblington Urban District Council*, a. a. O., S. 671 f. bzw. S. 674.

1201 *Vicarious Liability* bezeichnet die Geschäftsherrenhaftung (vgl. Dietl/Lorenz I, S. 888) und entspricht auch inhaltlich den Prinzipien der deutschen Geschäftsherrenhaftung; vgl. Zweigert/Kötz, a. a. O., S. 647.

1202 Eine solche Ausnahme gilt etwa für die Haftung aus *Rylands v. Fletcher*; vgl. oben B.II.2.c.

1203 Vgl. Murphy, a. a. O., S. 552.

1204 Als Indizien hierfür gelten etwa die Bereitstellung der Arbeitsutensilien durch den *Employer* sowie generell dessen Weisungsbefugnis. Umgekehrt sprechen Zeitverträge oder eine finanzielle Beteiligung des Auftragnehmers am Geschäftsbetrieb gegen dessen Einordnung als *Employee*. Vgl. zum Ganzen auch die ausführliche Darstellung von Kidner: „Vicarious Liability: For Whom Should the Employers be Liable?" [1995] L.S. 47, 48 ff.

1205 Vgl. zum Ganzen Murphy, a. a. O., S. 565.

Schließlich ist erforderlich, dass die unmittelbar schädigende Handlung im Rahmen des Anstellungsverhältnisses erfolgt – also, dass sie in einem zeitlichen, räumlichen und sachlichen Zusammenhang mit dem Anstellungsverhältnis steht[1206]. In diesem Fall löst auch ein weisungswidrig handelnder *Employee* die *Vicarious Liability* seines *Employers* aus, solange er nicht seinen Aufgabenbereich überschreitet[1207].

2. Verhältnis der *Rule* zu *Vicarious Liability*

Wie *Rylands v. Fletcher* ist die *Vicarious Liability* eine verschuldensunabhängige Haftung. Sie geht in ihrer Strenge sogar noch über die *Rule* hinaus, da sich der *Employer* auf keinerlei *Defences* berufen kann. Andererseits ist es unter *Rylands* nicht notwendig, dass der Schädiger den Weisungen des (potentiellen) Beklagten untergeordnet ist, da die *Rule* auch auf *Independent Contractors* Anwendung findet.

Was das Verhältnis der beiden *Torts* zueinander anbelangt, so können beide Ansprüche parallel geltend gemacht werden[1208]: Verursacht ein *Employee* einen Schaden, für den er gemäß *Rylands* haften muss, so kann dieser Anspruch zugleich die Grundlage für ein Vorgehen gegen den *Employer* nach den Grundsätzen der *Vicarious Liability* sein[1209].

III. *Breach of Statutory Duty*

Breach of Statutory Duty ist ein *Tort*, der Ersatzansprüche gewährt, falls eine Person durch Verletzung gesetzlicher Vorschriften einen Schaden verursacht[1210]. Damit fungiert dieser Anspruch als Verbindungsglied zwischen dem *Statutory Law* und dem *Common Law*.

1. Voraussetzungen und Grenzen der Haftung

Für die Eröffnung des Anwendungsbereichs dieses *Tort* ist der Wortlaut des jeweiligen *Statute* entscheidend[1211]: Nur wenn die Regelung Pflichten zum Schutz einer

1206 Vgl. dazu im Einzelnen Murphy, a. a. O., S. 565 ff.

1207 Vgl. Lord Dunedin in *Plumb v. Cobden Flour Mills Co. Ltd.*, [1914] A.C. 62, 67 f.

1208 Vgl. Murphy, a. a. O., S. 589.

1209 Vgl. zur Möglichkeit, dass ein Geschädigter gleichzeitig gegen den *Employer* und dessen *Employee* vorgeht, Brown L.J. in *Shapland v. Palmer*, [1999] 1 W.L.R. 2068, 2071: „Assume, for example, that the plaintiff here had successfully pursued her claim against the company and then found it uninsured and insolvent, she would still have been able to sue [the employee] as a joint tortfeasor".

1210 Vgl. ausführlich zum *Breach of Statutory Duty* Buckley: „Liability in Tort for Breach of Statutory Duty", (1984) 100 L.Q.R. 204.

1211 Vgl. Lord Simonds in *Cutler v. Wandsworth Stadium Ltd.*, [1949] A.C. 398, 407; Lord Browne-Wilkinson in *X. v. Bedfordshire County Council*, [1995] 2 A.C. 633, 731.

bestimmten Gruppe enthält[1212] und darüber hinaus der Gesetzgeber dieser Gruppe[1213] im Falle von Verletzungen der Schutzvorschriften einen Ersatzanspruch gewähren wollte[1214], kann sich der Geschädigte auf *Breach of Statutory Duty* berufen[1215]. Daher ist es keineswegs der Regelfall, sondern vielmehr die Ausnahme, dass die Verletzung eines *Statute* zu einem Schadensersatzanspruch aus *Breach of Statutory Duty* führt[1216].

Ist der Anwendungsbereich des *Tort* jedoch eröffnet, hängt die Haftung des Schädigers zunächst davon ab, ob das *Statute* dem Schädiger[1217] Pflichten gegenüber einer Personengruppe[1218] auferlegt, welcher der Geschädigte angehört[1219]. Dieses Erfordernis schließt eine Anwendung des *Breach of Statutory Duty* auf die bereits behandelte EG-Richtlinie zur Umwelthaftung aus, da diese ausdrücklich keine Pflichten und Ansprüche in Bezug auf Privatpersonen statuiert[1220].

1212 Vgl. *Rickless v. United Artists Corporation*, [1988] Q.B. 40. Ein klassischer Anwendungsfall liegt etwa in arbeitsrechtlichen Schutzvorschriften.

1213 Zudem hat die Rechtsprechung angedeutet, dass der *Tort* auch dann anwendbar sein könnte, wenn die Regelung ein Recht der Allgemeinheit statuiert, durch dessen Verletzung ein Einzelner einen unmittelbaren, besonderen und signifikanten Schaden erleidet; vgl. Brett J. in *Benjamin v. Storr*, (1874) L.R. 9 C.P. 400, 406 f. sowie insgesamt Murphy, a. a. O., S. 467 f.

1214 Vgl. Lord Browne-Wilkinson in *X. v. Bedfordshire County Council*, [1995] 2 A.C. 633, 731. Dies muss bei Verabschiedung der Regelung der Fall sein; vgl. Nourse L.J. in *Issa v. Hackney Borough Council*, [1997] 1 All E.R. 999, 1005.

1215 Vgl. Lord Diplock in *Lonrho Ltd. v. Shell Petroleum Co. Ltd. (No. 2)*, [1982] A.C. 173, 185 f.

1216 Vgl. *Lonrho Ltd. v. Shell Petroleum Co. Ltd. (No. 2)*, [1981] 2 All E.R. 456. Mit dieser Entscheidung hatte sich der weite Ansatz von Lord Denning M.R. nicht durchgesetzt, nach dem jede Verletzung eines privaten Rechts privatrechtlich einklagbar sei, solange die Privatperson einen individuellen, über den der Allgemeinheit hinausgehenden Schaden erleidet; vgl. Lord Denning M.R. in *Ex p. Island Records Ltd.*, [1978] Ch. 122, 135 f.

1217 Generell stehen die Gerichte einer Anwendung des *Tort* gegen öffentliche Behörden wegen Mängeln bei der Daseinsvorsorge ablehnend gegenüber; vgl. Lord Bridge in *Murphy v. Brentwood District Council*, [1990] 2 All E.R. 908, 931.

1218 Diese Voraussetzung sehen die Gerichte bei strafrechtlichen Vorschriften selten als erfüllt an; vgl. Murphy, a. a. O., S. 464, 467. Ein Gegenbeispiel sind aber strafbewehrte Sicherheitsbestimmungen zugunsten von Fabrikarbeitern; vgl. *Groves v. Lord Wimborne*, [1898] 2 Q.B. 402.

1219 Vgl. dazu Murphy, a. a. O., S. 462 ff.

1220 Vgl. oben D.XVI. Dagegen sieht der *Petroleum Act 1998* ausdrücklich eine Haftung aus *Breach of Statutory Duty* vor, falls bei der Nutzung von Ölpipelines Sicherheitsbestimmungen missachtet und dadurch Personenschäden verursacht werden; vgl. *Petroleum Act 1998*, Ch. 17, pt. III, s. 23 (1).

Weiterhin setzt ein *Breach of Statutory Duty* voraus, dass die eingetretene[1221] Schädigung einem Risiko entspricht, dessen Realisierung das *Statute* zu vermeiden anstrebt[1222]. Schließlich ist erforderlich, dass ein Verstoß[1223] gegen das *Statute* vorliegt, und dass dieser den Schaden verursachte[1224].

Liegen diese Voraussetzungen vor, so kann sich der Schädiger nur auf in dem verletzten *Statute* selbst vorgesehene *Defences* berufen, nicht aber auf die im sonstigen *Common Law* anerkannten Ausschlussgründe[1225]. Dies gilt bei Einverständnis[1226] oder mitunter[1227] sogar für Mitverschuldensbeiträge[1228] des Geschädigten bzw. für *Acts of Strangers*[1229]. Zudem kann der Schädiger auch durch Einsatz von *Independent Contractors* seiner *Vicarious Liability* nicht entgehen[1230].

Das Haftungsregime des *Breach of Statutory Duty* findet seine Grundlage in den Bestimmungen des im Einzelfall verletzten *Statute*[1231]. Zwar erwog die Rechtsprechung vorübergehend, das Haftungsregime der *Negligence* für *Breach of Statutory Duty* zu übernehmen, jedoch hat sich dieser Ansatz nicht durchgesetzt, sodass die Gerichte den *Tort* heute als „to the category often described as that of cases of

---

1221 Nicht abschließend geklärt ist die Frage, ob der Anspruchsteller immer einen Schaden nachweisen muss. Dies wurde entgegen früherer Entscheidungen von Lord Bridge in *Pickering v. Liverpool Daily Post and Echo Newspapers plc.* ([1991] 1 All E.R. 622, 632) in Zweifel gezogen. Vgl. zum Ganzen Murphy, a. a. O., S. 469.

1222 Vgl. Kelly C.B. in *Gorris v. Scott*, (1874) L.R. 9 Exch. 125, 128 f.; Stuart-Smith L.J. in *Wentworth v. Wiltshire City Council*, [1993] 2 All E.R. 256, 269.

1223 Vgl. Lord Reid in *Bonnington Castings Ltd. v. Wardlaw*, [1956] A.C. 613, 620.

1224 Dies wird zweifelhaft, sobald etwa ein Eigenverschulden des Geschädigten vorliegt; vgl. Pearson J. in *Ginty v. Belmont Building Supplies Ltd.*, [1959] 1 All E.R. 414, 423 f.

1225 Vgl. Fleming: „The Law of Torts“ (9. Auflage 1998), S. 147 f.

1226 Vgl. Murphy, a. a. O., S. 472. In *Wheeler v. New Merton Board Mills Ltd.* ([1933] 2 K.B. 669) hat man die Anwendbarkeit dieser *Defence* im Falle einer verschuldensunabhängigen Haftung von Arbeitgebern gegenüber ihren Beschäftigten ausdrücklich abgelehnt.

1227 So wird es nicht als Mitverschulden eines geschädigten Arbeitnehmers gewertet, wenn sich dieser als besonders Sachkundiger unvorsichtiger verhält als ein Laie; vgl. Murphy, a. a. O., S. 472 f. Andererseits wird die Verletzung einer zu seinem eigenen Schutz aufgestellten Schutzvorschrift durch den Arbeitnehmer seinen Anspruch aus *Breach of Statutory Duty* ausschließen; vgl. Jones in „Clerk and Jolowicz on Torts“ (19. Auflage 2006), S. 560, Rdnr. 9–63.

1228 Vgl. *Boyle v. Kodak Ltd.*, [1969] 2 All E.R. 439.

1229 Vgl. zu dieser Möglichkeit Devlin J. in *Cooper v. Railway Executive (Southern Region)*, [1953] 1 All E.R. 477, 479 f.

1230 Vgl. Lord Blackburn in *Dalton v. Angus*, (1881) 6 A.C. 740, 829. Vgl. auch Jones, a. a. O., S. 560, Rdnr. 9–64.

1231 Vgl. Lord Simonds in *Cutler v. Wandsworth Stadium Ltd.*, [1949] A.C. 398, 407 sowie Jones, a.a O., S. 557 Rdnr. 9–57.

strict or absolute liability“[1232] begreifen. Dies leitet sich daraus ab, dass ein *Breach of Statutory Duty* auch dann zu einer Haftung des Schädigers führen kann[1233], wenn das Haftungsregime des *Statute* strenger als der Sorgfaltsmaßstab der *Negligence* ist[1234]. Inzwischen hat auch das *House of Lords* klargestellt, dass die Verletzung eines *Statute*, das selbst kein Verschuldenselement fordert, auch ohne Verschuldensnachweis zur Haftung des Schädigers aus *Breach of Statutory Duty* führt[1235].

2. Verhältnis der *Rule* zu *Breach of Statutory Duty*

Breach of Statutory Duty wirkt gegenüber dem sonstigen *Common Law* – worunter auch *Rylands* fällt – lediglich ergänzend und unterstützend, nicht aber verdrängend. So greifen die Gerichte auf *Breach of Statutory Duty* zurück, falls der Anspruch aus dem sonstigen *Common Law* zwar dem Grunde nach gegeben ist, aber im konkreten Fall nicht zum Erfolg führt[1236]. Ansonsten finden die Regelungen des *Common Law*, welche vor Inkrafttreten eines *Statute* einen Anspruch gewährt hätten, auch

1232 Lord Wright in *Caswell v. Powell Duffryn Associated Collieries Ltd.*, [1940] A.C. 152, 178. Ähnlich Lord Wright in *London Passenger Transport Board v. Upson*, [1949] A.C. 155, 168 f. Vgl. dazu auch Stanton: „New Forms of the Tort for Breach of Statutory Duty“, (2004) 120 L.Q.R. 324, 331 f.

1233 Dies ist abhängig von den Umständen des Einzelfalls. So hat die Rechtsprechung mitunter von einer Haftung abgesehen, wenn der Schädiger angemessene Sorgfalt zur Erfüllung seiner aus dem *Statute* erwachsenden Pflichten aufgebracht hatte (so hat man in einem Fall die Haftung des Schädigers mangels Vorhersehbarkeit des durch ihn geschaffenen Risikos abgelehnt; vgl. Stable J. in *Read v. Croydon Corporation*, [1938] 4 All E.R. 631, 651). Andererseits ist in derartigen Fällen auch gegen den Schädiger entschieden und ihm eine Haftung für die Verletzung seiner Pflichten auferlegt worden (vgl. zu einer Haftung des Schädigers für ein unvorhersehbares Schadensereignis Lord Reid in *Galashiels Gas Co. Ltd. v. O'Donnell*, [1949] A.C. 275, 288).

1234 Vgl. *Summers & Sons Ltd. v. Frost*, [1955] A.C. 740; *Pearce v. Stanley Bridges Ltd.*, [1965] W.L.R. 931; *Dexter v. Tenby Electrical Accessories*, [1991] Crim. L.R. 839; vgl. auch Jones, a. a. O., S. 555 Rdnr. 9–56 und Stanton, a. a. O., S. 333 f.

1235 Vgl. Lord Browne-Wilkinson in *X. v. Bedfordshire County Council*, [1995] 2 A.C. 633, 731: „This category [i. e. breach of statutory duty simpliciter] comprises those cases where the statement of claim alleges simply (a) the statutory duty, (b) a breach of that duty, causing (c) damage to the plaintiff. The cause of action depends neither on proof of any breach of the plaintiff's common law rights nor on any allegation of carelessness by the defendant.“ Da eine Vielzahl von *Statutes* kein derartiges Verschuldenserfordernis aufstellt, trägt dies zur Einordnung dieses *Torts* in die verschuldensunabhängige Haftung bei; vgl. Murphy, a. a. O., S. 463 f., S. 469 f.

1236 Vgl. die Entscheidung *Monk v. Warbey*, [1935] 1 K.B. 75, in der gegen den unmittelbar Handelnden aufgrund seiner Mittellosigkeit nicht effektiv vorgegangen werden konnte, jedoch ein Dritter in Bezug auf ihn eine *Statutory Duty* verletzte und folglich aus *Breach of Statutory Duty* in Anspruch genommen wurde.

weiterhin Anwendung[1237]. Die Gerichte verfahren mithin nach dem Grundsatz, einerseits mithilfe des *Breach of Statutory Duty* kein neues, dem bisherigen *Common Law* widersprechendes Haftungsregime einzuführen[1238], andererseits jedoch diesen *Tort* dann anzuwenden, wenn er zur Ergänzung des *Common Law* hilfreich ist[1239]. Folglich wird *Rylands* vom *Tort* des *Breach of Statutory Duty* nicht beeinträchtigt.

IV. *Negligence*

Negligence[1240] ist der in der englischen Rechtspraxis wichtigste *Tort*[1241]. Er gewährt einen Ersatzanspruch, wenn durch die Verletzung *(Breach)* einer gegenüber dem Geschädigten bestehenden rechtlichen Sorgfaltspflicht *(Duty of Care)* ein zurechenbarer Schaden *(Damage)* verursacht wird[1242]. Da die *Negligence* mit ihrem verschuldensbasierten Haftungsregime den Gegenpol zur verschuldensunabhängig konzipierten Haftung nach *Rylands v. Fletcher* bildet, ist eine eingehende Untersuchung ihrer Wirkungsmechanismen geboten.

1237 Vgl. etwa für die Beibehaltung der Straßenverkehrshaftung aus *Negligence* (und die Ablehnung einer strengeren, einem *Statute* entnommenen Sicherungspflicht) das *Holding* aus *Phillips v. Britannia Hygienic Laundry Co. Ltd.*, [1923] 2 K.B. 539, 540; zustimmend Phillimore L.J. in *Coote v. Stone*, [1971] 1 All E.R. 657, 663.

1238 Großzügiger war die Rechtsprechung insoweit in Bezug auf die Verletzung von Vorschriften, die Arbeitgeber zur Sicherstellung der Unversehrtheit von Arbeitnehmern in der industriellen Produktion verpflichten: Hier waren die Gerichte regelmäßig dazu bereit, über die Haftungsstandards der bisherigen *Common-Law*-Haftung hinaus zu gehen; vgl. Jones, a. a. O., S. 557 Rdnr. 9–57.

1239 Ebenso Rogers, a. a. O., S. 347 f.

1240 Daneben dient der Begriff *Negligence* auch als Bezeichnung für die subjektiven Haftungsvoraussetzungen von anderen Ansprüchen, die ihrerseits eine „Nachlässigkeit" *(Negligence)* des Schädigers erfordern; vgl. Rogers in „Winfield and Jolowicz on Tort" (17. Auflage 2006), S. 132, Rdnr. 5–1; Zweigert/Kötz: „Einführung in die Rechtsvergleichung auf dem Gebiete des Privatrechts" (3. Auflage Tübingen 1996), S. 611. Dabei kann der Begriff *Negligence* als Gegensatz zur *Intention* (also „Absicht") wirken oder auf ein (keine Sorgfaltspflicht verletzendes) „nachlässiges" *(Negligent)* Verhalten bezogen sein; vgl. dazu Walton in „Charlesworth & Percy on Negligence" (11. Auflage London 2006), S. 3 ff., Rdnr. 1–01 ff. m. w. N.

1241 Vgl. auch Zweigert/Kötz, a. a. O., S. 610.

1242 Vgl. dazu eingehend Walton in „Charlesworth & Percy on Negligence" (11. Auflage 2006), S. 19 ff., Rdnr. 2–01 ff.

1. Voraussetzungen und Grenzen der Haftung

Das Bestehen einer Sorgfaltspflicht wird regelmäßig[1243] in einer dreigliedrigen Prüfung[1244] beurteilt: Es muss (1) ein Näheverhältnis *(Proximity)* bestehen, zudem muss (2) die Möglichkeit des Eintritts einer Verletzung des Geschädigten vorhersehbar gewesen sein *(Foreseeability of Harm)* und (3) die Auferlegung der Sorgfaltspflicht muss im Einzelfall billig *(Fair, Just and Reasonable)* sein[1245].

Das Erfordernis der *Proximity* basiert auf dem *Neighbour Test*, den Lord Atkin in *Donoghue v. Stevenson*[1246] entwickelte: Sorgfaltspflichten als Grundlage einer Haftung aus *Negligence* können demnach gegenüber jeder Person bestehen, die derart eng mit der schädigenden Handlung verbunden ist, dass mit ihrer Schädigung zu rechnen war[1247]. Mithin wird nicht – wie es die Bezeichnung *Neighbour Test* suggerieren mag – darauf abgestellt, ob sich der Geschädigte in räumlicher Nähe zum Schädiger aufhielt, sondern vielmehr normativ geprüft, ob sich der Geschädigte in Reichweite der Gefahr befand[1248].

1243 Die Kriterien zur Bestimmung einer Sorgfaltspflicht sind kein zwingendes Schema und können den Besonderheiten des Einzelfalles angepasst werden; vgl. Walton, a. a. O., S. 30 f., Rdnr. 2–24 ff.; Rogers, a. a. O., S. 143 f., Rdnr. 5–8; Dugdale in „Clerk and Jolowicz on Torts" (19. Auflage London 2006), S. 399 ff., Rdnr. 8–24 ff.

1244 In *Anns v. Merton London Borough Council* ([1977] 2 All E.R. 492) war noch auf Grundlage einer zweigliedrigen Prüfung davon ausgegangen worden, dass das Vorliegen einer *Proximity* das Bestehen der *Foreseeability* indiziere. Dieser Ansatz wurde aber in *Murphy v. Brentwood District Council* ([1990] 2 All E.R. 908) zugunsten der heute gültigen dreigliedrigen Prüfung aufgegeben; vgl. dazu ausführlich Walton, a. a. O., S. 24 ff., Rdnr. 2–12 ff.

1245 Als *Leading Case* zu der heutigen Vorgehensweise gilt *Caparo Industries plc. v. Dickman*, [1990] 1 All E.R 568 (und hier insbesondere die Ausführungen Lord Bridges auf S. 573 f.); vgl. dazu Rogers, a. a. O., S. 143, Rdnr. 5 ff.

1246 *Donoghue v. Stevenson*, [1932] A.C. 562. Diese Entscheidung wird gemeinhin nicht nur als Grundlage des *Neighbour Test*, sondern darüber hinaus als Begründung der *Negligence* als eigenständiger *Tort* angesehen; vgl. dazu Rogers, a. a. O., S. 139, Rdnr. 5–5 und Heuston: „*Donoghue v. Stevenson* in Retrospect", (1957) 20 M.L.R. 1, 9 f. Es ist jedoch zu bedenken, dass sich Lord Atkin (a. a. O., S. 580 f.) bei seiner Herleitung ausdrücklich auf das Urteil von Brett M.R. in *Heaven v. Pender* ([1883] 11 Q.B.D. 503) bezog.

1247 „You must take reasonable care to avoid acts or omissions which you can reasonably foresee would be likely to injure your neighbour. Who, then, in law is my neighbour? The answer seems to be – persons who are so closely and directly affected by my act that I ought reasonably to have them in contemplation as being so affected when I am directing my mind to the acts or omissions which are called in question", Lord Atkins in *Donoghue v. Stevenson*, [1932] A.C. 562, 580.

1248 Vgl. dazu Lord Atkin selbst: „[...] proximity be not confined to mere physical proximity, but be used [...] to extend to such close and direct relations that the act complained of directly affects a person whom the person alleged to be bound to

Mit der *Proximity* eng verbunden ist die Frage, inwieweit eine Verletzung des Geschädigten vorhersehbar war *(Foreseeability)*. Maßstab bei der Bestimmung dieser Vorhersehbarkeit ist aber nicht die subjektive Sicht des Schädigers, sondern ein sich in der Situation des Schädigers befindender objektiver und verständiger Dritter[1249]. Ferner muss die Auferlegung der Sorgfaltspflicht einer Billigkeitsprüfung standhalten, die von den Gerichten im Einzelfall durchgeführt wird[1250] und es ihnen erlaubt, den Anwendungsbereich der *Negligence* angemessen zu begrenzen[1251].

Die auf diese Weise entwickelte Sorgfaltspflicht muss der Schädiger verletzt haben. Ein derartiger *Breach of Duty* liegt vor, wenn sich ein vernünftiger und verständiger Dritter in der schadensstiftenden Situation anders verhalten hätte als es der Schädiger tat[1252]. Dieser objektive Maßstab bestimmt sich nach wertenden Kriterien[1253]. Dabei spielt die objektive Vorhersehbarkeit des Schadenseintritts eine Rolle[1254], die bei dessen „nicht absonderlich fern liegender Wahrscheinlichkeit“[1255] als gegeben betrachtet wird. Darüber hinaus werden das Ausmaß des zu erwartenden Schadens[1256] und die Frage bewertet, welche Vorkehrungen vor diesem Hintergrund sinnvoll und zumutbar gewesen waren[1257].

Folge der Sorgfaltspflichtverletzung muss ein zurechenbarer Schaden sein[1258]. Dazu ist zunächst eine Kausalität zwischen Schädigerhandlung und eingetretenem

take care would know would be directly affected by his careless act“, Lord Atkin, a. a. O., S. 581.

1249 Vgl. Rogers, a. a. O., S. 165, Rdnr. 5–18 sowie Dugdale, a. a. O., S. 391, Rdnr. 8–16.

1250 Vgl. Dugdale, a. a. O., S. 392 ff., Rdnr. 8–17 ff.

1251 Vgl. Rogers, a. a. O., S. 149 ff., Rdnr. 5–10 ff.

1252 So bereits Alderson B. in *Blyth v. Birmingham Waterworks Co.*, (1865) 156 E.R. 1047, 1049. Vgl. auch Rogers, a. a. O., S. 243, Rdnr. 5–68.

1253 Vgl. Dugdale, a. a. O., S. 476, Rdnr. 8–121.

1254 Vgl. Rogers, a. a. O., S. 254 f., Rdnr. 5–76.

1255 Lord Dunedin betonte in *Fardon v. Harcourt-Rivington* ([1932] 146 L.T. 391, 392), dass keine Pflicht „to guard against fantastic possibilities“ bestünde; ähnlich Lord Reid in *Overseas Tankship (U.K.) Ltd. v. Miller Steamship Co. Pty. (The Wagon Mound No. 2)*, [1967] 1 A.C. 617, 642.

1256 Vgl. Rogers, a. a. O., S. 254 f., Rdnr. 5–76.

1257 Vgl. Dugdale, a. a. O., S. 483 ff., Rdnr. 8–131 ff. Sonderwissen findet insoweit Berücksichtigung, als auf einen vernünftigen und verständigen Dritten auf dem Kenntnisstand des Schädigers abgestellt wird; vgl. *Wells v. Cooper*, [1958] 2 Q.B. 265; *Wilsher v. Essex Area Health Authority*, [1987] Q.B. 730 sowie insgesamt Rogers, a. a. O., S. 247 ff., Rdnr. 5–71.

1258 So ausdrücklich Lord Philipps C.J. in *Rothwell v. Chemical and Insulating Co. Ltd.*, [2006] E.W.C.A. Civ. 27, [19]. Insofern unterscheidet sich die *Negligence* von *Torts*, die auch ohne Nachweis eines Schadens *per se* zu einer Klage berechtigen (etwa *Trespass*; vgl. oben unter E.I.); vgl. Markesinis/Deakin/Johnston: „Markesinis and Deakin’s Tort Law“ (6. Auflage 2008), S. 30 ff.

Schaden erforderlich[1259]. Eine neue, den Kausalverlauf unterbrechende und vom Verhalten des Schädigers unabhängige Ursache *(Novus Actus Interveniens)* schließt eine Anwendung der *Negligence* aus[1260]. Über das Kausalitätserfordernis[1261] können Schädigungen ausgefiltert werden, die auf Naturereignisse[1262] und Mitwirkungsbeiträge des Geschädigten[1263] oder von dritter[1264] Seite zurückgehen.

Darüber hinaus muss der Schaden selbst zurechenbar sein *(Remoteness of Damage)*. Hierfür ist es erforderlich, dass die eingetretene Schädigung ihrer Art nach eine vorhersehbare Folge der Pflichtverletzung des Schädigers war *(Foreseeable Type of Harm)*[1265]. Nicht notwendig ist hingegen die Vorhersehbarkeit des exakt schadensstiftenden Geschehensablaufs[1266]. Dabei müssen jedoch der eingetretene Schaden

---

1259 Vgl. dazu ausführlich Rogers, a. a. O., S. 273 ff., Rdnr. 6–6 ff. sowie Stapleton: „Cause-in-Fact and the Scope of Liability for Consequences", (2003) 119 L.Q.R. 388, 391 ff. Bei mehreren Ursachen wird auf die wesentliche bzw. dominierende Ursache abgestellt; vgl. Dugdale, a. a. O., S. 95, Rdnr. 2–70. Vgl. zur Bestimmung einer Ursache von Schädigungen, deren Ursprung nicht zweifelsfrei zu ermitteln ist, jedoch offensichtlich zu vermuten steht, nach den Grundsätzen *Res Ipsa Loquitur* Walton, a. a. O., S. 401 ff., Rdnr. 5–93 ff.

1260 Vgl. Murphy in „Street on Torts" (12. Auflage 2007), S. 153 ff.

1261 Vgl. McBride/Bagshaw: „Tort Law" (2. Auflage 2005), S. 540; Walton, a. a. O., S. 386, Rdnr. 5–55.

1262 Vgl. *Carslogie Steamship Co. v. Royal Norwegian Government*, [1952] A.C. 292: Hier wurde ein Schiff durch einen schweren Sturm beschädigt; die Klage aus *Negligence* konnte nicht durchdringen, da der Sturm unvorhersehbar stark war und daher als eine neue Ursache angesehen wurde.

1263 So etwa bei einem Geschädigten, der sich durch sein unvernünftiges Verhalten eigenmächtig einer Gefahr aussetzt; *McKew v. Holland & Hannens & Cubitts (Scotland) Ltd.*, [1969] 3 All E.R. 1621. Selbst ein derart unvernünftiges Verhalten kann jedoch die Haftung eines Schädigers nicht ausschließen, wenn er es hätte vorhersehen können und es sorgfaltspflichtwidrig nicht verhindert hat; vgl. *Reeves v. Commissioner of Police of the Metropolice*, [2000] 1 A.C. 360.

1264 Dies gilt zumindest für unvorhersehbare und unvernünftige vorsätzliche Handlungen Dritter. Hingegen ist die Klassifizierung von unvorhersehbaren vernünftigen bzw. vorhersehbaren unvernünftigen Handlungen Dritter durch die Rechtsprechung einzelfallabhängig. Vgl. zum Ganzen Murphy, a. a. O., S. 157 ff.

1265 Der *Leading Case* zu diesem Erfordernis ist *Overseas Tankship (UK) Ltd. v. Morts and Dock & Engineering Co. Ltd. (The Wagon Mound No. 1)*, [1961] A.C. 388. Vgl. auch das bereits zuvor in Richtung eines Vorhersehbarkeitserfordernisses deutende *Obiter Dictum* durch Pollock C.B. in *Greenland v. Chaplin*, (1850) 155 E.R. 104, 106: „[...] a person is expected to anticipate and guard against all reasonable consequences, but [...] he is not, by the law of England, expected to anticipate and guard against that which no reasonable man would expect to incur.".

1266 Vgl. Murphy, a. a. O., S. 162 f. Anschaulich insoweit der Fall *Hughes v. Lord Advocate*, [1963] 1 All E.R. 705: Hier hatten Arbeiter ein Bohrloch an einer öffentlichen Straße nach Dienstschluss zugedeckt und mit Paraffinwarnlampen gesichert; bei Dunkelheit betraten Kinder die Baustelle und stießen im Spiel eine der Lampen

und die Sorgfaltswidrigkeit in einem unmittelbaren Zusammenhang stehen, sodass solche Folgen nicht ersatzfähig sind, in denen sich die Sorgfaltspflichtverletzung des Schädigers nicht realisiert hat[1267]. Dagegen ist es unbeachtlich, wenn der eingetretene Schaden in seinem Ausmaß über das zu erwartende Maß hinausgeht[1268].

Bemessungsgrundlage der *Foreseeability* ist stets der *Ordinary Man of Ordinary Prudence*, also ein vernünftiger Dritter in der Situation des Schädigers[1269]. Dies legt im Gleichlauf mit den Anforderungen an die vorangegangenen Haftungsvoraussetzungen der *Negligence*[1270] einen objektiven Maßstab an, da die subjektive Einsicht des Schädigers – abgesehen von etwaigem Sonderwissen[1271] – keine Berücksichtigung findet[1272]. Generell stellen die Gerichte bei der Zurechung im Sinne der *Equity* auch auf die Wertigkeit des verletzten Rechtsguts ab, sodass Personenschäden leichter, Eigentums- und Vermögensschäden[1273] strenger zugerechnet werden[1274].

---

in das Loch, wodurch sich eine Explosion ereignete und ein Kind schwere Verbrennungen erlitt. Obgleich dieser Geschehensablauf (im Gegensatz zu einer Verbrennung durch bloßes Berühren der Lampe) nicht vorhersehbar war, haftete der Beklagte doch, da er das Risiko eines Personenschadens durch Verbrennungen geschaffen und sich dieses realisiert hatte.

1267 Vgl. dazu *South Australia Asset Management Corporation v. York Montague Ltd.*, [1997] A.C. 191: Dort hatte der Kläger aufgrund der fahrlässigen Überbewertung von Immobilien seitens des Beklagten finanzielle Einbußen erlitten, für die das *House of Lords* auch einen Ersatzanspruch gewährte; zum Teil gingen die Verluste aber auch auf einen generellen Einbruch des Immobilienmarktes zurück, wofür der Beklagte nicht haften musste. Nach dem Namen des Falles wird dieser Grundsatz als *SAAMCO Principle* bezeichnet. Vgl. zum Ganzen auch Murphy, a. a. O., S. 166 f.

1268 Vgl. Murphy, a. a. O., S. 164. Dies gilt in Gestalt der *Egg Shell Skull Rule* auch für Personenschäden, sodass auch solche Verletzungen zurechenbar sind, die auf einer besonders ausgeprägten Empfindlichkeit der verletzten Person gründen. So etwa ein Fall, in dem der Geschädigte Allergiker war und erst durch diese Besonderheit einen Schaden erlitt; vgl. dazu *Robinson v. The Post Office*, [1974] 2 All E.R. 737.

1269 Vgl. Viscount Simonds in *Overseas Tankship (U.K.) Ltd. v. Morts and Dock & Engineering Co. Ltd. (The Wagon Mound No. 1)*, [1961] A.C. 388, 423; Rogers, a. a. O., S. 293 f., Rdnr. 6–18.

1270 Die Bedeutung dieser Erwägung für die Leitentscheidung in *The Wagon Mound No. 1* stellte Viscount Simonds (a. a. O., S. 426) ausdrücklich heraus.

1271 Vgl. Wurmnest: „Grundzüge eines europäischen Haftungsrechts" (2003), S. 168, 148.

1272 Vgl. Walton, a. a. O., S. 308, Rdnr. 4–13.

1273 Vgl. zur turbulenten Entwicklung der Rechtsprechung zu „reinen" Vermögensschäden *(Pure Economic Loss)*, deren Verhinderung inzwischen bereits auf der Ebene der *Duty of Care* von der *Negligence*-Haftung ausgeschlossen wird, den Überblick bei Zweigert/Kötz: „Einführung in die Rechtsvergleichung auf dem Gebiete des Privatrechts", S. 618, 629 m. w. N.

1274 Vgl. Wurmnest, a. a. O., S. 167 f.

Über die bereits im Rahmen der Kausalität eines Schadens angesprochenen Eingriffe des Geschädigten, von Dritten oder Naturgewalten hinaus bestehen auch eigenständige *Defences*, mit Hilfe derer sich der Schädiger einer Haftung aus *Negligence* entziehen kann. Dies betrifft zum einen den Fall, dass der Geschädigte selbst rechtswidrig gehandelt hat[1275]. Zum anderen kann auch dessen Einwilligung eine Haftung aus *Negligence* ausschließen[1276]. Schließlich begrenzt das Mitverschulden des Geschädigten seinen Anspruch[1277], wobei insbesondere der *Law Reform (Contributory Negligence) Act 1945* zu beachten ist[1278].

2. Verhältnis der *Rule* zu *Negligence*

Rylands v. Fletcher und *Negligence* stehen sich insoweit als Gegensätze gegenüber, als der letztgenannte Anspruch ein Verschuldenserfordernis an das schadensstiftende Verhalten knüpft, während das Wesen der *Rule* gerade darin liegt, auf eine derartige Voraussetzung zu verzichten[1279]. Dieser Kontrast wird bereits in den Urteilen deutlich, die für die jeweiligen Ansprüche als *Leading Cases* gelten: Lord Atkins führte in *Donoghue v. Stevenson* aus, dass der Schädiger „must take reasonable care to avoid acts or omissions which you can reasonably foresee would be likely to injure your neighbour."[1280] Im Gegensatz dazu erklärte Blackburn J. in *Fletcher v. Rylands*, dass der Begründer einer Gefahrenquelle für die durch deren Entweichen verursachten Schäden haften müsse, „whether the escape [was] by negligence or not"[1281], denn „[he] must keep it in at his peril"[1282]. Diese Gegenüberstellung zeigt, dass das schadensstiftende Verhalten in der *Negligence* nur bei Verletzung einer „reasonable care" in Bezug auf die Verhinderung der Schädigung zur Haftung führt, während unter *Rylands v. Fletcher* eine Haftung auch und gerade dann greift, wenn der Schädiger „all reasonable care" zur Verhinderung einer Schädigung angewendet hat[1283].

1275 Vgl. dazu Walton, a. a. O., S. 296 ff., Rdnr. 3–233 ff.

1276 Vgl. dazu Murphy, a. a. O., S. 182 ff.; Walton, a. a. O., S. 223 ff., Rdnr. 3–74 ff.

1277 Vgl. Walton, a. a. O., S. 194 ff., Rdnr. 3–03 ff. sowie Murphy, a. a. O., S. 169 ff.

1278 Vgl. ausführlich Murphy, a. a. O., S. 177 ff. sowie oben unter C.IV.1.

1279 Vgl. oben B.II.4.

1280 Lord Atkin in *Donoghue v. Stevenson*, [1932] A.C. 562, 580.

1281 Blackburn J. in *Fletcher v. Rylands*, (1866) L.R. 1 Exch. 265, 282.

1282 Blackburn J. in *Fletcher v. Rylands*, a. a. O., S. 279.

1283 Ein interessantes Detail der Entscheidung *Donoghue v. Stevenson* ist, dass zwei der an dieser Entscheidung beteiligten Richter auch auf die Entwicklung von *Rylands* Einfluss ausgeübt haben. Lord Macmillan (a. a. O., S. 605 ff.) unterstützte Lord Atkin nachdrücklich bei der Begründung des für die *Negligence* so bedeutsamen *Neighbour Principle*; seine grundsätzliche Unterstützung für die Verschuldenshaftung zeigte Lord Macmillan auch in seiner Urteilsbegründung zu *Read v. Lyons*, in der er kaum Zweifel daran ließ, dass er die verschuldensunabhängige Haftung als ein Relikt der Vergangenheit ansah (vgl. dazu oben C.III.4.). Lord Buckmaster hingegen widersprach (a. a. O., S. 566 ff.) Lord Atkin und gab ein Minderheitsvotum ab; dies steht im Einklang mit seiner Entscheidung in *Rainham Chemical*

Im Gegenzug besitzt das schärfere Haftungsregime der *Rule* nicht den weiten Wirkungsradius der *Negligence.* Wenngleich *Rylands* und *Negligence* grundsätzlich nebeneinander anwendbar sind[1284], betrachtet die Rechtsprechung einige Fallgruppen als klassisches Anwendungsgebiet der *Negligence* und entzieht diese dem strengeren Haftungsregime der *Rule.* Dies betrifft insbesondere Kraftfahrzeugunfälle und gilt für die Ansprüche bezüglich geschädigter Passagiere an Bord des Fahrzeugs[1285] ebenso wie für diejenigen der Straßenverkehrsteilnehmer außerhalb des Fahrzeugs[1286]. Auch die Ansprüche von Personen, die sich rechtmäßig im Herrschaftsbereich von Grundstücksbesitzern aufhalten und dort Schäden erleiden, werden aus der *Negligence* hergeleitet[1287]. Daraus ergibt sich ein weiterer Unterschied zu *Rylands*: Während die *Rule* in Abhängigkeit ihres Erfordernisses einer „Gefahrenquelle" auf Fälle erhöhter Gefährlichkeit beschränkt ist, kann die *Negligence* sowohl in derartigen Fällen als auch in den ganz „alltäglichen" Fallkonstellationen greifen. *Negligence* erfasst daher die Anwendungsgebiete von *Rylands v. Fletcher* und reicht erheblich über diese hinaus[1288].

Works v. Belvedere Fish Guano ([1921] 2 A.C. 465), in der er zum Ersten entgegen der Einschätzung aus *Read* die Herstellung von Munition als *Non-Natural Use* qualifizierte (vgl. a. a. O., S. 471), zum Zweiten das Erfordernis eines Grundstücksbezugs unter *Rylands* einschränkte (vgl. a. a. O., S. 476) und sich zum Dritten für eine Haftung aus *Rylands* unabhängig von der Kenntnis des Schädigers hinsichtlich der Gefährlichkeit seines Handelns (und damit einer *Foreseeability of Harm*) aussprach (vgl. a. a. O., S. 471: „It may be accepted that it was not known to either of the defendants that this danger existed, but that in itself affords no excuse.").

1284 Vgl. Dugdale, a. a. O., S. 381 f., Rdnr. 8–01 f.

1285 Vgl. dazu Walton, a. a. O., S. 696 ff., Rdnr. 9–87 ff.

1286 Vgl. Lord Macmillan in *Bourhill v. Young*, [1943] A.C. 92, 104 sowie Dugdale, a. a. O., S. 500, Rdnr. 8–157 und Walton, a. a. O., S. 737 ff., Rdnr. 9–192 ff.

1287 Vgl. dazu oben C.III.4. und D.X.

1288 Dies ist für einen Geschädigten im Hinblick auf die erarbeiteten Divergenzen in den einzelnen Haftungsvoraussetzungen und dem insgesamt beträchtlich milderen und damit den Schädiger begünstigenden Haftungsregime der *Negligence* durchaus bedeutsam. Ein wie in älteren Ansätzen eruierter Gleichlauf der beiden Haftungssysteme hat sich in England (im Gegensatz zu Australien; vgl. dazu nachfolgend F.II.) nicht durchsetzen können. Einen solchen sah insbesondere Thayer („Liability Without Fault", [1916] 29 Harv. L.R. 801), der jedoch zur Zeit der Abfassung seiner Abhandlung (immerhin 16 Jahre vor der Entscheidung *Donoghue v. Stevenson*) die zukünftigen Grenzen des *Torts Negligence* im englischen Recht (Thayers Betrachtungen erfolgten von einem amerikanischen Standpunkt aus) noch nicht erahnen konnte, was ihm übrigens ausweislich seiner einleitenden Bemerkungen auch bewusst war (vgl. S. 805). Auch Kleemann („Das Verhältnis der Gefährdungshaftung zur Haftung für *negligence* und *nuisance* im englischen Recht" [1958]; S. 82 ff., 160) suchte einen Gleichklang zwischen *Rylands* und *Negligence* zu erreichen, indem er eine eigene *Negligence*-Kategorie „überspannter Sorgfaltspflichten" für gefährliche Tätigkeiten, sog. „extra-hazardous activities" annahm; dieser Ansatz hat zwar in den Vereinigten Staaten Fuß gefasst (vgl. nachfolgend F.III.), nicht

Parallelen der beiden Anspruchsgrundlagen zeigen sich in einer Reihe von Ausschlussgründen. Dies gilt insbesondere für das Einverständnis oder Mitverschulden des Geschädigten[1289]. Auch die aus *Rylands* bekannte[1290] *Defence* einer *Statutory Authority* kann im Rahmen der *Negligence* insoweit Bedeutung erlangen, als durch gesetzliche Regelungen der vom Schädiger zu beachtende Sorgfaltsmaßstab abgesteckt wird. Sogar ein Gleichlauf zwischen *Rylands* und *Negligence* ist in der Fallgruppe des Drittverschuldens möglich: Greifen Dritte schuldhaft in den Schadensverlauf ein, so ist die Anwendbarkeit der *Rule* davon abhängig, dass der (potentielle) Beklagte dies hätte voraussehen und verhindern können – und insoweit die Voraussetzungen der *Negligence* erfüllt hat[1291].

In beiden *Torts* anerkannt ist zudem der Ausschlussgrund *Act of God*. Es bestehen allerdings Unterschiede in seiner Anwendung: Während diese *Defence* bei *Rylands* nur im Falle eines besonders außergewöhnlichen, in einer Entscheidung treffend als „[nature's] miracle“[1292] charakterisierten Naturereignisses greifen kann (und demgemäß auch erst in einem einzigen, überaus umstrittenen Fall zur Anwendung kam)[1293], gehen die Gerichte im Rahmen der *Negligence* bedeutend großzügiger vor[1294]. Die unterschiedliche Strenge der an den *Act of God* angelegten Prüfungsmaßstäbe konvergiert jedoch passgenau mit den jeweiligen Haftungsregimes: In der *Negligence* muss sich jedes Tatbestandsmerkmal am Maßstab des *Ordinary Man of Ordinary Prudence* messen lassen; insofern ist es nur folgerichtig, bereits solche Naturereignisse aus dem Haftungsrahmen herauszunehmen, die über den Erwartungshorizont eben jenes *Ordinary Man* hinausgehen. Nach *Rylands* haftet der Schädiger trotz sorgfältiger Sicherung der Gefahrenquelle, weshalb es sinnwidrig wäre, ihn bereits im Falle solcher Naturereignisse zu entlasten, die lediglich für den

---

aber im englischen Recht (kritisch gegenüber Kleemanns Ansatz auch Vogler: „Grundlagen und Grenzen der anglo-amerikanischen Gefährdungshaftung nach der *rule in Rylands v. Fletcher*“ (1965), S. 148 f.

1289 Vgl. zur Rechtslage bei *Rylands* oben C.IV.1. und C.IV.2.

1290 Vgl. oben C.IV.5.

1291 Folgt man dem Teil der Rechtsprechung, der dem Geschädigten zusätzlich die Beweislast für das Verschulden des Passivlegitimierten auferlegt, so verschwimmen die Grenzen zwischen *Rylands* und *Negligence* in dieser Fallgruppe vollständig; vgl. zum Ganzen oben C.IV.4.c.

1292 „I think he is bound to provide against the ordinary operations of nature, but not against her miracles“, Lord Cockburn in *Samuel v. Glasgow Railway Co.*, zitiert nach Lord Finlay L.C. in *Greenock Corp. v. Caledonian Rail Co. and Glasgow & South-Western Rail Co.*, a. a. O., S. 572.

1293 Vgl. dazu oben C.IV.3.a.

1294 So ist etwa in *Carslogie Steamship Co. v. Royal Norwegian Government* ([1952] A.C. 292) ein haftungsausschließender *Act of God* angenommen worden, nachdem ein Sturm auf dem Atlantik das Schiff des Klägers beschädigt hatte. Den hohen Anforderungen, die *Rylands* an *Acts of God* stellt, hätte dieser Sachverhalt nicht genügt: Ein Sturm auf dem Atlantik ist schließlich kaum als „Wunder der Natur“ zu bezeichnen.

Ordinary Man nicht absehbar waren. Somit ordnet sich der strenge *Rylands*-Maßstab der angesprochenen *Miracles of Nature* in das sonstige strenge Haftungsregime ein, da nur hier der schadensstiftende Beitrag des Schädigers hinter denjenigen des „Naturwunders" zurücktritt.

Auch ein weiterer Aspekt der *Acts of God* bietet Anlass zur Differenzierung der beiden *Torts*. Dieser leitet sich aus der systematischen Einordnung der Haftungsgrenze her: Während *Acts of God* bei *Rylands* als Abwehrmittel des Schädigers (sog. *Defence*) fungieren, werden sie im Rahmen der *Negligence* als anspruchsbegründendes Kausalitätskriterium[1295] begriffen. Hieraus folgt eine unterschiedliche Beweislastverteilung: Der Nachweis bezüglich einer *Defence* obliegt bei *Rylands* dem Schädiger[1296], wohingegen im Rahmen der *Negligence* der Geschädigte[1297] hinsichtlich der Kausalität zwischen Schädigerhandlung und Schaden nachweispflichtig ist. Es zeigt sich damit, dass zwar im Rahmen der *Defences* Parallelen zwischen den beiden *Torts* bestehen, diese aber im Detail divergieren können.

Der Komplex des *Non-Natural Use* ist in der *Negligence* kein eigener Prüfungspunkt. Jedoch weist der bei *Rylands* angewandte Gewöhnlichkeitsfilter *(Non-Ordinary Use)*[1298] in seiner Terminologie Parallelen zu dem aus der *Negligence* bekannten *Ordinary Man of Ordinary Prudence* auf. In beiden Fällen wird bei der Bewertung eines schadensstiftenden Verhaltens auf den Maßstab der „Gewöhnlichkeit" zurückgegriffen, der jeweils die Reichweite des Anspruchs beschränkt. Weiter reichen die Gemeinsamkeiten der Ansprüche in dieser Frage allerdings nicht[1299], da die „Gewöhnlichkeit" in systematischer Hinsicht an unterschiedliche Punkte der beiden *Torts* anknüpft: Bei *Negligence* dient die „Gewöhnlichkeit" zur Klärung der Frage, ob, inwieweit und wem gegenüber der Schädiger Schutzmaßnahmen hätte ergreifen müssen – und dieser mithin „Sorgfaltspflichten" hat. Dagegen schützt die Beachtung gewöhnlicher Sorgfalt nicht gegen *Rylands*: Hier ist der Schädiger verpflichtet, die von ihm akkumulierte Gefahrenquelle am Entweichen zu hindern – und haftet im Schadensfall auch dann, wenn er die gewöhnlichen Sicherungsmaßnahmen ergriffen hat[1300]. Bei *Rylands* knüpft der Gewöhnlichkeitsfilter nur an die (dem Schadensverlauf vorgelagerte) Akkumulation der Gefahrenquelle an und fragt,

1295 Vgl. McBride/Bagshaw: „Tort Law" (2. Auflage 2005), S. 540; Walton, a. a. O., S. 386, Rdnr. 5–55.

1296 Vgl. Walton, a. a. O., S. 945, Rdnr. 12–36. Bei *Acts of Strangers* ist die Rechtslage nicht eindeutig geklärt: Während ein Teil der Rechtsprechung vom Schädiger einen Entlastungsbeweis fordert, sieht die Gegenströmung beim Geschädigten die Beweislast dafür, dass den Passivlegitimierten *Negligence* an der Nichtabwendung von vorhersehbaren *Acts of Strangers* trifft. Vgl. oben C.IV.4.c.

1297 Vgl. Walton, a. a. O., S. 370 f., Rdnr. 5–15: „Evidence of causation must be given on behalf of [the] claimant."

1298 Vgl. oben C.VI.2.b.

1299 Skeptisch insoweit auch Nolan: „The Distinctiveness of *Rylands v. Fletcher*", (2005) 121 L.Q.R. 421, 442 f.

1300 Vgl. oben B.II.4.

ob diese nicht lediglich ein *Ordinary Use* darstellt[1301] – und damit das mildere Haftungsregime der *Negligence* nach sich ziehen sollte.

Auch an weiteren Punkten[1302] bestehen Unterschiede zwischen den beiden *Torts*. So ist die *Negligence* (im Gegensatz zu *Rylands*[1303]) keiner der Ausnahmefälle[1304], in denen Auftraggeber generell für ihre *Independent Contractors* haften[1305]. Überdies ist im Rahmen der *Negligence* die Haftung für (schuldhaftes) Unterlassen einer Handlung ein äußerst problematisches Gebiet[1306], in dem die Gerichte nur selten Ansprüche gewähren[1307]. Im Gegensatz dazu ist es bei *Rylands*[1308] geradezu der Regelfall, dass der Schädiger keinen aktiven Mitwirkungsakt zum schadensstiftenden Entweichen der Gefahrenquelle beiträgt.

Zusammenfassend zeigt sich, dass die *Negligence* als Sinnbild der Verschuldenshaftung im englischen *Common Law of Torts* den Gegenpol zum Grundsatz der verschuldensunabhängigen Haftung der *Rule* bildet. Während die *Negligence* darauf bedacht ist, dem Geschädigten einen Anspruch zu gewähren, sobald eine Handlung des Schädigers hinter der angemessenen Sorgfalt zurückbleibt, liegt die Betonung von *Rylands* auf der Schaffung einer Quelle erhöhter Gefahr, für deren Entweichen er selbst dann haftet, wenn zur Sicherung der Gefahrenquelle die von der *Negligence* geforderte angemessene Sorgfalt beachtet wurde. Dieser Gegensatz zieht sich durch sämtliche Haftungsvoraussetzungen der *Negligence* und bietet ein klares Abgrenzungsprinzip zur *Rule*.

1301 Vgl. oben C.VI.2.b.

1302 Vorerst soll die Frage der Schadenszurechnung ausgeklammert bleiben. Der bei *Negligence* angewandte *Foreseeability Test* unterscheidet sich zwar maßgeblich von *Justice* Blackburns Zurechnungsmethode des *Direct or Natural Consequence Test* (vgl. oben B.II.6.b.). Jedoch gilt es, die Auswirkungen der *Cambridge-Water*-Entscheidung des *House of Lords* zu beachten, welche den *Foreseeability Test* auch auf *Rylands* ausdehnen wollte. Dieser Komplex wird daher nachfolgend (unter F.I.) im Rahmen der Untersuchung von *Cambridge Water* eingehend behandelt.

1303 Vgl. oben B.II.2.c.

1304 Vgl. Walton, a. a. O., S. 377 ff., Rdnr. 2–377 ff.

1305 Vgl. dazu Walton, a. a. O., S. 179, Rdnr. 2–368.

1306 Vgl. dazu eingehend Markesinis: „Negligence, Nuisance and Affirmative Duties of Action", (1989) 105 L.Q.R. 104.

1307 Vgl. Cross: „Does Only the Careless Polluter Pay? A Fresh Examination of the Nature of Private Nuisance" (1995) 111 L.Q.R. 445, 470 ff.; Murphy in „Street on Torts" (12. Auflage 2007), S. 471, Anm. 54.

1308 Vgl. oben B.II.3.b. und C.III.2.

V. *Nuisance*

Der *Tort* der *Nuisance*[1309] („Störung"[1310]) betrifft Beeinträchtigungen in Bezug auf Grundstücke. Aufgrund der Vielzahl an möglichen Fallgestaltungen hat sich die englische Jurisprudenz mitunter schwer getan, die sachlichen und begrifflichen Grenzen der *Nuisance* zu bestimmen[1311]. Eine anerkannte Definition der *Nuisance* beschreibt diese als unangemessene, unrechtmäßige Beeinträchtigung des an einem Grundstück bestehenden Gebrauchs- oder Genussrechts des Anspruchstellers[1312]. Da ein Großteil der englischen Jurisprudenz von einer besonders engen Beziehung der *Nuisance* zu *Rylands v. Fletcher* ausgeht[1313], ist der Untersuchung dieser Anspruchsgrundlage der Hauptteil dieses Kapitels gewidmet.

1309 Es existieren zwei Varianten der *Nuisance*: *Private* und *Public Nuisance*. Die *Public Nuisance* ist einschlägig, wenn eine Gruppe von Personen die Verletzung eines Rechts der Öffentlichkeit rügt. Im Gegensatz dazu ist die *Private Nuisance* ein Instrument des Interessenausgleichs unter Privatpersonen; vgl. zu diesem Gegensatz Lord Bingham of Cornhill in *R. v. Rimmington and Goldstein*, [2005] U.K.H.L. 63, [6]. Unterschiede bestehen zudem im Hinblick auf den Ausschlussgrund der *Prescription* (der für *Public Nuisance* nicht besteht), den Nachweis eines Sonderopfers der Geschädigten (der bei *Private Nuisance* nicht notwendig ist) sowie für reine Vermögensschäden (deren Ersatzfähigkeit bei *Public Nuisance* im Gegensatz zur *Private Nuisance* allgemein anerkannt ist). Vgl. zum Ganzen Murphy in „Street on Torts" (12. Auflage 2007), S. 461 f. und Rogers in „Winfield and Jolowicz on Tort" (17. Auflage 2006), S. 643 ff., Rdnr. 14–2 f. sowie (aus rechtshistorischer Sicht) Ibbetson: „A Historical Introduction to the Law of Obligations" (1999), S. 106. Das Anwendungsgebiet von *Rylands v. Fletcher* liegt – wie das der *Private Nuisance* – im Interessenausgleich zwischen Privatpersonen, im Gegensatz zum – von der *Public Nuisance* behandelten – Schutz von Rechten der Öffentlichkeit. Zudem hat die *Public Nuisance* eine strafrechtliche Dimension und wird heute größtenteils vom *Statutory Law* überlagert; vgl. dazu Spencer: „Public Nuisance – A Critical Examination", (1989) C.L.J. 55, 76 ff. Für die Zwecke dieser Arbeit ist daher nur die *Private Nuisance* zu berücksichtigen, sodass die Bezeichnung *Nuisance* durchgehend ihr gilt.

1310 Vgl. Dietl/Lorenz I, a. a. O., S. 551.

1311 „I don't think that [...] nuisance [...] is capable of any legal definition, which will be applicable to all actions and useful in deciding them", Pollock C.B. in *Bamford v. Turnley*, (1862) 122 E.R. 27, 31. Vgl. auch Keaton in „Prosser and Keaton on the Law of Torts", (5. Auflage 1984), S. 616: „There is perhaps no more impenetrable jungle in the entire law than that which surrounds the word nuisance.".

1312 Vgl. Rogers, a. a. O., S. 646, Rdnr. 14–4 (m. w. N. aus der Rechtsprechung in Anm. 53); ähnlich Buckley in „Clerk and Jolowicz on Torts" (19. Auflage 2006), S. 1162, Rdnr. 20–01 sowie Murphy, a. a. O., S. 419.

1313 Vgl. aus der Rechtsprechung Lord Goff of Chieveley in *Cambridge Water Co. Ltd. v. Eastern Counties Leather plc.* [1994] 1 All ER 53, 75 sowie Lord Bingham of Cornhill in *Transco plc. v. Stockport M.B.C.*, [2004] 1 All ER 589, [9]. Vgl. aus der Literatur die Übersichten bei Walton in „Charlesworth & Percy on Negligence" (11. Auflage

1. Voraussetzungen und Grenzen

Anspruch aus *Nuisance* setzt eine Störung bzw. Beeinträchtigung in Bezug auf ein Grundstück voraus. Das *House of Lords* fasst die möglichen Beeinträchtigungen in drei Fallgruppen zusammen[1314]: Zum Ersten Störungen durch Überwuchs auf das Land des Geschädigten[1315], zum Zweiten eine physische Schädigung des Grundstücks[1316] und zum Dritten eine Beeinträchtigung des Genusswerts des Grundstücks[1317].

a) Beeinträchtigung

Eine anspruchsbegründende Beeinträchtigung muss *Substantial*, also „erheblich“ und nicht nur geringfügig sein[1318]. Dies setzt zunächst voraus, dass überhaupt eine Beeinträchtigung vorliegt[1319]. Die „Erheblichkeit“ dieser Störung wird in einer Einzelfallabwägung zwischen den Interessen der beteiligten Parteien ermittelt[1320], dem

London 2006), S. vii, S. 932, Rdnr. 12–04 und Rogers, a. a. O., S. 693, Rdnr. 15–1 (jeweils m. w. N.). Grundlegend Newark: „The Boundaries of Nuisance“, (1949) 65 L.Q.R. 480 (dazu ausführlich nachfolgend unter E.V.2.b.).

1314 Vgl. Lord Lloyd of Berwick in *Hunter v. Canary Wharf Ltd.*, [1997] 2 All E.R. 426, 441.

1315 Dies betrifft etwa den Überwuchs von Bäumen auf das Grundstück des Geschädigten; vgl. *Smith v. Giddy*, [1904] 2 K.B. 448.

1316 So ist es eine *Nuisance*, wenn der Schädiger eine Regenrinne verstopfen lässt, sodass das Land des Geschädigten überschwemmt wird; vgl. *Sedleigh-Denfield v. O'Callaghan*, [1940] A.C. 880. In diesem Zusammenhang geschützt sind auch die auf dem Land des Geschädigten befindlichen Gebäude und Anlagen.

1317 Unter diese Fallgruppe werden nicht-physische Beeinträchtigungen des Anspruchstellers durch Lärm, Vibrationen oder auch unangenehme Gerüche gefasst; vgl. *Adams v. Ursell*, [1913] 1 Ch. 269. Selbst die Störung durch die bloße Existenz einer bestimmten Einrichtung (etwa durch den Betrieb eines Bordells) kann eine *Nuisance* sein; vgl. *Thompson-Schwab v. Costaki*, [1956] 1 All E.R. 652. Vgl. zum Ganzen die Zusammenstellung bei Buckley, a. a. O., S. 1166 f., Rdnr. 20–09. Anerkannt ist darüber hinaus, dass Beeinträchtigungen bei der Wahrnehmung von *Servitudes* (Dienstbarkeiten; vgl. Dietl/Lorenz I, a. a. O., S. 761) zu einem Anspruch aus *Nuisance* führen können; vgl. Rogers, a. a. O., S. 647 f., Rdnr. 14–5.

1318 Vgl. Murphy, a. a. O., S. 425.

1319 Vgl. McNeill J. in *Tetley v. Chitty*, [1986] 1 All E.R. 663, 665 sowie Buckley, a. a. O., S. 1177, Rdnr. 20–26. Insofern besteht ein Unterschied zu *Torts* wie *Trespass*, die *per se* (also ohne Nachweis einer tatsächlichen Schädigung) einklagbar sind; vgl. dazu Markesinis/Deakin/Johnston: „Markesinis and Deakin's Tort Law“ (6. Auflage 2008), S. 495.

1320 „[A] balance has to be maintained between the right of the occupier to do what he likes with his own [land], and the right of his neighbour not to be interfered with“, Lord Wright in *Sedleigh-Denfield v. O'Callaghan*, [1940] A.C. 880, 903.

Prinzip des „give and take, live and let live“[1321]. Bei dieser Interessenabwägung kann sich der Anspruchsteller nicht auf seine besondere Anfälligkeit gegen die Störung berufen, da die Empfindlichkeit einer *Ordinary Person* als Maßstab gilt[1322]; andererseits kann die besondere Unempfindlichkeit des Anspruchstellers gegen eine bestimmte Beeinträchtigung durchaus zugunsten des Störers wirken[1323]. Zu beachten ist jedoch, dass die Rechtsprechung in der Fallgruppe physischer Beeinträchtigungen schneller zu einer Qualifizierung der Störung als „erheblich“ neigt[1324]. Dies zeigt sich insbesondere daran, dass die Gerichte in derartigen Fällen die Lage des beeinträchtigten Grundstücks nicht berücksichtigen[1325], während sie bei bloßen Beeinträchtigungen des Genusswertes des Grundstücks ein relevantes Kriterium ist[1326].

Die Störung zieht keinen Anspruch aus *Nuisance* nach sich, wenn sie nicht auch ihrer Art nach *Unreasonable* („unangemessen“) war[1327]. Zu beachten ist allerdings, dass sich die *Unreasonableness* nicht primär auf das Verhalten des Störers bezieht, sondern vielmehr auf den Grad der Beeinträchtigung auf Seiten des Anspruchstellers[1328]. Dabei berücksichtigen die Gerichte neben Ausmaß[1329] und Art[1330] der

---

1321 Bramwell B. in *Bamford v. Turnley*, (1862) 122 E.R. 27, 31.

1322 Vgl. Buckley, a. a. O., S. 1168 f., Rdnr. 20–11.

1323 So würde es wohl der „Erheblichkeit“ der Störung durch ein um Mitternacht in einem Mehrfamilienhaus in voller Lautstärke abgespieltes Musikstück widersprechen, wenn der Anspruchsteller taub ist; vgl. Murphy, a. a. O., S. 431.

1324 Vgl. Murphy, a. a. O., S. 429 f.

1325 Vgl. Lord Westbury in *St. Helen's Smelting Co. v. Tipping*, (1865) 11 E.R. 1483, 1486.

1326 Vgl. Thesiger L.J. in *Sturges v. Bridgman*, (1879) 11 Ch. 852, 865; Lord Westbury, a. a. O., S. 1486.

1327 „It is the very essence of a private nuisance that it is the unreasonable use by a man of his land to the detriment of his neighbour“, Lord Denning M.R. in *Miller v. Jackson*, [1977], Q.B. 966, 980. Vgl. auch Murphy, a. a. O., S. 431.

1328 Vgl. die Entscheidung *Sampson v. Hodson-Pressinger* ([1981] 3 All E.R 710), in der die eigentlich „gewöhnliche“ Nutzung eines Gebäudes durch den Schädiger infolge dessen mangelhafter Konstruktion in „unangemessener“ Lärmbelästigung des Geschädigten resultierte und einen Anspruch aus *Nuisance* auslöste; vgl. auch Murphy, a. a. O., S. 431.

1329 In diesem Sinne ist es ein Unterschied, ob der Schädiger um Mitternacht in einem Mehrfamilienhaus Mundharmonika oder Schlagzeug spielt, da letzteres erheblich mehr Lärm verursacht; vgl. zu derartigen Differenzierungen bereits Lord Selbourne in *Gaunt v. Fynney*, (1872) 8 Ch. App. 8, 12.

1330 Physische Beeinträchtigungen werden regelmäßig schneller als *Unreasonable* bewertet als die bloße Störung des Genusswertes des Grundstücks; vgl. dazu eingehend Murphy (a. a. O., S. 434), der auch den Gegenstand einer Störung insoweit als relevant ansieht, dass sozial honorierte Tätigkeiten stärker gegen Störungen geschützt seien. Hierfür bietet aber die von ihm angeführte Entscheidung *Smith v. Giddy* ([1904] 2 K.B. 448) keine zwingende Grundlage: Das Anliegen, dass dort Obstbäume gerade aufgrund ihrer kommerziellen Nutzung gegen Beeinträchtigungen geschützt werden sollten, wurde jedenfalls von Wills J. (a. a. O., S. 449 f.) nicht angesprochen.

Beeinträchtigung auch deren Dauer[1331]. Hervorzuheben ist jedoch, dass diese Faktoren im Zusammenspiel wirken und kein Kriterium allein eine Qualifizierung der Störung als *Unreasonable* bewirken kann[1332]. So können selbst einmalige Beeinträchtigungen trotz ihrer kurzen Dauer zur Bejahung einer *Nuisance* führen, wenn die weiteren Kriterien dies nahelegen[1333]. Voraussetzung hierfür ist allerdings, dass das einmalig beeinträchtigende Ereignis aus einem *Dangerous State of Affairs* (einem vorhersehbar[1334] zu einer Beeinträchtigung führenden latent „gefährlichen Zustand" des Grundstücks) hervorgegangen ist[1335].

Zwar setzt *Nuisance* nur die *Unreasonableness* einer Störung des Anspruchstellers voraus, jedoch wird bei deren Prüfung mitunter auch das Verhalten des Störers gewürdigt[1336]: So wird naturgemäß eine „unangemessene" Handlung des Störers auch eine ebensolche Beeinträchtigung des Anspruchstellers bewirken[1337]. In der umgekehrten Konstellation kann zwar ein „angemessenes" Verhalten zur Einordnung der Störung als *Reasonable* führen[1338], jedoch sind die Gerichte zumindest im Falle physischer Schädigungen hier eher zurückhaltend[1339]. Als Kriterium zur Bestimmung der *Reasonableness* kann die Lage des Grundstücks gelten, von dem die *Nuisance*

1331 Demgemäß spricht eine lange Dauer der Beeinträchtigung eher für deren „Unangemessenheit"; vgl. Talbot J. in *Cunard v. Antifyre Ltd.*, [1933] 1 K.B. 551, 557 sowie McBride/Bagshaw: „Tort Law" (2. Auflage 2005), S. 369.

1332 Vgl. Murphy, a. a. O., S. 431 f.

1333 Vgl. Rogers, a. a. O., S. 656, Rdnr. 14–11 m. w. N. Dies unterschätzend die Darstellung bei Buns: „Die Voraussehbarkeit als Grenze in der Umwelthaftung" (2006), S. 26. Deutlich jedoch auch zuletzt Steel J. in *Colour Quest Ltd. v. Total Downstream UK plc.*, [2009] E.W.H.C. 540 (Comm.), [419]: „I do not [...] [hold] that an isolated escape satisfying the appropriate criteria could not constitute a nuisance."

1334 Vgl. *Midwood & Co. Ltd. v. Manchester Corporation*, [1905] 2 K.B. 597; *Spicer v. Smee*, [1946] 1 All E.R. 489. Dabei muss der Zustand nicht von Beginn an eine *Nuisance* darstellen; es genügt, dass er sich später vorhersehbar in eine solche verwandelt. Vgl. zum Ganzen auch Murphy, a. a. O., S. 445 f. sowie McManus: „Liability in the Law of Nuisance for Isolated Escapes from Land", (2001) 3 Env. L.R. 186.

1335 Dieser Grundsatz findet regelmäßig bei physischen Schädigungen des Grundstücks Berücksichtigung; vgl. *Midwood & Co. Ltd. v. Manchester Corporation*, [1905] 2 K.B. 597 und *Spicer v. Smee*, [1946] 1 All E.R. 489. Er wurde jedoch auch für bloße Beeinträchtigungen des Genusswerts des Grundstücks angewendet; vgl. *Matania v. National Provincial Bank Ltd. and Elevenist Syndicate Ltd.*, [1936] 2 All E.R. 633. Kritisch zu der gesamten Entwicklung der *Dangerous-State-of-Affairs*-Rechtsprechung Nolan: „The Distinctiveness of *Rylands v. Fletcher*", (2005) 121 L.Q.R. 421, 437 ff. sowie McManus: „Liability in the Law of Nuisance for Isolated Escapes from Land", (2001) 3 Env. L.R. 186, 197 ff., der diese Fallgruppe vollständig der *Negligence* zuordnet.

1336 Vgl. Murphy, a. a. O., S. 431.

1337 Vgl. Murphy, a. a. O., S. 435.

1338 Vgl. Buckley J. in *Sanders-Clark v. Grosvenor Mansions Co. Ltd.*, [1900] 2 Ch. 373, 375 f. sowie Bramwell B. in *Bamford v. Turnley*, (1862) 122 E.R. 27, 33.

1339 Vgl. Veale J. in *Halsey v. Esso Petroleum Co. Ltd.*, [1961] 2 All E.R. 145, 151 f.

ausgeht[1340], sowie die Möglichkeit des Störers, den Zweck seines Verhaltens auch auf einem (für ihn) zumutbaren, (für den von der Störung Betroffenen) angemesseneren Wege zu erreichen[1341]. Auch das der Beeinträchtigung zugrunde liegende Motiv[1342] hat mitunter Berücksichtigung gefunden, wenngleich ein öffentlicher Nutzen der Störung hier unerheblich ist[1343].

b) Grundstücksbezug

Aus den eingangs dargestellten Fallgruppen der *Nuisance* – physische Schädigung des Landes, Beeinträchtigung des Genusswerts, Überwuchs – ergibt sich, dass die Beeinträchtigung einen Bezug zum Grundstück des Anspruchstellers aufweisen muss[1344]. Zur Klage aus *Nuisance* berechtigt ist daher die Person, welche „the right to exclusive possession of the land“[1345] und somit das Recht zur Ausübung der

---

1340 Vgl. die Entscheidung *Ball v. Ray*, (1873) 8 Ch. App. 467, in der die Erweiterung eines Stalls im Haus des Beklagten als *Unreasonable* bewertet wurde, da das Gebäude in einer Wohnsiedlung gelegen war.

1341 In diesem Sinne wurde ein Hotelinhaber auf Grundlage von *Nuisance* angewiesen, die mit dem Hotelbetrieb einhergehende Lärm- und Schmutzbelästigung durch zumutbare Schutzmaßnahmen zu minimieren; vgl. Greene M.R. in *Andreae v. Selfridge & Co. Ltd.*, [1938] Ch. 1, 10 Das Ergreifen derartiger Maßnahmen muss aber (insbesondere hinsichtlich der jeweiligen finanziellen Leistungsfähigkeit) für den Störer zumutbar sein; vgl. Megaw L.J. in *Leakey v. The National Trust for Places of Historic Interest or Natural Beauty* [1980] 1 All ER 17, 37.

1342 So ordnete North J. in *Christie v. Davey* ([1893] 1 Ch. 316, 327 f.) den vom Beklagten verursachten Lärm deshalb als *Nuisance* ein, weil sein einziges Ziel darin bestand, den Kläger bewusst zu belästigen. Vgl. in diesem Sinne auch Lord Cooke in *Hunter v. Canary Wharf Ltd.*, [1997] 2 All E.R. 426, 465 ff.

1343 So wurde in *Adams v. Ursell* ([1913] 1 Ch. 269) die von einem Fischrestaurant ausgehende Geruchsbelästigung als *Nuisance* eingeordnet, obwohl der Betrieb eines Restaurants sicherlich den Interessen der Öffentlichkeit dient: Swinfen Eady J. ließ sich (a. a. O., S. 271) nicht von seinem Urteil gegen das Restaurant abbringen, obgleich „an injunction would cause great hardship to the defendant and to the poor people who get food at his shop.“ Vgl. dazu auch Rogers, a. a. O., S. 679, Rdnr. 14–30.

1344 Vgl. *Sedleigh-Denfield v. O'Callaghan*, [1940] A.C. 880; *Tate & Lyle Industries Ltd. v. Greater London Council*, [1983] 1 All E.R. 1159; *Hunter v. Canary Wharf Ltd.*, [1997] 2 All E.R. 426 sowie Buckley, a. a. O., S. 1176, Rdnr. 20–24 und Steele: „Being There is Not Enough – The House of Lords puts the Brakes on Nuisance in the Home“, (1997) 9 J.E.L. 345, 378 f.

1345 Lord Goff in *Hunter v. Canary Wharf Ltd.*, [1997] 2 All E.R. 426, 438. Dies kann etwa der *Owner* bzw. *Freeholder* (Inhaber einer eigentümerähnlichen Rechtsposition), *Reversioner* (Inhaber eines Anwartschaftsrechts am Grundstück) oder ein bloßer *Tenant* (Pächter) und u. U. sogar ein unrechtmäßiger *Possessor* (dieser jedoch nur gegenüber unlegitimierten Dritten) sein. Vgl. zum Ganzen Murphy (a. a. O., S. 440 ff.), der die Beschränkung auf Inhaber von Grundstücksrechten vor dem Hintergrund des *Human Rights Act 1998* problematisch sieht, sowie insgesamt

ausschließlichen Herrschaftsgewalt über das beeinträchtigte Grundstück hat[1346]. Daraus folgt, dass Besucher als Anspruchsteller der *Nuisance* ausgeschlossen sind[1347].

Während Anspruchsteller somit einen starken Grundstücksbezug aufweisen müssen, liegt in Bezug auf den Störer der Schwerpunkt auf dessen tatsächlichem Verhalten: Als Störer gilt diejenige Person, der „some degree of personal responsibility"[1348] für die *Nuisance* zur Last fällt, und die somit Kontrolle über die Störung ausübt[1349]. Zwar haben trotzdem einige Stimmen zusätzlich gefordert, dass die *Nuisance* vom Land des Störers ausgehen müsse[1350]. Diese konnten sich jedoch nicht durchsetzen[1351], weshalb es heute als gesichert gilt, dass die bloße „possession or control of the land from which the nuisance emanates"[1352] ausreicht[1353]. Noch

---

kritisch zu *Hunter* auch Steele, a. a. O., S. 378 f. und 381 f. Whightman („Nuisance. The Environmental Tort?", [1998] 61 M.L.R. 870, 874 ff., 885) beklagt, dass durch die einseitige Ausrichtung der *Nuisance* auf den Schutz von Grundstücksberechtigten das Potential dieses *Tort* als allgemeines Instrument zum Umweltschutz nicht ausgeschöpft werden kann.

1346 Vgl. *Malone v. Laskey*, [1907] 2 K.B. 141; *Cunard v. Antifyre*, [1933] 1 K.B. 551; *Metropolitan Properties Ltd. v. Jones*, [1939] 2 All E.R. 202.

1347 Vgl. Markesinis/Deakin/Johnston, a. a. O., S. 530.

1348 Lord Atkin in *Sedleigh-Denfield v. O'Callaghan*, [1940] A.C. 880, 897.

1349 Vgl. *Jones (Insurance Brokers) Ltd. v. Portsmouth City Council*, [2003] 1 W.L.R. 427; *Hall v. Beckenham Corporation*, [1949] 1 K.B. 716; Buckley, a. a. O., S. 1190 f., Rdnr. 20–51.

1350 Lord Denning M.R. stellte etwa in *Miller v. Jackson* ([1977] Q.B. 966, 980) fest: „It is the very essence of a private nuisance that it is the unreasonable use by a man of his land". Vgl. auch das *Holding* aus *Southport Corporation v. Esso Petroleum*, wonach „the discharge of oil was not a private nuisance since it did not involve the defendants' use of any land", [1954] 2 All ER 561, 561. Damit widersprach dieses Urteil dem *Holding* aus der Vorinstanz, wo festgehalten worden war: „as to private nuisance there was no prerequisite that the nuisance should emanate from neighbouring property of the defendant"; *Southport Corporation v. Esso Petroleum*, [1953] 2 All E.R. 1204, 1204. Auch der *Court of Appeal* argumentierte jüngst in diese Richtung und wies die Klage einer Immigrantenfamilie gegen die Stadtverwaltung hinsichtlich rassistischer Anfeindungen ihrer Nachbarn in einer städtischen Wohnanlage ab, da „the acts complained of [...] did not involve the tenant's use of the tenant's land", Hirst L.J. in *Hussain v. Lancaster City Council*, [2000] Q.B. 1, 23.

1351 Nicht nur wurde die erstinstanzliche Entscheidung zu *Southport* im *House of Lords* doch noch bestätigt (vgl. [1955] 3 All E.R. 864); auch die Reichweite von *Hussain* wurde in einer Folgeentscheidung auf das Gebiet der *Public Nuisance* beschränkt; vgl. Evans L.J. in *Lippiatt v. South Gloucestershire County Council*, [1999] 4 All E.R. 149, 156 f.

1352 Lord Wright in *Sedleigh-Denfield v. O'Callaghan*, [1940] A.C. 880, 903; Murphy, a. a. O., S. 451.

1353 So kann sogar ein nicht-*Occupier* Störer sein, wenn er den *Occupier* zur Begehung einer *Nuisance* ermächtigt hat; vgl. Lord Millett in *Southwark London Borough*

weiter geht die Entscheidung *Esso v. Halsey Petroleum*, in der ein Anspruch aus *Nuisance* in Bezug auf eine Lärmbelästigung ausgesprochen wurde, die Lieferfahrzeuge beim Befahren einer öffentlichen Straße verursacht hatten; allerdings wurde in den entscheidungserheblichen Erwägungen auch erklärt, dass diese Fahrzeuge auf dem Gelände des Beklagten produzierte Güter auslieferten und auf diese Weise mit der Nutzung seines Grundstücks zumindest mittelbar in Verbindung standen[1354]. Somit ist davon auszugehen, dass die *Nuisance* nicht unbedingt vom Land des Störers ausgehen muss, sodass die tatsächliche Kontrolle über den Ausgangspunkt der *Nuisance* oder eine funktionale Verbindung der störungsstiftenden Tätigkeit zur Grundstücksnutzung ausreichen[1355].

Um die anspruchsbegründende „Kontrolle" über die *Nuisance* inne zu haben, muss der Störer diese aber nicht immer selbst bewirkt haben: Führt er eine nicht selbst verursachte *Nuisance* aktiv fort, so trifft ihn nach dem Grundsatz der *Adopted Nuisance* die Verantwortung; unterlässt er lediglich die Beseitigung einer erkennbaren fremdverursachten Beeinträchtigung, so ist er aufgrund einer *Continued Nuisance* verantwortlich[1356]. Diese Prinzipien finden Anwendung für Störungen, die von unberechtigten Eindringlingen[1357] verursacht wurden oder auf *Acts of God*[1358] zurückgehen. Zudem kann eine *Nuisance*, die von *Independent Contractors*

Council v. Tanner, [2001] 1 A.C. 1, 21 f.). Im Gegenzug kann die Erteilung der auf Vornahme einer störungsgeneigten Handlung gerichteten Genehmigung einen Ersatzanspruch begründen; vgl. *Tetley v. Chitty*, [1986] 1 All E.R. 663.

1354 „[The defendants were liable] for the noise from road tankers made at night on the public highway [...] as a private nuisance, since the noise was directly related to the operation of the depot and it was not a prerequisite of private nuisance that the matter complained of emanated from the defendants' land so long as it affected the plaintiff's property, and in the present case the noise from the highway materially interfered with the plaintiff's enjoyment of his house", *Holding* aus *Halsey v. Esso Petroleum Co.*, [1961] 2 All E.R. 145, 146.

1355 Dies stellt auch Einklang mit der jüngeren Rechtsprechung her, die dann keine *Nuisance* der Störer sah, wenn „their conduct was not in any sense linked to [...] the homes where they lived", vgl. Evans L.J. in *Lippiatt v. South Gloucestershire County Council*, [1999] 4 All E.R. 149, 156 f.

1356 Vgl. zu dieser terminologischen Differenzierung Viscount Maugham in *Sedleigh-Denfield v. O'Callaghan*, [1940] A.C. 880, 894. Vgl. zum Ganzen auch Murphy, a. a. O., S. 446 f.

1357 Vgl. *Sedleigh-Denfield v. O'Callaghan*, [1940] A.C. 880. Eine Ausnahme zu diesem Grundsatz wurde jedoch anerkannt, nachdem Eindringlinge das Land des „Störers" nur betreten hatten, um von dort auf das Grundstück des Anspruchstellers zu gelangen; vgl. *Perl Exporters Ltd. v. Camden London Borough Council*, [1984] Q.B. 342.

1358 Vgl. *Leakey v The National Trust for Places of Historic Interest or Natural Beauty* [1980] 1 All ER 17; *Goldman v. Hargrave*, [1966] 2 All E.R. 989.

verursacht wurde, ausnahmsweise[1359]dem Auftraggeber zugeordnet werden, falls sie als Ergebnis der aufgetragenen Tätigkeit vorhersehbar war[1360].

Diese Grundsätze gelten unabhängig davon, ob diese Person *Occupier* des Grundstücks ist, von dem die Beeinträchtigung ausgeht[1361]. Ist der Anspruchsgegner jedoch *Occupier*, so haftet er als Zustandsstörer sogar für den von seinem Vorgänger verursachten *Dangerous State of Affairs* des Grundstücks, soweit dieser erkennbar ist[1362]. Ist er sogar *Owner* des Grundstücks, so ist er für eine ihm erkennbare Störung verantwortlich, die sein *Tenant* (Pächter) mit seiner Genehmigung verursacht hat[1363]. Dasselbe gilt, wenn er es trotz entsprechender Erkennbarkeit versäumt, seinen *Tenant* zur Beseitigung der *Nuisance* anzuhalten[1364] bzw. eine selbst eingegangene dahingehende Verpflichtung nicht einhält[1365]. Auch die Einrichtung einer Störungsquelle, die sich erst bei Nutzung (dann aber unausweichlich) in einer *Nuisance* materialisiert, kann zur Inanspruchnahme des *Owners* führen[1366].

Somit kann festgehalten werden, dass ein Grundstücksbezug bei der Bestimmung des Anspruchstellers erheblich ist, während hinsichtlich des Störers die Kontrolle über die Beeinträchtigung selbst entscheidend ist.

c) Begrenzungen der Haftung

Zur Abwehr einer Inanspruchnahme aus *Nuisance* kann sich der Störer auf diverse *Defences* stützen.

So kann er anführen, zu der Störung gesetzlich ermächtigt worden zu sein *(Statutory Authority)*[1367]. Zur Entlastung des Störers ist es jedoch erforderlich, dass

---

1359 Eigentlich greift nämlich für *Independent Contractors* grundsätzlich keine *Nuisance*-Haftung; vgl. Slesser L.J. in *Matania v. National Provincial Bank Ltd.*, [1936] 2 All E.R. 633, 645.

1360 Vgl. Cockburn C.J. in *Bower v. Peate*, [1876] 1 Q.B.D. 321, 326 f.; Slesser L.J. in *Matania v. National Provincial Bank Ltd.*, [1936] 2 All E.R. 633, 645; Atkinson J. in *Spicer v. Smee*, [1946] 1 All E.R. 489, 495; Thornton Q.C. in *Johnson v. B. J. W. Property Developments Ltd.*, [2002] E.W.H.C. 1131, [52] ff.

1361 Vgl. *Jones Ltd. v. Portsmouth City Council*, [2003] 1 W.L.R. 427; Murphy, a. a. O., S. 447.

1362 Vgl. Scrutton L.J. in *St. Anne's Well Brewery Co. v. Roberts*, (1929) 140 L.T. 1, 7 und Waller L.J. in *Bybrook Barn Centre Ltd. v. Kent County Council*, Urteil des *Court of Appeal* vom 01.12.2000 (*Transcript* abrufbar unter *LexisNexis*), [46]. Vorsichtig in diese Richtung auch Luxmore J. in *Wilkins v. Leighton*, (1932) 2 Ch. 106, 114.

1363 Vgl. *Lippiatt v. South Gloucestershire Council*, [1999] 4 All E.R. 149.

1364 Vgl. *Todd v. Flight*, (1860) 30 L.J.C.P. 21; *Bowen v. Anderson*, [1894] 1 Q.B. 164.

1365 Vgl. *Wilchnick v. Marks and Silverstone*, [1934] 2 K.B. 56; *Wringe v. Cohen*, [1940] 1 K.B. 229; *Mint v. Good*, [1951] 1 K.B. 517.

1366 Vgl. *Stannard v. Charles Pitcher Ltd.*, [2002] B.L.R. 441.

1367 Dies prüfen die Gerichte im Einzelfall durch Auslegung des betreffenden Gesetzes; vgl. dazu Murphy, S. 451 f.; Buckley, a. a. O., S. 1199 ff., Rdnr. 20–68 ff. Allerdings zieht eine *Planning Permission* nach den *Town and Country Planning Acts*

die *Nuisance* das unabwendbare Resultat des genehmigten Verhaltens war[1368], sodass die *Defence* bei nicht mit der gebührenden Sorgfalt umgesetzten Genehmigungen entfällt[1369].

Eine weitere *Defence* besteht in Fällen, in denen die Störung durch das (ggf. mutmaßliche[1370]) Einverständnis des Anspruchstellers gedeckt ist[1371]. Allerdings greift diese *Defence* nicht bereits dann, wenn der Anspruchsteller ein Grundstück nahe der Störungsquelle in Besitz nimmt[1372]. Das Mitverschulden des Anspruchstellers kann zumindest in solchen Fällen Berücksichtigung finden, in denen der Störer fahrlässig handelte[1373]. Schließlich kann sich der Störer nach 20 Jahren offener und unangefochtener Durchführung des beeinträchtigenden Verhaltens auf eine gewohnheitsrechtlich anerkannte *Prescription* zu dessen Weiterführung berufen[1374].

d) Rechtsfolge

Die *Nuisance* kennt zwei Anspruchsziele: Schadensersatz und Unterlassungsverfügung. Im Rahmen einer Schadensersatzklage sind physische Schäden am Grundstück[1375] und an den darauf befindlichen Sachen[1376] ersatzfähig. Gleiches gilt für Vermögensschäden, die der Anspruchsteller erleidet, wenn er in der Ausübung seines Gewerbes in seinem Herrschaftsbereich behindert wird[1377] oder wenn

---

nicht ohne Weiteres eine *Statutory Authority* nach sich; vgl. dazu eingehend Ball: „Nuisance and Planning Permission", (1995) 7 J.E.L. 278, 290 ff.

1368 Vgl. *Allen v. Gulf Oil Refining Ltd.*, [1981] A.C. 1001; *Lord Mayor v. Farnworth*, [1930] A.C. 171.

1369 Vgl. *Marcic v. Thames Water Utilities Ltd.*, [2003] U.K.H.L. 66; *Tate & Lyle Industries Ltd. v. Greater London Council*, [1983] 1 All E.R. 1159.

1370 Dies ist etwa der Fall, wenn ein Anspruchsteller ein Ladengeschäft anmietet, das bestimmte Eigenschaften aufweist, hinsichtlich derer er später eine *Nuisance*-Klage anstrengt; vgl. *Kiddle v. City Business Properties Ltd.*, [1942] 1 K.B. 269.

1371 Vgl. zu dieser Möglichkeit Earl Loreburn in *Pwllbach Colliery Co. Ltd. v. Woodman*, [1915] A.C. 634, 638 sowie auch Murphy, a. a. O., S. 453.

1372 Diese Fallgruppe wird gemeinhin als *Coming to the Nuisance* bezeichnet; vgl. dazu *Sturges v. Bridgman*, (1879) 11 Ch.D. 852; *Miller v. Jackson*, [1977] Q.B. 966 sowie Tromans: „Nuisance – Prevention or Payment?", (1982) C.L.J. 87, 95 f.

1373 Vgl. Evershed M.R. in *Trevett v. Lee*, [1955] 1 All E.R. 406, 412.

1374 Vgl. *Attorney-General v. Copeland*, [1902] 1 K.B. 690; Murphy, a. a. O., S. 452 f.

1375 Vgl. *Sedleigh-Denfield v. O'Callaghan*, [1940] A.C. 880; *Goldman v. Hargrave*, [1966] 2 All E.R. 989; *Leakey v. National Trust for Places of Historic Interest or Natural Beauty*, [1980] 1 All E.R. 17.

1376 Vgl. *Midwood & Co. Ltd. v. Manchester Corporation*, [1905] 2 K.B. 597; *Halsey v. Esso Petroleum Co. Ltd.*, [1961] 2 All E.R. 145. Dieser Grundsatz fand Bestätigung durch Lord Hoffmann in *Hunter v. Canary Wharf Ltd.*, [1997] 2 All E.R. 426, 452; krit. dazu Oliphant: „Unblurring the Boundaries of Nuisance", (1998) 6 T.L.R. 21, 28.

1377 Vgl. *Hunter v. Canary Wharf Ltd.*, [1997] 2 All E.R. 426; *Fritz v. Hobson*, (1880) 14 Ch. D. 542; *Grosvenor Hotel Co. v. Hamilton*, [1894] 2 Q.B. 836. Die Ersatzfähigkeit

Genusswertbeeinträchtigungen zu einem Wertverlust des Grundstücks führen[1378]. Personenschäden sind grundsätzlich nicht ersatzfähig[1379]; eine Ausnahme gilt allerdings insoweit, als ein Personenschaden Ausdruck einer Verminderung des Genusswertes des Grundstücks ist[1380].

Der *Leading Case* zur Zurechenbarkeit des Schadens bei *Nuisance* ist *Overseas Tankship (U.K.) Ltd. v. Miller Steamship Co. (The Wagon Mound No. 2)*[1381]. Im Gleichlauf mit der bereits erörterten Schadenszurechnung bei *Negligence*-Klagen[1382] wurde hier entschieden, dass ein *Nuisance*-Schaden nicht zurechenbar ist, „if that injury was in the relevant sense unforeseeable."[1383]

Das häufigste Ziel des *Nuisance*-Klägers ist es jedoch, eine Unterlassung der Störung zu erreichen[1384]. Dies wird durch eine gerichtliche[1385] Unterlassungsverfügung erreicht, die *Injunction*. Im Regelfall fordert die *Injunction* den Störer zur bloßen Einstellung einer Tätigkeit auf (sog. *Prohibitory Injunction*)[1386]. Im Falle einer besonders schweren Beeinträchtigung kann ihm allerdings auch die Ergreifung aktiver

---

„reiner" Vermögensschäden ist bislang nicht abschließend geklärt; vgl. dazu eingehend Murphy, a. a. O., S. 444.

1378 Vgl. *Dennis v. Ministry of Defence*, [2003] E.W.H.C. 793 (Q.B.).

1379 Vgl. Lord Lloyd in *Hunter v. Canary Wharf Ltd.*, [1997] 2 All E.R. 426, 442. Kritisch dazu Steele: „Being There is Not Enough – The House of Lords puts the Brakes on Nuisance in the Home", (1997) 9 J.E.L. 345, 380.

1380 Vgl. Lord Hoffmann in *Hunter v. Canary Wharf Ltd.*, a. a. O., S. 452.

1381 Vgl. *Overseas Tankship (U.K.) Ltd. v. Miller Steamship Co.*, [1967] 1 A.C. 617. Dieses Urteil wird gemeinhin als *The Wagon Mound (No. 2)* bezeichnet, da es auf demselben Sachverhalt wie *Overseas Tankship (UK) Ltd. v. Morts and Dock & Engineering Co. Ltd.*, [1961] A.C. 388 – *The Wagon Mound No. 1* – basiert. Vgl. dazu auch die ausführliche Urteilsanmerkung von Dias: „Trouble on Oiled Waters: Problems of the Wagon Mound (No. 2)", (1967) C.L.J. 62.

1382 Vgl. dazu oben E.IV.1. Dazu auch Cross: „Does Only the Careless Polluter Pay? A Fresh Examination of the Nature of Private Nuisance" (1995) 111 L.Q.R. 445, 462 und i. E. auch Buns: „Die Voraussehbarkeit als Grenze in der Umwelthaftung" (2006), S. 73 f.

1383 Lord Reid in *Overseas Tankship (U.K.) Ltd. v. Miller Steamship Co. (The Wagon Mound No. 2)*, [1967] 1 A.C. 617, 640. Vgl. auch aus einer jüngere Entscheidung des *House of Lords* Lord Cooke of Thorndon in *Delaware Mansions Ltd. v. Westminster City Council*, [2001] U.K.H.L. 55, [29] ff.

1384 Vgl. Murphy in „Street on Torts" (11. Auflage 2003), S. 456; Hodgson/Lewthwaite: „Tort Law" (2004), S. 382 f.; Murphy: „Rethinking Injunctions in Tort Law", (2007) 27 O.J.L.S. 509, 511 ff.

1385 Unter engen Voraussetzungen ist auch ein Selbsthilferecht des Anspruchstellers anerkannt, das als *Abatement* bezeichnet wird. Es kann aber nur in Notfällen greifen oder unter der Bedingung, dass durch seine Ausübung keine anderen Grundstücke beeinträchtigt werden; vgl. dazu ausführlich Burrows in „Clerk and Jolowicz on Torts" (19. Auflage 2006), a. a. O., S. 1942 ff., Rdnr. 31–24 ff.

1386 Vgl. Denning L.J. in *Pride of Derby and Derbyshire Angling Association Ltd. v. British Celanese Ltd.*, [1953] 1 All E.R. 179, 204.

Maßnahmen zur Beendigung der Störung aufgegeben werden (sog. *Mandatory Injunction*)[1387]. Steht eine besonders schwere Beeinträchtigung unmittelbar bevor, ist auch die Gewährung eines vorbeugenden Unterlassungsanspruchs möglich (sog. *Quia Timet Injunction*)[1388]. Inhaltlich ist die *Injunction* ein flexibles Instrument: So kann eine „aufgeschobene" *Injunction* ausgesprochen werden, was dem Störer die schrittweise Beseitigung der Beeinträchtigung erlaubt, ohne mit einer sofortigen Nutzungsbeschränkung belastet zu werden[1389]. Auch eine „bedingte" *Injunction* ist denkbar, welche die Fortführung der Störung an Auflagen knüpft, um die Beeinträchtigung des Anspruchstellers auf ein zumutbares Maß zu senken[1390].

Dabei ist zu beachten, dass sowohl der Erlass als auch die Ausgestaltung einer *Injunction* im Ermessen des Gerichts steht, weshalb diese selbst bei Vorliegen aller Anspruchsvoraussetzungen einer *Nuisance* keine automatische Rechtsfolge ist[1391]. Die Gerichte berücksichtigen bei der Gewährung einer *Injunction* die Schwere der Beeinträchtigung des Anspruchstellers einerseits und andererseits das Interesse an der Weiterführung des störungsstiftenden Verhaltens[1392]. Nur gelegentliche Beeinträchtigungen werden im Regelfall nicht als ausreichend schwere Störung angesehen[1393]. Zudem werden mitunter wirtschaftliche Interessen berücksichtigt, etwa dann, wenn eine *Injunction* die Schließung eines Betriebs und damit die Vernichtung von Arbeitsplätzen zur Folge hätte[1394]. Gemeinwohlerwägungen veranlassten die

---

1387 Vgl. zu einer derartigen Verfahrensweise Lord Upjohn in *Redland Bricks Ltd. v. Morris*, [1970] A.C. 652, 666 ff. Dieser Grundsatz wird regelmäßig in der Fallgruppe *Dangerous State of Affairs* Anwendung finden.

1388 Vgl. *Lemos v. Kennedy Leigh Development Co. Ltd.*, (1961) 105 Sol. J. 178. Auch dieses Prinzip greift hauptsächlich bei einem *Dangerous State of Affairs*.

1389 Auf diese Möglichkeit haben Gerichte zurückgegriffen, um etwa eine Fabrik und die damit verbundenen Arbeitsplätze nicht zu gefährden; vgl. in diesem Sinne etwa Veale J. in *Halsey v. Esso Petroleum Co. Ltd.*, [1961] 2 All E.R. 145, 160; vgl. zu aufgeschobenen *Injunctions* auch *Pennington v. Brinsop Hall Coal Co.*, (1877) 5 Ch.D. 769; *Leeman v. Montagu*, [1936] 2 All E.R. 1677.

1390 Hierfür sind temporäre Beschränkungen ein wirkungsvolles Mittel, die etwa den Betrieb einer Baustelle nur zu bestimmten Zeiten erlaubt; vgl. zu zeitlichen Beschränkungen *Vanderpant v. Mayfair Hotel Co.*, [1930] 1 Ch. 138; *Halsey v. Esso Petroleum Co. Ltd.*, [1961] 2 All E.R. 145. Auch kann die Lautstärke einer Beeinträchtigung auf ein bestimmtes Maß beschränkt werden; vgl. *Kennaway v. Thompson*, [1980] 3 All E.R. 329.

1391 Vgl. Buckley: „Injunctions and the Public Interest", (1981) 44 M.L.R. 212, 214; Penner: „Nuisance and the Character of the Neighbourhood", [1993] 5 J.E.L. 1, 12 sowie aus rechtshistorischer Sicht Jolowicz: „Damages in Equity – A Study of Lord Cairns' Act", (1975) C.L.J. 224, 234 ff., 245 ff.

1392 Vgl. zum Ganzen Murphy, a. a. O., S. 456 f.

1393 Vgl. *Cooke v. Forbes*, (1867) L.R. 5 Eq. 166.

1394 „I can well see that in such a case the public interest must be allowed to prevail and that it would be inappropriate to grant an injunction", Gibson L.J. in *Wheeler v. Saunders Ltd.*, [1995] 2 All E.R. 697, 711; vgl. auch Buckley J. in *Gillingham Borough*

Richter auch in *Dennis v. Ministry of Defence* dazu, von der Schließung eines der Landesverteidigung dienenden Militärflughafens abzusehen[1395].

Im Verhältnis der beiden Anspruchsziele zueinander regelt der *Supreme Court Act 1981*, dass diese parallel nebeneinander Anwendung finden können[1396]. Darüber hinaus räumt der *Act* den Gerichten die Möglichkeit ein, anstelle eines Unterlassungsanspruchs Schadensersatz zu gewähren[1397], was für den Anspruchsteller insbesondere in solchen Fällen vorteilhaft ist, in denen das Gericht angesichts überwiegender öffentlicher Interessen von einem Unterlassungsanspruch absieht[1398].

2. Verhältnis zu *Rylands v. Fletcher*

Wie bereits eingangs erwähnt, gehen weite Teile der englischen Jurisprudenz von einer engen Beziehung zwischen *Nuisance* und *Rylands v. Fletcher* aus. So wird die *Rule* mitunter als „close relative"[1399] oder sogar „sub-species"[1400] der *Nuisance* bezeichnet und insgesamt darauf verwiesen, dass „[t]he distinction between the

---

Council v. Medway (Chatham) Docks Co. Ltd., [1992] 3 All E.R. 923, 937 f. Kritisch dazu Penner: „Nuisance and the Character of the Neighbourhood", [1993] 5 J.E.L. 1, 12 f., 27 ff.

1395 So ausdrücklich Buckley J. in *Dennis v. Ministry of Defence*, [2003] E.W.H.C. 793, [48]: „I therefore hold that a nuisance is established but that the public interest clearly demands that RAF Wittering should continue to train pilots."

1396 Vgl. *Supreme Court Act 1981*, c. 54, s. 50. Dieser Fall tritt etwa ein, wenn der Anspruchsteller die Unterlassung zukünftiger Störungen anstrebt und gleichzeitig für die vergangenen Beeinträchtigungen Ersatz erlangen möchte.

1397 Vgl. *Supreme Court Act 1981*, c. 54, s. 50. Der Vorläufer dieses *Act* war der *Lord Cairns' Act 1858*, der in s. 2 eine vergleichbare Regelung traf. Die Rechtsprechung hat vier Voraussetzungen entwickelt, unter denen Schadensersatz anstelle einer *Injunction* gewährt wird: Es muss (1) eine geringe Beeinträchtigung des Anspruchstellers vorliegen, die (2) pekuniär zu bemessen ist und hinsichtlich derer (3) Schadensersatz ein adäquater Ersatz für die *Injunction* ist; schließlich muss ein Fall vorliegen, in dem (4) eine *Injunction* für den Störer eine besondere Härte darstellen würde; vgl. Smith L.J. in *Shelfer v. City of London Electric Lighting Co.*, [1895] 1 Ch. 287, 322 f. Ausführlich dazu auch Jolowicz: „Damages in Equity – A Study of Lord Cairns' Act", (1975) C.L.J. 224, 224 ff., 245 ff. sowie Tromans: „Nuisance – Prevention or Payment?", (1982) C.L.J. 87, 89 ff. Diese Grundsätze wurden zuletzt auch auf den *Supreme Court Act 1981* übertragen; vgl. Bingham M.R. in *Jaggard v. Sawyer*, [1995] 2 All E.R. 189, 202 f.

1398 So etwa in der angesprochenen Entscheidung *Dennis v. Ministry of Defence*, [2003] E.W.H.C. 793. Vgl. zur Kritik an dieser Verfahrensweise O'Sullivan: „A Poor Reception for Television Nuisance", (1996) C.L.J. 184, 186 sowie Tromans: „Nuisance – Prevention or Payment?", (1982) C.L.J. 87, 100 ff.

1399 Walton in „Charlesworth & Percy on Negligence" (11. Auflage London 2006), S. vii.

1400 Rogers in „Winfield and Jolowicz on Tort" (17. Auflage 2006), S. 693, Rdnr. 15–1 (unter Verwendung der Formulierung von Lord Bingham of Cornhill in *Transco plc. v. Stockport Metropolitan Borough Council*, [2003] U.K.H.L. 61, [9]).

two is not easy to draw“[1401]. Ein verbreitetes Gleichnis beschreibt das Verhältnis der beiden Anspruchsgrundlagen als das zweier sich überschneidender Kreise[1402]. Newark forcierte in seinem einflussreichen[1403] Aufsatz „The Boundaries of Nuisance“[1404] den Gedanken, *Rylands* als „offshoot“ (Ableger) der *Nuisance* einzuordnen, und der renommierte Kommentar „Salmond & Heuston on the Law of Torts“ ordnete seine Ausführungen über die *Rule* über die ersten sechs Auflagen hinweg dem Kapitel über die *Nuisance* zu[1405].

Tatsächlich teilen die beiden Anspruchsgrundlagen eine Reihe von Gemeinsamkeiten[1406]. Die hervorstechende Parallele ist, dass sowohl *Nuisance* als auch *Rylands* insbesondere in grundstücksrechtlichen Nachbarschaftsstreitigkeiten Anwendung finden[1407]. Schädigungen im Sinne der *Rule* bieten daher nicht selten auch Grundlage für eine Klage aus *Nuisance*, insbesondere im Hinblick auf die *Nuisance*-Fallgruppe physischer Beeinträchtigungen von Grundstücken.

Darüber hinaus sind die *Defences* bei *Statutory Authority* sowie bei Einverständnis und Mitverschulden in beiden Anspruchsgrundlagen anerkannt[1408]. Ebenso kann sowohl *Nuisance* als auch der *Rule* eine *Defence* für *Acts of a Stranger* entgegen

1401 Markesinis/Deakin/Johnston: „Markesinis and Deakin's Tort Law“ (6. Auflage 2008), S. 623.

1402 Vgl. Winfield: „Nuisance as a Tort“, (1932) 4 C LJ 189, 195.

1403 Newarks Aufsatz ist die zentrale Grundlage der aktuellen Rechtsprechung des *House of Lords* zu *Rylands v. Fletcher*; vgl. dazu nachfolgend unter F.I.

1404 Newark: „The Boundaries of Nuisance“, (1949) 65 L.Q.R. 480.

1405 Vgl. die Darstellung bei Heuston/Buckley: „The Return of *Rylands v. Fletcher*“, (1994) 110 L.Q.R. 506, 507.

1406 Vgl. zu dem Gleichlauf bei der Schadenszurechnung durch Aufnahme des *Foreseeability Test* in die *Rule* ausführlich nachfolgend unter F.I.1. Zuvor war *Rylands* noch dem *Direct or Natural Consequence Test* gefolgt; vgl. oben B.II.6.b. und C.V.2.

1407 Ebenso Murphy: „The Merits of *Rylands v. Fletcher*“, (2004) 24 O.J.L.S. 643, 645 f. sowie Walton, a. a. O., S. 932, Rdnr. 12–05.

1408 So auch Nolan: „The Distinctiveness of *Rylands v. Fletcher*“, (2005) 121 L.Q.R. 421, 436. Dies kann unter dem Vorbehalt der Anwendbarkeit auf *Rylands* (vgl. oben C.IV.6.) auch für die *Defence* der *Necessity* angenommen werden; vgl. zu deren Anwendbarkeit auf *Nuisance* Buckley, a. a. O., S. 1207, Rdnr. 20–84.

gehalten werden[1409]. Auch von der Anwendbarkeit der *Defence* nach *Acts of God* in der *Nuisance* ist auszugehen[1410], für *Rylands* steht sie außer Frage[1411].

Hinsichtlich der Haftung für *Independent Contractors* bieten die widerstreitenden Grundpositionen der Anspruchsgrundlagen – Haftung bei *Rylands*, keine Haftung bei *Nuisance* – nur scheinbar[1412] einen Gegensatz: Ist nämlich eine an Auftragnehmer übertragene Tätigkeit mit erhöhtem Gefahrenpotential verbunden, so ist auch im Rahmen der *Nuisance* ausnahmsweise eine Haftung für *Independent Contractors* möglich. Da die *Nuisance* in dieser Fallgruppe mit dem Anwendungsbereich von *Rylands* zusammentrifft[1413], besteht auch hier eine Gemeinsamkeit der beiden Anspruchsgrundlagen.

a) Unterschiede

Es bestehen aber eine Reihe von Unterschieden, anhand derer eine Abgrenzung der Anspruchsgrundlagen möglich ist[1414].

1409 Vgl. *Barker v. Herbert*, [1911] 2 K.B. 633; *King v. Liverpool City Council*, [1986] 3 All E.R. 544; *Smith v. Littlewoods Organisation Ltd.*, [1987] 1 All E.R. 710; vgl. auch die eingehende Darstellung bei Buckley, a. a. O., S. 1204 ff., Rdnr. 20–79 ff. Die abweichende Auffassung bei Nolan (a. a. O., S. 436) vermag vor diesem präjudiziellen Hintergrund nicht zu überzeugen.

1410 Vgl. Buckley, a. a. O., S. 1204, Rdnr. 20–78, S. 1207, Rdnr. 20–84; Vgl. Markesinis/DeakinJohnston: „Markesinis and Deakin's Tort Law" (6. Auflage Oxford 2008), S. 539; a. A. Nolan (a. a. O., S. 436), der aber lediglich aufgrund allgemeiner Erwägungen die Anwendbarkeit dieser *Defence* auf die *Nuisance* ablehnt, dies jedoch ohne eine fallrechtliche Basis. Für die Anwendbarkeit spricht hingegen nicht zuletzt der Umstand, dass in einigen *Nuisance*-Urteilen offensichtlich von der Anwendbarkeit dieser *Defence* ausgegangen wurde: In *Slater v. Worthington's Cash Stores (1930) Ltd.* ([1941] 1 All ER 245) prüfte man die Voraussetzungen eines *Act of God* (obgleich dessen Vorliegen verneint wurde), und das *House of Lords* wies in *Sedleigh-Denfield v. O'Callaghan* auf diese *Defence* sogar hin, obwohl der Beklagte auf deren Anführung verzichtet hatte; vgl. Viscount Maugham in *Sedleigh-Denfield v. O'Callaghan*, [1940] A.C. 880, 889.

1411 Vgl. oben B.II.5.a. und C.IV.3.

1412 So aber Nolan, a. a. O., S. 436; Markesinis/Deakin/Johnston, a. a. O., S. 624; Murphy in „Street on Torts" (12. Auflage 2007), S. 485.

1413 Diese zutreffenderweise auch vorbringend Kleemann: „Das Verhältnis der Gefährdungshaftung zur Haftung für *negligence* und *nuisance* im englischen Recht" (1958), S. 149.

1414 Mitunter wird auf den unterschiedlichen historischen Entstehungskontext der beiden Anspruchsgrundlagen hingewiesen; vgl. etwa Murphy: „The Merits of *Rylands v. Fletcher*", (2004) 24 O.J.L.S. 643, 649. Es trifft tatsächlich zu, dass *Nuisance* bereits in der mittelalterlichen Agrargesellschaft als Anspruchsgrundlage bekannt war, während *Rylands* seinen Ursprung in der fortschreitenden Technologisierung der industriellen Revolution des ausgehenden 19. Jahrhunderts hat (vgl. oben B.I.1.). Dieser Unterschied verliert jedoch in dem Maße an Bedeutung, wie sich die

aa) Grundstücksbezug

Insbesondere der Umstand, dass beide Ansprüche vorwiegend bei Streitigkeiten zwischen Inhabern benachbarter Grundstücke Anwendung finden, birgt nur auf den ersten Blick eine Gemeinsamkeit. Zu beachten ist nämlich, dass die *Nuisance* ausschließlich ein grundstücksrechtlicher Anspruch ist[1415], während sich die *Rule* nicht derart beschränken lässt[1416], da sie auch in anderen Fallgestaltungen angewendet worden ist[1417]. Wird wiederum bei *Rylands* ein Grundstücksbezug postuliert, so betrifft dies die Person des Schädigers[1418], während bei *Nuisance* ein Grundstücksbezug auf Seiten des Anspruchstellers notwendig ist[1419]. Es liegt auf der Hand, dass vor diesem Hintergrund beide Anspruchsgrundlagen in den Fällen zur Anwendung kommen können, in denen sich zwei Inhaber benachbarter Grundstücke gegenüberstehen. Sobald jedoch eine der Parteien kein Grundstücksinhaber ist, liegt eine Trennlinie zwischen *Nuisance* und *Rylands* vor[1420].

bb) Gefahrenquelle

Ein weiterer Unterschied lässt sich aus der Gefahrenquelle in *Rylands v. Fletcher* herleiten. Ein derartiges Erfordernis kennt die *Nuisance* nicht. Vielmehr ist der

---

Nuisance seit ihrer Entstehung fortentwickelt hat. Zudem sollte nicht unerwähnt bleiben, dass auch Blackburn J. in seinem Urteil entscheidend auf mittelalterliche Vorlagen zurückgriff, etwa die *Scienter Action* und den *Cattle Trespass* (vgl. dazu oben B.II.1.b. und B.II.6.b.).

1415 Dies ergibt sich aus der vorangestellten Darstellung der Voraussetzungen der *Nuisance* und wurde in der aktuellen Judikatur des *House of Lords* zur *Nuisance* bestätigt: „Nuisance is a tort against land", Lord Hoffmann in *Hunter v. Canary Wharf Ltd.*, [1997] 1 All E.R. 426, 448.

1416 Ebenso Nolan in Grubb (Hrsg.): „The Law of Tort" (2002), S. 980; Murphy: „The Merits of *Rylands v. Fletcher*", (2004) 24 O.J.L.S. 643, 645 f.; Nolan: „The Distinctiveness of *Rylands v. Fletcher*", (2005) 121 L.Q.R. 421, 432 f.; Murphy in „Street on Torts" (12. Auflage 2007), S. 485.

1417 Vgl. oben B.II.3.a., B.II.6.a., C.III.3., C.III.4., C.V.1.

1418 Vgl. nur *Justice* Blackburns Aussage einer Haftung der „person who for his own purposes brings upon his land" (Blackburn J. in *Fletcher v. Rylands*, [1866] L.R. 1 Exch. 265, 279). In diesem Sinne wird auch darauf verwiesen, dass eine *Nuisance* gegen das Land des Anspruchstellers gerichtet ist, während bei *Rylands* regelmäßig eine vom Land des Schädigers ausgehende Beeinträchtigung vorliegt; vgl. Nolan, a. a. O., S. 427 m. w. N.

1419 Vgl. Murphy in „Street on Torts" (12. Auflage 2007), S. 485; Murphy: „The Merits of *Rylands v. Fletcher*", (2004) 24 O.J.L.S. 643, 647.

1420 Zu kurz greift daher die Analyse bei Kleemann („Das Verhältnis der Gefährdungshaftung zur Haftung für negligence und nuisance im englischen Recht" [1957], S. 146), der aus dem bloßen Umstand, dass sich in der Praxis in vielen – aber eben nicht allen – Entscheidungen tatsächlich Grundstücksnachbarn gegenüber gestanden haben, die theoretische Schlussfolgerung einer Untrennbarkeit der Anspruchsgrundlagen zieht.

Anwendungsbereich der *Nuisance* an dieser Stelle breiter[1421]. Die *Nuisance* erfasst daher Fallkonstellationen wie Lärmbelästigungen[1422] oder den Entzug von Lichtquellen[1423], da sie nicht auf die besondere Gefahrenintensität einer Gefahrenquelle bzw. des Umgangs des Schädigers mit ihr abstellt, sondern auf die Unangemessenheit der Folgen des Schädigerverhaltens auf den jeweiligen Anspruchsteller. In diesem Sinne erfasst die *Nuisance* auch Beeinträchtigungen durch das Benehmen von Menschen[1424], während dies bei *Rylands* nur im Widerspruch zu der ursprünglichen Regel *Justice* Blackburns möglich ist[1425].

cc) Escape

Auch die Wirkungsweise der Gefahrenquelle bietet Anlass zur Differenzierung: Im Gegensatz zu *Rylands* fordert die *Nuisance* kein *Escape* einer Gefahrenquelle[1426]. Zwar mag eingewendet werden, dass auch im Rahmen der *Rule* Fälle entschieden wurden, in denen die Gefahrenquelle selbst den Herrschaftsbereich des Schädigers nicht verließ: Tatsächlich muss eine Feuerquelle – im Unterschied zum Feuer selbst – nicht das Grundstück des Schädigers verlassen, um die *Rule* auszulösen[1427].

In dem Umstand aber, dass zumindest diese zweite, von der ursprünglichen Gefahrenquelle freigesetzte Schadensquelle den Herrschaftsbereich des Anspruchstellers erreicht und dort Schaden bewirkt, liegt das eigentliche Abgrenzungskriterium: Während bei *Rylands* die Freisetzung einer aktiv im Herrschaftsbereich des Anspruchstellers wirkenden Gefahrenquelle den Schaden auslösen muss, besteht eine *Nuisance* bereits dann, wenn ein Vorteil des Anspruchstellers daran gehindert wird, dessen Herrschaftsbereich zu erreichen.

In Fällen wie der Beeinträchtigung eines Wasserlaufs[1428], der Entziehung von Licht[1429] oder dem Abbau die natürliche Statik eines Grundstücks stützender

1421 Ebenso Winfield: „Nuisance as a Tort“, (1932) 4 C.L.J. 189, 195; Markesinis/Deakin/Johnston, a. a. O., S. 624; Murphy in „Street on Torts“ (12. Auflage 2007), S. 484.

1422 Vgl. Buckley, a. a. O., S. 1167, Rdnr. 20–09 (m. w. N. in Anm. 37).

1423 Vgl. *Allen v. Greenwood*, [1979] 1 All E.R. 819; Rogers in „Winfield and Jolowicz on Tort“ (17. Auflage 2006), S. 647 f., Rdnr. 14–5; Buckley, a. a. O., S. 1220 ff., Rdnr. 20–112 ff.

1424 Vgl. *Lippiatt v. South Gloucestershire Council*, [1999] 4 All E.R. 149. Kritisch dazu allerdings Bright: „Liability for the Bad Behaviour of Others“, (2001) 21 O.J.L S. 311, 329.

1425 So aber *Attorney-General v. Corke*, [1933] Ch. 89. Vgl. aber zur Kritikwürdigkeit dieser Entscheidung oben C.I.1.

1426 Vgl. Markesinis/Deakin/Johnston, a. a. O., S. 624; Murphy, a. a. O., S. 484; Winfield: „Nuisance as a Tort“, (1932) 4 C.L.J. 189, 196.

1427 Vgl. oben C.III.1.

1428 Vgl. *Young v. Bankier Distillery*, [1893] A.C. 691 sowie Buckley, a. a. O., S. 1210 ff., Rdnr. 20–93 ff.

1429 Vgl. dazu Buckley, a. a. O., S. 1220 ff., Rdnr. 20–112 ff.

Installationen[1430] wird keinerlei schädigende Einwirkung auf das Land des Anspruchstellers bewirkt; es wird im Gegenteil lediglich eine vorteilhafte Einwirkung verhindert[1431]. Besonders deutlich trat dieser Grundsatz in den Fällen hervor, in denen sich Anwohner mithilfe der *Nuisance* erfolgreich gegen die Einrichtung eines Bordells[1432] oder Erotikgeschäfts[1433] in ihrer Nachbarschaft wehrten.

In der jüngeren Entscheidung des *House of Lords* in *Hunter v. Canary Wharf* argumentierte einer der Lordrichter zwar zugunsten eines Entweichenserfordernisses auch im Rahmen der *Nuisance*[1434]. Dies widerspricht jedoch der dargestellten Präjudizienlage. Sein Kollege Lord Goff wies vor diesem Hintergrund zu Recht darauf hin, dass im Rahmen der *Nuisance* zwar häufig etwas vom Land des Störers entweicht, aber gleichwohl Ausnahmen von diesem Grundsatz möglich seien[1435]. Noch weiter ging Lord Cooke, der dem *Holding* der Entscheidung seine Ansicht beifügte, dass selbst die Errichtung eines Gebäudes zur Störung des Fernsehempfangs des Nachbarn eine *Nuisance* sein könne[1436]. Dies festigt das Ergebnis, dass eine Haftung aus *Nuisance* – im Gegensatz zu *Rylands* – auch ohne das Erfordernis *Escape* bestehen kann.

dd) Verschulden

Das klassische Charakteristikum der *Rule* ist es, dass sie den Schädiger auch ohne dessen Verschulden am Entweichen der Gefahrenquelle haften lässt[1437]. Bei *Nuisance*

1430 Vgl. zu diesem Grundsatz, jedoch auch zu dessen Einschränkungen die Darstellung von Buckley, a. a. O., S. 1216 ff., Rdnr. 20–104 ff.

1431 Dies berücksichtigt Kleemann (a. a. O., S. 148) nicht, weshalb er zu dem Schluss kommt, dass das Entweichenserfordernis keine Trennlinie zwischen *Rylands* und *Nuisance* bildet.

1432 Vgl. *Thompson-Schwab v. Costaki*, [1956] 1 All E.R. 652.

1433 Vgl. *Laws v. Florinplace Ltd.*, [1981] 1 All E.R. 659, insbesondere das *Holding* der Entscheidung: „It was established law that cases of nuisance were not confined to cases where there was some physical emanation of a damaging kind from the defendant's premises“ (a. a. O., S. 660).

1434 „[T]here is nothing emanating from the defendant's land in the present case. [...] So that may go to the limit of the law of nuisance“, Lord Lloyd in *Hunter v. Canary Wharf Ltd.*, [1997] 1 All E.R. 426, 445 f.

1435 „[I]t will generally arise from something emanating from the defendant's land. [...] Occasionally, activities on the defendant's land are in themselves so offensive to neighbours as to constitute an actionable nuisance“, Lord Goff in *Hunter v. Canary Wharf Ltd.*, a. a. O., S. 432.

1436 Vgl. Lord Cooke in *Hunter v. Canary Wharf Ltd.*, a. a. O., S. 427, 465.

1437 Vgl. oben B.II.4. Daraus folgern McBride/Bagshaw (a. a. O., S. 742) sogar, dass *Rylands* im Gegensatz zur *Nuisance* kein rechtlich missbilligtes Verhalten des Schädigers voraussetze, was aber vor dem Hintergrund nicht überzeugt, dass der haftungsbegründende (wenngleich verschuldensunabhängige) Vorwurf im Sinne der *Rule* nach den Vorgaben *Justice* Blackburns darin besteht, dass der Schädiger „must keep it in at his peril, and, if he does not do so, is primâ facie answerable“

hingegen ist anerkannt, dass eine solche Aussage nicht mit derselben Sicherheit getroffen werden kann[1438]. Zwar gewähren die Gerichte in Fällen, in denen der Störer selbst eine Beeinträchtigung des Genusswerts des Grundstücks verursacht, ohne Rückgriff auf dessen Verschulden *Injunctions* gegen die Störung[1439]. In markantem Gegensatz dazu steht aber die bereits angesprochene Fallgruppe des *Dangerous State of Affairs*, in der physische Grundstücksbeeinträchtigungen durch einmalige Schadensereignisse unter *Nuisance* gefasst werden: Hier stellt die Rechtsprechung das Erfordernis auf, dass der Störer sein Grundstück in einen schadensgeneigten Zustand versetzt und diesen durch Nachlässigkeit aufrecht erhalten hat, wodurch die Haftung des Störers von Verschuldenserwägungen abhängt[1440].

Darüber hinaus zu berücksichtigen sind die Fälle, in denen die Beeinträchtigung nicht aktiv durch den Störer verursacht wurde, sondern durch ein Naturereignis unterhalb der Schwelle eines *Act of God* oder durch unbefugte Dritte bzw. den vorherigen Grundstücksinhaber: Auch hier kann nur ein Verschulden den Anspruch aus *Nuisance* begründen[1441]. Nach dem Grundsatz der *Continuing Nuisance* kann ein Störer für nicht selbst verursachte Beeinträchtigungen nur dann in Anspruch genommen werden, wenn er deren Beseitigung trotz ihrer Erkennbarkeit versäumt[1442]: In diesem Fall trifft die *Nuisance* mit der *Negligence* zusammen und gewährt unter vergleichbaren Voraussetzungen einen Anspruch[1443].

Allerdings ist die Abgrenzung zu *Rylands* im Hinblick auf die Verursachungsbeiträge Dritter weniger eindeutig als häufig[1444] behauptet: Für *Acts of Strangers* haftet man auch im Rahmen der *Rule* nur dann, wenn diese vorhersehbar und vermeidbar

---

(Blackburn J. in *Fletcher v. Rylands*, [1866] L.R. 1 Exch. 265, 279). Insoweit wird also durchaus das Zulassen eines *Escape* rechtlich missbilligt.

1438 Vgl. Murphy in „Street on Torts“ (12. Auflage 2007), S. 485; Markesinis/Deakin/Johnston, a. a. O., S. 624.

1439 Vgl. Buckley, a. a. O., S. 1184, Rdnr. 20–93, Gearty: „The Place of Private Nuisance in a Modern Law of Torts“, (1989) C.L.J. 214, 229; Lord Wright in *Sedleigh-Denfield v. O'Callaghan*, [1940] A.C. 880, 904.

1440 Vgl. Gearty, a. a. O., S. 222; Murphy in „Street on Torts“ (12. Auflage 2007), S. 485; Buckley, a. a. O., S. 1185, Rdnr. 20–40; Murphy: „Rethinking Injunctions in Tort Law“, (2007) 3 O.J.L.S. 509, 521 f.

1441 Vgl. Lord Wright in *Sedleigh-Denfield v. O'Callaghan*, a. a. O., S. 904 ff.; Lee: „What is Private Nuisance?“, (2003) 119 L.Q.R. 298, 308; Buckley, a. a. O., S. 1185, Rdnr. 20–42; Murphy in „Street on Torts“ (12. Auflage 2007), S. 438.

1442 Vgl. Viscount Maugham in *Sedleigh-Denfield v. O'Callaghan*, a. a. O., S. 889, 894; Buckley, a. a. O., S. 1185, Rdnr. 20–42. Daneben gibt es die Fallgruppe *Adopting Nuisance*, die ebenfalls unter Anwendung von Verschuldensgrundsätzen die aktive Nutzung einer übernommenen Installation auf dem Grundstück erfordert.

1443 Vgl. Lee, a. a. O., S. 308; Gearty, a. a. O., S. 234 ff.; Buckley, a. a. O., S. 1185, Rdnr. 20–42.

1444 So nämlich Murphy in „Street on Torts“ (12. Auflage 2007), S. 485 und wohl auch Markesinis/Deakin/Johnston, a. a. O., S. 624.

waren[1445]. Um ein wirkliches Differenzierungskriterium zu erkennen, muss hier die Beweislastverteilung verglichen werden. Bei *Rylands* ermöglichen es einige Präjudizien, die Nachweispflicht über die Vermeidbarkeit von *Acts of Strangers* dem (potentiellen) Beklagten aufzubürden[1446]. Im Gegensatz dazu fällt die Beweislast im Rahmen der *Continued Nuisance* – ebenso wie bei *Negligence* – dem Anspruchsteller zu[1447]. Dieser Unterschied ist deshalb bedeutsam[1448], weil die Gerichte sehr zurückhaltend darin sind, die Verantwortlichkeit eines Störers für eine nicht selbst verursachte *Nuisance* zu begründen[1449].

Die *Nuisance* weist aber noch an anderer Stelle Verschuldenselemente auf. So wird die Frage, ob eine Störung als *Substantial* zu qualifizieren ist, anhand des aus der *Negligence* bekannten Maßstabs des *Ordinary Man* geprüft[1450]; für eine Haftung aus *Rylands* ist diese Erwägung hingegen unerheblich. Darüber hinaus ist zwar die für einen *Nuisance*-Anspruch erforderliche *Unreasonableness* auf die Störung – und damit auf den Anspruchsteller – bezogen, gleichwohl findet aber mitunter bei deren Prüfung das Verhalten des Störers Berücksichtigung: So kann es zur Einordnung einer Störung als *Unreasonable* führen, wenn das mit dem störenden Verhalten verfolgte Ziel auch mit weniger störenden Mitteln zu erreichen war (vorausgesetzt, diese wären dem Störer zumutbar gewesen)[1451]. Auch hier ist hervorzuheben, dass *Rylands* derartige Erwägungen nicht berücksichtigt. Somit ist im Ergebnis zu konstatieren, dass die *Nuisance* Verschuldenselemente wesentlich stärker aufnimmt als die *Rule*. Da es die charakteristische Besonderheit von *Rylands v. Fletcher* ist, eine Haftung auch ohne Verschulden zu ermöglichen, wiegt dieser Abgrenzungspunkt besonders schwer.

1445 Vgl. oben C.IV.4.c.

1446 Dies ist aber keineswegs unumstritten. Im Gegenteil stehen sich in der Frage der Beweislastverteilung zwei widerstreitende Strömungen in der Rechtsprechung gegenüber; vgl. dazu oben C.IV.4.c.

1447 So ausdrücklich Lord Wright in *Sedleigh-Denfield v. O'Callaghan*, [1940] A.C. 880, 908: „[...] the plaintiff failed because he did not establish that the defendant either knew or ought to have known."

1448 Unberücksichtigt bleibt dieses Differenzierungskriterium bei Kleemann: „Das Verhältnis der Gefährdungshaftung zur Haftung für *negligence* und *nuisance* im englischen Recht" (1958).

1449 Vgl. etwa *Smith v. Littlewoods Organisation Ltd.*, [1987] 1 All E.R. 710 sowie die übereinstimmende Auffassung von Buckley, a. a. O., S. 1204 f., Rdnr. 20–79.

1450 Vgl. Buckley, a. a. O., S. 1168 f., Rdnr. 20–11.

1451 Vgl. Greene M.R. in *Andreae v. Selfridge & Co. Ltd.*, [1938] Ch. 1, 10 sowie Megaw L.J. in *Leakey v. The National Trust for Places of Historic Interest or Natural Beauty* [1980] 1 All ER 17, 37.

ee) Physische Beeinträchtigung

Ein weiteres Unterscheidungskriterium kann die Fallgruppe nicht-physischer Beeinträchtigungen bergen[1452]. Hier liegt – etwa mit Beeinträchtigungen des Genusswerts eines Grundstücks durch Lärm – das klassische Anwendungsgebiet der *Nuisance*[1453]. Besonders deutlich wird dies angesichts der Entscheidung *Thompson-Schwab v. Costaki*[1454], in der Anwohner erfolgreich gegen die Verminderung des Genusswerts ihrer Grundstücke infolge der Eröffnung eines Bordells in der Nachbarschaft klagten[1455].

Hingegen sind für *Rylands* physische Beeinträchtigungen – wie die Überschwemmung im Ursprungsfall – typisch[1456]. Allerdings ist die *Rule* in einem Fall auch auf Vibrationen und damit unkörperliche Beeinträchtigungen angewendet worden[1457]. Da aber *Rylands* bislang nur in einer einzelnen Entscheidung auf nicht-physische Beeinträchtigungen angewandt wurde, liegt der Schluss nahe, dass die Rechtsprechung in dieser Fallgruppe eher zur Anwendung der *Nuisance* tendiert. Sollte diese Vorgehensweise aufrecht erhalten werden, läge auch hier ein Differenzierungskriterium zwischen *Nuisance* und *Rylands*.

ff) Personenschäden

In diesem Zusammenhang ist auch die Ersatzfähigkeit von Personenschäden als Unterscheidungskriterium diskussionswürdig. Im Rahmen der *Nuisance* hat das *House of Lords* unlängst festgestellt, dass Personenschäden grundsätzlich nicht ersatzfähig seien[1458]. Daraus kann sich ein Unterschied zu *Rylands* ergeben[1459]: Unter

---

1452 Ebenso Murphy: „The Merits of *Rylands v. Fletcher*", (2004) 24 O.J.L.S. 643, 650 f.; Murphy in „Street on Torts" (12. Auflage 2007), S. 484.

1453 „[T]he tort of Nuisance is a tort directed against the plaintiff's enjoyment of his rights over land", Lord Goff of Chieveley in *Hunter v. Canary Wharf Ltd.*, [1997] 2 All E.R. 426, 435. Vgl. auch die Darstellungen bei Murphy: „Rethinking Injunctions in Tort Law", (2007) 27 O.J.L.S. 509, 521 f.; Gearty: „The Place of Private Nuisance in a Modern Law of Torts", (1989) C.L.J. 214, 218; Murphy: „The Merits of *Rylands v. Fletcher*", (2004) 24 O.J.L.S. 643, 651.

1454 *Thompson-Schwab v. Costaki*, [1956] 1 All E.R. 652.

1455 Auch die Entscheidung *Laws v. Florinplace Ltd.*, in der Anwohner gegen die Einrichtung eines Erotikgeschäfts klagten, stützt diese Folgerung: „It was established law that cases of nuisance were not confined to cases where there was some physical emanation of a damaging kind from the defendant's premises" (so das *Holding* aus *Laws v. Florinplace Ltd.*, [1981] 1 All E.R. 659, 660).

1456 Vgl. Winfield: „Nuisance as a Tort", (1932) 4 C.L.J. 189, 195.

1457 Vgl. *Hoare & Co. Ltd. v. Sir Robert McAlpine, Sons & Co.*, [1923] 1 Ch. 167; vgl. dazu auch oben unter C.I.1.

1458 Vgl. Lord Lloyd in *Hunter v. Canary Wharf Ltd.*, [1997] 2 All E.R. 426, 442.

1459 So jedenfalls Murphy: „The Merits of *Rylands v. Fletcher*", (2004) 24 O.J.L.S. 643, 653 f. und auch Nolan: „The Distinctiveness of *Rylands v. Fletcher*", (2005) 121 L.Q.R. 421, 432 f.

Anwendung der *Rule* wurde in *Hale v. Jennings Brothers*[1460] Schadensersatz für eine Körperverletzung gewährt.

Allerdings verliert die Verwertbarkeit von Personenschäden als Differenzierungskriterium in dem Maße an Einfluss, wie es selbst mit Unsicherheiten behaftet ist. Dies äußert sich bezüglich der *Nuisance* darin, dass hier Personenschäden doch ersatzfähig sein können, solange sie nur Ausdruck einer Verminderung des Genusswerts des Grundstücks sind[1461]. Da aber eine derartige Beschränkung für *Rylands* nicht gilt, besteht zumindest insoweit eine Trennlinie zwischen den beiden *Torts*. Schwerer wiegt der Umstand, dass einige *Obiter Dicta* ungeachtet der angesprochenen Entscheidung in *Hale* die Ersatzfähigkeit von Personenschäden auch unter *Rylands* gänzlich ablehnten[1462]. Bis hier eine Klärung herbeigeführt sein wird, kann die Frage der Ersatzfähigkeit von Personenschäden lediglich als Indiz zugunsten der *Rule* und gegen die *Nuisance* dienen.

gg) Reasonableness *und* Natural Use

Die Divergenz zwischen den beiden *Torts* ist auch im Hinblick auf das für die *Nuisance* zentrale Merkmal der *Reasonableness* einerseits und andererseits den bei *Rylands* erheblichen *Natural Use* zu prüfen.

Geht man vom Künstlichkeitsfilter[1463] zur Bestimmung des *Non-Natural Use* aus, so ergibt sich ein Unterschied zwischen *Nuisance* und *Rylands*[1464]: Während der letztgenannte Anspruch hinsichtlich von „things naturally on the land" nicht gewährt wird[1465], ist die *Nuisance* auch in Bezug auf derartige „natürliche" Störungsquellen anwendbar, solange diese eine als *Unreasonable* („unangemessen") zu qualifizierende Beeinträchtigung bewirken[1466].

1460 *Hale v. Jennings Brothers,* [1938] 1 All E.R. 579; vgl. dazu oben C.V.1.a.

1461 Eine Ausnahme ist bei Personenschäden denkbar, die Ausdruck einer Verminderung des Genusswertes des Grundstücks sind; vgl. Lord Hoffmann in *Hunter v. Canary Wharf Ltd.*, [1997] 2 All E.R. 426, 452.

1462 Vgl. oben C.V.1.a.

1463 Vgl. oben C.VI.2.a.

1464 So auch die Einschätzung von Nolan, a. a. O., S. 435; Markesinis/Deakin/Johnston, a. a. O., S. 624; Murphy, a. a. O., S. 655 f.

1465 Vgl. oben B.III. und C.VI.1.

1466 So ausdrücklich Lord Atkin in *Sedleigh-Denfield v. O'Callaghan*, [1940] A.C. 880, 897: „If a man uses on premises something which he finds there, and which itself causes a nuisance, [...] he is himself [...] causing a nuisance". Vgl. auch *Goldman v. Hargrave*, [1966] 2 All E.R. 989; *Leakey v The National Trust for Places of Historic Interest or Natural Beauty* [1980] 1 All E.R. 17 sowie Markesinis: „Negligence, Nuisance and Affirmative Duties of Action", (1989) 105 L.Q.R. 104, 118; Buckley, a. a. O., S. 1174 ff., Rdnr. 20–20 ff. sowie Layard: „Balancing Environmental Considerations" (1997) 113 L.Q.R. 254, 255.

Dass die zweite Fallgruppe des *Non-Natural Use*, die Durchführung besonders gefährlicher Tätigkeiten[1467], nicht zur Qualifikation einer Störung als *Unreasonable* notwendig ist, geht aus der Anwendung der *Nuisance* auf per se ungefährliche, jedoch eine unangemessene Beeinträchtigung des Genusswerts eines Grundstücks bewirkende, Tätigkeiten (wie etwa den Betrieb eines Fischrestaurants) hervor[1468]. Diese Unterscheidung lässt sich am besten im Hinblick auf entweichende Dämpfe illustrieren: Während *Rylands* deren Giftigkeit fordern würde[1469], genügt für eine *Unreasonableness* bereits deren unangenehmer Geruch[1470].

Ähnlicher sind sich jedoch die *Reasonableness* der *Nuisance* und die Interpretation des *Non-Natural Use* im Sinne eines *Non-Ordinary* („ungewöhnlichen") Verhaltens. Die Unterscheidung zwischen den Termini „gewöhnlich" und „angemessen" ist nämlich schwerer zu erkennen: Der *Non-Ordinary Use* geht ebenso wie die *Reasonableness* über den Anwendungsbereich der „things naturally on the land" hinaus[1471]. Eine Trennlinie zwischen den beiden Begriffen kann aber in deren Bezugspunkt gesehen werden: Im Gegensatz zum Gewöhnlichkeitsfilter der *Rule*, der das einem Schaden vorausgehende Verhalten (nämlich die Akkumulation einer Gefahrenquelle) bewertet, bezieht sich die *Reasonableness* der *Nuisance* primär auf die daraus resultierende Beeinträchtigung[1472].

1467 Vgl. oben C.VI.2.c.

1468 Ähnlich wohl auch der Gedanke Winfields („Nuisance as a Tort", [1932] 4 C.L.J. 189, 197) sowie die Argumentation bei Bagshaw („*Rylands* Confined", [2004] 120 L.Q.R. 388, 390 f.) und Nolan („The Distinctiveness of *Rylands v. Fletcher*", [2005] 121 L.Q.R. 421, 435 f.). Eine Ausnahme könnte freilich im Hinblick auf die *Nuisance*-Fallgruppe des *Dangerous State of Affairs* gesehen werden; vgl. dazu oben E.V.1.a. Diese Einzelfallgruppe ändert jedoch nichts an der generellen Folgerung, dass eine *Nuisance*-Klage auch hinsichtlich von Störungen Erfolg haben kann, die ansonsten nicht als „außergewöhnlich gefährlich" einzustufen sind. In Abgrenzung der *Rule* zur *Nuisance*-Haftung für einen *Dangerous State of Affairs* ist zudem anzumerken, dass bei *Rylands* der Schaden durch den gefährlichen Zustand bereits eingetreten sein muss, während der *State of Affairs* noch nicht in eine Schädigung umgeschlagen sein müsste; ebenso Murphy: „Rethinking Injunctions in Tort Law", (2007) 27 O.J.L.S. 509, 522 f.

1469 So etwa die Qualifizierung giftiger Kreosotdämpfe: „It seems to me that [...] the defendants, having introduced upon the road in question something the use of which may be said to constitute a non-natural or ordinary user of the land", Lord Alverstone C.J. in *West v. Bristol Tramways Co.*, [1908] 2 K.B. 14, 21.

1470 Vgl. *Adams v. Ursell*, [1913] 1 Ch. 269.

1471 Vgl. oben C.VI.2.b.

1472 Ebenso Nolan, a. a. O., S. 434 f.; Cross: „Does Only the Careless Polluter Pay? A Fresh Examination of the Nature of Private Nuisance" (1995) 111 L.Q.R. 445, 450; Buns: „Die Voraussehbarkeit als Grenze der Umwelthaftung" (2006), S. 62; vgl. zum Einfluss des Verhaltens eines Störers auf die Qualifizierung der Beeinträchtigung als *Unreasonable* auch oben E.V.1.a.

Anknüpfend an diese Differenzierung ist auf einen weiteren Unterschied hinzuweisen: Die Gemeinnützigkeit des schadenstiftenden Verhaltens hat im Rahmen des Gewöhnlichkeitsfilters bereits zum Ausschluss von *Rylands* geführt[1473]. Hingegen gewährt *Nuisance* auch unabhängig von Gemeinwohlerwägungen Schadensersatz[1474]. Als Beispiel für die unterschiedliche Handhabung von Gemeinwohlerfordernissen kann das Motiv der Landesverteidigung dienen: Während im Hinblick auf den Betrieb eines Militärflughafens in *Dennis v. Ministry of Defence* Schadensersatz aus *Nuisance* nicht ausgeschlossen wurde[1475], betonte man in *Ellison v. Ministry of Defence* in Bezug auf *Rylands* den gesamtgesellschaftlichen Nutzen einer solchen Einrichtung[1476].

Zudem ist der Maßstab, anhand dessen *Reasonableness* bzw. *Ordinary Use* festgestellt werden, unterschiedlich. Für die *Reasonableness* gilt der konkrete Anspruchsteller als Qualifikationsmaßstab[1477]: Ist für ihn eine Beeinträchtigung „unangemessen", begründet dies seinen Anspruch aus *Nuisance*. Im Gegensatz dazu bemisst sich ein *Ordinary Use* bei *Rylands* nach dem Standpunkt der Allgemeinheit[1478]. Mithin gilt im Rahmen der *Rule* ein abstrakterer Bewertungsmaßstab. Daher kann resümierend festgehalten werden, dass die Prinzipien des *Non-Natural Use* und der *Reasonableness* ein weiteres Unterscheidungskriterium zwischen *Nuisance* und *Rylands* bilden[1479].

1473 Vgl. oben C.VI.2.b.dd.

1474 Vgl. oben E.V.1.a.

1475 „If public interest is considered at the remedy stage and since the court has a discretion, the nuisance may continue but the public, in one way or another, pays for its own benefit [...] [so] that selected individuals should not bear the cost of the public benefit. [...] I therefore hold that a nuisance is established [...]", Buckley J. in *Dennis v. Ministry of Defence*, [2003] E.W.H.C. 793, [46] ff. (die zu ersetzende Schadenssumme setzte das Gericht auf £ 950.000 fest; vgl. [90]).

1476 „Taking the national community as a whole, there is no doubt that the works were for the benefit of the community", Bowsher Q.C. in *Ellison v. Ministry of Defence*, [1996] 81 B.L.R. 108, 119.

1477 So auch Murphy: „The Merits of *Rylands v. Fletcher*", (2004) 24 O.J.L.S. 643, 655.

1478 Vgl. oben C.VI.2.b.dd.

1479 Zu diesem Ergebnis gelangen auch Cross: „Does Only the Careless Polluter Pay? A Fresh Examination of the Nature of Private Nuisance" (1995) 111 L.Q.R. 445, 458; Murphy: „The Merits of *Rylands v. Fletcher*", (2004) 24 O.J.L.S. 643, 655 f.; Nolan: „The Distinctiveness of *Rylands v. Fletcher*", (2005) 121 L.Q.R. 421, 434 f.; Murphy in „Street on Torts" (12. Auflage 2007), S. 485 f. Kleemann („Das Verhältnis der Gefährdungshaftung zur Haftung für *negligence* und *nuisance* im englischen Recht" [1958], S. 146) meint hingegen, dass seine Unschärfe den *Non-Natural Use* als Differenzierungskriterium diskreditiert; dem ist entgegen zu halten, dass sich auch im Rahmen des *Non-Natural Use* durchaus Anwendungsmuster erkennen lassen (vgl. dazu oben C.VI.2.), als ausweislich der vorangegangenen Darstellung eine Abgrenzung zu der *reasonableness* der *Nuisance* in jedem einzelnen Punkt möglich wird.

hh) Defences

Wenngleich im Rahmen der *Defences* weitgehender Gleichklang der beiden Anspruchsgrundlagen besteht[1480], hat die aus der *Nuisance* bekannte Haftungsbefreiung bei *Prescription* keine Anwendung auf *Rylands* gefunden[1481]. Zudem ist die Anwendung des *Fires Prevention (Metropolis) Act 1774* gegen Ansprüche aus *Nuisance* denkbar[1482], während sie auf *Rylands* nicht vorgesehen ist[1483]. Anlass zur Differenzierung bieten auch Fälle, in denen der Anspruchsteller die ihn beeinträchtigende Situation übernommen hat: Im Rahmen der *Rule* liegt hier eine *Defence* des Schädigers[1484]; im Gegensatz dazu kann sich der Störer einem Anspruch aus *Nuisance* nicht mit der Vorhaltung entziehen, dass der Anspruchsteller Land in Reichweite einer bestehenden Störungsquelle übernommen hätte und so „came to the nuisance"[1485]. Auch auf dem Gebiet der Ausschlussgründe finden sich somit Unterschiede zwischen *Nuisance* und *Rylands*[1486].

b) Die Offshoot Theory

Trotz dieser Vielzahl von Differenzierungspunkten zwischen den beiden Anspruchsgrundlagen ist ein Systematisierungsmodell entwickelt worden, das *Rylands v. Fletcher* als bloßen „Ableger" der *Nuisance* betrachtet[1487] und daher als *Offshoot Theory*[1488] bezeichnet wird.

Dieser Ansatz wird Newark zugeschrieben, der in einem 1949 veröffentlichten und höchst einflussreichen[1489] Aufsatz die „Boundaries of Nuisance"[1490] abzustecken suchte. Für Newark sollte diese auf Fälle beschränkt werden, in denen der Genusswert eines Grundstücks beeinträchtigt wird[1491]. Folglich sollten Personen- und Sachschäden auf einem Grundstück nur im Ausnahmefall als *Nuisance*

1480 Vgl. oben die einleitenden Bemerkungen zu E.V.2.

1481 Vgl. Winfield: „Nuisance as a Tort", (1932) 4 C.L.J. 189, 196; Markesinis/Deakin/Johnston, a. a. O., S. 624.

1482 Vgl. dazu Murphy in „Street on Torts" (12. Auflage 2007), S. 485.

1483 Vgl. oben D.I.

1484 Vgl. oben C.IV.2.

1485 Vgl. *Miller v. Jackson*, [1977] Q.B. 966.

1486 Kleemann („Das Verhältnis der Gefährdungshaftung zur Haftung für *negligence* und *nuisance* im englischen Recht" [1958]) geht auf die Unterschiede im Rahmen der *Defences* nicht ein.

1487 So auch Kleemann, a. a. O., S. 154: „Rylands v. Fletcher und *nuisance* sind die gleichen Delikte."

1488 Vgl. zu diesem Begriff Nolan: „The Distinctiveness of *Rylands v. Fletcher*", (2005) 121 L.Q.R. 421, 422.

1489 Newarks Aufsatz ist die zentrale Grundlage der aktuellen Rechtsprechung des *House of Lords* zu *Rylands v. Fletcher*, vgl. dazu ausführlich nachfolgend unter F.I.1.

1490 Newark: „The Boundaries of Nuisance", (1949) 65 L.Q.R. 480.

1491 Vgl. Newark, a. a. O., S. 489.

anerkannt werden[1492] – nämlich dann, wenn diese Schäden eine Beeinträchtigung des Genusswerts eines Grundstücks begleiten[1493]. Im Zuge seiner Untersuchung ging Newark auch auf die Entscheidung *Fletcher v. Rylands* ein, die er allerdings nicht als eigenständige Anspruchsgrundlage ansah, sondern in den Entstehungskontext der *Nuisance* einordnete: Der Sinn in *Justice* Blackburns Urteil sei die Klarstellung gewesen, dass Verschulden keine Voraussetzung der *Nuisance* sei[1494]. Unter Verweis auf *Justice* Blackburns Urteilsbegründung sah Newark daher „*Rylands v. Fletcher* as a simple case of nuisance"[1495] an, der sich von seinem Ursprung *Nuisance* einzig dadurch unterscheide, dass er keine Dauerhaftigkeit der Grundstücksbeeinträchtigung erfordere[1496].

In diese Richtung hatte bereits einige Jahre zuvor das *House of Lords* in der Entscheidung *Read v. Lyons*[1497] argumentiert, als das Gericht den Anwendungsbereich der *Rule* äußerst restriktiv behandelte, um die *Rule* in das Grundstücksrecht zurückzudrängen[1498]. Genau hier liegt die Konsequenz der *Offshoot Theory* auf die *Rule*: *Rylands* wäre demnach – wie die *Nuisance* – ein Anspruch, der allein zum Schutze des Genusswertes von Grundstücken dient. Bei einer derartigen Zurückdrängung der *Rule* in das Grundstücksrecht wären Personen- und Sachschäden grundsätzlich nicht mehr erfasst und blieben somit der *Negligence* vorbehalten[1499], während zugleich jeder potentielle Kläger einen Grundstücksbezug vorweisen müsste. Nach Newarks *Offshoot Theory* wäre das (in Abgrenzung zur *Nuisance*) einzig verbliebene existenzberechtigende Charakteristikum von *Rylands v. Fletcher* die Erfassung von

---

1492 Vgl. Newark, a. a. O., S. 490.

1493 Vgl. Newark, a. a. O., S. 490 Anm. 55.

1494 Vgl. Newark, a. a. O., S. 487.

1495 Newark, a. a. O., S. 488.

1496 Vgl. Newark, a. a. O., S. 489.

1497 *Read v. J. Lyons & Co. Ltd.*, [1946] All E.R. 471; vgl. dazu bereits oben C.III.4.a.

1498 Ziel des *House of Lords* war es aber nicht, klare Grenzen für die *Nuisance* zu schaffen, sondern vielmehr, den Anwendungsbereich von *Rylands v. Fletcher* zugunsten der *Negligence* zu beschränken, indem man die *Rule* in das Grundstücksrecht zurückdrängte. So sah Lord Macmillan zwar *Rylands* und *Nuisance* als „congeners", bezog allerdings in diese Qualifizierung auch den *Trespass* ein; vgl. Lord Macmillan in *Read v. Lyons*, a. a. O., S. 477. Etwas weiter ging Lord Simonds, der in *Justice* Blackburns Ausführungen einen Hinweis auf die Austauschbarkeit der beiden Anspruchsgrundlagen erkannt zu haben glaubte; vgl. Lord Simonds in *Read v. Lyons*, a. a. O., S. 482. Hierzu ist allerdings anzumerken, dass Ursache für *Justice* Blackburns Bemühungen – und auch die Abweisung der Klage in der Vorinstanz – der Umstand war, dass gerade in dem Blackburn J. vorliegenden Sachverhalt *Nuisance* nicht anwendbar war. Überzeugender ist der Standpunkt von Viscount Simon L.C., der in *Justice* Blackburns Urteil eine „generalisation" mit dem Hintergedanken sah, „to group under a single and wider proposition other instances in which liability is independent of negligence"; Viscount Simon L.C. in *Read v. Lyons*, a. a. O., S. 474.

1499 Vgl. Newark, a. a. O., S. 490.

einmaligen Schädigungsereignissen, allerdings unter Berücksichtigung der ausgeführten Grundsätze der *Nuisance*.

Newarks Überlegungen sind jedoch in mehreren Punkten kritikwürdig. Zunächst übergeht die *Offshoot Theory* die bereits erarbeitete[1500] Vielzahl von Abgrenzungskriterien, die aus der Rechtsprechung zu *Rylands* und *Nuisance* hervorgehen[1501]. Das einzige von Newark anerkannte Differenzierungskriterium zwischen den beiden *Torts*, die Dauerhaftigkeit der Schädigung, ist wiederum zur Grenzziehung nicht geeignet, da *Rylands* auch im Falle der „klassischen" *Nuisance*-Fallgruppe dauerhafter Beeinträchtigungen anwendbar ist[1502]. Im Gegenzug sind zudem in der Fallgruppe des *Dangerous State of Affairs*[1503] auch einmalige Schädigungsereignisse Gegenstand erfolgreicher *Nuisance*-Klagen gewesen[1504].

Bei der Herleitung der *Offshoot Theory* stützte sich Newark allein auf rechtshistorische Erwägungen, insbesondere die Analyse der Urteilsbegründung *Justice* Blackburns. Zwar gestand Newark ein, dass Blackburn J. in seinem Urteil an keiner Stelle das Wort *Nuisance* genutzt habe[1505]; dies sei jedoch insofern unerheblich, als Blackburn J. entweichende Dämpfe – und damit klare *Nuisance*-Fälle – als Anwendungsfälle seiner Regel genannt habe[1506], woraus eine Zuordnung der *Rule* zur *Nuisance* abzuleiten sei.

Auch hierzu sind jedoch Einwände vorzubringen. In Bezug auf den Urteilswortlaut hat sich bis in die heutige Diskussion hinein der von Newark begründete Irrtum

---

1500 Vgl. oben E.V.2.

1501 Allein deren durchaus beträchtliche Zahl, aber auch die systematischen Unterschiede (etwa im Rahmen des *Non-Natural Use* gegenüber der *Reasonableness*) und insbesondere der Umstand, dass nahezu jedes Tatbestandsmerkmal Gelegenheit zur Differenzierung bietet, widerspricht Heustons Bewertung der Abgrenzungsmöglichkeiten zwischen den beiden Ansprüchen als „tiresome lists of minor points" (Heuston: „The Return of *Rylands v. Fletcher*", [1994] 110 L.Q.R. 185, 186).

1502 Vgl. oben C.III.2. So im Ergebnis auch später Lord Goff Chieveley in *Cambridge Water Co. Ltd. v. Eastern Counties Leather plc.* [1994] 1 All ER 53, 76: „[T]he rule as established is not limited to escapes which are in fact isolated" (vgl. dazu eingehend unten F.I.).

1503 Vgl. oben E.V.1.a. Kritisch dazu McManus: „Liability in the Law of Nuisance for Isolated Escapes from Land", (2001) 3 Env. L.R. 186, 197, 210 f.

1504 Ebenso Murphy: „The Merits of *Rylands v. Fletcher*", (2004) 24 O.J.L.S. 643, 656; Kleemann, a. a. O., S. 147; Murphy in „Street on Torts" (12. Auflage 2007), S. 486. Die Newark unterstützende Aussage Heustons (in „The Return of *Rylands v. Fletcher*", a. a. O., S. 186) greift mithin zu kurz. Whitemans Einschätzung (in „Nuisance – The Environmental Tort?", [1998] 61 M.L.R. 870, 880), dass die Dauerhaftigkeit „im Regelfall" als Charakteristikum der *Nuisance* gelten kann, bildet die äußerste Grenze der Vertretbarkeit, rechtfertigt jedoch keine Gleichsetzung.

1505 Vgl. Newark, a. a. O., S. 487.

1506 Vgl. Newark, a. a. O., S. 487 f.

gehalten, Blackburn J. hätte den Begriff der *Nuisance* nicht verwendet[1507]. Dies trifft eindeutig nicht zu, da *Justice* Blackburn „the uniform course of pleading in actions on such nuisances [...]“[1508] ansprach.

Gleichwohl lässt sich aber (entgegen der Darstellung Newarks) aus *Justice* Blackburns Urteil keine Klassifizierung von *Rylands v. Fletcher* als *Nuisance* entnehmen. Dieses Ergebnis würde nämlich den Umstand übersehen, dass Blackburn J. weite Teile seiner Ausführungen den mittelalterlichen Ansprüchen des *Cattle Trespass*[1509] und der allgemeinen Tierhalterhaftung[1510] widmete. So ist im Gegensatz zu der einzelnen Nennung des Wortes *Nuisance* der Terminus *Trespass* elfmal[1511] in *Justice* Blackburns Urteil enthalten. Aufschlussreich ist auch *Justice* Blackburns Umgang mit dem Urteil der Vorinstanz: Während er einerseits keinen Versuch unternahm, die einen Anspruch aus *Nuisance* ablehnende Argumentation der Mehrheitsmeinung zu widerlegen[1512], ließ er sogar ausdrücklich[1513] Unterstützung für das Minderheitsvotum von Bramwell B. erkennen, das den Sachverhalt unter *Trespass* eingeordnet hatte[1514]. *Justice* Blackburns Urteilsbegründung sprach zudem eine Reihe von Fallkonstellationen – hier auch solche der *Nuisance*[1515], insoweit ist Newark zuzustimmen – mit dem Ziel an, eine möglichst breit angelegte präjudizielle Grundlage seiner verschuldensunabhängigen Haftung für buchstäblich „anything likely to do mischief“[1516] zu schaffen. Insofern ist die Entscheidung *Justice* Blackburns eher eine zusammenfassende Generalisierung[1517] der bestehenden

1507 Vgl. als jüngstes Beispiel die ansonsten kritische Bewertung Newarks bei Murphy: „The Merits of *Rylands v. Fletcher*“, (2004) 24 O.J.L.S. 643, 645 Anm. 6; zuvor ebenso Fordham: „The Demise of the Rule in *Rylands v. Fletcher*?“, [1995] S.J.L.S. 1, 10.

1508 Blackburn J. in *Fletcher v. Rylands*, [1866] L.R. 1 Exch. 265, 285.

1509 Vgl. Blackburn J. in *Fletcher v. Rylands*, [1866] L.R. 1 Exch. 265, 280 f., 283 f. Darauf weist auch Nolan: „The Distinctiveness of *Rylands v. Fletcher*“, (2005) 121 L.Q.R. 421, 427 ff. und selbst Lord Macmillan in *Read v. J. Lyons & Co. Ltd.*, [1946] All E.R. 471, 477 hin.

1510 Vgl. Blackburn J., a. a. O., S. 281 ff.

1511 Vgl. Blackburn J., a. a. O., S. 280, 281 (dreimal), 282, 283, 284 (dreimal), 286 und 287. Darunter findet sich der Terminus dreimal (S. 280, 283, 284) in Bezug auf *Cattle Trespass*.

1512 Darauf zutreffend hinweisend auch Nolan: „The Distinctiveness of *Rylands v. Fletcher*“, (2005) 121 L.Q.R. 421, 429 f. Ebenso wenig *Nuisance* im damaligen Sachverhalt erkennend Seavey: „Nuisance, Contributory Negligence and Other Mysteries“, (1952) 65 Harvard L.R. 984, 986.

1513 „We have come to the conclusion that the opinion of Bramwell, B., was right, and that the [...] plaintiff was entitled to recover damages from the defendants“, Blackburn J., a. a. O., S. 278.

1514 Vgl. dazu oben B.I.3.

1515 Vgl. Blackburn J., a. a. O., S. 285 f.

1516 Vgl. Blackburn J., a. a. O., S. 279.

1517 Ebenso Winfield: „Nuisance as a Tort“, (1931) C.L.J. 189, 194; Molloy: „Fletcher v. Rylands: A Reexamination of Juristic Origins“, (1942) Ch. L.R. 266, 291 f.; Viscount

verschuldensunabhängigen Anspruchsgrundlagen des englischen *Common Law* als eine Erweiterung der *Nuisance*.

Somit vermag Newarks[1518, 1519] Begründung der *Offshoot Theory* nicht zu überzeugen. *Rylands v. Fletcher* ist weder historisch von Blackburn J. als bloßer „Ableger" der *Nuisance* geschaffen worden, noch lässt sich in der Rechtsprechung ein umfassender Gleichklang der Anspruchsvoraussetzungen feststellen. Es ist vielmehr zu konstatieren, dass *Justice* Blackburn nur am Rande auf die *Nuisance* einging, und dass vor allem die Blackburn J. nachfolgende Judikatur einen weiten Fundus an Unterscheidungsmomenten zwischen *Nuisance* und *Rylands v. Fletcher* geschaffen hat.

Simon L.C. in *Read v. Lyons*, [1946] All E.R. 471, 474; Morris: „Hazardous Enterprises and Risk Bearing Capacity", (1952) 61 Y.L.J. 1172, 1174; Vogler: „Grundlagen und Grenzen der anglo-amerikanischen Gefährdungshaftung nach *Rylands v. Fletcher*" (1965), S. 21; Nolan: „The Distinctiveness of *Rylands v. Fletcher*", (2005) 121 L.Q.R. 421, 431 f. sowie auch oben B.IV.

1518 Bereits vor Newark hatte Friedmann versucht, die Unterschiede zwischen *Nuisance* und *Rylands* zu negieren; vgl. Friedmann: „Incidence of Liability for Nuisance", (1940) 4 M.L.R. 139, 141 f. Er suchte jedoch im Unterschied zu Newark in der aktuellen Rechtsprechung (und weniger in den rechtshistorischen Grundlagen) nach Argumenten für seine Sichtweise. Um Unterschiede zwischen den beiden *Torts* zu negieren, musste er jedoch mehrfach von der äußerst fragwürdigen Prämisse ausgehen, dass *Public* und *Private Nuisance* ein einheitlicher *Tort* seien. Da hier die Unterscheidung zwischen *Rylands* und (allein) *Private Nuisance* behandelt wird (und auch nur diese Grundlage der *Offshoot Theory* ist), vermag Friedmanns Ansatz nicht zu überzeugen.

1519 Ebenfalls vor Newark hatte Prosser die Auffassung vertreten, dass *Nuisance* und *Rylands* im Gleichlauf angewendet werden; vgl. Prosser: „Nuisance without Fault", (1942) 20 Tex. L.R. 399, 423, 426. Prosser verfolgte aber mit seinen Ausführungen das Ziel, dem Gedanken aus *Rylands v. Fletcher* in der diesbezüglich skeptischen amerikanischen Judikatur zum Durchbruch zu verhelfen. Hierfür versuchte er aufzuzeigen, dass amerikanische Gerichte in einer Reihe von Entscheidungen das Prinzip der *Rule* angewendet, dieses aber als *Nuisance* bezeichnet hatten. Es ist jedoch wenig überzeugend, aus dieser rein amerikanischen Problematik (im englischen *Common Law* war *Rylands* zu dieser Zeit vollständig anerkannt) Folgen für das englische Recht abzuleiten. Zudem ist anzumerken, dass Prosser bei der Herleitung seiner These, *Nuisance* und *Rylands* seien derselbe Anspruch, widersprüchlich argumentierte: Während er einerseits feststellte, dass *Nuisance* von einem Grundstücksbezug abhängt („A private nuisance is always an interference with the use and enjoyment of land"; S. 414), kam er andererseits bei der Analyse der angeblich deckungsgleichen *Rule* zum gegenteiligen Ergebnis („[I]t was soon recognized that there was no reason to limit the rule to activities on the defendant's own land", S. 403). Prossers Aufsatz vermag daher ebenfalls keine überzeugende Grundlage für den Gedanken der *Offshoot Theory* darzustellen.

c) Ein Gegenmodell: Abgrenzung anhand der Rechtsfolge

Obgleich Newarks *Offshoot Theory* und der daraus resultierenden Begrenzung von *Rylands v. Fletcher* auf den allein grundstücksorientierten Anwendungsbereich der *Nuisance* nicht zuzustimmen ist, sollte Newarks Ziel einer Klärung der Grenzen der *Nuisance* nicht fallen gelassen werden. Durch eine Eingrenzung der *Nuisance* würde nämlich deren Ausgreifen auf *Rylands* verhindert werden. Eine solche Ausstrahlungswirkung würde wiederum eine Beschränkung der *Rule* auf den Schutz von Grundstücksinteressen bewirken und könnte im Extremfall dazu führen, dass Verschuldenselemente aus der *Negligence* über den „Umweg" der *Nuisance*[1520] Einlass in *Rylands v. Fletcher* finden. Daher ist eine Eigenständigkeit der *Rule* ohne fest umrissene Grenzen gegenüber der *Nuisance* kaum zu erreichen.

Ein auch in der Rechtsprechung beachteter[1521] Ansatz wurde von Gearty entwickelt[1522]. Er zielt darauf ab, physische Schäden aus dem Anwendungsbereich der *Nuisance* herauszunehmen und diesen auf Beeinträchtigungen des Genusswertes von Grundstücken zu beschränken[1523]. Da die Rechtsprechung ohnehin bei der Behandlung physischer Beeinträchtigungen vermehrt Verschuldenselemente anwende[1524], könne durch die Einordnung dieser Fallgruppe in die *Negligence*[1525] ein klareres Profil der *Nuisance* herausgearbeitet werden[1526]. In der Folge könne die *Nuisance* auf ihre „klassische" Fallgruppe der Genusswertbeeinträchtigungen zurückgeführt werden[1527], die so frei von sämtlichen Verschuldenseinflüssen bleiben könne[1528]. Jedoch ist an dieser Position zu Recht kritisiert worden, dass eine klare Trennung zwischen dem Genusswert eines Grundstücks einerseits und physischen Schädigungen der auf dem Land befindlichen Personen, Gegenstände und Gebäude

1520 Vgl. auch Cane: „Justice and Justifications for Tort Liability", [1982] 12 O.J.L.S. 30, 57 sowie Gearty: „The Place of Private Nuisance in a Modern Law of Torts", (1989) C.L.J. 214, 219 ff.

1521 Vgl. Lord Goff of Chieveley in *Hunter v. Canary Wharf Ltd.*, [1997] 2 All E.R. 426, 439 sowie ausdrücklich Hirst L.J. in *Hussain v. Lancaster City Council*, [2000] Q.B. 1, 26: „it seems to me clear that the law is now moving strongly in the direction favoured by Professor Gearty".

1522 Vgl. Gearty: „The Place of Private Nuisance in a Modern Law of Torts", (1989) C.L.J. 214.

1523 Vgl. Gearty, a. a. O., S. 218 ff., 242. Dieses Ziel verfolgte bereits Newark, a. a. O., S. 490. Ähnlich, die (Schadensersatz-) Fallgruppe des *Dangerous State of Affairs* aus der *Nuisance* in die *Negligence* verlagernd, auch Murphy: „Rethinking Injunctions in Tort Law", [2007] 27 O.J.L.S. 509, 521 f.

1524 Vgl. Gearty, a. a. O., S. 219 ff.

1525 Vgl. Gearty, a. a. O., S. 229, 241 f.

1526 Vgl. Gearty, a. a. O., S. 242.

1527 Vgl. Gearty, a. a. O., S. 218; zustimmend Stern: „Who Pays for Pollution?", (1994–95) 5 K.C.L.J. 130, 133.

1528 Vgl. Gearty, a. a. O., S. 242.

andererseits kaum möglich ist[1529]: So vermögen aus der Fabrik des Störers strömende Giftdämpfe mit Sicherheit den Genusswert des benachbarten Grundstücks vermindern, gleichzeitig können die Giftdämpfe aber auch die Gesundheit der dort lebenden Nachbarn beeinträchtigen; sollten die Nachbarn zudem als Bauern tätig sein, wäre die gleichzeitige physische Schädigung des Grundstücks durch Vergiftung der Felder und des Viehs von der Verminderung des Genusswerts des Grundstücks nicht mehr zu trennen. Da das zentrale Abgrenzungskriterium Geartys – die Unterscheidung zwischen physischen Schäden einerseits und Genusswertbeeinträchtigungen andererseits – mithin selbst Differenzierungsprobleme birgt, würden durch seinen Ansatz erneut Abgrenzungsschwierigkeiten aufgeworfen werden, was seinem Ziel eines klar umrissenen *Nuisance*-Anwendungsbereichs zuwider läuft.

Sowohl Newarks Ansatz als auch derjenige Geartys suchen im Bereich der Anspruchsvoraussetzungen nach einem Abgrenzungskonzept. Unbeachtet geblieben ist hingegen die Rechtsfolge der *Nuisance*, die entweder in Schadensersatz oder einer Unterlassungsverfügung, der *Injunction*, besteht[1530].

Diese Dichotomie von Rechtsfolgen offenbart einen entscheidenden Unterschied zwischen der *Nuisance* einerseits und den Anspruchsgrundlagen *Rylands v. Fletcher*[1531]

1529 Vgl. Lee: „What is Private Nuisance?“, (2003) 119 L.Q.R. 298, 308 f.; Murphy in „Street on Torts“ (12. Auflage 2007), S. 430; Lord Hoffmann in *Hunter v. Canary Wharf Ltd.*, [1997] 2 All E.R. 426, 452.

1530 Dies geht einher mit der generellen Vernachlässigung der *Injunctions* in der wissenschaftlichen Literatur in England. Dies kritisierte bereits Tromans im Jahre 1982 in seinem Aufsatz: „Nuisance – Prevention or Payment?“, (1982) C.L.J. 87, 87 f.; aber auch im jüngeren Beitrag Murphys von 2007 („Rethinking Injunctions in Tort Law“, (2007) 27 O.J.L.S. 509, 509 f.) weist der Autor auf die geringe Aufmerksamkeit hin, die dieser Thematik zuteil wird.

1531 Einzig in der untergerichtlichen Entscheidung *Attorney-General v. Corke* ([1933] Ch. 89) wurde aus *Rylands* eine *Injunction* hergeleitet. Dieser Fall betrifft aber die Anwendung der *Rule* auf das Verhalten von Menschen, was schon im Grundsatz abzulehnen ist; vgl. oben C.I.1. Die Anwendbarkeit von *Quia Timet Injunctions* bei *Rylands* im Grundsatz ablehnend auch Murphy in „Street on Torts“ (12. Auflage 2007), S. 485 sowie Winfield: „Nuisance as a Tort“, (1932) C.L.J. 189, 196.

und *Negligence*[1532] andererseits: Nur[1533] die *Nuisance* kennt das Anspruchsziel der *Injunction*; Überschneidungen – und damit Abgrenzungsfragen – bestehen hingegen auf dem Gebiet des Schadensersatzes. Daraus ergibt sich die Möglichkeit, eine exakte Abgrenzung der *Nuisance* zu erreichen: Mithilfe der *Nuisance* sollte allein eine *Injunction*, nicht aber ein Schadensersatzanspruch erreicht werden können, der im Gegenzug den Ansprüchen *Negligence* und *Rylands v. Fletcher* vorbehalten bleibt.

Der Vorteil dieses Abgrenzungskonzepts liegt darin, dass es sich nicht in Einzelfragen der jeweiligen Anspruchsvoraussetzungen verstrickt und daher in seiner Anwendung weniger anfällig für Randunschärfen ist. Dem Anspruchsteller steht so ein übersichtliches Instrumentarium zur Durchsetzung seiner Interessen zur Verfügung: Will er die Abwehr einer für ihn unangemessenen Störung seiner Genussrechte am Grundstück erreichen, so muss er über *Nuisance* vorgehen; erstrebt er den Ersatz eines Schadens – ob am Grundstück, den darauf befindlichen Sachen oder an der eigenen Person – so greift er auf *Negligence* und, falls eine Quelle erhöhter Gefahr den Schaden verursacht, auf *Rylands v. Fletcher* zurück.

Durch eine derartige Trennung könnte zudem wirkungsvoll die Entwicklung beendet werden, dass die Anspruchsgrundlagen sich gegenseitig beeinflussen und verwässern; dies sowohl in der Beziehung von *Nuisance* und *Negligence* als auch in derjenigen zwischen *Nuisance* und *Rylands v. Fletcher*. Dem Motiv der Rechtsprechung, eine innere „Kohärenz"[1534] der genannten Anspruchsgrundlagen finden zu müssen, wäre der Boden entzogen, da *Nuisance* und ihre Konkurrenzansprüche fortan auf unterschiedlichen Gebieten wirken würden.

1532 So ausdrücklich Lord Denning M.R. in *Miller v. Jackson*, [1977] Q.B. 966, 980: „The books are full of cases where an injunction has been granted to restrain the continuance of a nuisance. But there is no case, so far as I know, where it has been granted so as to stop a man being negligent." Kritik an der Nichtanwendbarkeit von *Injunctions* im Rahmen der *Negligence* übte Murphy (in „Rethinking Injunctions in Tort Law", [2007] 27 O.J.L.S. 509). Hinsichtlich Murphys Ansatzes sollte jedoch bedacht werden, dass er in systematischer Hinsicht zu noch gravierenderen Abgrenzungsproblemen zwischen *Nuisance* und *Negligence* führen und auch die Anwendungsvoraussetzungen des ohnehin bereits ausufernden *Torts* der *Negligence* beeinflussen und in der Folge noch weiter vernebeln würde.

1533 Zwar kann auch der *Trespass* eine *Injunction* gewähren (vgl. Murphy in „Street on Torts" [12. Auflage 2007], S. 291 m. w. N); die Abgrenzung von *Nuisance* und *Trespass* bereitet jedoch im Gegensatz zu derjenigen zwischen *Rylands* und *Negligence* kaum Probleme: Das zentrale Differenzierungsmerkmal zwischen den beiden Anspruchsgrundlagen besteht im Erfordernis eines unmittelbar und bewusst anspruchsbegründenden Verhaltens durch den *Trespasser*, während bei mittelbar schädigendem Verhalten die *Nuisance* greift. Vgl. zum Ganzen Murphy in „Street on Torts" (12. Auflage 2007), S. 486; Giliker/Beckwith: „Torts" (London 2000), S. 242, jeweils m. w. N.

1534 So nicht zuletzt Lord Goff of Chieveley in *Cambridge Water Co. Ltd. v. Eastern Counties Leather plc.* [1994] 1 All ER 53, 76 („a more coherent body of common law rules").

Für die Begrenzung der *Nuisance* auf *Injunctions* spricht auch, dass ihr Grundprinzip der *Unreasonable Interference* bzw. der nachbarschaftlichen Interessenabwägung sich ideal zur Prüfung der Frage eignet, ob eine Störung noch vom Anspruchsteller zu tolerieren ist oder ob sie bereits *Unreasonable* – und damit durch eine *Injunction* zu beenden – ist. Für den Ersatz eines Schadens hingegen sind die Leitlinien von *Negligence* (Verletzung angemessener Sorgfalt) und *Rylands v. Fletcher* (Schaffung eines erhöhten Risikos) passender als die Frage, ob der Schaden eine unangemessene Beeinträchtigung darstellt.

Als Hauptanwendungsfall der *Nuisance* sehen sowohl das *House of Lords* als auch Gearty und Newark die Beeinträchtigung der Genussrechte an Grundstücken[1535]. Gerade zur Behandlung dieser Fallgruppe eignet sich die Rechtsfolge der *Injunction*, da es in der Praxis Schwierigkeiten bereitet, Genusswertbeeinträchtigungen in einen monetären Wert zu „übersetzen“[1536]. Auch im Hinblick auf den Anspruchsteller entspricht es eher seinem primären Interesse, die Genusswertbeeinträchtigung zu beenden, als auf Grundlage einer Ausgleichszahlung mit der Fortführung der erlittenen Störung belastet zu werden[1537].

Ein möglicher Einwand gegen das vorgeschlagene Modell könnte sich aus der Systematik des englischen Rechts ergeben. *Nuisance* ist ein Anspruch des *Common Law*, während *Injunctions* traditionell der *Equity* zugeordnet werden[1538]. Beschränkt man die *Nuisance* auf *Injunctions*, drängt dies den *Common-Law*-Anspruch formal in Richtung der *Equity*. Allerdings ist zu bedenken, dass bereits die gegenwärtige Gestalt der *Nuisance* stark von *Equity*-Erwägungen geprägt ist, da *Nuisance*-Anspruchsteller regelmäßig auf *Injunctions* klagen und bei deren Prüfung die Gerichte ihre Lösung auch auf Grundlage von *Equity* entwickeln[1539]. Dies ist möglich, da heute alle englischen Gerichte sowohl *Equity* als auch *Common Law* anwenden

---

1535 Vgl. Lord Goff of Chieveley in *Hunter v. Canary Wharf Ltd.*, [1997] 2 All E.R. 426, 435; Newark: „The Boundaries of Nuisance“, (1949) 65 L.Q.R. 480, 490; Gearty: „The Place of Private Nuisance in a Modern Law of Torts“, (1989) C.L.J. 214, 218. Vgl. auch Murphy: „Rethinking Injunctions in Tort Law“, (2007) 27 O.J.L.S. 509, 521 f.

1536 Vgl. dazu Ogus: „Damages for Lost Amenities: „For a Foot, a Feeling or a Fiction?“, (1972) 35 M.L.R. 1, 3 ff.; Murphy, a. a. O., S. 512 f.; Tromans: „Nuisance – Prevention or Payment?“, (1982) C.L.J. 87, 100 f.

1537 Die Wirksamkeit von *Injunctions* betonend auch Polinsky: „Resolving Nuisance Disputes: The Simple Economics of Injunctive and Damages Remedies“, (1980) 32 S.L.R. 1075; Murphy: „Rethinking Injunctions in Tort Law“, (2007) 27 O.J.L.S. 509.

1538 Vgl. dazu umfassend Spry: „The Principles of Equitable Remedies“ (6. Auflage 2001), S. 322 ff. m. w. N.; Penner: „Nuisance and the Character of the Neighbourhood“, [1993] 5 J.E.L. 1, 12; Sheridan: „Injunctions in Particular Cases“ (1994), S. 11 ff.; Lunney/Oliphant: „Tort Law“ (4. Auflage 2010), S. 678 f.

1539 Vgl. nur die Methoden zur Ermittlung der *Unreasonableness* einer Störung (oben E.V.1.a) und der Auswahl des Rechtsfolgeninstruments (oben E.V.1.d.).

dürfen[1540], sodass die althergebrachte Unterscheidung der beiden Regelungsmassen an praktischer Bedeutung verloren hat[1541].

Bedenken könnten auch im Hinblick auf eine möglicherweise verminderte Wirksamkeit der *Nuisance* für den beeinträchtigten Grundstücksinhaber angeführt werden. Wie bereits ausgeführt[1542], neigen die Gerichte dazu, dem Anspruchsteller einen Schadensersatzanspruch zuzugestehen, wenn sie aus Gemeinwohlerwägungen keine *Injunction* aussprechen möchten. Steht nun aber Schadensersatz nicht mehr als Rechtsfolge der *Nuisance* zur Verfügung, könnte der Anspruchsteller Gefahr laufen, in derartigen Fällen leer auszugehen[1543]. Dem ist jedoch entgegen zu halten, dass zumindest für physische Schäden *Rylands* und *Negligence* bereit stehen, um einen Anspruch des Geschädigten zu begründen.

Einzig in der Fallgruppe der Genusswertbeeinträchtigungen stoßen *Negligence* und *Rylands* an die Grenzen ihrer Wirksamkeit. Hier allerdings ist zweifelhaft, ob die Gewährung von Schadensersatz fortgeführt werden sollte. Beispielhaft lässt sich eine Fallkonstellation anführen, in der ein Grundstücksinhaber von Lärm belästigt wird, den der Betrieb eines nahe gelegenen Militärflughafens mit sich bringt: *Negligence* scheidet aus, da der Betrieb eines Flughafens trotz Anwendung angemessener Sorgfalt zwangsläufig mit erheblicher Lautstärke verbunden ist, und *Rylands* könnten die Gerichte ablehnen, da einerseits der Flughafen der Landesverteidigung dient (und damit gesamtgesellschaftlichen Nutzen hätte), und da andererseits Flugzeuge in der Rechtsprechung nicht als „Gefahrenquelle" im Sinne der *Rule* angesehen werden. Eine *Injunction* aus *Nuisance* wiederum wurde von der Rechtsprechung in einem solchen Fall im Hinblick auf den Zweck der Landesverteidigung abgelehnt, gleichzeitig aber ein Schadensersatzanspruch gewährt[1544]. Dieser besteht regelmäßig in dem finanziellen Wertverlust des Grundstücks, den dieses infolge des geminderten Genusswerts erleidet[1545]. Zu bedenken ist jedoch, dass der

---

1540 Vgl. Spry: „The Principles of Equitable Remedies" (6. Auflage 2001), S. 332 ff. sowie S. 328 ff. zu der dies betreffenden Gesetzesregelung des *Supreme Court Act 1981*, c. 54, s. 37 (1) sowie den vorangegangenen *Judicature Acts 1873.*

1541 Vgl. dazu auch Bailey/Ching/Gunn/Ormerod: „Smith, Bailey & Gunn on the Modern English Legal System" (4. Auflage 2002), S. 6, Rdnr. 1-007; McGhee in „Snell's Equity" (31. Auflage 2005), S. 381 f., Rdnr. 16-05; Andrews: „English Civil Procedure" (2003), S. 348, Rdnr. 13.56.

1542 Vgl. oben E.V.1.d.

1543 Mit diesem Argument wurde mitunter vertreten, dass die Gerichte in der Praxis bei *Nuisance*-Klagen häufiger Schadensersatz als *Injunctions* gewähren sollten; vgl. etwa Rabin: „Nuisance Law: Rethinking Fundamental Assumptions" , (1977) 63 Va L.R. 1299, 1347; Tromans: „Nuisance – Prevention or Payment?", (1982) C.L.J. 87, 105 f; Ogus/Richardson: „Economics and the Environment: A Study of Private Nuisance", (1977) C.L.J. 284, 305 ff.

1544 Vgl. *Dennis v. Ministry of Defence*, [2003] E.W.H.C. 793, [46] ff., [90].

1545 Vgl. etwa Salter J. in *Moss v. Christchurch Rural District Council*, [1925] 2 K.B. 750, 752 sowie eingehend Ogus/Richardson: „Economics and the Environment: A Study of Private Nuisance", (1977) C.L.J. 284, 307 f. und zuletzt Steele: „Being There is Not

Schaffung einer „Störungsquelle", wie sie ein Flughafen darstellt, ein behördliches Planungsverfahren nach den Vorgaben der *Town and Country Planning Acts* vorausgeht[1546]. Vor diesem Hintergrund erscheint es fragwürdig, dem „Störer" eine Pflicht zum Ausgleich des Wertverlustes des Nachbarlandes aufzubürden, nur weil er sein Grundstück im Einklang mit dem öffentlichen Planungsverfahren nutzt. Auch das *House of Lords* hat unlängst in einer *Nuisance*-Entscheidung den Wert behördlicher Planungsverfahren bei der Abwägung nachbarschaftlicher Grundstücksinteressen betont[1547].

Somit ist entgegen der angeführten Bedenken am Ausschluss von Schadensersatz im Rahmen der *Nuisance* festzuhalten. Dabei ist auch zu beachten, dass es im Regelfall bei *Nuisance*-Klagen gerade keine Rolle spielt, ob die Störung dem Gemeinwohl dient[1548]. Nur besonders gravierende Gemeinwohlinteressen können Grundlage des Ausschlusses einer *Injunction* sein. Daher dürfte der Bereich, in dem die *Nuisance* durch den Ausschluss von Schadensersatzansprüchen tatsächlich – und nicht zu Unrecht – an Wirkungskraft verliert, in der Praxis geringen Umfang aufweisen.

Enough – The House of Lords puts the Brakes on Nuisance in the Home", (1997) 9 J.E.L. 345, 380 f.

1546 Vgl. dazu ausführlich Cullingworth/Nadin: „Town and Country Planning in the UK" (13. Auflage 2002), S. 120 ff. sowie Gilg: „Planning in Britain" (2005), S. 32 ff. Für die Berücksichtigung von Lärm im Planungsverfahren sieht die *Planning Policy Guidance Note 24* sogar vor, dass bei extremer Lärmbelastung die Genehmigung versagt werden soll; vgl. Cullingworth/Nadin, a. a. O., S. 220 (allerdings ist eine solche *PPG* nicht bindend; vgl. Cullingworth/Nadin, a. a. O., S. 131).

1547 „The common law freedom of an owner to build upon his land has been drastically curtailed by the Town and Country Planning Act 1947 and its successors. It is now in normal cases necessary to obtain planning permission. The power of the planning authority to grant or refuse permission, subject to such conditions as it thinks fit, provides a mechanism for control of the unrestricted right to build which can be used for the protection of people living in the vicinity of a development. In a case such as this, where the development is likely to have an impact upon many people over a large area, the planning system is, I think, a far more appropriate form of control, from the point of view of both the developer and the public, than enlarging the right to bring actions for nuisance at common law. It enables the issues to be debated before an expert forum at a planning inquiry and gives the developer the advantage of certainty as to what he is entitled to build", Lord Hoffmann in *Hunter v. Canary Wharf Ltd.*, [1997] 1 All E.R. 426, 455. Zugleich lehnte es Lord Hoffmann jedoch ab, aus der Befolgung des behördlichen Planungsverfahrens eine *Defence* gegen *Nuisance*-Klagen zu entwickeln.

1548 Vgl. *Adams v. Ursell*, [1913] 1 Ch. 269; *Miller v. Jackson*, [1977], Q.B. 966; Rogers in „Winfield and Jolowicz on Tort" (17. Auflage 2006), S. 679, Rdnr. 14–30; vgl. auch oben E.V.1.a.

3. Resümee

Die Untersuchung der *Nuisance* hat eine Vielzahl von Unterschieden zur Regel aus *Rylands v. Fletcher* ergeben, die ergänzt durch rechtshistorische Erwägungen der *Offshoot Theory* widersprechen. Zwar sind die Differenzierungspunkte zwischen *Nuisance* und *Rylands* weit bedeutender, als es Heuston in deren Charakterisierung als „tiresome lists of minor points“[1549] eingesteht. Gleichwohl ist aber ein die beiden Anspruchsgrundlagen trennendes Grundprinzip wünschenswert, um die Eigenständigkeit der *Rule* zu bewahren. Dieses ist zu erreichen, indem die *Nuisance* auf der Rechtsfolgenseite auf *Injunctions* begrenzt wird, während Schadensersatz nur noch über *Rylands v. Fletcher* (und *Negligence*) zu erlangen sein sollte.

VI. Resümee: Konkurrenzansprüche des *Common Law*

Die untersuchten Anspruchsgrundlagen des *Common Law* interagieren unterschiedlich mit *Rylands v. Fletcher. Trespass, Vicarious Liability* und *Breach of Statutory Duty* berühren zwar den Anwendungsbereich der *Rule*, schränken diesen aber nicht ein. Die *Negligence* ist als Sinnbild der Verschuldenshaftung der Gegenpol zu der verschuldensunabhängig konzipierten *Rule*. Wenngleich sie formal auch neben *Rylands* Anwendung finden kann, werden in einigen Fallgruppen allein ihre Verschuldensgrundsätze berücksichtigt, sodass sie auf diese Weise den Anwendungsbereich der *Rule* einschränkt. Auch die *Negligence* lässt sich aber in ihren Anspruchsvoraussetzungen klar von *Rylands* abgrenzen, da sie ein die angemessene Sorgfalt vernachlässigendes Verhalten des Schädigers fordert, während das Charakteristikum von *Rylands v. Fletcher* gerade darin liegt, auch bei Beachtung der angemessenen Sorgfalt eine Haftung zu begründen.

Die *Nuisance* schließlich bewirkt die größte Bedrohung für die Eigenständigkeit der *Rule* im englischen Recht. Tatsächlich bestehen zwischen den beiden Anspruchsgrundlagen eine Reihe von Gemeinsamkeiten. Diese greift die *Offshoot Theory* auf und stuft *Rylands* zum bloßen „Ableger“ der *Nuisance* herab, um deren Grundsätze auf die *Rule* auszuweiten und *Rylands v. Fletcher* auf den Schutz grundstücksrechtlicher Interessen zu beschränken. Einer kritischen Untersuchung ihrer rechtshistorischen Herleitung sowie des die beiden Anspruchsgrundlagen betreffenden und eine Reihe von Abgrenzungspunkten ergebenden Fallrechts hält die *Offshoot Theory* jedoch nicht stand und ist daher abzulehnen.

Unabhängig von der Ablehnung der *Offshoot Theory* ist ein grundlegendes Abgrenzungskonzept zwischen *Nuisance, Negligence* und *Rylands v. Fletcher* jedoch wünschenswert, um eine weitere Verwirrung ihrer Wirkungsmechanismen zu verhindern. Dabei sollte die *Nuisance* mit ihren ausdifferenzierten Abwägungsmethoden Störungen im Verhältnis von Grundstücksnachbarn regeln und entscheiden, wann eine Beeinträchtigung grundstücksbezogener Interessen nicht mehr

---

1549 Heuston: „The Return of *Rylands v. Fletcher*“, (1994) 110 L.Q.R. 185, 186.

hinnehmbar ist. Hierfür steht ihr das Instrument der *Injunction* zur Verfügung, ausgeschlossen werden sollten jedoch Schadensersatzansprüche. Hierdurch würde gleichzeitig eine Trennlinie gegenüber *Rylands* und *Negligence* gezogen werden können, die ihrerseits den Ersatz entstandener Schäden regeln würden. *Negligence* sollte allgemein ein Haftungsregime für alle Sachverhalte bieten, in denen die angemessene Sorgfalt nicht beachtet wurde. *Rylands v. Fletcher* schließlich übernähme die Fälle, in denen eine Quelle erhöhter Gefahr vorliegt und würde hier eine Haftung auch bei Beachtung der angemessenen Sorgfalt begründen können.

F. Neue Wege: Modelle zur Zukunft der *Rule*

Die vorangegangenen Abschnitte dieser Arbeit dienten dazu, Ursprünge und Entwicklung sowie Gestalt und Reichweite der *Rule* und natürlich ihre Grenzen zum Gesetzesrecht wie auch den Konkurrenzansprüchen des *Common Law* zu untersuchen. Auf dieser Grundlage stellt sich nunmehr die Frage, wo die Zukunft von *Rylands v. Fletcher* liegt.

Wertvolle Anregung für eine Antwort bietet der rechtsvergleichende Blick auf zwei Staaten, die unter dem Dach des *Common-Law*-Rechtskreises ebenfalls *Justice* Blackburns Haftungsregel aufgenommen, diese aber auf diametral entgegengesetzte Weise fortgeführt haben. Das australische Recht hat *Rylands* zwar zunächst bereitwillig aufgenommen, die *Rule* jedoch unlängst vollständig abgeschafft und ihre Anwendungsfälle der *Negligence* zugeschlagen. Dagegen zeigte sich die Jurisprudenz in den USA anfangs zwar mitunter skeptisch, inzwischen aber hat das *Restatement of Torts* die *Rule* umfassend zu einer allgemeinen Gefährdungshaftung ausgebaut.

Auch in England sah sich die Rechtsprechung nunmehr veranlasst, die Zukunft von *Rylands v. Fletcher* zu klären. Die maßgeblichen Vorgaben zur künftigen Ausrichtung der *Rule* entwickelte das *House of Lords* in zwei Entscheidungen. Den ersten Schritt unternahm das Urteil zu *Cambridge Water v. Eastern Counties Leather*[1550], das *Rylands* die *Offshoot Theory* und den *Foreseeability Test* aufzwang. Diese Vorlage griffen die Lordrichter in *Transco v. Stockport M.B.C.*[1551] auf und entwarfen ihr Modell einer zurückgeschnittenen und an den Rand gedrängten *Rule*. Der nachfolgende Abschnitt soll daher nicht nur rechtsvergleichend die Modelle aus Australien und den USA untersuchen, sondern auch den englischen Weg einer kritischen Analyse unterziehen.

I. Der Wegweiser aus *Cambridge Water: Offshoot Theory* und *Foreseeability Test*

Den Ausgangspunkt dieses Kapitels bildet das Urteil des *House of Lords* zu *Cambridge Water Co. Ltd. v. Eastern Counties Leather plc.*[1552] aus dem Jahre 1993.

1550 *Cambridge Water Co. Ltd. v. Eastern Counties Leather plc.*, [1994] 1 All E.R. 53.

1551 *Transco plc. v. Stockport Metropolitan Borough Council*, [2003] U.K.H.L. 61.

1552 In diesem Sachverhalt hatte ein Industrieunternehmen eine (damals verbreitet eingesetzte) Chemikalie vom Betriebsgelände entweichen lassen. Die Chemikalie verunreinigte das Grundwasser der Umgebung, wo die Klägerin eine Trinkwasserquelle eingerichtet hatte. Nachdem einige Jahre später die Grenzwerte für die Reinheit von Trinkwasser geändert wurden, musste die Quelle stillgelegt werden. Die Klage der *Cambridge Water Co. Ltd.* wurde in 1. Instanz abgewiesen, bezüglich *Rylands* mangels *Non-Natural Use* (die Schaffung von Arbeitsplätzen durch das beklagte Unternehmen wurde als gesamtgesellschaftlich nützlicher *Ordinary*

Die Bedeutung dieser von Lord Goff of Chieveley formulierten Entscheidung gründet darauf, dass hier erstmals der *Foreseeability Test* in die *Rule* eingeführt wurde. Gleichzeitig regte Lord Goff eine Neujustierung des *Non-Natural Use* an. Zur Herleitung seiner Entscheidung stützte sich Lord Goff maßgeblich auf die *Offshoot Theory*, welche er zur Grundlage der Rechtsprechung des *House of Lords* erhob. Diese drei zentralen Punkte der *Cambridge-Water*-Entscheidung werden nunmehr eingehender untersucht.

1. Lord Goff of Chieveleys Vorhersehbarkeitskonzept

Zunächst soll hierbei der durch *Cambridge Water* neu in die *Rule* aufgenommene *Foreseeability Test* analysiert werden. Dazu wird in einem ersten Schritt herausgearbeitet, welchen Inhalt dieses Vorhersehbarkeitskonzept nach Maßgabe Lord Goffs aufweisen soll. Auf dieser Grundlage gilt es anschließend zu prüfen, wie belastbar Lord Goffs Argumente zur Herleitung des *Foreseeability Test* sind.

a) *Reichweite des* Foreseeability Test: *Strenge des Haftungsregimes*

Die zentrale Frage an Lord Goffs Vorhersehbarkeitskonzept ist diejenige, welchen Bezugspunkt es in der Systematik der *Rule* anvisiert: Maßgeblich ist, ob die *Foreseeability* lediglich als Methode der Schadenszurechnung an den *Damage*[1553] anknüpft oder aber – der *Negligence* folgend – auf die Haftungsvoraussetzung *Escape*[1554] ausgreift. Hier entscheidet sich, inwieweit *Rylands v. Fletcher* auch nach Lord Goffs Urteil noch als verschuldensunabhängige Haftung qualifiziert werden kann.

Falls sich die *Foreseeability* nämlich auf das Tatbestandsmerkmal *Escape* bezieht, so muss neben dem eingetretenen Schaden auch das ihn bewirkende Entweichen der Gefahrenquelle durch einen vernünftigen Dritten in der Person des Schädigers[1555]

Use bewertet). Nachdem in 2. Instanz doch ein Anspruch nach *Nuisance* gewährt wurde, führte der *Appeal* der *Eastern Counties Leather plc.* zur endgültigen Klageabweisung durch das hier untersuchte Urteil des *House of Lords.* Vgl. zum Ganzen *Cambridge Water Co. Ltd. v. Eastern Counties Leather plc.*, [1994] 1 All E.R. 53, 53 ff.

1553 Vgl. dazu oben B.II.6.b. und C.V.2.

1554 Vgl. dazu oben B.II.3. bzw. B.II.4. und C.III.

1555 Diesen aus *Negligence* und vor allem *Nuisance* bekannten Maßstab favorisierte Lord Goff offenkundig auch für *Rylands v. Fletcher.* Dies folgt bereits aus seinem Grundanliegen, einen „more coherent body of common law principles" (Lord Goff of Chieveley, a. a. O., S. 76) durch Angleichung der Haftungsvoraussetzungen von *Nuisance* und *Rylands* nach Vorbild der *Offshoot Theory* zu bewirken (vgl. dazu ausführlich unten F.I.1.b.aa.). Diese Folgerung kann aber auch aus Lord Goffs Sachverhaltssubsumtion gezogen werden, wonach „nobody at ECL could reasonably have foreseen the resultant damage" (Lord Goff, a. a. O., S. 77). Vgl. zu diesem Prüfungsmaßstab auch Dolding/Mullender: „Notions of Strict Liability", [1995] J.B.L. 93, 97 f. und Buns, a. a. O., S. 74 ff.

vorhersehbar gewesen sein[1556]. Dadurch verschwimmt die Grenze der *Rule* zur Haftung nach *Negligence*[1557]: Verbindet man nämlich die Systematik der beiden *Torts*, so entspräche das *Escape* (aus *Rylands*) dem *Breach of Duty* (der *Negligence*), und sobald dieses pflichtwidrige Entweichenlassen (wie bei *Negligence*) auch vorhersehbar sein muss, wird die *Rule* endgültig zur Verschuldenshaftung – und hierdurch, um eine bekannte Terminologie[1558] aufzugreifen, zum „Offshoot" der *Negligence*.

Lässt man dagegen eine *Foreseeability* des Schadens genügen und fordert allein, dass – ein (ggf. unvorhersehbares) Entweichen der Gefahrenquelle vorausgesetzt – der *Damage* vorhersehbar sein muss[1559], so bedeutet zwar auch dies im praktischen

---

1556 Vgl. Heuston: „The Return of *Rylands v. Fletcher*", (1994) 110 L.Q.R. 185, 186; Kutner: „The End of *Rylands v. Fletcher*", (1995) 31 T.I.L.J. 73, 90; Hedley/Padfield: „Tort" (2. Auflage 2000), S. 205.

1557 Vgl. dazu oben E.IV.1.

1558 Vgl. E.V.2.b.

1559 Vgl. zu diesem Ansatz Wilkinson: „*Cambridge Water Company v. Eastern Counties Leather plc*: Diluting Liability for Continuing Escapes", (1994) M.L.R. 799, 804 ff.; Weir: „*Rylands v. Fletcher* Reconsidered", (1994) C.L.J. 216, 217; Lee: „*Cambridge Water v. Eastern Counties Leather*: The Polluters' Charter?", [1994] 12 P.M. 29, 30; Cane: „The Changing Fortunes of *Rylands v. Fletcher*", [1994] 24 U.W.A.L.R. 237, 239 f.; Davies: „Strict Liability and Reasonable Foreseeability: *Cambridge Water Company v. Eastern Counties Leather plc*", (1994) T.L.J.L. 7, [18] f.; Stern: „Who Pays for Pollution?", (1994–95) 5 K.C.L.J. 130, 131 f.; Hager: „Wende in der Umwelthaftung?" in Leser (Hrsg.): „Arbeitsrecht und Zivilrecht in Entwicklung" (1995), S. 195, 200; Cross: „Does Only the Careless Polluter Pay? A Fresh Examination of the Nature of Private Nuisance", [1995] 111 L.Q.R. 445, 467 f.; Fordham: „The Demise of the Rule in *Rylands v. Fletcher*?", [1995] S.J.L.S. 1, 26; Dolding/Mullender: „Notions of Strict Liability", [1995] J.B.L. 93, 96, 99; Zweigert/Kötz: „Einführung in die Rechtsvergleichung auf dem Gebiete des Privatrechts" (3. Auflage 1996), S. 674; Cartwright: „Remoteness of Damage in Contract and Tort: A Reconsideration", [1996] 55 C.L.J. 488, 510 f.; Schwartz: „*Rylands v. Fletcher*, Negligence, and Strict Liability" in Cane/Stapleton (Hrsg.): „The Law of Obligations" (1998), S. 215; Reid: „Liability for Dangerous Activities: A Comparative Analysis", (1999) 48 I.C.L.Q. 731, 740; Cane: „Fault and Strict Liability for Harm in Tort Law" in Swadling/Jones (Hrsg.): „The Search for Principle. Essays in Honour of Lord Goff of Chieveley" (1999), S. 171, 184 f.; Nolan in Grubb (Hrsg.): „The Law of Tort" (2002), S. 995; O'Quinn: „Not-So Strict Liability: A Foreseeability Test for *Rylands v. Fletcher* and Other Lessons from *Cambridge Water Co. v. Eastern Counties Leather plc*", (2000) 24 Harvard E.L.R. 287, 311 f.; Finkelnburg: „Das englische Altlastenrecht" (2001), S. 49; McBride/Bagshaw: „Tort Law" (2. Auflage 2005), S. 749; Nolan: „The Distinctiveness of *Rylands v. Fletcher*", (2005) 121 L.Q.R. 421, 444; Dietz: „Technische Risiken und Gefährdungshaftung" (2006), S. 219; Rogers in „Winfield and Jolowicz on Tort" (17. Auflage 2006), S. 701; Buns, a. a. O., S. 52 ff.; Waite: „Deconstructing the Rule in *Rylands v. Fletcher*", (2006) J.E.L. 1, 13; Murphy in „Street on Torts" (12. Auflage 2007), S. 478; Kühn: „Umweltschutz durch Privatrecht" (2007), S. 129 f.; Markesinis/Deakin/Johnston: „Tort Law" (6. Auflage 2008), S. 617; Horsey/Rackley:

Ergebnis eine Einschränkung[1560] der *Rule*. Jedoch bliebe die Haftung insoweit verschuldensunabhängig[1561], als die Pflichtverletzung nicht unbedingt vorhersehbar – und mithin auch nicht vermeidbar – gewesen sein muss. Allein die (haftungsausfüllende) Ersatzfähigkeit des entstandenen Schadens hinge dann von *Foreseeability* ab, während die (haftungsbegründende) Pflichtverletzung nicht an die Vorhersehbarkeit gebunden wäre.

aa) Wortlaut Lord Goff of Chieveleys

Der Weg zur Klärung dieser Frage führt zunächst über den Wortlaut aus Lord Goffs Ausführungen. Erschwerend wiegt hierbei der Umstand, dass Lord Goffs Urteil keine abstrakt-definitorische Klärung des Vorhersehbarkeitsbegriffs enthält. Es sind aber eine Reihe von Aussagen enthalten, in denen Lord Goff sein Vorhersehbarkeitskonzept auf die ihm vorliegende Klage der *Cambridge Water Co. Ltd.* anwandte.

Dort war eine Grundwasserquelle der Klägerin durch die Chemikalie Perchlorethen bzw. Perchlorethylen (PCE) verunreinigt worden. Diese Chemikalie hatte die Beklagte bis 1976 zur industriellen Lederverarbeitung eingesetzt und (ohne Verschulden) von ihrem Betriebsgelände entweichen lassen. Zwar wurde PCE bis in die 1970er Jahre häufig als Gerbstoff verwendet; jedoch führte das Vereinigte Königreich ab 1983 neue PCE-Grenzwerte für Trinkwasser ein, wegen deren Überschreitung die Klägerin ihre Quelle stilllegen musste[1562].

Lord Goffs Subsumtion dieses Sachverhalts weist vorwiegend einen Bezug zur Haftungsvoraussetzung *Damage* auf. Dies klingt bereits in der Einschätzung an, dass „at the time when the P.C.E. was brought onto E.C.L.'s land, and indeed when it was used in the tanning process there, nobody at E.C.L. could reasonably have foreseen the resultant damage which occurred at C.W.C.'s borehole"[1563]. Konkretisierend klassifizierte Lord Goff den eingetretenen Schaden als „environmental hazard or damage"[1564] und verwies damit auf einen abstrakten Schadenstypus. Im Gegensatz

„Tort Law" (2009), S. 530; Harpwood: „Modern Tort Law" (7. Auflage 2009), S. 276 ; Cooke: „Law of Tort " (9. Auflage 2009), S. 358; Lunney/Oliphant: „Tort Law" (4. Auflage 2010), S. 681.

1560 Vgl. zu einer ähnlichen Einschätzung des Verhältnisses von *Foreseeability Test* und *Direct or Natural Consequence Test* Lord Nicholls of Birkenhead in *Kuwait Airways Corp. v. Iraqi Airways Co.*, [2002] U.K.H.L. 19, [100]: „In practice, these two tests usually yield the same result. Where they do not, the foreseeability test is likely to be the more restrictive" sowie Davies, a. a. O., [39] f.

1561 Ebenso die Folgerung bei Davies, a. a. O., [34] ff. und Lee: „*Cambridge Water v. Eastern Counties Leather*: The Polluters' Charter?", [1994] 12 P.M. 29, 32.

1562 Vgl. zum Ganzen *Cambridge Water Co. Ltd. v. Eastern Counties Leather plc.*, a. a. O., 53 ff.

1563 Lord Goff of Chieveley in *Cambridge Water Co. Ltd. v. Eastern Counties Leather plc.*, a. a. O., S. 77.

1564 Eng damit verbunden ist der Umstand, dass sich Lord Goff der Einschätzung der Vorinstanz anschloss, dass grundsätzlich auch die Verletzung eines Rechts auf

dazu sei allenfalls vorhersehbar gewesen, dass bei Verdunstung der Chemikalie die Gerbereiangestellten durch Einatmen giftiger Dämpfe in ihrer Gesundheit geschädigt werden konnten[1565]; hier bezog sich Lord Goff ebenfalls auf einen Schadenstypus (Personenschäden) und zusätzlich auf die Art seiner Zufügung (Vergiftung durch Gase). Schließlich bemerkte Lord Goff, dass nunmehr – im Gegensatz zum Schädigungszeitpunkt – bekannt sei, dass „PCE, if it escapes, is capable of causing damage by rendering water available at boreholes unsaleable for domestic purposes“[1566]; hier nun stellte er auf die konkrete Gebrauchsfähigkeit der geschädigten Sache ab[1567].

Allerdings enthält das Urteil auch die Aussagen Lord Goffs, dass das Entweichen des PCE in das Grundwasser nicht vorhersehbar gewesen sei[1568], und dass vielmehr die sofortige Verdunstung der Chemikalie an der Luft zu erwarten gewesen wäre[1569]. Insoweit bezog er sich eher auf das Tatbestandsmerkmal *Escape* der Gefahrenquelle als auf den *Damage*.

bb) Auslegung

Lord Goffs Wortlaut bietet daher keine abschließende Klarheit in der Frage, ob die *Foreseeability* auch auf die Pflichtverletzung in Form der Haftungsvoraussetzung *Escape* zu beziehen oder aber lediglich als Instrument der Schadenszurechnung auf den *Damage* beschränkt ist. In der Folge war auch die englische Jurisprudenz veranlasst, Lord Goffs Urteil auszulegen.

Dabei wurde zugunsten des umfassenden, auch *Escape* einschließenden Vorhersehbarkeitskonzepts auf einen funktionellen Zusammenhang zwischen der

---

unverschmutztes Wasser (sog. *Riparian Right*) zu einem Anspruch führen könne – die Erfüllung der Voraussetzungen von *Rylands* oder *Nuisance* (und damit der Vorhersehbarkeit dieses Schadens) vorausgesetzt; vgl. Lord Goff of Chieveley, a. a. O., S. 68; vgl. zur Vorinstanz auch Atkinson: „Strict Liability for Environmental Damage: The Cambridge Water Company Case“, [1993] 5 J.E.L. 173, 181 f.; Buns, a. a. O., S. 47.

1565 „The only foreseeable damage from a spillage of PCE was that somebody might be overcome by fumes from a substantial spillage of PCE on the surface of the ground“, Lord Goff of Chieveley, a. a. O., S. 66.

1566 Lord Goff of Chieveley, a. a. O., S. 77.

1567 Ebenso pries Lord Goff sein Konzept einer „foreseeability of harm of the relevant kind“ (a. a. O., S. 79) damit, dass hierdurch der *Non-Natural Use* als Element der Haftungskontrolle zurückgedrängt werden könne.

1568 „[...] the seepage of the PCE beneath the floor of ECL's works down into the chalk aquifers below was not foreseeable by a reasonable supervisor employed by ECL, nor was it foreseeable by him that detectable quantities of PCE would be found down-catchment“, Lord Goff of Chieveley, a. a. O., S. 66.

1569 „I understand the position to have been that any spillage would have been expected to evaporate rapidly in the air, and would not have been expected to seep through the floor of the building into the soil below“, Lord Goff of Chieveley, a. a. O., S. 64.

Vorhersehbarkeit eines Schadensrisikos und dessen Entfaltung verwiesen[1570]. Lord Goff hatte *Justice* Blackburns Wortlaut dahingehend ausgelegt, dass „knowledge, or at least foreseeability of risk is a prerequisite of the recovery of damages under the principle"[1571]. Daraus folgerte man, dass die Voraussehbarkeit des Risikos eines Schadenseintritts unausweichlich auch die Vorhersehbarkeit der Entfaltung dieses Risikos – also des *Escape* – voraussetze[1572]. Dem ist allerdings entgegenzuhalten, dass die Aussage Lord Goffs auf *Justice* Blackburn bezogen war – und dieser deutlich herausgestellt hatte, dass das Entweichen der Gefahrenquelle frei von Verschuldenselementen zu halten sei[1573]. Überdies ist es sehr wohl möglich, die Vorhersehbarkeit eines Schadensrisikos von der Absehbarkeit seiner Entfaltung zu trennen. Zur Verdeutlichung mag folgende Fallkonstellation dienen: Da allgemein bekannt ist, dass Löwen wasserscheu sind, ist es nicht unüblich, Löwengehege in Tiergärten lediglich durch Wassergräben von mehreren Metern Durchmesser und Tiefe zu sichern[1574]. Sollte aber ein Tier entgegen aller Voraussehbarkeit doch den Wassergraben durchschwimmen, so ist eine Verletzung von Menschen trotzdem die vorhersehbare Folge. In einem solchen Fall wäre das Entweichen des Löwen zwar nicht vorhersehbar, das Risiko eines Schadenseintritts (im Falle des unwahrscheinlichen Entweichens) aber durchaus. Daraus folgt, dass ein Zoo, der Löwen zur Schau stellt, das vorhersehbare Risiko von *Damage* an Personen schafft – und auch für dessen Eintritt haftet, wenngleich das *Escape* der wasserscheuen Tiere unvorhersehbar war.

Der gegenteilige Ansatz zur Auslegung von Lord Goffs Urteil geht davon aus, dass die *Foreseeability* lediglich auf der Ebene der Schadenszurechnung von Bedeutung

---

1570 Zudem verwies man auf Lord Goffs (a. a. O., S. 79 vorgetragene) Skepsis gegenüber dem *Non-Ordinary Use*: Dieser verliert nämlich in dem Maße an Bedeutung, wie die *Rule* bereits durch den engen Filter des *Foreseeability Test* wirkungsvoll beschnitten wird (vgl. die Darstellung bei Weir: „*Rylands v. Fletcher* reconsidered", (1994) C.L.J. 216, 217). Allerdings ist bereits die präjudizielle Herleitung einer ausufernden Anwendung des *Non-Natural Use* nach Maßgabe des Gewöhnlichkeitsfilters sehr zweifelhaft und widerspricht *Justice* Blackburns Wortlaut (vgl. oben C.VI.2.b.). Insofern ist eine Rückkehr zur ursprünglichen, weniger großzügigen Auslegung des Begriffs des *Non-Natural Use* auch ohne das Erfordernis der Vorhersehbarkeit angezeigt. Vgl. zu Lord Goffs Neujustierung des *Non-Natural Use* nachfolgend unter F.II.2.

1571 Lord Goff of Chieveley, a. a. O., S. 73.

1572 Vgl. Kutner: „The End of *Rylands v. Fletcher*", (1995) 31 T.I.L.J. 73, 89.

1573 Vgl. oben B.II.4. Ähnlich auch Davies: „Strict Liability and Reasonable Foreseeability: *Cambridge Water Company v. Eastern Counties Leather plc*", (1994) T.L.J.L. 7, [22] f.

1574 So etwa im Hamburger Tierpark Hagenbeck, wo das Löwengehege lediglich durch eine niedrige Mauer, einen Rasenstreifen sowie einen 4 Meter breiten und 3 Meter tiefen Wassergraben gesichert ist. Als am 03.08.2006 ein Kind in den Wassergraben fiel, wurde es – wie zu erwarten – nicht von den Löwen angegriffen; vgl. http://www.zeit.de/news/artikel/2006/08/03/69734.xml (zuletzt abgerufen am 31.08.2011).

ist und mithin lediglich der Schaden vorhersehbar sein muss. Tatsächlich legen Lord Goffs Formulierungen mehrheitlich einen Bezug zur Schadenszurechnung nahe[1575]. In einer Passage seines Urteils stellte der Lordrichter auch heraus, dass zur Zeit seines Urteilsspruchs „it has become known that PCE, *if it escapes*, is capable of causing *damage* by rendering water available at boreholes unsaleable for domestic purposes"[1576] – womit Lord Goff passgenau die enge Auslegung der Vorhersehbarkeit anwandte, nach der (ein Entweichen unterstellt) lediglich der Schaden vorhersehbar sein muss.

Weiterhin sprechen Lord Goffs rechtssystematische Ausführungen eindeutig für die Begrenzung des Vorhersehbarkeitserfordernisses auf den *Damage*. Lord Goff nahm nämlich eine Wesensverwandtschaft von *Nuisance* und *Rylands* nach dem Vorbild der *Offshoot Theory* an und versuchte, durch Einführung der *Foreseeability* einen Gleichlauf der Anspruchsvoraussetzungen zu erreichen[1577]. In Bezug auf die *Nuisance* betrachtete er die Frage der Vorhersehbarkeit „essentially as one relating to remoteness of damage"[1578]. Eingedenk des Ziels eines Gleichlaufs mit *Nuisance* kann Lord Goff aber für *Rylands* nichts anderes gemeint haben[1579], was daran deutlich wird, dass er im unmittelbaren Anschluss daran prüfte, ob „there is a similar prerequisite of recovery of damages under the rule in *Rylands v. Fletcher*"[1580].

Dieser vorzugswürdigen Auffassung, dass Lord Goff allein eine Vorhersehbarkeit des Schadens, nicht aber des Entweichens der Gefahrenquelle statuieren wollte, hat sich inzwischen in der Entscheidung *Transco v. Stockport M.B.C.*[1581] auch das *House of Lords* angeschlossen. Hier stellte Lord Hoffmann klar, dass „the defendant

---

1575 Vgl. oben F.I.1.a.aa. Dieser Schluss wird auch dadurch gestützt, dass Lord Goff seine Argumentation zur Ausdehnung der *Foreseeability* auf *Rylands* unter der Überschrift „Foreseeability of damage under the rule in *Rylands v. Fletcher*" führte; vgl. Lord Goff of Chieveley, a. a. O., S. 72 sowie insgesamt auch Buns, a. a. O., S. 51 f.

1576 Lord Goff of Chieveley, a. a. O., S. 77 (Hervorhebung nicht im Original).

1577 Vgl. dazu ausführlich unten F.I.1.b.aa.

1578 Lord Goff of Chieveley, a. a. O., S. 72; ebenso bereits die Folgerung aus *The Wagon Mound No. 2* bei Dias: „Trouble on Oiled Waters: Problems of the Wagon Mound (No. 2)", (1967) C.L.J. 62, 77 f.

1579 So auch Cross: „Does Only the Careless Polluter Pay? A Fresh Examination of the Nature of Private Nuisance" (1995) 111 L.Q.R. 445, 468 und später Buns, a. a. O., S. 54.

1580 Lord Goff of Chieveley, a. a. O., S. 72; in diesem Zusammenhang wird auch rechtspolitisch darauf verwiesen, dass die strikte *Rylands*-Haftung das Gegenstück zur ordnungsrechtlichen Erlaubnis ist, die gefährliche Tätigkeit überhaupt durchführen zu dürfen – und dass dieses Anliegen durch Aufweichung des Haftungsregimes bei Einführung einer *Foreseeability* im Rahmen von *Escape* konterkariert würde; vgl. dazu bereits oben unter A.II.2. sowie auch Buns, a. a. O., S. 51 f., 74 und Cane: „Fault and Strict Liability for Harm in Tort Law" in Swadling/Jones (Hrsg.): „The Search for Principle. Essays in Honour of Lord Goff of Chieveley" (1999), S. 171, 185.

1581 *Transco plc. v. Stockport Metropolitan Borough Council*, [2003] U.K.H.L. 61; vgl. dazu eingehend unten F.IV.

will be liable even if he could not reasonably have foreseen that there would be an escape"[1582]; Lord Goff habe diesbezüglich lediglich entschieden, dass „liability was limited to damage which was [...] reasonably foreseeable"[1583]. Lord Hobhouse of Woodborough pflichtete Lord Hoffmann bei und erklärte zur Vorhersehbarkeit, dass „Lord Goff saw this as a principle of the remoteness of damage"[1584]. Diese höchstrichterliche Klarstellung hat die Frage des Bezugspunkts der Vorhersehbarkeit vorerst weiterer Diskussion entzogen.

Damit kann zusammenfassend festgehalten werden, dass die Regel aus *Rylands v. Fletcher* auch nach Lord Goffs Entscheidung eine Haftung ohne Verschulden bleibt, weil aus dem Urteil auf die Anwendung des Vorhersehbarkeitserfordernisses allein auf der Ebene der Schadenszurechnung zu schließen ist.

cc) Anwendung

Auf Grundlage des Ergebnisses, dass *Foreseeability* nach Lord Goffs Urteil als Teil der Schadenszurechnung zu prüfen ist, lohnt ein Blick auf das Ergebnis der konkreten Klage der *Cambridge Water Co. Ltd.* Diese hatte Lord Goff im Hinblick auf das neu eingeführte Vorhersehbarkeitserfordernis abgewiesen.

Hintergrund war, dass die Chemikalie PCE in die Trinkwasserquelle der Klägerin gelangt war. Das PCE war vom Betriebsgelände der Beklagten entwichen, indem über Jahre hinweg Kleinstmengen dieser flüssigen Chemikalie verschüttet und im Boden versickert waren[1585]. Den gängigen Produktionsmethoden folgend, hatte die Beklagte das PCE in der industriellen Lederverarbeitung eingesetzt. Jedoch stellte das Vereinigte Königreich zu einem Zeitpunkt, als das PCE bereits versickert war, neue PCE-Grenzwerte für Trinkwasser auf[1586], sodass die Klägerin zur Stilllegung ihrer Trinkwasserquelle gezwungen war[1587]. Die Klageabweisung stützte Lord Goff auf seine Sachverhaltssubsumtion, wonach einzig die Verdunstung der Chemikalie PCE an der Luft mit der Folge einer Vergiftung umstehender Menschen vorhersehbar gewesen sei, nicht aber der eingetretene „Umweltschaden". Als solchen sah er es an, dass größere Mengen PCE in das Grundwasser gelangen und dort das Grundwasser verschmutzen könnten[1588].

1582 Lord Hoffmann in *Transco plc. v. Stockport M.B.C.*, [2003] U.K.H.L. 61, [33].

1583 Lord Hoffmann, a. a. O., [33].

1584 Lord Hobhouse of Woodborough in *Transco plc. v. Stockport M.B.C.*, a. a. O., [64].

1585 Vgl. *Cambridge Water Co. Ltd. v. Eastern Counties Leather plc.* a. a. O., S. 57.

1586 Die Neuregelung diente der nationalen Umsetzung der Richtlinie 80/778/EWG (vom 15.07.1980, ABl. L 229 vom 30.08.1980, S. 11) über die Qualität von Wasser für den menschlichen Gebrauch.

1587 Vgl. zum Ganzen *Cambridge Water Co. Ltd. v. Eastern Counties Leather plc.*, a. a. O., S. 53 f., S. 55 ff., S. 63 ff.

1588 „[...] E.C.L. would not have foreseen, in or before 1976, that such repeated spillages of small quantities of solvent would lead to any environmental hazard or damage – i.e., that the solvent would enter the aquifer or that, having done so, detectable quantities would be found down-catchment. Even if he had foreseen that solvent

Diese Einschätzung ist jedoch insofern angreifbar, als sie das Tatbestandsmerkmal *Escape* mit demjenigen des *Damage* vermengt. Für die Vorhersehbarkeit des Schadens ist nämlich nicht bedeutsam, *ob* PCE nach dem Stand der damaligen Wissenschaft in der Lage war, in flüssiger Form das Grundwasser zu erreichen, anstatt zuvor an der Luft zu verdunsten – dies ist eine Frage des *Escape*. Vielmehr ist zu prüfen, *wie* das entwichene PCE gewirkt hätte, sobald es das Grundwasser erreichen würde[1589]. Dabei ist der Stand der Wissenschaft der 1960er Jahre bis 1976 anzulegen, da nach Lord Goffs Tatsachenfeststellungen das Entweichen des PCE in diesen Zeitraum fiel[1590].

PCE ist seit jeher als schwer wasserlöslich bekannt[1591]; unterstellt man also, dass die Chemikalie mit dem Grundwasser in Berührung kommt, so war zu erwarten, dass sie im Wasser verbleiben würde. Hier nun muss bedacht werden, dass PCE schon länger als giftiger Stoff bekannt war, wobei Lord Goff hier von einem Zeitraum seit den späten 1970er Jahren ausging[1592]. Berichte über die gesundheitsschädliche Wirkung von PCE lagen aber sogar noch früher vor: Die medizinische Literatur zu dieser Frage lässt sich mindestens bis in die 1940er Jahre – und damit auch bis in die Zeit, zu der die *Eastern Counties Leather plc.* PCE einsetzte[1593] – zurückverfolgen[1594]. Seine Giftigkeit entfaltet PCE aber nicht nur (wie in Lord Goffs Ausführungen dargelegt[1595]) nach Verdampfen im gasförmigen Aggregatzustand mit der

might enter the aquifer, he would not have foreseen that such quantities would produce any sensible effect upon water taken down-catchment, or would otherwise be material or deserve the description of pollution. I understand the position to have been that any spillage would have been expected to evaporate rapidly in the air, and would not have been expected to seep through the floor of the building into the soil below. The only harm that could have been foreseen from a spillage was that somebody might have been overcome by fumes from a spillage of a significant quantity", Lord Goff of Chieveley, a. a. O., S. 64.

1589 Darauf hinweisend (und Lord Goff kritisierend) auch Davies: „Strict Liability and Reasonable Foreseeability", (1994) T.L.J.L. 7, [19]; die Frage offen lassend dagegen Buns, a. a. O., S. 49.

1590 Lord Goff stützte sich (a. a. O., S. 64) auf die in der Eingangsinstanz festgestellte Tatsachenfeststellung, wonach das PCE von „sometime in the 1960s" bis 1976 in den Boden eingedrungen sein muss. Auf diesen Zeitpunkt bezog der Lordrichter auch ausdrücklich sein Vorhersehbarkeitserfordernis: „This is because when ECL created the conditions [...] it could not possibly have foreseen that damage [...]", Lord Goff of Chieveley, a. a. O., S. 77.

1591 So etwa Mellan: „Industrial Solvents" (2. Auflage 1950), S. 347 sowie bereits zuvor Jordan: „Chemische Technologie der Lösungsmittel" (1932), S. 220.

1592 Vgl. Lord Goff of Chieveley, a. a. O., S. 64 f.

1593 Vgl. Lord Goff of Chieveley, a. a. O., S. 64.

1594 Vgl. Method: „Toxicity of tetrachlorethylene", (1946) 131 J.A.M.A. 1468, 1468 sowie wenig später auch Mellan: „Industrial Solvents" (2. Âuflage 1950), S. 347.

1595 „The only harm that could have been foreseen from a spillage was that somebody might have been overcome by fumes from a spillage of a significant quantity", Lord Goff of Chieveley, a. a. O., S. 64.

Folge, dass Menschen giftige PCE-Dämpfe einatmen und verletzt werden. Vielmehr war bereits in den 1960er Jahren – also zur Zeit der Verschüttungen des PCE im vorliegenden Fall[1596] – bekannt, dass PCE auch in seiner flüssigen Form giftig wirkt mit der Folge, dass Menschen bei oraler Aufnahme Gesundheitsschäden erleiden können[1597]. Dies führt unausweichlich zu dem Schluss, dass das Trinkwasser auch nach dem hier maßgeblichen Stand der Wissenschaft (nämlich zwischen 1960 und 1976) nicht trinkbar und damit „verunreinigt" gewesen sein muss.

Daher war entgegen Lord Goffs Einschätzung ein Umweltschaden in Form verschmutzten Wassers durchaus vorhersehbar. Wenngleich die Verletzung der erst nach Verunreinigung der Quelle eingeführten[1598] PCE-Trinkwassergrenzwerte nicht absehbar war, so war doch ersichtlich, dass PCE, sobald es in ausreichenden Mengen in das Grundwasser gelangt, dieses vergiftet und als Trinkwasser unbrauchbar macht. Der Begriff eines Umweltschadens ist auf diese Folge ohne Schwierigkeiten anwendbar.

Einzig nicht ersichtlich war, dass flüssiges PCE überhaupt bis zum Grundwasser vordringen könnte, da man nach dem damaligen Stand der Wissenschaft mit dessen unverzüglicher Verdunstung rechnen musste[1599]. Dies jedoch ist eher eine Frage des *Escape*, welches Lord Goff aber eigentlich gerade nicht zum Gegenstand der Vorhersehbarkeitsprüfung erhob[1600]. Daher liegt der Schluss nahe, dass Lord Goff seinen selbst hergeleiteten *Foreseeability Test* inkonsequent angewandt hat, indem er entscheidend auf die Unvorhersehbarkeit des Entweichens der Gefahrenquelle abstellte.

Dies vermag insbesondere vor dem Hintergrund der Erfahrungen mit dem Vorhersehbarkeitskonzept bei *Negligence* und *Nuisance* kaum zu überraschen. Hier hatte *Foreseeability* bereits früher als Methode der Schadenszurechnung Anwendung gefunden[1601], mit der Folge, dass die Rechtsprechung zur *Foreseeability* bei diesen Anspruchsgrundlagen häufig dogmatisch nur schwer zu durchdringen und von Ausnahmen und Einzelfallgerechtigkeitserwägungen durchzogen ist[1602]. Bereits in

---

1596 Vgl. Lord Goff of Chieveley, a. a. O., S. 64.

1597 Vgl. dazu Eberhardt/Freundt: „Perchloräthylen-Vergiftungen", (1966) 21 Archiv für Toxikologie 338, 343 m. w. N.: „Nach akuter peroraler Aufnahme von Trichloräthylen oder Perchloräthylen kann Narkose, Gastroenteritis, degenerative Leberveränderung, Koma und Exitus eintreten."

1598 Die Neuregelung stammte aus dem Jahr 1983, die zugrunde liegende EG-Richtlinie 80/778/EWG von 1980. Dagegen stammten die PCE-Verschmutzungen durch die Beklagte aus der Zeit vor 1976 (vgl. Lord Goff of Chieveley, a. a. O., S. 64).

1599 Vgl. Lord Goff of Chieveley, a. a. O., S. 64.

1600 Vgl. soeben unter F.I.a.bb.

1601 Vgl. oben E.IV.1. und E.V.1.d.

1602 Vgl. insbesondere oben E.IV.1. Ebenso Buns, a. a. O. S. 79, 81; vgl. zu den Einzelfällen auch von Bar: „The Common European Law of Torts. Band II: Damage and Damages, Liability for and without Personal Misconduct, Causality and Defences" (2000), S. 474 ff., Rdnr. 454 ff.

der Entscheidung *The Wagon Mound No. 2*, auf die sich Lord Goff bei dem vorliegenden Urteil maßgeblich stützte[1603], hatte Lord Reid „this difficult chapter of law"[1604] beklagt. Der Frage, ob es vor diesem Hintergrund nicht ein zweifelhafter Erfolg bei der von Lord Goff angestrebten[1605] Harmonisierung des *Common Law of Torts* ist, diese Unschärfen nun auf *Rylands* zu übertragen, hat der Lordrichter jedenfalls nicht behandelt. Angesichts der vorangegangenen Ausführungen liegt überdies die Möglichkeit nicht fern, dass Lord Goffs Entscheidung in *Cambridge Water* sogar selbst Opfer der Unschärfen des Vorhersehbarkeitskonzepts geworden ist.

b) Herleitung

Nunmehr soll eingehender untersucht werden, mit welchen Argumenten Lord Goff die Einführung des Vorhersehbarkeitskonzepts in die *Rule* herleitete. Der Lordrichter bediente sich hierbei dreier Argumentationslinien. Erstens geböte es die Systematik des *Common Law of Torts*, nach Vorbild der *Offshoot Theory* eine Nähebeziehung von *Nuisance* und *Rylands* anzunehmen mit der Folge, dass das Vorhersehbarkeitserfordernis nicht nur für *Nuisance*, sondern auch für die *Rule* gälte. Zweitens sei der Wortlaut *Justice* Blackburns in der ursprünglichen Entscheidung zu *Fletcher v. Rylands* in Richtung eines Vorhersehbarkeitserfordernisses auszulegen. Schließlich stünde drittens dieses Ergebnis auch in Einklang mit der geltenden Präjudizienlage. Nachfolgend gilt es, Lord Goffs Ausführungen einer kritischen Prüfung zu unterziehen. Dabei wird sich zeigen, dass weder seiner Grundthese der Nähebeziehung von *Nuisance* und *Rylands* zuzustimmen ist, noch dem hieraus hergeleiteten Erfordernis einer Vorhersehbarkeit des eingetretenen Schadens.

aa) Systematik: Offshoot Theory

Es ist das dogmatische Fundament der Herleitungsargumentation Lord Goffs, dass in der Systematik des *Common Law of Torts* ein besonderes Näheverhältnis zwischen *Rylands* und *Nuisance* bestünde, infolgedessen die *Rule* als bloße Erweiterung der *Nuisance* auf einmalige Schädigungsereignisse anzusehen sei. Damit übernahm Lord Goff die auf Newarks Aufsatz „The Boundaries of Nuisance"[1606] zurückgehende *Offshoot Theory* und erhob sie zur Grundlage der Rechtsprechung des *House of Lords* zu *Rylands v. Fletcher.*

1603 Vgl. Lord Goff of Chieveley, a. a. O., S. 72.

1604 Lord Reid in *Overseas Tankship (U.K.) Ltd. v. Miller Steamship Co. (The Wagon Mound No. 2)*, [1967] 1 A.C. 617, 643. Skeptisch zur Praktikabilität des *Foreseeability Test* auch Wilson/Slade: „A Re-Examination of Remoteness", (1952) 15 M.L.R. 458, 470.

1605 Vgl. Lord Goff of Chieveley, a. a. O., S. 76.

1606 Newark: „The Boundaries of Nuisance", (1949) 65 L.Q.R. 480; vgl. dazu ausführlich oben E.V.2.b.

(1) Lord Goff of Chieveley

Von seinem Ausgangspunkt[1607], dem Aufsatz Newarks zur *Offshoot Theory*, gelangte Lord Goff zu der Überzeugung, dass Blackburn J. mit seiner Entscheidung in *Fletcher v. Rylands* keine neue eigenständige Haftungsregel schaffen, sondern lediglich das Haftungsregime der *Nuisance* auf einmalige Schädigungsereignisse ausdehnen wollte[1608]. Dies führte Lord Goff zu der Folgerung, dass „there is no reason to suppose that Blackburn J. intended to create a liability any more strict than that created by the law of nuisance“[1609].

Diese Parallelität der beiden Anspruchsgrundlagen suchte Lord Goff mit den Konzepten der *Reasonableness* (aus *Nuisance*)[1610] und des *Non-Natural Use* (aus *Rylands*) zu belegen: Hier sah Lord Goff jeweils funktional vergleichbare – wenngleich nicht inhaltlich identische – Haftungsbeschränkungen[1611]. Im Hinblick auf die Systematik des *Common Law of Torts* meinte Lord Goff daher, dass es zu „a more coherent body of common law principles“[1612] führe, *Rylands* als bloße Erweiterung der *Nuisance* auf einmalige Schadensereignisse einzuordnen.

In einem nächsten Schritt legte Lord Goff dar, dass ein Anspruch aus *Nuisance* unter der Voraussetzung einer *Foreseeability* des eingeklagten Schadens steht. Diesbezüglich wies er zunächst auf den wachsenden Einfluss der *Negligence* auf die *Nuisance* in Klagen auf Schadensersatz hin[1613]. Die bei *Negligence* erforderliche *Foreseeability* müsse unweigerlich zur Aufnahme dieses Haftungsmerkmals auch in die *Nuisance* führen[1614]: Andernfalls stünde nämlich zu befürchten, dass der Ersatz von Personenschäden (welche Lord Goff folglich ausschließlich der *Negligence* zuordnete) durch das Vorhersehbarkeitserfordernis unter strengeren Voraussetzungen stünde als derjenige von (demnach unter *Nuisance* ersatzfähigen) Grundstücksschäden[1615]. Präjudiziell stützte

1607 „Our modern understanding of the nature and scope of the law of nuisance was much enhanced by Professor Newark's seminal article 'The boundaries of nuisance'“, Lord Goff of Chieveley, a. a. O., S. 69. Die zentrale Bedeutung des Aufsatzes Newarks für Lord Goffs Argumentation zeigt sich im Übrigen bereits darin, dass die zweieinhalbseitige Begründung der Parallelität von *Rylands* und *Nuisance* eine halbseitige wörtliche Wiedergabe des Newark-Aufsatzes enthält.

1608 Vgl. Lord Goff of Chieveley, a. a. O., S. 70.

1609 Lord Goff of Chieveley, a. a. O., S. 70.

1610 Vgl. dazu oben E.V.1.a.

1611 Vgl. Lord Goff of Chieveley, a. a. O., S. 71.

1612 Lord Goff of Chieveley, a. a. O., S. 76.

1613 Vgl. Lord Goff of Chieveley, a. a. O., S. 72; Anderes gilt aber, falls eine *Injunction* erreicht werden soll (vgl. oben E.V.1.d.).

1614 „[T]he development of the law of negligence over the past sixty years points strongly towards a requirement that such foreseeability should be a prerequisite of liability for nuisance, as it is of liability in negligence“, Lord Goff of Chieveley, a. a. O., S. 72.

1615 Vgl. Lord Goff of Chieveley, a. a. O., S. 72.

sich Lord Goff auf die Entscheidung *The Wagon Mound No. 2*[1616], wo der *Privy Council* den *Foreseeability Test* auch auf *Nuisance* ausgedehnt hatte[1617].

Im Ergebnis verband Lord Goff die beiden Glieder seiner Argumentationskette und folgerte aus der engen Beziehung der *Nuisance* zu *Rylands* einerseits und dem Erfordernis der *Foreseeability* unter *Nuisance* andererseits, dass Vorhersehbarkeit auch im Rahmen von *Rylands* notwendig sein müsse: „[I]t appears to me to be appropriate now to take the view that foreseeability of damage of the relevant type should be regarded as a prerequisite of liability under the rule."[1618]

(2) Bewertung

Vor diesem Hintergrund wird offenbar, dass die Ausdehnung des Vorhersehbarkeitserfordernisses von *Nuisance* auf *Rylands* unmittelbar an Newarks *Offshoot Theory* anknüpft. Dieser Grundpfeiler in Lord Goffs Argumentation ist jedoch keineswegs unumstößlich, da der Ansatz Newarks zur *Offshoot Theory* – wie ausführlich erörtert[1619] – nicht überzeugend ist. Schon die Grundhypothese Newarks, *Rylands* und *Nuisance* seien nicht voneinander abgrenzbar, trifft nicht zu, da der englischen Rechtsprechung eine Vielzahl von Differenzierungen zu entnehmen ist[1620]. Hingegen ist das von Newark vorgeschlagene Unterscheidungskriterium – die Dauerhaftigkeit bzw. Einmaligkeit des Schadensereignisses – keine geeignete Trennlinie, da gerade bei dauerhaften Schadensereignissen beide Anspruchsgrundlagen zum Tragen kommen[1621]. Auch die Argumentation Newarks, bei der er zentral auf die Urteilsbegründung *Justice* Blackburns zurückgriff, überzeugt nicht, da sich daraus nicht ableiten lässt, dass Blackburn J. mit seiner Entscheidung lediglich einen Sonderfall der *Nuisance* schaffen wollte[1622].

Ebenso ist dem Argument Lord Goffs zu widersprechen, dass im *Non-Natural Use* ein der *Reasonableness* und damit der *Nuisance* wesensverwandtes Merkmal läge, da hier eher ein weiteres Abgrenzungskriterium zwischen *Nuisance* und *Rylands* liegt[1623]: Im Gegensatz zum Gewöhnlichkeitsfilter aus *Rylands* kann auch eine natürlich vorhandene Störungsquelle *Nuisance* (und damit *Unreasonable*) sein. Auch eine besondere Gefährlichkeit ist für *Nuisance* nicht erforderlich, solange das störende Verhalten „unangemessen" ist. Darüber hinaus ist der *Ordinary Use* vom *Reasonable Use* abzugrenzen: Während sich *Reasonableness* auf die Hinnehmbarkeit der Beeinträchtigung

1616 Vgl. *Overseas Tankship (U.K.) Ltd. v. Miller Steamship Co. (The Wagon Mound No. 2)*, [1967] 1 A.C. 617; vgl. dazu auch oben E.V.1.d.

1617 Vgl. Lord Goff of Chieveley, a. a. O., S. 72. Ergänzend bemerkte Lord Goff, dass *Foreseeability* hier allein als Frage der Schadenszurechnung einzuordnen sei.

1618 Lord Goff of Chieveley, a. a. O., S. 76.

1619 Vgl. oben E.V.2.b.

1620 Vgl. oben E.V.2.a.

1621 Vgl. oben E.V.2.b.

1622 Vgl. oben E.V.2.b.

1623 Vgl. zum Ganzen oben E.V.2.a.gg.

bezieht, stellt der *Ordinary Use* auf die Gewöhnlichkeit des die Beeinträchtigung herbeiführenden Verhaltens ab. Zudem sind Gemeinwohlerwägungen eher im Rahmen des *Ordinary Use*, nicht aber beim *Reasonable Use* berücksichtigt worden. Abschließend ist der *Ordinary Use* in einem abstrakteren Maßstab zu bestimmen als die *Reasonableness*, da Letztere auf den konkreten Anspruchsteller bezogen ist.

Schließlich ist die *Offshoot Theory* auch nicht der einzige Weg, um innerhalb des *Common Law of Torts* eine kohärentere Systematik zu erreichen. Dieser Ansatz folgt nämlich dem bereits oft beschrittenen und im Ergebnis wenig erfolgreichen Weg, innerhalb der Anspruchsvoraussetzungen zu einer stringenten Abgrenzung zu gelangen. Lohnender erscheint es aber, eine Abgrenzung der Anwendungsbereiche über das Anspruchsziel vorzunehmen: Während *Rylands* weiterhin für Schadensersatzansprüche gelten sollte, ist die *Nuisance* als ideales Instrument zum Interessenausgleich bei nachbarschaftlichen Störungen auf den Unterlassungsanspruch der *Injunction* zu begrenzen[1624].

Auf diese Weise kann auch der Befürchtung Lord Goffs die Spitze genommen werden, Personenschäden seien (unter *Negligence*) schwerer ersatzfähig als Grundstücksschäden (unter *Nuisance*)[1625]: Denn da die *Nuisance* nach dem rechtsfolgenorientierten Abgrenzungsmodell nicht mehr Schadensersatz-, sondern nur noch Unterlassungsansprüche durchsetzt, steht sie insoweit nicht mehr in Konkurrenz zur *Negligence*. Im Verhältnis zur *Negligence* würde wiederum *Rylands* in Risikosituationen eine leichtere Ersatzfähigkeit auch und gerade von Personenschäden ermöglichen[1626].

Lord Goffs Argumentation, *Rylands* sei lediglich ein Unterfall der *Nuisance*, kann somit nicht gefolgt werden. Damit fällt bereits der Grundpfeiler seiner Herleitung, da Lord Goff die Einführung des *Foreseeability Test* unmittelbar an die Frage der rechtssystematischen Einordnung der *Rule* bzw. deren Verhältnis zur *Nuisance* geknüpft hatte.

bb) Wortlaut: Justice *Blackburn*

Nachdem Lord Goff das Vorhersehbarkeitserfordernis aus der Systematik des *Common Law* hergeleitet hatte, suchte er es mit dem Wortlaut *Justice* Blackburns aus dem ursprünglichen Urteil in *Fletcher v. Rylands*[1627] von 1866 zu begründen[1628].

1624 Vgl. zum Ganzen oben C.V.2.c.

1625 Vgl. soeben unter F.I.1.b.aa.1.

1626 Dies setzt natürlich die Anwendbarkeit der *Rule* auf Personenschäden voraus, was jedoch zu befürworten ist; vgl. oben B.II.6.a.cc. und C.V.1.a.

1627 *Fletcher v. Rylands*, (1866) L.R. 1 Exch. 265; vgl. dazu insgesamt oben unter B.II.

1628 Die Wichtigkeit, die Lord Goff *Justice* Blackburns Aussagen beimaß, zeigt sich allein daran, dass dessen Leitentscheidung über eine halbe Seite hinweg wörtlich zitiert wird; vgl. Lord Goff of Chieveley, a. a. O., S. 72 f.

(1) Lord Goff of Chieveley

Lord Goff verwies auf insgesamt drei Formulierungen *Justice* Blackburns, die seiner Auffassung nach zugunsten des *Foreseeability Test* sprachen: So hatte Blackburn J. von „anything *likely* to do mischief if it escapes" sowie von „which he *knows* to be mischievous if it gets on his neighbour's [property]" gesprochen und schließlich dem Schädiger eine Haftung „for the natural *and anticipated* consequences" auferlegt[1629]. Aus diesen Passagen folgerte Lord Goff, auch Blackburn J. müsse davon ausgegangen sein, dass „knowledge, or at least foreseeability of the risk, is a prerequisite of the recovery of damages under the principle."[1630]

(2) Bewertung

Zwar mögen auf den ersten Blick die von Lord Goff angeführten Passagen aus *Justice* Blackburns Urteil tatsächlich für das Erfordernis von „knowledge, or at least foreseeability of risk"[1631] sprechen. Bei genauer Prüfung wird jedoch offenbar, dass die ursprüngliche Leitentscheidung *Justice* Blackburns nicht zu Lord Goffs Prämisse führen sollte, die Vorhersehbarkeit des Schadens als Haftungsvoraussetzung der *Rule* zu statuieren.

Die ersten beiden von Lord Goff angeführten Formulierungen („likely to do mischief" und „which he knows to be mischievous") zielen nicht auf die Zurechenbarkeit bzw. Vorhersehbarkeit eines Schadens ab, sondern darauf, ob der Anwendungsbereich der *Rule* durch Schaffung einer erkennbaren Gefahrenquelle überhaupt eröffnet ist: In der Systematik der *Rule* geht es hier um die „Gefährlichkeit" der Gefahrenquelle[1632]. Nicht gemeint ist hingegen die Frage, ob ein durch diese Gefahrenquelle verursachter *Damage* zurechenbar bzw. vorhersehbar ist. Diese Differenzierung tritt anhand des *Cambridge-Water*-Sachverhalts deutlich hervor: Dass die Beklagte durch den Einsatz der giftigen Chemikalie PCE ein Risiko geschaffen hatte, bezweifelte auch Lord Goff nicht: „The only harm that could have been foreseen from a spillage was that somebody might have been overcome by fumes from a spillage of a significant quantity" [1633]. Nicht vorhersehbar (und den Anspruch aus *Rylands* im Ergebnis verhindernd) war hingegen nach Lord Goffs Auffassung die Verunreinigung des Grundwassers unter dem Betriebsgelände durch die Chemikalie – mithin der konkret eingetretene Schaden[1634]. Dies scheint auch Lord Goff gesehen zu haben, da er zum Abschluss dieser Passage eingestand, dass „knowledge, or at

---

1629 Jeweils zitiert nach Lord Goff of Chieveley, a. a. O., S. 73 (Hervorhebungen im Original).

1630 Lord Goff of Chieveley, a. a. O., S. 73.

1631 Lord Goff of Chieveley, a. a. O., S. 73; ähnlich auch Schwartz: „*Rylands v. Fletcher*, Negligence, and Strict Liability" in Cane/Stapleton (Hrsg.): „The Law of Obligations" (1998), S. 216 f.

1632 Vgl. dazu bereits oben B.II.1.b. und C.I.2.d.

1633 Lord Goff of Chieveley, a. a. O., S. 64.

1634 Vgl. Lord Goff of Chieveley, a. a. O., S. 77.

least foreseeability of *risk*“[1635], nicht aber „foreseeability of *damage*“ aus *Justice* Blackburns Formulierungen hervorgeht. Somit liegt hier keine Grundlage für Lord Goffs *Foreseeability Test.*

Allerdings berief sich Lord Goff noch auf eine weitere Passage in *Justice* Blackburns Urteil, in welchem dieser auf die „natural and anticipated consequences“[1636] Bezug nahm. Diese Formulierung deutet zunächst tatsächlich darauf hin, dass ein unter *Rylands* ersatzfähiger Schaden nicht nur eine „natürliche“ Folge der Gefährlichkeit, sondern zudem für den Schädiger vorhersehbar bzw. von diesem zu „antizipieren“ gewesen sein muss. Nach dieser Auslegung müsste die Vorhersehbarkeit des Schadens tatsächlich Haftungsvoraussetzung der *Rule* sein.

Jedoch greift eine isolierte Betrachtung dieser Formulierung *Justice* Blackburns zu kurz. Geboten ist vielmehr, diese Passage im Gesamtkontext seiner Urteilsbegründung zu lesen. Im Zuge der Herleitung seiner *Rule* suchte Blackburn J. nach Rückhalt in anderen, bereits etablierten *Torts.* Darunter griff er insbesondere die Haftung von Viehhaltern nach *Cattle Trespass* sowie die allgemeine Tierhalterhaftung heraus. Letztere wiederum bot ein differenziertes Haftungsregime für wilde bzw. gefährliche *(Animals Ferae Naturae)* gegenüber zahmen bzw. ungefährlichen Tierarten *(Animals Mensuetae Naturae)*: Während für gefährliche Tierarten jede *Natural Consequence* zugerechnet werden konnte, erforderte ein Ersatzanspruch für ungefährliche Tierarten den Nachweis einer *Anticipated Consequence*[1637]. Beide Varianten benannte Blackburn J. im Zuge der Herleitung seiner *Rule*, allerdings unter deutlicher Schwerpunktsetzung: Er nahm siebenmal auf „natural consequences“[1638] Bezug und nur einmal auf „anticipated consequences“[1639]. In den Wortlaut der *Rule* nahm *Justice* Blackburn dann auch nur eine Formulierung auf – nämlich diejenige, deren Zurechnungsmethode auf die Haftung für gefährliche Tierarten verweist: Nach der *Ratio* des Urteils sollten gerade die „natural consequences of the escape“[1640] ersatzfähig sein. Die Entscheidung, das strengere Zurechnungsregime der *Animals Ferae Naturae* (gegenüber dem milderen für *Animals Mensuetae Naturae*) in die *Rule* zu übernehmen, war nur konsequent: Grundlage der *Rule* ist schließlich die Schaffung einer Quelle erhöhter Gefahr, was gerade der Fallkonstellation bei Haltung wilder bzw. gefährlicher Tierarten entspricht.

Bereits die Untersuchung der Leitentscheidung *Justice* Blackburns zu Beginn dieser Arbeit hat ergeben, dass die ursprüngliche *Rule* nicht auf den *Foreseeability Test* als Zurechnungsmethode abstellte, sondern auf den damals verbreiteten *Direct or Natural Consequence Test*[1641]. Danach wurde eine normative Kausalitätsprüfung vorgenommen: Zurechenbar waren alle kausalen („natural“) Folgen einer Handlung,

1635 Lord Goff of Chieveley, a. a. O., S. 73 (Hervorhebung nicht im Original).
1636 Blackburn J., a. a. O., S. 280.
1637 Vgl. zum Ganzen oben B.II.6.b.
1638 Vgl. Blackburn J., a. a. O., S. 279, 279, 280, 281, 281, 282, 285.
1639 Blackburn J., a. a. O., S. 280.
1640 Blackburn J., a. a. O., S. 279.
1641 Vgl. dazu eingehend oben B.II.6.b.

die mit dieser hinreichend unmittelbar („direct") verbunden waren. Diese Unmittelbarkeitsbeziehung war ausgeschlossen, falls eine weitere Schadensursache in den Kausalverlauf eingegriffen und das Verhalten des Schädigers überlagert hatte, wie es etwa bei Naturphänomenen oder Mitwirkungsakten des Geschädigten der Fall ist. *Justice* Blackburns *Rule* befolgte dieses Zurechnungsregime geradezu mustergültig: Zu ersetzen waren danach nämlich alle „natural consequences of the escape"[1642], ausgenommen „the act of God"[1643] und „the plaintiff's default"[1644].

Daher kann Lord Goff auch hier nicht gefolgt werden. Mit den „natural and anticipated consequences" gab Blackburn J. zwar (zutreffend) die Rechtslage bei der Haftung für *Animals Mensuetae Naturae* wieder; dies allerdings lediglich an einer einzelnen Stelle des Urteils. In die *Rule* aber übernahm *Justice* Blackburn allein den – von *Foreseeability* unberührten – Zurechnungsfilter des *Direct or Natural Consequence Test.* Vorhersehbarkeit war für die ursprüngliche *Rule* kein Bestandteil der Schadenszurechnung, sondern diente lediglich dazu, den grundlegenden Anwendungsbereich der *Rule* – in Gestalt der Schaffung einer erkennbaren Quelle erhöhter Gefahr – abzustecken[1645]. Worin genau diese Gefahr bestand, war dagegen nicht entscheidend: Zurechenbar waren nämlich alle unmittelbar kausalen Folgen des schadensstiftenden Verhaltens.

Diese Schlussfolgerung hat unmittelbare Auswirkungen auf das Ergebnis des *Cambridge-Water*-Falls. Legt man nämlich statt Lord Goffs *Foreseeability Test* das Prinzip *Justice* Blackburns zugrunde, greift die Regel aus *Rylands v. Fletcher* und gewährt dem klagenden Wasserunternehmen einen Schadensersatzanspruch. Es wäre mit Vorliegen einer erkennbaren Gefahrenquelle sowohl der Anwendungsbereich der *Rule* eröffnet, als auch eine zurechenbare *Direct* bzw. *Natural Consequence* gegeben. Für die Beklagten war nämlich sowohl nach den Tatsachenfeststellungen in erster Instanz[1646] als auch aufgrund der Beweiswürdigung Lord Goffs[1647] erkennbar, durch Verwendung der Chemikalie PCE eine Quelle erhöhter Gefahr zu schaffen. Wendet man im zweiten Schritt die Zurechnungsmethode *Justice* Blackburns an, so muss auch der eingetretene Schaden als zurechenbar anerkannt werden: Das Versickern von PCE im Boden (das *Escape*) führte in einem unmittelbaren Kausalverlauf

1642 Blackburn J., a. a. O., S. 279.

1643 Blackburn J., a. a. O., S. 280.

1644 Blackburn J., a. a. O., S. 280.

1645 Vgl. oben B.II.1.b.

1646 Bereits die erstinstanzliche Beweisaufnahme durch Kennedy J. führte zu dem Ergebnis, dass „I have had no evidence that 25,000 litres, for all their volatility, would not be expected to cause some damage if they escaped. Organochlorines were substances, certainly in the quantities in which they were kept, likely to damage if they escaped", Kennedy J. in *Cambridge Water Co. Ltd. v. Eastern Counties Leather plc.*, [1991] 4 J.E.L. 83, 93.

1647 Lord Goff ging ebenfalls davon aus, dass PCE eine gefährliche Chemikalie war, da „somebody might have been overcome by fumes from a spillage of a significant quantity", Lord Goff of Chieveley, a. a. O., S. 64.

zur Verunreinigung des Grundwassers (dem *Damage*); der Eingriff weiterer Schadensursachen in diesen Kausalverlauf ist nicht ersichtlich[1648]. Damit steht fest, dass der *Foreseeability Test* nicht nur ohne Rückhalt in *Justice* Blackburns Leitentscheidung ist; vielmehr steht Lord Goffs Zurechnungskonzept sogar im Widerspruch zum rechtshistorischen Fundament der *Rule*.

cc) *Präjudizienlage*

Die Präjudizienlage war für Lord Goff nur in einer Hinsicht (positive) Grundlage seiner Entscheidung: Er sah sich mit seinem Urteil in der *Rylands* kontinuierlich einschränkenden Tradition von *Read v. Lyons*[1649]. Auf der anderen Seite glaubte er sich (negativ) durch vor seinem Urteil liegende *Precedents* nicht an der Einführung seines *Foreseeability Test* gehindert.

(1) Lord Goff of Chieveley

Durch die generelle, mit *Read* begründete Tendenz in der englischen Rechtsprechung, die *Rule* eng auszulegen, sah sich Lord Goff in der Grundkonzeption seines Urteils bestärkt[1650]. Mit Einführung der Vorhersehbarkeit des Schadens als Haftungsvoraussetzung würde nämlich der Anwendungsbereich der *Rule* ebenfalls weiter eingeschränkt werden.

1648 Auch der *Court of Appeal* hatte in der Vorinstanz offenbar nicht Lord Goffs Zurechenbarkeitskonzept geteilt, da dort Mann L.J. „the sufficiency for the purpose of establishing liability under the rule in *Rylands v. Fletcher*, of the escaped thing having caused the damage which it did through the operation of ordinary natural processes" betonte; Mann L.J. *Cambridge Water Co. Ltd. v. Eastern Counties Leather plc.*, [1993] 5 J.E.L. 173, 176.

1649 *Read v. J. Lyons & Co. Ltd.*, [1946] All E.R. 471; vgl. dazu auch oben C.III.4, C.III.5., C.V.1.a., C.VI.2.b.dd.

1650 Vgl. Lord Goff of Chieveley, a. a. O., S. 75 f. Durch diese Entscheidung sah Lord Goff zudem den Weg in Richtung einer allgemeinen Gefährdungshaftung für besonders gefährliche Tätigkeiten nach dem Vorbild des amerikanischen *Restatement of Torts* versperrt. Als Bestätigung führte Lord Goff zudem den Bericht der *Law Commission on Civil Liability for Dangerous Things and Activities* an, wo ebenfalls gegenüber einer allgemeinen Gefährdungshaftung Skepsis geäußert worden sei. Dies geböte nach Lord Goff den Gerichten äußerste Zurückhaltung bei der Auslegung der *Rule* und überantworte deren Erweiterung ausschließlich dem Gesetzgeber. Auch dies ist allerdings zweifelhaft, da die *Law Commission* (im Gegensatz zur *Read*-Entscheidung) der Verschuldenshaftung äußerst kritisch gegenüberstand, und im Gegenteil nur deshalb keinen Reformvorschlag vorlegte, weil ihr Untersuchungsgegenstand die Frage der Personenschäden ausgeklammert hatte, welche die Kommission aber für einen entscheidenden Bestandteil eines zukünftigen verschuldensunabhängigen Haftungskonzepts hielt; vgl. zum Ganzen oben D.V.

Gleichzeitig wies Lord Goff den Einwand des Klägeranwalts ab, dass mit *West v. Bristol Tramways*[1651] und *Rainham Chemical Works v. Belvedere Fish Guano*[1652] zwei Präzedenzfälle vorlägen, in denen die Vorhersehbarkeit des Schadens als Haftungsvoraussetzung von *Rylands v. Fletcher* abgelehnt worden sei. Die Berücksichtigung früherer Rechtsprechung wie etwa der Entscheidung *Humphries v. Cousins*[1653] lehnte Lord Goff unter Verweis auf ihr Alter bereits im Grundsatz ohne weitergehende Prüfung ab[1654].

In *West* musste das beklagte Straßenbahnunternehmen dafür haften, dass die Kreosotversiegelung der Holzplanken innerhalb des Schienenverlaufs zu giftigen Dämpfen geführt hatte, welche die Pflanzen des Klägers beschädigt hatten. Lord Goff erkannte an, dass eine Haftung des beklagten Unternehmens angenommen wurde, obwohl dieses keine Kenntnis von der Möglichkeit eines derartigen Schadenseintritts gehabt hatte, da Kreosotversiegelungen damals gängig und keine damit verbundenen Schäden bekannt gewesen waren[1655]. Lord Goff lehnte sich an die Argumentation des *Court of Appeal* an, dass eine Haftung dann ausscheide, wenn der Schädiger – was im damaligen Fall nicht erfolgt war – die allgemein bekannte Ungefährlichkeit der Gefahrenquelle nachweisen könne[1656].

Der *Rainham*-Entscheidung lag eine Explosion in einer Munitionsfabrik zugrunde, die in der umliegenden Nachbarschaft erhebliche Sach- und Personenschäden verursachte. Als Ursache der Explosion wurde ermittelt, dass der bei der Munitionsherstellung verwendete Stoff Dinitrophenol mit Feuer in Berührung gekommen war. Lord Goff erkannte zwar an, dass gegenüber dem Betreiber *Rylands* angewendet worden war; jedoch sah er die Hauptproblematik des Falles darin, dass den *Directors* des Unternehmens eine persönliche Haftung auferlegt werden sollte[1657].

Lord Goff fühlte sich durch keinen der beiden Fälle in seiner Entscheidung gebunden, da diese nicht vom *House of Lords* entschieden worden waren[1658]. Auch inhaltlich boten die Urteile für Lord Goff „little guidance“[1659] bezüglich der Vorhersehbarkeit des Schadens. Dem *Foreseeability Test* stand damit nach Auffassung Lord Goffs auch kein *Precedent* entgegen.

1651 *West v. Bristol Tramways Co.*, [1908] 2 K.B. 14.

1652 *Rainham Chemical Works Ltd. v. Belvedere Fish Guano Co. Ltd.*, [1921] 2 A.C. 465.

1653 *Humphries v. Cousins*, (1877) 2 C.P.D. 239.

1654 Vgl. Lord Goff of Chieveley, a. a. O., S. 73.

1655 Vgl. Lord Goff of Chieveley, a. a. O., S. 73.

1656 Vgl. Lord Goff of Chieveley, a. a. O., S. 74.

1657 Vgl. Lord Goff of Chieveley, a. a. O., S. 74 f.

1658 In *Rainham* liegt zwar eine Entscheidung des *House of Lords* vor; diese ist jedoch nicht mit der Frage der Vorhersehbarkeit des Schadens befasst, sondern mit formalen Erwägungen; vgl. Lord Goff of Chieveley, a. a. O., S. 75.

1659 Lord Goff of Chieveley, a. a. O., S. 75; als deren einzig verwertbare Aussage sah Lord Goff die Grundannahme, dass „the strict liability arising under the rule precluded reliance by the plaintiff on lack of knowledge or the means of knowledge of the relevant danger“, Lord Goff of Chieveley, a. a. O., S. 75.

(2) Bewertung

Soweit sich Lord Goff auf *Read* berief, ist zunächst anzumerken, dass hier keine unmittelbare Grundlage für den *Foreseeability Test* liegen kann, da diese Frage in dem Urteil überhaupt nicht angesprochen wurde. Ihr Wert für Lord Goffs Argumentation liegt vielmehr darin, dass hier bewusst die erste umfassende und systematische Einschränkung der *Rule* vorgenommen wurde. Dies hatte das *House of Lords* erreicht, indem es fortan unter *Rylands* einzig Fälle einer von einem Grundstück entweichenden Gefahrenquelle fassen wollte. Allerdings ist, wie bereits an anderer Stelle erörtert[1660], diese Einschränkung nicht überzeugend hergeleitet worden. Nicht zu folgen ist auch dem *Obiter Dictum* aus *Read*, dass Personenschäden keine Grundlage in *Rylands* finden dürften[1661]. Am erweiterten Gewöhnlichkeitsfilter zum *Non-Natural Use*, nach dem *Read* sogar die Produktion waffenfähigen Sprengstoffs zu Kriegszeiten als „gewöhnlich" ansah[1662], ließ wiederum selbst Lord Goff Vorbehalte erkennen[1663]. Insgesamt muss daher festgestellt werden, dass *Read v. Lyons* eine eher zweifelhafte Grundlage zur Begründung einer Rechtsprechungstradition bietet[1664]. Eine diesem Urteil entspringende Kontinuität, *Rylands v. Fletcher* eng auszulegen, ist daher abzulehnen.

Dagegen gestand Lord Goff unter Verweis auf *Humphries*[1665] offen ein, dass aus der älteren Rechtsprechung tatsächlich Präzedenzfälle vorliegen, in denen Gerichte nicht von einem Vorhersehbarkeitserfordernis ausgegangen zu sein scheinen[1666]. In *Humphries* hatte man die *Rule* angewendet, obgleich der Beklagte keine Kenntnis von der schadensstiftenden defekten Abwasserleitung hatte, da „that duty [...] is independent [...] of his knowledge or ignorance of the existence of the drain"[1667]; allerdings wurde hier[1668] weniger die Vorhersehbarkeit des Schadenstyps thematisiert

1660 Vgl. oben C.III.4.b.

1661 Vgl. oben C.V.1.a.

1662 Vgl. oben C.VI.2.b.dd.

1663 Vgl. Lord Goff of Chieveley, a. a. O., S. 79.

1664 Kritisch auch Dolding/Mullender: „Notions of Strict Liability", [1995] J.B.L. 93, 97.

1665 *Humphries v. Cousins*, (1877) 2 C.P.D. 239.

1666 Vgl. Lord Goff of Chieveley, a. a. O., S. 73. Ähnlich auch die Einschätzung von O'Quinn: „Not-So Strict Liability: A Foreseeability Test for *Rylands v. Fletcher* and Other Lessons from *Cambridge Water Co. v. Eastern Counties Leather plc*", (2000) 24 H.E.L.R. 287, 293.

1667 Denman J. in *Humphries v. Cousins*, a. a. O., S. 245.

1668 Auch ein späteres Urteil ging ähnlich wie *Humphries* davon aus, dass der Beklagte die konkret zum Schadenseintritt führenden Umstände nicht vorhergesehen haben müsse: „the expectation of danger is not the basis of the principle of *Rylands v. Fletcher.* [...] A thing may be dangerous although the danger is unexpected", Bankes L.J. in *Musgrove v. Pandelis*, [1919] 2 K.B. 43, 47. Ebenso stellte der *Court of Appeal* in einer jüngeren Entscheidung fest, dass „it would be no answer for the defendant to say 'I did not know of the danger and had no reason to know of it'", Megaw L.J. in *Leakey v. National Trust for Places of Historic Interest or Natural Beauty*, [1980] 1 All E.R. 17, 30 (dies bewertete Lord Goff aber [a. a. O., S. 77] zutreffend als *Obiter Dictum*).

als vielmehr diejenige des schadensstiftenden *Escape*[1669]. Der Rechtsprechung sind aber noch weitere – von Lord Goff nicht berücksichtigte – Beispiele zu entnehmen, in denen die Gerichte die Haftung des Beklagten nicht von der Vorhersehbarkeit des verursachten Schadens abhängig machten[1670]. In *Crowhurst v. Amersham Burial Board* wurde nämlich festgestellt, dass „it would be immaterial as, whether [...] [the defendants] knew it or not, they would be held responsible, for the natural consequences of their act“[1671]. Eine ähnliche Vorgehensweise wählte der *Court of Appeal* in *Filburn v. The People's Palace and Aquarium* und führte aus, dass „an action can be maintained for any injury done by [an elephant], although the owner had no knowledge of its mischievous propensities“[1672]. Es liegt mit *Smith v. London & South Western Railway* sogar eine Entscheidung *Justice* Blackburns vor, in der er das Charakteristikum seiner *Rule* darin erblickte, dass die Vorhersehbarkeit des eingetretenen Schadens gerade keine Haftungsvoraussetzung sein soll: „In *Fletcher v. Rylands* [...] the House of Lords held that the defendants were responsible for the injury caused, though no one could have reasonably anticipated it.“[1673] Höchst bemerkenswert ist die Deutlichkeit dieser Aussage, denn Blackburn J. stellte unmissverständlich klar, dass der Schaden („injury“) nicht vorhersehbar („reasonably anticipated“) gewesen sein muss, um in den Anwendungsbereich der *Rule* zu fallen.

Mit zwei Entscheidungen aus der vorangegangenen Rechtsprechung setzte sich Lord Goff hingegen auseinander. Dabei handelte es sich zunächst um *West v. Bristol Tramways*[1674], wo giftige, bei der Verwendung von Kreosot im Schienenbau freigesetzte Dämpfe die Pflanzen des Klägers beschädigt hatten. Der *Court of Appeal* gewährte dem damaligen Kläger einen Anspruch aus der *Rule*, obgleich die Beklagte

1669 In Kenntnis des schadensgeneigten Zustands seiner Abwasserleitung (und damit dem möglichen *Escape*) wäre eine Überschwemmung des Nachbarlands *(Damage)* zweifellos vorhersehbar gewesen. Denman J. nahm (a. a. O., S. 245) ausdrücklich Bezug auf *Justice* Blackburns Urteil und wies darauf hin, dass auch dort der Beklagte ohne Kenntnis von dem konkret zu dem Schaden führenden Zustand seines Grundstücks haften musste: „although in that case the defendant knew of the existence of his reservoir, he did not know that the ground underneath it was in such a state as to render its existence dangerous; and it was strenuously but ineffectually urged that he could not be liable in respect of damage caused by a state of things of which he knew nothing“.

1670 Vgl. auch die Auswertung der Rechtsprechung zum abweichenden *Direct or Natural Consequence Test* unter C.V.2.

1671 Kelly C.B. in *Crowhurst v. Amersham Burial Board*, (1878) 4 Ex.D 5, 11 f.

1672 Bowen L.J. in *Filburn v. The People's Palace and Aquarium Ltd.*, (1890) 25 Q.B.D. 258, 261 f.

1673 Blackburn J. in *Smith v. London & South Western Railway Co.*, (1870) L.R. 6 C.P. 14, 17.

1674 *West v. Bristol Tramways Co.*, [1908] 2 K.B. 14.

bei Nutzung des Kreosots nicht wusste[1675] (und wohl auch nicht wissen konnte[1676]), dass dieser Stoff giftige Dämpfe freisetzen kann[1677]. Dies steht in deutlichem Widerspruch zu Lord Goffs Ergebnis in *Cambridge Water*: Hier wurde *Rylands* deshalb abgelehnt, weil infolge der Flüchtigkeit des schadensstiftenden PCE nicht vorhersehbar war, dass diese Chemikalie in das Grundwasser unter dem Betriebsgelände einsickern und es verunreinigen würde[1678]. Ebenso, wie damit Lord Goff den Umstand als haftungsausschließend wertete, dass eine Chemikalie unvorhergesehen nicht in den gasförmigen Zustand überging, war es für den *Court of Appeal* in *West* nicht haftungsausschließend gewesen, dass eine Chemikalie unvorhergesehen ebendies tat und giftige Dämpfe bildete. Lord Goff erkannte in *West* dennoch „little guidance"[1679] und sah sich daher nicht an seiner gegensätzlichen Beurteilung gehindert. Eine Erklärung, die ihn zu seiner Einschätzung bewog, lieferte Lord Goff zwar nicht. Möglicherweise liegt diese aber darin, dass *West* „nur" eine Entscheidung des *Court of Appeal*, nicht aber des *House of Lords* ist. Zwar trifft es zu, dass *West* vor diesem Hintergrund gegenüber Lord Goffs Urteil keine präjudizielle Bindungswirkung entfalten konnte[1680]. Überzeugender wäre es jedoch trotzdem gewesen, die inhaltliche Auseinandersetzung mit diesem Urteil zu suchen, denn auch nicht bindende Entscheidungen können eine *Persuasive Authority* entfalten[1681]. Dies gilt umso mehr, als Lord Goffs zentrale Argumentationsgrundlage ebenfalls kein Urteil

1675 Vgl. *Holding* in *West v. Bristol Tramways Co.*, a. a. O., S. 14: „[A]lthough they did not know that the use of creosoted wood might cause damage [...] they were, upon the principle laid down in *Fletcher v. Rylands* [...] liable to the plaintiff in respect of the damage sustained by him." Die Einordnung von Kreosot als gefahrgeneigter Stoff war durch eine *Jury* in der Vorinstanz festgestellt worden; vgl. die Feststellung durch Phillimore J. in *West v. Bristol Tramways Co.*, a. a. O., S. 17 Anm. 1.

1676 Zumindest behaupteten die Beklagtenvertreter, dass „creosoted wood had been in use for several years for the purpose of wood paving, and no mischief had ever been known to arise from it", Salter/Vachell in *West v. Bristol Tramways Co.*, a. a. O., 19.

1677 Der *Court of Appeal* erlegte nämlich der Beklagten die Beweislast darüber auf, dass die schadensstiftende Eigenschaft der Gefahrenquelle bei Verwendung allgemein bekannt ist und sah eine Haftung der insoweit beweisfälligen Beklagten: „Moreover in this case it was not proved that according to common experience creosoted wood was not likely to cause the mischief which occured in the present case. For these reasons I think that the appeal must be dismissed", Farwell L.J. in *West v. Bristol Tramways Co.*, a. a. O., S. 25. Ähnlich Lord Alverstone C.J. (a. a. O., S. 20 f.): „The authorities do not, in my opinion, support the suggestion that this onus is cast on the party injured. [...] The onus of proof rests upon the defendants.".

1678 Vgl. Lord Goff of Chieveley, a. a. O., S. 64, 77 sowie oben F.I.1.a.cc.

1679 Lord Goff of Chieveley, a. a. O., S. 75.

1680 Vgl. oben A.II.1.b.

1681 Vgl. oben A.II.1.b.

mit präjudizieller Bindungswirkung, sondern lediglich ein Aufsatz[1682] war, mit dem Newark die *Offshoot Theory* begründete.

Die andere von Lord Goff berücksichtigte Entscheidung war *Rainham Chemical Works v. Belvedere Fish Guano*[1683], ein Urteil des *House of Lords*. Hier gründeten zwei Personen ein Unternehmen, das zur Herstellung von Sprengstoff die Chemikalien Dinitrophenol und Sodanitrat verwendete. Da die Chemikalien in räumlicher Nähe zueinander gelagert wurden, reagierten sie miteinander, entzündeten sich und verursachten eine Explosion, wodurch erheblicher Sachschaden entstand. Das *House of Lords* ließ neben dem Produktionsunternehmen auch die beiden Inhaber persönlich aus *Rylands* haften[1684]. Die Anspruchsvoraussetzungen bejahte das Gericht hinsichtlich des Zusammenwirkens der beiden Chemikalien zu einem Brand[1685] (als Vorstufe der schädigenden Explosion), obgleich „it was not known to either of the defendants that this danger existed"[1686]. Lord Buckmaster stellte dahingehend fest, dass die Unkenntnis der Beklagten bezüglich dieser Wirkungsweise der Chemikalien „in itself affords no excuse"[1687]. Auch dieses Ergebnis stimmt nicht mit Lord Goffs Urteil überein, da er hier das Scheitern der *Rule* damit begründete, dass der Beklagten die zum Schadenseintritt führende Eigenschaft der Chemikalie PCE (die sich nicht sofort realisierende Flüchtigkeit) unbekannt gewesen war. Lord Goff bemühte sich, die Aussagekraft von *Rainham* mit der Vermutung zu verringern, die damalige Hauptfrage für das *House of Lords* sei die Begründung einer persönlichen Haftung der Inhaber des Produktionsunternehmens gewesen[1688]. Dies ist zwar keineswegs ausgeschlossen; jedoch folgt hieraus nicht die weitere Aussage Lord Goffs, dass „[c]ertainly, the point [of foreseeability] was not considered by this House in the *Rainham Chemicals* case"[1689], da die bereits dargestellten Passagen aus Lord Buckmasters Urteilsbegründung sehr wohl mit der Frage der Kenntnis der

1682 Newark: „The Boundaries of Nuisance", (1949) 65 L.Q.R. 480; vgl. dazu ausführlich oben E.V.2.b. und F.I.1.b.aa.

1683 *Rainham Chemical Works Ltd. v. Belvedere Fish Guano Co. Ltd.*, [1921] 2 A.C. 465.

1684 Vgl. *Holding* in *Rainham Chemical Works v. Belvedere Fish Guano*, a. a. O., S. 466.

1685 Vgl. Lord Parmoor in *Rainham Chemical Works v. Belvedere Fish Guano,* a. a. O., S. 485.

1686 Lord Buckmaster in *Rainham Chemical Works v. Belvedere Fish Guano,* a. a. O., S. 471.

1687 Lord Buckmaster, a. a. O., S. 471.

1688 Vgl. Lord Goff of Chieveley, a. a. O., S. 74 f.

1689 So Lord Goff of Chieveley, a. a. O., S. 75. Die Vorgehensweise, *Rainhams* Aussagekraft mit Verweis auf einen anderweitigen Schwerpunkt zu entkräften, ist nicht neu: Bereits in *Read* wandte Viscount Simon L.C. diese Argumentation an, um die seiner Auffassung widersprechende Einordnung der Sprengstoffproduktion als *Non-Natural Use* zu entkräften; vgl. Viscount Simon L.C. in *Read v. Lyons*, [1946] 2 All E.R. 471, 475.

schadensstiftenden Wirkungsweise der Gefahrenquelle befasst waren[1690]. Damit zieht sogar ein Urteil des *House of Lords* Lord Goffs *Foreseeability Test* in Zweifel.

Schließlich ist noch auf einen weiteren Aspekt hinzuweisen. Die Vorhersehbarkeit als Schadenszurechnungskriterium findet ihren Ursprung in der Entscheidung *The Wagon Mound No. 1*[1691], in der zunächst für die *Negligence* der *Direct Consequence Test* endgültig zugunsten des *Foreseeability Test* aufgegeben wurde[1692]. In der Folgeentscheidung *The Wagon Mound No. 2*[1693] wurde diese Vorgehensweise in die *Nuisance* übernommen[1694], und mit *Cambridge Water* wollte Lord Goff den Anwendungsbereich des *Foreseeability Test* auf *Rylands* ausdehnen. Die fallrechtliche Basis dieser drei Entwicklungsetappen des *Foreseeability Test* bildet also *The Wagon Mound No. 1*. Hier aber nahmen die Richter *Rylands* ausdrücklich von der Vorhersehbarkeitsprüfung aus: „It is proper to add that their Lordships have not found it necessary to consider the so-called rule of 'strict liability' exemplified in *Rylands v. Fletcher* [...] and the cases that have followed or distinguished it. Nothing that they have said is intended to reflect on that rule."[1695] Dass dieser Aussage Gewicht beizumessen sein sollte, folgt aber nicht allein aus der zentralen Bedeutung von *The Wagon Mound No. 1* in der Gesamtentwicklung des *Foreseeability Test*. Interessant ist auch, dass diese Passage von Viscount Simonds und damit einem der Richter aus *Read v. Lyons*[1696] stammt. Dies zeigt, dass hier offenkundig kein blinder Verfechter der *Rule* am Werk war. Noch bedeutsamer ist jedoch, dass der Ansicht dieses Richters im Angesicht der hohen Wertschätzung Lord Goffs für die in *Read* getroffenen Grundsatzentscheidungen für *Rylands v. Fletcher* einiges Gewicht zukommen sollte.

Damit steht zusammenfassend fest, dass es für die von Lord Goff erkärte Einführung des Vorhersehbarkeitserfordernisses in *Rylands v. Fletcher* keine überzeugende präjudizielle Grundlage gibt. Im Gegenteil lassen sich aus der Rechtsprechung diverse Fälle entnehmen, die seinem Ergebnis widersprechen und eine Haftung

---

1690 Zudem dürfte Lord Goffs Einwand, dass *Rainham* eher mit der persönlichen Haftung der Unternehmensinhaber befasst sei, ihn nicht vor einer inhaltlichen Auseinandersetzung mit den Aussagen Lord Buckmasters bewahren: Denn sollte Lord Goff dem Ergebnis Lord Buckmasters in Bezug auf die Unternehmensinhaber zugestimmt haben, wäre dies allenfalls ein Argument, um auf eine persönliche Haftung für die Inhaber der *Eastern Counties Leather plc.* zu erkennen.

1691 *Overseas Tankship (UK) Ltd. v. Morts and Dock & Engineering Co. Ltd. (The Wagon Mound No. 1)*, [1961] A.C. 388.

1692 Vgl. oben E.IV.1. Darauf verweisend, allerdings ansonsten den *Foreseeability Test* unterstützend auch Atkinson: „Strict Liability for Environmental Damage: The Cambridge Water Company case", [1993] 5 J.E.L. 179, 182 f.

1693 *Overseas Tankship (U.K.) Ltd. v. Miller Steamship Co. (The Wagon Mound No. 2)*, [1967] 1 A.C. 617.

1694 Vgl. oben E.V.1.d.

1695 Viscount Simonds in *The Wagon Mound No. 1*, a. a. O., S. 426 f.; vgl. dazu auch Dias: „Remoteness of Liability and Legal Policy", (1962) 20 C.L.J. 178, 194.

1696 *Read v. J. Lyons & Co. Ltd.*, [1946] 2 All E.R. 471.

ausdrücklich nicht von der Vorhersehbarkeit des Schadens abhängig machten; eine dieser Entscheidungen stammt sogar von *Justice* Blackburn selbst. Jedenfalls bezüglich des im *House of Lords* entschiedenen *Rainham*-Falls ist Lord Goff zudem der Verweis darauf verwehrt, dass dieser als Urteil eines niederrangigen Gerichts vernachlässigt werden kann. Allein der Verweis auf eine mit *Read v. Lyons* – ihrerseits in fragwürdiger Argumentation – entwickelte Tradition einer restriktiven Auslegung der *Rule* vermag jedenfalls keine überzeugende präjudizielle Grundlage für Lord Goffs Argumentation zu bilden.

2. Schwächung des *Non-Natural Use*

Trotz seiner brüchigen Basis wurde der *Foreseeability Test* von allen an *Cambridge Water* beteiligten Lordrichtern unterstützt[1697]. Lord Goff nutzte aber sein Urteil auch, um auf die Auswirkungen seines Vorhersehbarkeitskonzepts auf die Systematik der *Rule* hinzuweisen. Sein diesbezügliches *Obiter Dictum*[1698] zielte auf den *Non-Natural Use* ab, das (seit *Rickards v. Lothian* und *Read v. Lyons*)[1699] zentrale Instrument zur Haftungskontrolle in der *Rule.*

a) Lord Goff of Chieveley

Lord Goff erkannte an, dass der *Non-Natural Use* ein definitorisch nur schwer zu fassendes und in der Rechtspraxis überaus unsicher anzuwendendes Haftungsmerkmal der *Rule* ist[1700]. Aus diesem Grunde verlieh er seiner Hoffnung Ausdruck, dass sein *Foreseeability Test* den *Non-Natural Use* als zentralen Kontrollmechanismus der *Rule* ablösen wird[1701]. Dabei leitete Lord Goff insbesondere die Erwartung, dass das Vorhersehbarkeitskonzept für die Gerichte praktisch leichter und dogmatisch stringenter zu handhaben sein werde[1702].

1697 Vgl. Lord Templeman in *Cambridge Water Co. Ltd. v. Eastern Counties Leather plc.*, a. a. O., S. 63 sowie Lord Jaunchey of Tullichettle, Lord Lowry und Lord Woolf, jeweils a. a. O., S. 80.

1698 Im Ergebnis wurde eine Haftung aus *Rylands* mangels vorhersehbaren Schadens abgelehnt. Die Bewertung des schadensstiftenden Verhaltens als *Non-Natural Use* war daher nicht mehr entscheidungserheblich. Vgl. auch Lord Goff of Chieveley, a. a. O., S. 78.

1699 Vgl. oben C.VI.2.b. und C.VII.

1700 Vgl. Lord Goff of Chieveley, a. a. O., S. 78 f.

1701 „It may well be that, now that it is recognised that foreseeability of harm of the relevant type is a prerequisite of liability in damages under the rule, the courts may feel less pressure to extend the concept of natural use to circumstances such as those in the present case", Lord Goff of Chieveley, a. a. O., S. 79.

1702 „[...] in due course it may become easier to control this exception, and to ensure that it has a more recognisable basis of principle", Lord Goff of Chieveley, a. a. O., S. 79.

Auch zur inhaltlichen Gestaltung des *Non-Natural Use* nahm Lord Goff Stellung. Zwar enthielt er sich einer umfassenden Neudefinition[1703]. Jedoch verwies er auf zwei Methoden zu seiner Bestimmung, nämlich den Künstlichkeits- und den Gewöhnlichkeitsfilter. Das erste, auf Blackburn J. und[1704] Lord Cairns zurückgehende Konzept lehnte Lord Goff rundheraus als „simple idea, redolent of a different age“[1705] ab. Dagegen unterstützte er den Gewöhnlichkeitsfilter, welchen Lord Moulton mit *Rickards*[1706] in der *Rule* etabliert hatte[1707].

Zugleich positionierte sich Lord Goff aber gegen die Erweiterung des Gewöhnlichkeitsfilters aus *Read v. Lyons*[1708], wonach jede gesamtgesellschaftlich nützliche Tätigkeit von der strengen Haftung der *Rule* ausgenommen wird[1709]. Daher sprach er sich auch gegen den Vorstoß des erstinstanzlichen[1710] Urteils zu *Cambridge Water* aus, wonach bereits die Schaffung von Arbeitsplätzen (als Kriterium für gesamtgesellschaftliche Nützlichkeit) einen haftungsausschließenden *Natural Use* begründe[1711]. In der Folge[1712] qualifizierte Lord Goff auch im *Cambridge-Water*-Fall „the storage of substantial quantities of chemicals on industrial premises [...] as an almost classic case

1703 „Fortunately, I do not think it is necessary for the purposes of the present case to attempt any redefinition of the concept of natural or ordinary use“, Lord Goff of Chieveley, a. a. O., S. 79.

1704 Als interessanter Nebenaspekt ist gleichwohl zu vermerken, dass Lord Goff (a. a. O., S. 78) die Konzepte *Justice* Blackburns und Lord Cairns' für inhaltlich übereinstimmend hielt und in beiden Urteilen jeweils den Künstlichkeitsfilter erkannte: „Blackburn J.'s statement of the law was limited to things which are brought by the defendant onto his land, and so did not apply to things that were naturally upon the land. Furthermore, it is doubtful whether in the House of Lords in the same case Lord Cairns, to whom we owe the expression 'non-natural use' of the land, was intending to expand the concept of natural use beyond that envisaged by Blackburn J.“; vgl. dazu oben B.III.2.

1705 Lord Goff of Chieveley, a. a. O., S. 78.

1706 *Rickards v. Lothian*, [1911–13] All E.R. Rep. 71; vgl. dazu oben C.VI.2.b.cc.

1707 Vgl. Lord Goff of Chieveley, a. a. O., S. 77.

1708 *Read v. J. Lyons & Co. Ltd.*, [1946] All E.R. 471; vgl. dazu oben C.VI.2.b.dd.

1709 Lord Goff gab (a. a. O., S. 78 f.) insoweit zu bedenken, dass diese Auslegung kaum zu begrenzen sei.

1710 Vgl. Kennedy J. in *Cambridge Water Co. Ltd. v. Eastern Counties Leather plc.*, [1991] 4 J.E.L. 83, 97.

1711 „I myself, however, do not feel able to accept that the creation of employment as such, even in a small industrial complex, is sufficient of itself to establish a particular use as constituting a natural or ordinary use of land“, Lord Goff of Chieveley, a. a. O., S. 79.

1712 Hieran führte nach Lord Goffs Auffassung (a. a. O., S. 79) auch der Umstand keine Änderung herbei, dass der Einsatz der entsprechenden Chemikalie in der Gerbereindustrie allgemein üblich war; ebenso wenig berücksichtigte er die Förderung der Industrie in der Gemeinde.

of non-natural use"[1713]. Gleichwohl wollte der Lordrichter auch weiterhin Maßnahmen zur Daseinsvorsorge innerhalb einer Gemeinde als *Natural Use* privilegieren[1714].

b) Bewertung

Obgleich Lord Goffs Ausführungen zum *Non-Natural Use* lediglich als *Obiter Dictum* erfolgten, kommt ihnen als *Persuasive Authority*[1715] beträchtliches Gewicht zu. Dies ist insoweit begrüßenswert, als Lord Goff die fortschreitend extensive Auslegung des *Non-Natural Use* zurückdrängen und dessen Rolle als Mechanismus der Haftungskontrolle beenden wollte. Freilich darf hierbei nicht übersehen werden, dass Lord Goff im Gegenzug den *Foreseeability Test* als zentralen Filter der Haftungskontrolle installierte[1716]. Folglich entfiele in den Augen des Lordrichters die Basis für den zurückgeschnittenen *Non-Natural Use*, sobald das Vorhersehbarkeitskonzept – wie hier vertreten[1717] – abgelehnt wird.

Allerdings gilt es zu bedenken, dass kein großzügiger Akt der richterlichen Rechtsfortbildung notwendig ist, um den *Non-Natural Use* von seiner extensiven Auslegung und Anwendung zu befreien. Vielmehr geht gerade aus dem präjudiziellen Fundament der *Rule*, den Entscheidungen *Justice* Blackburns und auch Lord Cairns', eine enge Auslegung und ein begrenzter Wirkungsbereich dieses Haftungsmerkmals hervor[1718]. Angesichts der brüchigen fallrechtlichen Basis des Gewöhnlichkeitsfilters[1719] bedarf es daher nicht des *Foreseeability Test*, um den *Non-Natural Use* auf seine ursprüngliche, eng umgrenzte Gestalt zurückzuschneiden.

Kritisch sind daher die inhaltlichen Vorgaben Lord Goffs an den *Non-Natural Use* zu bewerten. Die Fortführung des Gewöhnlichkeitsfilters ist nicht überzeugend, da die Präjudizienkette von *Rickards*[1720] über *Read*[1721] hin zu Lord Goffs Urteil kaum belastbar ist[1722]. Zusätzliche Argumente zugunsten des Gewöhnlichkeitsfilters bot nämlich auch *Cambridge Water* nicht. Ohnehin ist es ungewöhnlich, in welch entschiedener Schärfe Lord Goff die Entscheidungen *Justice* Blackburns und Lord Cairns als „simple idea, redolent from a different age"[1723] abtat. Gerade das Urteil

1713 Lord Goff of Chieveley, a. a. O., S. 79.

1714 Lord Goff verwies (a. a. O., S. 79) dabei auf „the provision of services" zum Nutzen der „local community."

1715 Vgl. dazu oben A.II.1.b.

1716 Vgl. auch Cane: „The Changing Fortunes of *Rylands v. Fletcher*", [1994] 24 U.W.A.L.R. 237, 239.

1717 Vgl. dazu oben F.I.1.b.

1718 Vgl. oben B.III. und C.VI.2.a.

1719 Vgl. oben C.VI.2.b.

1720 *Rickards v. Lothian*, [1911–13] All E.R. Rep. 71; vgl. dazu oben C.VI.2.b.cc.

1721 *Read v. J. Lyons & Co. Ltd.*, [1946] All E.R. 471; vgl. oben C.VI.2.b.dd.

1722 Vgl. oben C.VI.2.b.

1723 Lord Goff of Chieveley, a. a. O., S. 78; ähnlich Kutner: „The End of *Rylands v. Fletcher*?", (1995) 31 T.I.L.J. 73, 91; zweifelhaft daher die Einschätzung bei Davies

Lord Cairns' wurde immerhin durch das *House of Lords* gefällt, und diese Ausführungen erfolgten – im Gegensatz zu denen Lord Goffs – auch nicht lediglich als *Obiter Dictum*[1724]. Angesichts der englischen Rechtstradition ist es verwunderlich, dass Lord Goff nicht einmal versuchte, die Divergenzen zwischen den Präjudizien *Justice* Blackburns (bzw. Lord Cairns) und Lord Moultons (aus *Rickards*) fallrechtlich zu klären, sondern Erstere schlicht als veraltet zu übergehen. Dies umso mehr, als Lord Goff bei der Herleitung des *Foreseeability Test* gerade das von Lord Cairns bestätigte Urteil *Justice* Blackburns geradewegs zu seinem „Kronzeugen" erhoben hatte – nur um deren Urteile nun in der Frage des *Non-Natural Use* kurzerhand als simpel und veraltet abzutun.

Widerspruch ist überdies gegenüber Lord Goffs Interpretation des Gewöhnlichkeitsfilters geboten. Zwar ist es zu begrüßen, dass die extrem weite Variante aus *Read* abgelehnt und auch gesamtgesellschaftlich nützliche Tätigkeiten als möglicher *Non-Natural Use* anerkannt wurden. Jedoch geht auch Lord Goffs Prüfungsfilter zu weit, der die (ebenfalls „nützliche") öffentliche Daseinsvorsorge innerhalb einer Gemeinde als *Natural Use* privilegieren will. Grundlage dieses „Nützlichkeitsfilters" ist nämlich Lord Moultons Formulierung aus *Rickards*, wonach Tätigkeiten zum „general benefit of the community"[1725] von der *Rule* ausgenommen sein sollten. Diese Formulierung aber galt lediglich dem Verhältnis zwischen den konkret als Kläger und Beklagter beteiligten Parteien (im Gegensatz zur gesamten Gemeinde) und knüpfte insoweit an die bereits etablierte *Defence* des konkludenten Einverständnisses an[1726]. Dort wiederum hat sich in der Rechtsprechung gerade keine allgemeine Haftungsprivilegierung zugunsten öffentlicher Behörden bei der Daseinsvorsorge durchsetzen können[1727]. Folglich besteht auch für den *Non-Natural Use* keine rechtssystematische Legitimationskette von dieser *Defence* über die *Rickards*-Entscheidung hin zu Lord Goffs Urteil.

3. Resümee

Mit seinem Urteil zu *Cambridge Water* hat Lord Goff das Vorhersehbarkeitskonzept in die Haftung nach *Rylands v. Fletcher* eingeführt. Ansatzpunkt seines *Foreseeability Test* ist dabei allein die Schadenszurechnung *(Damage)* und nicht das haftungsbegründende Verhalten *(Escape)* des Schädigers. Daher wurde der verschuldensunabhängige Charakter von *Rylands* nicht aufgeweicht, wenngleich der Anwendungsbereich der Haftungsregel insgesamt auf vorhersehbare Schäden verengt worden ist.

(„Strict Liability and Reasonable Foreseeability", [1994] T.L.J.L. 7, [32]), wonach Lord Goff den *Justice* Blackburns Künstlichkeitsfilter wieder aufgreifen wollte.

1724 Vgl. oben B.III.

1725 Lord Moulton in *Rickards v. Lothian*, [1911–13] All E.R. Rep. 71, 80.

1726 Vgl. eingehend oben C.VI.2.b.cc.

1727 Vgl. oben C.IV.2.

Unabhängig davon vermag die Herleitung dieser Neuerung (im Hinblick auf die *Offshoot Theory*) weder dogmatisch, noch (in Bezug auf die einschlägigen Präjudizien) fallrechtlich oder rechtshistorisch (anhand der Urteile *Justice* Blackburns und Lord Cairns') zu überzeugen. Mit Einführung des aus *Nuisance* und *Negligence* bekannten Vorhersehbarkeitskonzepts sind zudem die dort zu Tage getretenen Unschärfen auf *Rylands v. Fletcher* übertragen worden. Diese Folge manifestiert sich bereits in der vorliegenden Entscheidung Lord Goffs, wo die Klageabweisung mangels *Foreseeability* auch auf das Entweichen der Gefahrenquelle und damit auf das (eigentlich vom Vorhersehbarkeitserfordernis ausgeschlossene) haftungsbegründende Verhalten des Schädigers Bezug nahm.

Kritisch muss auch Lord Goffs Neufassung des *Non-Natural Use* bewertet werden. Die grundsätzlich begrüßenswerte Einschränkung der ausufernden Auslegung dieser Haftungsbegrenzung erfolgte nämlich nur um den Preis der Einführung des *Foreseeability Test* als neuer Begrenzungsmethode. Zudem bewegt sich die Argumentation Lord Goffs auch hier präjudiziell auf brüchigem Fundament: Nicht nur bestätigte sein Urteil den – seinerseits abzulehnenden – Gewöhnlichkeitsfilter aus *Rickards*. Vielmehr führte es auch die rechtssystematisch zweifelhafte Privilegierung von Tätigkeiten fort, die nicht nur zwischen den konkret beteiligten Parteien, sondern für die gesamte Gemeinde „nützlich" sind.

Gleichwohl ist das durch Lord Goff neugefasste Konzept von *Rylands v. Fletcher* durch die englische Rechtsprechung umgehend aufgenommen worden[1728]: In einer Reihe von Urteilen haben die Gerichte den *Foreseeability Test*[1729], die *Offshoot*

1728 Ebenso die Einschätzung bei Nolan: „The Distinctiveness of *Rylands v. Fletcher*", (2005) 121 L.Q.R. 421, 425; Murphy, S. 644.

1729 Vgl. nur die Folgeentscheidung des *House of Lords* in *Transco v. Stockport M.B.C.* ([2003] U.K.H.L. 61; vgl. dazu eingehend unter F.IV.2.e.) sowie aus der weiteren Rechtsprechung auch Toulson J. in *Paterson v. Humberside County Council*, [1996] 12 Const. L.J. 64, 69; Bowsher Q.C. in *Ellison v. Ministry of Defence*, [1996] 81 B.L.R. 108, 122 f.; Lord Cooke of Thorndon in *Hunter v. Canary Wharf Ltd.*, [1997] 2 All E.R. 426, 463; Aikens J. in *Kuwait Airways Corp. v. Iraqi Airways Co.*, Urteil der *Queen's Bench Division* vom 07.04.2000 (*Transcript* abrufbar unter *LexisNexis*), [75] ff.; Waller L.J. in *Bybrook Barn Centre Ltd. v. Kent County Council*, Urteil des *Court of Appeal* vom 01.12.2000 (*Transcript* abrufbar unter *LexisNexis*), [33]; Lord Cooke of Thorndon in *Delaware Mansions Ltd. v. Westminster City Council*, [2001] U.K.H.L. 55, [32]; Steel J. in *Alegrete Shipping Co. Inc. v. International Oil Pollution Compensation Fund 1971 (The Sea Empress)*, [2002] E.W.H.C. 1095 (Admlty), [14]; Laws L.J. in *Arscott v. The Coal Authority*, [2004] E.W.C.A. Civ. 892, [30]; Pill L.J. in *Essa v. Laing Ltd.*, [2004] E.W.C.A. Civ. 02, [15], [45]; Coulson J. in *LMS International Ltd. v. Styrene Packaging and Insulation Ltd.*, [2005] E.W.H.C. 2065 (T.C.C.), [16]; Hegarty J. in *Bartoline Ltd. v. Royal & Sun Alliance Insurance plc.*, [2006] E.W.H.C. 3598 (QB), [41].

Theory[1730] und auch Lord Goffs Interpretation des *Non-Natural Use*[1731] bestätigt. Dies vermag vor dem Hintergrund des geltenden Präjudiziensystems nicht zu überraschen. Jedoch ist diese *Rylands* weiter einschränkende Entwicklung angesichts der Angriffspunkte, die eine kritische Analyse des Urteils zu Tage fördert, zu bedauern.

II. Die australische Konsequenz: Abschaffung und Absorption durch *Negligence*

Da Australien eine *Common-Law*-Rechtsordnung hat[1732], schlossen sich die dortigen Gerichte zunächst dem englischen Vorbild an und übernahmen die Regel aus *Rylands v. Fletcher*[1733]. In der Folge war die *Rule* über ein Jahrhundert lang unangefochtener Bestandteil des australischen *Common Law of Torts*[1734]. Die australischen Gerichte weigerten sich sogar, der zunehmenden englischen Skepsis gegenüber

1730 Maßgeblich insoweit die *Transco*-Entscheidung des *House of Lords* (vgl. nachfolgend unter F.IV.2.) sowie untergerichtlich auch Bowsher Q.C. in *Ellison v. Ministry of Defence*, [1996] 81 B.L.R. 108, 120; Neuberger J. in *McKenna v. British Aluminium Ltd.*, [2002] 4 Env. L.R. 182, 182; Laws L.J. in *Arscott v. The Coal Authority*, [2004] E.W.C.A. Civ. 892, [28]; Dyson L.J. in *In Re Corby Group Litigation*, [2008] E.W.C.A. Civ. 463, [13] ff. Mit Vorbehalten dagegen Steel J. in *Colour Quest Ltd. v. Total Downstream UK plc.*, [2009] E.W.H.C. 540, [411]: „It is accepted that *Rylands v. Fletcher* liability is a species of nuisance. But in my judgment the criteria or ingredients of the two causes of action are in some important respects different." Skeptisch zum Grundstücksbezug auch Thornton J. in *Re-Source America International Ltd. v Platt Site Services Ltd.*, [2003] E.W.H.C. 1142 (T.C.C.), [171]: „A claimant relying on a *Rylands v. Fletcher* type claim must have been subject to an escape [...] from a neighbouring property but need not himself have an interest in land.".

1731 Vgl. wiederum die *Transco*-Entscheidung (jedenfalls hinsichtlich der Voten von Lord Bingham of Cornhill und Lord Scott of Foscote; vgl. nachfolgend unter F.IV.2.b.) sowie Bowsher Q.C. in *Ellison v. Ministry of Defence*, [1996] 81 B.L.R. 108, 119 und Pitchford J. in *Anthony v. The Coal Authority*, [2005] E.W.C.A. 1654 (Q.B.), [128].

1732 Vgl. zur Entwicklung des australischen Rechtssystems und dessen Bezug zum englischen *Common Law* eingehend Zweigert/Kötz: „Einführung in die Rechtsvergleichung auf dem Gebiete des Privatrechts", S. 217 f.

1733 Vgl. etwa die zentralen Entscheidungen des *High Court of Australia* in *Hazelwood v. Webber*, (1934) 52 C.L.R. 268 und *Benning v. Wong*, (1969) 122 C.L.R. 249.

1734 Vgl. McHugh J. in *Burnie Port Authority v. General Jones Pty. Ltd.*, [1994] H.C.A. 13, [34]; Swanton: „Another Conquest in the Imperial Expansion of the Law of Negligence: *Burnie Port Authority v General Jones Pty. Ltd.*", (1994) T.L.J.L. 13, [1] f.

Rylands zu folgen, sodass die *Rule* in Australien – entgegen der englischen Leitlinie aus *Read v. Lyons*[1735] – auch weiterhin für Personenschäden galt[1736].

Dies änderte sich mit der Entscheidung des *High Court of Australia* in *Burnie Port Authority v. General Jones Pty. Ltd.*[1737] Hier entschied eine Mehrheit[1738] dieses höchsten australischen Zivilgerichts[1739], die Regel aus *Rylands v. Fletcher* als Anspruchsgrundlage aufzugeben und deren Anwendungsbereich in die *Negligence*[1740] einzugliedern. Das Urteil des *High Court of Australia* folgte nur wenige Wochen nach der richtungsweisenden *Cambridge-Water*-Entscheidung[1741] des *House of Lords* und übertrifft die englische Skepsis gegenüber *Rylands* sogar noch. Allerdings geht aus dem australischen Urteil nicht hervor, dass die englische Entscheidung der Auslöser für die Abschaffung der Haftungsregel in Australien war[1742].

Nachfolgend soll zunächst dieser australische Weg nachgezeichnet werden, um auf dieser Grundlage zu einer Bewertung zu gelangen, inwiefern dem Modell des *High Court of Australia* auch in England gefolgt werden sollte.

1. Das *Negligence*-Modell des *High Court*

Zur Abschaffung der *Rule* gelangte der *High Court of Australia* mittels zweier Argumentationsschritte: Zunächst stellte das Mehrheitsvotum seine Kritikpunkte an

1735 *Read v. J. Lyons & Co. Ltd.*, [1946] 2 All E.R. 471; vgl. dazu auch oben C.III.5. und C.V.1.a.

1736 Vgl. *Thompson v. Bankstown Corp.*, (1953) 87 C.L.R. 619; *Benning v. Wong*, (1969) 122 C.L.R. 249; Sawer: „Statutory Authority and the Rule in *Rylands v. Fletcher*", (1970) 33 M.L.R. 557, 559.

1737 *Burnie Port Authority v. General Jones Pty. Ltd.*, [1994] H.C.A. 13.

1738 Zwei der sieben Richter, Brennan J. und McHugh J., lehnten die Mehrheitsentscheidung ab und sprachen sich in ihren Minderheitsvoten für die Beibehaltung von *Rylands* aus; vgl. Brennan J. in *Burnie Port Authority v. General Jones Pty. Ltd.*, [1994] H.C.A. 13, [18] sowie McHugh J., a. a. O., [21].

1739 Vgl. *Commonwealth of Australia Constitution Act*, s. 73.

1740 Vgl. zu diesem *Tort* eingehend oben E.IV.

1741 *Cambridge Water Co. Ltd. v. Eastern Counties Leather plc.*, [1994] 1 All E.R. 53; vgl. dazu vorstehend unter F.I.

1742 Das entscheidende Mehrheitsvotum des *High Court of Australia* erwähnte die englische Entscheidung zwar mehrfach, dies aber nur beiläufig am Rande seiner Argumentation. Zu einer eingehenden Auseinandersetzung mit dem englischen Urteil sah sich das australische Gericht insoweit nicht gehalten. Das Minderheitsvotum von Brennan J. schloss aus *Cambridge Water* sogar Zustimmung zur Beibehaltung der *Rule*, da dort „the House of Lords has maintained strict liability"; vgl. Brennan J., a. a. O., [18]. Ähnlich wohl Reid: „Liability for Dangerous Activities: A Comparative Analysis", (1999) 48 I.C.L.Q. 731, 752 Anm. 123. Aus *Burnie Port* dagegen insoweit zumindest implizite Zustimmung zur englischen Linie aus *Cambridge Water* folgernd Lunney: „Rewriting *Rylands v. Fletcher* and Non-Delegable Duties in Australia", (1994–95) 5 K.C.L.J. 133, 135.

Rylands heraus, um sich anschließend darum zu bemühen, Parallelen der *Rule* zur *Negligence* zu finden. Auf dieser Basis gelangte die Mehrheit des Gerichts zu seinem Ziel, *Rylands v. Fletcher* in einer erweiterten *Negligence*-Haftung aufgehen zu lassen.

a) Kritik an Rylands v. Fletcher

Der *High Court of Australia* beanstandete zunächst die unsicheren inhaltlichen Grenzen der *Rule*[1743]. Dabei zielte er insbesondere auf die Haftungsvoraussetzung des *Non-Natural Use* ab: Diese führe infolge ihrer Interpretation, die unter dem Leitbild des *Ordinary Use* auf die Gewöhnlichkeit der konkreten Umstände des schadensstiftenden Verhaltens abstellt[1744], zu „quite unacceptable uncertainty“[1745].

Ein weiterer Kritikpunkt an *Rylands* bezog sich darauf, dass die *Rule* kaum noch Anwendung fände[1746]. Der *High Court* sah sich nämlich außer Stande, in der jüngeren australischen Rechtsprechung eine Entscheidung finden, in der eine Haftung allein auf Grundlage von *Rylands* (und nicht parallel auch nach *Negligence* oder *Nuisance*) auferlegt worden wäre.

Ferner wies der *High Court of Australia* darauf hin, dass das im Vergleich zu *Justice* Blackburns ursprünglicher *Rule* veränderte Verständnis ihrer Haftungsvoraussetzungen *Rylands* beträchtlich eingeschränkt habe. Dabei hatte das Gericht erneut vorrangig die Erweiterung der Haftungsbeschränkung *Non-Natural Use* zu Lasten des Wirkungsbereichs der *Rule* im Blick. Die jüngere Rechtsprechung zum *Non-Natural Use* habe das vormals strikte Modell *Justice* Blackburns verlassen, das allein ohne menschlichen Beitrag entstandene Gefahrensituationen („not naturally there“[1747]) von der Haftung ausschloss; an deren Stelle sei die großzügige Interpretation im Sinne einer den Sachverhaltsumständen nach lediglich „ungewöhnlichen“ Tätigkeit getreten[1748]. Daneben bemängelte das Gericht auch, dass die *Rule* (infolge ihrer Haftungsvoraussetzung *Escape*) nur Schäden erfasst, die außerhalb der Grundstücksgrenzen des Schädigers eintreten, nicht aber solche innerhalb[1749].

1743 Vgl. das Mehrheitsvotum durch Mason C.J./Deane J./Dawson J./Toohey J./Gaudron J. in *Burnie Port Authority v. General Jones Pty. Ltd.*, a. a. O., [23] f., [33]. Zustimmend Amirthalingham: „Strict Liability Restricted: A Critical Commentary on *Burnie Port Authority v. General Jones Pty. Ltd.*“, (1994) 13 U.T.L.R. 417, 425 f. sowie Paterson: „*Rylands v. Fletcher* into *Negligence*: *Burnie Port Authority v. General Jones Pty. Ltd.*“, (1994) 20 M.U.L.R. 317, 322 und Buns: „Die Voraussehbarkeit als Grenze der Umwelthaftung“ (2006), S. 69.

1744 Vgl. oben C.VI.2.b.

1745 Mehrheitsvotum in *Burnie Port Authority v. General Jones Pty. Ltd.*, a. a. O., [23].

1746 Vgl. Mehrheitsvotum in *Burnie Port Authority v. General Jones Pty. Ltd.*, a. a. O., [33].

1747 Blackburn J. in *Fletcher v. Rylands*, (1866) L.R. 1 Exch. 265, 280; vgl. dazu oben B.II.2.a. und zum Verhältnis gegenüber Lord Cairns' Urteil im *House of Lords* oben B.III. sowie zur Fortentwicklung des Konzepts C.VI.2.

1748 Vgl. Mehrheitsvotum in *Burnie Port Authority v. General Jones Pty. Ltd.*, a. a. O., [24].

1749 Vgl. Mehrheitsvotum in *Burnie Port Authority v. General Jones Pty. Ltd.*, a. a. O., [33].

Schließlich sah das Mehrheitsvotum auch gewichtige Beschränkungen des Anwendungsbereichs von *Rylands* durch Rechtsgrundlagen außerhalb der *Rule*. Hierbei leitete die Richter der Gedanke an die konkurrierenden Anspruchsgrundlagen des *Common Law* in den vergangenen Jahrzehnten, insbesondere die ausgreifende Bedeutung der *Negligence*[1750].

b) *Verhältnis zu* Negligence

Anschließend erörterte der *High Court of Australia* die Beziehung von *Rylands* zu *Negligence* und kam zu der Ansicht, dass bereits vor seinem Urteil eine Reihe von Parallelen zwischen den beiden Haftungsregeln bestanden hätten. In aller Deutlichkeit folgerte die Mehrheit des Gerichts, *Rylands* werde angesichts diverser Verschuldenselemente allenfalls noch „theoretically seen as 'strict liability'"[1751].

Als Einfallstor für Verschuldenselemente machte man wiederum die Haftungsbegrenzung des *Non-Natural Use* aus. Bereits der eingangs angesprochene Wandel in dessen Interpretation als nunmehr subjektiv gefärbten, auf die Gewöhnlichkeit der Begleitumstände im konkreten Sachverhalt abstellenden *Non-Ordinary Use* (im Gegensatz zu *Justice* Blackburns ursprünglich objektivem „not naturally there"[1752]) führte aus Sicht des Mehrheitsvotums Verschuldenselemente in die einst strenge *Rule* ein[1753]. So wurde argumentiert, dass ein als *Non-Ordinary* qualifiziertes Verhalten des Schädigers denknotwendig dazu führen müsse, gleichzeitig einen Verstoß gegen die *Reasonable Care* im Sinne der *Negligence* anzunehmen[1754].

Ferner meinte man auch, aus *Justice* Blackburns Leitentscheidung Formulierungen herausfiltern zu können, die Verschuldenselemente in die Definition der für *Rylands* entscheidenden „Gefahrenquelle" einführten. Hierbei verwies man auf die Passage, in der Blackburn J. von einer Gefahrenquelle des Schädigers sprach, „which he knows to be mischievous"[1755]. Diese Aussage erhob das Mehrheitsvotum zu einer bewussten Einschränkung der *Rule* durch *Justice* Blackburn selbst[1756] und sah in dem hier zum Ausdruck kommenden Bewusstsein der Gefährlichkeit ein weiteres, auf die *Negligence* verweisendes Verschuldenselement der *Rule*.

Daran anknüpfend führte die Mehrheit des Gerichts aus, dass die Schadenszurechnung bei *Rylands* und *Negligence* ähnlichen Grundsätzen gehorche. Dies insbesondere hinsichtlich der soeben erwähnten Formulierung *Justice* Blackburns („which he knows to be mischievous"), wonach bereits die Haftungsvoraussetzung einer schadensstiftenden Gefahrenquelle verschuldensgeprägt sei. Da nämlich

---

1750 Vgl. Mehrheitsvotum in *Burnie Port Authority v. General Jones Pty. Ltd.*, a. a. O., [24].
1751 Mehrheitsvotum in *Burnie Port Authority v. General Jones Pty. Ltd.*, a. a. O., [35].
1752 Blackburn J. in *Fletcher v. Rylands*, (1866) L.R. 1 Exch. 265, 280; vgl. dazu oben B.II.2.a.
1753 Vgl. Mehrheitsvotum in *Burnie Port Authority v. General Jones Pty. Ltd.*, a. a. O., [22].
1754 Vgl. Mehrheitsvotum in *Burnie Port Authority v. General Jones Pty. Ltd.*, a. a. O., [31] sowie [29], [22].
1755 Blackburn J. in *Fletcher v. Rylands*, a. a. O., S. 280.
1756 Vgl. Mehrheitsvotum in *Burnie Port Authority v. General Jones Pty. Ltd.*, a. a. O., [29].

gemäß *Justice* Blackburns *Rule* die Rechtsfolge eine „natural consequence“[1757] der Wirkung der Gefahrenquelle sein müsse, kämen über diese Verbindung auch in der Schadenszurechnung Verschuldensfragen (nach Vorbild der *Negligence*) zum Tragen[1758]. Eine schadensrechtliche Parallele der Haftungsregeln sahen die Richter auch darin, dass nach australischem Recht Personenschäden (wie in der *Negligence*) auch unter *Rylands* ersatzfähig sind[1759].

Auch bei den *Defences*[1760] erkannte der *High Court of Australia* starke Parallelen zu den Ausschlussgründen der *Negligence*. So sah das Mehrheitsvotum einen Gleichklang der beiden *Torts* bei Einverständnis sowie Mitwirkungsakten des Geschädigten[1761]. Zudem führe das Eingreifen der *Statutory Authority* dazu, dass eigentlich *Rylands* unterfallende Fälle ausnahmsweise doch nach *Negligence* beurteilt werden müssten, soweit das einschlägige Genehmigungsgesetz dies verlange. Auch der *Act of God* als Begrenzung der *Rule* passe eher in ein verschuldensbasiertes Haftungskonzept als in ein verschuldensunabhängiges[1762].

Schließlich verlieh der *High Court of Australia* seiner Auffassung Ausdruck, dass sich die Anwendungsgebiete der beiden *Torts* ohnehin überschnitten. So sei auch bei unveränderter Fortgeltung von *Rylands* eine Anwendung der *Rule* in Fallkonstellationen gesperrt, in denen eine Gefahrenquelle innerhalb des Herrschaftsbereichs des Schädigers einen Schaden verursacht (und nicht erst nach ihrem Entweichen daraus)[1763]. Gerade die auf dem gefahrgeneigten Verhalten des Schädigers basierende Fallkonstellation von *Rylands* eröffne stets unausweichlich den klassischen Anwendungsbereich der *Negligence*[1764]. Aufgrund dieser Schnittmengen sei in der

---

1757 Blackburn J. in *Fletcher v. Rylands*, a. a. O., S. 279; vgl. dazu oben B.II.6.b.

1758 Vgl. Mehrheitsvotum in *Burnie Port Authority v. General Jones Pty. Ltd.*, a. a. O., [19], [30].

1759 Vgl. Windeyer J. in *Benning v. Wong*, (1969) 122 C.L.R. 249, 320 sowie das Mehrheitsvotum in *Burnie Port Authority v. General Jones Pty. Ltd.*, a. a. O., [30].

1760 Vgl. insoweit zu *Rylands* oben C.IV.

1761 Vgl. Mehrheitsvotum in *Burnie Port Authority v. General Jones Pty. Ltd.*, a. a. O., [29].

1762 Vgl. Mehrheitsvotum in *Burnie Port Authority v. General Jones Pty. Ltd.*, a. a. O., [29].

1763 Vgl. Mehrheitsvotum in *Burnie Port Authority v. General Jones Pty. Ltd.*, a. a. O., [31] f.

1764 Vgl. Mehrheitsvotum in *Burnie Port Authority v. General Jones Pty. Ltd.*, a. a. O., [31]. Das Mehrheitsvotum sah sich (a. a. O., [42]) durch frühere Entscheidungen, in denen unter Ausschluss von *Negligence* eine Haftung allein nach *Rylands v. Fletcher* begründet wurde (insbesondere *West v. Bristol Tramways* und *Hazelwood v. Webber*) nicht beschränkt, da „they lack validity as examples of circumstances where the application of the modern law of negligence and the rule in *Rylands v. Fletcher* would produce different results“. Zustimmend Nolan: „The Distinctiveness of *Rylands v. Fletcher*“, (2005) 121 L.Q.R. 421, 442.

Praxis nahezu[1765] keine Fallkonstellation denkbar, die nicht nach *Negligence* lösbar wäre, sondern erst unter Rückgriff auf *Rylands* zu einer Haftung führen würde[1766].

Vor diesem Hintergrund folgerte man, dass „the rule in *Rylands v. Fletcher*, with all its difficulties, uncertainties, qualifications and exceptions, should now be seen, for the purposes of the common law of this country, as absorbed by the principles of ordinary negligence"[1767].

c) Negligence *und die „unübertragbare Sorgfaltspflicht"*

Um die Absorption von *Rylands* durch *Negligence* gewährleisten zu können, sah sich der *High Court of Australia* zu einer Neujustierung der australischen Fahrlässigkeitshaftung veranlasst[1768]. Dem Gericht ging es darum, die in der *Negligence*[1769] zu prüfende Sorgfaltspflicht *(Duty of Care)* einschließlich der hier erforderlichen Nähebeziehung zwischen Schädiger und Geschädigtem *(Proximity)* den Fallkonstellationen anzupassen, die für *Rylands* charakteristisch sind. Zugleich sollte sichergestellt werden, dass der Schädiger seine Sorgfaltspflichten nicht auf fachkundige selbständige Auftragnehmer *(Independent Contractors)*[1770] abwälzen könne.

Bei dem Versuch, *Negligence* auf *Rylands*-Fälle anzuwenden, rückte unweigerlich die für die Bemessung der Sorgfaltspflicht entscheidende *Proximity* in den Vordergrund. Der *High Court* erkannte die Besonderheit des Anwendungsbereichs von *Rylands* darin, dass der Geschädigte besonders verwundbar gegenüber der Gefahrenquelle ist, da ihm kaum Maßnahmen zur Abwendung eines Schadenseintritts offen stehen: Er hat nämlich oft überhaupt keine Möglichkeit, von der (im Herrschaftsbereich des Schädigers verborgenen) Gefahrenquelle Kenntnis zu erlangen; ohnehin stünde ihm kein Zutrittsrecht in den Herrschaftsbereich des Schädigers offen, um Sicherungsmaßnahmen zu ergreifen[1771]. Gleichzeitig übt der Schädiger naturgemäß die Kontrolle sowohl über seinen Herrschaftsbereich als auch über die dort befindliche Gefahrenquelle aus[1772]. Aus dieser Nähebeziehung *(Proximity)*

1765 Einzig in Fallkonstellationen nach dem Vorbild von *Cambridge Water* (oben F.I.) sah das Gericht die Möglichkeit, *Rylands* nicht durch *Negligence* zu ersetzen, sondern an deren Stelle *Nuisance* oder *Trespass* anzuwenden; vgl. Mehrheitsvotum in *Burnie Port Authority v. General Jones Pty. Ltd.*, a. a. O., [43].

1766 Vgl. Mehrheitsvotum in *Burnie Port Authority v. General Jones Pty. Ltd.*, a. a. O., [34].

1767 Mehrheitsvotum in *Burnie Port Authority v. General Jones Pty. Ltd.*, a. a. O., [43].

1768 Vgl. dazu auch die Analysen von Corkhill: „'Dangerous' Substances and Activities in the Context of a Non-Delegable Duty of Care", (2007) T.L.J.L. 15; Fordham: „The Demise of the Rule in *Rylands v. Fletcher*?", [1995] S.J.L.S. 1, 17 ff.; Witting: „Breach of the Non-Delegable Duty: Defending Limited Strict Liability in Tort", (2006) 29 U.N.S.W.L.J. 33.

1769 Vgl. dazu eingehend oben E.IV.1.

1770 Vgl. auch oben B.II.2.c.

1771 Vgl. Mehrheitsvotum in *Burnie Port Authority v. General Jones Pty. Ltd.*, a. a. O., [37].

1772 Vgl. Mehrheitsvotum in *Burnie Port Authority v. General Jones Pty. Ltd.*, a. a. O., [37]. Diese Argumentation weist durchaus Bezüge zur rechtspolitischen Argumentation zugunsten der Gefährdungshaftung auf; vgl. dazu oben A.II.2.

leitete der *High Court* eine besonders strenge Sorgfaltspflicht *(Duty of Care)* des Schädigers ab[1773], die jene der regulären *Negligence*-Fälle merklich übersteigen sollte[1774]. Gleichwohl betonte das Gericht, es bliebe auch weiterhin dabei, dass – selbst bei Schäden durch Quellen erhöhter Gefahr – allein eine Verletzung der *Reasonable Duty of Care* zur Haftung des Schädigers führen könne[1775].

Diese streng ausgeprägte Sorgfaltspflicht nutzte der *High Court of Australia* auch dazu, eine umfassende Verantwortlichkeit des Schädigers für die in seinem Pflichtenkreis tätigen, selbständigen Auftragnehmer *(Independent Contractors)* festzuschreiben. Das Pflichtenprogramm des Schädigers im Falle eines erhöhten Gefahrenpotentials sollte demnach nicht nur die Auswahl fachkundiger Auftragnehmer gewährleisten, sondern darüber hinaus auch deren umfassende Überwachung und Anleitung bei der Auftragsausführung beinhalten[1776]. Die Konstruktion des *High Court of Australia* verknüpfte auf diese Weise eine Haftung für eigenes und fremdes Verschulden: Der Schädiger soll jederzeit selbst (und schuldhaft) dafür verantwortlich sein, dass seine Auftragnehmer nicht (ihrerseits schuldhaft) die gegenüber dem Geschädigten bestehende *Duty of Care* verletzen[1777]. Das Gericht ging mithin von einer unübertragbaren und höchstpersönlichen „non-deligable duty of care“[1778] aus[1779].

1773 Vgl. Mehrheitsvotum in *Burnie Port Authority v. General Jones Pty. Ltd.*, a. a. O., [38].

1774 Mehrheitsvotum in *Burnie Port Authority v. General Jones Pty. Ltd.*, a. a. O., [41].

1775 „Even where a dangerous substance or a dangerous activity of a kind which might attract the rule in *Rylands v. Fletcher* is involved, the standard of care remains 'that which is reasonable in the circumstances, that which a reasonably prudent man would exercise in the circumstances'“, Mehrheitsvotum in *Burnie Port Authority v. General Jones Pty. Ltd.*, a. a. O., [41].

1776 Vgl. Mehrheitsvotum in *Burnie Port Authority v. General Jones Pty. Ltd.*, a. a. O., [36], [48].

1777 In Bezug auf den konkreten Fall führte der *High Court of Australia* daher aus: „In these circumstances, the [...] [defendant], as occupier of those parts of the premises into which it required and allowed the Isolite to be introduced and the welding work to be carried out, owed to [...] [the claimant] a duty of care which was non-delegable [...], that is to say, which extended to ensuring that its independent contractor took reasonable care to prevent the Isolite being set alight as a result of the welding activities“, Mehrheitsvotum in *Burnie Port Authority v. General Jones Pty. Ltd.*, a. a. O., [48].

1778 Vgl. Mehrheitsvotum in *Burnie Port Authority v. General Jones Pty. Ltd.*, a. a. O., [38]: „It follows that the relationship of proximity which exists in the category of case into which *Rylands v. Fletcher* circumstances fall contains the central element of control which generates [...] a special 'personal' or 'non-delegable' duty of care under the ordinary law of negligence“.

1779 Als theoretische Stütze dieses Ansatzes zitierte das Gericht einen Aufsatz von Thayer: „Liabiliy without Fault“, (1916) 29 Harvard L.R. 801, was diesen gewissermaßen zum „Newark des australischen Rechts“ erhebt; vgl. Mehrheitsvotum in *Burnie Port Authority v. General Jones Pty. Ltd.*, a. a. O., [35], [38]. Generell erinnert der Ansatz des *High Court of Australia* an die bei Kleemann (a. a. O., S. 85 ff.)

2. Bewertung

Das australische Modell muss kritisch bewertet werden. Dies gilt sowohl für das drastische Bild, das die Mehrheit des *High Court of Australia* von *Rylands v. Fletcher* zeichnete, als auch für die verwischte Grenzziehung der *Rule* zur *Negligence*. Gleichzeitig übersteigerte die australische Argumentation die Vorzüge der *Negligence* beträchtlich, da auch diese keineswegs ein Ideal an definitorischer Klarheit und praktischer Handhabbarkeit ist.

Soweit der australische Standpunkt die unsicheren inhaltlichen Grenzen von *Rylands* bemängelte, sollte dies nicht Anlass zur Abschaffung der *Rule* geben, sondern gerade einem Gericht wie dem *High Court of Australia* den Anreiz dazu bieten, sie zu konkretisieren. Insbesondere die Rechtsprechung zur *Negligence* zeigt, dass das sich aus richterlichen Einzelfallentscheidungen speisende *Common Law* kaum absolut trennscharfe definitorische Grenzen kennt[1780]: Die turbulente Entwicklung der *Negligence*-Judikatur zur Ersatzfähigkeit reiner Vermögensschäden[1781] stellt dies ebenso bloß wie der Umstand, dass „[p]roximity, remoteness, reasonable care and breach of duty, the bench marks of negligence law, are not formulas for exactness."[1782] In der Folge kann die ohnehin mitunter verworrene *Negligence* in ihrer Handhabbarkeit[1783] sogar selbst weiteren Schaden nehmen, sobald sie um die zusätzliche Variante der „non-delegable duty of care"[1784] mit strikten Sorgfaltspflichten erweitert wird.

---

eruierten „überspannten Sorgfaltspflichten", durch welche dieser den Gleichlauf von *Negligence* und *Rylands* (sowie übrigens auch zur *Nuisance*) annahm.

1780 Vgl. zu den Besonderheiten der *Negligence* auch oben E.IV. Ähnlich die Argumentation des Minderheitsvotums von McHugh J. in *Burnie Port Authority v. General Jones Pty. Ltd.*, a. a. O., [29], [37] sowie von Dziobon/Mullender: „Formalism Forever Thwarted: *Rylands v. Fletcher* in Australia", (1995) 43 C.L.J. 23, 24 f. und Nolan in Grubb (Hrsg.): „The Law of Tort" (2002), S. 982.

1781 Vgl. dazu eingehend Hogg: „Negligence and Economic Loss in England, Australia, Canada and New Zealand", (1994) 43 I.C.L.Q. 116, 117 f., 126 f.; Kessel: „Moderne Entwicklungen der Zurechnung für bloße Vermögensschäden im *Common Law* am Beispiel des englischen Rechts; dargestellt im Verhältnis zum deutschen Recht" (1994), S. 102 ff.; Zweigert/Kötz: „Einführung in die Rechtsvergleichung auf dem Gebiete des Privatrechts", S. 618, 629 ff.; Baron: „The 'Mystery' of Negligence and Economic Loss: When *is* a Duty of Care Owed?", (2000) A.B.R.L. 4, [7] ff., [50] ff.

1782 McHugh J. in *Burnie Port Authority v. General Jones Pty. Ltd.*, a. a. O., [37]. Vgl. auch Swanton: „Another Conquest in the Imperial Expansion of the Law of Negligence: *Burnie Port Authority v General Jones Pty. Ltd.*", (1994) T.L.J.L. 13, [39] ff. sowie die Analyse der Judikatur zur *Proximity* bei Vines: „The Needle in the Haystack: Principle in the Duty of Care in Negligence", (2000) U.N.S.W.L.J. 25.

1783 Kritisch wird mitunter darauf verwiesen, dass eine strenge Haftung im Gewand der *Negligence* in der Praxis auch für den Schädiger viel unberechenbarer sei als *Rylands*; vgl. dazu Amirthalingham: „Strict Liability Restricted: A Critical Commentary on *Burnie Port Authority v. General Jones Pty. Ltd.*", (1994) 13 U.T.L.R. 417, 425.

1784 Dies wiegt umso schwerer, als es der *High Court of Australia* versäumte, konkrete Fallgruppen festzulegen, in denen das neue Konzept der *Non-Delegable Duty*

Gleichzeitig liefe eine *Duty of Reasonable Care*, die für Gefahrensituationen nach Vorbild von *Rylands* endlos ausgedehnt wird, schnell Gefahr, das Bild der *Negligence* als Verschuldenshaftung gravierend zu verwässern[1785].

Auch das gewandelte Verständnis des *Non-Natural Use* stellt keine Rechtfertigung dar, um *Rylands* aufzugeben. Dies gilt allein schon deshalb, weil die Modifizierung des ursprünglichen Künstlichkeitsfilters in einen Gewöhnlichkeitsfilter auf sicherem fallrechtlichem Fundament abzulehnen ist[1786]. Angesichts der Entschlossenheit, die das höchste australische Zivilgericht mit der Abschaffung von *Rylands* zeigte, wäre es daher nicht undenkbar gewesen, stattdessen die Fehlentwicklung des *Non-Natural Use* innerhalb der *Rule* zu korrigieren[1787]. Auf diese Weise wäre auch die in der Tat bestehende Rechtsunsicherheit bei der Prüfung zu vermeiden, ob ein schadensstiftendes Verhalten noch *Ordinary* oder aber schon haftungsbegründend ist: Die Unterscheidung in natürlich vorhandene und künstlich in den Herrschaftsbereich eingeführte Gefahrenquellen bietet entschieden mehr Anwendungssicherheit, als es der *Non-Ordinary Use* oder die aus *Negligence* bekannte *Reasonable Care* zu tun vermag. Ohnehin bietet die Abschaffung der *Rule* nur vorübergehend eine Erleichterung für die Gerichte. Ein Hauptgrund für die Rechtsunsicherheit beim *Non-Natural Use* lag nämlich stets in seiner Funktion innerhalb der *Rule*: Anhand dieses Instruments entschieden die englischen Gerichte regelmäßig, wann der strengere Haftungsmaßstab von *Rylands* anstatt des milderen aus *Negligence*

---

of Care gelten sollte. Fisher („Risk, Justice and Independent Contractors: The Demise of the Rule in *Rylands v. Fletcher* in Australia", [1995] 7 J.E.L. 199, 219) sprach insoweit sogar davon, dass der *High Court of Australia* mit seinem Modell „Pandora's Box" öffne. Zutreffend der kritische Hinweis von Schwartz („*Rylands v. Fletcher*, Negligence, and Strict Liability" in Cane/Stapleton [Hrsg.]: „The Law of Obligations" [1998], S. 213), dass sich der *High Court* widersprüchlich verhielte, würde er einerseits den Anwendungsbereich von *Rylands* als zu vage kritisieren, ihn aber trotzdem zur Bestimmung des Anwendungsbereichs seines neuen *Negligence*-Modells einsetzen.

1785 Ähnlich kritisch auch Cane: „The Changing Fortunes of *Rylands v. Fletcher*", [1994] 24 U.W.A.L.R. 237, 241 ff. Aus dem Urteil des *High Court* sogar einen eigenständigen, von der *Negligence* unabhängigen *Tort* des *Breach of Non-Delegable Duty* ableitend Witting: „Breach of the Non-Delegable Duty: Defending Limited Strict Liability in Tort", (2006) 29 U.N.S.W.L.J. 33, 42, 46 ff. Skeptisch insoweit hingegen Paterson: „*Rylands v. Fletcher* into *Negligence*: *Burnie Port Authority v. General Jones Pty. Ltd.*", (1994) 20 M.U.L.R. 317, 324.

1786 Vgl. oben C.VI.2.b.

1787 Diese Vorgehensweise ablehnend Swanton: „Another Conquest in the Imperial Expansion of the Law of Negligence: *Burnie Port Authority v General Jones Pty. Ltd.*", (1994) T.L.J.L. 13, [21] ff. Weniger skeptisch Buns: „Die Voraussehbarkeit als Grenze der Umwelthaftung" (2006), S. 70.

greifen sollte[1788]. Dieselbe Frage stellt sich aber auch weiterhin[1789], da der *High Court* nicht fest umrissen hat, in welchen Fallgruppen in Zukunft das neue *Negligence*-Modell der strengeren *Non-Delegable Duty of Care* gelten soll[1790]. Insoweit dringt also weder die Kritik an *Rylands* durch, noch bietet die *Negligence* eine überzeugende Alternative zu der *Rule*.

Eine weitere australische Kritik an *Rylands* verfehlt ihr Ziel, wenn man sie aus dem Blickwinkel des englischen Rechts betrachtet. Dies betrifft die Unterscheidung von Schadensfällen, die im Herrschaftsbereich des Schädigers eintreten – und *Rylands* mangels *Escape* ausschließen – gegenüber solchen, die außerhalb dieser Grenze bewirkt werden. Im englischen Recht erfassen nämlich ohnehin die *Occupiers' Liability Acts* solche Schadensfälle innerhalb von Grundstücksgrenzen[1791]. Dies hat zur Folge, dass sämtliches *Common Law* verdrängt wird[1792] – *Rylands* ebenso wie die *Negligence*. Folglich liegt zumindest aus englischer Sicht auch hier kein Vorteil der *Negligence* gegenüber *Rylands*.

Schließlich bietet der Vorwurf des *High Court of Australia*, dass die *Rule* zu selten Anwendung fände, keine überzeugende Grundlage für deren Abschaffung. Die Seltenheit ihrer Anwendung ist vielmehr Ausdruck des Charakters der *Rule*, der geprägt ist von Quellen „außergewöhnlicher" Gefahr, die ein – im Gegensatz zur „ordinary negligence"[1793] – besonders hohes Schadensrisiko auslösen. Hier nun in aller Alltäglichkeit Anwendungsfälle zu erwarten, hieße, das Wesen von *Rylands* als Sonderregel für außergewöhnliche Fälle zu negieren.

Zutreffend wies außerdem *Justice* McHugh in seinem Minderheitsvotum darauf hin, dass *Rylands* über ein Jahrhundert hinweg fester Bestandteil des australischen Deliktsrechts war[1794]. Dagegen ist der Einfluss der *Negligence* auf *Rylands* weder so stark, wie der *High Court of Australia* dies annahm, noch sind die Parallelen zwischen diesen beiden *Torts* besonders deutlich. Vielmehr sind die *Rule* und

---

1788 Vgl. oben C.VI. und C.VII.

1789 Vgl. dazu die nachträglichen Untersuchungen von Corkhill: „'Dangerous' Substances and Activities in the Context of a Non-Delegable Duty of Care", (2007) T.L.J.L. 15 sowie Witting: „Breach of the Non-Delegable Duty: Defending Limited Strict Liability in Tort", (2006) 29 U.N.S.W.L.J. 33.

1790 Dies eingestehend sogar der ansonsten um Unterstützung und Systematisierung der *Non-Delegable Duty of Care* bemühte Beitrag von Witting, a. a. O., S. 34. Vgl. auch Lunney: „Rewriting *Rylands v. Fletcher* and Non-Delegable Duties in Australia", (1994–95) 5 K.C.L.J. 133, 135 f.; Fisher, a. a. O., S. 219 ff.; Reid: „Liability for Dangerous Activities: A Comparative Analysis", (1999) 48 I.C.L.Q. 731, 754.

1791 Vgl. dazu eingehend oben D.X.

1792 Vgl. *Occupiers' Liability Act 1957*, c. 31, s. 1 (1) und *Occupiers' Liability Act 1984*, c. 3, s. 1 (1).

1793 Mehrheitsvotum in *Burnie Port Authority v. General Jones Pty. Ltd.*, a. a. O., [37].

1794 Vgl. McHugh in *Burnie Port Authority v. General Jones Pty. Ltd.*, a. a. O., [20]; vgl. auch Swanton: „Another Conquest in the Imperial Expansion of the Law of Negligence: *Burnie Port Authority v General Jones Pty. Ltd.*", (1994) T.L.J.L. 13, [1].

Negligence gegensätzliche Haftungsmodelle[1795], wie besonders eine vorangegangene Entscheidung des *High Court of Australia* selbst prägnant hervorgehoben hatte und insoweit klarstellte, dass „the whole point of *Rylands v. Fletcher* liability is that the exercise of care is irrelevant“[1796]. Diese Diskrepanz ist auch in Bezug auf den Kern des australischen *Negligence*-Modells bedeutsam: Danach haftet man nämlich allein für die *Negligence* seiner *Independent Contractors*, wohingegen *Rylands v. Fletcher* auch dann eingreifen kann, wenn weder den Auftraggeber noch seine Auftragnehmer ein Verschulden trifft[1797].

Hinsichtlich des vorgeblichen Gleichlaufs der beiden *Torts* vermag bereits dem Ausgangspunkt der australischen Argumentation, der Verwandtschaft von *Reasonable Care* (*Negligence*) und *Non-Natural Use* (*Rylands*), nicht gefolgt zu werden. Zwar kann eine künstlich geschaffene Gefahrenquelle als *Non-Natural* zu bewerten sein (*Rylands*) und zugleich eine strengere Sorgfaltspflicht (*Negligence*) auslösen; aber daraus folgt noch nicht, dass diese Sorgfaltspflicht auch schuldhaft verletzt wurde und der für *Negligence* – im Gegensatz zu *Rylands*– erforderliche[1798] *Breach of Duty of Reasonable Care* vorliegt. Interpretiert man den *Non-Natural Use* anhand des Gewöhnlichkeitsfilters, so ergeben sich zwar terminologische Parallelen zwischen dem *Non-Ordinary Use* und dem (zur Bestimmung der *Reasonable Care* eingesetzten) Maßstab des *Ordinary Man*. Jedoch bleiben die inhaltlichen Divergenzen der beiden Konzepte trotzdem bestehen[1799]: Bei *Negligence* entscheidet die „Gewöhnlichkeit“ über die Reichweite der Sorgfaltspflichten des Schädigers; dagegen greift die strenge Haftung aus *Rylands* selbst dann, wenn der Schädiger diese „gewöhnliche“ Sorgfalt beachtet hat. Im Unterschied zur *Negligence* spielen auch die Umstände des Einzelfalls beim *Non-Natural Use* eine nur untergeordnete Rolle: So kann etwa eine Feuerquelle auch dann die *Rule* auslösen, wenn (nach den Maßstäben der *Negligence*) ausreichend Feuerwehrkräfte zu ihrer Absicherung bereit stehen[1800]. Folglich ist der Gleichlauf von *Non-Natural Use* und *Reasonable Care* keineswegs ausgemacht. Schließlich musste auch Mr. Rylands für sein Wasserreservoir haften, obgleich ihm bezüglich dieses *Non-Natural Use*[1801] keinerlei *Negligence*[1802] vorgeworfen werden konnte. Umgekehrt wird etwa ein Hauskamin von den Gerichten nicht als *Non-Natural* eingeordnet[1803], und

---

1795 Vgl. dazu bereits eingehend oben unter E.IV.2.

1796 Menzies J. in *Benning v. Wong*, (1969) 122 C.L.R. 249, 278.

1797 Vgl. McHugh in *Burnie Port Authority v. General Jones Pty. Ltd.*, a. a. O., [21]; Swanton: „Another Conquest in the Imperial Expansion of the Law of Negligence: *Burnie Port Authority v General Jones Pty. Ltd.*“, (1994) T.L.J.L. 13, [3] m. w. N.

1798 Vgl. oben E.IV.1.

1799 Vgl. dazu bereits oben E.IV.2. Ähnlich die Einschätzung bei Nolan: „The Distinctiveness of *Rylands v. Fletcher*“, (2005) 121 L.Q.R. 421, 442 f.

1800 Vgl. McHugh in *Burnie Port Authority v. General Jones Pty. Ltd.*, a. a. O., [28].

1801 Vgl. oben B.III.

1802 Vgl. dazu oben B.I.2. und B.II.4.

1803 Vgl. oben C.VI.1.b.

zwar unabhängig davon, ob er im Einzelfall ungesichert und mangelhaft beaufsichtigt war – und wegen dieses Verschuldens *Negligence* greift[1804].

Dem *High Court of Australia* kann zudem bei der Annahme eines Verschuldenselements innerhalb der *Rylands*-Gefahrenquelle nicht gefolgt werden. Die Passage aus *Justice* Blackburns Urteil, auf die sich das australische Gericht berief („which he knows to be mischievous"[1805]), war überhaupt nicht mit Verschuldenserwägungen befasst. Vielmehr suchte Blackburn J. nach Beispielen verschuldensunabhängiger Haftung im englischen *Common Law*, um seine strenge *Rule* zu begründen. Hierzu verwies er auf die damalige englische Tierhalterhaftung nach der *Scienter Action* und stellte die Haftung für zahme Tiere derjenigen für wilde Arten gegenüber. Der Halter zahmer Tierarten musste nur die Gefährlichkeit des konkreten Exemplars im Einzelfall kennen (daher das subjektive „knows to be mischievous"). Im Gegensatz dazu galt bei wilden Tierarten eine solche Einschränkung nicht, da diese bereits rechtsverbindlich als gefährlich einzuordnen (und daher objektiv „likely to do mischief"[1806]) waren. *Justice* Blackburns Präferenz für die strenge Haftung wird daran deutlich, dass er in seine *Rule* allein die objektive, aus der Haftung für wilde Tierarten bekannte Formulierung aufnahm und das abweichende Gegenmodell außen vorließ[1807].

Zudem zeigt der Anwendungsbereich der *Negligence* gegenüber *Rylands* nur scheinbar mehr Großzügigkeit[1808]. Zwar begriff die frühe englische Rechtsprechung die *Rule* gemäß der Lehre der *Dangerous Things per se* mitunter allein als Sachhaftung, während unter *Negligence* eine Handlungshaftung für *Dangerous Activities* möglich war; diese Differenzierung ist aber bereits vor langer Zeit aufgegeben worden[1809]. Ohnehin führt regelmäßig der Einsatz gefahrgeneigter „Sachen" zu einer gefährlichen „Tätigkeit". Der Unterschied zwischen der *Rule* und *Negligence* liegt dann darin, dass Letztere nach der konkreten Art der Durchführung der Tätigkeit fragt – und im Zweifel den sorgsamen Umgang mit der Gefahrenquelle auch im Schadensfalle mit einer Haftungsfreistellung honoriert. Hingegen genügt für *Rylands* bereits die bloße Nutzung der Gefahrenquelle für eine Haftung – trotz aller aufgewendeten Sorgfalt und Umsicht.

Darüber hinaus überzeugt auch der australische Verweis auf den Gleichlauf von *Rylands* und *Negligence* bei den Haftungsausschlüssen nicht. Der Haftungsausschluss bei höherer Gewalt *(Act of God)* führt nämlich, wie bereits untersucht[1810], keineswegs Verschuldenselemente in die *Rule* ein. Im Übrigen knüpfen die Ausschlussgründe der *Rule* eher an die Kausalität des Entweichens der Gefahrenquelle

---

1804 Vgl. McHugh in *Burnie Port Authority v. General Jones Pty. Ltd.*, a. a. O., [27].

1805 Blackburn J. in *Fletcher v. Rylands*, a. a. O., S. 280.

1806 Blackburn J. in *Fletcher v. Rylands*, a. a. O., S. 279.

1807 Vgl. zum Ganzen auch oben B.II.6.b. sowie F.I.1.b.bb.2.

1808 So aber Corkhill: „'Dangerous' Substances and Activities in the Context of a Non-Delegable Duty of Care", (2007) T.L.J.L. 15, [39].

1809 Vgl. oben C.I.2.b.

1810 Vgl. oben C.IV.3.b. und E.IV.2.

an, im Gegensatz zu der bei *Negligence* üblichen Verbindung zur Vorwerfbarkeit der Pflichtverletzung[1811].

Auch bei der Analyse der Schadenszurechnung kann dem *High Court of Australia* nicht gefolgt werden. Der Umstand, dass ein zurechenbarer Schaden als *Natural Consequence* mit der Wirkung der Gefahrenquelle verknüpft sein muss, führt kein Verschuldenselement in die *Rule* ein. Dies deshalb, weil *Justice* Blackburns Zurechnungskonzept allein solche Schadensfälle aus dem Anwendungsbereich der *Rule* herausfiltert, in denen eine neue, vom Verhalten des (potentiellen) Beklagten unabhängige, Ursache in den Schadensverlauf eingegriffen hat[1812]. Dieser *Direct or Natural Consequence Test* vertraut mithin eher auf den objektiven zum Schadenseintritt führenden Kausalverlauf (und nicht auf die Vorhersehbarkeit des Schadenseintritts[1813]).

Zwar muss der australischen Entscheidung insofern zugestimmt werden, dass der Anwendungsbereich der *Negligence* tatsächlich in denjenigen der *Rule* hineinreicht. Allerdings macht dies die *Rule* keineswegs überflüssig. Der breite Anwendungsbereich der *Negligence* führt nämlich nicht automatisch zu einer Haftung im Einzelfall[1814]. Gerade für die Fälle, in denen eine Gefahrenquelle auf nicht vorwerfbare Weise aus dem Herrschaftsbereich des Schädigers entweicht, ist die *Negligence* ein nur unvollkommenes Instrument[1815]. Hier hängt die Haftung von der Bereitschaft des Gerichts ab, aus den Tatsachen des Einzelfalls eine vorwerfbare Pflichtverletzung des Schädigers zu konstruieren. Die Beweisfrage ist in der Praxis der *Negligence* häufig entscheidend und wird selten ohne die Einschätzung von Sachverständigen entschieden[1816]. Daraus kann für den Geschädigten, der die Beweislast hinsichtlich neuartiger Technologien und noch nicht vollständig erforschter Gefahrenquellen

---

1811 Ebenso McHugh J. in in *Burnie Port Authority v. General Jones Pty. Ltd.*, a. a. O., [30]; vgl. auch oben C.IV.7.

1812 Vgl. dazu auch oben B.II.6.b. und F.I.1b.bb.2.

1813 Auf den *Foreseeability Test* nach Maßgabe der *Cambridge-Water*-Entscheidung des *House of Lords* (vgl. oben F.I.1.) stützte sich das australische Mehrheitsvotum nicht, sondern ging vom klassischen *Direct or Natural Consequence Test* aus; vgl. das Mehrheitsvotum, a. a. O., [30]. Hingegen nutzte McHugh J. sein Minderheitsvotum, um die englische Vorgehensweise als „inconsistent with the rationale of the rule in *Rylands v. Fletcher*" abzulehnen; vgl. McHugh J., a. a. O., [31].

1814 Ähnlich Murphy: „The Liability of Common Law Non-Delegable Duties", (2007) 30 U.N.S.W.L.J. 86, 97.

1815 Dies gilt erst recht, falls der Schädiger selbst (ohne Einsatz Dritter) den Schaden verursacht hat: Hier nämlich besteht kein Raum für die Zurechnung von Drittverschulden nach dem Konzept des *High Court*; vgl. auch Buns: „Die Voraussehbarkeit als Grenze der Umwelthaftung" (2006), S. 69.

1816 Vgl. Brennan J. in *Burnie Port Authority v. General Jones Pty. Ltd.*, a. a. O., [18] sowie McHugh J., a. a. O., [33]. Zustimmend Nolan: „The Distinctiveness of *Rylands v. Fletcher*", (2005) 121 L.Q.R. 421, 446. Vgl. zu dieser rechtspolitischen Argumentation zugunsten verschuldensunabhängiger Haftungssysteme auch oben A.II.2.

trägt, ein immenser prozessualer Nachteil erwachsen[1817]. Hingegen ist es bei *Rylands v. Fletcher* unerheblich, ob dem Schädiger das Entweichen der Gefahrenquelle vorzuwerfen ist. Hier hat die *Rule* die Verschuldensfrage rechtsverbindlich beantwortet, sodass insoweit eine Tatsachensubsumption im Einzelfall entbehrlich ist[1818].

3. Resümee

Der australische Weg führt mit seiner radikalen Konsequenz zu einer Extremposition: Die stetige Einschränkung der *Rule* nahm der *High Court of Australia* zum Anlass, um *Rylands v. Fletcher* endgültig abzuschaffen. Jedoch erscheint die australische Alternative, wonach die *Negligence* neben zahlreichen anderen Fallkonstellationen nun auch diejenige der *Rule* abdecken soll, vor dem Hintergrund der eigenen Unvollkommenheit und Unsicherheit der *Negligence* kaum erstrebenswert. Ohnehin birgt das Mehrheitsvotum des *High Court* auch Unstimmigkeiten, wodurch die darin hergeleitete Abschaffung der *Rule* an Überzeugungskraft verliert. Es ist daher zweifelhaft, ob die Argumentation des *High Court of Australia* ausreichen kann, um ein (auch in der höchstrichterlichen Rechtsprechung) fest etabliertes Rechtsinstitut aufzugeben. Vor diesem Hintergrund sollte das australische *Negligence*-Modell der englischen Rechtsprechung nicht als Vorbild dienen.

III. Der Gegenentwurf aus den USA: Ausweitung und Abstrahierung

Die Vereinigten Staaten von Amerika sind dem Rechtskreis des *Common Law* zuzuordnen[1819]. Allerdings besitzt jeder Bundesstaat der USA ein gesondertes Privatrecht, welches der Judikatur eigenständiger Gerichte unterliegt[1820]. In dem Bemühen, trotz

---

1817 Vgl. Brennan J. in *Burnie Port Authority v. General Jones Pty. Ltd.*, a. a. O., [18] sowie McHugh J., a. a. O., [33]. Zustimmend Murphy: „The Merits of *Rylands v. Fletcher*", (2004) 24 O.J.L.S. 643, 659 f.

1818 Generell unterscheiden sich die *Rule* und *Negligence* in prozessualer Hinsicht: Der *Breach of Duty* wird als Tatsachenfrage regelmäßig von einer australischen *Jury* im Einzelfall entschieden, wohingegen bei *Rylands* allein der Richter über den *Non-Natural Use* entscheidet; vgl. auch McHugh in *Burnie Port Authority v. General Jones Pty. Ltd.*, a. a. O., [26]. Relativierend jedoch Paterson: „*Rylands v. Fletcher* into *Negligence: Burnie Port Authority v. General Jones Pty. Ltd.*", (1994) 20 M.U.L.R. 317, 322.

1819 Vgl. Zweigert/Kötz: „Einführung in die Rechtsvergleichung auf dem Gebiete des Privatrechts" (3. Auflage 1996), S. 233 ff. Eine Ausnahme von diesem Grundsatz bildet einzig der Bundesstaat Louisiana, dessen *Louisiana Civil Code* französisch geprägt ist; vgl. dazu Zweigert/Kötz, a. a. O., S. 114 ff. und für den Bereich verschuldensunabhängiger Haftung Reid: „Liability for Dangerous Things: A Comparative Analysis", (1999) 48 I.C.L.Q. 731, 746 f.

1820 Daneben gilt in allen Bundesstaaten der USA das Bundesrecht, das der Rechtsprechung der Bundesgerichte unterliegt; vgl. zum Ganzen Zweigert/Kötz: „Einführung in die Rechtsvergleichung auf dem Gebiete des Privatrechts" (3. Auflage

dieser Zersplitterung ein gewisses Maß an Übersichtlichkeit im amerikanischen Privatrecht zu erreichen, veröffentlicht das *American Law Institute*[1821] sein *Restatement of the Law*. Das *Restatement* ist getreu seiner Bezeichnung eine „Wiedergabe" des Privatrechts der amerikanischen Bundesstaaten; allerdings werden die einzelstaatlichen Bestimmungen in jeder Rechtsfrage zu einer abstrakten Regel generalisiert, die ihrerseits das „gesamtamerikanische" Privatrecht wiederzugeben vermag[1822]. Die Regelungstechnik des *Restatement* erinnert mit ihren abstrakt formulierten und nach Themengebieten geordneten Paragrafen an kontinentaleuropäische Gesetzbücher[1823]. Zwar sind diese generalisierenden Rechtsregeln in den Einzelstaaten kein bindendes Recht; trotzdem verfügt das *Restatement of the Law* über immensen Einfluss auf die Rechtsprechung der einzelstaatlichen Gerichte[1824].

Die Rezeption der Regel aus *Rylands v. Fletcher* in den amerikanischen Bundesstaaten verlief uneinheitlich. Zwar folgte der *Massachusetts Supreme Court* der englischen Haftungsregel bereits zwei Monate, nachdem diese im *House of Lords* bestätigt worden war[1825]. Allerdings formierte sich eine einflussreiche Gegenströmung nach Vorbild der Rechtsprechung im Bundesstaat New York[1826]. Schließlich relativierte sich jedoch die Ablehnung gegen die *Rule*[1827]. In der Folge konnte das Prinzip einer

---

1996), S. 245 ff. Vgl. zum bestärkenden Einfluss der bundesgesetzlichen strengen Umwelthaftung des *Comprehensive Environmental Response, Compensation and Liability Act* auf das einzelstaatliche *Common Law* bei der Ahndung von Umweltverschmutzung als *Abnormally Dangerous Activity* auch Klass: „From Reservoirs to Remediation: The Impact of CERCLA on Common Law Strict Liability Environmental Claims", (2004) 39 W.F.L.R. 903, 934 ff.

1821 Das *American Law Institute* ist ein Zusammenschluss von Rechtsgelehrten, Richtern und Rechtsanwälten zur Erstellung der *Restatements*; vgl. Sellers: „The Doctrine of Precedent in the United States of America", (2006) 54 A.J.C.L. 67, 76.

1822 Vgl. Zweigert/Kötz: „Einführung in die Rechtsvergleichung auf dem Gebiete des Privatrechts" (3. Auflage 1996), S. 246; Traynor: „The First Restatements and the Vision of the American Law Institute, Then and Now", (2007) 32 S.Il.U.L.J. 145, 145 f.

1823 Ergänzt werden die Paragrafen durch eine offizielle, an Gesetzesbegründungen erinnernde Kommentierung *(Comments)* der Autoren samt Hinweisen *(Reporters' Notes)* auf Literatur und Rechtsprechung der einzelnen Bundesstaaten.

1824 Vgl. Nelson: „The Persistence of General Law", (2006) 106 C.L.R. 503, 517 ff. sowie die ausführliche Analyse bei Sellers: „The Doctrine of Precedent in the United States of America", (2006) 54 A.J.C.L. 67, 75 ff. m. w. N.

1825 Vgl. *Ball v. Nye*, (1868) 99 Mass. 582.

1826 Vgl. *Losee v. Buchanan*, (1873) 51 N.Y. 476.

1827 Vgl. zum Ganzen die detaillierte Analyse bei Shugerman: „The Floodgates of Strict Liability: Bursting Reservoirs and the Adoption of *Fletcher v. Rylands* in the Guilded Age", (2000) 110 Y.L.J. 333, 338 ff. m. w. N. sowie die rechtssoziologische bzw. ökonomische Deutung bei Bohlen: „The Rule in *Rylands v. Fletcher*. Part I", (1911) 59 U.Pa.L.R. 298, 318 f.

verschuldensunabhängigen Haftung in den Vereinigten Staaten etabliert werden, wie auch das *Restatement of the Law, Torts* seit seiner Erstauflage von 1938 belegt[1828].

Für die Zwecke dieser Untersuchung ist eine Analyse der Rechtsprechung jedes einzelnen amerikanischen Bundesstaates entbehrlich. Dies deshalb, weil das *Restatement of the Law* in seiner Ausgabe zum Deliktsrecht eine anerkannte Abstrahierung der einzelstaatlichen Rechtssätze liefert. Dort ist eine umfassende verschuldensunabhängige Haftung für *Abnormally Dangerous Activities* vorgesehen. Der amerikanische Ansatz nimmt mithin die Gegenposition zu dem australischen Verschuldensmodell ein.

Nachfolgend gilt es daher zunächst, Inhalt und Grenzen der Haftung nach dem *Restatement* zu untersuchen. Auf dieser Grundlage lässt sich ein Vergleich zur englischen Rechtslage bei *Rylands v. Fletcher* erarbeiten. Hieraus kann schließlich ein Resümee darüber abgeleitet werden, inwieweit das Haftungsmodell des *Restatement of the Law* auch im englischen Recht erstrebenswert sein sollte.

1. Das *Restatement*-Modell

Das *Restatement of the Law, Third, Torts: Liability for Physical Harm* statuiert in § 20 (a)[1829] eine verschuldensunabhängige Haftung für außergewöhnlich gefährliche Tätigkeiten *(Abnormally Dangerous Activities)*[1830]. Dieses Haftungsregime bezeichnet das *Restatement* ausdrücklich als *Strict Liability* und sieht einen Ersatzanspruch des Geschädigten „even when reasonable care is exercised by all actors“[1831].

1828 Dort war in § 519 des *Restatement of the Law, Torts* eine verschuldensunabhängige Haftung für „ultrahazardous activities“ festgehalten; vgl. hierzu noch Vogler: „Grundlagen und Grenzen der anglo-amerikanischen Gefährdungshaftung nach der rule in *Rylands v. Fletcher*“ (1965), S. 60 ff. sowie die jüngeren Beiträge von Boston: „Strict Liability for Abnormally Dangerous Activity: The Negligence Barrier“, (1999) 36 S.D.L.R. 597, 604 ff. und Shugerman: „The Floodgates of Strict Liability: Bursting Reservoirs and the Adoption of *Fletcher v. Rylands* in the Guilded Age“, (2000) 110 Y.L.J. 333, 342.

1829 Daneben kennt das *Restatement* einige Sondertatbestände, die ebenfalls eine verschuldensunabhängige Haftung vorsehen. Auf die Regel in § 20 folgen drei dem englischen *Animals Act* (vgl. oben D.VI.) ähnliche Spezialregeln, in denen eine verschuldensunabhängige Halterhaftung bei Viehübertritt (§ 22) sowie für Schäden durch wilde (§ 23) und außergewöhnlich gefährliche (§ 24) Tiere geregelt ist. Zudem erlaubt das *Restatement* einen vergleichbar strengen, vom Verschulden unabhängigen Haftungsmaßstab im Bereich der Produkthaftung (vgl. dazu das *Restatement of the Law, Third, Torts: Products Liability* sowie die Abgrenzung zur Haftung für *Abnormally Dangerous Activities* den Beitrag von Cantú: „Distinguishing the Concept of Strict Liability for Ultra-Hazardous Activities from Strict Products Liability under Section 402A of the Restatement (Second) of Torts: Two Parallel Lines of Reasoning that should never meet“, [2001] 35 A.L.R. 31, 37 ff.).

1830 Vgl. eingehend zu dieser Haftungsvoraussetzung nachfolgend unter F.III.1.a.

1831 *Restatement of the Law, Third, Torts: Liability for Physical Harm*, § 20 (b) (1).

Ausgeschlossen ist dieser Anspruch gemäß § 24 (b), falls der Schädiger gesetzlich zu der schadensstiftenden Tätigkeit verpflichtet war[1832]. Darüber hinaus bewahrt ihn § 24 (a) vor einer verschuldensunabhängigen Ersatzforderung, falls sich ein Geschädigter der Gefahr bewusst aussetzt, um von der *Abnormally Dangerous Activity* selbst zu profitieren[1833]. Soweit ein Geschädigter lediglich vernünftige Vorkehrungen zu seinem Schutz versäumt hat, muss er gemäß § 25 noch immer eine Verminderung seines Ersatzanspruchs hinnehmen. Umgekehrt kann sich der Schädiger seiner Haftung nicht entziehen, indem er *Independent Contractors* einschaltet, da er auch für deren *Abnormally Dangerous Activities* haftet[1834].

Ersatzfähig sind nur „physische“ Schäden, worunter Beeinträchtigungen an körperlichen Gegenständen, Grundstücken und dem menschlichen Körper fallen[1835], nicht aber rein emotionale Beeinträchtigungen[1836] oder reine Vermögensschäden[1837]. Voraussetzung ist, dass der Geschädigte[1838] eine Kausalkette zwischen seinem Schaden und der haftungsbegründenden gefährlichen Tätigkeit nachweisen kann[1839]. Eine Beeinträchtigung muss sich der diese Tätigkeit Ausführende über § 29 zurechnen lassen, falls sie Ausdruck des Risikos ist, infolge dessen die schadensstiftende Tätigkeit als *Abnormally Dangerous* zu qualifizieren ist[1840]. Dies gilt unabhängig davon, ob höhere Gewalt oder ein Eingriff Dritter in den Kausalverlauf zum Schadenseintritt geführt haben[1841].

1832 Zu betonen ist jedoch, dass tatsächlich eine gesetzliche „Verpflichtung“ zu der gefährlichen Tätigkeit bestehen muss, denn eine bloße behördliche „Genehmigung“ begründet noch keinen Haftungsausschluss; vgl. *Restatememt of the Law, Third, Torts: Liability for Physical Harm*, § 24, *Comment* b.

1833 Hierunter fasst das *Restatement* die Passagiere einer Flugreise ebenso wie die Teilnehmer einer Reitstunde auf einem wilden Pferd. Diese Regelung soll den Ersatzanspruch auf gänzlich unbeteiligte „third parties or innocent bystanders“ beschränken. Vgl. zum Ganzen *Restatememt of the Law, Third, Torts: Liability for Physical Harm*, § 24, *Comment* a.

1834 So ausdrücklich *Restatememt of the Law, Second, Torts*, § 427 i. V. m. § 427a sowie § 416. Vgl. dazu auch Jones: „Strict Liability for Hazardous Enterprise“, (1992) 92 C.L.R. 1705, 1767 f. m. w. N.

1835 Vgl. *Restatememt of the Law, Third, Torts: Liability for Physical Harm*, § 4.

1836 Als Gegensatz dieses *Pure Emotional Distress* gelten emotionale Beeinträchtigungen, die auf vorangegeangenen Körperverletzungen beruhen; vgl. *Restatememt of the Law, Third, Torts: Liability for Physical Harm*, § 4, *Comment* d.

1837 Vgl. *Restatememt of the Law, Third, Torts: Liability for Physical Harm*, § 29, *Comment* c.

1838 Vgl. *Restatememt of the Law, Third, Torts: Liability for Physical Harm*, § 28.

1839 Dabei reicht eine alternative Kausalität mehrerer, für sich ausreichender Ursachen für die Haftung aus; vgl. *Restatememt of the Law, Third, Torts: Liability for Physical Harm*, § 27.

1840 Vgl. eingehend zum *Risk Principle* als Methode der Schadenszurechnung nachfolgend unter F.III.1.b.

1841 Vgl. *Restatememt of the Law, Third, Torts: Liability for Physical Harm*, § 34.

a) Abnormally Dangerous Activities

Der zentrale Prüfungspunkt des amerikanischen Modells ist die *Abnormally Dangerous Activity.* Hier entscheidet sich der Wirkungskreis der verschuldensunabhängigen Haftungsregel ebenso, wie derjenige der verschuldensabhängigen *Negligence* endet. Das *Restatement* ermittelt die „außergewöhnliche Gefährlichkeit" aus dem Zusammenspiel dreier Faktoren: Eine Tätigkeit muss danach (1) ein vorhersehbares und besonders erhebliches Schadensrisiko bergen, welches (2) nicht durch Beachtung angemessener Sorgfalt beseitigt wird, und sie darf (3) keine übliche Gepflogenheit sein[1842]. Die Prüfung und Subsumption dieser Voraussetzungen bleibt dabei dem Richter vorbehalten, die *Jury* muss insoweit nicht bemüht werden[1843].

Der Gefährlichkeitsbegriff des *Restatement* setzt zunächst voraus, dass das Risiko für einen Schadenseintritt ein besonders hohes ist *(Highly Significant Risk of Harm).* Dies bemisst sich anhand zweier Faktoren, die entweder kumulativ oder alternativ erfüllt sein müssen: Maßgeblich ist die Wahrscheinlichkeit eines Schadenseintritts und/oder die Schwere des zu erwartenden Schadens[1844]. Allein die außergewöhnliche Schadenswahrscheinlichkeit kann eine Tätigkeit bereits besonders gefährlich werden lassen[1845]. Dies gilt selbst dann, wenn kein außergewöhnlich schwerwiegender Schaden zu erwarten steht, wie das *Restatement* unter Verweis auf die Durchführung von Sprengarbeiten feststellt[1846]. Umgekehrt ist aber auch denkbar, dass gerade die Erwartung eines außergewöhnlich gravierenden Schadens eine *Abnormally Dangerous Activity* begründet, ungeachtet der eher geringen Wahrscheinlichkeit seines Eintritts (wie etwa ein Reaktorunglück in einem Atomkraftwerk)[1847]. Für beide Faktoren dieses Gefährlichkeitsbegriffs gilt, dass der Ort, an dem die Tätigkeit durchgeführt wird, entscheidend zu berücksichtigen ist: So verliert eine Tätigkeit ebenso an Gefahrenpotential, wenn sie in einer unbewohnten Wüsteneinöde betrieben wird, wie ihre Durchführung in einem dicht besiedelten Wohngebiet ein gewichtigeres *Highly Significant Risk of Harm* birgt[1848].

Die Gefährlichkeit der Tätigkeit muss für den Ersatzpflichtigen jedoch auch vorhersehbar sein[1849]. Dabei ist aber keine positive Kenntnis erforderlich; ausreichend ist bereits, dass der Schädiger die Gefährlichkeit seiner Handlung erkennen

1842 Vgl. zu den einzelnen Anwendungsgebieten der *Abnormally Dangerous Activities* in der Judikatur der amerikanischen Bundesstaaten auch die umfassende Übersicht bei Jones: „Strict Liability for Hazardous Enterprise", (1992) 92 C.L.R. 1705, 1715 ff. m. w. N.

1843 Vgl. *Restatememt of the Law, Third, Torts: Liability for Physical Harm,* § 20, *Comment* l.

1844 Vgl. *Restatememt of the Law, Third, Torts: Liability for Physical Harm,* § 20, *Comment* g.

1845 Vgl. *Restatememt of the Law, Third, Torts: Liability for Physical Harm,* § 20, *Comment* g.

1846 Vgl. *Restatememt of the Law, Third, Torts: Liability for Physical Harm,* § 20, *Comment* g, e.

1847 Vgl. *Restatememt of the Law, Third, Torts: Liability for Physical Harm,* § 20, *Comment* g.

1848 Vgl. *Restatememt of the Law, Third, Torts: Liability for Physical Harm,* § 20, *Comment* g.

1849 Vgl. *Restatememt of the Law, Third, Torts: Liability for Physical Harm,* § 20, *Comment* i.

musste[1850]. So steht für das *Restatement* außer Frage, dass der Einsatz einer giftigen Chemikalie (zumal derjenige zum eigenen wirtschaftlichen Nutzen[1851]) zu verschuldensunabhängiger Haftung führen muss, falls der Schädiger im Zeitpunkt der Verwendung Grund zu der Annahme haben musste, dass dieser Stoff giftig ist[1852]. Von der Haftungsregel bleibt daher nur Derjenige verschont, der „with neither actual nor constructive knowledge that the conduct is other than harmless"[1853] handelt.

Zusätzlich muss das *Highly Significant Risk* auch insoweit außergewöhnlich sein, als die Tätigkeit trotz Beachtung vernünftiger Sorgfalt *(Reasonable Care)* ihr Gefahrenpotential bewahrt[1854]. Dabei finden nicht nur die Sorgfaltspflichten derjenigen Person Berücksichtigung, welche die gefährliche Tätigkeit selbst ausführt; vielmehr werden alle Beteiligten einschließlich des Geschädigten[1855] einer Verschuldensprüfung unterzogen[1856]. Da gegenüber einem schuldhaft handelnden Beteiligten jederzeit Ersatzansprüche aus *Negligence* hergeleitet werden können[1857], zieht das *Restatement* hier gleichzeitig die Grenze zwischen dem verschuldensunabhängigen Ersatzanspruch für *Abnormally Dangerous Activities* und der Verschuldenshaftung nach *Negligence*[1858]. Als außergewöhnlich gefährlich sieht das *Restatement* daher

---

1850 „[T]he case for strict liability under this Section is sufficiently strong if the defendant has reason to know, or should know, of the riskiness of its activity", *Restatememt of the Law, Third, Torts: Liability for Physical Harm*, § 20, *Comment* i.

1851 Das *Restatement* führt aus, es sei „the defendant's choice to engage for its own advantage in an activity that he knows to be inevitably risky", *Restatememt of the Law, Third, Torts: Liability for Physical Harm*, § 20, *Comment* e.

1852 Erwähnenswert ist, dass das *Restatement* unmittelbar im Anschluss die *Cambridge-Water*-Entscheidung des *House of Lords* dahingehend wertet, dass „the House of Lords also clarified or limited *Rylands* by ruling that the prospect of harm must be reasonably foreseeable to the defendant at the time of its conduct"; *Restatememt of the Law, Third, Torts: Liability for Physical Harm*, § 20, *Comment* i. Das *Restatement* bezieht sich hier also lediglich auf den Einsatz des Vorhersehbarkeitsfilters bei der haftungsbegründenden Einordnung einer Chemikalie als Gefahrenquelle („prospect of harm"), nicht hingegen auf die Schadenszurechnung („foreseeability of damage").

1853 *Restatememt of the Law, Third, Torts: Liability for Physical Harm*, § 20, *Comment* i.

1854 Vgl. *Restatememt of the Law, Third, Torts: Liability for Physical Harm*, § 20, *Comment* h.

1855 Das *Restatement* hat dabei idealiter die Fallkonstellation im Blick, in welcher der Geschädigte „a wholly innocent and uninvolved third party" ist; *Restatememt of the Law, Third, Torts: Liability for Physical Harm*, § 20, *Comment* e.

1856 Vgl. *Restatememt of the Law, Third, Torts: Liability for Physical Harm*, § 20, *Comment* h.

1857 Vgl. *Restatememt of the Law, Third, Torts: Liability for Physical Harm*, § 7.

1858 Vgl. *Restatememt of the Law, Third, Torts: Liability for Physical Harm*, § 20, *Comment* h, b. Die Abgrenzung gegenüber der *Nuisance* ist auch vor amerikanischen Gerichten problematisch. Das *Restatement* kritisiert folgerichtig, die Haftungsvoraussetzung der *Nuisance* „have not been helpfully clarified by any large number of subsequent judicial opinions"; vgl. die Ausführungen in § 20, *Comment* c.

eine Tätigkeit an, „whose dangerousness is 'inevitable' or 'inherent'"[1859]: Nur sie behält trotz der *Reasonable Care* aller Beteiligten noch ein gravierendes Schadensrisiko bei und bleibt mithin (per se[1860] und unabhängig von ihrer konkreten Durchführung) abstrakt „gefährlich".

Schließlich klammert das *Restatement* solche Tätigkeiten von den *Abnormally Dangerous Activities* aus, die als ortsübliche Gepflogenheiten *(Common Usage)* verbreitet sind[1861]. Damit sind Tätigkeiten gemeint, die ein Großteil der Bevölkerung in einer Gemeinde ausübt (wie die Nutzung von Kraftfahrzeugen im Straßenverkehr)[1862]. Ebenso sind Tätigkeiten erfasst, die zwar nur von sehr Wenigen tatsächlich ausgeführt werden, dabei aber von einer Vielzahl an Menschen alltäglich genutzt wird (etwa im Falle von Gas- und Elektroleitungen für Privathaushalte)[1863]. Auch einen Billigkeitsfilter sieht das *Restatement* in Form von Tätigkeiten vor, die im Zuge des technischen Fortschritts immer verbreiteter genutzt und daher in der Bevölkerung als „common and normal"[1864] akzeptiert werden[1865]. Hingegen schließt ein etwaiger gesellschaftlicher Nutzen, den die schadensstiftende Tätigkeit trotz ihrer Gefährlichkeit aufweisen mag, die Qualifizierung als *Abnormally Dangerous* nicht aus[1866].

1859 *Restatememt of the Law, Third, Torts: Liability for Physical Harm*, § 20, *Comment* e.

1860 „[T]hat activity is the almost exclusive cause of the resulting harm", *Restatememt of the Law, Third, Torts: Liability for Physical Harm*, § 20, *Comment* e.

1861 Vgl. *Restatememt of the Law, Third, Torts: Liability for Physical Harm*, § 20, *Comment* j. Die Bedeutung dieser Einschränkung ist mit der Neufassung des *Restatement* sogar gestiegen, da *Common Usage* nun nicht mehr lediglich (wie nach der Vorauflage) ein Indiz für *Abnormally Dangerous Activities* unter mehreren ist, sondern zum (zwingenden) negativen Tatbestandsmerkmal der Haftung erhoben wird; vgl. dazu auch Woodside/Silbersack/Fliehman/Feichtner: „Why Absolute Liability under *Rylands v. Fletcher* is Absolutely Wrong", [2003] 29 U.D.L.R. 1, 22 ff.

1862 Vgl. *Restatememt of the Law, Third, Torts: Liability for Physical Harm*, § 20, *Comment* j.

1863 Vgl. *Restatememt of the Law, Third, Torts: Liability for Physical Harm*, § 20, *Comment* j.

1864 *Restatememt of the Law, Third, Torts: Liability for Physical Harm*, § 20, *Comment* j.

1865 Vgl. zustimmend für Technologien zur Speicherung und Abscheidung von Kohlenstoff Hoffman: „The Feasability of Applying Strict-Liability Principles to Carbon Capture and Storage", (2010) 49 W.L.J. 527, 560 f. Aus dem *Restatement* selbst ist keine Fallkonstellation ersichtlich, die diesem Billigkeitsfilter als Vorbild gedient haben mag. Daher steht zu vermuten, dass man hier – einen Verlust an Klarheit in Kauf nehmend – vor allem Wandlungsfähigkeit und Flexibilität in der zukünftigen Praxis sichern wollte.

1866 Vgl. *Restatememt of the Law, Third, Torts: Liability for Physical Harm*, § 20, *Comment* e. Dies ist eine Neujustierung des *Restatement* gegenüber der Vorauflage; vgl. dazu auch Simons: „*The Restatement (Third) of Torts* and Traditional Strict Liability: Robust Rationales, Slender Doctrines", (2009) 44 W.F.L.R. 1355, 1356, 1375. Insoweit verweist das *Restatement* ausdrücklich auf Sprengarbeiten, welche zwar als Abrissmethode sehr effektiv sind, gleichwohl aber aufgrund ihres hohen Gefahrenpotentials als „abnormally dangerous" einzuordnen sind.

b) Das Risk Principle

Das *Restatement* wählt als allgemeine[1867] Methode der Schadenszurechnung das *Risk Principle.* Dieser Risikofilter erfasst nur solche Schäden, die Ausdruck der haftungsbegründenden Risiken einer Tätigkeit sind[1868]. Dieser Grundsatz geht auf die Leitentscheidung *Marshall v. Nugent* zurück[1869], in welcher der *United States Court of Appeals* die Haftung „to those harmful consequences which result from the operation of the risk“[1870] begrenzte.

Das *Restatement* setzt dieses Konzept in § 29 um. Danach sind solche Schäden zuzurechnen, „that result from the risks that made the actor's conduct tortious“[1871]. Ausgangspunkt dieser Zurechnungsprüfung sind demnach die haftungsbegründenden Risiken[1872]. Angewandt auf die *Abnormally Dangerous Activities* in § 20 des *Restatement* führt dies zu solchen Risiken, die eine Tätigkeit als „besonders gefährlich“ qualifizieren. Im zweiten Schritt folgt die Prüfung, ob der eingetretene Schaden gerade aus diesem „characteristic risk“[1873] resultierte[1874]. Im Falle des § 20 muss der Schaden also Ausdruck der „besonderen Gefährlichkeit“ einer schadensstiftenden Tätigkeit sein.

Zentrale Bedeutung kommt dabei der Frage zu, wie der Begriff *Risk* auszufüllen ist. Das *Restatement* sieht ein solches Risiko immer dann, wenn mit einiger Wahrscheinlichkeit ein Schaden eintreten wird („harm occurring with some probability“[1875]). Maßgeblich bei der Bestimmung des Risikopotentials ist dabei die Faktenlage zu dem Zeitpunkt, an dem eine schadensstiftende Tätigkeit ausgeführt wurde[1876].

1867 Das *Risk Principle* gilt nicht nur für die *Abnormally Dangerous Activities* aus § 20 des *Restatement.* Es erfasst vielmehr alle *Torts,* die einen Ersatzanspruch für *Physical Harm* gewähren – also auch *Negligence* gemäß § 3 des *Restatememt*; vgl. dazu *Restatememt of the Law, Third, Torts: Liability for Physical Harm,* § 29, *Comment* a.

1868 Vgl. dazu die umfassenden allgemeinen Untersuchungen zum *Risk Principle* bei Stapleton in „The Risk Architecture of the *Restatement (Third) of Torts*“, (2009) 44 W.F.L.R. 1309 sowie „Legal Cause: Cause-in-Fact and the Scope of Liability for Consequences“, (2001) 54 V.L.R. 941. Rechtsvergleichend zur Haftungsbegrenzung aus dem „Schutzzweck der Norm“ des deutschen Rechts Vogler: „Grundlagen und Grenzen der anglo-amerikanischen Gefährdungshaftung nach der *rule in Rylands v. Fletcher*“ (1965), S. 168 ff.

1869 Vgl. *Restatememt of the Law, Third, Torts: Liability for Physical Harm,* § 29, *Reporters' Note, Comment* d.

1870 Magruder C.J. in *Marshall v. Nugent,* (1955) 222 F.2d 604, 610; vgl. auch die ähnliche Entscheidung *Foster v. Preston Mill Co.,* (1955) 268 P.2d 645.

1871 *Restatememt of the Law, Third, Torts: Liability for Physical Harm,* § 29.

1872 Vgl. *Restatememt of the Law, Third, Torts: Liability for Physical Harm,* § 29, *Comment* d.

1873 *Restatememt of the Law, Third, Torts: Liability for Physical Harm,* § 29, *Comment* l.

1874 Vgl. *Restatememt of the Law, Third, Torts: Liability for Physical Harm,* § 29, *Comment* d.

1875 *Restatememt of the Law, Third, Torts: Liability for Physical Harm,* § 3, *Comment* e.

1876 „In assessing whether the scope of an actor's liability extends to a given harm, the critical matter is the context in which the actor is tortious, including the facts

Entscheidend ist jedoch vor allem, wie konkret der Begriff des *Harm* gefasst werden muss. Eine allgemeine Regel vermag das *Restatement* hier angesichts der vielfältigen Fallkonstellationen ausdrücklich[1877] nicht zu erkennen. Vielmehr soll sich ein Gericht im Einzelfall möglichst eng an denjenigen „characteristic risks"[1878] einer Tätigkeit orientieren, die bereits zu deren Einordnung als *Abnormally Dangerous* geführt haben[1879].

Dies führt dazu, dass Vorhersehbarkeitsfragen für das *Risk Principle* hier[1880] weitgehend unbeachtlich sind. Zwar entlastet den Schädiger tatsächlich seine berechtigte Überzeugung davon, lediglich eine harmlose Tätigkeit auszuüben[1881]. War jedoch zumindest „some form of physical harm"[1882] absehbar, ist die Haftung für *Abnormally Dangerous Activities* möglich. Die durchaus vage Formulierung „some form" unterstreicht das *Restatement* nochmals, indem es sowohl einen im konkreten Fall unvorhersehbaren Kausalverlauf[1883] als auch ein unvorhersehbar hohes Schadensausmaß[1884] für zurechenbar hält.

---

establishing the risks that exist at the time of the actor's conduct", *Restatememt of the Law, Third, Torts: Liability for Physical Harm*, § 29, *Comment* h.

1877 „No specific rule can be provided about the appropriate level of generality or specificity to employ in characterizing the type of harm for purposes of this Section", *Restatememt of the Law, Third, Torts: Liability for Physical Harm*, § 29, *Comment* i. Vgl. dazu die Kritik durch Stapleton: „The Risk Architecture of the *Restatement (Third) of Torts*", (2009) 44 W.F.L.R. 1309, 1329 ff.

1878 *Restatememt of the Law, Third, Torts: Liability for Physical Harm*, § 29, *Comment* l.

1879 Vgl. *Restatememt of the Law, Third, Torts: Liability for Physical Harm*, § 29, *Comment* i.

1880 Anderes gilt für die Schadenszurechnung bei *Negligence*. Für diesen in § 3 des *Restatements* niedergelegten Anspruch greift ebenfalls die Zurechnungsregel des § 29. Im Gegensatz zu den „abnormally dangerous activities" ist aber für *Negligence* bereits bei der Bestimmung des haftungsbegründenden Tatbestands eine Vorhersehbarkeitsprüfung erforderlich („Negligence limits the requirement of reasonable care to those risks that are foreseeable", *Restatememt of the Law, Third, Torts: Liability for Physical Harm*, § 29, *Comment* j). In der Folge schlägt die bereits hier zu prüfende Vorhersehbarkeit getreu dem „Risk Principle" auch auf die Schadenszurechnung (§ 29) durch.

1881 Vgl. *Restatememt of the Law, Third, Torts: Liability for Physical Harm*, § 20, *Comment* i.

1882 Vgl. *Restatememt of the Law, Third, Torts: Liability for Physical Harm*, § 29, *Comment* j.

1883 „Courts commonly state that the manner in which the harm occurs is irrelevant to scope of liability so long as the harm is [...] within the risk standard. [...] Mechanisms are important so long as they bear, in a general and reasonable way, on the risks that were created by the tortious conduct in the circumstances that existed at the time. Beyond that, details of the causal forces that concurred to cause the harm and their individual or combinational foreseeability are unimportant to the inquiry on the scope of liability"; *Restatememt of the Law, Third, Torts: Liability for Physical Harm*, § 29, *Comment* o.

1884 Vgl. *Restatememt of the Law, Third, Torts: Liability for Physical Harm*, § 29, *Comment* p. Dies gilt getreu des *Risk Principle* selbstverständlich nur dann, wenn der absehbare Schaden ausreichend war, um die Tätigkeit als *Abnormally Dangerous*

Vielmehr hält das *Restatement* die Bezugnahme auf einen bestimmten Schadenstypus (also Personen- bzw. Sachschäden) in vielen Fällen für hilfreich und ausreichend[1885]. Zugleich behält es aber auch Fälle im Blick, in denen das Gefahrenpotential noch detaillierter (etwa als Schusswunde oder Vergiftung) umrissen werden muss[1886]. Zusätzliche Anhaltspunkte bietet das *Restatement* nicht, sondern betont kontinuierlich die Notwendigkeit eines Einklangs aus *Characteristic Risk* und eingetretenem Schaden im Einzelfall.

Zur Verdeutlichung seines Risikofilters verweist das *Restatement*[1887] auf eine Fallkonstellation, in welcher der Schädiger ein Lager mit Dynamitvorräten betreibt. Diese Tätigkeit gilt aufgrund der hohen Explosionsgefahr (mit der Folge von Personen- und Sachschäden) als *Abnormally Dangerous*. Fällt aber eine Dynamitkiste auf den Kopf eines Angestellten, ohne dabei zu explodieren, so liegt diese Körperverletzung nicht mehr innerhalb des *Risk*, da sich hierin nicht die Explosionsgefahr verwirklicht hat[1888].

Nach dem *Risk Principle* des *Restatement* sind also Schäden immer dann zurechenbar, wenn sie aus gerade denjenigen Risiken resultieren, welche eine Tätigkeit „besonders gefährlich" werden lassen. In systematischer Hinsicht zieht der Risikofilter damit eine Verbindungslinie vom Anwendungsbereich der *Dangerous Activity* hin zur Schadenszurechnung[1889]: Nur derjenige Schaden ist (über § 29) zurechenbar, der innerhalb gerade derjenigen Risiken (aus § 20) bleibt, welche die schadensstiftende Tätigkeit bereits als „außergewöhnlich gefährlich" qualifiziert haben. Die Vorhersehbarkeit des Schadens ist deshalb kaum von Bedeutung.

2. Vergleich mit *Rylands v. Fletcher*

In den Vereinigten Staaten ist *Rylands v. Fletcher* weithin als Ursprung der Haftung für *Abnormally Dangerous Activities* anerkannt[1890]. Wesensmerkmal beider Modelle

---

zu qualifizieren. Dann nämlich ist unerheblich, ob der eingetretene Schaden das absehbar außergewöhnliche Ausmaß noch übertroffen hat.

1885 Vgl. *Restatememt of the Law, Third, Torts: Liability for Physical Harm*, § 29, *Comment* i.

1886 Vgl. *Restatememt of the Law, Third, Torts: Liability for Physical Harm*, § 29, *Comment* i.

1887 Vgl. *Restatememt of the Law, Third, Torts: Liability for Physical Harm*, § 29, *Comment* l.

1888 Möglich bleibt natürlich weiterhin die verschuldensabhängige Haftung nach *Negligence*; vgl. *Restatememt of the Law, Third, Torts: Liability for Physical Harm*, § 29, *Comment* l.

1889 Hiervon zu unterscheiden ist die Frage der ersatzfähigen Schadenstypen. Diese sind gemäß §§ 4, 20 des *Restatement* auf „physical harm" beschränkt.

1890 So ausdrücklich das *Restatement (Third) of Torts*, § 20, *Comment* d: „When American courts apply the rule of strict liability for abnormally dangerous activities, they frequently identify *Rylands v. Fletcher* as providing the origin of the rule and discuss *Rylands* approvingly"; ebenso Dobbs: „The Law of Torts", (2000), S. 954, 960; relativierend hingegen Woodside/Silbersack/Fliehman/Feichtner: „Why Absolute Liability under *Rylands v. Fletcher* is Absolutely Wrong", [2003] 29 U.D.L.R. 1, 12 ff.

ist es folgerichtig auch, eine verschuldensunabhängige Haftung zu ermöglichen[1891]. Die amerikanische Rechtsprechung hat jedoch in diversen Punkten das englische Vorbild hinter sich gelassen und eigene Akzente gesetzt.

Dies fällt bereits im Hinblick auf den Anwendungsbereich der Haftung für *Abnormally Dangerous Activities* auf. In England hat die Verbreitung der *Offshoot Theory* (bis hinein in die Judikatur des *House of Lords*) dazu geführt, dass *Rylands* zunehmend auf das Grundstücksrecht begrenzt wird[1892]. Eine derartige Einschränkung kennt das amerikanische Recht nicht. Vielmehr abstrahiert das *Restatement Justice* Blackburns Grundprinzip, indem es eine verschuldensunabhängige Haftung für gefährliche Tätigkeiten unabhängig davon statuiert, ob der Fall einen Grundstücksbezug aufweist[1893]. In der Folge hat das *Restatement* auch keine Schwierigkeiten damit, Personenschäden als ersatzfähig anzusehen[1894]. Im englischen Recht hingegen streitet die *Offshoot Theory* ab, dass Personenschäden nach *Rylands v. Fletcher* eingeklagt werden können[1895].

Übereinstimmung besteht jedoch bei einigen Haftungsbegrenzungen. So schließen die englische[1896] Judikatur und das *Restatement*[1897] die verschuldensunabhängige Haftung in Fällen aus, in denen sich der Geschädigte der Gefahrenquelle bewusst aussetzt, um sie zum eigenen Vorteil zu nutzen. Zudem gilt in England[1898] wie den USA[1899] der Grundsatz, dass ein Mitverschulden des Geschädigten an der Schadensverursachung den Ersatzanspruch vermindern kann. Einigkeit besteht überdies in Bezug auf den Haftungsausschluss für gesetzlich erfasste Gefahrensituationen: Im

1891 Vgl. zu *Rylands v. Fletcher* oben B.II.4. sowie zum *Restatement* soeben unter F.III.1.

1892 Vgl. oben C.III.4.a., E.V.2.b.; F.I.1.

1893 „Although the American doctrine of strict liability for abnormally dangerous activities derives in part from *Rylands*, it is clear that this doctrine imposes no requirement that either the defendant or the plaintiff be a land occupier“, *Restatement (Third) of Torts*, § 20, *Comment* d. Ähnlich auch Stenger: „Die Haftung aufgrund unverschuldeter Eingriffe in Eigentum und Besitz an unbeweglichen Sachen. Eine rechtsvergleichende Untersuchung zum deutschen und angloamerikanischen Recht“ (1997), S. 304.

1894 So die ausdrückliche Regelung in *Restatememt of the Law, Third, Torts: Liability for Physical Harm*, § 4, worauf § 20 bei der Benennung der ersatzfähigen Schadenstypen verweist.

1895 Vgl. oben E.V.2.b.

1896 Dies betrifft die Fallgruppe des geteilten Nutzens als Indiz für ein konkludentes Einverständnis; vgl. dazu oben B.II.5.c. und C.IV.2.

1897 Im *Restatement* ist dieser Ausschlussgrund explizit als „coming into proximity to the [...] abnormally dangerous activity for the purpose of securing some benefit“ geregelt; vgl. *Restatememt of the Law, Third, Torts: Liability for Physical Harm*, § 24 (a).

1898 Vgl. dazu oben C.IV.1.

1899 Vgl. die ausdrückliche Regelung zur „comparative responsibility“ in *Restatememt of the Law, Third, Torts: Liability for Physical Harm*, § 25.

englischen[1900] wie auch im amerikanischen[1901] Recht steht eine gesetzlich verankerte Verpflichtung zur Durchführung der gefährlichen Tätigkeit der Haftung entgegen; die bloße behördliche (oder gesetzliche) Genehmigung entlastet den Schädiger hingegen nicht. Ebenso wenig kann sich der Schädiger vor englischen[1902] wie amerikanischen[1903] Gerichten durch Übertragung der gefährlichen Tätigkeit auf *Independent Contractors* seiner Haftung entziehen.

a) Gefahrenquelle

Das amerikanische *Restatement* setzt bei der Prüfung der Gefahrenquelle vor allem in seiner definitorischen Klarheit Maßstäbe, hinter denen die kaum abstrahierende englische Judikatur zu *Rylands v. Fletcher* zurückbleibt. Dem amerikanischen Grundsatz, das Gefahrenpotential aus dem Zusammenspiel von hohem Eintrittsrisiko und besonderer Schwere eines Schadensereignisses zu ermitteln[1904], wird ein englischer Richter angesichts der Präjudizienlage[1905] kaum widersprechen wollen. In England aber führt der Weg der Gerichte zur Bestimmung der Gefährlichkeit allein über Einzelfallentscheidungen (oder allenfalls Fallgruppen), ohne dass das Bestreben nach Formulierung einer abstrakten Definition erkennbar ist[1906]. Gleichwohl lässt sich aus der englischen[1907] Judikatur deduzieren, dass – in Übereinstimmung mit dem *Restatement*[1908] – ein Schädiger die Gefährlichkeit seines Verhaltens zwar nicht tatsächlich kennen, wohl aber aufgrund des allgemeinen wissenschaftlichen Forschungsstandes erkennen *können* muss.

Ein Unterschied zeigt sich auf den ersten Blick im Bezugspunkt des Gefahrenpotentials: Während das englische Recht (getreu *Justice* Blackburns Wortlaut) gefährliche „Dinge"[1909] reglementiert, knüpft das amerikanische *Restatement* an gefährliche „Tätigkeiten"[1910] an. Diese Differenzierung ist jedoch lediglich[1911] terminologischer

1900 Vgl. C.IV.5.
1901 Vgl. *Restatememt of the Law, Third, Torts: Liability for Physical Harm*, § 24 (b) sowie den diesbezüglichen *Comment* b.
1902 Vgl. oben B.II.2.c.
1903 Vgl. soeben unter F.III.1.
1904 Vgl. *Restatememt of the Law, Third, Torts: Liability for Physical Harm*, § 20, *Comment* g.
1905 Vgl. oben C.I.1.
1906 Vgl. oben eingangs zu Abschnitt C.I. Dies gilt im Übrigen auch für das Haftungsmerkmal des *Non-Natural Use*, wie die ansonsten sehr um Systematisierung bemühte *Cambridge-Water*-Entscheidung des *House of Lords* zeigt: „Fortunately, I do not think it is necessary for the purposes of the present case to attempt any redefinition of the concept of natural or ordinary use", Lord Goff of Chieveley, a. a. O., S. 79.
1907 Vgl. oben C.I.2.d.
1908 Vgl. *Restatememt of the Law, Third, Torts: Liability for Physical Harm*, § 20, *Comment* i.
1909 Vgl. oben C.I.2.b.
1910 Vgl. *Restatement (Third) of Torts*, § 20 (a).
1911 Eine Ausnahme wäre allenfalls bei der Einordnung von Menschen als Gefahrenquelle denkbar, da deren Verhalten zwar als *Abnormally Dangerous Activity*, sie

Natur. Das englische Recht hat nämlich die Lehre der *Dangerous Things per se*, wonach die Gefahr allein von der Sache selbst ausgehen musste, hinter sich gelassen und berücksichtigt ebenfalls den konkreten Gebrauch eines *Thing*, um das Gefahrenpotential zu ermessen[1912]. Als Ansatzpunkt dient dabei auch die jüngere Interpretation des *Non-Natural Use*, welche zwar verstärkt auf die Gewöhnlichkeit des schadensstiftenden Umgangs mit einer Gefahrenquelle abstellt, dabei aber auch (mit dem Gefährlichkeitsfilter) die „increased danger to others“[1913] durch dieses *Verhalten* im Blick behält.

Umgekehrt verwendet das amerikanische *Restatement* bewusst[1914] die englische Rechtsprechung zum *Non-Natural Use* als Vorlage, um gewöhnliche und allgemein verbreitete Tätigkeiten von den *Abnormally Dangerous Activities* auszunehmen. Allerdings stützt sich das *Restatement* insoweit nicht auf den klassischen Ansatz *Justice* Blackburns und Lord Cairns', über den *Non-Natural Use* allein die Nutzung der natürlichen Ressourcen des Grundstücks von der *Rule* auszuschließen[1915]. Bereits an der Bezeichnung dieser amerikanischen Haftungsgrenze als „common usage“[1916] wird nämlich deutlich, dass sich das *Restatement* hier an der jüngeren Strömung englischer Judikatur[1917] orientiert, die den *Non-Natural Use* vor allem auf die „Ungewöhnlichkeit“ eines Verhaltens bezieht.

Dies gilt jedenfalls insoweit, als in den USA eine Tätigkeit nicht als „abnormally“ gefährlich angesehen wird, falls sie im regionalen Rahmen des Schädigungsortes allgemein gebräuchlich ist[1918]. Dazu zählt im amerikanischen Recht nicht nur die verbreitete (aktive) Durchführung einer Tätigkeit, sondern auch deren allgemein

---

selbst aber nicht als „anything likely to do mischief“ (vgl. oben B.II.1.a.) eingeordnet werden können. Jedoch wäre aus amerikanischer Sicht im einzigen englischen Anwendungsfall (*Attorney-General v. Corke*, [1933] Ch. 89: Hier verschmutzten Bewohner einer Wohnwagensiedlung die umliegenden Gärten mit Unrat; vgl. dazu oben C.I.1.) die schadensstiftende Tätigkeit mangels Intensität des Schadens nicht *Abnormally Dangerous*. Die klassische Fallkonstellation für „gefährliche Menschen“, der Betrieb eines Hochsicherheitsgefängnisses, wäre wiederum wegen der zugrunde liegenden gesetzlichen Verpflichtung vom amerikanischen (wie auch englischen; vgl. soeben unter F.III.2.) Haftungsmodell ausgenommen.

1912 Vgl. oben C.I.2.b.

1913 Lord Moulton in *Rickards v. Lothian*, [1911–13] All E.R. Rep. 71, 80; vgl. dazu auch Stallybrass („Dangerous Things and the Non-Natural Use of Land“, [1929] 3 C.L.J. 376, 389 ff.) und Fleming („The Law of Torts“ [9. Auflage 1998], S. 380) sowie ausführlich oben C.VI.2.c.

1914 So ausdrücklich das *Restatememt of the Law, Third, Torts: Liability for Physical Harm*, § 20, *Comment* j.

1915 Vgl. *Restatememt of the Law, Third, Torts: Liability for Physical Harm*, § 20, *Comment* d.

1916 Vgl. *Restatememt of the Law, Third, Torts: Liability for Physical Harm*, § 20 (b) (2).

1917 Vgl. oben C.VI.2.b.

1918 Vgl. zur amerikanische Sicht *Restatememt of the Law, Third, Torts: Liability for Physical Harm*, § 20, *Comment* j sowie zur englischen Rechtslage oben unter C.VI.2.b. die Abschnitte cc. und dd.

übliche (passive) Nutzung[1919]. Dem in England[1920] vertretenen[1921] Ansatz, die Haftung auch für Tätigkeiten auszuschließen, die abstrakt von gesamtgesellschaftlichem Nutzen sind, folgt das *Restatement*[1922] hingegen nicht. Konkretisiert auf Fallgruppen bedeutet dies, dass beide Rechtsordnungen Fernleitungen zur Gas- und Stromversorgung von Wohngebieten als „common"[1923] bzw. „natural"[1924] ansehen, während aber nur[1925] das englische[1926] Recht die Unterstützung der nationalen Kriegsindustrie als Grund anerkannte, um die Herstellung von Sprengstoff von der Haftung auszunehmen.

b) Schadenszurechnung

Die amerikanische Schadenszurechnung nach dem *Risk Principle* grenzt sich bewusst von den Zurechnungsmodellen des *Foreseeability Test* und *Direct (or Natural) Consequence Test* ab, welche bei *Rylands v. Fletcher* in England angewandt worden sind[1927].

aa) Direct Consequence Test

Das amerikanische Modell versteht sich als Alternative zum *Direct Consequence Test*, welcher als „vaguer and more amorphous"[1928] abgelehnt wird. Das *Restatement* sieht den Kern dieses Konkurrenzmodells darin, die Unmittelbarkeit in der Kausalkette zwischen Schädigungshandlung und Schaden normativ zu bestimmen[1929]. Demgemäß unterbricht ein Glied in der Kausalkette, das entscheidend in den Kausalverlauf eingreift, den Zurechnungszusammenhang zwischen Schädigungshandlung und

---

1919 Vgl. *Restatememt of the Law, Third, Torts: Liability for Physical Harm*, § 20, *Comment* j.

1920 Vgl. oben C.VI.2.b.dd.

1921 Inzwischen wurde von dieser Interpretation des *Non-Natural Use* wieder Abstand genommen; vgl. dazu oben F.I.2.a. sowie F.IV.2.b.

1922 Während die Vorauflage noch „value for the community" als Indiz gegen die außergewöhnliche Gefährlichkeit einer Tätigkeit angesehen hatte (*Restatememt of the Law, Second, Torts*, § 521 [f]), verzichtet die aktuelle Neuauflage auf diese Einschränkung: „Nor does the appeal of strict liability rest on any disparagement of the social utility of the particular [...] activity", *Restatememt of the Law, Third, Torts: Liability for Physical Harm*, § 20, *Comment* e.

1923 Vgl. *Restatememt of the Law, Third, Torts: Liability for Physical Harm*, § 20, *Comment* j.

1924 Vgl. oben C.VI.1.b.

1925 Eingehend zu dieser Fallgruppe *Restatememt of the Law, Third, Torts: Liability for Physical Harm*, § 20, *Reporters' Notes* zu *Comment* k; vgl. auch die umfangreiche Rechtsprechungsanalyse bei Boston: „Strict Liability for Abnormally Dangerous Activity: The Negligence Barrier", (1999) 36 S.D.L.R. 597, 662 ff. m. w. N.

1926 Vgl. oben C.VI.2.dd.

1927 Vgl. oben B.II.6.b. und C.V.2. sowie F.I.1.

1928 *Restatememt of the Law, Third, Torts: Liability for Physical Harm*, § 20, *Comment* e.

1929 Vgl. *Restatememt of the Law, Third, Torts: Liability for Physical Harm*, § 29, *Comment* e, g.

Schaden, da es die Schädigungshandlung als wesentliche Ursache für den Schaden „überlagert“[1930].

Klassische Fallgruppen dafür sind *Acts of God* oder *Acts of Strangers*, in denen die Zurechnung auch solcher Schäden ausgeschlossen ist, die eigentlich „within the risk“ lägen[1931]: Führt also im *Restatement*-Beispielsfall[1932] ein Erdbeben zur Explosion eines Dynamitlagers, so schließt der *Direct Consequence Test* hier die Zurechnung aus. Umgekehrt rechnet dieses Modell auch Schäden außerhalb des *Characteristic Risk* zu, solange diese unmittelbar auf der Schädigungshandlung beruhen[1933]: Verletzt also im *Restatement*-Beispiel die Dynamitkiste im Fallen (ohne zu explodieren) einen Angestellten, so wäre dieser Schaden eine *Direct Consequence.*

Die Trennungslinie zum eigenen *Risk Principle* zieht das *Restatement* sehr deutlich: Laut § 34 werden *Acts of God* und *Act of Strangers* ausdrücklich nicht als eigenständiger Haftungsausschluss anerkannt. Vielmehr soll getreu den Grundsätzen des *Risk Principle* allein die Verwirklichung des haftungsbegründenden Risikos geprüft werden, und zwar unabhängig davon, ob Dritte oder ein Naturereignis in den schädigenden Kausalverlauf eingegriffen haben[1934].

bb) Foreseeability Test

Die Grenzlinie des *Risk Principle* zum Vorhersehbarkeitsfilter, dem *Foreseeability Test,* ist weniger stetig. Da das *Restatement*-Modell eine enge Verbindung zwischen haftungsbegründendem *Risk* und zuzurechnendem *Harm* fordert, findet *Foreseeability* in dem Maße Eingang in die Schadenszurechnung, wie sie auch Teil des haftungsbegründenden Tatbestands eines *Tort* ist[1935]. In der Folge sind in *Negligence*-Fällen beide Zurechnungsmodelle sogar kongruent, da dort die Vorhersehbarkeit eines Schadens für die Bemessung der haftungsbegründenden Sorgfaltspflicht als zuzurechnendem *Risk* entscheidend ist[1936]. Verzichtet ein *Tort* hingegen bei der Bestimmung der haftungsbegründenden *Risks* vollständig auf *Foreseeability* (wie etwa die Halterhaftung für wilde Tiere nach § 22 des *Restatement*), so bleibt der Vorhersehbarkeitsfilter auch bei der Schadenszurechnung unbeachtlich[1937].

1930 Das *Restatement* konstatiert mit Blick auf diese Judikatur, dass „superseding causes were said to 'break' the chain of causation“, *Restatememt of the Law, Third, Torts: Liability for Physical Harm*, § 34, *Reporters' Note, Comment* a.

1931 Vgl. *Restatememt of the Law, Third, Torts: Liability for Physical Harm*, § 29, *Comment* g sowie § 34, *Comment* a.

1932 Vgl. *Restatememt of the Law, Third, Torts: Liability for Physical Harm*, § 29, *Comment* l.

1933 Vgl. *Restatememt of the Law, Third, Torts: Liability for Physical Harm*, § 29, *Comment* e.

1934 Vgl. *Restatememt of the Law, Third, Torts: Liability for Physical Harm*, § 34, *Comment* a.

1935 *Restatememt of the Law, Third, Torts: Liability for Physical Harm*, § 29, *Comment* j, d.

1936 Vgl. oben E.IV.1. Ebenso das *Restatement*: „Negligence limits the requirement of reasonable care to those risks that are foreseeable“, *Restatememt of the Law, Third, Torts: Liability for Physical Harm*, § 29, *Comment* j.

1937 „Thus, for wild animals, in the rare case in which the owner is justifiably ignorant and reasonably believes the animal tame, the risk standard can be applied without

(1) Erkennbare Risikotechnologien

Die Haftung für *Abnormally Dangerous Activities* liegt eher zwischen diesen Extrempositionen. Hier ist *Foreseeability* zwar weitgehend, aber trotzdem nicht vollständig unbeachtlich: Nach dem *Restatement* muss dem Schädiger bekannt (oder zumindest für ihn erkennbar) gewesen sein, dass es sich bei der schadensstiftenden Tätigkeit um eine *Abnormally Dangerous Activity* handelt[1938]. Führt man diesen Grundsatz des haftungsbegründenden Tatbestands in die Schadenszurechnung hinüber, so ist erforderlich, dass der Schaden aus dem *Characteristic Risk* einer als *Abnormally Dangerous* erkennbaren Tätigkeit resultiert[1939]. Nicht notwendig ist hingegen, dass der schädigende Kausalverlauf vorhersehbar war[1940]. Ebenso wenig erkennt das *Risk Principle* einen „unforeseeable plaintiff"[1941] oder einen unvorhersehbar hohen Schaden[1942] als Zurechnungshindernisse an. Zutreffend folgert das *Restatement* in seinen Erläuterungen trotzdem, dass § 20 „some aspect of foreseeability"[1943] beinhalte, mit der Folge einer „greater congruence"[1944] zwischen den beiden Zurechnungsmodellen. Die Wortwahl des *Restatement* bleibt hier aber eher vage („some") und deutlich relativierend („greater"), was auch durchaus berechtigt ist: Bei § 20 wird nämlich Vorhersehbarkeit nur zu „einem gewissen" (und im Vergleich zu *Negligence* weitaus geringeren) Grade berücksichtigt[1945]. Ebenso ist hier die Ähnlichkeit zwischen Risiko- und Vorhersehbarkeitsfilter nur unwesentlich „größer" als bei der gänzlich auf Vorhersehbarkeit verzichtenden Halterhaftung für wilde Tiere gemäß § 22 des *Restatement.*

Deutlicher wird das *Restatement* mit seiner Kritik, der *Foreseeability Test* sei zu unbestimmt, da ein fester Bezugspunkt der Vorhersehbarkeit fehle[1946]. Zwar bietet auch das *Restatement* keine exakte Definition dazu auf, wie konkret ein *Risk of Harm*

---

any modification: If the dangerous quality of the animal is the cause of harm, liability exists", *Restatememt of the Law, Third, Torts: Liability for Physical Harm*, § 29, *Comment* j.

1938 Vgl. oben F.III.1.a.

1939 Vgl. oben F.III.1.b.

1940 Vgl. *Restatememt of the Law, Third, Torts: Liability for Physical Harm*, § 29, *Comment* o.

1941 Dies betrifft Fälle, in denen für den Schädiger nicht absehbar war, dass gerade der spätere Geschädigte in den Wirkungsbereich des Schadensrisikos gelangen könnte; vgl. insgesamt dazu *Restatememt of the Law, Third, Torts: Liability for Physical Harm*, § 29, *Comment* n.

1942 Vgl. oben F.III.1.b.

1943 *Restatememt of the Law, Third, Torts: Liability for Physical Harm*, § 29, *Comment* j.

1944 *Restatememt of the Law, Third, Torts: Liability for Physical Harm*, § 29, *Comment* j.

1945 Zu weit geht daher die Einschätzung bei Kutner („The End of *Rylands v. Fletcher*?", (1995) 31 T.I.L.J. 73, 96) und Vogler („Grundlagen und Grenzen der anglo-amerikanischen Gefährdungshaftung nach der *rule in Rylands v. Fletcher*" [1965], S. 123), dass bei *Abnormally Dangerous Activities* ebenfalls lediglich vorhersehbare Schäden ersatzfähig sind.

1946 „A foreseeability test [...] risks being misunderstood because of uncertainty about what must be foreseen, by whom, and at what time", *Restatememt of the Law, Third, Torts: Liability for Physical Harm*, § 29, *Comment* j.

benannt werden muss[1947]. Gleichwohl dürfte die Abgrenzung von *Characteristic Risk* zu risikountypischen Folgen einer außergewöhnlich gefährlichen Tätigkeit weniger Schwierigkeiten aufwerfen als die Benennung des Bezugspunkts der *Foreseeability of Damage*. Deutlich wird dies mit Blick auf die Schwierigkeiten Lord Goffs, im *Cambridge-Water*-Fall zu konkretisieren, welcher Aspekt des *Damage* nun in seiner Unvorhersehbarkeit für die Klageabweisung entscheidend war: Die Verunreinigung des Grundwassers durch die giftige Chemikalie PCE, das Entweichen dieser Chemikalie in flüssigem Aggregatzustand oder die Unverkäuflichkeit des Trinkwassers aufgrund neuer Gesundheitsschutzgesetze[1948]. Nach dem *Risk Principle* wäre der erste Schaden ohne weiteres zurechenbar (da Umweltverschmutzung die charakteristische Wirkungsweise giftiger Chemikalien ist) und der zweite Punkt bliebe für den Risikofilter unerheblich (da der schädigende Kausalverlauf nicht vorhersehbar sein muss). Bei der dritten Frage wäre für das *Risk Principle* bedeutsam, dass die Giftigkeit der Chemikalie als Qualifikationsmerkmal für *Abnormally Dangerous Activities* im Zeitpunkt der Verwendung bekannt war; knüpft nun eine neue Gesetzgebung unmittelbar an die bereits zuvor bekannte Gefährlichkeit (hier: Giftigkeit) an, so muss dies „within the risk" liegen: In den (unvorhergesehenen) neuen gesetzlichen Trinkwasserstandards realisiert sich aber gerade das *Characteristic Risk* der (bekannten) Gefährlichkeit – nämlich die Giftigkeit der Chemikalie.

(2) Neuartige Risikotechnologien

Gerade dieser Grenzfall zwischen Vorhersehbarkeits- und Risikofilter bietet Anlass, die Reichweite von *Foreseeability* innerhalb des *Risk Principle* noch eingehender zu untersuchen: Die entscheidende Frage lautet, ob der Risikofilter Schäden passieren lässt, die zwar von einer allgemein bekannten *Abnormally Dangerous Activity* ausgehen, allerdings auf einer bislang unbekannten (also: unvorhersehbaren) Eigenschaft dieser Tätigkeit beruhen. Gerade bei einer neuartigen und noch nicht vollends erforschten Risikotechnologie können nämlich (über das bereits bekannte Gefahrenpotential hinaus) zusätzliche Risiken auftreten, welche zur Zeit der schadensstiftenden Handlung noch nicht wissenschaftlich ermittelt worden waren.

Zur Veranschaulichung soll ein Labor dienen, in dem eine bekanntermaßen hochgiftige Gase absondernde Chemikalie erforscht – und mithin bewusst eine *Abnormally Dangerous Activity* durchgeführt – wird. Kommt es nun in dem Labor zu einer Explosion, da die Chemikalie – was zuvor völlig unbekannt war – in Verbindung mit einer anderen Chemikalie hochexplosiv ist, stellt sich die Frage, ob die in der Nachbarschaft eintretenden Explosionsschäden zurechenbar sind. Der *Foreseeability Test* würde dies ablehnen, da nicht vorhersehbar war, dass die Chemikalie zu explodieren vermag.

Das *Restatement* behandelt die Frage neuartiger Risiken einer bekannten Risikotechnologie in seinen *Comments* zum *Risk Principle* zwar nicht explizit; gleichwohl

---

1947 Vgl. oben F.III.1.b.
1948 Vgl. oben F.I.1.a.cc.

führen die bereits ausgeführten allgemeinen Grundsätze zu einer tragfähigen Lösung. Der Risikofilter fordert eine enge Verbindung zwischen haftungsbegründendem *Risk* und zuzurechnendem *Harm*, weshalb erforderlich ist, dass der Schaden aus dem *Characteristic Risk* einer als *Abnormally Dangerous* erkennbaren Tätigkeit resultiert[1949].

Im Beispielsfall ist die Erforschung der Chemikalie als haftungsbegründende *Abnormally Dangerous Activity* gemäß § 20 des *Restatement* einzuordnen, da der Stoff giftig und explosiv ist. Die Tätigkeit war auch als *Abnormally Dangerous* erkennbar, da zumindest die Giftigkeit bekannt war; die Unbekanntheit der Explosivität ist insoweit unerheblich. Anders läge der Fall nur dann, wenn lediglich *eine* gefährliche Eigenschaft den Status der Tätigkeit als *Abnormally Dangerous* begründet, und diese *eine* Eigenschaft nicht vorhersehbar (also die Chemikalie im Beispielsfall nur unbekannt explosiv, nicht aber bekannt giftig) war: Dann nämlich wäre für den Schädiger nicht erkennbar gewesen, dass er überhaupt eine *Abnormally Dangerous Activity* durchführt. Folgt der Schaden dagegen aus einem Risiko, das nicht vorhersehbar war, bleibt die Tätigkeit aber auch unter Hinwegdenken dieses Risikos *Abnormally Dangerous* (weil nämlich noch weitere, bereits bekannte außergewöhnliche Risiken im Sinne von § 20 bestanden), dann ist der haftungsbegründende Tatbestand von § 20 erfüllt: Nun war nämlich bereits bei Schadensverursachung bekannt, dass eine *Abnormally Dangerous Activity* durchgeführt wird. Im Beispielsfall war das Gefahrenpotential einer Erforschung der Chemikalie zumindest in dem Maße bekannt, dass überhaupt eine *Abnormally Dangerous Activity* vorliegt (nämlich in puncto Giftigkeit), was für den haftungsbegründenden Tatbestand des § 20 genügt.

Auf der Ebene der Schadenszurechnung fordert das *Restatement*, dass der Schaden die Realisierung des *Characteristic Risk* einer *Abnormally Dangerous Activity* sein muss – also Ausdruck der Eigenschaften, die ihre außergewöhnliche Gefährlichkeit verursachen. Im Beispielsfall begründen die Giftigkeit und die Explosivität der Chemikalie den Status ihrer Erforschung als *Abnormally Dangerous*. Da der Schaden durch eine dieser Eigenschaften – die Explosivität – verursacht wurde, basiert er folglich auch auf einem *Characteristic Risk* dieser Tätigkeit.

Nicht notwendig ist hingegen, dass alle Gefahreneigenschaften einer *Abnormally Dangerous Activity* bekannt sind. Das *Restatement* verlangt haftungsbegründend nur die Vorhersehbarkeit, *dass* abstrakt eine besonders gefährliche Tätigkeit vorliegt – nicht jedoch, *wie* sie konkret gefährlich wirkt. Dies wird bereits an der Aussage deutlich, dass lediglich der Eintritt von „some form of physical harm“[1950] vorhersehbar sein muss – nicht hingegen der konkret eingetretene Schaden. Daran anknüpfend stellt das *Restatement* zudem klar, dass der konkrete Schadensverlauf nicht vorhersehbar sein muss[1951].

1949 Vgl. oben F.III.1.b.
1950 *Restatememt of the Law, Third, Torts: Liability for Physical Harm*, § 29, *Comment* j.
1951 Vgl. *Restatememt of the Law, Third, Torts: Liability for Physical Harm*, § 29, *Comment* o.

Entscheidend ist aus Sicht des *Restatement*, dass ein Schaden Ausdruck des *Characteristic Risk* der gefährlichen Tätigkeit ist[1952]. Der Schaden wird aber nicht dadurch Un*characteristic* für eine *Abnormally Dangerous Activity*, dass er nicht vorhersehbar war. Vielmehr liegt der Sinn des *Characteristic*-Filters für die Schadenszurechnung darin, bloße „Normalfälle" ohne besonderen Gefahrenbezug auszusondern. Deutlich wird dies am Referenzfall des *Restatement*, in dem eine Dynamitkiste (ohne zu explodieren) auf einen Angestellten fällt: Hier ist die eingetretene Kopfverletzung zwar womöglich vorhersehbar, aber keinesfalls *Characteristic*, da sie (mangels Explosion) nicht auf der außergewöhnlichen Gefährlichkeit des Umgangs mit Dynamit beruht. Anderes gilt hingegen, wenn das neuartige Risiko einer bekannten Gefahrenquelle ebenfalls *Characteristic* ist – da es nämlich selbst ein erhöhtes Gefahrenpotential im Sinne von § 20 aufweist: Die (unbekannte) Explosivität einer Chemikalie macht deren Erforschung ebenso zur *Abnormally Dangerous Activity* wie deren (zuvor bekannte) Giftigkeit; Schäden infolge der Giftigkeit wie auch der Explosivität werden damit *Characteristic* im Sinne des Risikofilters.

Überdies ist dem *Restatement* die rückwirkende Prüfung einer Gefahrensituation keineswegs fremd. So hält es verschuldensunabhängigen *Torts* ausdrücklich die Möglichkeit offen, das Risikopotential einer Tätigkeit „in retrospect"[1953] zu bestimmen, sofern sie auf den Vorhersehbarkeitsfilter verzichten[1954]. Überträgt man dies auf die Frage neuartiger Risiken bekannter Gefahrenquellen[1955], so ist dort Vorhersehbarkeit nur insofern bedeutsam, wie haftungsbegründend eine *Abnormally Dangerous Activity* als solche erkennbar sein muss[1956]. Der zuzurechnende Schaden muss, um Realisierung eines *Characteristic Risk* dieser Tätigkeit zu sein, hingegen

1952 Vgl. oben F.III.1.b.

1953 „If a strict-liability claim does not require foreseeability, the concept of risk can be determined by examining the severity and probability in retrospect", *Restatememt of the Law, Third, Torts: Liability for Physical Harm*, § 29, *Comment* d.

1954 Daraus folgert das *Restatement* zutreffend, sein Risikofilter sei „readily adaptable to cases in which the tort does not require that the harm is foreseeable", *Restatememt of the Law, Third, Torts: Liability for Physical Harm*, § 29, *Comment* j.

1955 Das *Restatement* hat hier zwar offenbar hauptsächlich die Haftung für wilde Tiere gemäß § 22 im Sinn. Allerdings ist aus dieser (bezeichnenderweise offen formulierten) Passage nicht ersichtlich, dass der Grundsatz nicht auch auf die „abnormally dangerous activities" gemäß § 20 übertragen werden kann.

1956 Vgl. oben F.III.1.a. Insoweit kann auch der Skepsis von O'Quinn („Not-So Strict Liability: A Foreseeability Test for *Rylands v. Fletcher* and Other Lessons from *Cambridge Water Co. v. Eastern Counties Leather plc*", (2000) 24 H.E.L.R. 287, 306 ff.) gegenüber vorhersehbarkeitsunabhängigen Zurechnungsmodellen begegnet werden: Dieser ist zwar insofern zuzustimmen, dass der Abschreckungsgedanke als ökonomisches Motiv für strenge Haftungsmodelle (vgl. oben A.II.2.) nur zu greifen vermag, falls die spätere Gefährlichkeit eines Verhaltens auch erkennbar (und damit einer Prävention zugänglich) ist; jedoch kann *Strict Liability* durchaus abschreckende Wirkung entfalten, sobald das erhöhte Gefahrenpotential eines Verhaltens zumindest im Grundsatz von vornherein absehbar ist.

nur aus ihrer außergewöhnlichen Gefährlichkeit resultieren[1957]. Dies führt zur Zurechenbarkeit unvorhersehbarer Risiken durch eine bekannte Gefahrenquelle, solange diese – ggf. „in retrospect" – Ausdruck des außergewöhnlichen Gefahrenpotentials der schadensstiftenden Tätigkeit sind.

Schließlich steht auch zu bedenken, dass das Fehlen letzter Gewissheit über den genauen Wirkungsmechanismus geradezu das „charakteristische" Sinnbild des unbeherrschbaren Gefahrenpotentials von *Abnormally Dangerous Activities* sein kann. Hochkomplexen, insbesondere neuartigen Risikotechnologien ist von vornherein ein besonderes Entwicklungsrisiko, das „Risiko unbekannter Risiken", immanent. Insoweit wird gerade die *Un*vorhersehbarkeit neuartiger Wirkungs- bzw. Schädigungsmechanismen zum *Characteristic Risk* des Umgangs mit diesen Technologien. Deutlich wird diese Überlegung am Beispielsfall des explodierten Forschungslabors: Die Erforschung der Chemikalie dient hier gerade dem Zweck, bislang unbekannte (also: unvorhersehbare) Gefahrenpotentiale zu ermitteln. In der Folge qualifizieren nicht nur die bereits bekannten Gefahreneigenschaften diese Tätigkeit als *Abnormally Dangerous*, sondern auch und gerade das Entwicklungsrisiko, dass neue und ebenso gefährliche Eigenschaften auftreten. Daher wäre es sinnwidrig, die Realisierung ausgerechnet dieses *Characteristic Risk* von der Haftung auszunehmen, da es gerade das ungewisse Gefahrenpotential ist, welches die Tätigkeit zur *Abnormally Dangerous Activity* werden lässt. Mithin sollten Schäden, die aus dem Entwicklungsrisiko bekannter Risikotechnologien folgen, als „within the risk" liegend angesehen werden.

Somit kann als Ergebnis festgehalten werden, dass über das *Risk Principle* – im Gegensatz zum Vorhersehbarkeitsfilter – auch Schäden zugerechnet werden können, die aus unvorhergesehenen Risiken bekannter *Abnormally Dangerous Activities* resultieren.

3. Bewertung

Seine Funktion, als Gesamtschau amerikanischen Privatrechts die Judikaturen der Einzelstaaten zusammenzufassen, eröffnet dem *Restatement of Torts* eine herausragende Möglichkeit: Die Haftungsregeln zur verschuldensunabhängigen Haftung können systematisiert und generalisiert werden. Diese Chance ergreift das *Restatement*, indem es sich abstrahierend über die Vielzahl an Einzelfallentscheidungen mit verworrener Präjudizienbasis erhebt. Sinnbild dieser Generalisierung ist der Umstand, dass das *Restatement* auf die im englischen Recht verbreitete Begrenzung verschuldensunabhängiger Haftung auf das Grundstücksrecht verzichtet: Die Haftung für *Abnormally Dangerous Activities* gilt unabhängig davon, ob ein grundstücksbezogener Fall vorliegt.

Der Drang des *Restatement* zur abstrahierenden Definition zeigt sich bereits bei der haftungsbegründenden Frage, worin eine „Quelle erhöhter Gefahr" zu sehen ist.

1957 Vgl. oben F.III.1.b.

Während *Rylands v. Fletcher* hier über (mitunter zu Fallgruppen verdichtete) Einzelfallentscheidungen operiert, bietet das *Restatement* eine allgemeingültige Definition. Die bemerkenswerte Zurückhaltung der englischen Gerichte, neue Gefahrenquellen als Anwendungsfälle zu erschließen, mag auch darauf gründen, dass sie die bestehende Judikatur erst um eine neue Fallregel erweitern müssten – was angesichts der Skepsis der höchstrichterlichen Rechtsprechung gegenüber der *Rule* einiger Überwindung bedarf[1958]. In den USA hingegen wenden die Gerichte lediglich eine feststehende Definition an, was sie offenkundig ermutigt, neue Gefahrenquellen als *Abnormally Dangerous* zu subsumieren.

Vorteilhaft an der klaren amerikanischen Terminologie ist auch der Umstand, dass die Generalisierung *Abnormally Dangerous Acticity* bereits begrifflich auf die Gefährlichkeit einer *Tätigkeit* abstellt. Die englischen „*things* likely to do mischief" führen zwar nicht zu abweichenden Ergebnissen, dies aber erst über den Umweg des *Non-Natural Use* – was in der Rechtsanwendung umständlicher ist. Die amerikanische Regel bietet daher auch hier eine bessere Handhabbarkeit.

Kritik ist dem *Restatement* insoweit entgegenzuhalten, als es die englische Judikatur zur Gewöhnlichkeit der Gefahrenquelle als Haftungsgrenze der *Common Usage* übernimmt. Dieser Ansatz, der in England auf zweifelhafter präjudizieller Basis entwickelt wurde[1959], birgt auch im amerikanischen Recht vielfältiges Potential zur Beschränkung des Anwendungsbereichs verschuldensunabhängiger Haftung[1960]. Offenbar leitete die Autoren des *Restatement* hier neben dem englischen Vorbild hauptsächlich das Bestreben, Rücksicht auf die geographischen Besonderheiten einiger Bundesstaaten zu nehmen: So wäre es einem Gericht in den Wüstenregionen des amerikanischen Südwestens sicherlich schwerer gefallen, Mr. Rylands' Wasserreservoir mit einer strengen verschuldensunabhängigen Haftung zu belegen, da die Wasserversorgung dort zur Kultivierung des landwirtschaftlicher Nutzflächen besonders dringend erforderlich ist[1961]. Trotzdem hat *Common Usage* in den amerikanischen

1958 Vgl. oben C.VII., F.I. sowie auch nachfolgend unter F.IV.2.

1959 Vgl. oben C.VI.2.b.

1960 Ebenso Simons: „*The Restatement (Third) of Torts* and Traditional Strict Liability: Robust Rationales, Slender Doctrines", (2009) 44 W.F.L.R. 1355, 1375 ff.

1961 So ausdrücklich Cureton C.J. in der Leitentscheidung des *Texas Supreme Court* zu *Turner v. Big Lake Oil Co.*, (1936) 96 S.W. 2d. 221, 226: „In Texas we have conditions very different from those which obtain in England. A large portion of Texas is an arid or semi-arid region [...]. With us the storage of water is a natural or necessary and common use of the land [...] and obviously the rule announced in *Rylands v. Fletcher*, predicated upon different conditions, can have no application here"; anzumerken ist, dass der Bundesstaat Texas noch immer immense Vorbehalte gegen verschuldensunabhängige Haftungsregeln hegt; vgl. *Restatememt of the Law, Third, Torts: Liability for Physical Harm*, § 29, *Reporters' Note*, *Comment* d. Vgl. zu dieser ökonomisch-geographischen Erwägung ferner Bohlen: „The Rule in *Rylands v. Fletcher*. Part II", (1911) 59 U.Pa.L.R. 373, 385; Vogler: „Grundlagen und Grenzen der anglo-amerikanischen Gefährdungshaftung nach der *rule* in *Rylands*

Gerichten kaum spürbaren Rückhalt gewonnen[1962]. Vor diesem Hintergrund ist die empfindliche Einschränkung des Anwendungsbereichs der *Abnormally Dangerous Activities* im amerikanischen Recht nicht notwendig.

Eine bedeutende Fortentwicklung gegenüber der englischen Rechtslage bietet das amerikanische *Risk Principle*. Dieser Risikofilter ist gerade auf dem Gebiet der verschuldensunabhängigen Haftung dem *Foreseeability Test* des *House of Lords* überlegen. Während nämlich der *Foreseeability Test* der verschuldensunabhängigen Haftung das ihr wesensfremde[1963] (und eher der Verschuldenshaftung entlehnte[1964]) Vorhersehbarkeitsprinzip aufzwingt, ist es der Anspruch des *Risk Principle*, den haftungsbegründenden Grundgedanken eines *Tort* passgenau in die Schadenszurechnung zu überführen: Gerade das haftungsbegründende Risiko, das ein *Tort* tatbestandlich erfassen will, entscheidet hier auch die Zurechnungsprüfung. Da die Vorhersehbarkeit tatbestandlich für *Abnormally Dangerous Activities* kaum von Bedeutung ist, braucht der Risikofilter sie in der Folge auch nicht künstlich und ohne tatbestandlichen Bezugspunkt in die Schadenszurechnung einzuführen.

Zugleich stellt das *Risk Principle* sehr effektiv ein beträchtliches Maß an Kohärenz innerhalb des *Law of Torts* her. Die Flexibilität des Risikofilters besteht darin, dass bei allen mit *Physical Harm* befassten *Torts* derselbe Prüfungskanon über die Schadenszurechnung entscheidet – nämlich, ob der eingetretene Schaden gerade Folge des haftungsbegründenden Risikos war[1965]. Zwar bestehen in der Anwendung dieses Zurechnungsfilters inhaltliche Unterschiede zwischen den einzelnen *Torts*[1966]. Dies ist aber Ausdruck ihrer divergierenden Haftungsvoraussetzungen, während bei der Schadenszurechnung einheitlich das *Characteristic Risk* geprüft wird. Auch das englische *House of Lords* wollte mit Einführung des Vorhersehbarkeitsfilters bei

v. Fletcher" (1965), S. 56; Grossfeld/Eberle: „Patterns of Order in Comparative Law: Discovering and Decoding Invisible Powers", (2003) 38 Tex.I.L.J. 291, 299.

1962 Vgl. Boston: „Strict Liability for Abnormally Dangerous Activity: The Negligence Barrier", (1999) 36 S.D.L.R. 597, 659 ff. m. w. N.

1963 Insoweit kritsch auch Wilson/Slade: „A Re-Examination of Remoteness", (1952) 15 M.L.R. 458, 470.

1964 Immerhin ist *Foreseeability* der wesentliche Parameter zur Begründung einer *Negligence*-Haftung und durchzieht insoweit alle Ebenen ihrer Haftungsvoraussetzungen; vgl. oben E.IV.1. Ohnehin steht zu bedenken, dass der *Foreseeability Test* als Instrument der Schadenszurechnung zunächst bei *Negligence* (in *The Wagon Mound No. 1*) und erst dann bei *Nuisance* (mit *The Wagon Mound No. 2*) und schließlich *Rylands* (durch *Cambridge Water*) eingeführt wurde; vgl. auch oben F.I.1.b.cc.2.

1965 Vgl. *Restatememt of the Law, Third, Torts: Liability for Physical Harm*, § 29, *Comment* a.

1966 Während bei *Negligence* der zur Haftungsbegründung entscheidenden *Foreseeability* auch bei der Schadenszurechnung hohes Gewicht zukommt, verzichtet die im Tatbestand vorhersehbarkeitsunabhängige Halterhaftung für wilde Tiere auch bei der Schadenszurechnug auf *Foreseeability*; vgl. oben B.II.6.b.

Rylands v. Fletcher mehr Einheitlichkeit im *Common Law of Torts* erreichen[1967] – dies allerdings um den Preis, das Wesen der verschuldensunabhängigen Haftung zu übergehen. Umso bemerkenswerter ist es, wie das *Risk Principle* stärkere Kohärenz innerhalb des *Law of Torts* erreicht – und gleichzeitig die Wesensmerkmale der einzelnen *Torts* (und vor allem der verschuldensunabhängigen Haftung) bewahrt.

Die Praktikabilität des Risikofilters zeigt sich auch daran, dass in seinem Geltungsbereich keine gesonderten Regelungen für den Eingriff Dritter in den Kausalverlauf oder für einen *Act of God* notwendig werden: Sind diese Ausdruck des haftungsbegründenden Risikos, so besteht hier auch kein Zurechnungshindernis. Der Vorhersehbarkeitsfilter bei *Rylands v. Fletcher* hält hingegen an diesen Sonderregelungen fest. Zugleich stellt sich beim Risikofilter nicht die aus dem *Foreseeability Test* (und besonders der *Cambridge-Water*-Entscheidung) bekannte Problematik, auf welchen konkreten Teil des schadensstiftenden Kausalverlaufs die Vorhersehbarkeit zu beziehen ist.

Zu begrüßen ist überdies, dass das *Risk Principle* der verschuldensunabhängigen Haftung ein breiteres Anwendungsgebiet erschließt und damit ihren Wirkungsgrad in der Praxis zu erhöhen vermag. Dies zeigt sich besonders an der Fallgruppe neuartiger Technologien. Gerade in diesen regelmäßig hochkomplexen, häufig noch unerforschten und mitunter unausgereiften Risikotechnologien ruht angesichts ihrer Unberechenbarkeit ein besonderes Gefahrenpotential. Dies lässt sie zum idealen Anwendungsgebiet für die verschuldensunabhängige Haftung werden[1968]. Allerdings ist im Hinblick auf die selten vorhersehbaren Wirkungsmechanismen allein der Risikofilter in der Lage, die durch sie verursachten Schäden zielgenau zu erfassen.

Das *Restatement of Torts* bietet resümierend beträchtliche Vorteile gegenüber seinem Ursprung, der Regel aus *Rylands v. Fletcher*. Besonderes Gewicht kommt dabei der klarer definierten „Gefahrenquelle“ und der überaus praktikablen und besser in verschuldensunabhängige Haftungsmodelle passenden Schadenszurechnung nach dem *Risk Principle* zu. Trotz dieser Errungenschaften sind aber in der amerikanischen Regelung noch immer die Grundgedanken von *Justice* Blackburns *Rule* deutlich sichtbar. Im Verhältnis der Haftungsmodelle ist das amerikanische *Restatement* mithin das klarer definierte, systematischer aufgebaute, leichter handhabbare und umfassender anwendbare *Rylands v. Fletcher*.

1967 Lord Goff of Chieveley (in *Cambridge Water v. Eastern Counties Leather*, [1994] 1 All E.R. 53, 76) hatte seinen *Foreseeability Test* ausdrücklich damit begründet, dass dieser „a more coherent body of common law principles“ ermögliche. Vgl. dazu auch oben F.I.1.b.aa.1.

1968 Ähnlich. auch Lemmon: „The Developing Doctrine of *Rylands v. Fletcher*: Hazardous Waste Remediation Contractors Beware“, [1996] 42 L.L.R. 287, 289.

IV. Der englische Mittelweg: Die *Transco*-Entscheidung des *House of Lords*

In England oblag es dem *House of Lords*, über die Zukunft der Regel aus *Rylands v. Fletcher* zu bestimmen. In der Entscheidung *Transco v. Stockport Metropolitan Borough Council*[1969] beschritten die Lordrichter einen Mittelweg zwischen der australischen Abschaffung und der amerikanischen Ausweitung der *Rule*. Während nämlich einerseits der Fortbestand der *Rule* deutlich manifestiert wurde, setzte man ihrem Wirkungsbereich durch Zementierung der *Offshoot Theory* eng umrissene Grenzen.

1. Fortbestand der *Rule:* Absage an das australische Modell

Die Absage des *House of Lords* an das australische Modell, wonach die *Rule* abgeschafft und vom *Tort* der *Negligence* absorbiert worden war[1970], erfolgte unmissverständlich. Wenngleich einige der Lordrichter Sympathie für die australische Kritik an *Rylands* andeuteten[1971], geht nämlich trotzdem deutlich aus allen Urteilsbegründungen das Anliegen hervor, den Fortbestand der *Rule* zu sichern[1972].

Dabei leitete die Richter auch der Respekt vor der fest im englischen Präjudiziensystem etablierten *Rule*, sodass deren Abschaffung als „too radical a step to take"[1973] abgelehnt wurde. Zudem wurde betont, dass Lord Goff of Chieveleys Anliegen in

1969 Vgl. *Transco plc. v. Stockport Metropolitan Borough Council*, [2003] U.K.H.L. 61. In diesem Sachverhalt war es zu einer Überschwemmung gekommen, nachdem die Wasserleitung eines Mehrfamilienhauses geborsten war. Klägerin war ein Gasversorgungsunternehmen, dessen Gasleitung durch das entwichene Wasser bedroht wurde, was kostenintensive Sicherungsmaßnahmen erforderlich machte. Das Haus sowie das umliegende Land gehörte dem beklagten Gemeinderat, welcher dem Gasversorger ein Nutzungsrecht zum Betrieb der Gasleitung durch das Grundstück gewährt hatte. Zwar konnte dem beklagten Gemeinderat kein Verschulden i. S. d. *Negligence* nachgewiesen werden, und auch der *Water Industry Act 1991* griff nicht, da der Inhaber der Wasserleitung kein Privatunternehmen (sondern der öffentliche Gemeinderat) war. Gleichwohl obsiegte die Klägerin in erster Instanz aufgrund der Regel aus *Rylands v. Fletcher*. Allerdings entschied in der Folgeinstanz der *Court of Appeal* zugunsten der Beklagten und wies die Klage ab. Vgl. zum Ganzen *Transco plc. v. Stockport Metropolitan Borough Council*, a. a. O., [15] ff., [70] ff.

1970 Vgl. dazu oben F.II.

1971 Vgl. insbesondere Lord Hoffmann, *Transco plc. v. Stockport M.B.C.*, a. a. O., [41] und Lord Walker of Gestingthorpe, *Transco plc. v. Stockport M.B.C.*, a. a. O., [99].

1972 Vgl. Lord Bingham of Cornhill, *Transco plc. v. Stockport M.B.C.*, a. a. O., [6]; Lord Hoffmann, a. a. O., [43]; Lord Hobhouse of Woodborough *Transco plc. v. Stockport M.B.C.*, a. a. O., [52], [66]; Lord Scott of Foscote, *Transco plc. v. Stockport M.B.C.*, a. a. O., [82]; Lord Walker of Gestingthorpe, a. a. O., [99].

1973 Lord Hoffmann, a. a. O., [43]. Ähnlich auch Lord Walker of Gestingthorpe, der eine Abschaffung als „premature" (a. a. O., [99]) abtat. Vgl. dazu auch Lunney/Oliphant: „Tort Law" (4. Auflage 2010), S. 701.

Cambridge Water gerade nicht darin bestanden hatte, die *Rule* abzuschaffen, sondern allein deren Konkretisierung bezweckte[1974]. Die von Lord Goff unterstützte *Offshoot Theory* führte auch vor dem Hintergrund zu Vorbehalten des Gerichts gegen das australische Modell, dass die verschuldensbasierte *Negligence* als Gegensatz[1975] zu der im Kern verschuldensunabhängigen[1976] *Nuisance* (und damit zu deren „Ableger" *Rylands v. Fletcher*) charakterisiert wurde.

Lord Bingham of Cornhill führte sogar ein rechtsvergleichendes Argument an. Er gestand zwar ein, dass die Übernahme des australischen *Negligence*-Modells eine Annäherung des englischen an das schottische Recht erreichen würde, in welchem das Prinzip der verschuldensunabhängigen Haftung bereits im Grundsatz als „heresy"[1977] abgelehnt wird. Den Ausschlag für die Beibehaltung von *Rylands* gab jedoch für ihn, dass die Abschaffung der *Rule* im europäischen Kontext eine erhebliche Kluft gegenüber dem deutschen und dem französischen Recht zur Folge hätte[1978].

Ein weiteres Motiv zur Erhaltung von *Rylands* bot das *Statutory Law*[1979]. So sah man im Falle einer Abschaffung der *Rule* die Gefahr von Wertungswidersprüchen zu solchen *Statutes*, in denen der Gesetzgeber den Bestand einer verschuldensunabhängigen *Common-Law*-Haftung vorausgesetzt bzw. hierauf Bezug genommen oder sogar das Haftungsregime aus *Rylands* übernommen hat[1980]. Zugleich wurde darauf verwiesen, dass das *Statutory Law* nicht in hinreichend breite Anwendungsgebiete auszugreifen vermag, um die *Rule* überflüssig werden zu lassen[1981]. Generell gab das Gericht zu bedenken, dass die Rechtssetzung im *Common Law* und *Statutory Law* mitunter von divergierenden Motiven geleitetet wird: Während der Gesetzgeber bei der Formulierung eines *Statute* das gesamtwirtschaftliche Potential von modernen Risikotechnologien im Blick behalten müsse, könne er demgegenüber den individuellen Schutzinteressen von Privatpersonen nicht immer in dem Maße entsprechen, wie es das einzelfallbezogene *Common Law* mit *Rylands v. Fletcher* vermöge[1982].

1974 Vgl. Lord Hoffmann, a. a. O., [43] sowie Lord Bingham of Cornhill, a. a. O., [6].

1975 Vgl. Lord Bingham of Cornhill, a. a. O., [6].

1976 Vgl. Lord Hoffmann, a. a. O., [26].

1977 Lord Fraser of Tullybelton in *R.H.M. Bakeries (Scotland) Ltd. v. Strathclyde Regional Council*, (1985) S.L.T. 214, 217; vgl. dazu auch Reid: „Liability for Dangerous Activities: A Comparative Analysis", (1999) 48 I.C.L.Q. 731, 747 ff. sowie Gloag/ Henderson: „The Law of Scotland" (12. Auflage 2007), S. 587 f. m. w. N.

1978 Vgl. Lord Bingham of Cornhill, a. a. O., [6] sowie auch die umfassende Analyse bei van Boom: „Some Remarks on the Decline of *Rylands v. Fletcher* and the Disparity of European Strict Liability Regimes", Z.Eu.P. 2005, 618, 626 ff.

1979 Vgl. zu dessen Verhältnis zur *Rule* oben in Abschnitt D.

1980 Vgl. Lord Bingham of Cornhill, a. a. O., [6]; zustimmend Murphy: „The Merits of *Rylands v. Fletcher*", (2004) 24 O.J.L.S. 643, 667.

1981 Vgl. Lord Hobhouse of Woodborough, a. a. O., [56]; zweifelnd hingegen Lord Hoffmann, a. a. O., [30].

1982 Vgl. Lord Hobhouse of Woodborough, a. a. O., [56]; anders hingegen van Boom: „Some Remarks on the Decline of *Rylands v. Fletcher* and the Disparity of European Strict Liability Regimes", ZEuP 2005, 618, 632 ff. und 637, wonach die Gerichte

Kontrovers wurde der Einfluss des Versicherungsmarktes auf die verschuldensunabhängige *Rule* diskutiert. Lord Hoffmann sah im Abschluss einer Grundstücksversicherung die praktikable und kostengünstige Alternative gegenüber langwierigen, unter hohem Kostenaufwand geführten Rechtsstreitigkeiten[1983]. Dieser Auffassung trat Lord Hobhouse of Woodborough entschieden entgegen[1984]. Er wies darauf hin, dass auch Grundstücksversicherungen einen Kostenaufwand in Form von Prämienzahlungen beinhalten. Diese seien überdies vom potentiellen Geschädigten zu leisten, während die Billigkeit geböte, dem Schädiger das finanzielle Risiko seines Verhaltens aufzuerlegen. Der Lordrichter gab zu bedenken, dass die Höhe der Prämien sogar dazu führen könne, dass einige Risiken für den potentiellen Geschädigten aus wirtschaftlichen Gründen faktisch unversicherbar werden. Da Versicherungsunternehmen für bestimmte Risiken überhaupt keinen Versicherungsschutz anböten, seien diese sogar in tatsächlicher Hinsicht unversicherbar[1985].

Einiger waren sich die Lordrichter aber darin, dass die *Rule* nicht zuletzt aus Billigkeitsgründen erhalten werden müsse, da insbesondere in schweren Unglücksfällen mit hohem Schadensvolumen eine verschuldensunabhängige Schadensregulierung möglich sein müsse[1986]. Zwar kämen hier mitunter sowohl *Negligence* als auch *Rylands* zu identischen Haftungsergebnissen; dies aber lediglich rechtstheoretisch, da in der Rechtspraxis bei einer Klage nach *Negligence* der Geschädigte die Beweislast tragen müsse, was ihm in einem Rechtsstreit mit großen Unternehmen über komplizierte technische Sachverhalte nicht selten erhebliche Schwierigkeiten bereiten würde[1987].

(insbesondere mangels Sachkunde und Ressourcen) derartige Abwägungen nur unzureichend vornehmen könnten.

1983 Vgl. Lord Hoffmann, a. a. O., [46].

1984 Vgl. Lord Hobhouse of Woodborough, a. a. O., [60]; vgl. in diesem Sinne auch Bagshaw: „*Rylands* Confined", (2004) 120 L.Q.R. 388, 390; Nolan: „The Distinctiveness of *Rylands v. Fletcher*", (2005) 121 L.Q.R. 421, 440; van Boom: „Some Remarks on the Decline of *Rylands v. Fletcher* and the Disparity of European Strict Liability Regimes", Z.Eu.P. 2005, 618, 635.

1985 Dabei verwies Lord Hobhouse of Woodborough (a. a. O., [60]) beispielhaft auf Flutschäden, für die in bestimmten Regionen kein Versicherungsschutz zu erwerben ist. Daneben merkte der Lordrichter treffend an, dass bereits zu Zeiten *Justice* Blackburns und Lord Cairns' Zeiten ein funktionierender Versicherungsmarkt bestanden habe, der der Formulierung der *Rule* nicht die Notwendigkeit genommen hatte. Schließlich sei auf dem Gebiete der Straßenverkehrshaftung auch das Bestehen umfassenden Versicherungsschutzes kein Anlass, die Schadensregulierung durch *Negligence* aufzugeben.

1986 Vgl. Lord Bingham of Cornhill, a. a. O., [6]; Lord Hobhouse of Woodborough, a. a. O., [60]; Lord Walker of Gestingthorpe, a. a. O., [110]. Ähnlich Amirthalingam: „*Rylands* Lives", (2004) C.L.J. 273, 274 f.; McBride/Bagshaw: „Tort Law" (2. Auflage 2005), S. 741; auf Lord Hoffmanns insoweit zurückhaltendere Urteilsbegründung hinweisend Bagshaw: „*Rylands* Confined", (2004) 120 L.Q.R. 388, 388.

1987 Vgl. Lord Walker of Gestingthorpe, a. a. O., [110]; zustimmend Amirthalingam: „*Rylands* Lives", (2004) C.L.J. 273, 276. Vgl. dazu auch die rechtspolitische Diskussion zu den Vorzügen der Gefährdungshaftung unter A.II.2.

Mit dem einstimmigen Votum der Lordrichter gegen das australische *Negligence*-Modell ist daher vorerst sicher gestellt, dass *Rylands v. Fletcher* auch in Zukunft einen Platz im englischen *Common Law of Torts* haben wird.

2. Inhalt der *Rule*: Die *Offshoot Theory* als Zukunftsweg

Allerdings setzte das *House of Lords* der Regel aus *Rylands v. Fletcher* enge Grenzen[1988]. Die Zukunftsvision der *Rule*, welche das Gericht zeichnete, steht nämlich unter dem strengen Leitbild der *Offshoot Theory*. Die Lordrichter stellten einstimmig klar, dass *Rylands* in Zukunft auf das Grundstücksrecht beschränkt werden solle[1989]. Zur Begründung schloss sich das Gericht[1990] ausdrücklich Lord Goffs Unterstützung[1991] für Newarks *Offshoot Theory*[1992] an und stufte die *Rule* als Unterfall der *Nuisance* ein.

Bei der Entscheidung zugunsten der *Offshoot Theory* hat das *House of Lords* aber nicht allein Newarks rechtstheoretische Herleitung der *Rule* aus der *Nuisance* überzeugt. An die Verweisung von *Rylands* in die engen Grenzen des Grundstücksrechts knüpfte das Gericht offenbar auch die Hoffnung, in der zukünftigen Rechtspraxis eine „verschlankte" *Rule* leichter handhaben zu können[1993].

Allerdings sah sich nicht jeder der Lordrichter veranlasst, über seine grundsätzliche Zustimmung zur *Offshoot Theory* hinaus die Gestalt der *Rule* in den einzelnen Haftungsmerkmalen zu konkretisieren. Auch inhaltlich weisen die jeweiligen Urteilsbegründungen bisweilen durchaus Differenzen auf[1994]. Daher muss nachfolgend erst herausgearbeitet werden, welches Zukunftsbild von der Regel aus *Rylands v. Fletcher* das *House of Lords* anstrebt.

1988 So auch die Einschätzung bei Fordham: „Surviving Against the Odds: The Rule in *Rylands v. Fletcher* Lives on", [2004] S.J.L.S. 241, 247 f., 250.

1989 Vgl. Lord Bingham of Cornhill, a. a. O., [9]; Lord Hoffmann, a. a. O., [34]; Lord Hobhouse of Woodborough, a. a. O.,[52]; Lord Scott of Foscote, a. a. O., [76] ff.; Lord Walker of Gestingthorpe, a. a. O., [95].

1990 Vgl. Lord Bingham of Cornhill, a. a. O.,[9]; Lord Hoffmann, a. a. O., [27], [33]; Lord Hobhouse of Woodborough, a. a. O., [51]; Lord Walker of Gestingthorpe, a. a. O., [95], [97].

1991 Vgl. dazu oben F.I.1.b.aa.1.

1992 Vgl. eingehend unter E.V.2.b.

1993 So ausdrücklich Lord Bingham of Cornhill, a. a. O., [8]: „I would myself favour [...] to retain the rule, while insisting upon its essential nature and purpose; and to restate it so as to achieve as much certainty and clarity as is attainable [...]".

1994 Vgl. auch Amirthalingam: „*Rylands* Lives", (2004) C.L.J. 273, 274.

a) Danger Test

Der Anwendungsbereich der *Rule* erfordert seit jeher das Vorliegen von „anything likely to do mischief"[1995]. Die *Transco*-Entscheidung des *House of Lords* eröffnete hier zunächst terminologisch neue Wege. Lord Bingham of Cornhill wählte in seiner Urteilsbegründung mit der Bezeichnung „source [...] of danger"[1996] eine bemerkenswert offene Formulierung: Eine „Gefahrenquelle" erhebt sich nämlich auch begrifflich endgültig über den verengenden Ansatz, dass der Schaden stets von körperlichen Gegenständen verursacht werden muss[1997]. Zugleich rückte Lord Bingham das Gefahrenpotential in den Mittelpunkt dieser Haftungsvoraussetzung, indem er deren Prüfung als „danger test"[1998] bezeichnete.

Allerdings ging mit der relativ offenen Terminologie eine umso stärkere inhaltliche Strenge einher. Lord Bingham stellte ausdrücklich heraus, dass sein *Danger Test* jedem Anspruchsteller eine hohe Hürde bereiten sollte[1999]. Danach müsse ein Schädiger (nach den im konkreten Fall und Ort gültigen Standards) erkennen können, dass er eine außergewöhnlich große Gefahr schafft[2000]. Die Gefährlichkeit selbst soll objektiv im Hinblick auf das Potential der Gefahrenquelle bestimmt werden, besonders schwere Schäden zu verursachen[2001]. Das subjektive Element der Erkennbarkeit außergewöhnlichen Gefahrenpotentials wandte Lord Bingham normativ[2002] an: Obgleich im Sachverhalt der *Transco*-Entscheidung immense Mengen an Wasser aus einer Leitung entwichen waren und der Lordrichter diese Wassermassen auch

1995 Blackburn J. in *Fletcher v. Rylands*, (1866) L.R. 1 Exch. 265, 279; vgl. zum Ganzen oben B.II.1. sowie C.I.

1996 Lord Bingham of Cornhill, a. a. O., [10]; zu konstatieren ist jedoch, dass der Lordrichter nicht durchgängig die neue Terminologie verwendete und andernorts (a. a. O., [11]) die vormalige Bezeichnung der Gefahrenquelle als „mischievous thing" wählte.

1997 Vgl. zur überkommenen Theorie der *Dangerous Things per se* oben unter C.I.2.b.

1998 Lord Bingham of Cornhill, a. a. O., [10].

1999 „I do not think the mischief or danger test should be at all easily satisfied", Lord Bingham of Cornhill, a. a. O., [10]. Ähnliche Worte fand Lord Hoffmann (wenngleich wohl eher im Rahmen des *Non-Natural Use*), der hervorhob, dass „the criterion of exceptional risk [...] creates a high threshold for a claimant to surmount", Lord Hoffmann, a. a. O., [49].

2000 „[...] something which he recognised, or judged by the standards appropriate at the relevant place and time, he ought reasonably to have recognised, as giving rise to an exceptionally high risk of danger or mischief if there should be an escape", Lord Bingham of Cornhill, a. a. O., [10].

2001 So ausdrücklich Lord Hobhouse of Woodborough, a. a. O., [55] („The damage caused may be very serious indeed both in physical and financial terms.") Vgl. auch Lord Bingham of Cornhill, a. a. O., [6] („catastrophies") und [10] (Fallbeispiele besonders hohen Schadensausmaßes) sowie Lord Walker of Gestingthorpe, a. a. O., [103] f. (Atomkraftwerke).

2002 Vgl. auch Amirthalingam: „*Rylands* Lives", (2004) C.L.J. 273, 275.

als objektiv risikobehaftet anerkannte, sah er trotzdem den *Danger Test* nicht als erfüllt an, da eine gewöhnliche Wasserleitung im Allgemeinen nicht als klassische Quelle außergewöhnlicher Gefahr eingeordnet werden könne[2003].

Hier lassen sich Elemente des *Non-Ordinary Use*[2004] erkennen, welcher auf die Gewöhnlichkeit[2005] des schadensstiftenden Verhaltens abstellt. Diese Parallele ist nicht zufällig gewählt; vielmehr wollte Lord Bingham bewusst einen Einklang von *Danger Test* und *Non-Natural Use* herstellen: Demnach soll die Gewöhnlichkeit der Gefahrensituation ebenso im *Danger Test* berücksichtigt werden[2006], wie der *Non-Natural Use* entscheidend auf das Risikopotential des schadensstiftenden Verhaltens[2007] Bezug nehmen müsse. Lord Walker of Gestingthorpe sprach in seinen zustimmenden Ausführungen daher anschaulich von „twin requirements"[2008]. Aus dieser Verknüpfung des *Danger Test* mit dem *Non-Natural Use* folgt zugleich die endgültige Abkehr von der vormaligen Theorie der *Things Dangerous per se*[2009]: Die Gefährlichkeit der „Gefahrenquelle" muss nicht aus ihr selbst entstehen, sondern kann auch durch ihre Nutzung oder externe Einflüsse begründet werden[2010].

b) Non-Natural Use

Die Haftungsvoraussetzung des *Non-Natural Use* hat sich zur wirkungsvollsten Begrenzung des Anwendungsbereichs der *Rule* entwickelt[2011]. Ihre Diskussion ist stets kontrovers, aber nicht immer methodisch überzeugend und terminologisch mitunter

2003 "It is of course true that water in quantity is almost always capable of causing damage if it escapes. But the piping of a water supply from the mains to the storage tanks in the block was a routine function which would not have struck anyone as raising any special hazard", Lord Bingham of Cornhill, a. a. O., [13].

2004 Die Entscheidung enthält sogar eine Passage, die Bezug nimmt auf „[...] an ordinary or special (that is, specially dangerous) use of land"; Lord Walker of Gestingthorpe, a. a. O., [105].

2005 Vgl. oben C.VI.2.b.

2006 "I do not think this condition can be viewed in complete isolation from the non-natural user condition", Lord Bingham of Cornhill, a. a. O., [10]. Vgl. dazu auch Lunney/Oliphant: „Tort Law" (4. Auflage 2010), S. 692 f.

2007 "It is the extraordinary risk to neighbouring property, if an escape occurs, which makes the land use 'special' for the purposes of the principle in *Rylands v. Fletcher*", Lord Walker of Gestingthorpe, a. a. O., [103]. Vgl. dazu auch Bagshaw: „*Rylands* Confined", (2004) 120 L.Q.R. 388, 389 f. sowie Markesinis/Deakin: „Tort Law" (6. Auflage 2008), S. 616.

2008 Lord Walker of Gestingthorpe, a. a. O., [102].

2009 Vgl. dazu oben C.I.2.b.

2010 „The defendant has *done* something [...] giving rise to an exceptionally high risk of danger", Lord Bingham of Cornhill, a. a. O., [10]. In diesem Sinne auch Lord Walker of Gestingthorpe, a. a. O., [105]: „specially dangerous [...] *use*" (Hervorhebungen nicht im Original).

2011 Vgl. oben C.VI. und C.VII.

instringent geführt worden[2012]. Um den zukünftigen Weg der *Rule* übersichtlicher zu gestalten, sah sich das *House of Lords* daher gehalten, in seiner *Transco*-Entscheidung eine höchstrichterliche Klärung des *Non-Natural Use* herbeizuführen[2013]. Allerdings formulierte jeder der Lordrichter sein eigenes Votum, was zu einer Reihe von Unstimmigkeiten führte und teilweise sogar in offenen Widersprüchen gipfelte[2014].

Das rechtshistorische Fundament des *Non-Natural Use* wurde gleichwohl einheitlich[2015] bewertet. Das *House of Lords* erkannte an, dass die Formulierung *Natural Use* in den Urteilen *Justice* Blackburns und Lord Cairns' ursprünglich dazu diente, die Nutzung der natürlichen Ressourcen eines Grundstücks[2016] von der Haftung nach der *Rule* auszunehmen[2017]; im Gegenzug sollte die aktive Einführung grundstücksfremder Gefahrenquellen als *Non-Natural Use* sanktioniert werden[2018]. Hintergrund dieses Ansatzes war es demnach, eine verschuldensunabhängige Unterlassungshaftung des Schädigers auszuschließen; diese würde nämlich ansonsten greifen, falls der Schädiger zum Schutze seines Nachbarn vor Schadensereignissen verpflichtet wäre, die durch natürlich auf dem Schädigergrundstück belegene (bzw. ohne sein Zutun dorthin gelangte) Gefahrenquellen ausgelöst werden[2019].

2012 Vgl. dazu insbesondere oben C.VI.2.b.

2013 Vgl. zu diesem Motiv insbesondere Lord Hoffmann, a. a. O., [44].

2014 Vgl. auch Bagshaw: „Rylands Confined", (2004) 120 L.Q.R. 388, 389 f. Dagegen (zweifelhaft) allgemeine Einigkeit unter allen Lordrichtern vermutend Lunney/Oliphant: „Tort Law" (4. Auflage 2010), S. 697.

2015 Einzig Lord Scott of Foscote verzichtete auf eine Analyse zu dieser Frage; vgl. Lord Scott of Foscote, a. a. O., [70] ff. Die anderen Lordrichter waren sich in ihrer Einschätzung einig.

2016 Vgl. zu diesem „Künstlichkeitsfilter" auch oben B.II.2.a. und B.III. sowie C.VI.2.a.

2017 "Read literally, the expressions used by Blackburn J. and Lord Cairns might be thought to exclude nothing which has reached the land otherwise than through operation of the laws of nature", Lord Bingham of Cornhill, a. a. O., [11]. Ebenso Lord Hobhouse of Woodborough, a. a. O., [63]; ähnlich wohl auch Lord Hoffmann, a. a. O., [36]; zustimmend Lord Walker of Gestingthorpe, a. a. O., [106].

2018 "Natural features of the land do not satisfy this criterion even if they constitute a danger to adjoining landowners, for example, rivers which are liable to flood", Lord Hobhouse of Woodborough, a. a. O., [63]. Vgl. auch Lord Bingham of Cornhill, a. a. O., [11]; Lord Hoffmann, a. a. O., [36]; Lord Walker of Gestingthorpe, a. a. O., [106].

2019 "Similarly, the presence of natural vegetation on the land, or the normal use of the land in the course of agriculture does not as such bring the rule into operation. Any risks involved, for example the spread of fire, are not ones which, without more, call for the imposition of any risk-based liability; liability if any must be based upon some antecedent creation of risk or some subsequent fault [...]. But, consistently with principle, there will not be a duty of care simply to protect one's neighbour from natural hazards; he must protect himself as he best thinks fit", Lord Hobhouse of Woodborough, a. a. O., [63].

Über die Frage aber, welche Bedeutung dieses ursprüngliche Verständnis des *Non-Natural Use* für dessen zukünftige Interpretation haben solle, entzweiten sich die Lordrichter. Die Mehrheit[2020] des Gerichts wandte sich von den als „veraltet"[2021] herabgesetzten Vorgaben *Justice* Blackburns und Lord Cairns' ab. Einzig Lord Hobhouse of Woodborough sprach sich dafür aus, an diesem ursprünglichen Modell festzuhalten[2022]. Die jüngere Interpretation des *Non-Natural Use*, wonach ein die Gewöhnlichkeit des schadensstiftenden Verhaltens honorierender *Non-Ordinary Use* geprüft wird, tat Lord Hobhouse als „unnecessary confusion"[2023] ab. Die Grundlage dieses Irrwegs sah er in der missverständlichen Wortwahl einiger früher Entscheidungen, in denen eigentlich die *Defence* des konkludenten Einverständnisses[2024] Ausdruck finden sollte[2025]. Der Rechtsgedanke aus dieser *Defence* hätte sich in der Folge schleichend mit der Wortwahl von Lord Cairns' *Non-Natural Use* vermischt und zu dem unübersichtlichen Modell des *Non-Ordinary Use* geführt[2026]. Lord Hobhouse sah den Weg zu mehr Rechtssicherheit und Praktikabilität somit darin, eine klare Trennung des Konzepts des *Non-Natural Use* (im Verständnis von Lord Cairns und *Justice* Blackburn) einerseits sowie des konkludenten Einverständnisses andererseits einzuhalten und zugleich auf den *Non-Ordinary Use* zu verzichten[2027].

Zwar lehnte eine Mehrheit der Lordrichter die Interpretation des Non-Natural Use im Sinne *Justice* Blackburns bzw. Lord Cairns' ab und stellte sich hiermit gegen Lord Hobhouse. Untereinander konnte sich diese Mehrheitsauffassung aber nicht auf ein einheitliches Zukunftsmodell einigen. Vielmehr teilte sie sich in zwei unterschiedliche Strömungen, denen jeweils zwei Lordrichter folgten.

2020 Vgl. Lord Bingham of Cornhill, a. a. O., [11]; Lord Hoffmann, a. a. O., [44]; Lord Walker of Gestingthorpe, a. a. O., [106].

2021 "But such an interpretation has been fairly described as 'redolent of a different age'", Lord Bingham of Cornhill, a. a. O., [11]. Ebenso Lord Hoffmann, a. a. O., [44] („I think it must be frankly acknowledged that little assistance can be obtained from the kinds of user which Lord Cairns must be assumed to have regarded as 'non-natural' in *Rylands v. Fletcher* itself").

2022 Vgl. Lord Hobhouse of Woodborough, a. a. O., [63].

2023 Lord Hobhouse of Woodborough, a. a. O., [63].

2024 Vgl. oben C.IV.2.

2025 „It is the failure to see that this principle of reciprocity and mutual benefit provided the answer to many of the problematic cases, coupled, but not necessarily so, with the defence of consent", Lord Hobhouse of Woodborough, a. a. O., [62].

2026 „It is the introduction of such words as 'ordinary' or 'reasonable' into the judgments and dicta in marginal cases which have caused confusion in those cases", Lord Hobhouse of Woodborough, a. a. O., [62]. Vgl. dazu auch eingehend oben C.VI.2.b.

2027 Aus der Sicht von Lord Hobhouse (a. a. O., [63]) behielt der „Künstlichkeitsfilter" auch zukünftig Relevanz, um eine verschuldensunabhängige Unterlassungshaftung zu verhindern.

Lord Hoffmann[2028] und Lord Walker[2029] sprachen sich dafür aus, den *Non-Natural Use* in enger Anbindung an den *Danger Test*[2030] als Filter für außergewöhnliche Gefährlichkeit („extraordinary risk“[2031]) zu begreifen. Dabei stellte Lord Hoffmann klar, dass sein „Gefährlichkeitsfilter“ sehr strengen Maßstäben gehorchen und eine Anwendung der *Rule* nur in Ausnahmefällen zulassen solle[2032]. Als Indikator schlug er die Versicherungspraxis vor: Eine Gefahrensituation müsse an der Hürde des „criterion of exceptional risk“[2033] scheitern, falls es üblich sei, gegen den befürchteten Schaden eine Versicherung abzuschließen[2034]. Im Gegenzug bliebe für den *Non-Natural Use* nur dann Raum, wenn eine Versicherung gegen den eingetretenen Schaden nicht erwartet werden kann[2035].

Hingegen legten Lord Bingham[2036] und Lord Scott of Foscote[2037] bei der Prüfung des *Non-Natural Use* das Augenmerk auf die „Ungewöhnlichkeit“ des schadensstiftenden

2028 „[…] the question of what is a natural use of land or, (the converse) a use creating an increased risk“, Lord Hoffmann, a. a. O., [44].

2029 „It is the extraordinary risk to neighbouring property, if an escape occurs, which makes the land use ‘special’ for the purposes of the principle in *Rylands v. Fletcher*“, Lord Walker of Gestingthorpe, a. a. O., [103].

2030 Vgl. oben F.IV.2.a.

2031 Lord Walker of Gestingthorpe, a. a. O., [103]; vgl. auch die Bezeichnung als „exceptional risk“ oder „increased risk“ bei Lord Hoffmann, a. a. O., [49] bzw. [44]. Zustimmend auch McBride/Bagshaw: „Tort Law“ (2. Auflage 2005), S. 746; Harpwood: „Modern Tort Law“ (7. Auflage 2009), S. 274; Cooke: „Law of Tort“ (9. Auflage 2009), S. 361.

2032 „[…] the criterion of exceptional risk must be taken seriously and creates a high threshold for a claimant to surmount“, Lord Hoffmann, a. a. O., [49].

2033 Lord Hoffmann, a. a. O., [49].

2034 „A useful guide in deciding whether the risk has been created by a ‘non-natural’ user of land is therefore to ask whether the damage which eventuated was something against which the occupier could reasonably be expected to have insured himself“, Lord Hoffmann, a. a. O., [46]. Kritikwürdig insoweit die Einschätzung bei Buns („Die Voraussehbarkeit als Grenze in der Umwelthaftung“, S. 61), wonach Lord Hoffmann durch Prüfung der „Versicherbarkeit“ eines Risikos „Gemeinwohlerwägungen“ in die *Rule* zurückgezwungen habe: Einerseits bezog sich Lord Hoffmann nämlich darauf, inwiefern in der Praxis der Abschluss einer Versicherung gegen bestimmte Risiken üblich ist (also die „Versichertheit“ im Gegensatz zur „Versicherbarkeit“); andererseits ist auch nicht ersichtlich, inwiefern allein der Abschluss einer Versicherung (zumal für eine eigentlich nicht gemeinnützige Tätigkeit) dem Gemeinwohl dienlich sein soll.

2035 Ablehnend Bagshaw: „*Rylands* Confined“, (2004) 120 L.Q.R. 388, 390; Nolan: „The Distinctiveness of *Rylands v. Fletcher*“, (2005) 121 L.Q.R. 421, 440; McBride/Bagshaw: „Tort Law“ (2. Auflage 2005), S. 746 f.; van Boom: „Some Remarks on the Decline of *Rylands v. Fletcher* and the Disparity of European Strict Liability Regimes“, Z.Eu.P. 2005, 618, 635 f.

2036 Vgl. Lord Bingham of Cornhill, a. a. O., [11].

2037 Vgl. Lord Scott of Foscote, a. a. O., [85].

Verhaltens[2038]. Ein solcher *Non-Ordinary Use* sollte vorliegen, wenn die Art der Nutzung eines Grundstücks nach den Maßstäben des jeweiligen Orts und der betreffenden Zeit als ungewöhnlich anzusehen ist[2039]. Als Indiz für die Gewöhnlichkeit schlug Lord Scott das Bestehen einer gesetzlichen Verpflichtung zur Vornahme der schadensstiftenden Tätigkeit vor, da ein rechtlich gefordertes Verhalten nicht als „ungewöhnlich" qualifiziert werden dürfe[2040]. Dabei verzichtete Lord Scott jedoch darauf, terminologisch zwischen *Ordinary Use* sowie *Natural Use* und *Reasonable Use* zu trennen, indem er diese als Synonyme einsetzte[2041]; dies steht wiederum im offenen Widerspruch zu Lord Bingham, der großen Wert darauf legte, dass allein der *Ordinary Use* im Gegensatz zu *Natural Use*[2042] und *Reasonable Use*[2043] berücksichtigt werden dürfe.

Der ansonsten inhaltlich von beiden Lordrichtern favorisierte „Gewöhnlichkeitsfilter" traf jedoch auf entschlossenen Widerstand seitens Lord Hobhouse[2044]. Nach dessen Auffassung sollte *Rylands* im Kern ein Risikoausgleich zwischen Grundstücksnachbarn sein[2045]. Deshalb sah er das konkrete Verhältnis der jeweils beteiligten Grundstücksnachbarn als Hintergrund der Haftungsausschlüsse an, worauf er auch die *Defence* der konkludenten Einwilligung im Falle gemeinsam genutzter Gefahrenquellen zurückführte. Auf dieser Grundlage sprach sich Lord Hobhouse explizit gegen das Konzept des *Ordinary Use* aus, da es sich bei der Prüfung dieser Haftungsgrenze nicht allein auf das Verhältnis der konkret beteiligten Nachbarn

---

2038 Lord Walker of Gestingthorpe verwandte zwar ebenfalls den Begriff des „ordinary use", dies aber lediglich als Synonym für „außergewöhnlich gefährliche" Tätigkeiten, die er als „an ordinary or special (that is, specially dangerous) use of land" (a. a. O., [105]) bezeichnete.

2039 „I think it clear that ordinary user is a preferable test to natural user, making it clear that the rule in *Rylands v. Fletcher* is engaged only where the defendant's use is shown to be extraordinary and unusual. [...] [T]he question is whether the defendant has done something which he [...] ought to recognise [...] as being quite out of the ordinary in the place and at the time when he does it", Lord Bingham of Cornhill, a. a. O., [11].

2040 „The use of the land for carrying on the activity cannot be characterised as unreasonable if it has been authorised or required by statute. Viewed against the fact of the statutory authority, the user is a natural and ordinary use of the land", Lord Scott of Foscote, a. a. O., [89].

2041 „The use of the land for carrying on the activity cannot be characterised as unreasonable [...]; so [...] the user is a natural and ordinary use of the land", Lord Scott of Foscote, a. a. O., [89].

2042 „I think it clear that ordinary user is a preferable test to natural user", Lord Bingham of Cornhill, a. a. O., [11].

2043 „I also doubt whether a test of reasonable user is helpful", Lord Bingham of Cornhill, a. a. O., [11].

2044 Vgl. Lord Hobhouse of Woodborough, a. a. O., [62] f.

2045 Vgl. Lord Hobhouse of Woodborough, a. a. O., [56].

beschränkt, sondern abstrahierend die in der gesamten Gesellschaft „gewöhnlichen" Verhaltensweisen berücksichtigt[2046].

Zu einer einheitlichen Linie fand das Gericht jedoch abschließend in der Frage, ob der abstrakte Nutzen einer Tätigkeit für das Gemeinwohl ausreichen könne, um diese als *Natural Use* von der *Rule* auszunehmen, obgleich ihre Durchführung im konkreten Fall zu einem Schaden geführt hat. Mittels dieser Methode waren in der Vergangenheit etwa die Herstellung von Sprengstoff (zur Unterstützung der nationalen Rüstungsindustrie in Kriegszeiten)[2047], der Ausbau eines Militärflughafens (zum Zwecke der Landesverteidigung zu Friedenszeiten)[2048] oder der industrielle Einsatz giftiger Chemikalien (zur Schaffung von Arbeitsplätzen)[2049] als „natural" qualifiziert und von der *Rule* ausgenommen worden. In der *Transco*-Entscheidung lehnte es das *House of Lords* nunmehr einmütig[2050] ab, einen „benefit of the community"[2051] an der schadensstiftenden Tätigkeit als Anhaltspunkt zugunsten eines *Natural Use* zu bewerten. Selbst Lord Bingham als Vertreter des Gewöhnlichkeitsfilters ging es zu weit, das Gemeinwohl als Indiz für die Gewöhnlichkeit der Schädigungshandlung heranzuziehen[2052]. Da Lord Hobhouse die Haftungsbegrenzungen der *Rule* ausschließlich im Verhältnis der im konkreten Fall beteiligten Grundstücksnachbarn begründet sah, widersprach die Berücksichtigung des abstrakten *Benefit of the Community* seinem Modell bereits im Grundsatz. Aus ähnlichen Beweggründen

---

2046 „It is the failure to see that this principle of reciprocity and mutual benefit provided the answer to many of the problematic cases, coupled, but not necessarily so, with the defence of consent. It is the introduction of such words as 'ordinary' or 'reasonable' into the judgments and dicta in marginal cases which have caused confusion in those cases", Lord Hobhouse of Woodborough, a. a. O., [62]. Vgl. dazu auch McBride/Bagshaw: „Tort Law" (2. Auflage 2005), S. 747 sowie unter C.VI.2.b. die Abschnitte cc. und dd.

2047 Vgl. Viscount Simon L.C. in *Read v. J. Lyons & Co. Ltd.*, [1946] 2 All E.R. 471, 475; zustimmend Lord Uthwatt, a. a. O., S. 484. Vgl. dazu auch oben C.VI.2.b.dd.

2048 Vgl. Bowsher Q.C. in *Ellison v. Ministry of Defence*, [1996] 81 B.L.R. 108, 119.

2049 So Kennedy J. in der erstinstanzlichen Entscheidung zu *Cambridge Water Co. Ltd. v. Eastern Counties Leather plc.*, [1991] 4 J.E.L. 83, 97: „In [...] considering whether the storage of organochlorines as an adjunct to a manufacturing process is a non-natural use of land, I must consider [...] whether the activity was for the general benefit of the community. [...] Sawston is properly described as an industrial village, and the creation of employment is clearly for the benefit of that community. [...] I hold that the storage of these chemicals did not amount to a non-natural user of land."

2050 Einzig Lord Scott of Foscotes Votum (a. a. O., [70] ff.) enthält keinen Hinweis zu dieser Thematik.

2051 Lord Bingham of Cornhill, a. a. O., [11].

2052 „I respectfully think that little help is gained (and unnecessary confusion perhaps caused) by considering whether the use is proper for the general benefit of the community", Lord Bingham of Cornhill, a. a. O., [11].

sprachen sich mit Lord Walker[2053] und Lord Hoffmann[2054] auch die Vertreter des „Gefährlichkeitsfilters" dagegen aus, gefährliche Tätigkeiten aus Gemeinwohlinteressen vom Anwendungsbereich der *Rule* auszuschließen.

Zusammenfassend gelang es dem *House of Lords* trotzdem nicht, ein einheitliches Zukunftsmodell für die Prüfung des *Non-Natural Use* herauszuarbeiten. Vielmehr wurden drei unterschiedliche Modelle vertreten. Lord Bingham und Lord Scott sahen einen *Natural Use* allein in der Gewöhnlichkeit des schadensstiftenden Verhaltens begründet. Im Gegensatz dazu stellten Lord Hoffmann und Lord Walker auf dessen Gefährlichkeit ab. Lord Hobhouse schließlich erhielt den ursprünglichen Ansatz von *Justice* Blackburn und Lord Cairns aufrecht, indem er einzig die Nutzung der natürlichen Grundstücksressourcen als haftungsausschließenden *Natural Use* einordnete. Einig war sich das Gericht lediglich darin, dass in Zukunft ein schadensstiftendes Verhalten nicht allein deshalb als *Natural Use* von der *Rule* ausgenommen werden soll, weil es einem für das Gemeinwohl nützlichen Zweck dient.

c) Akkumulation der Gefahrenquelle

An der Haftungsvoraussetzung *Justice* Blackburns, wonach ein Schädiger „brings on his lands and collects and keeps there anything likely to do mischief"[2055], hielt das *House of Lords* einmütig fest[2056].

Dabei ist zunächst bedeutsam, dass die *Transco*-Entscheidung im Gegensatz zu *Justice* Blackburns Urteil die Tathandlungen des Schädigers nicht kumulativ („and") sondern alternativ („or") aufzählte[2057]. Folglich ist es nicht notwendig, dass ein Schädiger die Gefahrenquelle selbst in seinen Herrschaftsbereich verbringt „und" dort lagert; vielmehr reicht es aus, dass die Existenz der Gefahrenquelle im Herrschaftsbereich des Schädigers auf dessen Verhalten zurückzuführen ist. Konsequent bezeichnete Lord Walker diese Haftungsvoraussetzung als „an accumulation made by deliberate human design"[2058].

2053 „[T[he court cannot sensibly determine what is an ordinary [,.] use of land by undertaking some utilitarian balancing of general good against individual risk", Lord Walker of Gestingthorpe, a. a. O., [105].

2054 Vgl. Lord Hoffmann, a. a. O., [37].

2055 Blackburn J. in *Fletcher v. Rylands*, (1866) L.R. 1 Exch. 265, 279; vgl. zum Ganzen oben B.II.2.

2056 Vgl. Lord Bingham of Cornhill, a. a. O., [11]; Lord Hobhouse of Woodborough, a. a. O., [54]; Lord Scott of Foscote, a. a. O., [78]; Lord Walker of Gestingthorpe, a. a. O., [113]. Hingegen ging Lord Hoffmann in seinen Ausführungen nicht auf dieses Haftungsmerkmal ein.

2057 So explizit Lord Bingham of Cornhill („brought or kept on his land", a. a. O., [11]) und Lord Hobhouse of Woodborough („conduct in bringing or keeping on his land", a. a. O., [54].

2058 Lord Walker of Gestingthorpe, a. a. O., [113].

Mit seiner Forderung nach einer „vorsätzlichen“[2059] Akkumulation verknüpfte Lord Walker überdies das Schädigerverhalten explizit mit einer subjektiven Komponente. Ebenso deutete Lord Hobhouse an, dass die Akkumulation einer grundstücksfremden Gefahrenquelle auf ein aktives (und damit wohl auch bewusstes) Verhalten des Schädigers zurückführbar sein müsse[2060].

Zugleich lenkt der weit gefasste Begriff „Akkumulation“ den Blick auf eine Parallele in der Systematik der *Rule*. Einhellig sahen die Lordrichter den Ursprung des *Non-Natural Use* darin, dass *Justice* Blackburn und Lord Cairns die natürlichen Ressourcen eines Grundstücks von der Haftungsregel ausschließen wollten[2061]. Betrachtet man dies aus der Perspektive des Schädigers, so sind es gerade diese „things naturally there“, die nicht er in seinem Herrschaftsbereich akkumuliert hat. Der ursprüngliche *Non-Natural Use* und das Akkumulationserfordernis erfüllen also für die *Rule* eine identische Funktion: Es werden solche Gefahrenquellen ausgeschlossen, die nicht durch den Schädiger in dessen Herrschaftsbereich akkumuliert wurden, sondern sich (als natürliche Grundstücksressourcen) ohne seinen Beitrag dort befinden.

d) Entweichen der Gefahrenquelle

Das *House of Lords* betonte darüber hinaus die Bedeutung der Haftungsvoraussetzung, dass die Gefahrenquelle das Land des Schädigers verlassen haben muss[2062]. Auf diesem Wege wurde deutlich herausgestellt, dass *Rylands v. Fletcher* getreu der *Offshoot Theory* auf das Grundstücksrecht beschränkt werden solle[2063]. Zur Begründung beriefen sich die Lordrichter auf die Entscheidung *Read v. Lyons*[2064], in der ebenfalls ein Entweichen der Gefahrenquelle vom Land des Schädigers gefordert worden war[2065].

Zugleich sah sich das *House of Lords* veranlasst, die jeweilige Rechtsposition zu konkretisieren, die Schädiger und Geschädigter an den Grundstücken einnehmen müssen, zwischen denen der Vorgang des Entweichens stattfindet[2066]. Dies deshalb,

2059 Vgl. Lord Walker of Gestingthorpe, a. a. O., [113].
2060 „[...] some positive use of the land by the landowner, created or continued by the landowner [...] [which] should direct the focus onto what the occupier has himself done“, Lord Hobhouse of Woodborough, a. a. O., [63].
2061 Vgl. bereits oben F.IV.2.b.
2062 Vgl. Lord Bingham of Cornhill, a. a. O., [9]; Lord Hoffmann, a. a. O., [34], [47]; Lord Hobhouse of Woodborough, a. a. O., [54], [67] f.; Lord Scott of Foscote, a. a. O., [76]; Walker of Gestingthorpe, a. a. O., [103].
2063 Vgl. Lord Bingham of Cornhill, a. a. O., [9]; Lord Hoffmann, a. a. O., [34]; Lord Hobhouse of Woodborough, a. a. O.,[52]; Lord Scott of Foscote, a. a. O., [76] ff.; Lord Walker of Gestingthorpe, a. a. O., [95].
2064 *Read v. J. Lyons & Co. Ltd.*, [1946] 2 All E.R. 471; vgl. dazu auch oben C.III.4.
2065 Vgl. Lord Bingham of Cornhill, a. a. O., [9]; Lord Hoffmann, a. a. O., [34]; Lord Scott of Foscote, a. a. O., [76].
2066 Vgl. dazu oben B.II.2.d., B.II.3.a. sowie C.II.3., C.III.3.

weil im *Transco*-Sachverhalt[2067] der beklagte Stadtrat als *Owner* nicht nur das Grundstück besaß, von dem der schadensstiftende Wasserrohrbruch ausging, sondern auch dasjenige, durch das die überschwemmte Gasleitung der Klägerin verlief. Der klagende Gasversorger besaß lediglich ein durch den beklagten Stadtrat eingeräumtes Nutzungsrecht (*Easement*[2068]) für das Grundstück, das die Gasleitung durchquerte.

Zwar war sich das Gericht darüber einig, dass ein *Easement* grundsätzlich als Rechtsposition über das geschädigte Land ausreicht, um Ansprüche aus *Rylands* herzuleiten[2069]. Allerdings sah Lord Scott eine Ausnahme in dem Fall, dass dieses *Easement* für ein Grundstück des Schädigers eingeräumt wurde: Nunmehr könne nämlich kein *Escape* vom Land des Schädigers angenommen werden, da sowohl der Ort des Entweichens als auch derjenige des Schadenseintritts dem Schädiger gehörten[2070]. Nach Lord Scotts Ansicht haftet ein *Owner* daher niemals für Schäden, die auf seinem eigenen Land eintreten, unabhängig davon, ob zugleich auch ein fremdes Nutzungsrecht über diesen Schadensort beeinträchtigt wird.

Wenngleich Lord Scotts Analyse Unterstützung seitens Lord Hobhouse fand[2071], blieb sie nicht ohne Widerspruch. Keiner der anderen Lordrichter äußerte nämlich Zweifel daran, dass im *Transco*-Sachverhalt ein *Escape from Land* vorlag. Lord Hoffmann stellte (unter Zuspruch Lord Walkers[2072]) sogar ausdrücklich klar, dass diese Haftungsvoraussetzung in seinen Augen erfüllt war[2073]. Auch in dieser Frage fand das *House of Lords* mithin nicht zu einer einheitlichen Auffassung.

Hingegen bekräftigte das Gericht einhellig, dass an das Entweichen der Gefahrenquelle auch in Zukunft kein Verschuldenserfordernis geknüpft werden solle[2074]. Die *Rule* soll demnach auch zukünftig in Fällen greifen, in denen das *Escape* vollständig unvorhersehbar war, sodass den Schädiger kein Fahrlässigkeitsvorwurf daran

---

2067 Vgl. auch die ausführliche Sachverhaltswiedergabe bei Lord Scott of Foscote, a. a. O., [70] ff.

2068 Vgl. dazu eingehend Burn/Cartwright: „Mordern Law of Real Property“ (17. Auflage 2006), S. 586 ff. sowie MacKenzie/Philipps: „Land Law“ (10. Auflage 2004), S. 495 ff., jeweils m. w. N.

2069 Vgl. Lord Hoffmann, a. a. O., [47]; Lord Scott of Foscote, a. a. O., [76].

2070 „But if the easement is an easement over the defendant's own land, the land onto which the defendant has brought the substance which has caused the damage, a *Rylands v. Fletcher* claim is, in my opinion, barred“, Lord Scott of Foscote, a. a. O., [78].

2071 Vgl. Lord Hobhouse of Woodborough, a. a. O., [68]. Zustimmend auch Bagshaw: „*Rylands* Confined“, (2004) 120 L.Q.R. 388, 390, der sich hierdurch eine leichtere Handhabung der *Rule* in der Praxis erhoffte.

2072 Vgl. Lord Walker of Gestingthorpe, a. a. O., [115].

2073 „I am also willing to assume that Transco's easement which entitled it to maintain its pipe in the embankment and receive support from the soil was a sufficient proprietary interest to enable it to sue [...] under the rule in *Rylands v. Fletcher*“, Lord Hoffmann, a. a. O., [47].

2074 Vgl. Lord Bingham of Cornhill, a. a. O., [10] f.; Lord Hobhouse of Woodborough, a. a. O., [64]; Lord Walker of Gestingthorpe, a. a. O., [97], [109].

trifft, das Entweichen der Gefahrenquelle nicht verhindert zu haben[2075]. Hierdurch verfolgten die Lordrichter das Ziel, den verschuldensunabhängigen Charakter von *Rylands v. Fletcher* zu bewahren[2076].

e) Schaden: Ersatzfähigkeit und Zurechnung

Bei der Schadensprüfung entfaltet die *Offshoot Theory* des *House of Lords* in besonderem Maße ihre Wirkung. Der Gleichlauf mit der *Nuisance* und die Beschränkung von *Rylands* auf das Grundstücksrecht zeigen sich sowohl bei der Frage der Zurechnung als auch derjenigen nach dem ersatzfähigen Schadenstypus. So bestätigte das *House of Lords* einstimmig[2077] den *Foreseeability Test* Lord Goffs[2078] als Methode der Schadenszurechnung. Damit übernahm das Gericht bewusst den Vorhersehbarkeitsfilter aus der *Nuisance*, um einen Gleichlauf der beiden Anspruchsgrundlagen zu erreichen[2079].

Zugleich betonte das *House of Lords* den Grundsatz, dass *Rylands* (gleich der *Nuisance*) dem Schutz von Grundstücksinteressen diene und folgerichtig kein Instrument zum Ersatz von Personenschäden sei[2080]. Unter rechtsmethodischen Gesichtspunkten bemerkenswert ist, dass sich die Lordrichter durchaus bewusst waren, dass für den Ausschluss von Personenschäden nicht nur keine bindenden Präjudizentscheidungen vorlagen, sondern im Gegenteil sogar rechtskräftige Urteile zugunsten der Ersatzfähigkeit von Personenschäden ergangen waren[2081]. Gleichwohl entschloss sich das Gericht, den Entscheidungen in *Read*[2082] und *Cambridge Water*[2083] zu folgen, obgleich dort die Frage der Ersatzfähigkeit von Personenschäden nur am

---

2075 Vgl. Lord Hobhouse of Woodborough, a. a. O., [64].

2076 „And when the focus moves to [...] *Rylands v. Fletcher*, strict liability is its essential characteristic: liability arises [...] without the need for proof of negligence", Lord Walker of Gestingthorpe, a. a. O., [97].

2077 Vgl. Lord Bingham of Cornhill, a. a. O., [6]; Lord Hoffmann, a. a. O., [33]; Lord Hobhouse of Woodborough, a. a. O., [52]; Lord Scott of Foscote, a. a. O., [84]; Lord Walker of Gestingthorpe, a. a. O., [92].

2078 Vgl. oben F.I.1.

2079 So ausdrücklich Lord Hoffmann, a. a. O., [33]; Lord Hobhouse of Woodborough, a. a. O., [52]; Lord Scott of Foscote, a. a. O., [84].

2080 Vgl. Lord Bingham of Cornhill, a. a. O., [9]; Lord Hoffmann, a. a. O., [35]; Lord Hobhouse of Woodborough, a. a. O., [52].

2081 „[T]he claim cannot include a claim for death or personal injury [...]. This proposition has not been authoritatively affirmed by any decision at the highest level. It was left open [...] in *Perry v. Kendricks Transport Ltd.* [...] and is inconsistent with decisions such as *Shiffman v. Venerable Order of the Hospital of St. John of Jerusalem* [...] and *Miles v. Forest Rock Granite Co.* [...]", Lord Bingham of Cornhill, a. a. O., [9]. Vgl. auch Lord Hoffmann, a. a. O., [35].

2082 *Read v. J. Lyons & Co. Ltd.*, [1946] 2 All E.R. 471; vgl. dazu oben C.V.1.a.

2083 *Cambridge Water Co. Ltd. v. Eastern Counties Leather plc.*, [1994] 1 All E.R. 53; vgl. oben F.I.1.b.aa.1.

Rande als *Obiter Dictum* behandelt worden war[2084]. Einschränkend muss allerdings beachtet werden, dass auch die *Transco*-Entscheidung kein bindendes Präjudiz zum Ausschluss von Personenschäden schafft, sondern ebenfalls lediglich *Obiter Dicta* enthält, da aufgrund des Sachverhalts nur über einen Grundstücksschaden zu entscheiden war[2085].

f) Defences

Auch die Frage der Ausschlussgründe fand Berücksichtigung in der Entscheidung des *House of Lords*. Allerdings entwickelten die Lordrichter kein stringentes Konzept dieser *Defences*, sondern schnitten nur gelegentlich in *Obiter Dicta* einzelne aus der Präjudizienlage hervorgehende Haftungsbegrenzungen an[2086].

Auf diese Weise fanden die Haftungsausschlüsse für den Eingriff Dritter *(Acts of Strangers)* oder höherer Gewalt *(Acts of God)* in den Kausalverlauf Erwähnung[2087]. Lord Hoffmann stellte klar, dass diese beiden Ausschlussgründe kausalitätsbezogen an das Haftungsmerkmal *Escape* anknüpfen[2088]. Allerdings deutete er auch an, dass diese *Defences* nur schwer mit dem Grundgedanken der *Rule* zu vereinbaren seien, eine Risikoverteilung für Gefahrensituationen zu erreichen: Der eingetretene Schaden sei unabhängig vom Verursacher des Entweichens eine Folge des Risikopotentials der Gefahrenquelle, sodass es Lord Hoffmann aus Billigkeitsgründen bedenklich erschien, dem Geschädigten die Rechtsverfolgung eines unbekannten Dritten („vandal"[2089]) aufzuerlegen[2090]. Jedoch wurde weder in dieser Frage eine Klärung herbeigeführt, noch in derjenigen, inwieweit Verschuldenselemente Einfluss auf diese *Defences* ausüben: Nur äußerst vage formulierte Lord Walker, dass „bestimmte Ausschlussgründe"[2091] einen Bezug zur *Negligence* aufwiesen. Welche

---

2084 Dies eingestehend Lord Hoffmann, a. a. O., [35].

2085 So ausdrücklich Lord Hobhouse of Woodborough, a. a. O., [52]: „[L]iability for personal injuries [...] does not rise for discussion in this case.".

2086 Nicht behandelt wurden das Mitverschulden des Geschädigten (vgl. dazu oben B.II.5.b. und C.IV.1.) und *Necessity* (vgl. oben C.IV.6.).

2087 Vgl. Lord Bingham of Cornhill , a. a. O., [11]; Lord Hoffmann, a. a. O., [32]; Lord Hobhouse of Woodborough, a. a. O., [59].

2088 Vgl. Lord Hoffmann, a. a. O., [32].

2089 Lord Hoffmann, a. a. O., [32].

2090 Von dieser Argumentation Lord Hoffmanns lassen sich durchaus Parallelen zum amerikanischen *Risk Principle* ziehen, das ebenfalls einen Haftungsausschluss für höhere Gewalt und Handlungen Dritter ablehnt, da auch und gerade derartige Kausalverläufe Ausdruck des Haftungsrisikos für Quellen erhöhter Gefahr sein können (vgl. oben F.III.1.b). Allerdings führte Lord Hoffmann diesen Gedankengang nicht bei der Schadenszurechnung fort, sondern befürwortete in dieser Frage Lord Goffs Methode des Vorhersehbarkeitsfilters (vgl. oben F.IV.2.e.).

2091 „And when the focus moves to [...] *Rylands v. Fletcher*, strict liability is its essential characteristic: liability arises (apart from particular defences) without the need for proof of negligence", Lord Walker of Gestingthorpe, a. a. O., [97].

Defence konkret betroffen war, legte jedoch weder Lord Walker noch ein anderes Mitglied des Gerichts dar. Umgekehrt schloss aber Lord Hobhouse zumindest aus, dass der Haftungsausschluss bei *Acts of God* verschuldensabhängig ausgelegt werden darf[2092].

Im Rahmen der *Transco*-Entscheidung wurde auch der Haftungsausschluss im Falle einer gesetzlichen Ermächtigung *(Statutory Authority)* zu der schadensstiftenden Tätigkeit behandelt. Zwar wurde einhellig der Grundsatz bestätigt, dass für *Rylands* kein Raum bleibt, sobald die Ermächtigungsregelung explizit ein eigenes Haftungsregime für die Schadensfolgen einer genehmigten Tätigkeit statuiert[2093]. Jedoch gelangte das Gericht nicht zu einer einheitlichen Auffassung in der Frage, wie sich das Fehlen einer expliziten Haftungsfolge in der Ermächtigungsregelung auswirkt. Lord Hobhouse vertrat einen flexibleren Ansatz, wonach ein Haftungsausschluss erst durch Auslegung des gesamten *Act* ermittelt werden kann[2094] und lehnte es mithin ab, eine schadensstiftende Tätigkeit allein wegen des bloßen Bestehens einer gesetzlichen Ermächtigung von der *Rule* auszunehmen. Hingegen nahm Lord Hoffmann[2095] genau die Gegenposition ein und schloss die Anwendbarkeit von *Rylands* für jede gesetzlich genehmigte Tätigkeit aus[2096]. Im Sinne dieser Auffassung wiederum entwickelte Lord Scott sogar eine eigene, neuartige Methode zur Behandlung gesetzlich geregelter (aber nicht mit einer expliziten Haftungsfolge versehener) Tätigkeiten innerhalb der *Rule*: Danach sollte eine Gesetzespflicht zur Durchführung der schadensstiftenden Tätigkeit die *Rule* zwar nicht unmittelbar als *Statutory Authority* ausschließen, wohl aber mittelbar als Indiz zur Annahme eines *Ordinary Use*[2097]. Die Unübersichtlichkeit in der widersprüchlichen

---

2092 „Act of God ist not, and never was, the same as [...] the absence of negligence", Lord Hobhouse of Woodborough, a. a. O., [59].

2093 Vgl. Lord Hoffmann, a. a. O., [30]; Lord Hobhouse of Woodborough, a. a. O., [58]; Lord Scott of Foscote, a. a. O., [87].

2094 „[W]here the activity creating the danger has been authorised by statute, the question of what, if any, civil liability could arise from engaging in the authorised activity was a question of the construction of the statute", Lord Hobhouse of Woodborough, a. a. O., [58].

2095 Dabei verwies Lord Hoffmann (a. a. O., [30]) auf einen Teil des Präjudizienmaterials und zitierte sogar *Justice* Blackburn – allerdings nicht mit dessen Leitentscheidung in *Fletcher v. Rylands* selbst, sondern mit dem späteren Urteil *Geddis v. Proprietors of Bann Reservoir* ([1878] 3 A.C. 430, 455 f.), in dem die *Rule* selbst jedoch überhaupt nicht erwähnt wurde.

2096 „[T]his principle was to exclude the application of the rule in *Rylands v. Fletcher* to works constructed or conducted under statutory authority", Lord Hoffmann, a. a. O., [31].

2097 „But it did have a statutory duty [...] to provide a supply of water for domestic purposes to the flats [...]. [T]hese circumstances [...], although not directly applicable, are in my opinion highly relevant to the question whether the laying and maintaining by the council of the supply pipe was, for *Rylands v. Fletcher*

Vorgängerjudikatur[2098] zu dieser *Defence* konnte daher auch mit der *Transco*-Entscheidung nicht beseitigt werden. Vielmehr weist das Urteil nicht nur divergierende Ausführungen zur Prüfung einer *Statutory Authority* auf, sondern fügt der unübersichtlichen Präjudizienlage durch Lord Scotts Modell sogar noch eine weitere Variante hinzu.

Schließlich wiesen die Lordrichter auch auf die Möglichkeit eines haftungsausschließenden Einverständnisses durch den Geschädigten hin[2099]. Das Augenmerk des Gerichts galt vor allem der stillschweigend erteilten Einverständniserklärung, welche auf *Justice* Blackburns Vorgabe zurückverfolgt wurde[2100], dass ein Schädiger die Gefahrenquelle „for his own purposes"[2101] akkumulieren müsse. Im Umkehrschluss betonte Lord Hobhouse[2102] die Bedeutung der die *Rule* ausschließenden Fallgruppe des „geteilten Nutzens"[2103], in deren klassischen Anwendungsfällen zwei Nachbarn gemeinsam aus einer Gefahrenquelle (etwa der Wasserleitung ihres Wohnhauses) Vorteile ziehen, weshalb auch beide Nachbarn das Risiko eines Schadenseintritts in ihrem jeweiligen Herrschaftsbereich tragen müssen.

Damit fanden in der *Transco*-Entscheidung nahezu alle *Defences* Erwähnung, die durch oder seit *Justice* Blackburn gegen seine *Rule* anerkannt worden sind. Dies umfasst einerseits *Acts of God* bzw. *Act of Strangers*, welche auf den schadensstiftenden Kausalverlauf des Entweichens einer Gefahrenquelle bezogen sind. Andererseits wurden die Zustimmung zur Akkumulation der Gefahrenquelle durch den Geschädigten bzw. den Gesetzgeber *(Statutory Authority)* bestätigt. Nicht behandelt wurden dagegen das Mitverschulden des Geschädigten[2104] und *Necessity*[2105]. Da sich aber das *House of Lords* mit der *Transco*-Entscheidung kaum die Erarbeitung eines Gesamtkonzepts der *Defences* zum Ziel gesetzt hatte, verbietet sich auch die Folgerung, dass die nicht genannten Ausschlussgründe obsolet werden sollten.

Der einzig[2106] ersichtliche Systematisierungsansatz durch Lord Hobhouse, den Ausschluss der *Rule* bei Einverständnis und *Ordinary Use* auf ein Grundprinzip zur Risikoverteilung zweier Grundstücksnachbarn bei übereinstimmendem Interesse

---

purposes, a 'natural' or 'ordinary' use of its land so as to exempt it from liability", Lord Scott of Foscote, a. a. O., [88]; vgl. dazu auch oben F.IV.2.b.

2098 Vgl. oben C.IV.5.

2099 Vgl. Lord Hoffmann, a. a. O., [36]; Lord Hobhouse of Woodborough, a. a. O., [61] f.

2100 Vgl. Lord Hoffmann, a. a. O., [36].

2101 Blackburn J. in *Fletcher v. Rylands*, (1866) L.R. 1 Exch. 265, 279; vgl. zum Ganzen oben B.II.5.c.

2102 Vgl. Lord Hobhouse of Woodborough, a. a. O., [61] f.

2103 Vgl. oben B.II.5.c. und C.IV.2.

2104 Vgl. dazu oben C.IV.1.

2105 Vgl. oben C.IV.6.

2106 Zwar enthält auch das Votum Lord Hoffmanns (a. a. O., [30] ff.) eine Zusammenstellung von „defences". Diese ist allerdings weder vollständig (da insbesondere ein Mitverschulden des Geschädigten nicht erwähnt wird), noch sah sich der Lordrichter in der Lage, ein systematisierendes Gesamtkonzept der Ausschlussgründe zu formulieren (a. a. O., [39], [41]).

an der Nutzung der Gefahrenquelle zusammenzuführen und dies – neben der Haftungssperre bei Nutzung der „natürlichen" Grundstücksressourcen als *Non-Natural Use* – als zentralen Ausschlussgrund der *Rule* zu etablieren, fand keine Mehrheit im *House of Lords*. Daher fehlt auch in der Frage der *Defences* eine einheitliche höchstrichterliche Systematisierung des nach *Justice* Blackburn angewachsenen Präjudizienmaterials.

g) Verschulden

Das *House of Lords* betonte deutlich den Grundsatz, dass es das Charakteristikum von *Rylands v. Fletcher* bleibe, „to impose liability even in the absence of fault"[2107]. Dieses Leitbild einer verschuldensunabhängigen Haftung steht in unmittelbarem Zusammenhang mit der Ablehnung australischen *Negligence*-Modells durch das Gericht[2108].

In der Systematik der *Rule* bedeutet dies, dass die Haftungsfolge der *Rule* nicht davon abhängen soll, ob der Geschädigte den Nachweis über ein Verschulden des Schädigers am „Entweichen" der Gefahrenquelle führen kann[2109]. In diesem Zusammenhang stellte das *House of Lords* zugleich dar, dass der mit Lord Goffs *Cambridge-Water*-Entscheidung eingeführte Vorhersehbarkeitsfilter nicht auf das Entweichenserfordernis ausgreift, sondern allein als Instrument zur Schadenszurechnung gilt[2110]: Die *Rule* soll demnach greifen, selbst wenn das *Escape* der Gefahrenquelle nicht vorherzusehen war[2111], solange der eingetretene Schaden als Folge eines (wenngleich unabsehbaren) Entweichens vorherzusehen war[2112]. Folglich begründet bereits die Schaffung eines Schadensrisikos unabhängig von der Vorwerfbarkeit seiner Entfaltung eine Haftung nach der *Rule*. Auf diese Weise soll *Rylands*

2107 Lord Bingham of Cornhill, a. a. O., [6]; ebenso Lord Walker of Gestingthorpe, a. a. O., [97]; Lord Hobhouse of Woodborough, a. a. O., [64].

2108 Die *Negligence* wurde im Gegensatz zu *Rylands* als „a fault – i. e. breach of a duty of care – not a risk concept" (Lord Hobhouse of Woodborough, a. a. O., [57]) qualifiziert.

2109 Vgl. auch oben F.IV.2.d.

2110 So ausdrücklich Lord Hobhouse of Woodborough, a. a. O., [64]: „Lord Goff saw this as a principle of remoteness of damage"; ähnlich Lord Hoffmann, a. a. O., [33]; Lord Walker of Gestingthorpe, a. a. O., [92] sowie wohl auch Lord Scott of Foscote, a. a. O., [84]. Ebenso die Bewertung bei Amirthalingam: „*Rylands* Lives", (2004) C.L.J. 273, 276; Markesinis/Deakin: „Tort Law" (6. Auflage 2008), S. 618.

2111 „[...] mischief of there should be an escape, however unlikely an escape may have been thought to be", Lord Bingham of Cornhill, a a. O., [10].

2112 „But, once such a risk has been created, the liability for the foreseeable consequences of failure to control or confine it is strict", Lord Hobhouse of Woodborough, a. a. O., [64] sowie auch in [65].

v. Fletcher nach dem Willen des *House of Lords* auch zukünftig seinen Charakter als im Kern verschuldensunabhängige *Strict Liability* behalten[2113].

Allerdings folgt aus diesem Grundprinzip nicht, dass die *Transco*-Entscheidung *Rylands* vollständig frei von subjektiven Komponenten hielt. Vielmehr sind solche an diversen Punkten des Urteils zu erkennen. Dies gilt bereits für die Prüfung des haftungsbegründenden *Danger Test*[2114]. Die Lordrichter wiederholten stetig, dass die vom Schädiger in seinem Herrschaftsbereich akkumulierte Gefahrenquelle als solche erkennbar gewesen sein müsse[2115]. Als Maßstab sollten die Standards gelten, die „normalerweise“[2116] bzw. „vernünftigerweise“[2117] für „Ort und Zeitpunkt“[2118] der Akkumulation anzulegen sind. Auch an den Akkumulationsvorgang[2119] selbst wurden subjektive Voraussetzungen geknüpft: Lord Walker sprach ausdrücklich von einer „accumulation made by deliberate human design“[2120]. Folglich wird über diese Auslegung von *Danger Test* und Akkumulationsvorgang ein subjektives Element in die *Rule* hineingetragen. Dieses ist aber (im Gegensatz zur *Negligence*[2121]) nicht auf den unmittelbar haftungsauslösenden Vorgang des *Escape* bezogen, sondern auf ein dem Schadenseintritt vorgelagertes Bewusstsein des Schädigers, mit der Akkumulation einer Quelle erhöhter Gefahr das Risiko ihres Entweichens zu schaffen[2122].

Anderes gilt freilich für die *Defences*[2123] bei *Acts of God or Strangers*, da diese an den Kausalverlauf des Entweichens einer Gefahrenquelle anknüpfen sollen[2124]. In Bezug auf den Einfluss subjektiver Maßstäbe auf den Prüfungsablauf ergibt sich

---

2113 Vgl. Lord Bingham of Cornhill, a. a. O., [10] f.; Lord Hobhouse of Woodborough, a. a. O., [64]; Lord Walker of Gestingthorpe, a. a. O., [97].

2114 Vgl. dazu oben F.IV.2.a.

2115 So Lord Bingham of Cornhill („he ought reasonably to have recognised, as giving rise to an exceptionally high risk of danger“, a. a. O., [10]); Lord Hoffmann („greater risk than is normally associated“, a. a. O., [49]); Lord Hobhouse of Woodborough („recognisable risk“, a. a. O., [64]) sowie Lord Walker of Gestingthorpe („regarded as unusually dangerous“, a. a. O., [107]). Vgl. auch Amirthalingam: „*Rylands* Lives“, (2004) C.L.J. 273, 275; Bagshaw: „*Rylands* Confined“, (2004) 120 L.Q.R. 388, 389; Cooke: „Law of Tort“ (9. Auflage 2009), S. 363.

2116 „greater risk than is normally associated“, Lord Hoffmann, a. a. O., [49].

2117 „he ought reasonably to have recognised“, Lord Bingham of Cornhill, a. a. O., [10].

2118 „judged by the standards appropriate at the relevant place and time, he ought reasonably to have recognised“, Lord Bingham of Cornhill, a. a. O., [10].

2119 Vgl. dazu oben F.IV.2.c.

2120 Lord Walker of Gestingthorpe, a. a. O., [113]; zustimmend wohl Lord Hobhouse of Woodborough, a. a. O., [63].

2121 Vgl. dazu oben E.IV.2.

2122 So ausdrücklich Lord Hobhouse of Woodborough (a. a. O., [64]): „It is thus the creation of a recognisable risk to other landowners which is an essential constituent of the tort and the liability of the defendant. But, once such a risk has been created, the liability for [...] failure to control and confine it is strict.“

2123 Vgl. oben F.IV.2.f.

2124 Vgl. Lord Hoffmann, a. a. O., [32].

aus der *Transco*-Entscheidung jedoch eine verworrene Rechtslage. Lord Bingham wollte Verschuldenselemente weder für *Acts of God* noch für *Acts of Strangers* zulassen[2125]. Zumindest partiell fand dies die Zustimmung von Lord Hobhouse, der explizit für den Bereich der *Acts of God* Verschuldenserwägungen eine deutliche Absage erteilte[2126]. Hingegen eröffnete Lord Walker die Möglichkeit, „bestimmte Ausschlussgründe"[2127] nach Verschuldensmaßstäben zu prüfen. Insoweit ist seine Formulierung zwar eher vage gehalten, jedoch muss sie im Kontext der vorangegangenen Präjudizienjudikatur verstanden werden: Danach war gerade die *Defence* für *Acts of God* von Verschuldenselementen bedroht[2128], und allein diejenige für *Acts of Strangers* sogar von *Negligence* durchzogen[2129]. Folglich ist der *Transco*-Entscheidung keine deutliche Vorgabe zu entnehmen, inwieweit diese Defences zukünftig auf Verschuldensmaßstäbe zurückgreifen sollen.

Die Untersuchung des *Non-Natural Use* muss dem Umstand Rechnung tragen, dass die *Transco*-Entscheidung zu dieser Haftungsvoraussetzung drei divergierende Modelle – Gefährlichkeit, Gewöhnlichkeit, Grundstücksfremdheit – enthält[2130]. Jedoch birgt das Urteil auch eine Gemeinsamkeit dieser Ansätze insoweit, als alle Auslegungen des *Non-Natural Use* ein subjektives Element aufweisen. So ist der Gewöhnlichkeitsfilter des *Non-Ordinary Use* daran geknüpft, dass für den Schädiger die Ungewöhnlichkeit seiner Grundstücksnutzung (nach den Maßstäben ihres Ortes und Zeitpunkts) erkennbar war[2131]. Nach gleichen Maßstäben fordert der Gefährlichkeitsfilter, dass ein Schädiger erkennen konnte, dass er sein Grundstück auf eine besonders gefährliche Weise nutzt[2132]. Ähnlich setzt die Auslegung des *Non-Natural Use* als Nutzung grundstücksfremder Gefahrenquellen voraus, dass selbige auf dem Grundstück akkumuliert werden – wobei eine aktive (und bewusste)

2125 „subject to defences of act of God or of a stranger, without the need to prove negligence", Lord Bingham of Cornhill, a. a. O., [11].

2126 „Act of God is not, and never was, the same as [...] the absence of negligence", Lord Hobhouse of Woodborough, a. a. O., [59].

2127 „liability arises (apart from particular defences) without the need for proof of negligence", Lord Walker of Gestingthorpe, a. a. O., [97].

2128 Vgl. oben C.IV.3.b.

2129 Vgl. oben C.IV.4.c.

2130 Vgl. oben F.IV.2.b.

2131 So jedenfalls Lord Bingham of Cornhill (a. a. O., [11]): „Again, as it seems to me, the question is whether the defendant has done something which he recognises, or ought to recognise, as being quite out of the ordinary in the place and at the time when he does it." Das Votum Lord Scott of Foscotes enthält keine Angaben zu dieser Frage.

2132 Lord Hoffmann forderte (a. a. O., [49]) insoweit ein „greater risk than is normally associated"; Lord Walker of Gestingthorpe hatte (a. a. O., [107]) als zweiter Vertreter des Gefährlichkeitsfilters ebenfalls eine Grundstücksnutzung im Blick, die „regarded as unusually dangerous" sein muss. Vgl. zum diesbezüglichen Verschuldenseinfluss auch Lunney/Oliphant: „Tort Law" (4. Auflage 2010), S. 697.

Handlung des Schädigers impliziert wurde[2133]. Bei der Prüfung des *Non-Natural Use* sind demnach – über sämtliche Auslegungsmodelle hinweg – durchaus subjektive Elemente ersichtlich.

Dennoch ist im Ergebnis festzuhalten, dass das *House of Lords* die Regel aus *Rylands v. Fletcher* auch weiterhin nicht als Verschuldenshaftung nach Vorbild der *Negligence* begreifen will. Trotzdem wollte das Gericht bei der Auslegung diverser Haftungsmerkmale der *Rule* nicht auf subjektive Elemente verzichten. Dies betrifft den *Non-Natural Use* ebenso wie den Akkumulationsvorgang und den *Danger Test.*

3. Bewertung

Die Zukunftssicht des *House of Lords* auf die *Rule* stützt sich auf zwei zentrale Wegmarken: Beibehaltung und Begrenzung der *Rule*. Mit der Entscheidung, *Rylands* vor der Abschaffung zu bewahren, positionierten sich die englischen Lordrichter eindeutig gegen das *Negligence*-Modell des australischen Rechts. Andererseits grenzte sich das *House of Lords* aber auch gegenüber dem amerikanischen *Restatement*-Modell ab: Durch Annahme der *Offshoot Theory* wurde dem englischen Recht der amerikanischen Weg versperrt, wonach die *Rule* über das Grundstücksrecht hinaus zu einer allgemeinen verschuldensunabhängigen Haftung für Quellen erhöhter Gefahr ausgeweitet worden war. Der aus *Transco* hervorgehende englische Ansatz, die *Rule* beizubehalten und zugleich eng zu begrenzen, beschreitet damit einen Mittelweg zwischen dem australischen und dem amerikanischen Modell.

Dem ersten Teil des englischen Zukunftsweges, *Rylands* beizubehalten und nicht in der *Negligence* aufgehen zu lassen, ist vorbehaltlos zuzustimmen[2134]. Zwar waren nicht alle Lordrichter gleichermaßen vom Ausmaß der Nachteile des australischen *Negligence*-Modells[2135] überzeugt. Jedoch ließ sich das Gericht von einer Mischung aus Respekt vor der beträchtlichen Rechtstradition von *Rylands* sowie der Billigkeitserwägung leiten, mithilfe der verschuldensunabhängigen *Rule* den Geschädigten technisch komplizierter Schadenshergänge vor der *Negligence*-Beweislast zu bewahren. Entscheidend ist, dass die Lordrichter im Ergebnis unmissverständlich und geschlossen klarstellten, dass die *Rule* fortbestehen wird. Dadurch wurde jeder Spekulation, dass im *House of Lords* doch eine Mehrheit zur Abschaffung der *Rule* wächst, die Argumentationsgrundlage entzogen. In der Folge hat *Rylands* in der

---

2133 Lord Hobhouse of Woodborough sprach von „some positive use of the land by the landowner, created or continued by the landowner [...] [which] should direct the focus onto what the occupier has himself done" (a. a. O., [63]).

2134 Ebenso Amirthalingam: „*Rylands* Lives", (2004) C.L.J. 273, 276; Bagshaw: „*Rylands* Confined", (2004) 120 L.Q.R. 388, 388 f. Resignierend eine Abschaffung der (derart stark beschränkten) *Rule* befürwortend hingegen Nolan: „The Distinctiveness of *Rylands v. Fletcher*", (2005) 121 L.Q.R. 421, 451.

2135 Vgl. oben F.II.2.

englischen Rechtsprechung auch weiterhin Anwendung gefunden[2136]. Insoweit ist die *Transco*-Entscheidung nicht nur inhaltlich, sondern auch in ihrer klaren Gestaltung ausdrücklich zu begrüßen.

Hingegen muss das Modell des *House of Lords* in Bezug auf den Inhalt der *Rule* kritisch bewertet werden. Dies betrifft die rechtstheoretische Grundlage dieses englischen Modells ebenso wie die Behandlung einzelner Haftungsvoraussetzungen durch die Lordrichter. Generell ist leider zu konstatieren, dass die Gelegenheit nicht ausgeschöpft wurde, durch ein höheres Maß an innerer Stringenz und systematisierender Konzeption in der Urteilsherleitung mehr Rechts- und Anwendungssicherheit für *Rylands v. Fletcher* in Theorie und Praxis zu erreichen.

Abzulehnen[2137] ist bereits das rechtstheoretische Fundament des englischen Modells, die *Offshoot Theory* von Newark[2138] und Lord Goff[2139]. Damit verliert auch die Konsequenz des *House of Lords* ihre rechtstheoretische Legitimation, wonach die *Rule* im Einklang mit der *Nuisance* auf das Grundstücksrecht zu begrenzen, der Ersatz von Personenschäden auszuschließen und der *Foreseeability Test* zur Methode der Schadenszurechnung zu erheben ist. Das Motiv der Lordrichter, eine „schlankere" *Rule* in Zukunft sicherer anwenden zu können, lässt sich durchaus auch als Hoffnung deuten, eine abgeschwächte *Rule* künftig seltener anwenden zu müssen. Dies aber steht im Widerspruch zu der uneingeschränkten Überzeugung des Gerichts, die *Rule* gerade aus Billigkeitsgründen zu erhalten, um einem durch technisch komplizierte Schadenshergänge Geschädigten die Beweislast einer *Negligence*-Klage abzunehmen[2140]: Stehen diese Billigkeitserwägungen nämlich

---

2136 Thornton Q.C. in *Re-Source America International Ltd. v Platt Site Services Ltd.*, [2003] E.W.H.C. 1142 (T.C.C.), [190]; Laws L.J. in *Arscott v. The Coal Authority*, [2004] E.W.C.A. Civ. 892, [28] f.; Pill L.J. in *Essa v. Laing Ltd.*, [2004] E.W.C.A. Civ. 02, [14] f.; Coulson Q.C. in *LMS International Ltd. v. Styrene Packaging and Insulation Ltd.*, [2005] E.W.H.C. 2065 (T.C.C), [12] ff., [229]; Hegarty Q.C. in *Bartoline Ltd. v. Royal & Sun Alliance Insurance plc.*, [2006] E.W.H.C. 3598 (QB), [41]; Dyson L.J. in *In Re Corby Group Litigation*, [2008] E.W.C.A. Civ. 463, [13]; Steel J. in *Colour Quest Ltd. v. Total Downstream UK plc.*, [2009] E.W.H.C. 540, [395] ff.

2137 Vgl. oben E.V.2.b sowie F.I.1.b.aa.2. Kritisch zur Fortführung der *Offshoot Theory* durch die *Transco*-Entscheidung auch Amirthalingam: „*Rylands* Lives", (2004) C.L.J. 273, 275 f.; Bagshaw: „*Rylands* Confined", (2004) 120 L.Q.R. 388, 388 f.; Murphy: „The Merits of *Rylands v. Fletcher*", (2004) 24 O.J.L.S. 643, 669; McBridge/Bagshaw: „Tort Law" (2. Auflage 2005), S. 741 f.; Nolan: „The Distinctiveness of *Rylands v. Fletcher*", (2005) 121 L.Q.R. 421, 425 f.; Waite: „Deconstructing the Rule in *Rylands v. Fletcher*", (2006) J.E.L. 1, 18; Markesinis/Deakin: „Tort Law" (6. Auflage 2008), S. 622 f.; Cooke: „Law of Tort" (9. Auflage 2009), S. 365.

2138 Vgl. oben E.V.2.b.

2139 Vgl. F.I.1.b.aa.2.

2140 Ähnlich auch die Einwände bei Bagshaw: „*Rylands* Confined", (2004) 120 L.Q.R. 388, 388; skeptisch hingegen van Boom: „Some Remarks on the Decline of *Rylands v. Fletcher* and the Disparity of European Strict Liability Regimes", (2005) Z.Eu.P. 618, 624 f.

einem Grundstücksinhaber zur Seite, so ist kaum ersichtlich, weshalb dessen Besucher oder gar Familienangehörige geringeren Schutzes bedürfen sollten.

Als Wegweiser für die zukünftige Gestalt der *Rule* verliert die *Transco*-Entscheidung überdies vor allem aufgrund ihres inneren Aufbaus an Statur. Jeder der fünf beteiligten Lordrichter legte eine eigene Urteilsbegründung vor, die einzelnen Voten sind jedoch nicht durchgängig aufeinander abgestimmt worden[2141]. Auf diese Weise traten in nicht weniger als sieben Fragestellungen sogar offene Gegensätze innerhalb des Richterkollegiums hervor. So herrschte bereits in grundsätzlicher Hinsicht Uneinigkeit darüber, ob *Rylands* nicht bereits durch das bestehende Gesetzesrecht entscheidend an Wirkungsmacht eingebüßt hat[2142]. Darüber hinaus führte die Frage zu offenem Widerspruch, ob die *Rule* durch die umfassende Verbreitung von Versicherungspolicen effektiv ersetzt werden solle[2143]. Das Gericht entzweite sich zu Teilen sogar an der Frage, ob hinter der *Rule* und ihrer wechselvollen Präjudiziengeschichte noch ein kohärentes Rechtsprinzip ausgemacht werden könne[2144]. Überdies traten in der Frage Gegensätze zutage, ob *Rylands* auch greift, falls der *Owner* eines Grundstücks eine andere Person schädigt, die wiederum ihr Nutzungsrecht allein vom Schädiger selbst ableitet[2145]. Daneben konnten sich die Lordrichter auch nicht auf eine einheitliche Linie zur Behandlung der *Defence* bei *Statutory Authority* einigen[2146]. Schließlich wurde die Zulässigkeit von Verschuldenserwägungen bei der Prüfung der Ausschlussgründe für *Acts of God* bzw. *Acts of Strangers* gegensätzlich bewertet[2147].

Besonders schwer wiegt dabei, dass das *House of Lords* nicht zu einer einheitlichen Auslegung des *Non-Natural Use* fand, obwohl gerade dieses besonders

---

2141 Vgl. dazu auch Amirthalingam: „*Rylands* Lives", (2004) C.L.J. 273, 274; Markesinis/Deakin: „Tort Law" (6. Auflage 2008), S. 615 f. sowie die harrsche Kritik als „bad law" bei Bagshaw: „*Rylands* Confined", (2004) 120 L.Q.R. 388, 391.

2142 In diesem Sinne Lord Hoffmann, a. a. O., [30], entschieden dagegen aber Lord Hobhouse of Woodborough, a. a. O., [56]; vgl. dazu auch oben F.IV.1.

2143 Dies favorisierend Lord Hoffmann, a. a. O., [46], allerdings unter vehementem Widerspruch durch Lord Hobhouse of Woodborough, a. a. O., [60]. Vgl. auch oben F.IV.1.

2144 Zustimmend die entschlossene Verteidigung der *Rule* durch Lord Hobhouse of Woodborough (a. a. O., [54 f.]), wonach die „salient features of the rule are easily identified [...] [and the] principle which the rule reflects is also easily apparent." Ebenso eindeutig dagegen die Ablehnung Lord Hoffmanns (a. a. O., [41]), dass „[i]t is hard to find any rational principle which explains the rule and its exceptions.".

2145 So Lord Hoffmann, a. a. O., [47] sowie Lord Walker of Gestingthorpe, a. a. O., [115], allerdings unter Widerspruch durch Lord Scott of Foscote, a. a. O., [78] und Lord Hobhouse of Woodborough, a. a. O., [68]. Auf diese Kontroverse verweisend auch Markesinis/Deakin/Johnston: „Tort Law" (6. Auflage 2008), S. 613.

2146 Vgl. dazu den strengen Ansatz von Lord Hoffmann (a. a. O., [31]) im Gegensatz zu dem flexiblen Modell Lord Hobhouse of Woodboroughs, a. a. O., [58] sowie zum Ganzen oben F.IV.2.f.

2147 Gegen eine Berücksichtigung Lord Bingham of Cornhill, a. a. O., [11] sowie partiell Lord Hobhouse of Woodborough, a. a. O., [59]; anders dagegen Lord Walker of Gestingthorpe, a. a. O., [97]. Vgl. zum Ganzen oben F.IV.2.g.

umstrittene[2148] Haftungsmerkmal in der Vergangenheit Quelle erheblicher Rechtsunsicherheit gewesen ist. Das *Transco*-Urteil enthält aber wiederum nicht weniger als drei gegensätzliche Theorien zum *Non-Natural Use*, wobei keiner dieser Ansätze eine Mehrheit des *House of Lords* auf sich vereinen konnte: Jeweils zwei Lordrichter favorisierten einen Gewöhnlichkeits-[2149] oder aber einen Gefährlichkeitsfilter[2150], für einen weiteren Richter galt allein der Künstlichkeitsfilter[2151]. Damit zeichnet sich die Gefahr ab, dass niederrangige Gerichte zukünftig gleichartige Fälle unterschiedlich entscheiden, und dabei trotzdem jeweils (mindestens) einen Lordrichter zu ihrer Unterstützung zitieren könnten[2152].

Konsequenz der verworrenen Urteilsstruktur ist auch das Fehlen einer durch das gesamte Gericht getragenen Generalisierung der *Rule*. Zwar fanden deren sämtliche Haftungsmerkmale in vereinzelten Passagen des Urteils Erwähnung. Jedoch verpasste das *House of Lords* die Gelegenheit, die gesamte *Rule* unter Berücksichtigung von *Justice* Blackburns Entscheidung samt ihrer Entwicklung in der Folgejudikatur von Neuem zu formulieren. Mit Lord Bingham[2153] und Lord Hobhouse[2154] legten lediglich zwei[2155] der fünf beteiligten Lordrichter eine Systematisierung der gesamten *Rule* vor, allerdings inhaltlich – sinnbildlich für das gesamte *Transco*-Urteil – nicht untereinander abgestimmt und wiederum mit divergierenden Aussagen.

Zwar waren sich die beiden Lordrichter darüber einig, dass eine zuvor durch den Schädiger auf sein Grundstück[2156] verbrachte oder hier gelagerte[2157] Gefahrenquelle[2158] von diesem Ort auf das Land des Geschädigten[2159] entweichen[2160] muss, sodass der

2148 Dies eingestehend Lord Bingham of Cornhill, a. a. O., [11].

2149 Vgl. Lord Bingham of Cornhill, a. a. O., [11] sowie Lord Scott of Foscote, a. a. O., [85].

2150 Vgl. Lord Hoffmann, a. a. O., [44] und Lord Walker of Gestingthorpe, a. a. O., [103].

2151 Vgl. Lord Hobhouse of Woodborough, a. a. O., [63] sowie zum Ganzen oben F.IV.2.b.

2152 Vgl. dazu auch Bagshaw: „*Rylands* Confined", (2004) 120 L.Q.R. 388, 389 f.; Murphy in „Street on Torts" (12. Auflage 2007), S. 475; Markesinis/Deakin: „Tort Law" (6. Auflage 2008), S. 616.

2153 Vgl. Lord Bingham of Cornhill, a. a. O., [11] sowie ergänzend [6].

2154 Vgl. Lord Hobhouse of Woodborough, a. a. O., [54] sowie ergänzend [58] ff.

2155 Lord Hoffmanns Übersicht über die Beschränkungen der *Rule* schloss mit der expliziten Feststellung, dass „[i]t is hard to find any rational principle which explains the rule" (a. a. O., [41]).

2156 Vgl. zum Grundstücksbezug der Akkumulation der Gefahrenquelle Lord Bingham of Cornhill, a. a. O., [11] und Lord Hobhouse of Woodborough, a. a. O., [54].

2157 Vgl. zur Alternativität der Akkumulationshandlungen eines Schädigers Lord Bingham of Cornhill, a. a. O., [11] und Lord Hobhouse of Woodborough, a. a. O., [54].

2158 Vgl. dazu Lord Bingham of Cornhill, a. a. O., [10] f. und Lord Hobhouse of Woodborough, a. a. O., [54].

2159 Vgl. zum Grundstücksbezug des Entweichens Lord Bingham of Cornhill, a. a. O., [11] und Lord Hobhouse of Woodborough, a. a. O., [52], [54].

2160 Vgl. dazu Lord Bingham of Cornhill, a. a. O., [11] und Lord Hobhouse of Woodborough, a. a. O., [54].

geschädigte Grundstücksinhaber die vorhersehbaren[2161] Beeinträchtigungen an seinen Grundstücksrechten (jedoch keine Personenschäden)[2162] einklagen kann, solange nicht ein Akt höherer Gewalt[2163] das Entweichen der Gefahrenquelle verursacht hat.

Darüber hinaus zeigten sich aber erneut Differenzen in den beiden Urteilsbegründungen. Nicht nur nahm Lord Bingham – im Gegensatz zu Lord Hobhouse – auch die *Defence* für *Acts of Strangers* in sein Urteil auf[2164]; sondern umgekehrt verzichtete wiederum Lord Bingham in seinen Ausführungen auf den von Lord Hobhouse[2165] anerkannten Ausschlussgrund *Statutory Authority*. In Bezug auf die Rechtsposition der Beteiligten gegenüber ihren Grundstücken sprach Lord Bingham eher offen von einem „occupier“[2166], während Lord Hobhouse einschränkend lediglich „landowners“[2167] anerkannte. Noch schwerer wiegt die offene Kontroverse der beiden Lordrichter über den Komplex des *Non-Natural Use*: Lord Hobhouse vertrat entschlossen den Künstlichkeitsfilter[2168]. Lord Bingham hingegen tat diese Lösung rigoros als „redolent of a different age“[2169] ab; er favorisierte vielmehr die großzügige Auslegung des Gewöhnlichkeitsfilters, wonach die Anwendung der *Rule* bereits bei jeder „gewöhnlichen“ Grundstücksnutzung ausgeschlossen ist. Gerade diese jüngere Auslegung des *Non-Ordinary Use* lehnte wiederum Lord Hobhouse nicht minder drastisch als „unnecessary confusion“[2170] ab und schlug stattdessen in dieser Fallkonstellation die Prüfung des (ggf. stillschweigenden) Einverständnisses[2171] zweier Grundstücksnachbarn in den Bestand einer gemeinsam genutzten[2172] Gefahrenquelle vor. Gerade diese deutliche Kontroverse der beiden Lordrichter über den *Non-Natural Use* lässt eine Gesamtfassung von *Rylands v. Fletcher* selbst in Bezug auf diese beiden einzigen Abstrahierungen unmöglich werden. Mithin vermag die *Transco*-Entscheidung keine generalisierende Neufassung der *Rule* zu bieten.

Im Ergebnis ist das *Transco*-Urteil des *House of Lords* daher geteilt zu bewerten. Einerseits kann der Fortführung der *Rule* und der Absage an das australische *Negligence*-Modell nur zugestimmt werden. Andererseits bietet die *Offshoot Theory*

2161 Vgl. zum Vorhersehbarkeitsfilter als Zurechnungsmethode Lord Bingham of Cornhill, a. a. O., [6] und Lord Hobhouse of Woodborough, a. a. O., [64 f.].

2162 Vgl. dazu Lord Bingham of Cornhill, a. a. O., [9], [11] und Lord Hobhouse of Woodborough, a. a. O., [54].

2163 Vgl. dazu Lord Bingham of Cornhill, a. a. O., [11] und Lord Hobhouse of Woodborough, a. a. O., [59].

2164 Vgl. Lord Bingham of Cornhill, a. a. O., [11].

2165 Vgl. Lord Hobhouse of Woodborough, a. a. O., [58].

2166 Vgl. Lord Bingham of Cornhill, a. a. O., [11].

2167 Vgl. Lord Hobhouse of Woodborough, a. a. O., [52].

2168 Vgl. Lord Hobhouse of Woodborough, a. a. O., [63] und [54].

2169 Damit übernahm er einen Ausdruck Lord Goff of Chieveleys aus der *Cambridge-Water*-Entscheidung; vgl. zum Ganzen Lord Bingham of Cornhill, a. a. O., [11].

2170 Lord Hobhouse of Woodborough, a. a. O., [63].

2171 Vgl. Lord Hobhouse of Woodborough, a. a. O., [62] f.

2172 Vgl. Lord Hobhouse of Woodborough, a. a. O., [61] f.

keine überzeugende rechtstheoretische Grundlage für die zukünftige Entwicklung von *Rylands v. Fletcher*. Unabhängig von dieser inhaltlichen Bewertung ist zu bemängeln, dass durch die zersplitterte Urteilsstruktur der *Transco*-Entscheidung Rechtssicherheit weder in Bezug auf die Gestalt der *Rule* im Allgemeinen noch auf die Auslegung des *Non-Natural Use* im Speziellen befördert wird. Hierfür wären klare Vorgaben des gesamten Gerichts notwendig gewesen, da allein die Strategie, eine (mittels *Offshoot Theory*) möglichst eng gefasste *Rule* möglichst selten anwenden zu müssen, kaum Erfolg haben wird, sofern auch diese schlanke *Rule* in ihren einzelnen Haftungsmerkmalen (und insbesondere ihrer umstrittensten Einschränkung, dem *Non-Natural Use*) verworren und kontrovers bleibt. Es ist daher bedauerlich, dass aus den systematisch lückenhaften und inhaltlich divergierenden Ausführungen des *House of Lords* kein sonderlich festes und belastbares Fundament für eine stabile Zukunft der Regel aus *Rylands v. Fletcher* hervorgehen kann.

G. Eine Alternative: Die „gedehnte“ *Rule*

Die in der vorangegangenen Untersuchung entwickelten Argumentationsbausteine sollen nun zu dem Zweck zusammengefügt werden, *Rylands v. Fletcher* als variabel und effektiv einsetzbares, wirkungsmächtiges Instrument der Gefährdungshaftung zu interpretieren. Dabei gilt es, nicht nur in Bezug auf diese Argumentationsmethoden, sondern auch hinsichtlich der inhaltlichen Ausgestaltung der *Rule* einen pragmatischen Ansatz beizubehalten. So wünschenswert es auch erscheinen mag, die Bestimmungen des ausgreifenden amerikanischen *Restatement* buchstabengetreu in das englische Recht zu überführen, so gering sind die Erfolgsaussichten dieses Weges in der realen Praxis.

Dies nicht allein deshalb, weil das *House of Lords* – zwar nur in *Dicta*, aber doch wiederholt[2173] – eine umfassende Übernahme des amerikanischen Modells in das englische Recht abgelehnt hat. Insoweit ist bezeichnend, dass auch der „große Wurf“ einer umfassenden gesetzlichen Generalklausel-Gefährdungshaftung durch die *Pearson Commission* bis heute nicht gesetzlich umgesetzt wurde[2174]. Vielmehr drücken sich die englischen Rechtstraditionen in dem Bestreben aus, jede Veränderung des *Common Law* auf den Wortlaut von *Justice* Blackburns *Rule* zurückzuführen. Kein Richter wird daher leichthin ein „neues“ Tatbestandsmerkmal „erfinden“.

Aus diesen Gründen liegt der meistversprechende Ansatz zur Stärkung von *Rylands v. Fletcher* darin, die von *Justice* Blackburn formulierten, in den nachfolgenden Präjudizien angewandten und damit fest verankerten Tatbestandsmerkmale der *Rule* möglichst weit zu „dehnen“[2175]. Hierbei sollen die Spielräume ausgenutzt

2173 In diesem Sinne bereits Viscount Simon L.C. in *Read v. Lyons* ([1946] All E.R. 471, 474; vgl. dazu oben C.III.4.) und auch zuletzt ausdrücklich Lord Goff in *Cambridge Water v. Eastern Counties Leather* ([1994] 1 All E.R. 53, 75 f.); vgl. auch den Abschlussbericht der *Royal Commission* („Civil Liability and Compensation for Personal Injury“, [1978] Cmnd. 7054, Vol. I, S. 343 f., Rdnr. 1647; vgl. dazu oben D.VIII.).

2174 Vgl. oben D.VIII.

2175 Der Begriff einer *Wide Rule* findet sich auch bei Waite („Deconstructing the Rule in *Rylands v. Fletcher*“, [2006] 18 J.E.L. 1, 4 ff.). Waites Ansatz unterscheidet sich aber konzeptionell und inhaltlich vom hiesigen Modell. Konzeptionell teilt Waite *Rylands* in eine (dem US-*Restatement* folgenden) *Wide Rule* und eine (an *Nuisance* orientierte) *Narrow Rule* (wie bereits zuvor MacDonald J. in *Porter v. Bell*, [1955] 1 D.L.R. 62, 66). Dies gefährdet aber die Zukunft von *Rylands*, da die derzeitige englische Judikatur allein die beschränkende *Narrow Rule* übernehmen, der *Wide Rule* aber eine Absage erteilen würde – das endgültige Ende einer Erweiterung der *Rule* stünde zu befürchten. Ohnehin ist Waites rechtshistorische Basis (a. a. O., S. 8 f.) brüchig, da Lord Cairns‘ Urteil nur *Justice* Blackburns Künstlichkeitsfilter als *Non-Natural Use* paraphrasierte (vgl. oben B.III.2.) und daher kaum Vorlage einer von Blackburn J. abweichenden *Narrow Rule* sein kann. Auch inhaltlich

werden, die sich aus der vorangegangenen Untersuchung von Präjudizien, Rechtshistorie und Systematik ergeben haben: Sie dienen gleichsam als „Hebel", um die angestrebte Dehnung der Regel aus *Rylands v. Fletcher* zu begründen.

I. Fundament: „Aushebeln" der *Offshoot*-Grundstücksbeschränkung

Die Frage, ob *Rylands* auf das Grundstücksrecht beschränkt sein soll, strahlt auf die gesamte *Rule* aus. Aufgrund dieser Klammerwirkung wird sie den kommenden Ausführungen über die einzelnen Haftungsmerkmale der *Rule* vorangestellt. Als Grundphilosophie dieser Grundstücksbegrenzung dient die *Offshoot Theory*: Danach soll *Rylands* als „Ableger" der *Nuisance* in allen Haftungsvoraussetzungen insoweit eingeschränkt werden, als lediglich Nachbarschaftsstreitigkeiten über Grundstücksinteressen erfasst werden können[2176]. Widerlegt man hingegen die *Offshoot Theory*, so eröffnet dies in allen Haftungsvoraussetzungen der *Rule* neue Spielräume und Anwendungsmöglichkeiten.

Besonders wirkungsvoll ist hierbei eine rechtshistorische Argumentation, da diese auch den Stützpfeiler von Newarks *Offshoot Theory* bildet[2177]. Im Widerspruch zu den Ausführungen Newarks ist nämlich die Leitentscheidung *Justice* Blackburns nicht zugunsten, sondern entgegen der *Offshoot Theory* zu lesen[2178]. *Justice* Blackburns Argumentation widmete sich nahezu ausschließlich den mittelalterlichen Haftungsregeln *Cattle Trespass* und *Scienter Action*. Die *Nuisance*, laut Newark Hauptgegenstand von *Justice* Blackburns Entscheidung, wurde in dem Urteil lediglich einmal genannt, während der Terminus *Trespass* insgesamt elfmal zu finden ist. Auffällig ist auch *Justice* Blackburns Schweigen dazu, dass das vorinstanzliche Mehrheitsvotum eine Anwendung der *Nuisance* auf die Klage Mr. Fletchers abgelehnt hatte. In seinem Urteil verteidigte Blackburn J. hingegen das Minderheitsvotum *Baron* Bramwells[2179], in dem der vorinstanzlichen Klage unter

---

unterscheidet sich Waites Ansatz durchgängig vom hiesigen Modell: Die Definition der „Gefahrenquelle" überlässt Waite (S. 19 f.) dem *Statutory Law* (und nicht dem *Common Law*; vgl. G.II.). Die *Offshoot Theory* wird nicht angegriffen (so aber G.I.), sondern in Waites *Wide Rule* (S. 6 ff., 14) sogar anerkannt. Die *Defences* werden nicht eingehend untersucht (vgl. dagegen G.VI.), und bei *Escape* setzt sich Waite (S. 14) über die *Ratio* aus *Read v. Lyons* hinweg (anders G.III.). Der *Foreseeability Test* findet bei Waite (S. 13) sogar Zustimmung, das *Risk Principle* (vgl. G.V.2.) hingegen keine Erwähnung. Der *Non-Natural Use* wird bei Waite (S. 11 f.) auf den Gewöhnlichkeitsfilter reduziert, dessen sonstige Fallgruppen nicht behandelt (vgl. aber G.VI.5.).

2176 Vgl. oben E.V.2.b. sowie F.I.1.b.aa. und F.IV.2.

2177 Vgl. oben E.V.2.b.

2178 Vgl. zum Ganzen E.V.2.b. und F.I.1.b.aa.2.

2179 „We have come to the conclusion that Bramwell, B., was right", Blackburn J. in *Fletcher v. Rylands*, (1866) L.R. 1 Exch. 265, 278.

dem Gesichtspunkt des *Trespass* stattgegeben worden war – und verwies selbst in der eigenen (ebenfalls der Klage stattgebenden) Urteilsbegründung auffällig häufig auf den *Trespass*. Die rechtshistorische Analyse der Entscheidung *Justice* Blackburns bietet daher keine überzeugende Grundlage dafür, *Rylands* zum bloßen „Ableger" ausgerechnet der *Nuisance* zu degradieren.

Überdies steht die Präjudizienlage der von der *Offshoot Theory* propagierten Gleichsetzung von *Rylands* und *Nuisance* entgegen. Aus der Rechtsprechung geht nämlich (ungeachtet bestehender Gemeinsamkeiten[2180]) eine Vielzahl an Unterschieden zwischen den beiden *Torts* hervor. Dies beginnt bereits damit, dass *Rylands* auch in Fällen ohne einen Grundstücksbezug angewendet wurde, während die *Nuisance* keine derartigen Präjudizien vorzuweisen hat[2181]. Die *Nuisance* wiederum greift auch ohne eine „Gefahrenquelle" im Sinne der *Rule*, da sie statt „Gefährlichkeit" eher die „Unangemessenheit" einer Störung prüft[2182]. Auch ist die *Nuisance* im Rahmen des *Escape* bedeutend weniger streng als *Rylands*[2183]. Ferner unterliegt die *Nuisance*, sobald sie zum Ausgleich von Schäden herangezogen wird, einem stärkeren Einfluss von Verschuldenselementen als *Rylands*[2184]. Schließlich bestehen auch zwischen den Instrumenten *Non-Natural Use* (*Rylands*) und *Unreasonable User* (*Nuisance*) erhebliche Diskrepanzen[2185]. In der Gesamtschau ergeben daher die Präjudizien das Bild

---

2180 Vgl. dazu oben E.V.2.

2181 Vgl. oben E.V.2.a.aa.

2182 Während der *Nuisance* bereits eine Geruchsbelästigung durch Fabrikdämpfe ausreicht, würde *Rylands* für eine Haftung erst deren Giftigkeit genügen; vgl. oben E.V.2.a.bb.

2183 Im Gegensatz zu der *Rule*, welche als *Escape* nur die nachteilige Einwirkung einer Gefahren- bzw. Schadensquelle auf den Herrschaftsbereich des Geschädigten erfasst, greift die *Nuisance* auch dann, wenn lediglich eine vorteilhafte Einwirkung auf das Land des Nachbarn (etwa den Lichteinfall durch ein schattenspendendes Nachbargebäude) verhindert wird; vgl. dazu oben E.V.2.a.cc.

2184 Gerade in der Fallgruppe einmaliger Schadensereignisse fordert die *Nuisance*, dass der Schädiger das Ausgreifen eines *Dangerous State of Affairs* seines Landes durch nachlässige Erfüllung seiner Sicherungspflichten ermöglicht hat, während *Rylands* trotz sorgfältigster Absicherungsmaßnahmen greift. Zugleich prüft die *Nuisance*, ob dem Störer auch eine seinen Nachbarn weniger beeinträchtigende Grundstücksnutzung zumutbar ist, während die *Rule* gegenüber derartigen Kriterien immun ist. Vgl. zum Ganzen oben E.V.2.a.dd.

2185 Während (im Sinne *Justice* Blackburns) die Nutzung der natürlichen Grundstücksressourcen aus der *Rule* herausfällt, gilt dies nicht für die *Nuisance*, solange jenes Verhalten unter Abwägung der nachbarschaftlichen Interessen „angemessen" erscheint. Sogar die extensive *Rylands*-Interpretation des „Gewöhnlichkeitsfilters" weicht von der *Unreasonableness* ab: Einerseits bestimmt sie nämlich die Gewöhnlichkeit eines Verhaltens nicht nur (wie *Nuisance*) in Bezug auf die konkret beteiligten Nachbarn, sondern geht abstrakter auf den allgemeinen räumlichen und zeitlichen Wirkungskontext der Gefahrenquelle ein. Überdies wird bei *Rylands* die (dem Schadensereignis vorgelagerte) Akkumulation der Gefahrenquelle geprüft,

zweier *Torts*, die in ihren Anwendungsvoraussetzungen beträchtliche Unterschiede entwickelt haben.

Schließlich ist in rechtssystematischer Hinsicht zwar das Grundmotiv der *Offshoot Theory* zu begrüßen, die Grenzen der *Nuisance* gegenüber den anderen *Torts* zu schärfen. Dieses Anliegen ist jedoch besser durch das in der vorliegenden Arbeit entwickelte Rechtsfolgenmodell zu erreichen[2186]. Anstatt sich nämlich wie vorangegangene Abgrenzungsmodelle (einschließlich der *Offshoot Theory*) in den einzelnen Tatbestandsvoraussetzungen von *Nuisance*, *Negligence* und *Rylands* zu verlieren, schlägt es vor, die *Nuisance* auf der Rechtsfolgenseite von den übrigen *Torts* abzugrenzen: Während die *Nuisance* hier auf Unterlassungsansprüche *(Injunctions)* beschränkt werden sollte, können Schadensersatzansprüche *Rylands v. Fletcher* (und ggf. *Negligence*) vorbehalten bleiben. Diese Differenzierung führt nicht nur rechtssystematisch zu einer präziseren Trennlinie zwischen *Rylands* und *Nuisance*, ohne hierfür die Eigenständigkeit der *Rule* anzutasten. Gleichzeitig würde dieses Abgrenzungsmodell auch in der Praxis leichter anzuwenden sein und somit – dem vormaligen Grundanliegen Newarks entsprechend[2187] – zu mehr Rechtssicherheit führen.

Aus diesen Gründen darf die *Offshoot Theory* nicht das Fundament von *Rylands v. Fletcher* bilden. Sie ist weder in ihrer rechtshistorischen Herleitung überzeugend, noch steht sie im Einklang mit der Präjudizienlage. Zudem wird ihr rechtssystematisches Ziel, der *Nuisance* präzisere Geltungsgrenzen zu vermitteln, besser über das hier entwickelte Rechtsfolgenmodell erreicht. Die *Offshoot Theory* ist daher im Ergebnis nicht nur unzutreffend, sondern auch unnötig. Für *Rylands* bedeutet dies, dass die *Rule* in ihren Haftungsvoraussetzungen von den engen Fesseln des Grundstücksrechts befreit werden kann.

II. Gefahrenquelle: *Danger Test*

Als zentraler Anwendungsfilter der *Rule* soll die Prüfung einer „Gefahrenquelle" dienen. Bislang ist aber der englischen Judikatur noch keine umfassende und allgemeingültige Definition zu entnehmen[2188]. *Justice* Blackburns Vorgaben

während bei *Nuisance* die (vom eingetretenen Schadensereignis ausgehenden) Auswirkungen der Beeinträchtigung selbst entscheiden. Vgl. dazu eingehend oben E.V.2.a.gg. und F.I.1.b.aa.2.

2186 Vgl. zum Ganzen oben E.V.2.c.

2187 Vgl. Newark: „The Boundaries of Nuisance", (1949) 65 L.Q.R. 480, 480.

2188 Vgl. oben eingangs zu C.I. Dies konnte im Hinblick auf die Zerstrittenheit der Lordrichter auch die *Transco*-Entscheidung des *House of Lords* nicht ändern (ein Teil des Gerichts wollte hier die Frage des *Non-Natural Use* berücksichtigen, welche allerdings bereits selbst höchst umstritten war; vgl. dazu oben unter F.IV.2. die Abschnitte a. und b.). Dagegen forderten aus der Perspektive der Legislative bereits die *Law Commission* (vgl. oben D.V) sowie die *Royal Commission* (vgl. D.VIII) eine verbindliche Legaldefinition der „Gefahrenquelle".

konzentrieren sich auf die Formulierung „anything likely to do mischief"[2189]. Auch die nachfolgende Rechtsprechung bietet lediglich ein Stückwerk aus Einzelmerkmalen in Einzelfallentscheidungen, die sich bestenfalls zu Fallgruppen verdichten lassen[2190]. Mit dem Ziel, die Gerichte durch eine erleichterte Handhabbarkeit der *Rule* zu einer vermehrten Anwendung zu ermutigen, soll daher eine zusammenführende Definition vorgeschlagen werden. Auch insofern gilt es natürlich, dem Leitbild einer möglichst weit „gedehnten" *Rule* zu folgen. Im Ergebnis wird ein Ausblick auf Anwendungsgebiete gerichtet, in denen *Rylands* anhand des hier entwickelten *Danger Test* sein Potential entfalten können würde.

1. Begriff

Die Bezeichnung als „Gefahrenquelle" folgt dem Anliegen, die „Dehnung" der *Rule* auch durch eine möglichst offene Terminologie zu unterstützen. Zugleich muss aber auch hier der Anspruch gelten, jede Begrifflichkeit und jede inhaltliche Nuance anhand der Präjudizienlage zu belegen. Demgemäß kann der Terminus „source of danger"[2191] in einer Reihe von Entscheidungen nachgewiesen werden. Auch in *Justice* Blackburns Leitentscheidung findet sich mit „something dangerous"[2192] eine vergleichbare Formulierung. Zuletzt wurde der Begriff der „Gefahrenquelle" sogar von Lord Bingham in die *Transco*-Entscheidung des *House of Lords* aufgenommen[2193].

Die Durchführung dieses (ebenfalls der Terminologie aus *Transco* entliehenen[2194]) *Danger Test* soll sich auf zwei zentrale Komponenten konzentrieren: Die Beschaffenheit der Gefahrenquelle einerseits und die Bemessung ihrer Gefährlichkeit andererseits.

Im Rahmen der Beschaffenheit kommen sowohl körperliche Gegenstände[2195] als auch unkörperliche Gefahrenquellen in Betracht. Erstere sind bereits bei Blackburn J.[2196] aufgeführt und durch die spätere Rechtsprechung[2197] regelmäßig bestätigt worden. Unerheblich ist dabei der Aggregatzustand, in dem sich der Gegenstand

2189 Blackburn J. in *Fletcher v. Rylands*, a. a. O., S. 279.

2190 Vgl. oben C.I.1.

2191 Vgl. Singleton L.J. in *Prosser v. Levy*, [1955] 3 All E.R. 577, 584; Atkinson J. in *Meakin v. London and North Eastern Railway Co.*, [1943] 1 All E.R. 362, 364; Scrutton L.J. in *Cockburn v. Smith*, [1924] 2 K.B. 119, 133; Lord Parmoor in *Rainham Chemical Works v. Belvedere Fish Guano Co.*, [1921] 2 A.C. 465, 485; Bankes L.J. in *Musgrove v. Pandelis*, [1919] 2 K.B. 43, 48; Lindley L.J. in *Green v. Chelsea Waterworks*, (1894) 70 L.T. 547, 548.

2192 Blackburn J. in *Fletcher v. Rylands*, a. a. O., S. 279.

2193 Vgl. Lord Bingham of Cornhill in *Transco v. Stockport M.B.C.*, [2003] U.K.H.L. 61, [10].

2194 Lord Bingham of Cornhill in *Transco v. Stockport M.B.C.*, a. a. O., [10].

2195 Dies schließt naturgemäß Menschen als „some*thing* dangerous" aus; vgl. dazu oben unter C.I.1.

2196 Vgl. Blackburn J. oben unter B.II.1.a.

2197 Vgl. oben C.I.2.a.

befindet[2198]. Allerdings gibt das Präjudizienmaterial keine Beschränkung auf körperliche Gefahrenquellen her[2199]. Vielmehr birgt schon *Justice* Blackburns Leitentscheidung Indizien dafür, auch unkörperliche Gefahrenquellen zu erfassen[2200].

Der Gefährlichkeitsbegriff soll sich in Anlehnung an das amerikanische *Restatement*[2201] im Zusammenspiel aus außergewöhnlichem Schadensausmaß und Eintrittsrisiko bestimmen. Besonderes Gewicht kommt dabei dem erstgenannten Faktor zu, da die englische Rechtsprechung regelmäßig bewusst[2202] Gefahrenquellen mit besonders hohem Schadenspotential (wie Sprengstoff, Wassermassen oder giftige Chemikalien) unter *Rylands* eingeordnet hat[2203]. Auch *Justice* Blackburns Entscheidung ist als juristische Reaktion auf ihren historischen Kontext schwerer Dammunglücke mit beträchtlichen Verlusten an Sachwerten und sogar Menschenleben zu lesen[2204]. Zugleich verwies aber Blackburn J. bei der Herleitung seiner *Rule* auf die Häufigkeit, mit der einzelne Gefahrenquellen Schäden herbeiführen[2205]. Dieser Gedanke wurde auch später aufgegriffen[2206], sodass er trotz der dominierenden Rolle des Schadensausmaßes nicht außer Acht gelassen werden darf. Bei der Einordnung als Quelle erhöhter Gefahr kann es schließlich dahinstehen, ob

---

2198 Vgl. Blackburn J. unter B.II.1.a. sowie C.I.2.a.

2199 Vgl. nur Vibrationen als Gefahrenquelle (insgesamt dazu oben C.I.1.).

2200 Vgl. Blackburn J. oben B.II.1.a.

2201 Vgl. oben F.III.1.a. Dies allerdings unter Ausschluss des einschränkenden *Common Usage*, da dieser dem Leitbild einer möglichst weit gedehnten *Rule* empfindliche Nachteile zuzufügen imstande ist. Aus dem Blickwinkel der Legislative sahen auch *Law Commission* und *Royal Commission* sowohl Schadensausmaß als auch Eintrittsrisiko als Anwendungsprinzipien verschuldensunabhängiger Haftung an. Deren Vorschläge haben aber die englischen Gerichte nicht in ihre Urteile aufgenommen; vgl. dazu oben D.V. und D.VIII.

2202 So ausdrücklich Scott L.J. in *Hale v. Jennings Brothers*, [1938] 1 All E.R. 579, 584: „[...] that machine was dangerous in the *Rylands v. Fletcher* sense [...] [because if] anything did escape from it, it was bound to [...] cause [...] serious bodily injuries". Auch Lord Hobhouse of Woodborough erklärte es in *Transco v. Stockport M.B.C.* (a. a. O., [55]) zur Grundlage des Anwendungsbereichs der *Rule*, dass der „damage caused may be very serious indeed both in physical and financial terms".

2203 Vgl. dazu oben C.I.1. Ähnlich auch die Herleitung eines „exceptionally high risk" bei Lord Bingham of Cornhill in *Transco v. Stockport M.B.C.*, a. a. O., [10] sowie der Verweis auf Atomkraftwerke bei Lord Walker of Gestingthorpe, a. a. O., [104].

2204 Vgl. oben B.I.1. und B.II.6.a.cc.

2205 Vgl. oben B.II.1.b. Dies insbesondere mit Blick auf den *Cattle Trespass* (das Nachbarland abgrasendem Vieh) bzw. die *Scienter Action* (bei der zwischen häufig gefährlichen – wilden – Tieren gegenüber selten gefährlichen – zahmen – Tiere unterschieden wird).

2206 „[...] cattle frequently browse on the leaves and branches of yew trees within reach, and not unfrequently are poisoned thereby", Kelly C.B. (in Zustimmung zur Tatsachenfeststellung der Vorinstanz) in *Crowhurst v. Amersham Burial Board*, (1878) 4 Ex.D 5, 12.

ihr das Gefahrenpotential selbst inne wohnt oder erst durch den Einfluss externer Faktoren bzw. ihre Nutzung begründet wird[2207].

Gleichzeitig beinhaltet der *Danger Test* ein subjektives Element: Es muss nämlich erkennbar gewesen sein, dass ein erhöhtes Risikopotential besteht. Bereits *Justice* Blackburn hatte in seinem Urteil den Erfahrungsschatz von „our ancestors“[2208] zur Erkennbarkeit der Gefährlichkeit bemüht. Ebenso ist in der Folgejudikatur auf die „common experience of mankind“[2209] zurückgegriffen worden, um die Erkennbarkeit des Risikopotentials einer Gefahrenquelle (auch unabhängig von der tatsächlichen positiven Kenntnis des Schädigers[2210]) zu ermitteln. Entscheidend ist, dass das Risiko allgemein erkennbar, nicht hingegen, dass es allgemein bekannt ist: So reicht es durchaus, dass die Erkennbarkeit eines erhöhten Gefahrenpotentials lediglich auf einer begrenzten Expertenebene gegeben ist[2211]. Im Zweifel obliegt es dem Schädiger, sich durch den Nachweis der Ungefährlichkeit einer Gefahrenquelle zu entlasten[2212], sodass die Gefährlichkeit nicht bereits vor Schadenseintritt zweifelsfrei erwiesen sein muss. Daher kann (vorbehaltlich des Entlastungsbeweises) bereits die Vermutung erhöhten Risikopotentials zu einer „erkennbaren“ Gefahrenquelle führen[2213] – welche wiederum mit dessen Realisierung im Schadenseintritt indiziert[2214] wird.

Zusammengefügt ergeben diese Charakteristika folgende Definition: Eine „Gefahrenquelle“ ist etwas, ob physisches Objekt jedes Aggregatzustands oder aber unkörperlich, dessen (entweder aus sich selbst heraus oder durch seinen Gebrauch entstehende) besondere Gefährlichkeit zu vermuten ist, da hier Eintrittswahrscheinlichkeit bzw. Schadensausmaß besonders hoch sind. Übertragen in die englische Sprache bedeutet dies: „The term ‘source of danger’ means something, whether non-physical or a physical object in any state of matter, which may be assumed to be (either in itself or by its usage) exceptionally dangerous, due to a combination of an exceptionally high risk of damage and the risk of exceptionally serious damage.“

2207 So etwa Havers J. in *Balfour v. Barty-King*, [1956] 2 All E.R. 555, 566 („the blow-lamp was, in the circumstances, an object of the class to which the rule in *Rylands v. Fletcher* applies.“) und Lord Walker of Gestingthorpe in *Transco v. Stockport M.B.C.*, a. a. O., [105] („specially dangerous [...] use of land“). Vgl. dazu auch oben C.I.2.b.

2208 Blackburn J. in *Fletcher v. Rylands*, a. a. O., S. 280 sowie eingehend oben unter C.I.2.d.

2209 Lord Alverstone C.J. in *West v. Bristol Tramways Co.*, [1908] 2 K.B. 14, 21; vgl. eingehender und m. w. N. oben C.I.2.d. sowie F.IV.2.g.

2210 Vgl. oben C.I.2.d.

2211 Vgl. Farwell L.J. in *West v. Bristol Tramways Co.*, [1908] 2 K.B. 14, 25.

2212 Vgl. Lord Alverstone in *West v. Bristol Tramways Co.*, [1908] 2 K.B. 14, 21 sowie oben C.I.2.d.

2213 Inwieweit der konkret eingetretene Schaden bzw. Schädigungsverlauf vorhersehbar (und mit dem hier angelegten Gefährlichkeitsbegriff deckungsgleich) gewesen sein muss, ist hingegen eine Frage der Schadenszurechnung, vgl. dazu oben F.I.1.a. sowie nachfolgend unter G.V.2.

2214 Vgl. zu dieser Möglichkeit auch Fordham: „The Demise of the Rule in *Rylands v. Fletcher*?“, [1995] S.J.L.S. 1, 6.

2. Konkrete Anwendungsgebiete

Dieser Vorschlag einer Definition soll nun Grundlage eines Ausblicks auf solche Gefahrenquellen sein, die unter die strenge Haftung von *Rylands v. Fletcher* gefasst werden können. Dabei gilt es natürlich, den Blick für den Einfluss des *Statutory Law* nicht zu verlieren: Eine Gefahrenquelle, auf die bereits der Gesetzgeber aufmerksam geworden ist, indem er sie einem bindenden Haftungsregime unterworfen hat, gehorcht nicht mehr den Regeln des *Common Law*[2215]. Daher wird es auch in Zukunft nicht möglich sein, die *Rule* auf Flugzeugunglücke in der zivilen Luftfahrt[2216] und Tankerhavarien[2217] anzuwenden. Ebenso besteht eine Barriere für denkbare Anwendungsfälle wie den Betrieb eines Atomkraftwerks[2218] oder explodierende Gas-[2219] bzw. berstende Wasserleitungen[2220]. Auch gefährliche Tierarten unterliegen einer spezialgesetzlichen Haftung[2221]. Die Methodik des englischen Rechts birgt aber auch eine Chance für die *Rule*: Mit dem Vorrang des Gesetzesrechts geht nämlich der Grundsatz einher, dass *Statutes* sehr eng ausgelegt und allein in den explizit geregelten Fällen angewandt werden, sodass Analogien nicht statthaft sind[2222]. Die verbleibenden Lücken füllt das *Common Law* – und mithin auch *Rylands v. Fletcher*.

So beschränkt sich das *Statutory Law* hinsichtlich der Schäden durch Ölverschmutzung darauf, ein eigenes Haftungsregime für Schiffshavarien zu bestimmen[2223]. Dagegen existiert für sog. *Offshore*-Ölbohrplattformen weder eine Gesetzesregelung[2224], noch hat das *Common Law* über Präzendenzentscheidungen

---

2215 Vgl. oben A.II.1.a.

2216 Hier sieht der *Civil Aviation Act 1982* bereits ein eigenständiges, verschuldensunabhängiges Haftungssystem vor; vgl. dazu oben D.IX.

2217 Vgl. zu der hier geltenden, der *Rule* in der Gesamtschau vergleichbar strengen Haftung nach dem *Merchant Shipping Act 1995* oben D.XIV.

2218 Insoweit führt der *Nuclear Installations Act 1965* zu einer eigenständigen, verschuldensunabhängigen Haftung des Betreibers; vgl. dazu oben D.III.

2219 Diese Fallgruppe regelt der *Gas Act 1965*, wonach eine eigenständige, verschuldensunabhängige Haftung des Gasversorgers statuiert ist; vgl. dazu oben D.IV.

2220 Die Bestimmungen von *Water Industry Act 1991* und *Water Resources Act 1991* (vgl. oben D.XIII.) bestimmen eine verschuldensunabhängige Haftung gegenüber privaten Wasserversorgern oder der öffentlichen *Environment Agency*. Allerdings kann *Rylands* gegenüber anderweitigen Betreibern eingreifen (vgl. nur die *Transco*-Fallkonstellation, in der die schadensstiftende Gasleitung durch den Gemeinderat einer Stadt betrieben wurde; dazu oben F.IV.).

2221 Vgl. zum *Animals Act 1971*, der eine verschuldensunabhängige Halterhaftung vorsieht, oben D.VI.

2222 Vgl. A.II.1.a.

2223 Vgl. oben D.XIV.

2224 Die *Convention on Civil Liability for Oil Pollution Damage resulting from Exploration for and Exploitation of Sea-Bed Mineral Resources* von 1977 ist nicht in Kraft getreten, da das erforderliche Quorum an Ratifikationsurkunden nicht erreicht werden konnte; vgl. dazu Churchill/Lowe: „The Law of the Sea", S. 376 f.

die Anwendung von *Rylands* versperrt. Von *Offshore*-Plattformen entweichendes Öl lässt sich mithilfe der vorgeschlagenen Definition einer Gefahrenquelle auch mühelos unter die *Rule* fassen: Öl ist ein physisches Objekt flüssigen Aggregatzustands, das im Falle seines Entweichens dafür bekannt ist, Schäden außergewöhnlichen Ausmaßes (man bedenke nur den Fall der Plattform *Deepwater Horizon* im Golf von Mexiko) zu verursachen. Daher ist die Anwendung der *Rule* in dieser Fallkonstellation möglich[2225].

Denkbar ist auch die Anwendung der *Rule* auf Viren. Praktische Relevanz erhält diese Fallgruppe vor dem Hintergrund der Schäden, die durch den Ausbruch von Tierseuchen wie der BSE-Epidemie (1980er und 1990er Jahre), der Maul- und Klauenseuche (2001) bis hin zur sog. „Vogelgrippe" (2005) nicht zuletzt in wirtschaftlicher Hinsicht entstanden sind: So kann die Infektion bereits einzelner Nutztiere eines Bauern dazu führen, dass der Geschädigte zur (ggf. präventiven) Tötung seines gesamten Viehbestands gezwungen ist. Zum Ersatz derartiger individueller Schäden sieht das englische Recht weder eine gesetzliche Spezialregelung vor, noch sind Präjudizien ersichtlich, die der Anwendung von *Rylands* entgegenstehen. Zwar wurde die *Rule* in einem Fall abgelehnt, in dem MKS-Viren aus einem Forschungslabor entwichen und den Viehbestand des Klägers infizierten[2226]. In dieser Entscheidung sprach sich aber das Gericht mangels Ersatzfähigkeit des eingeklagten Schadens gegen die *Rule* aus, ohne auf die Einordnung der Viren als Gefahrenquelle

---

Darüber hinaus existiert einzig eine freiwillige Vereinbarung aller Betreiber von Ölbohrplattformen, das *Offshore Pollution Liability Agreement* (OPOL) vom 04.09.1974. Diese hat aber keinen Gesetzescharakter und schließt daher die Geltendmachung von Schadensersatzansprüchen außerhalb der Vereinbarung nicht aus. Die Vereinbarung betrifft alle Schäden, die unmittelbare Folge des Entweichens von Öl aus einer Ölbohrplattform sind (vgl. OPOL, *Clause* IV.A i. V. m. I.2, I.3, I.5, I.6, I.9, I.12, I.13). In diesem Falle können Geschädigte gegenüber dem Verursacher Schadensersatz fordern, ohne dessen Verschulden nachweisen zu müssen (vgl. OPOL, *clauses* IV.A und IV.B). Allerdings ist die Haftung der Betreiber gegenüber der Gesamtheit der durch einen einzelnen Vorfall Geschädigten auf maximal 120.000.000 $ begrenzt (vgl. OPOL, *Clause* IV.A). Daher ist Ersatz für Schäden, die diese Höchstsumme übersteigen, nur unabhängig von der Vereinbarung nach dem *Common Law* zu erlangen.

2225 Die Erfüllung der weiteren Haftungsvoraussetzungen der *Rule* muss dem Einzelfall vorbehalten bleiben. Insoweit gilt aber, dass die *Rule* nicht auf Fälle beschränkt ist, in denen die Gefahrenquelle von einem Grundstücks zum anderen entweicht (vgl. nachfolgend G.III. und G.IV.). Als Geschädigte kommen insbesondere die Betreiber von verschmutzten Austernbänken in Betracht, jedoch auch Hotelbetriebe hinsichtlich ihrer verschmutzten Strandanlagen (insoweit sogar für die Nutzungsausfälle als auf physischen Schäden basierende Vermögensschäden, vgl. G.V.1.). Zudem ist auch der Ersatz von Personenschäden nicht ausgeschlossen (G.V.1.).

2226 Vgl. *Weller v. Foot and Mouth Disease Research Institute*, [1965] 3 All E.R. 560.

einzugehen. Daher ist diese Fallkonstellation für *Rylands* nicht versperrt[2227]. Zudem ist die eingangs vorgeschlagene Definition auch in der Lage, Viren als *Source of Danger* zu erfassen. Ein Virus ist als Mikroorganismus ein physisches Objekt. Vor dem Hintergrund der bereits angeführten Epidemien wird zudem deutlich, dass entsprechende Krankheitserreger in der Lage sind, massive wirtschaftliche Schäden (und sogar den Verlust von Menschenleben) zu verursachen. Daher kann *Rylands* auch in dieser Fallgruppe greifen.

Eine vergleichbare Fallkonstellation ergibt sich im Hinblick auf das Saatgut genetisch veränderter Pflanzen. Entweichen diese sog. *GMO Seeds* vom Ackerland eines Bauern auf die Felder eines anderen, auf ökologischen Anbau beschränkten Farmers, so verliert dieser den Verkaufsvorteil, seine Ernte als rein „ökologisch“ anpreisen zu können. Das englische *Statutory Law* bietet den geschädigten Personen hier keine passende Anspruchsgrundlage an[2228]. Auch das *Common Law* weist keine Präjudizien auf, nach denen *Rylands* ausgeschlossen wäre[2229]. Mit Blick auf die obige Definition ist die Anwendung der *Rule* aber möglich. Das genetisch veränderte Saatgut weist nämlich ein erkennbar hohes Risikopotential sowie eine feste physische Beschaffenheit auf: Bei Entweichen auf umliegendes Ackerland ist das Saatgut bekanntermaßen in der Lage, sich mit anderem, nicht genetisch verändertem Saatgut zu vermischen. In der Folge entstehen für den Geschädigten auf der gesamten betroffenen Nutzfläche massive wirtschaftliche Einbußen (hauptsächlich in Gestalt eines geringeren Verkaufspreises[2230]).

2227 Skeptisch dagegen (unter Verweis auf das Vorhersehbarkeitserfordernis, welchem jedoch nicht zu folgen ist; vgl. F.I.1. und G.V.2.) Schumacher: „Haftung für Mikroorganismen“, (1995), S. 207.

2228 Vgl. dazu Oliphant: „Economic Loss Caused by GMOs in the United Kingdom: England & Wales“ in Koch (Hrsg.): „Economic Loss Caused by Genetically Modified Organisms“ (2008), S. 514 ff. m. w. N.; Rodgers: „Liability for the Release of GMOs into the Environment: Exploring the Boundaries of Nuisance“, (2003) 62 C.L.J. 371, 373 f.; Lee/Burrell: „Liability for the Escape of GM Seeds: Pursuing the Victim?“, (2002) M.L.R. 517, 527 ff.

2229 Allein ein kanadisches Gericht musste sich bislang mit dieser Fallgruppe befassen, ging dabei aber nicht auf die Frage der „Gefahrenquelle“ ein, sondern lehnte den Anspruch mangels *Escape* ab (Smith J. in *Hoffman v. Monsanto Canada Inc.*, [2005] S.K.Q.B. 225, [96] f.). Daher ist auch hier kein Anhaltspunkt für die Behandlung im englischen Recht zu erkennen. Skeptisch zur möglichen Einordnung von *GMO Seeds* als *Non-Natural Use* nach derzeitigem englischem Recht Cardwell: „The Release of Genetically Modified Organisms into the Environment: Public Concerns and Regulatory Responses“, (2002) 4 Env. L.R. 156, 163 f. sowie Lee/Burrell, a. a. O., 532 f. und Rodgers, a. a. O., 377.

2230 Vgl. dazu Lee/Burrell: „Liability for the Escape of GM Seeds: Pursuing the Victim?“, (2002) M.L.R. 517, 518 f.; Howarth: „Muddying the Waters: Tort Law and the Environment from an English Perspective“, (2002) 41 W.L.J. 469, 477.

Auch auf dem Gebiet des *Cyberlaw* kann *Rylands* sein Potential beweisen[2231]. Die hier denkbaren, vielfältigen Fallgestaltungen[2232] variieren rasant: Sie reichen von der Verbreitung[2233] von Schadprogrammen („PC-Viren“[2234]) über die Durchführung sog. „DDoS“-Attacken[2235] bis zur Freilegung sensibler personenbezogener Informationen aus Datenbanken[2236]. Im Kontext von *Rylands* teilen aber alle

2231 Hier haben sich im englischen *Common Law of Torts* noch keine Strukturen entwickelt. Aus dem Bereich des *Statutory Law* ist einzig der *Computer Misuse Act 1990* ersichtlich, der aber lediglich strafrechtliche Bestimmungen enthält. Beschränkungen einer zivilrechtlichen Haftung gemäß *Common Law* gehen hieraus daher nicht hervor. Vgl. zum Ganzen auch Smith: „Internet Law and Regulation“ (4. Auflage 2007), S. 353 m. w. N.; Klang: „A Critical Look at the Regulation of Computer Viruses“, (2003) 11 I.J.L.I.T. 162, 168 ff.

2232 Vgl. darüber hinaus auch den Überblick bei Hedley: „The Law of Electronic Commerce and the Internet in the UK and Ireland“ (2006), S. 36 ff.

2233 Wird eine Internetverbindung mittels eines ungesicherten drahtlosen Netzwerks oder durch einen PC ohne Virenschutzsoftware unterhalten, so eröffnet dies den Autoren von Schadprogrammen vielfältige Missbrauchsmöglichkeiten: Sie können ihre Identität geschickt verbergen, indem sie die ungesicherten PCs Dritter ohne deren Wissen als „Sprungbrett“ zur Verbreitung der Viren nutzen. Da nun die Autoren selbst kaum noch zu ermitteln sind, rückt die Frage in den Mittelpunkt, inwieweit die Inhaber der unfreiwilligen „Sprungbrett“-Anschlüsse einer Haftung unterliegen. Vgl. zu dieser Fallgruppe auch Smith: „Internet Law and Regulation“ (4. Auflage 2007), S. 355 ff., wobei diese Darstellung aber die Beschaffenheitsfrage der Gefahrenquelle ausklammert. Zudem wird dort beim Haftungsausschluss für *Acts of Strangers* (hier also durch die Autoren der Schadprogramme) übersehen, dass dieser allein auf das *Escape* (vgl. oben C.IV.4.) der Viren vom „Sprungbrett“-System bezogen ist – und hier, wie auch Smith (a. a. O., S. 356) anerkennt, *Rylands* bei schuldhaft mangelhafter Sicherung (vgl. oben C.IV.3.) des PCs gegen Drittzugriffe (etwa durch fehlende Virenschutzprogramme) nicht gesperrt ist. Hingegen ist die *Defence* für *Acts of Strangers* nicht auf die Akkumulation der Schadprogramme auf dem PC bezogen: Die „Schaffung“ einer Gefahrenquelle setzt allein voraus, dass erkennbar war, dass eine solche durch aktives Verhalten des Schädigers entsteht (vgl. dazu nachfolgend G.III.). Diesem Erfordernis genügt es, wenn der Schädiger mittels eines ungesicherten PCs bzw. Internetanschlusses kontaminierte E-Mails oder Internetseiten abruft, da er damit aktiv Daten akkumuliert und erkennbar ist, dass solche auch von Viren – also *Sources of Danger* – befallen sein können.

2234 Vgl. zum Begriff Klang: „A Critical Look at the Regulation of Computer Viruses“, (2003) 11 I.J.L.I.T. 162, 163 ff.

2235 Hier wird eine Vielzahl von Anschlüssen derart manipuliert, dass von dort gleichzeitig eine bestimmte Internetseite angewählt wird. Sobald deren Zugriffskapazität erschöpft ist, kann die betreffende Seite nicht mehr erreicht werden; vgl. zu diesem Phänomen eingehend Connolly: „Law of Internet Security and Privacy“ (2004), S. 45 ff. und 53 ff. m. w. N.

2236 Vgl. zu dieser Fallgruppe die (auf die Vergleichbarkeit der Entstehungsgeschichte der *Rule* zum heutigen *Cyberage* bezogene) Untersuchung von Citron: „Reservoirs of Danger: The Evolution of Public and Private Law at the Dawn of the Information

Cyberlaw-Sachverhalte die identische Ausgangsproblematik, ob auch „Daten“ als Gefahrenquelle im Sinne der *Rule* subsumiert werden können. Über die Feststellung des offensichtlich immensen wirtschaftlichen Gefahrenpotentials[2237] hinaus verdichtet sich die Subsumtionsproblematik insoweit auf die Beschaffenheitsfrage: Sollten allein körperliche Objekte die Haftung auslösen können, versperrt dies den Zugang der *Rule* zum *Cyberlaw*, da Daten gerade keine physische Beschaffenheit aufweisen. Hier kommt aber zum Tragen, dass es – mangels entgegenstehender späterer Präjudizien[2238] – gerade *Justice* Blackburns Leitentscheidung[2239] gestattet, auch unkörperliche Gefahrenquellen unter die *Rule* zu fassen. Daher ist es auch möglich, *Rylands* im *Cyberlaw* anzuwenden.

III. Verantwortungsbereich des Schädigers: Schaffung der Gefahrenquelle

Nachdem der Begriff der „Gefahrenquelle“ die Reichweite der *Rule* offenbart hat, gilt es nun zu klären, unter welchen Voraussetzungen diese dem Verantwortungsbereich eines Schädigers zugeordnet werden soll. Dabei ist bedeutsam, wie die Gefahrenquelle entsteht, wo sie sich befindet und welchen Beitrag der Schädiger hierzu leisten muss.

Das Erfordernis, dass die Gefahrenquelle künstlich neu „entstehen“ muss, geht auf *Justice* Blackburn zurück. Er betonte, dass der Schädiger nur für „something [...] which was not naturally there“[2240] haften solle. In der Folge hat die Rechtsprechung die Nutzung der natürlichen Ressourcen eines Grundstücks von der *Rule* ausgenommen[2241]. Unter diesem Blickwinkel ist auch *Justice* Blackburns Erfordernis eines Akkumulationsvorgangs („verbracht, dort angesammelt und behalten“[2242]) zu verstehen: Der Schädiger muss haften, falls es sich nicht um eine natürlich vorhandene, sondern um eine künstlich geschaffene Gefahrenquelle handelt. Zugleich birgt diese „Akkumulation“ auch den ursprünglichen Sinn des *Non-Natural Use*, nämlich,

---

Age“, [2007] 80 S.C.L.R. 241. Hier wird argumentiert, dass Datenbanken voller sensibler Informationen (wie etwa Bankverbindungen) als „Datenpool“ dem Wasserreservoir des Mr. Rylands gleichen: Entweichen diese Daten nämlich unkontrolliert in das Internet, so hat dies für die Betroffenen – insbesondere im Falle missbräuchlichen Zugriffs Dritter – immense wirtschaftliche Risiken zur Folge.

2237 Vgl. dazu Colombell: „The Legislative Response to the Evolution of Computer Viruses“, (2002) 8 R.J.L.T. 18, 18 ff.; Hedley, a. a. O., S. 36; Smith, a. a. O., S. 353; Citron, a. a. O., 246 ff. und 295 ff.

2238 Vgl. oben C.I.1. (und dort nicht zuletzt die Erfassung von Vibrationen als Gefahrenquelle).

2239 Vgl. oben unter B.II.1.a.

2240 Blackburn J. in *Fletcher v. Rylands*, a. a. O., S. 280; vgl. zum Ganzen oben B.II.2.a.

2241 Vgl. oben C.II.2.

2242 „the person who [...] brings on his lands and collects and keeps there [...]“, Blackburn J., a. a. O., S. 279.

dass die *Rule* nicht die Nutzung natürlich vorhandener, sondern allein künstlich geschaffener Gefahrenquellen sanktioniert[2243].

Ferner muss sich die Gefahrenquelle im Herrschaftsbereich des Schädigers befinden. Notwendig ist also, dass es gerade der Schädiger ist, der die tatsächliche Kontrolle über den Standort der Gefahrenquelle ausübt. Als solchen benannte *Justice* Blackburn bei der Formulierung seiner *Rule* ausdrücklich Grundstücke[2244]. Dies ist aber dem Umstand geschuldet, dass der ursprüngliche Sachverhalt von *Fletcher v. Rylands* Grundstücke betraf[2245]. Eine Beschränkung auf diese Fallkonstellation lässt sich *Justice* Blackburns Entscheidung hingegen nicht entnehmen, im Gegenteil stützte sich Blackburn J. bei der Erläuterung seiner *Rule* entscheidend auf die (grundstücksunabhängige) Tierhalterhaftung nach der *Scienter Action*[2246]. Zwar spricht aus einigen durch die *Offshoot Theory*[2247] geprägten *Dicta*[2248] das Bestreben, doch eine solche Beschränkung auf Grundstücke als Akkumulationsort herbeizuführen. Dem stehen aber nicht nur die Ausführungen *Justice* Blackburns entgegen, sondern auch die Präjudizienlage: Es ist keine einzige Entscheidung ersichtlich, in der *Rylands* mangels Grundstücksbezugs des Akkumulationsorts abgelehnt worden wäre[2249]. Im Gegenteil liegen bindende Präjudizien vor, in denen die *Rule* auf Gefahrenquellen in öffentlichen Parks, Straßen- und Schienenwegen oder Flüssen angewendet wurde[2250]. Selbst die wiederholt zugunsten der *Offshoot Theory* angeführte *Read*-Entscheidung[2251] des *House of Lords* hat die Anwendung der *Rule* auf Fälle ohne Grundstücksbezug offen gelassen[2252], indem lediglich ein „container“[2253] bzw. „place […] which the defendant has control over“[2254] gefordert wurde.

Hieran anknüpfend ist zudem die tatsächliche Herrschaftsgewalt über den Akkumulationsort von zentraler Bedeutung. Dagegen ist die rechtliche Zuordnung des Herrschaftsbereichs nicht entscheidend. Keineswegs ist daher erforderlich, dass der Schädiger *Owner* des Akkumulationsorts ist. Dies zeigt sich bereits daran, dass

2243 Vgl. B.III. und C.VI.2.a.
2244 Vgl. oben B.II.2.d. und B.II.3.a.
2245 Vgl. dazu B.I.2.
2246 Vgl. B.II.3.a.
2247 Vgl. unter E.V.2.b.
2248 Vgl. C.III.4.a. sowie F.I.1.b.aa. und F.IV.2.d.
2249 Vgl. oben B.II.2.d. und B.II.3.a.
2250 Vgl. dazu B.II.3.a. Besonders plastisch eine jüngere Entscheidung, in der das Gericht (wenngleich lediglich in einem *Obiter Dictum*) feststellte, dass „I can see no difference in principle between allowing a man-eating tiger to escape from your land onto that of another and allowing it to escape from the back of your wagon parked on the highway“, Taylor J. in *Rigby v. Chief Constable of Northwestonshire*, [1985] 2 All E.R. 985, 996.
2251 *Read v. J. Lyons & Co. Ltd.*, [1946] 2 All E.R. 471.
2252 Lediglich zwei *Obiter Dicta* präferierten eine explizite Einschränkung auf Grundstücksfälle; vgl. dazu oben C.III.4.a.
2253 Lord Porter in *Read v. J. Lyons & Co. Ltd.*, [1946] 2 All E.R. 471, 479.
2254 Visount Simon L.C. in *Read v. J. Lyons & Co. Ltd.*, [1946] 2 All E.R. 471, 474.

in *Justice* Blackburns ursprünglichem Sachverhalt der Standort des Reservoirs zu den Ländereien Lord Wiltons (und nicht Mr. Rylands') gehörte[2255]. Auch die spätere Rechtsprechung hat es stets genügen lassen, dass der Schädiger die tatsächliche Herrschaftsgewalt über den Ort ausübt, an dem sich die Gefahrenquelle befindet[2256].

Schließlich ist notwendig, dass der Schädiger einen Beitrag zur Entstehung der Gefahrenquelle leistet. Dies deutet bereits *Justice* Blackburns Umschreibung des Akkumulationsvorgangs an, wonach der Schädiger die Gefahrenquelle auf sein Land „verbracht und dort angesammelt und behalten"[2257] bzw. (gemäß seiner Folgeentscheidung) „genutzt"[2258] hatte. Auch die Veranlassung Dritter (insbesondere *Independent Contractors*[2259]) zur Schaffung der Gefahrenquelle ist insofern ein ausreichender Verursachungsbeitrag[2260]. Entscheidend ist somit, dass das Bestehen einer Gefahrenquelle auf ein aktives[2261] Verhalten des Schädigers zurückzuführen ist[2262]. Allerdings muss er diesen Verursachungsbeitrag nicht vorsätzlich leisten[2263]. Es genügt vielmehr, dass erkennbar war, dass er durch sein aktives Verhalten eine Quelle erhöhter Gefahr schafft – „the creation of recognisable risk"[2264].

Daher kann festgehalten werden, dass ein Schädiger nach der *Rule* haftet, falls erkennbar war, dass durch sein Verhalten eine Gefahrenquelle in seinem Herrschaftsbereich geschaffen wird.

2255 Vgl. B.I.2. und B.II.2.d.

2256 Allerdings muss diese tatsächliche Sachherrschaft auf Grundlage einer Genehmigung des Berechtigten ausgeübt werden; vgl. insgesamt oben C.II.3.

2257 Blackburn J. sah (a. a. O., S. 279) eine Haftung seitens „the person who [...] brings on his lands and collects and keeps there [...]". An der Kumulativität dieser Handlungen hielt aber selbst *Justice* Blackburn nicht fest; vgl. oben C.II.1.

2258 „when a man brings or uses [a source of danger]", Blackburn J. in *Jones v. The Festiniog Railway Company*, (1868) L.R. 3 Q.B. 733, 736.

2259 Vgl. oben B.II.2.c.

2260 In diesem Falle ist nach den *Dicta* aus *Rainham Chemical Works v. Belvedere Fish Guano* ([1921] 2 A.C. 465, 476, 489) nicht einmal die tatsächliche Kontrolle über den Akkumulationsort notwendig; vgl. dazu oben C.II.3.

2261 Den Gegensatz passiven bzw. unterlassenden Verhaltens würden hier wiederum die natürlichen Grundstücksressourcen einnehmen, da diese nicht aktiv durch den Schädiger akkumuliert wurden.

2262 Insoweit kann Lord Hobhouse of Woodboroughs Ausführungen in *Transco v. Stockport M.B.C.*, [2003] U.K.H.L. 61, [63] durchaus zugestimmt werden; vgl. dazu oben F.IV.2.c.

2263 Hierfür besteht keine Präjudiziengrundlage. Allenfalls Lord Walker of Gestingthorpe sprach in einem *Obiter Dictum* zur *Transco*-Entscheidung von „deliberate human design" (a. a. O., [103]). Dem entgegen steht aber die Entscheidung *Humphries v. Cousins*, (1877) C.P.D. 239, in der Denman J. klarstellte, dass der Schädiger „independent of his knowledge or ignorance of the existence [of the source of danger]" nach *Rylands* hafte (a. a. O., S. 245).

2264 So ausdrücklich Lord Hobhouse of Woodborough in *Transco v. Stockport M.B.C.*, a. a. O., [64].

IV. Entfaltung des Gefahrenpotentials: *Escape*

Darüber hinaus setzt die *Rule* voraus, dass die Gefahrenquelle durch *Escape* freigesetzt wurde. Von überragender Bedeutung ist, dass an dieses Haftungsmerkmal keinerlei subjektive Komponenten geknüpft sind: Die Freisetzung der Gefahrenquelle muss also nicht vorhersehbar gewesen und erst recht nicht vorsätzlich herbeigeführt worden sein. Als Grundpfeiler einer verschuldensunabhängigen *Rule* ist diese bereits bei *Justice* Blackburn[2265] betonte Feststellung auch unlängst in der *Transco*-Entscheidung[2266] nicht angetastet worden. Zugleich offenbart sich damit das Haftungsprinzip von *Rylands v. Fletcher*: Während die (aktive) „Schaffung" einer Gefahrenquelle erkennbar sein muss, löst die „Entfaltung" ihres Risikopotentials auch dann eine Haftung aus, wenn diese ohne Mitwirkung[2267] des Schädigers unvorhersehbar eintritt, sodass ihn insoweit kein Verschulden treffen muss[2268].

Auf dieser Grundlage gilt es nun, die Voraussetzungen für *Escape* zu spezifizieren. In *Justice* Blackburns Leitentscheidung findet sich dazu die Formulierung „escape out of his lands"[2269]. Die jüngste höchstrichterliche Stellungnahme in der *Transco*-Entscheidung betonte überdies, dass (gestützt auf die *Offshoot Theory*) „the rule does not come into play unless there has been an escape from the defendant's land"[2270]. Beiden Formulierungen ist gemein, dass sie die Entfaltung des Risikopotentials mit Sachverhalten verknüpfen, in denen eine Gefahrenquelle von einem Grundstück zum anderen entweicht.

Zwar kann die *Rule* in dieser Konstellation tatsächlich greifen; allerdings ist sie nicht auf Fälle mit Grundstücksbezug begrenzt. Wie bereits dargelegt[2271], bietet nämlich die systematische Argumentation nach der *Offshoot Theory* keine überzeugende Grundlage zur Beschränkung der *Rule* allein auf das Grundstücksrecht. Gleiches gilt auch für Newarks Ansatz, die *Rule* auf einmalig eintretende gegenüber dauerhaft wirkenden Schadensereignissen zu beschränken[2272]. In rechtshistorischer Hinsicht enthält *Justice* Blackburns eingangs wiedergegebene Formulierung – im Gegensatz

2265 Vgl. oben B.II.4.

2266 Vgl. F.IV.2.d. und F.IV.2.g.

2267 Vgl. unter C.III.2.

2268 Vgl. insoweit auch Lord Hobhouse of Woodborough in *Transco v. Stockport M.B.C.*, a. a. O., [64]: „It is thus the creation of a recognisable risk [...] which is an essential constituent of the tort and the liability of the defendant. But, once such a risk has been created, the liability for [...] failure to control and confine it is strict.".

2269 Blackburn J. in *Fletcher v. Rylands*, a. a. O., S. 279.

2270 Lord Scott of Foscote in *Transco v. Stockport M.B.C.*, a. a. O., [76].

2271 Vgl. zusammenfassend oben G.I.

2272 Dieser konnte sich in der Rechtsprechung nicht durchsetzen; vgl. E.V.2.b. Selbst Newarks Anhänger Lord Goff sah sich nicht imstande, diesen Ansatz aufrecht zu erhalten; vgl. Lord Goff of Chieveley in *Cambridge Water v. Eastern Counties Leather*, [1994] 1 All E.R. 53, 76.

zur Wortwahl in der *Rule* selbst[2273] – zwar tatsächlich einen Grundstücksbezug. Allerdings ist dies allein auf die Umstände des damaligen Sachverhalts zurückzuführen[2274]. Hingegen enthält die Leitentscheidung weder eine Aussage darüber, dass die *Rule* allein auf Grundstücksfälle beschränkt bleiben soll, noch sah sich *Justice* Blackburn imstande, bei ihrer Herleitung auf *Torts* ohne Grundstücksbezug zu verzichten[2275]. Schließlich lässt es auch die Präjudizienlage nicht zu, die *Rule* auf *Escapes* zwischen Grundstücken zu begrenzen: Es liegt nämlich – abgesehen von *Dicta*[2276] – kein bindendes Präjudiz vor, das die *Rule* wegen eines fehlenden Grundstücksbezugs ausgeschlossen hat. Im Gegenteil lässt sich eine Reihe von Entscheidungen anführen, in denen *Rylands* ohne erkennbaren Grundstücksbezug angewendet worden ist[2277].

Zwar belegen diese Gründe, dass die *Rule* nicht vollends auf Fälle eingeengt werden kann, in denen die Gefahrenquelle von einem Grundstück auf das andere entweicht. Gleichwohl bietet sich eine Möglichkeit, die in dieser Frage scheinbar so gegensätzlichen (insbesondere in *Read v. Lyons*[2278] gegenüber *Shiffman v. St. John*[2279] vertretenen) Positionen einander anzunähern, ohne dabei die *Rule* entscheidend zu schwächen. Diese „Brücke" schlägt das *Statutory Law* mit dem *Occupiers' Liability Act 1957*. Die bindende *Ratio* aus *Read* besagt nämlich lediglich, dass die strikte *Rule* zugunsten der Verschuldenshaftung ausgeschlossen ist, falls die Schadenswirkung der Gefahrenquelle auf das Grundstück des Schädigers beschränkt bleibt[2280]. Genau diesen Fall regelt auch der (zur Zeit von *Read* noch nicht geltende) *Act*: Darin hat der Gesetzgeber festgelegt, dass in Schadensfällen, die innerhalb der Grundstücksgrenzen des Schädigers eintreten, allein die Verschuldenshaftung regiert[2281]. Diese

2273 Hier hieß es lediglich „if it escapes", was nur mittelbar mit dem ersten Halbsatz „the person who […] brings on his lands" (a. a. O., S. 279) verbunden ist.

2274 Hier hatte Blackburn J. mit seiner Aussage lediglich den Umstand berücksichtigt, dass in der Tat eine Gefahrenquelle von Mr. Rylands' Land auf dasjenige Mr. Fletchers entwichen war; vgl. dazu B.II.3.a. und B.I.2.

2275 Vgl. dazu B.II.3.a.

2276 Vgl. C.III.4.a. sowie F.I.1.b.aa. und F.IV.2.d.

2277 Vgl. Zum Ganzen oben C.III.3.

2278 *Read v. J. Lyons & Co. Ltd.*, [1946] 2 All E.R. 471; vgl. dazu oben C.III.4.

2279 *Shiffman v. The Grand Priory in the British Realm of the Venerable Order of the Hospital of St. John of Jerusalem*, [1936] 1 All E.R. 557; vgl. dazu oben C.III.3.

2280 Vgl. oben C.III.4.

2281 Vgl. oben D.X. Der *Act* gilt für sämtliche räumlichen Herrschaftsbereiche, weshalb er neben Grundstücken beispielsweise auch Schäden innerhalb von Fahrzeugen erfasst. Entscheidend ist, dass der *Act* die Haftung „innerhalb" der Grenzen eines solchen Herrschaftsbereichs (nach Verschuldensmaßstäben) regelt. Folglich lassen sich die nachfolgenden Ausführungen (zur verschuldensunabhängigen Haftung) auch auf Fälle übertragen, in denen ein Schaden „außerhalb" der im *Act* behandelten Herrschaftsbereiche eintritt. Da jedoch gleichwohl im Regelfall Grundstücke betroffen sind, sollen diese nachfolgend stellvertretend für die sonstigen Anwendungsgebiete des *Act* stehen.

Aussage wiederum ist auch mit *Shiffman* vereinbar, da dort eine Gefahrenquelle ihr Risikopotential nicht innerhalb der Grundstücksgrenzen des Schädigers entfaltet hatte, sondern in einem öffentlichen Park[2282]. Für die *Rule* bedeutet dies auch keine zusätzliche Verengung ihres Anwendungsbereichs, da sie als Teil des *Common Law* ohnehin an die Festlegungen des *Act* gebunden ist[2283]. In der Folge ist zwar daran festzuhalten, dass *Rylands* auch ohne einen Grundstücksbezug greifen kann. Liegt ein solcher aber vor, so wird *Escape* gleichsam zu einem „negativen" Tatbestandsmerkmal der *Rule*, das ihr die Anwendung verwehrt, falls der Schaden auf dem Grundstück des Schädigers eintritt.

Dies leitet zu der Frage über, ob *Escape* überhaupt (unabhängig von der Grundstücksfrage) eine räumliche Komponente im Sinne einer Ortsveränderung beinhalten soll, oder ob es ausreicht, dass die Gefahrenquelle „aus der Kontrolle" des Schädigers entweicht. Auch hier stehen sich wiederum die *Dicta*[2284] aus *Read* und *Shiffman* gegenüber: Großzügig hielt *Shiffman* die *Rule* für anwendbar, obgleich dort ein Flaggenmast schlicht niedergefallen war, ohne seinen Standort weiter zu verändern[2285]. Entgegen dieses (dem US-*Restatement* ähnlichen[2286]) Ansatzes schränkte die *Read*-Entscheidung ein, dass „[escape] means, not preventing an explosive substance from exploding, but preventing a thing [...] from escaping from the area which the defendant occupies or controls"[2287].

Auch hier ergibt sich aber eine sachgerechte Lösung, falls man dem *Dictum* aus *Read* seine vorgebliche Schärfe nimmt. Ansatzpunkt ist die dort von Viscount Simon entwickelte, bis heute verbreitete[2288] Definition für *Escape*, wonach diese „means escape from a place which the defendant has occupation of, or control over, to a place which is outside his occupation or control"[2289]. Der angesprochene Begriff „place" ist durchaus dehnbar, denn er kann als jedweder „Ort" interpretiert werden,

2282 Aus diesem wiederum war sie freilich nicht „entwichen", wobei eingeräumt werden muss, dass auch die Ausführungen in dieser Entscheidung in einem *Obiter Dictum* erfolgten; vgl. zum Ganzen oben C.III.3.

2283 Dies liegt darin begründet, dass das *Statutory Law* in der Normenhierarchie formal über dem *Common Law* steht; vgl. A.II.1.a.

2284 Die entscheidungserhebliche *Ratio* von *Read* beschränkte sich wie gezeigt darauf, Schadensereignisse von der *Rule* auszuschließen, die innerhalb der Grundstücksgrenzen eintreten. Bei *Shiffman* handelt es sich ebenfalls um ein *Dictum*, da *Justice* Aktkinson hier (obgleich er *Rylands* ausdrücklich für einschlägig hielt) die Begründung seiner Klagestattgabe in präjudizieller Hinsicht lediglich auf *Negligence* stützte; vgl. Atkinson J. in *Shiffman v. St. John*, a. a. O., S. 562.

2285 Der Flaggenmast war im Londoner Hyde Park errichtet worden und fiel, ohne dabei die Parkanlage oder einen anderweitig abgrenzbaren Herrschaftsbereich zu verlassen; vgl. *Shiffman v. St. John*, a. a. O., S. 557 f.

2286 Vgl. dazu F.III.2.

2287 Viscount Simon L.C. in *Read v. J. Lyons & Co. Ltd.*, a. a. O., S. 474.

2288 Vgl. Lord Scott of Foscote in *Transco v. Stockport M.B.C.*, a. a. O., [76] sowie Murphy in „Street on Torts" (12. Auflage 2007), S. 476.

2289 Viscount Simon L.C., a. a. O., S. 474.

der einen abgrenzbaren Bereich bildet. Dadurch ergeben sich für die *Rule* breite Anwendungsgebiete, da sie (abgesehen vom Schädigergrundstück) unabhängig davon greifen kann, wo sich die Gefahrenquelle befindet – solange sie nur an ihrem Standort in einem abgrenzbaren Herrschaftsbereich des Schädigers umschlossen ist. Ein derartiger Herrschaftsbereich ist ein Schiff zu Wasser ebenso wie ein Lieferwagen auf öffentlichem Straßenland und eine Öl-Pipeline im Meer, der Speicher eines PCs oder sogar ein Reagenzglas[2290], in dem Wissenschaftler eine Probe unbekannter Viren aus ihrem Institut tragen.

Zwar lässt diese Auslegung eine Lücke für Fälle, in denen kein derart abgrenzbarer Herrschaftsbereich auszumachen ist. Allerdings besteht dort kein Bedürfnis nach der strengen Haftung der *Rule*, da solche Konstellationen, in denen der Schädiger die Gefahrenquelle nicht einmal in einem abgrenzbaren Herrschaftsbereich sichert, mühelos durch *Negligence* zu erfassen sind. Dieser Ansatz lässt sich vollkommen mit der *Shiffman*-Entscheidung vereinbaren, wo der ohne hinreichende Absperrung frei zugängliche Flaggenmast letztlich eine Haftung nach *Negligence* gerade deshalb auslöste, weil „wholly insufficient steps were taken to protect it"[2291].

Damit ist es nun möglich, die Haftungsvoraussetzung *Escape* zu fassen. Sie ermöglicht eine Haftung unabhängig von aktiven oder schuldhaften Verursachungsbeiträgen des Schädigers, falls die Gefahrenquelle aus dessen abgrenzbarem Herrschaftsbereich entweicht und an einem Ort außerhalb seiner Grundstücksgrenzen einen Schaden verursacht.

V. Schaden

Bei der Schadensprüfung gehen die englischen Zivilgerichte in zwei Schritten vor[2292]. Zunächst ist zu bestimmen, welche Schadenstypen unter der *Rule* ersatzfähig sind. Ferner muss geklärt werden, inwiefern der eingetretene Schaden der Pflichtverletzung des Schädigers zuzurechnen ist.

1. Schadenstypus

Gesichert ist, dass *Rylands* einen Ersatzanspruch für Schäden an körperlichen Gegenständen sowie an Grundstücken darstellt. Dies geht bereits aus *Justice* Blackburns Leitentscheidung hervor[2293] und ist auch von der nachfolgenden Rechtsprechung ohne Bedenken fortgeführt worden[2294].

Auch der Ersatz von Vermögensschäden ist nach *Rylands v. Fletcher* möglich. Dies zeigt bereits *Justice* Blackburns Leitentscheidung, in der dem geschädigten

2290 In *Read v. Lyons* sprach Lord Porter (a. a. O., S. 479) einen „container" sogar explizit an.
2291 Atkinson J. in *Shiffman v. St. John*, a. a. O., S. 560.
2292 Vgl. oben B.II.6.
2293 Vgl. B.II.6.a.aa.
2294 Vgl. oben C.V.1.

Mr. Fletcher Schadensersatz für den Gewinn zugesprochen wurde, der ihm nach Flutung seiner Mine entgangen war[2295]. Hingegen sind „reine" Vermögensschäden nicht als ersatzfähig angesehen worden, da hier eine hinreichend direkte Verbindung zum Entweichen der Gefahrenquelle fehlt[2296]. Auch *Justice* Blackburn bestätigte in einer seiner späteren Entscheidungen, dass statt reiner Vermögensschäden nur „direct consequences of wrongful acts"[2297] nach der *Rule* eingeklagt werden könnten.

Dagegen lässt die Rechtslage insbesondere bei Personenschäden derartige Klarheit vermissen. In der Frage der Personenschäden ist aber eine großzügige Auslegung der *Rule* möglich. Zwar liegen einige *Obiter Dicta* vor, in denen die Ersatzfähigkeit abgelehnt wurde[2298]. Allerdings sind diese nicht bindend. Hingegen liegt zugunsten der Erfassung von Personenschäden (neben einer Vielzahl an ebenfalls nicht zwingenden *Dicta*[2299]) ein bindendes Präjudizurteil des *Court of Appeal* vor[2300]. Ferner legen es die Vorgaben des *Human Rights Act 1998* nahe, Personenschäden nach der *Rule* zu ersetzen[2301]. Zudem ist die rechtssystematische Argumentation der *Offshoot Theory*, den unter *Nuisance* gültigen Ausschluss von Personenschäden auf *Rylands* zu übertragen, nicht überzeugend, da eine derartige Wesensverwandtschaft dieser *Torts* nicht besteht[2302]. Schließlich lässt sich auch *Justice* Blackburns Urteil zugunsten der Ersatzfähigkeit anführen: Nicht zuletzt ist seine Entscheidung in ihrem zeitgeschichtlichen Kontext als juristische Reaktion auf den Verlust von Menschenleben in der damaligen Welle schwerer Dammunglücke zu verstehen[2303]. Zudem sprechen der Wortlaut der *Rule* („all the damage"[2304]) und ihre rechtssystematische Herleitung aus der *Scienter Action* dafür, dass auch Personenschäden unter *Rylands* fallen können[2305].

2. Zurechnung nach dem *Risk Principle*

In der Frage, nach welcher Methode die Schadenszurechnung vorzunehmen ist, hat sich das *House of Lords* in *Cambridge Water*[2306] für den Vorhersehbarkeitsfilter entschieden[2307]. Da diese Grundsatzentscheidung die verbindliche *Ratio* dieses Urteils

2295 Vgl. oben B.II.6.a.bb.
2296 Vgl. dazu C.V.1.b.
2297 So die Wiedergabe der Rechtslage zur Ersatzfähigkeit von reinen Vermögensschäden im *Obiter Dictum Justice* Blackburns in *Cattle v. Stockton Waterworks Co.*, [1874–80] All E.R. Rep. 220, 223.
2298 Vgl. dazu C.V.1.a. und F.IV.2.e.
2299 Vgl. C.V.1.a.
2300 Vgl. *Hale v. Jennings Brothers*, [1938] 1 All E.R. 579.
2301 Vgl. oben D.XV.
2302 Vgl. G.I.
2303 Vgl. oben B.II.6.a.cc.
2304 Blackburn J. in *Fletcher v. Rylands*, a. a. O., S. 279.
2305 Vgl. B.II.6.a.cc.
2306 *Cambridge Water Co. Ltd. v. Eastern Counties Leather plc.*, [1994] 1 All E.R. 53.
2307 Vgl. oben F.I.1.

bildet, welche überdies von der Folgejudikatur nahtlos übernommen wurde[2308], muss anerkannt werden, dass sich der *Foreseeability Test* als verbindliches Zurechnungsmodell in der englischen Rechtsprechung vorerst etabliert hat.

Dies bedeutet aber keineswegs, dass der derzeit herrschende Vorhersehbarkeitsfilter gänzlich unerschütterlich ist und widerstandslos hingenommen werden muss. Schließlich war der *Foreseeability Test* vor *Cambridge Water* zwar bei *Negligence*[2309] (und später auch *Nuisance*[2310]) angewendet, *Rylands* aber von Beginn an bewusst von diesem Zurechnungsprinzip ausgenommen worden[2311]. Es überrascht daher nicht, dass (bis zu *Cambridge Water*) die gesamte Präjudizienlage eher gegen eine Übernahme des Vorhersehbarkeitsfilters in die *Rule* gerichtet ist[2312]. Ebenso wenig verfängt die rechtssystematische Argumentation, getreu der *Offshoot Theory* den Gleichlauf von *Rylands* und *Nuisance* auch durch eine gemeinsame Zurechnungsmethode fortzuführen, da die *Offshoot Theory* ihrerseits abzulehnen ist[2313]. Überdies lässt sich auch in *Justice* Blackburns Urteil keine überzeugende rechtshistorische Grundlage für den *Foreseeability Test* finden[2314]. Vielmehr zielte diese Leitentscheidung lediglich auf den damals üblichen – und in der Judikatur bis zu *Cambridge Water* fest etablierten[2315] – *Direct or Natural Consequence Test* als Zurechnungsmethode ab[2316].

Angesichts dieser wechselvollen Entwicklung erscheint es daher nicht vermessen, der obergerichtlichen Rechtsprechung den Vorschlag einer abermaligen Nachjustierung in der Schadenszurechnung zu unterbreiten. Dabei ist es eher unwahrscheinlich, dass die Gerichte zum klassischen *Direct or Natural Consequence Test* zurückkehren werden, da *Cambridge Water* diese Möglichkeit mit seiner Präjudizwirkung versperrt. Der Pfad zu der anvisierten „Dehnung" der *Rule* muss aber nicht zwangsläufig rückwärts zu dem (vor *Cambridge Water* gültigen[2317]) *Direct or Natural Consequence Test* führen, sondern kann auch eine neue Richtung

2308 Vgl. aus dem *House of Lords* die *Transco*-Entscheidung (oben F.IV.2.e.) sowie auch zur untergerichtlichen Judikatur oben F.I.3.

2309 Vgl. E.IV.1.

2310 Vgl. dazu oben E.V.1.d.

2311 Vgl. oben F.I.1.b.cc.2.

2312 Vgl. C.V.2. und F.I.1.b.cc.2.

2313 Vgl. oben F.I.1.b.aa.2.

2314 Vgl. F.I.1.b.bb.2.

2315 Vgl. oben C.V.2. sowie F.I.1.b.cc.2.

2316 Vgl. B.II.6.b.

2317 Sogar noch in der Vorinstanz zu Lord Goffs Urteil wurde dieses Zurechnungsmodell im *Court of Appeal* angewendet. Hier betonte Mann L.J. (in *Cambridge Water Co. Ltd. v. Eastern Counties Leather plc.*, [1993] 5 J.E.L. 173, 176) „the sufficiency for the purpose of establishing liability under the rule in *Rylands v. Fletcher*, of the escaped thing having caused the damage which it did through the operation of ordinary natural processes".

einschlagen. Wegweiser hierfür könnte das *Risk Principle* sein, mittels dessen das US-*Restatement* die Zurechenbarkeit von Schäden prüft[2318].

Grundprinzip dieses *Risk Principle* ist ein Gleichlauf zwischen dem haftungsbegründenden Risiko und dem eingetretenen Schaden: Zurechenbar sind danach solche Schäden, die gerade aus einem erhöhten, die besondere Gefährlichkeit einer *Source of Danger* begründenden[2319] Risikopotential resultieren. Dieser Zurechnungsfilter sondert bloße „Normalfälle" ohne Bezug zum besonderen Risikopotential einer Gefahrenquelle aus und lässt nur solche Schäden passieren, die Ausdruck ihrer besonderen Gefährlichkeit sind[2320]. Dadurch entsteht ein Zurechnungskonzept, welches eng an die Schaffung einer „Quelle erhöhter Gefahr" anknüpft und deren Grundsätze konsequent in die Schadenszurechnung überführt. In der Folge löst eine Gefahrenquelle, die den *Danger Test* passiert, in aller Regel[2321] auch die strenge Haftung der *Rule* aus.

Im Gegensatz zum *Foreseeability Test* greift der Risikofilter dabei nur insoweit auf Vorhersehbarkeitserwägungen zurück, wie diese eine Entsprechung im haftungsbegründenden Risiko haben. Für die *Rule* bedeutet dies, dass zwar die Schaffung einer Gefahrenquelle erkennbar sein muss[2322], aber gerade nicht die Entfaltung ihres Gefahrenpotentials durch „escape of a source of danger"[2323]. Gerade dieses Charakteristikum der *Rule* überträgt der Risikofilter in die Schadenszurechnung, indem er auch dort auf die Vorhersehbarkeit des Schadenseintritts verzichtet.

a) Vorteile

Dies lässt den Risikofilter für *Rylands* geradezu „maßgeschneidert" erscheinen. Die hieraus erwachsenden Vorteile gegenüber dem Vorhersehbarkeitsfilter verdeutlicht ein rechtssystematischer Vergleich mit der *Negligence*. Während nämlich bei der *Rule* die Entfaltung eines Risikopotentials gerade nicht vorhersehbar sein muss, gilt bei *Negligence* – wofür der Vorhersehbarkeitsfilter ursprünglich auch entwickelt wurde[2324] – exakt das Gegenteil: Dort ist die Vorhersehbarkeit eines Schadenseintritts der zentrale Parameter zur Bestimmung jener (auf seine Verhinderung

2318 Vgl. oben F.III.1.b. bzw. F.III.2.b. Aus gesetzgeberischer Sicht hat auch die *Royal Commission* erwogen, gerade die Realisierung der besonderen Risikolage zu sanktionieren; allerdings hat dieser Ansatz – womöglich auch mangels präjudizieller Argumentationsgrundlage im damaligen Kommissionsentwurf – keine Berücksichtigung in der englischen Rechtsprechung gefunden (vgl. zum Ganzen oben D.VIII.).

2319 Vgl. dazu oben G.II.1.

2320 Dies zeigt insbesondere der im *Restatement* beispielhaft diskutierte „Dynamitkistenfalls"; vgl. oben F.III.1.b.

2321 Ausnahme sind (neben den anerkannten *Defences*) nur die angesprochenen „normalen Schadensfälle" ohne Bezug zum besonderen Risikopotential der Gefahrenquelle.

2322 Vgl. G.III.

2323 Vgl. oben G.IV.

2324 Vgl. E.IV.1. und F.I.1.b.cc.2.

gerichteten) Sorgfaltspflichten, deren Verletzung schließlich eine Haftung nach diesem *Tort* begründen[2325]. Folglich ist es nur konsequent, wenn bei *Negligence* in der Schadenszurechnung auf dieselben Erwägungen zurückgegriffen wird; für die Zwecke von *Negligence* ist daher der *Foreseeability Test* überaus geeignet. Der Risikofilter ist hingegen das passgenaue Zurechnungsmodell für *Rylands*, da er dem Umstand Rechnung trägt, dass das haftungsbegründende Risiko der *Rule* gerade keine Vorhersehbarkeit des jeweiligen Schadenseintritts fordert.

Ein weiterer Vorteil zugunsten des *Risk Principle* liegt in seiner Praktikabilität. Das Vorhersehbarkeitsmodell hat im Rahmen von *Negligence* und *Nuisance* zu einer schwer überschaubaren Diversität von Einzelfallentscheidungen geführt[2326]. Dies liegt darin begründet, dass der Ansatzpunkt der Vorhersehbarkeit – Pflichtverletzung gegenüber Schadenszurechnung – nicht in jeder Fallkonstellation klar einzugrenzen ist. Obgleich der verschuldensunabhängige Charakter von *Rylands* eigentlich darauf gründet, dass eine „escape of a source of danger" (als Pflichtverletzung) gerade nicht vorhersehbar sein muss, können über den Umweg der im konkreten Fall geprüften Schadenszurechnung auf diese Weise (womöglich sogar unbeabsichtigt) plötzlich doch Verschuldenselemente in die *Rule* gelangen.

Gerade das Urteil Lord Goffs in *Cambridge Water* zeigt die Gefahren durch die verschwimmenden Ansatzpunkte des *Foreseeability Test*[2327]: Eigentlich war nämlich in diesem Fall die Giftigkeit der schadensstiftenden Chemikalie durchaus erkennbar, sodass eine Verunreinigung des Grundwassers – und mithin der eingetretene Schaden – vorhersehbar war. Hingegen war die konkrete Entfaltung dieses Gefahrenpotentials nicht vorherzusehen, da zwar eine Verflüchtigung der Chemikalie in die Luft, nicht aber deren Versickern im Boden abgesehen werden konnte. Da Lord Goff trotzdem eine Zurechenbarkeit des Schadens ablehnte, obwohl eigentlich nur die Art der Risikoentfaltung unvorhersehbar war, scheint der Lordrichter selbst[2328] Opfer der Randunschärfen des Vorhersehbarkeitskonzepts geworden zu sein.

Dagegen bietet der Risikofilter ein praktikableres Konzept. Hier muss lediglich bestimmt werden, ob ein Schaden Ausdruck der besonderen Gefährlichkeit einer *Source of Danger* war. Die Abgrenzung von risikotypischen Schäden gegenüber solchen „Normalfällen", die keinen Bezug zum besonderen Gefahrenpotential einer *Source of Danger* aufweisen, ist besser zu führen. Eben dieses Risikopotential ist ohnehin im haftungsbegründenden *Danger Test* zu prüfen; dieselben Erwägungen müssen folglich nur in der Schadenszurechnung wiederholt werden. Mithin belastet der Risikofilter (im Gegensatz zum Vorhersehbarkeitskonzept) die Fallprüfung in

2325 Vgl. oben E.IV.1.

2326 Vgl. E.IV.1. und F.I.1.a.cc.

2327 Vgl. oben F.I.1.a.cc.

2328 Dies gilt auch für einen Teil der wissenschaftlichen Literatur zur *Cambridge-Water*-Entscheidung, die sogar annahm, Lord Goff hätte das Vorhersehbarkeitserfordernis auf die Haftungsvoraussetzung *Escape* ausdehnen wollen. Vgl. dazu und zur Ablehnung dieser Theorie durch das *House of Lords* in der *Transco*-Entscheidung oben F.I.1.a.bb. sowie F.IV.2.e.

der Praxis nicht durch eine zusätzliche, obendrein von wesensverschiedenen – verschuldensbasierten – Denkmustern geprägte Haftungsvoraussetzung.

Schließlich birgt das *Risk Principle* das Potential, den Anwendungsbereich der *Rule* flexibel auf neuartige, unerforschte Risikotechnologien zu erweitern[2329]. Auf diese Weise dient es mustergültig dem hier verfolgten Anliegen, *Rylands* möglichst weit zu „dehnen". Resultieren aus einer neuartigen Risikotechnologie über das bereits bekannte hohe Risikopotential hinaus weitere, noch unbekannte Risiken, so erlaubt das *Risk Principle* der *Rule* eine Schadenszurechnung: Es ist nämlich geradezu das Charakteristikum noch nicht vollends erforschter Risikotechnologien, dass sie das „Risiko unerkannter Risiken" bergen. Solange eine Gefahrenquelle getreu dem *Danger Test* als besonders gefährlich bekannt war, können auch zusätzliche bzw. zuvor unbekannte Wirkungsweisen einer Gefahrenquelle die *Rule* auslösen. Der Risikofilter fordert diesbezüglich nur, dass das „neue" Risiko seinerseits im Nachhinein den *Danger Test* passiert. Sollte also etwa ein Laborbetreiber eine neuartige, bereits als giftig bekannte Chemikalie erforschen, die während der Untersuchungen eine Explosion herbeiführt, so kann sich der Betreiber nicht darauf zurückziehen, dass diese Variante der Schadensverursachung unvorhersehbar gewesen sei. Das *Risk Principle* könnte mithin gewährleisten, dass die *Rule* in Zukunft flexibel mit den rasanten Entwicklungen moderner Technologien Schritt halten und in der Folge auch den ersten – noch nicht vorhersehbaren – Ausbruch eines unbekannten Risikos bekannter Gefahrenquellen erfassen kann.

b) Realisierung

Gleichwohl werden den englischen Gerichten weder die eindrucksvollen Vorteile des Risikofilters, noch die ebenso gravierenden Nachteile des *Foreseeability Test* allein ausreichen, um den Schritt einer weiteren Nachjustierung der Schadenszurechnung zu wagen. Erforderlich ist vielmehr, im vorliegenden Präjudizienmaterial sowie wiederum in *Justice* Blackburns Urteil Rückhalt für das *Risk Principle* zu finden[2330].

2329 Vgl. zum Ganzen oben F.III.2.b.bb.2.

2330 Auch Vogler („Grundlagen und Grenzen der anglo-amerikanischen Gefährdungshaftung nach der *rule* in *Rylands v. Fletcher*" [1965]) verwies auf den Risikofilter. Im Gegensatz zu der vorliegenden Untersuchung beschränkte er sich aber lediglich auf die Darstellung der amerikanischen Rechtslage (a. a. O., S. 83 ff.), wobei Voglers Einschätzung, dass Risiko- und Vorhersehbarkeitsfilter identisch seien (a. a. O., S. 123), nicht gefolgt werden kann (vgl. oben F.III.2.b.bb.). In Bezug auf *Rylands v. Fletcher* begnügte sich Vogler (a. a. O., S. 175, Anm. 1 und S. 185 f.) dagegen mit dem Hinweis, dass hier das *Risk Principle* nicht angewandt werde. Im Unterschied zur hiesigen Arbeit überging Vogler daher die Frage, ob der Risikofilter auch auf die englische *Rule* übertragen werden kann.

aa) Justice *Blackburn*

Zwar ist davon Abstand zu nehmen, *Justice* Blackburn das *Risk Principle* nachträglich in den Mund zu legen. Doch obgleich offenkundig ist, dass Blackburn J. bei seinem Urteil den damals verbreiteten *Direct or Natural Consequence Test* im Sinn hatte[2331], kann der Risikofilter dennoch trefflich mit seinen Ausführungen in Einklang gebracht werden[2332].

Besonders deutlich treten diese Parallelen in der (von Blackburn J. bei der Herleitung seiner *Rule* hervorgehobenen[2333]) Fallkonstellation entweichender Rinderherden hervor. Ein Viehhalter schafft nämlich das „Risiko", dass seine Tiere bei Überschreiten seiner Grundstücksgrenzen das Weideland des Nachbarn abgrasen, nicht hingegen das Risiko, dass die Rinder den Nachbarn selbst anfallen und verletzen. Folglich haftet der Viehhalter laut Blackburn J. auch nur für das „Risiko" abgegrasten Weidelands. Eine andere Lösung sah *Justice* Blackburn einzig dann, wenn jener Viehhalter die für Menschen gefährliche Neigung seines Einzeltiers zuvor gekannt hatte. Auch dies steht vollkommen im Einklang mit dem *Risk Principle*: Der Halter eines bekanntermaßen für Menschen gefährlichen Tiers schafft selbstverständlich das Risiko, dass Menschen verletzt werden – weshalb ihm dieser Schaden auch nach dem *Risk Principle* zuzurechnen ist.

Zudem ist es vor dem Hintergrund dieses Gleichlaufs der beiden Zurechnungsmodelle umso bemerkenswerter, dass Blackburn J. gerade jene Differenzierung im Risikopotential (zwischen das Weideland oder aber Menschen gefährdenden Rindern) mit der Bemerkung einleitete, dass seine Ausführungen der Frage gewidmet seien, welche Schäden als von der *Rule* geforderte „natural consequence"[2334] zuzurechnen sind. Auch dies zeigt, dass sich die gemäß *Justice* Blackburns *Rule* zurechenbare „natural consequence of its escape"[2335] mit der Entfaltung eines „natürlichen" (i. S. d. charakteristisch erhöhten) Gefahrenpotentials durchaus vereinen lässt.

In dem angesprochenen Erfordernis, dass die Verletzung von Menschen nur bei entsprechender Kenntnis des Viehhalters einen zurechenbarer Schaden darstellt, liegt auch kein Widerspruch zu der bereits angesprochenen Fallgruppe neuartiger

---

2331 Vgl. oben B.II.6.b.

2332 Diese methodische Vorgehensweise im Umgang mit *Justice* Blackburns Urteil wählte im Übrigen auch Lord Goff in seiner *Cambridge-Water*-Entscheidung. Aus dieser spricht nämlich weniger das Ansinnen, *Justice* Blackburns Zurechnungskonzept zu ergründen, sondern vielmehr das Bestreben, in dessen damaligem Wortlaut Anzeichen zu finden, um den neuen „Foreseeability Test" zu unterstützen.

2333 Vgl. B.II.2. und B.II.6.b.

2334 „[...] he will be answerable for the natural consequences of their escape; that is with regard to tame beasts, for the grass they eat and trample upon, though not for any injury to the person of others, for our ancestors have settled that it is not the general nature of horses to kick, or bulls to gore; but if the owner knows that the beast has a vicious propensity to attack man, he will be answerable for that too", Blackburn J., a. a. O., S. 280.

2335 Blackburn J., a. a. O., S. 279.

Risikotechnologien. Dort nämlich besteht das Gefahrenpotential gerade in der Unberechenbarkeit einer noch nicht vollends erforschten Technologie – dem „Risiko unbekannter Risiken". Über die Eigenschaften von Rindern hingegen besteht ein umfassender Erfahrungsschatz seit „our ancestors"[2336], wonach deren Gefährlichkeit für Menschen nicht nur unbekannt ist, sondern sogar bekanntermaßen nicht besteht[2337]. Dies wiederum schließt den Kreis zu der hier vertretenen[2338] Beweislastverteilung des *Danger Test* bei *Rylands*, die dazu führt, dass nur bekanntermaßen (bzw. nachweisbar) ungefährliche Schadensquellen den *Danger Test* verfehlen.

Somit kann festgehalten werden, dass das *Risk Principle* keinesfalls den Vorgaben *Justice* Blackburns widerspricht. Zwar enthält seine Leitentscheidung auch keine ausdrückliche Anerkennung des Risikofilters. Aber bei Analyse des Urteils wird offenbar, dass sich das *Risk Principle* überraschend klar mit den Ausführungen *Justice* Blackburns in Einklang bringen lässt und sein Urteil somit zumindest mittelbar Rückhalt für den Risikofilter bietet.

bb) Präjudizienentwicklung

Ähnlich ist der Befund im Hinblick auf das vorliegende Präjudizienmaterial. Auch hier liegt kein Urteil vor, das die Anwendung des Risikofilters auf *Rylands* explizit befürwortet: Die Gerichte gingen (bis zu *Cambridge Water*) in *Justice* Blackburns Sinne vom *Direct or Natural Consequence Test* aus[2339], und seit *Cambridge Water* ist der *Foreseeability Test* verbreitet[2340]. Allerdings widerspricht die Präjudizienlage dem Risikofilter auch nicht[2341]. Dadurch hebt sich das *Risk Principle* zumindest insoweit vom Vorhersehbarkeitsmodell ab, als es mit gerade denjenigen Präjudizien in Einklang zu bringen ist, die Lord Goff in *Cambridge Water* – mit Berechtigung – als Hindernisse für seinen Vorhersehbarkeitsfilter in Betracht zog[2342].

In *West v. Bristol Tramways Co.*[2343] wandte der *Court of Appeal* die *Rule* nämlich auf giftigen Kreosotdampf an, obgleich der Beklagten keine Kenntnis über dessen Giftigkeit vorzuwerfen[2344] und die Nutzung von Kreosot zur Holzversiegelung

---

2336 Blackburn J., a. a. O., S. 280.

2337 Daher würden Rinder auch den *Danger Test* nicht bestehen können. Die Fallgruppe wäre heute von den Regelungen des *Animals Acts 1971* erfasst; vgl. dazu oben D.VI.

2338 Vgl. oben G.II.1. Vgl. zudem die i. E. kongruente Einschätzung durch Farwell L.J. in *West v. Bristol Tramways Co.*, [1908] 2 K.B. 14, 25.

2339 Vgl. dazu oben C.V.2.

2340 Vgl. oben F.I.3. sowie F.IV.2.e.

2341 Anders Williams („The Risk Principle", [1961] 77 L.Q.R. 179, 210): „The risk principle [...] does not, as such, apply to torts of strict liability."). Skeptisch auch Hart/Honoré: „Causation in the Law" (2. Auflage 1985), S. 287 sowie Vogler, a. a. O., S. 175, Anm. 1.

2342 Vgl. F.I.1.b.cc.1.

2343 *West v. Bristol Tramways Co.*, [1908] 2 K.B. 14.

2344 Vgl. Lord Alverstone L.J. in *West v. Bristol Tramways Co.*, a. a. O., S. 21; Farwell L.J. in *West v. Bristol Tramways Co.*, a. a. O., S. 25.

sogar durchaus üblich[2345] gewesen (und zuvor offenbar[2346] auch ohne Schadensfolgen geblieben) war. Für das Gericht war dagegen allein maßgeblich, dass sich Kreosot als giftig erwiesen hatte, und zugleich der Beklagten kein Entlastungsbeweis dahingehend gelang, dass Kreosot nicht als giftig erkennbar gewesen war[2347]. Diese Argumentation weist den Weg, um auch unter Anwendung des Risikofilters ein identisches Ergebnis zu erreichen. Das haftungsbegründende Risiko im Sinne des *Danger Test* liegt hier in der Giftigkeit des Kreosots. Folglich liegt es innerhalb des Risikos dieser Gefahrenquelle, dass ihren Dämpfen ausgesetzte Pflanzen absterben. Die Urteilsbegründung enthält sogar eine Passage, die eine Parallele zu der Fallgruppe neuartiger Risikotechnologien aufzeigt: Lord Foscote stellte nämlich heraus, dass sich bestimmte Gefahrenquellen dadurch auszeichnen, dass selbst Experten ihr Risikopotential nicht vollends einzuschätzen wüssten – und dass dies der Zurechenbarkeit der verursachten Schäden kein Hindernis bereiten sollte[2348].

Auch das *House of Lords* war in *Rainham Chemical Works v. Belvedere Fish Guano*[2349] mit einem Schadensfall befasst, der durch eine zuvor unbekannte Wirkungsweise von Chemikalien herbeigeführt wurde. Die dortigen Beklagten hatten versucht, eine neue[2350] Methode zur Herstellung waffenfähiger[2351] Pikrinsäure zu

2345 Vgl. *West v. Bristol Tramways Co.*, a. a. O., S. 15.

2346 So jedenfalls der Vortrag der Beklagtenvertreter vor dem *Court of Appeal*, wiedergegeben a. a. O., S. 19.

2347 Lord Alverstone L.J. führte dazu (a. a. O., S. 21) aus, dass „[...] the defendants' counsel must shew that the thing which the defendants introduced on to the land was something which [...] had proved not to be dangerous [...]. In such a case the onus rests on the defendants. [...] there was no evidence in this case that, according to the common experience of mankind, creosote was not likely to cause mischief such as in this case", Lord Alverstone L.J., a. a. O., S. 21. Ähnlich auch Farwell L.J. (a. a. O., S. 25), für den „in this case it was not proved that according to common experience creosoted wood was not likely to cause the mischief".

2348 Mit Blick auf die *Scienter Action* für (bekanntermaßen ungefährliche) zahme Tiere grenzte Lord Foscote die *Rule* insoweit ab, als Grundlage des für die Tierhalterhaftung maßgeblichen Risikopotentials „is common knowledge founded on common experience of common things, and [that] appears to me to have no application to chemicals, which can hardly be said to be matters of common experience of mankind, and as to which the knowledge even of experts is constantly growing and varying", Lord Foscote, a. a. O., S. 25.

2349 *Rainham Chemical Works v. Belvedere Fish Guano Co.*, [1921] 2 A.C. 465.

2350 Der Urteilssachverhalt spricht von einem „novel process for making picric acid", vgl. *Rainham Chemical Works v. Belvedere Fish Guano Co.*, a. a. O., S. 465. Bereits zuvor war aber nach den Feststellungen Lord Parmoors (a. a. O., S. 484) eine Methode zur Sprengstoffherstellung unter Verwendung von Dinitrophenol und Natriumnitrat entdeckt worden.

2351 Der Sachverhalt ereignete sich während einer Phase des Ersten Weltkriegs, zu der die Rüstungsindustrie keine ausreichenden Mengen an Sprengstoff herstellen konnte; vgl. Lord Parmoor in *Rainham Chemical Works v. Belvedere Fish Guano Co.*, a. a. O., S. 484.

entwickeln. Zu diesem Zweck wurde mit der stabilen, normalerweise in der Farbstoffherstellung eingesetzten[2352] Chemikalie Dinitrophenol sowie mit dem (für sich genommen ebenfalls völlig ungefährlichen[2353]) Natriumnitrat experimentiert. Dabei zeigte sich, dass die gemeinsam eingelagerten Stoffe bereits bei bloßer räumlicher Nähe zu einer gewaltigen Explosion reagieren konnten[2354], in deren Folge[2355] in der Nachbarschaft hohe Verluste an Sachwerten und sogar Menschenleben zu beklagen waren. Da zuvor unbekannt gewesen war, dass bereits die bloße räumliche Nähe der Chemikalien zueinander die Gefahr einer Explosion auslösen würde[2356], schied eine Haftung nach *Negligence* aus[2357]. Das *House of Lords* wandte aber die *Rule* gegenüber den Beklagten an, da die Chemikalien überhaupt erst eingelagert worden waren, um später in der Sprengstoffherstellung eingesetzt zu werden[2358] – und Letzterer nun einmal die Gefahr von Explosionen zu eigen ist[2359]. In dieser Auslegung des *Danger Test* wiederum liegt der Schlüssel zur Übertragbarkeit des Urteils auf das *Risk Principle*: Auch für den Risikofilter liegen nämlich Explosionsschäden „within the risk", falls sie aus der Verwendung von Chemikalien zur Sprengstoffherstellung resultieren. Angesichts der auf diese Weise geschaffenen (und realisierten) Explosionsgefahr ist es hierbei unbeachtlich, dass eine bestimmte Eigenschaft der schadensstiftenden Chemikalien zuvor unbekannt war.

Daher lässt sich folgern, dass (über *Justice* Blackburns Wortlaut hinaus) auch die Präjudizienlage dem *Risk Principle* kein Hindernis bereitet. Im Gegenteil ist es durchaus möglich, die Grundsätze des Risikofilters auf gerade jene Präjudizentscheidungen anzuwenden, welche Lord Goffs *Foreseeability Test* in Zweifel ziehen.

2352 Vgl. Lord Parmoor, a. a. O., S. 484 f.

2353 Vgl. Lord Parmoor, a. a. O., S. 485.

2354 „Therefore, while neither D.N.P. nor nitrate of soda is, in itself, dangerous, they become a source of danger if stored in close proximity to one another. It is proved that it was due to this cause that the explosion took place", Lord Parmoor, a. a. O., S. 485.

2355 Vgl. Lord Buckmaster in *Rainham Chemical Works v. Belvedere Fish Guano Co.*, a. a. O., S. 470.

2356 „It may well be accepted that it was not known to either of the defendants that this danger existed, but that in itself affords no excuse", Lord Buckmaster, a. a. O., S. 471.

2357 Vgl. Lord Parmoor, a. a. O., S. 488.

2358 „The explosive, to which in this case the rule in *Rylands v. Fletcher* [...] has to be applied, is not a combination of dinitrophenol with old boxes or bags, which had contained nitrate of soda. These are only one of the conditions of explosion. What is material is the explosive itself", Lord Sumner in *Rainham Chemical Works v. Belvedere Fish Guano Co.*, a. a. O., S. 479.

2359 „[...] the manufacture of munitions [...] involves the possibility of explosion", Lord Buckmaster, a. a. O., S. 477.

cc) Rechtssystematik

Schließlich kann noch auf eine rechtssystematische Parallele verwiesen werden, die sich im Zusammenspiel von Risiko- und Vorhersehbarkeitsfilter im Rahmen der *Negligence* aufzeigt, und auf *Rylands* übertragen werden kann. Ausgangspunkt ist der Umstand, dass der Vorhersehbarkeitsfilter ursprünglich gerade für die *Negligence* entwickelt worden war (und erst später auf *Nuisance* sowie schließlich *Rylands* ausgedehnt wurde)[2360]. Aber ausgerechnet auf seinem ureigensten Gebiet wurde der *Foreseeability Test* wiederholt in einem Atemzug mit dem Risikofilter genannt.

Wegweisend war hier die Entscheidung *Roe v. Ministry of Health*[2361], in der Denning L.J. die Schadenszurechnung unter *Negligence* im Gleichlauf mit der haftungsbegründenden Sorgfaltspflichtverletzung prüfte[2362] und forderte, dass „the consequence [is] fairly to be regarded as within the risk created by the negligence. If so, the negligent person is liable for it; but otherwise not."[2363] Dieser Gedanke von Denning L.J. wurde später im *House of Lords* bestätigt[2364] und hat bis in die aktuelle Judikatur Anklang gefunden[2365].

Führt man *Lord Justice* Dennings Gedankengang fort, so gelangt man unausweichlich zu der Notwendigkeit, bei *Negligence* den Faktor *Foreseeability* auch in die Zurechnungsprüfung aufzunehmen: Das haftungsbegründende Risiko besteht dort nämlich gerade in der Verletzung einer „erkennbaren" Sorgfaltspflicht[2366]. Folglich sollen auch nur „vorhersehbare" Folgen dieser Sorgfaltspflichtverletzung „within the risk created by the negligence"[2367] liegen. Wendet man also die Grundsätze des *Risk Principle* auf den *Tort* der *Negligence* an, so führt dies zwangsläufig zur Anwendung des *Foreseeability Test* in der dortigen Schadenszurechnung.

2360 Vgl. zu den drei Etappen von *The Wagon Mound No. 1* über *The Wagon Mound No. 2* zu *Cambridge Water* oben unter F.I.1.b.cc.2.

2361 *Roe v. Ministry of Health,* [1954] 2 All E.R. 131.

2362 „[...] the three questions, duty, causation, and remoteness, run continually into one another. It seems to me that they are simply three different ways of looking at one and the same question [...]", Denning L.J. in *Roe v. Ministry of Health,* a. a. O., S. 138.

2363 Denning L.J. a. a. O., S. 138.

2364 „Did the explosion create an accident and damage of a different type from the misadventure and damage that could be foreseen? In my judgment it did not. The accident was but a variant of the foreseeable. It was, to quote the words of Denning L.J. in *Roe v. Minister of Health* [...] 'within the risk created by the negligence.'", Lord Pearce in *Hughes v. Lord Advocate,* [1963] 1 All E.R. 705, 715.

2365 Vgl. etwa Plender J. in *Loraine v. Wirral University Teaching Hospital NHS Foundation Trust,* [2008] E.W.H.C. 1565, [63], [67].

2366 Vgl. oben E.IV.1.

2367 Denning L.J. a. a. O., S. 138; vgl. zum *Foresseability Test* als Anwendung des Risikofilters im Rahmen der *Negligence* auch Stapleton: „Cause-in-Fact and the Scope of Liability for Consequences", (2003) 119 L.Q.R. 388, 417 ff. und Stauch: „Risk and Remoteness of Damage in Negligence", (2001) 64 M.L.R. 191, 195 ff.

Ein entgegengesetztes Ergebnis folgt indes aus der Anwendung von *Lord Justice* Dennings Grundsatz auf *Rylands*. Die *Rule* greift nämlich gerade unabhängig von der Verletzung der erkennbaren Sorgfaltspflichten, da auch die unvorhersehbare (und nicht zu verhindernde) Entfaltung des Risikopotentials einer Gefahrenquelle die Haftung auslöst[2368]. Folglich ist *Foreseeability* insoweit auch in der Schadenszurechnung entbehrlich.

Während also das Vorhersehbarkeitsprinzip ideal in das Konzept der Fahrlässigkeitshaftung passt, gilt dies nicht für verschuldensunabhängige Haftungsmodelle. Ebendies hatte auch das amerikanische *Restatement* im Blick, als es den Vorhersehbarkeitsfilter als Spezialfall des *Risk Principle* für *Negligence*-Fälle einordnete[2369]. Genau diese Rollenverteilung lässt *Lord Justice* Dennings Grundsatz aber auch im englischen Recht zu[2370]. Begreift man dabei das *Risk Principle* als generalisierenden Grundsatz der Schadenszurechnung und den *Foreseeability Test* als dessen spezielle Anwendung auf die *Negligence*, so eröffnet dies auch *Rylands* einen eigenständigen Weg: Die Zurechnung solcher Schäden nämlich, die Ausdruck des außergewöhnlichen Risikopotentials der schadensstiftenden Gefahrenquelle sind – unabhängig von ihrer Vorhersehbarkeit.

c) Ergebnis

Die vorangegangene Untersuchung hat gezeigt, dass das *Risk Principle* eine praktikabel anwendbare, das Wesen verschuldensunabhängiger Haftung bewahrende und auf moderne technologische Entwicklungen flexibel reagierende Methode zur Schadenszurechnung ist.

Überdies wurde offenbar, dass die Anwendung des Risikofilters nicht nur auf das amerikanische *Restatement of Torts* beschränkt bleiben muss, sondern auch im englischen *Common Law* möglich ist: Sowohl bei Analyse der Leitentscheidung *Justice* Blackburns, als auch im Angesicht der Präjudizienlage zeigt sich, dass diese dem *Risk Principle* nicht nur keine Hindernisse bereiten, sondern der Risikofilter sogar überall Ansatzpunkte findet, an die er seine Anwendbarkeit knüpfen kann.

Berücksichtigt man überdies die rechtssystematischen Bezüge des *Foreseeability Test* zum *Risk Principle*, so tritt in der Schadenszurechnung eine Rollenverteilung zwischen Vorhersehbarkeits- und Risikofilter hervor, welche derjenigen zwischen *Negligence* und *Rylands* im haftungsbegründenden Tatbestand Rechnung trägt: Bei *Negligence* werden die vorhersehbaren Folgen einer Vernachlässigung der gewöhnlichen Sorgfalt sanktioniert, während *Rylands* die charakteristischen Folgen außergewöhnlicher Gefahrenquellen erfasst. Daher ist es in jeder Hinsicht vorteilhaft, in

---

2368 Vgl. G.IV.

2369 Vgl. *Restatememt of the Law, Third, Torts: Liability for Physical Harm*, § 29, *Comments* a bzw. j; vgl. insgesamt auch oben F.III.1.b. und F.III.2.b.bb.

2370 Abzulehnen folglich die Gegenauffassung bei Nolan in Grubb (Hrsg.): „The Law of Tort“ (2002), S. 995.

einer zukünftigen „gedehnten“ *Rule* den Risikofilter als Methode der Schadenszurechnung anzuwenden.

VI. Haftungsbeschränkungen

Schließlich sind noch die Grenzen der zukünftigen *Rule* zu bemessen. Dabei wäre es erstrebenswert, die von *Justice* Blackburn und der Folgejudikatur gezogenen Schranken möglichst weit zurückzudrängen, denn andernfalls wäre die angestrebte „Dehnung“ der *Rule* nicht denkbar.

1. *Acts of God or Strangers*

Der Haftungsausschluss für *Acts of God* betrifft Fälle, in denen die Entfaltung des Risikopotentials *(Escape*[2371]*)* auf schlechthin undenkbare Naturgewalten zurückgeht. Ebenso kann der (schuldhafte) Eingriff Dritter in diesen Schadenshergang die *Rule* als *Act of a Stranger* ausschließen. Da beide *Defences* den Zurechnungszusammenhang zwischen der Entfaltung des Risikopotentials und dem Schaden betreffen, sollen sie parallel behandelt werden.

Den Haftungsausschluss *Acts of God* erwähnte bereits *Justice* Blackburn[2372]; dies allerdings bewusst[2373] nur als *Obiter Dictum*, sodass hieraus präjudiziell keine Bindungswirkung folgt. Die Nachfolgejudikatur hat *Acts of God* stets äußerst eng ausgelegt und als schlechthin undenkbares Naturereignis definiert[2374]. Tatsächlich zum Ausschluss der *Rule* hat die *Defence* auch nur in einem einzigen[2375], jedoch als Tatsachensubsumtion der damaligen *Jury* präjudiziell nicht bindenden (und wohl allein deshalb später nicht aufgehobenen[2376]) Urteil geführt. In allen anderen Fällen wurden *Acts of God* abgelehnt oder übergangen[2377]. Dies lässt den Gerichten auch in Zukunft jede Möglichkeit, den Einfluss dieser *Defence* auf *Rylands v. Fletcher* gering zu halten.

2371 Vgl. oben G.IV.

2372 Blackburn J. in *Fletcher v. Rylands*, a. a. O., S. 280.

2373 „[...] but as nothing of this sort exists here, it is unnecessary to inquire what excuse would be sufficient“, Blackburn J., a. a. O., S. 280.

2374 Daraus folgt jedoch kein Verschuldenselement, da Maßstab zur Bestimmung auszusondernder Naturereignisse nicht der Wissensstand eines vernünftigen Dritten (wie in der *Neligence*) oder gar des Schädigers selbst ist. Vielmehr haben die Gerichte eine abstrahierende Perspektive eingenommen, die lediglich menschlich „undenkbare“ Naturphänomene von der *Rule* ausnimmt; vgl. zum Ganzen oben C.IV.3.b. und F.IV.2.g.

2375 Vgl. *Nichols v. Marsland*, (1876) 2 Ex.D. 1.

2376 Vgl. C.IV.3.a.

2377 Vgl. dazu unter C.IV.3.a.

Nicht aus *Justice* Blackburns Leitentscheidung ersichtlich[2378] ist der Ausschlussgrund für *Acts of Strangers*. Jedoch haben spätere Entscheidungen eine *Defence* angenommen, falls ein nicht unter Kontrolle des Schädigers stehender Dritter *(Stranger)* schuldhaft das Risikopotential der Gefahrenquelle freigesetzt hat[2379]. Der Wirkungsbereich dieser *Defence* kann aber dadurch eingeschränkt werden, dass zumindest die Beweislast für ein Drittverschulden dem Schädiger aufgebürdet wird[2380]. Auch ist beachtlich, dass noch kein Urteil des *House of Lords* vorliegt, in dem *Acts of Strangers* die *Rule* ausschlossen[2381].

Um der Begrenzung der *Rule* durch *Acts of God or Strangers* aber wahrhaft resolut zu begegnen, lohnt wiederum der Blick auf die amerikanische Rechtslage. Im dortigen *Restatement* wird nämlich die Freisetzung des Risikopotentials durch externe Einflüsse in den Kontext des *Risk Principle* gestellt und nicht als Zurechnungshindernis anerkannt[2382]. Zwar ist wie gezeigt das *Risk Principle* auch im englischen Recht umsetzbar. Der Weg zur vollständigen Abschaffung der Haftungsgrenze *Acts of God or Strangers* ist aber in England durch die erörterte Präjudizienlage versperrt. Trotzdem kann die *Rule* beträchtlich an Statur gewinnen, falls eine Synthese der amerikanischen Möglichkeiten mit den englischen Zwängen gelingt.

Den Ausgangspunkt dieses Kompromissmodells soll erneut das *Risk Principle* bilden. Danach ist zu prüfen, ob die Entfaltung des Risikopotentials mittels *Acts of God or Strangers* noch „within the risk" der jeweiligen Gefahrenquelle liegt. Die Antwort auf diese Frage kann für jede Gefahrenquelle unterschiedlich ausfallen, da auch das Risikopotential mit jeder Fallsituation variiert. Bei seiner Entscheidungsfindung muss das erkennende Gericht aber natürlich die englische Präjudizienlage beachten: Falls für die zu prüfende Gefahrenquelle bereits verbindlich definiert wurde, warum die Entfaltung ihres Risikopotentials durch *Acts of God or Strangers* nicht mehr „within the risk" liegt, kann dies nicht übergangen werden. Allerdings ist bislang kein Präjudizurteil erlassen worden, das die Anwendung von *Acts of God* erzwingt, und auch *Acts of Strangers* sind in der Rechtsprechung nicht häufig zu finden. Überdies ist es jedem Richter unbenommen, ein dem Grunde nach einschlägiges Präjudizurteil mittels *Distinguishing*[2383] von dem zu entscheidenden Einzelfall abzugrenzen, um den Einfluss der angesprochenen Präjudizienzwänge nochmals zu vermindern.

Dieses Prinzip lässt sich anhand *Justice* Blackburns Leitentscheidung rasch verdeutlichen. Hätte ein heutiger Richter den damaligen Fall eines berstenden Wasserreservoirs zu entscheiden, so müsste er hier allenfalls *Acts of God* als Haftungsgrenze anerkennen, da auch Blackburn J. für jene Gefahrenquelle unabsehbare

2378 Vgl. oben B.II.5.
2379 Vgl. C.IV.4.a.; C.IV.4.b.
2380 Vgl. dazu C.IV.4.c.
2381 Vgl. C.IV.4.
2382 Vgl. oben F.III.1.b. und F.III.2.b.aa. Sympathien für diesen Ansatz deutete sogar Lord Hoffmann in der *Transco*-Entscheidung an; vgl. oben F.IV.2.f.
2383 Vgl. oben A.II.1.b.

Naturgewalten als *Defence* billigte. Hingegen bestünde keine Veranlassung, ein durch Drittverschulden geborstenes Reservoir von der *Rule* auszunehmen, da *Justice* Blackburns Urteil in dieser Fallkonstellation eine solche Schranke ebenfalls nicht erwähnte.

Selbst für den Kern der vorgeschlagenen Methode, die Anwendbarkeit der *Acts of God or Strangers* von Fall zu Fall zu bestimmen, findet sich Rückhalt in *Justice* Blackburns Urteilswortlaut. Denn immerhin leitete auch er seinen Verweis auf *Acts of God* damit ein, dass hier „perhaps“[2384] – und nicht etwa „always“ – eine Haftungsgrenze liegen könne. Zwar sieht sich eine solchermaßen fallbezogene Vorgehensweise der Kritik ausgesetzt, dass die *Rule* in Einzelfälle zersplittert werden könnte. Dies gilt aber ebenso für die derzeitige, durch divergierende Einzelfallentscheidungen vernebelte Rechtslage[2385]. Ohnehin muss die Zahlung auch dieses Preises hingenommen werden, falls im Gegenzug der Anwendungsspielraum der *Rule* insgesamt wächst. Gerade hier liegt nämlich der Nutzen des vorgeschlagenen Modells: Die „Fessel“ der *Acts of God or Strangers* bindet nicht mehr die gesamte *Rule*, sondern erfasst nur noch einzelne ihrer Anwendungsfälle – und selbst dies nur, soweit tatsächlich unumgehbare Präjudizien vorliegen. Dadurch wird nicht nur verhindert, dass aus der brüchigen (*Acts of Strangers* kaum und *Acts of God* überhaupt nicht stützenden) Präjudizienbasis dieser *Defences* eine wirkungsmächtige Schranke für die gesamte *Rule* erwächst. Vielmehr dient dieses Modell auch dazu, der *Rule* eine Erschließung neuer Anwendungsgebiete zu erleichtern: Wird nämlich eine Gefahrenquelle erstmals unter *Rylands* subsumiert, so kann es naturgemäß auch noch keine Präjudizien geben, die dem Richter die Berücksichtigung von *Acts of God or Strangers* aufzwingen.

Fortan sollten daher die Haftungsgrenzen der *Rule* bei *Acts of God or Strangers* dem Gesamtkonzept des *Risk Principle* unterworfen werden. Um eine Synthese aus amerikanischer und englischer Rechtslage zu erreichen, ist für jede Gefahrenquelle eine zweigliedrige Einzelfallprüfung vorzunehmen. Ein Richter hat danach (ähnlich dem US-*Restatement*) zu klären, ob im Falle der konkreten Gefahrenquelle eine Entfaltung ihres Risikopotentials durch nachgewiesenes Drittverschulden oder unabsehbare Naturgewalten noch „within the risk“ liegen soll. Zugleich ist (nach Maßgabe der englischen Rechtslage) zu prüfen, ob zu dieser Frage bereits bindende Präjudizien vorliegen, und ob diese mittels *Distinguishing* ausgeblendet werden können.

2. Mitwirkung des Geschädigten

Eine weitere Begrenzung der *Rule* greift, sobald der Geschädigte selbst an der Entfaltung des Risikopotentials mitwirkt. Ausgehend vom Umfang seines Verursachungsbeitrags kann dabei der Ersatzanspruch gemindert oder sogar vollständig ausgeschlossen werden.

2384 Blackburn J. in *Fletcher v. Rylands*, a. a. O., S. 280; vgl. oben B.II.5.a.
2385 Vgl. oben C.IV.3.a. und C.IV.4.c.

Ist der Geschädigte allein und ausschließlich für den erlittenen Schadensfall verantwortlich, so verhindert ein solcher *Plaintiff's Default* vollständig die Anwendung der *Rule*. Diesen klassischen *Common-Law*-Ausschlussgrund hatte bereits *Justice* Blackburn in seiner Leitentscheidung genannt[2386]. Dementsprechend hat auch die nachfolgende Judikatur nicht angezweifelt, dass hierin eine Haftungsgrenze der *Rule* liegt[2387].

Eine differenziertere Möglichkeit, Verursachungsbeiträge des Geschädigten zu berücksichtigen, bietet das *Statutory Law*. Im *Contributory Negligence Act 1945* ist festgelegt, dass der Ersatzanspruch lediglich zu mindern ist, falls der Geschädigte nur zum Teil für die Herbeiführung des Schadens verantwortlich ist. Voraussetzung ist allerdings, dass der Anspruchsteller hierbei schuldhaft handelte[2388].

Im Verhältnis der beiden *Defences* genießt selbstverständlich[2389] das *Statutory Law* Vorrang. Daher vermag ein *Plaintiff's Default* nur noch in der ungewöhnlichen Fallvariante die gesamte Haftung nach der *Rule* ausschließen, dass eine exklusive Verantwortlichkeit des Anspruchstellers vorliegt. Andernfalls ist lediglich eine auf den Verursachungsbeitrag des Geschädigten abgestimmte graduelle Verminderung des Ersatzanspruchs notwendig.

3. *Statutory Authority*

Ist die Schaffung der Gefahrenquelle von einer gesetzlichen Ermächtigungsgrundlage *(Statutory Authority)* gedeckt, so vermag dies ebenfalls die Anwendung der *Rule* auszuschließen. Zwar wurde diese Haftungsgrenze in *Justice* Blackburns Urteil nicht einmal erwähnt[2390]. In der Folgejudikatur finden sich aber eine Reihe von Entscheidungen, welchen diese *Defence* zugrunde liegt[2391]. Diese betreffen regelmäßig die als *Private Acts* bezeichneten Einzelfallgesetze des Parlaments zur Genehmigung von Infrastrukturvorhaben. Dabei ist zu bedenken, dass die hervorgehobene Bedeutung, welche den *Private Acts* ehemals bei der Erschließung von Eisenbahnstrecken und der Einrichtung des öffentlichen Wasser- und Stromversorgungsnetzes zukam, inzwischen zunehmend schwindet[2392].

Gleichwohl gilt, dass die Anwendung von *Rylands* durch solche *Statutes* ausgeschlossen wird, welche nicht nur zur Schaffung einer Gefahrenquelle ermächtigen,

2386 Vgl. Blackburn J. in *Fletcher v. Rylands*, a. a. O., S. 280; vgl. dazu oben B.II.5.b.
2387 Vgl. oben C.V.1.
2388 Vgl. zum Ganzen oben C.V.1.
2389 Vgl. oben A.II.1.a.
2390 Vgl. unter B.II.5.
2391 Vgl. zum Ganzen oben C.IV.5.
2392 Vgl. dazu eingehend Simpson: „Legal Liability for Bursting Reservoirs: The Historical Context of *Rylands v. Fletcher*" (1984) 13 J.L.S. 209, 252 ff. sowie Loveland: „Constitutional Law, Administrative Law and Human Rights" (4. Auflage 2006), S. 148, Anm. 65.

sondern zugleich ein eigenes Haftungsregime für den Schadensfall festlegen[2393]. Diese Grenze der *Rule* folgt zwangsläufig aus dem Vorrang jeder Regelung aus dem *Statutory Law* gegenüber einer solchen des *Common Law*[2394]. Über diesen Grundsatz hinaus ist kaum mit Sicherheit vorherzusagen, ob ein Richter im Einzelfall eine Gesetzesregelung für ausreichend halten muss, um *Rylands* auszuschließen[2395]. Die englischen Gerichte haben in dieser Frage eine schwer zu durchdringende „rough sea of contradictory authority"[2396] geschaffen. Allerdings können aus der Präjudizienlage zwei Ansatzpunkte deduziert werden, um diese *Defence* zu bezähmen. Entscheidend bleibt dabei stets die Auslegung des jeweiligen *Act.*

Die erste Methode ermittelt die Intensität der gesetzlichen Ermächtigung[2397]. Erlegt ein *Statute* dem Schädiger eine verbindliche Pflicht zur Schaffung einer Gefahrenquelle auf, so führen diese „mandatory powers"[2398] zum Ausschluss der *Rule.* Davon zu trennen sind bloße Genehmigungen zur Schaffung einer Gefahrenquelle, die als „permissive powers"[2399] der *Rule* weiterhin Raum lassen.

Lässt sich das *Statute* nicht über diese Vorgehensweise entkräften, so verbleibt noch eine zweite, auf die Reichweite der Ermächtigung abstellende Methode. Selbst *Mandatory Powers* verlieren nämlich ihre Wirkung auf *Rylands,* falls das schadensstiftende Verhalten in seiner konkreten Gestalt nicht die einzig denkbare Umsetzung der Gesetzespflicht – und damit ihre „necessary implication"[2400] – ist[2401]. Wie weit ein Richter auf diese Weise den Haftungsausschluss der *Statutory Authority* beschneiden kann, zeigt ausgerechnet ein Urteil *Justice* Blackburns: Dieser weigerte sich nämlich mit Blick auf eine schadensstiftende Dampflokomotive, die haftungsausschließende Wirkung der *Statutory Authority* zum Betrieb des von ihr befahrenen Schienenabschnitts anzuerkennen, da dessen Nutzung nicht denknotwendig mit Eisenbahnen erfolgen müsse[2402]. Dies wiederum steht ganz im Einklang mit der allgemeinen Dogmatik des englischen Rechts, wonach eine Regelung aus dem *Statutory Law* stets möglichst eng am Wortlaut auszulegen ist[2403].

2393 Vgl. oben C.IV.5.

2394 Vgl. A.II.1.a.

2395 Vgl. ausführlich C.IV.5.

2396 Upjohn J. in *Smeaton v. Ilford Corp.*, [1954] 1 All E.R. 923, 937.

2397 Vgl. zum Ganzen oben C.IV.5.

2398 Vgl. zu diesem Terminus den offiziellen Abschlussbericht der Law Commission: „Civil Liability for Dangerous Things and Activities", (1970) Law Commission Report No. 32, S. 21.

2399 Law Commission: „Civil Liability for Dangerous Things and Activities", a. a. O., S. 21.

2400 Lord Alverstone in *West v. Bristol Tramways Co.*, [1908] 2 K.B. 14, 21.

2401 Vgl. C.IV.5.

2402 „It is essential to shew that their Act authorized the use of locomotive engines, and it is not enough to shew that it authorized the making and using of a railway", Blackburn J. in *Jones v. The Festiniog Railway Co.*, L.R. 3 Q.B. 733, 737.

2403 Vgl. oben A.II.1.a.

Obgleich somit *Statutory Authority* als Haftungsgrenze der *Rule* anerkannt werden muss, verbleiben durchaus noch Spielräume, um die Anwendbarkeit von *Rylands* zu erhalten. Denn die Analyse des Präjudizienmaterials zeigt, dass nicht jede Gesetzesregelung automatisch zum Haftungsausschluss führen muss. Vielmehr ist es möglich, durch strenge Auslegung des jeweiligen Gesetzeswortlauts der Sperrwirkung dieser *Defence* auszuweichen. So bleibt *Rylands* anwendbar, falls ein *Statute* die Schaffung einer Gefahrenquelle nur genehmigt (und nicht erzwingt). Ebenso kann ein Ausschluss der *Rule* umgangen werden, falls die Schaffung der Gefahrenquelle nicht die einzig denkbare Möglichkeit zur Nutzung der *Statutory Authority* war. Es bleibt daher stets dem Geschick des Richters bei der Interpretation eines *Statute* im Einzelfall überlassen, der *Rule* einen möglichst weiten Anwendungsbereich offen zu halten.

4. Einverständnis

Willigt der Geschädigte in die Schaffung der Gefahrenquelle ein, so stößt sein Ersatzanspruch auch insoweit an eine Grenze. Dies hatte bereits Blackburn J. angedeutet, als er die *Rule* auf Gefahrenquellen beschränkte, welche allein der Schädiger „for his own purposes“[2404] geschaffen hat. In der Folge hat sich der allgemeine Grundsatz „volenti non fit iniuria“ auch im Geltungsbereich von *Rylands* fest etabliert[2405].

Die *Defence* wurde nicht allein auf das ausdrücklich erklärte Einverständnis des Geschädigten beschränkt[2406]. Vielmehr ist in zwei Fallgruppen auch ein stillschweigendes Einverständnis als Ausschlussgrund anerkannt worden. Dies betrifft zunächst Fälle, in denen sich der Geschädigte freiwillig in die Risikosphäre der Gefahrenquelle begeben hatte. Darüber hinaus sind Gefahrenquellen unter dem Leitbild des *Mutual Benefit* von der *Rule* ausgenommen worden, aus denen nicht nur der Schädiger, sondern (zumindest auch) der Geschädigte selbst Nutzen zog. Gemein ist beiden Fallgruppen, dass sie in der Praxis einen auffälligen Bezug zu Nachbarschaftsfällen entwickelt haben: Diese *Defence* ist mithin die Methode der Rechtsprechung, um einen deliktischen Anspruch für solche Schäden auszuschließen, die durch bereits vorhandene oder sogar gemeinsam genutzte Hausinstallationen (wie etwa Wasserleitungen) verursacht wurden. Es erscheint nicht unangemessen, in derartigen Fallkonstellationen von einem verschuldensunabhängigen Haftungsregime abzulassen. Dies umso mehr, als sich hierfür durchaus Rückhalt in *Justice* Blackburns Urteilswortlaut findet[2407]. Ohnehin werden gewöhnliche Hausinstallationen kaum in der Lage sein, den *Danger Test*[2408] für außergewöhnlich risikobehaftete Gefahrenquellen zu bestehen.

2404 Blackburn J. in *Fletcher v. Rylands*, a. a. O., S. 279; vgl. dazu auch oben B.II.5.c.
2405 Vgl. dazu oben C.IV.2.
2406 Vgl. zum Ganzen oben unter C.IV.2.
2407 Vgl. B.II.5.c.
2408 Vgl. zuvor unter G.II.1.

Allerdings muss die Perspektive des *Benefit* eng bemessen bleiben, um die *Rule* nicht empfindlich zu schwächen. Dieses Anliegen richtet sich insbesondere gegen den Ansatz, für die gesamte Gesellschaft (und insofern mittelbar auch für den Geschädigten) nützliche Gefahrenquellen wegen deren *Common Benefit* von der Haftung freizustellen[2409]. Das ursprüngliche, auf das konkrete Verhältnis zwischen Schädiger und Geschädigtem beschränkte Verständnis des *Mutual Benefit* lässt dagegen der *Rule* erheblich mehr Raum. Beistand gegen die extensive Berücksichtigung gesamtgesellschaftlicher Belange bietet aber die jüngste Rechtsprechung des *House of Lords*. Bereits aus Lord Goffs Urteil in *Cambridge Water* spricht erhebliche Skepsis gegen diese Abstrahierung[2410]. In der jüngsten *Transco*-Entscheidung lehnte es schließlich das gesamte Richterkollegium einhellig ab, die *Rule* in Zukunft durch einen weit gefassten *Common Benefit* zu beschränken[2411]. Ausgehend davon sollte die *Defence* nach dem ursprünglichen Leitbild des *Mutual Benefit* strikt auf das Verhältnis von Schädiger und Geschädigtem konkretisiert bleiben. Die *Transco*-Entscheidung des *House of Lords* bietet sogar Rückhalt dafür, die gesamte Fallgruppe des konkludenten Einverständnisses (im Einklang mit dem bisherigen Präjudizienmaterial[2412]) allein auf Nachbarschaftsfälle zu beschränken[2413].

Folglich kann auch diese *Defence* entscheidend aufgeweicht werden, um im Gegenzug *Rylands* zu stärken. Der *Rule* sollten lediglich solche Fälle entgegenstehen, in denen ein Geschädigter der Schaffung einer Gefahrenquelle entweder ausdrücklich oder stillschweigend zustimmt. Die letztgenannte Variante greift, falls sich der Geschädigte bewusst in die Risikosphäre der Gefahrenquelle begibt. Darüber hinaus erfasst sind auch Fälle, in denen der Geschädigte unmittelbar Vorteile aus der Gefahrenquelle zieht; dies aber als *Mutual Benefit* lediglich im (Nachbarschafts-) Verhältnis zwischen den Parteien, nicht hingegen im Sinne einer gesamtgesellschaftlichen Nützlichkeit nach Vorbild des *Common Benefit*.

5. Auflösung des Komplexes *Non-Natural Use*

Das wirkungsvollste Instrument zur Einschränkung von *Rylands* birgt der Komplex des *Non-Natural Use*. Zu der Abgrenzungsfrage, ob die Schaffung einer Gefahrenquelle noch als „unnatürlich“ (im Sinne der *Rule*) einzuordnen oder bereits (*Rylands* ausschließend) als „natürlich“ zu qualifizieren ist, hat sich eine ebenso umfangreiche wie heterogene Präjudizienlage entwickelt[2414]. Englische Gerichte haben dazu die

2409 Vgl. oben C.IV.2. sowie (im Rahmen des *Non-Natural Use*) C.VI.2.b.cc. und C.VI.2.b.dd. Vgl. insoweit auch zu der ähnlichen Methode im amerikanischen *Restatement* oben F.III.1.a.

2410 Vgl. F.I.2.a.

2411 Vgl. oben F.IV.2.b. und auch F.IV.2.f.

2412 Vgl. C.IV.2.

2413 Vgl. nämlich insoweit die Ausführungen durch Lord Hobhouse of Woodborough in *Transco v. Stockport M.B.C.*, a. a. O., [61] und dazu oben F.IV.2.b. und F.IV.2.f.

2414 Vgl. dazu ausführlich C.VI.1.

Gefährlichkeit ebenso wie die Künstlichkeit von Gefahrenquellen berücksichtigt, aber auch deren Gewöhnlichkeit und schließlich sogar ihren sozialen Nutzen[2415]. Zuletzt waren sich nicht einmal mehr die Richter des *House of Lords* darüber einig, nach welchen Kriterien ein *Non-Natural Use* zu bestimmen ist[2416]. Die vagen Grenzen dieses Prinzips haben aber keineswegs zu dessen Schwächung beigetragen, sondern im Gegenteil den englischen Gerichten ein überaus vielseitiges Werkzeug zur Beschneidung der *Rule* geschaffen. Daher sollte die Barriere entschlossen abgetragen werden, welche der Komplex des *Non-Natural Use* gegen das Anliegen einer möglichst ausgreifend „gedehnten" *Rule* errichtet.

Zwar deutete sogar Lord Goff in *Cambridge Water* an, sich einer Reduzierung des Einflussbereichs jenes Prinzips nicht verschließen zu wollen[2417]. Allerdings wird eine vollständige Streichung sämtlicher als *Non-Natural Use* zusammengefasster Haftungsgrenzen vor dem Hintergrund der bestehenden Präjudizienlage nicht durchsetzbar sein[2418]. Mehr Erfolg verspricht es, den Gesamtkomplex *Non-Natural Use* in einzelne, klar umrissene Einzelteile aufzusplittern – und diejenigen Parameter, die erhalten bleiben müssen, auf die übrigen Haftungsmerkmale der *Rule* zu verteilen. Tatsächlich fällt bei Analyse des präjudiziellen Fundaments der *Rule* auf, dass *Justice* Blackburn[2419] lediglich einzelne Fragmente dessen verwendete, was später wenig überzeugend[2420] zum *Non-Natural Use* aufgebläht wurde. Gestützt auf diese Basis sollte eine Auflösung des Komplexes *Non-Natural Use* tatsächlich möglich sein.

Gemessen an diesen Maßstäben steht der „Künstlichkeitsfilter" auf fester Grundlage. Indem bereits *Justice* Blackburn als Gefahrenquelle nur „something which was not naturally there"[2421] anerkannte, grenzte er die *Rule* gegenüber natürlich im Herrschaftsbereich des Schädigers vorhandenen – und daher nicht künstlich geschaffenen – Gefahrenquellen ab[2422]. In dieser Bedeutung einer Nutzung von „nicht-natürlichen" (also künstlich geschaffenen) Gefahrenquellen liegt somit der Grundstein für die gesamte spätere Entwicklung des *Non-Natural Use*[2423]. Auch Lord Cairns' Urteil war auf exakt diesen Gedanken beschränkt[2424]. Der Lordrichter wandelte lediglich die Bezeichnung jener Haftungsgrenze ab, indem er sie als „non-natural use of land"[2425] betitelte. Folglich ist zu konstatieren, dass die präjudizielle Grundlage des *Non-Natural Use* allein auf künstlich geschaffene Gefahrenquellen beschränkt war. Auch in der nachfolgenden Judikatur haben die englischen

2415 Vgl. C.VI.2.
2416 Vgl. oben F.IV.2.b. und F.IV.3.
2417 Vgl. F.I.2.a.
2418 Vgl. oben C.VI.1.b.
2419 Vgl. dazu B.II.2.a. und B.III.
2420 Vgl. C.VI.2.b.bb.
2421 Blackburn J. in *Fletcher v. Rylands*, a. a. O., S. 280.
2422 Vgl. oben B.II.2.a.
2423 Vgl. B.III. und C.VI.2.a.
2424 Vgl. oben B.III.
2425 Lord Cairns L.C. in *Rylands v. Fletcher*, [1861–73] All E.R. Rep. 1, 13.

Gerichte den Künstlichkeitsfilter beibehalten[2426]. Dies reicht bis in die jüngste *Transco*-Entscheidung des *House of Lords* hinein: Unter den divergierenden Ansätzen der einzelnen Lordrichter ergriff Lord Hobhouse of Woodborough ausdrücklich Partei für *Justice* Blackburns Künstlichkeitsfilter[2427].

Daher muss der Grundsatz fortgeführt werden, die *Rule* nur auf künstlich geschaffene Gefahrenquellen anzuwenden. Dies ist aber auch unabhängig vom Komplex des *Non-Natural Use* möglich. Wie bereits dargelegt[2428], sollte *Rylands* nämlich auch in Zukunft erst bei „Schaffung" der Gefahrenquelle durch den Schädiger greifen – womit sich die *Rule* ohnehin gegenüber den von *Justice* Blackburn privilegierten natürlichen Grundstücksressourcen abgrenzt. Es ist daher nicht notwendig, den *Non-Natural Use* als Gesamtkomplex zu erhalten, um dem Künstlichkeitsfilter zu genügen.

Auch die Variante des „Gefährlichkeitsfilters" findet breiten Rückhalt. Zwar liegt hier nicht die ursprüngliche Bedeutung des *Non-Natural Use*. Jedoch findet die *Rule* gerade in der Gefährlichkeit einer *Source of Danger* ihren zentralen Ausgangspunkt. Dies zeigt bereits *Justice* Blackburns Formulierung, dass „anything likely to do mischief"[2429] die Haftung auslösen müsse. Diesem Leitbild sind auch die nachfolgenden Entscheidungen treu geblieben, indem sie das Risikopotential der Gefahrenquelle schließlich auch als Parameter des *Non-Natural Use* berücksichtigten[2430]. In *Transco* fand dieser Gefährlichkeitsfilter unlängst erneut den Zuspruch zweier Lordrichter[2431].

Allerdings folgt aus der Unumstößlichkeit des Risikogedankens kein Argument für die Erhaltung des Gesamtkomplexes *Non-Natural Use*[2432]. Ein erhöhtes Gefahrenpotential ist nämlich bereits sinnstiftender Faktor des *Danger Test*, welcher den Anwendungsbereich der *Rule* überhaupt erst eröffnet. Infolgedessen kann auch diese Variation aus dem *Non-Natural Use* herausgetrennt werden.

Dagegen steht der „Gewöhnlichkeitsfilter" auf überaus brüchigem Fundament. Weder *Justice* Blackburn noch Lord Cairns kamen auf den Gedanken, die Gewöhnlichkeit einer Gefahrenquelle zu prüfen. Der *Non-Ordinary Use* fand folglich in

---

2426 Vgl. oben C.VI.2.a.

2427 Vgl. Lord Hobhouse of Woodborough in *Transco v. Stockport M.B.C.*, a. a. O., [63]. Die weiteren Lordrichter erkannten zwar den Künstlichkeitsfilter als Ursprung des *Non-Natural Use* an, wollten aber das Konzept in Zukunft auf andere Weise (nämlich mit dem Gefährlichkeits- oder aber Gewöhnlichkeitsfilter) ausfüllen. Vgl. zum Ganzen oben F.IV.2.b.

2428 Vgl. G.III.

2429 Blackburn J. in *Fletcher v. Rylands*, a. a. O., S. 279.

2430 Vgl. oben C.VI.2.c.

2431 Vgl. F.IV.2.b.

2432 Vgl. insoweit auch Charlesworth („The Law of Negligence" [1938], S. 215), der jedoch an dessen Stelle die von ihm entwickelte Theorie der *Dangerous Things per se* setzen wollte. Diese Theorie beschränkte jedoch den Anwendungsbereich von *Rylands* nicht minder, indem sie eine Anwendung der *Rule* nur für aus sich heraus gefährliche Dinge zuließ. Schlussendlich konnte sich Charlesworths Ansatz nicht in der englischen Rechtsprechung durchsetzen (vgl. dazu oben C.I.2.b).

keinem der beiden Urteile Berücksichtigung[2433]. Ebenso wenig haben die Richter gesamtgesellschaftlich nützliche Gefahrenquellen von der *Rule* ausgenommen[2434]. Der gegenläufigen, noch jüngst in *Transco* von einer Minderheit[2435] der Lordrichter vertretenen Strömung der Nachfolgejudikatur[2436] mangelt es aber nicht nur an Rückhalt bei Blackburn J. und Lord Cairns. Vielmehr ist der Gewöhnlichkeitsfilter generell das Ergebnis einer Verkettung von Missverständnissen und Unstimmigkeiten[2437], die ihm jede präjudizielle Überzeugungskraft entziehen.

Gegen diese Kritik kann sich einzig das Fragment des Gewöhnlichkeitsfilters behaupten, das auf eine „Nützlichkeit" der Gefahrenquelle abstellt. Dies gilt nach Maßgabe *Justice* Blackburns aber auch nur insoweit, als die Gefahrenquelle vom Schädiger nicht allein „for his own purposes"[2438] geschaffen wurde, sondern zugleich auch dem Geschädigten „nützlich" (also von *Mutual Benefit*) ist[2439]. Dagegen lässt sich hieraus keine Rechtfertigung für den Gesamtkomplex des *Non-Ordinary Use* ableiten[2440]. Die Herleitungskette von *Justice* Blackburns *Own Purposes* zum *Mutual Benefit* erreicht nämlich nicht den *Common Benefit* (gesamtgesellschaftlich nützliche Gefahrenquellen) als Bestandteil des *Non-Ordinary Use*. Diese Kette ist bereits an dem Verbindungsglied zwischen *Mutual Benefit* und *Common Benefit* unterbrochen, da *Justice* Blackburns Vorlage allein auf das (Nachbarschafts-) Verhältnis von Schädiger und Geschädigtem beschränkt war[2441].

Aus diesen Gründen sollte der Gewöhnlichkeitsfilter aufgegeben werden. Damit entfiele gerade derjenige Aspekt des *Non-Natural Use*, der die *Rule* in der Vergangenheit am wirkungsvollsten beschnitten hat. Deshalb liegt hier ein wichtiger Schlüssel, um den Anwendungsbereich von *Rylands* zukünftig weiter zu „dehnen". Vor diesem Hintergrund schadet es nicht, den Gedanken einer „nützlichen" Gefahrenquelle in

---

2433 In Lord Cairns' Ausführungen findet sich zwar die Formulierung „ordinary course of enjoyment of land" (a. a. O., S. 12 f.). Der Lordrichter stellte aber sehr deutlich heraus, dass hiermit (im Einklang mit *Justice* Blackburns Künstlichkeitsfilter) allein die Nutzung der natürlichen Grundstücksressourcen bezeichnet werden sollte; vgl. dazu oben C.VI.2.a.

2434 Vgl. B.III.

2435 Den Gewöhnlichkeitsfilter vertraten lediglich zwei der Richter, Lord Bingham of Cornhill und Lord Scott of Foscote. Die anderen drei Lordrichter sprachen sich hingegen für den Gefährlichkeits- bzw. den Künstlichkeitsfilter aus – welche jeweils wie gezeigt in die „gedehnte" *Rule* zu integrieren sind, ohne auf den *Non-Natural Use* zurückgreifen zu müssen. Vgl. zum Ganzen oben F.IV.2.b.

2436 Vgl. ausführlich unter C.VI.2.b.

2437 Vgl. eingehend oben C.VI.2.b.bb. Vgl. auch die Bezeichnung als „unnecessary confusion" bei Lord Hobhouse of Woodbourough in *Transco v. Stockport M.B.C.*, a. a. O., [63].

2438 Blackburn J. in *Fletcher v. Rylands*, a. a. O., S. 279.

2439 Vgl. oben G.VI.4.

2440 So i. E. auch Lord Hobhouse of Woodbourough in *Transco v. Stockport M.B.C.*, a. a. O., [62].

2441 Vgl. B.II.5.c., C.VI.2.b.cc. bzw. C.VI.2.b.dd. sowie G.VI.4.

Gestalt des *Mutual Benefit* fortleben zu lassen, da diese Fallgruppe ohnehin als Haftungsgrenze des konkludenten Einverständnisses[2442] Teil der „gedehnten" *Rule* ist.

In Zukunft sollte die *Rule* somit nicht mehr durch das Erfordernis des *Non-Natural Use* beschränkt sein. Vielmehr vermag dieser Gesamtkomplex aufgelöst und in seine einzelnen Bestandteile zerlegt zu werden, die ihrerseits auf die sonstigen Haftungsvoraussetzungen der *Rule* aufgeteilt werden können: Dabei geht der Aspekt der Gefährlichkeit im *Danger Test* auf, während der Künstlichkeitsfilter in das Erfordernis der „Schaffung" einer Gefahrenquelle einfließt; der Gewöhnlichkeitsfilter schließlich kann auf die Fallgruppe *Mutual Benefit* reduziert und in die *Defence* des konkludenten Einverständnisses eingegliedert werden. Auf diese Weise wächst nicht nur schlagartig der Anwendungsbereich der *Rule*, indem der Irrweg des *Non-Ordinary Use* beendet wird. Vielmehr wird nun auch für die Zukunft verhindert, dass aus den elastischen Grenzen des Gesamtkomplexes *Non-Natural Use* erneut ein Netz gewoben werden kann, um *Rylands* schleichend einzuschnüren.

2442 Vgl. oben G.VI.4.

Berliner Schriften zum internationalen, ausländischen und deutschen Privatrecht

Herausgegeben von Helmut Grothe

Band 1 Petra Wutzo: Arzneimittelwerbung des Herstellers und Verbraucheransprüche im deutschen und französischen Recht. 2009.

Band 2 Ilias Chamos: Die Umsetzung der Verbraucherkreditrichtlinie 87/102/EWG in Deutschland und Griechenland. Unter besonderer Berücksichtigung personaler und dinglicher Kreditsicherheiten. 2010.

Band 3 Eva Schäper: Gewinnzusagen. Materiellrechtliche, international verfahrensrechtliche und kollisionsrechtliche Untersuchung des Anspruchs aus § 661a BGB. 2010.

Band 4 Bernhard Kunkler: Das internationale Zivilverfahren im französischen Rechtskreis. Eine rechtsvergleichende Untersuchung des autonomen internationalen Zivilverfahrensrechts Frankreichs, Belgiens und Québecs. 2010.

Band 5 Ulrike von Paris: Die Streitverkündung im europäischen Interventionsrecht. 2011.

Band 6 Julia Parastandeh-Chehr: Die Geschäftsbesorgung im schweizerischen und deutschen Recht. 2012.

Band 7 Julia Koch: Die Anwendung islamischen Scheidungs- und Scheidungsfolgenrechts im Internationalen Privatrecht der EU-Mitgliedstaaten. Eine rechtsvergleichende Analyse unter besonderer Berücksichtigung des nationalen und europäischen ordre public. 2012.

Band 8 Dimitar Varimezov: Grenzüberschreitende Rechtsverletzungen im Bereich des gewerblichen Rechtsschutzes und das anwendbare Recht. 2012.

Band 9 Anja Costas-Pörksen: Anwendungsbereich und ordre public-Vorbehalt des Haager Zustellungsübereinkommens. 2016.

Band 10 Thomas Voigtländer: Das Potential der Regel aus *Rylands v. Fletcher*. Gefährdungshaftung im englischen *Common Law of Torts*. 2016.

www.peterlang.com